이 책에 대한 찬사

왓슨은 1912년 로렌스 파업을 극적으로 또 효과적으로 다시 살려냈다. 지리적 환경과 상세한 개인사를 예리하게 주시하면서 뉴잉글랜드 산업 지역의 윤곽을 포착해냈으며, 다양한 유럽 이민자 집단들이 살아가던 현실을 있는 그대로 보여주었다. 또한 이 싸움의 주요한 등장인물들을 이해할 수 있는 이념적 신조들과 개인의 상황들까지 그려냈다. …… 왓슨은 능숙한 이야기꾼으로서, 현대 미국의 형성에 지적 자양분이 되었던 급진파들의 이상, 보수주의자들의 악몽, 이민자들의 열망에 대해 감동적이고도 설득력 있는 이야기를 풀어놓았다.

—《시카고 트리뷴》

힘이 넘치는 이야기.

—《보스턴 글로브》

왓슨은 1912년의 추웠던 겨울에 매사추세츠주 로렌스에서 벌어졌던 극적인 섬유 공장 파업을 풍부한 자료에 기반하여 공평하고도 빠른 필치로 그려냈으니, 이를 보면 지금은 반쯤 잊혀진 미국을 파노라마처럼 볼 수 있다. 이 이야기 자체에서도 눈을 떼기 힘들지만, 왓슨은 이를 다시 느린 속도로 미국의 모습을 바꾸어버렸던 더 큰 개혁의 물결 속에서 조망하였다.

—《퍼블리셔스 위클리》

이는 색다르면서도 설득력이 강한 책으로서, 일반적인 역사 보고서를 훨씬 뛰어넘는다.

—《데일리 햄프셔 가제트》

마음을 뒤흔들어놓는 하지만 학문적으로 균형을 갖춘 서사가 여기 있다. 왓슨은 단순한 방식으로 욕설을 늘어놓지 않는다. 그는 19세기 중엽의 산업 지대 형성 과정, 파업 이전 20년간 벌어졌던 이민자의 유입, 산업의 경제학 등을 차근차근 설명한다. 또한 공장 소유주들을 단순히 악마화하는 데 이의를 제기하면서도 …… 파업에 가담한 노동자들이 파업의 물결이 밀려오고 밀려가는 가운데 스스로 연설하고, 행진하고, 시련을 견뎌내는 모습을 지혜롭게 그려내고 있다. 로렌스 파업을 사실적이면서도 현장감 있게 보여주는 이 이야기는 노동문제 그리고 미국의 진보주의 시대에 관심을 가진 독자들이라면 마땅히 읽을 필요가 있다.

—《북리스트》

이제는 너무나 많이 잊혀진 사건들을 멋지게 재구성한 책.

—《커커스 리뷰스》

빵과 장미

BREAD AND ROSES:

Mills, Migrants, and the Struggle for the American Dream

Copyright © Bruce Watson, 2005.

Published by agreement with Folio Literary Management, LLC and Danny Hong Agency.
Korean translation copyright © 2024 by Bread and Roses

이 책의 한국어판 저작권은 대니홍 에이전시를 통해 저작권사와 독점 계약한
빵과장미에 있습니다. 신저작권법에 의해 한국 내에서 보호를 받는 저작물이므로
무단전재와 복제를 금합니다.

빵과 장미

브루스 왓슨 지음 | 홍기빈 옮김

BREAD
AND
ROSES

빵과
장미

일러두기

1. 후주는 지은이의 주이고 각주는 옮긴이의 주이다.
2. 이 책에 나오는 각종 수치는 로렌스 파업이 벌어진 1912년, 혹은 이 책이 출간된 2005년 기준이다.
3. 외래어 표기는 국립국어원 외래어표기법에 따랐으며 관용적으로 굳은 것은 관례에 따랐다.
4. 단행본은 『 』, 신문과 잡지는 《 》, 논문과 보고서는 「 」, 노래는 〈 〉로 묶어 표시했다.
5. 원서에서 대문자나 이탤릭체로 적은 부분은 두꺼운 서체로 강조했다.

오늘도 하루 1달러로 살아가는
전 세계 수십 억 민중들을 위해

내가 일하지 않았다면 이 세계들은 파멸했으리라
—『바가바드 기타』

추천사

왜곡과 망각을 넘어 '빵과 장미'를 찾아서

미국의 시인 제임스 오펜하임이 1911년에 《아메리칸 매거진》에 발표한 시 「빵과 장미」의 한 구절을 옮기면 이렇다. "태어나서 죽을 때까지 우리의 삶은 착취당하지 않아야 하지만 마음과 몸 모두 굶주린다. 우리에게 빵을 달라, 장미를 달라." 알려진 바에 따르면 오펜하임은 여성 참정권 운동가이자 노동운동가 헬렌 토드$^{Helen Todd}$의 연설에서 영감을 받아 이 시를 썼다고 한다. 1912년 1월에 시작된 미국 매사추세츠주의 로렌스시 파업에 가담한 여성 노동자가 빵과 장미를 요구하는 피켓을 들었다 하여, 이 파업은 흔히 '빵과 장미의 파업'이라고 알려져 있다. 이 책 『빵과 장미』는 미국 노동운동의 역사에서 기념비적인 승리였던, 2만 명 이상의 노동자가 참여했으며 후에 '빵과 장미의 파업'으로 알려진 1912년 로렌스에 대한 상세한 보고서이다.

생존권을 의미하는 '빵'과 인간다운 삶을 의미하는 '장미'보다 노동자의 염원을 압축적으로 담아낼 수 있는 표현은 없을 것이다. 그 은유로서의 빼어남 덕택으로 '빵과 장미'는 다양한 방식으로 차용되어 표현되었다. 가수 주디 콜린스는 오펜하임의 시에 곡을 붙인 〈빵과 장미$^{Bread and Roses}$〉를 1976년에 발표한 앨범에 수록했고, 그로부터 20여 년이 훌쩍 지난 1997년 컨트리 가수 존 덴버가 발표한 앨범에서도 우리는 이 노래를 들을 수 있다. 줄기차게 노동계급을 영화 속에 담아낸, 우리 시대의 마지막 노동계급을 대변하는 감독이라 일컬어지는 켄 로치는 이주 노동자의 삶을 담은 2000년의 영화에서 '빵과 장미'를 제목으로 삼았다. 매해 3월 8일 세계 여성의 날에는 '빵과 장미'를 위해 투쟁했던 여성 노동자를 기억하자는 의미에서 장미를 서로 건네기도 한다.

'빵과 장미'라는 표현은 21세기를 살고 있는 우리에게도 낯설지 않다. 하지만 '빵과 장미'라는 상징 기호가 시작된 곳인 로렌스의 1912년 파업을 우리는 잘 알지 못한다. 어찌 보면 1912년의 로렌스 파업은 죽기 직전 가장 아름다운 노래를 부른다는 백조의 노래를 닮았다. 1912년 로렌스는 마지막 '백조의 노래'를 부른 후 세간의 기억에서 사라졌다. 아니 망각되는 것으로도 모자라 1912년의 파업 투쟁에는 맹신적 반공주의가 득세하던 매카시즘의 시기를 거치면서 사실 왜곡까지 더해졌다. 이 책 『빵과 장미』는 우리를 1912년 뉴잉글랜드의 이민자 도시이자 산업도시로 데려간다. 반공주의에 의해 각색된 로렌스가 아니라 왜곡 이전의 로렌스를 우리는 이 책을 통해 만난다.

종교적 자유를 찾아 미국으로 이주한 영국의 청교도, 그들은 자신들이 정착한 아메리카 대륙의 동부 해안 지역을 새로운 잉글랜드, 즉 뉴잉글랜드라 불렀다. 1840~50년 사이 150만 명의 유럽인이 미국으로 이주했고, 1850년대에는 250만 명이 이주했는데 뉴잉글랜드 지역은 유럽 전역의 굶주린 사람이 가난의 해결책으로 삼은 이주 목적지였다. 이민자 도시 로렌스에는 후에 '아메리칸드림'이라는 이름을 얻은, 가난에서 탈출해 새로운 삶을 얻고자 하는 이주민의 열망이 새겨져 있다.

로렌스는 이주 노동자의 저임금 노동력을 활용해 섬유 산업의 중심지로 성장했다. 아메리칸 모직 회사^{AWC}가 로렌스의 섬유 산업을 주도하는 회사였다. 아메리칸 모직은 로렌스 주민이 '세계 8대 불가사의'라고 불렀을 정도로 당시 세계에서 가장 큰 공장을 세웠다. 길이가 600미터에 이르는 공장 건물 두 개 동 내부 통로의 전체 길이는 25킬로미터에 이르렀고, 그 통로를 따라 1470개의 동력 베틀이 설치돼 있었다. 이 공장에서 51개국 출신 이주 노동자가 일했다. 사용되는 언어만 마흔다섯 개, 지역 사투리까지 더하자면 예순두 개의 언어가 사용될 정도로 아메리칸 모직은 누워 있는 바벨탑에 다름없었다.

1912년 1월 1일, 매사추세츠 주정부가 여성과 아동의 최대 노동시간이 주당 54시간을 넘기지 않아야 한다는 주법을 시행했다. 당시 로렌스 노동자의 노동시간은 주당 56시간이었는데, 줄어든 2시간만큼의 임금 보전은 보장되지 않았다. 생존의 문제에 부딪힌 노동자는 길거리로 뛰쳐나와 서른 개가 넘는 언어로 '파업'을 외쳤다. 로렌스 시장은 군대를 동원하여 파업을 위협했으나, 이민자 출신의 여성과 아동이 절반이 넘었던 파업 노동자는 굴하지 않고 세계산업노동자연맹^{IWW}의 지원을 받아가며 파업을 지속했다.

미국 노동운동의 전설적 영웅이 로렌스에 모였다. 5개 국어를 구사할 수 있는 조지프 에터는 이민자로 구성된 파업 노동자와의 의사소통에 제격이었다. IWW 지도자 빌 헤이우드가 로렌스에 도착했을 때 1만 명이 운집해 그를 환영했다. 파업이 길어지자 부모들은 파업하는 동안 아이들을 다른 지역에 보냈다. 기꺼이 파업 중인 노동자의 자녀를 돌봐주겠다는 사람이 적지 않았고, 아이들은 로렌스를 떠나 로렌스의 파업에 연대하는 다른 이의 보호를 받았고, 그 덕택으로 부모들은 생존권을 위한 투쟁에 전념할 수 있었다.

3월 12일 결국 노동자의 임금 인상 요구가 수용되었다. 노동자들은 여러 언어로 일제히 〈인터내셔널가〉를 부르며 승리를 자축했다. 파업을 통해 마침내 임금 인상을 쟁취한 각 나라 출신의 노동자가 〈인터내셔널가〉를 힘차게 불렀다는 그날의 로렌스는 노동운동의 전설이 되기에 충분한 스토리 라인을 갖춘 셈이다. 로렌스는 이론으로 존재하던 노동자의 국제주의와, 노동자와 시민의 연대 투쟁이 실제로 가능함을 보여주는 증거처럼 보였으니 로렌스 파업은 전설이 되기에 충분했다. 하지만 그날의 〈인터내셔널가〉는 '백조의 노래'였다.

 '백조의 노래' 이후 로렌스의 파업 투쟁은 쉽게 아니 의도적으로 망각되도록 강요되었고, 그해의 진실은 다른 해석 각본에 의해 가려졌다. 1912년 로렌스시의 파업에 대한 기억은 미국의 광풍과도 같은 매카시즘의 '반격'을 거치며, 로렌스 시민의 기억 속에서도 사라졌다. 1912년의 실제 상황과도 다른 공식 기억이 지속적인 반격을 통해 회자되기에 이르렀는데, 반격을 통해 재구성된 1912년은 굶주리지도 않았는데 빨갱이의 선동에 놀아난 폭도의 난장판에 불과했다. '빵과 장미'라는 기호만 남고, 그 기호와 연결되어 있던 1912년 로렌스의 진실은 사라진 것이다.

 브루스 왓슨은 『빵과 장미』를 통해, 체 게바라 얼굴이 그려진 티셔츠처럼 유행으로 소비될 위험에 처한 '빵과 장미'라는 기호의 물질적 기표를 찾기 위해 장인의 솜씨와 엄격함으로 1912년 로렌스 파업의 전후 맥락을 언어화한다. 그의 최종 목표는 공식 기억에 의해 왜곡된 1912년이 아니라 민중의 기억을 되살려 구해낸 1912년의 로렌스를 민중의 기억 터전으로 상승시키는 것이다.

결코 적지 않은 분량의 책이다. 방대한 사료를 꼼꼼히 검토한 성실성과 독자로 하여금 마치 1912년의 그곳에 있는 느낌을 받게 하는 입체적인 서술이 만들어낸 이유 있는 분량이다. '백조의 노래' 이후 로렌스에 더해진 왜곡을 벗겨내야 하니, 브루스 왓슨은 까무러칠 정도로 꼼꼼하게 자료를 수집하고 검토했고, 더할 나위 없이 두텁게 기술하여 21세기의 독자가 왜곡 이전의 로렌스라는 현장에 도착할 수 있도록 돕는다. 그는 로렌스의 승리만을 다루지 않는다. 로렌스의 승리 이후 쓸쓸하게 사라져가는 당대의 노동운동의 주역이 처한 비극적 운명과, 로렌스가 망각되어가는 과정에도 눈을 돌린다. 우직하게 1912년을 재현하면서도, 1912년의 로렌스라는 노동운동의 전설적 과거를 낭만화하여 노스탤지어의 소재로 전락시키지 않는 균형적 감각까지 놓치지 않았으니, 비평적 독자의 관점에서도 부족한 점을 찾기 쉽지 않은 구성까지 갖추었다. 『빵과 장미』는 작가의 성실성과 이야기 능력이 만났기에 당대의 독자에게도 유효한 질문을 던져주는, 좋은 책이라면 응당 갖추어야 할 덕목을 고루 갖춘 책임이 틀림없다.

— 노명우(사회학자, 니은서점 마스터북텐더)

머리말

영웅적인 투쟁, 새로운 공동체

    1912년 겨울, 미국 매사추세츠주에 있는 공업 도시의 소식이 전국의 신문 1면을 장식하여 그야말로 초미의 관심사가 되었다. 이 드라마는 끔찍이도 추웠던 1월 어느 금요일에 시작되었다. 그날 아침 임금 지급이 끊겨버리자 보스턴 북쪽 메리맥강에 길게 늘어선 섬유 공장 노동자 수천 명이 험악한 기세로 몰려나왔다. 겉으로는 임금 삭감에 반발하는 집단행동으로 보였지만 사실은 목숨을 걸고 파업에 나선 것이었다.

    그날 정오에는 소모사*와 면화를 짜던 공장 기계 수십 대가 박살 났다. 다른 기계 수천 대도 작동을 멈추었다. 몇 시간 전만 해도 웅웅 꽹음을 내며 돌아가던 기계들이 이제는 섬찟할 정도로 조용해졌고 공장은 텅 비었다. 공장 밖에서는 누군가 고함을 치며 반란을 선동하고 경찰이 맞고함을 치고 있었다. 쏟아져 나온 군중들은 길거리를 가득 메우고 서른 개 언어로 "파업!"을 외쳤다. 다음 주 금요일에는 노동자 1만 5000명이 파업 대열의 피켓라인**에 합류했다. 로렌스에는 세계에서 가

---

  *   방적 공정을 통해 길고 품질 좋은 양털 섬유를 잘 빗고 짧은 섬유와 불순물을 제거한 다음 가지런히 꼬아 만든 실. 서지, 우스티드, 모슬린 따위를 짜는 데 쓴다.
 **   노동쟁의 때 동료 직원들의 출근을 저지하고 동참을 독려하기 위해 늘어선 노동자들의 대열을 말한다. 노동자들은 피켓라인을 형성해 사용자 측의 대체인력 투입을 저지하고 파업 참가자의 이탈을 막는다.

장 긴 건물들이 있었거니와, 길게 뻗은 피켓라인은 몇 개의 블록을 넘어 그렇게 긴 건물들 일부까지 이어져 있었다. 매사추세츠 주 정부 민병대가 총에 착검을 한 채로 이들과 대치했으며 눈발이 날리는 가운데 양 진영 모두 성조기를 휘두르고 있었다.

다음 두 달 동안 미국인들은 이 매사추세츠주 로렌스시市의 최신 소식에 촉각을 곤두세웠다. 로렌스시가 살벌한 노사쟁의에 휘말렸다는 보도가 신문을 장식했다. "산업노동자의 혁명"을 설파하는 급진파들이 못 배운 이민자들을 선동하여 파업을 일으켰고 이러다가는 미국 전체가 무정부 상태에 빠질 수도 있다는 것이었다. 오리건주의 벌목장에서 뉴욕시 로어이스트사이드의 착취 공장에 이르기까지, 노동자들이 모이기만 하면 대화가 결국은 로렌스시 이야기로 돌아갔다. 노동자들은 자기들 임금에서 십시일반 돈을 모아 파업 노동자들에게 보냈다. 연사들이 로렌스시의 굶주리는 노동자 가족의 참상을 두고 열변을 토하면 연단 위로 주화가 소나기처럼 쏟아졌다. 한편 깔끔하게 콧수염을 다듬고 칼라에 풀 먹인 셔츠를 입고 더 좋은 집에 사는 남자들은 로렌스시 관련 기사를 읽고 몸서리를 쳤다. 때로는 공포에 질려 아내와 한목소리로 이런 대화를 나누기도 했다. 당장 오늘이라도 정신 나간 급진주의자가 튀어나와 목청껏 선동할 거야. 그러면 어떤 멍청이는 돌을 던지겠지. 민병대가 발포해서 수십 명이 죽을 테고 말이야. 이 일이 당장 오늘 벌어질 수도 있어. 로렌스시는 이제 헤이마켓이나 홈스테드만큼 악명 높은 동네가 되고 더 심한 무정부 상태를 불러오는 영감의 원천이 될 거야.

하지만 겨울이 깊어가고 파업이 질질 끌자 예상치 못한 사건들이 벌어져 사람들은 어리둥절하게 되었다. 경찰은 이 도시 공동주택 지구에 숨겨진 다이너마이트를 발견하고는 바로 출처에 의심을 품었다. 그때 미국의 가장 악명 높은 급진주의자인 빅 빌$^{Big Bill}$* 헤이우드가 파업에 동참하기 위해 로렌스시에 도착했다. 기차역에는 시민 1만 명이 운집하여 그를 맞았고, 공원에서는 이보다 두 배나 많은 사람들이 모여 천둥같이 울려 퍼지는 그의 목소리를 들었다. 나중에는 폭력 시위가 벌어졌으며 한 여성이 총에 맞았다. 파업 지도자들은 현장에서 약 1.5킬로미터나 떨어져 있었는데도 이 여성의 사망에 책임이 있다며 체포되었다. 그리고 주 정부 민병대 1000명이 진주하여 로렌스시는 군사기지로 변해버렸다.

로렌스시로 몰려든 미국 전역의 신문기자들은 실로 예상치 못한 광경에 마주쳤다. 노동자들은 절망에 빠져 있기는커녕 노래를 부르고 있었다. 인도에서는 여성들이 서로 팔을 걸고 활기차게 행진하면서 행인들에게 함께하자고 소리치고 있었다. 공동주택들의 어두운 미로를 헤매고 다니던 기자들도 놀라운 광경에 마주쳤다. 공장주들은 노동자들이 무려 쉰 개 나라에서 온 다양한 이민자들로 구성되어 있으니 서로 멱살을 잡고 싸우기를 바랐지만, 현실은 전혀 달랐다. 독일인은 유대인과, 이탈리아인은 폴란드인과, 시리아인은 프랑스계 캐나다인과 함께 음식을 나누어 먹고, 누가 연설을 하면 서로 통역을 해주었다. 1870년대 이후 미국은 야만적인 파업으로 얼룩졌지만, 거기에서 도무지 볼 수 없었던 공동체가 여기에 나타난 것이다. 《뉴욕 선》은 이렇게 보도했다. "이러한 규모의 파업이 이토록 다양하고 이렇게 많은 사람을 하나로 통일시켜 물러서지 않는 비타협적이고 단호한 군대로 만드는 데 성공한 적은 일찍이 없었다."[1] 이 파업에는 무언가 다른 점이 있다고 기자들은 입을 모았다. 이들이 짐작한 바는 2월 중순이 되자 사실로 확인된다.

* 빌은 윌리엄의 애칭이다.

조업이 중단되고 한 달이 지나도록 임금을 받지 못하자 파업 노동자들은 유럽에서는 활용되었지만 미국에서는 한 번도 쓰인 적이 없는 전술을 시도한다. 수십 명의 어머니들이 아이들에게 일요일 날 교회에 갈 때나 입는 제일 좋은 옷을 입혀서 기차역으로 데려가 눈물로 이별을 고하고 생전 본 적 없는 사람들의 집으로 보낸 것이다. 뉴욕에서는 이 "로렌스시 아이들"의 길거리 행진이 벌어졌다. 영양실조인 데다 겁을 잔뜩 집어먹은, 얼굴에 땟국물이 줄줄 흐르는 아이들은 동정을 베푸는 이들의 가정으로 들어갔다. 이 가정들은 아이들에게 제대로 된 밥(한 달 만에 처음이었다)을 먹였고, 동물원으로, 박물관으로, 또 아이들은 상상도 못 해본 신기한 곳들로 데려갔다. 이 "아이들 탈출 사건"은 전국 모든 신문의 헤드라인을 장식했으며, 로렌스시 경찰은 다시는 이런 일이 없게 하리라 굳게 다짐했다. 2주 후, 더 많은 어머니들이 아이들을 기차역으로 데려가자 경찰이 대기하고 있었다. 이어 벌어진 광경은 너무나 처참하여, 웬만한 광경에는 눈 하나 깜빡 않을 구경꾼들도 충격을 받을 정도였다. 그래도 파업은 계속되었다. 의회 청문회, 굶주림, 간헐적인 폭력, 바닥 공동체의 연대, 이 모든 일을 거치며 파업은 계속되었다.

우화와 민요가 퍼지는 과정은 참으로 신비롭다. 로렌스시에서 벌어진 파업 또한 이런 과정을 거쳐 지금은 "빵과 장미 파업"으로 알려져 있다. 사실 파업 기간 동안 이런 구호가 쓰인 적도 없었을 텐데 말이다. "빵과 장미"는 또한 정당한 임금과 8시간 노동을 추구해온 노동운동의 오래된 투쟁을 상징하게 되었다. 정파를 막론하고 모든 활동가들이 이 구절을 자랑스럽게 사용했다. 하지만 막상 로렌스시에서는 이후 몇 십 년 동안이나 파업을 자랑스러워하는 모습은 찾을 수 없었다. 온 미국을 뜨겁게 달구었던 그해 겨울 이후 두 세대가 지나도록 도시 전체를 완강한 침묵이 덮어버렸다. 공장주들의 반동이 두려웠기에 이 파업 이야기를 하는 사람은 거의 없었다. 아이들도 자라면서 부모님이나 선생님에게 이 파업 이야기는 거의 들은 바 없었다. 기념행사 한 번 없이 두 세대가 지난 것이다. 마침내 1970년대 들어 이 파업이 "빵과 장미"라는 새로운 이름으로 불리자 사람들은 심하게 화를 내기도 했다. 매년 로렌스시의 공유지에서 "빵과 장미" 축제가 열리기 시작한 것은 불과 몇 십 년 전 일이다. 처음 몇 차례 축제에는 그날의 기억을 간직한 90대 노인들 몇 사람이 참석했다. 하지만 이 목격자들은 곧 세상을 떠났고, 그때의 파업 이야기를 재구성하는 작업은 후손들과 역사가들에게 남겨졌다.

로렌스시에서 벌어졌던 이 파업이 역사의 뒤편으로 밀려나 잊혀질 때가 너무 많았다. 하지만 이 "빵과 장미" 파업은 그야말로 미국적인 사건의 정수이자 모든 미국인이 자랑스러워할 만한 것이었다. 지구 곳곳에 살던 사람들이 이삿짐을 싸서 미국으로 건너와 밑바닥 생활을 시작한다. 잠깐 동안은 힘든 삶을 감내하지만 한 단계씩 올라서기 시작한다. 한때는 일꾼에 불과했지만 이제는 시민(때로는 인정도 못 받고 그저 정신적으로만 시민이지만)이 되어 생활임금과 일정한 존중을 요구하게 된다. 비록 이들은 입을 열기를 꺼리지만, 이들의 이야기에는 영웅들로 가득하다. 그중 몇 명은 유명하기도 하지만 그래봐야 대부분 자기네 가족들 사이에서나 유명할 뿐이다. 이 이야기의 배경은 케케묵은 옛날이지만 참으로 흥미로운 시절이었다.

비록 100여 년 전이지만, 1912년의 세상은 라디오, 텔레비전, 세계대전 등으로 표상되는 세상의 반대쪽 멀리에 있었다. 따라서 이 해에 미국에서 일어난 사건은 다른 세기, 다른 나라에서 벌어진 일처럼 보인다. 도대체 얼마나 달랐기에? 로렌스시 파업이 벌어지고 또 종료되었던 해가 바로 타이태닉호가 침몰한 해이다. 메이저리그의 보스턴 레드삭스가 새로 지어진 펜웨이파크에서 월드시리즈 우승을 차지했다. 미국은 마흔

여섯 개 주에서 마흔여덟 개 주로 불어났다. 뜨거운 대통령 선거전이 치러진 결과 현직 대통령이 3위를 차지했고, 사회주의자 후보가 약 100만 표를 얻었다. 그해 여름 처음으로 미국에 장편영화가 들어왔다. 하지만 사람들의 오락과 여흥은 여전히 보드빌 쇼*, 지그펠드 폴리스** 그리고 인기가 사그라들던 래그타임 음악 등에 쏠려 있었다. 프로이트나 피카소의 이름을 들어본 미국인은 소수에 불과했다.

집집마다 조명에 전기보다 등유를 더 많이 썼고 말이 끄는 마차가 자동차 숫자보다 훨씬 많았던 마지막 시대였다. 또 도덕주의가 절정에 이르렀지만 도덕이 막 느슨해지던 시기였다. 영원토록 '빅토리아적'이라는 수식어가 붙을 도덕적 원칙이 여전히 지배적이었지만, 전혀 정의롭지 못한 일들이 적나라하게 펼쳐졌을 뿐 아니라 자연스럽게 받아들여졌다. 여성들은 아직 투표권이 없었고, 아동 수백만 명이 여전히 공장, 광산, 작업장에서 착취당하고 있었다. 매주 몇 명씩 흑인 남성들이 린치를 당했지만, 이러한 범죄 현장 바깥에 있는 사람들은 거의 신경을 쓰지 않았다. 흑인들이 보는 신문들이나 이에 관심을 보일 뿐이었다. 그야말로 부와 빈곤이 공존했다. 사회 안정의 대들보라고 할 중산층은 아직 태어나지도 않은 상태였다. 따라서 미국인들은 갈래갈래 분열되어 서로 상대방을 적대적인 눈빛으로 쏘아보고 있었다. 언덕배기와 해변에는 반짝거리는 호화 저택들이 있었다. 거기에 사는 사람들은 높은 실크해트를 쓰고, 갖은 보석으로 치장하고, 멋진 레스토랑에서 굴 요리와 샴페인을 즐겼다. 한편 공동주택과 하숙집에 사는 "다른 반쪽"은 빵과 당밀로 연명하며 그저 자식들이 좀 더 나은 삶을 누릴지도 모를 미래를 꿈꿀 뿐

---

* 음악, 촌극, 춤, 마술, 서커스 등이 다양하게 뒤섞인 쇼.
** 플로렌즈 지그펠드가 기획 제작한 연작 쇼. 브로드웨이 쇼와 고급 보드빌 쇼의 중간쯤 되었다고 한다.

이었다.

당시 미국 진보주의자들은 부패와 독점자본에 맞서 싸우기 위해 정부를 움직이기 시작했다. 하지만 수많은 사람은 여전히 구질서를 자연스럽게 받아들였다. 불만이 있다고 해도 주당 노동시간이 60시간이 넘었으니 이를 변혁하고 어쩌고 할 시간 여유도 없었다. 하지만 "전 세계 노동자"가 들고 일어설 때 비로소 세상이 바뀐다고 믿는 이들이 있었으며, 반대편에는 그런 일을 막기 위해서라면 무슨 짓이든 할 준비가 되어 있는 자들도 있었다. 이 양쪽이 매사추세츠주의 한 공장 도시에서 충돌했을 때 실로 영웅적인 투쟁이 나타났고, 미국의 가능성을 일깨워주는 공동체가 만들어졌다. 그런 공동체를 만드는 작업은 새벽에 시작되었다.

차례

추천사 왜곡과 망각을 넘어 '빵과 장미'를 찾아서　　10
머리말 영웅적인 투쟁, 새로운 공동체　　15

1부　아메리칸드림, 희망과 악몽

1장　빵 네 덩이 파업　　27
2장　이민자들의 도시　　65
3장　메리맥강 전투　　89
4장　성조기와 총검　　119
5장　다이너마이트 음모　　151
6장　통제 불능에 빠지다　　183

2부 역사의 법정에서

7장	두 쪽이 난 나라, 미국	213
8장	아이들의 탈출	247
9장	경찰의 무자비한 폭력	299
10장	1912년, 의회 청문회	329
11장	미국식 양탄자	359
12장	"자유의 깃발이 여기에 있다"	387

맺음말 헌신자와 순교자   427

옮긴이 해제 영원한 현재의 이야기   455
주   463
참고문헌   525
찾아보기   535

1부

아메리칸드림, 희망과 악몽

천을 짜는 신이 천을 짠다. 베틀 돌아가는 소리에 그는 아무것도 듣지 못한다. 인간들의 음성도 전혀 듣지 못한다. 베틀을 바라보는 우리 또한 시끄러운 소리에 귀가 멀어버린다. 그리고 베틀에서 멀어진 뒤에야 비로소 베틀의 시끄러운 소리로 이야기하는 천 가지 목소리를 듣게 될 것이다.

―허먼 멜빌, 『백경』

1장

빵 네 덩이 파업

미국에 가면 도로가 몽땅 황금으로 포장돼 있다는 얘기를 듣고 미국으로 왔다. 그런데 미국에 와서 나는 세 가지를 알게 되었다. 첫째, 도로는 황금으로 포장돼 있지 않다. 둘째, 도로는 아예 포장돼 있지 않다. 셋째, 도로를 포장해야 할 사람은 바로 나다.

―옛 이탈리아 속담[1]

하루 일과는 호각 소리로 시작한다. 끝날 때는 종소리가 울린다.

새벽 6시가 되기 조금 전이다. 도시는 아직 깊은 잠에 빠져 있고, 북극에서 내려온 차가운 공기에 온통 뒤덮여 있다. 하지만 공장에서는 호각 소리가 울린다. 우람한 빌딩들과 공장 굴뚝이 그리는 어두운 스카이라인을 가로질러 호각 소리가 또다시 반복해서 울린다. 매번 울리는 호각 소리가 평소보다 더 날카롭게 들리는 까닭은 1월의 매사추세츠라고 해도 정말 너무나 추운 아침이기 때문일 것이다. 영하 40~50도의 냉기가 미국 중서부를 강타했고, 심지어 텍사스주의 갤버스턴 해변에도 눈이 내렸다고 한다. 뉴잉글랜드 지역에서는 보스턴 북쪽 30킬로미터 지점에 있는, 길고 수심이 낮은 메리맥강 위에 얼음장 같은 공기가 꼼짝 않고 버티고 있었다. 공장의 호각 소리는 마치 아기 울음소리처럼 새벽 공기를 찢어놓았다. 퍼시픽 공장과 아이어 공장, 에버릿 공장과 애틀랜틱 공장, 워싱턴 공장과 알링턴 공장, 작은 쿤하트 공장과 멋진 우드 공장을 비롯한 모든 공장에서 호각 소리가 귀를 찢는다.

노면전차가 굉음을 내며 도심을 지날 때면, 공동주택 창가에 흐릿한 전등과 석유등이 하나둘씩 켜지기 시작한다. 그러면 사람들은 충혈된 눈으로 발을 구른 뒤 비틀거리고 덜덜 떨면서 어두운 부엌으로 간다. 수도꼭지를 틀지만 수도관이 얼어붙어 둔탁한 소리가 날 뿐, 물은 전혀 나오지 않는다. 아기들이 이유 없이 울어젖히지만, 부모들은 아기들이 지금 어떤 기분인지를 너무나 잘 안다. 좁은 집에 탈의실 따위가 있을 리 없으니 어떻게든 몸을 숨긴 상태에서 여자들은 풀 먹인 흰색 블라우스에 몸뚱이를 쑤셔 넣고, 남자들은 작은 거울에 이리저리 **몸**을 돌려 자기 모습을 점검하고는 면도칼로 수염을 깎기 시작한다. 아침밥이 나온다. 어떤 집에서는 빵과 당밀을 먹지만, 빵만 먹는 집도 있다. 이렇게 아직 사람이나 도시나 깊이 잠들어 있을 때 로렌스시 노동자들은 공장으로 향했다.

황량한 뒷골목과 썩어가는 빈민가의 좁은 골목에서 "노동"이 모습을 드러낸다. 긴 치마를 휘날리고 머리카락은 머리통 위로 밀어 올린 여자들 무리가 목조 오두막에서 나와 팔짱을 낀 채로 걸어간다. 정말이지 구덩이에 불과한, 달리 뭐라고도 할 수 없는 집에서 온 가족이 튀어나온다. 단 두 개의 방에서 무슨 마술처럼 여덟 명, 열 명, 무려 열두 명이나 되는 사람들이 튀어나온다. 싸구려 천으로 된 모자를 쓴 남자들이 화재 탈출용 비상계단으로 우당탕 뛰어 내려온다. 속바지만 입은 소년들은 지름길이랍시고 건물들의 평평한 지붕으로 뛰어간다. 연통을 피해 좁은 건물들 사이를 뛰어넘고 금방이라도 무너질 것 같은 계단을 후다닥 내려와 길거리로 쏟아져 나온다. 불과 몇 분 만에 2만 8000명이나 되는 사람들이[2](그야말로 도시 안의 또 다른 도시이다) 출근길에 나타난다.

지구상의 어떤 집단도 이들만큼 다양하지는 않을 것이다. 그야말로 각양각색이다. 여덟 명 중 일곱 명은 외국 출생이거나 이민자의 자식이다. 미국에 온 지 5년도 채 안 되는 이들이 절반이었다. 당시에 새로 만들어진 용어인 이 "용광로"*에는 무려 쉰한 개 나라에서 온 사람들이 갖은 양념처럼 들어가 있었다.³ 갈리시아에서 온 폴란드인, 시칠리아에서 온 이탈리아인, 오스만제국에서 온 시리아인**, 리가와 오데사 같은 머나먼 항구 도시에서 이주한 유대인. 또 이들 옆에는 스코틀랜드인, 아르메니아인, 포르투갈인, 벨기에인, 독일인, 영국인, 프랑스계 캐나다인, 러시아인, 그리스인, 아일랜드인…… 이외에도 수십 개 나라에서 온 사람들이 섞여 있었다.

이들의 얼굴에서는 시커먼 커피색에서 깃털처럼 새하얀 색에 이르기까지 온갖 색을 찾을 수 있었다. 남자들은 덥수룩한 검은색 콧수염을 길렀고, (얼굴이 예쁘기도, 통통하기도, 바싹 마르기도 한) 여자들은 숄을 두르거나 꽃이 달린 모자를 쓰고 있었다. 그들은 고국에 두고 온 가족들과 같은 성을 쓰고 있었다. 마리아와 주세페, 한스와 헬가, 사디와 오토 등. 하지만 노동자들에게는 또 다른 딱지가 붙어 있었다. 공장의 임금지급명부에는 이들이 직종에 따라 분류되어 있었으니, 방적공, 방직공, 관사공, 스풀러, 얀 보이, 카더, 피커 등이었다. 십장들은 이들을 이름으로 부르지 않고 이탈리아 놈들과 스페인 놈들, 유대인 놈들, 캐나다 놈들, 폴란드 놈들, 헝가리 놈들, 아일랜드 놈들 등으로 불렀다. 그리고 로렌스시의 상류층은 오래전 미국의 식민지 시대부터 내려오는 양키 가문 사람들이었으니, 이들이 보기에 그런 노동자들은 한마디로 "장삼이사"였던 것이다.

일터로 몰려가는 "장삼이사" 떼거리는 나이도 천차만별이었다. 키가 큰 열두 살짜리는 자기가 열네 살이라고 속이는 노동허가증을 가지고 있었으며 나이가 쉰에 가까운 사람들도 많았다. 개중에는 좀 더 나이가

---

*   여러 인종들이 뒤섞여서 동질화된다는 의미로 미국 사회를 일컫는다.
** 당시 시리아를 비롯한 중동 일대는 오스만제국이 통치하고 있었다.

많은 이들도 있었지만, 공장에서 그렇게 오래 버틸 수 있는 사람들은 많지 않았다. 습하고 탁한 공기 속을 떠도는 섬유질을 흡입하면 10년 안에 3분의 1이 죽어나갔다.[4] 이들은 영양실조 상태에 있었으므로 폐결핵, 폐렴, 그리고 "양털선별꾼의 질병"으로 알려진 탄저병 등에 희생되기 일쑤였다.[5]

기계에 몸이 박살 난 사람, 베틀이나 물레 사고로 불구가 된 사람도 있었다. 퍼시픽 공장의 경우, 불과 단 5년 만에 1000회의 사고가 일어났으니, 공장이 돌아가는 동안 사흘에 이틀 꼴로 사고가 난 셈이다.[6] 사고와 질병을 피할 수 있었던 이들이라 해도 몸이 마치 넝마처럼 너덜너덜해져갔다. 로렌스시 의사들과 성직자들의 평균 수명은 예순다섯 살이었다. 공장 보스들은 쉰여덟 살이었다. 하지만 보통 공장 노동자의 수명은 서른아홉 살이었다.[7] 하지만 이 얼음장 같은 아침을 뚫고 마리아, 주세페, 한스, 헬가를 비롯한 노동자 2만 8000명이 각자 명운을 걸고 일터로 행진한다. 공장주들은 이런 모습만으로도 그들을 총칭하는 한 단어를 얻을 수 있었다. 바로 "노동"이다.

메리맥강으로 흘러 들어가는 시냇물들처럼 "노동" 또한 여러 도로를 흘러가는 물줄기를 이루었다. 쓰레기 냄새가 코를 찌르는 뒷골목을 지나 이들은 오크 앤드 엘름, 밸리 앤드 파크*와 같이 엉뚱한 이름이 붙은 지저분한 도로들을 통과했다. 그리하여 에식스 스트리트로 쏟아져 나온 다음에는 머리통, 모자, 얼굴의 폭포수를 이루어 도심의 5층짜리 화려한 가게들을 노도처럼 휩쓸고 지나갔다. 조업 시작을 알리는 호각 소리가 울리기 불과 몇 분 전에 이들은 속도를 내는 듯했지만, 갑자기 삼삼오오 흩어져버리고 말았다. 사람들 사이에 소문이 돌고 있었기 때

---

* 오크나무와 느릅나무 길, 계곡과 공원 길.

문인 듯했다. 이미 전날 밤 여러 소문이 뒷골목, 계단, 바글거리는 공동주택들을 휩쓸고 지나간 바 있었다. 이 소문들은 불길하지만 의미심장했고 경탄과 영감을 자아냈다. 목요일 오후 에버릿 공장에서 폴란드 여자 200명이 일을 멈추었대![8] 소리도 안 지르고 공장을 나가지도 않고 베틀 옆에 그냥 장승처럼 서 있었다는구먼. 통역사들을 통해 왜 일을 안 하느냐고 물었더니, "임금이 모자라요"라고 답했대. 그래서 당장 나가라고 하니까 이 여자들이 모두 함께 나가 버리자고 소리를 지르기 시작했대. 그래서 베틀 1000대가 딱 멈추고 조업이 중단되었다는 거야![9] 밤새 이 소문이 여러 공동주택 지구를 돌아다녔다. 이제 소문은 어스름한 새벽빛을 받아 한 단어로 모습을 드러냈지만, 이를 표현하는 언어는 수십 가지였다. 이탈리아어로 sciopero, 프랑스어와 포르투갈어로 greve, 폴란드어로 strajkuja, 리투아니아어로 streikokim, 이디시어로 shtrayken, 독일어로 streik, 영어로 strike, 즉 "파업"이었다.

사람들은 강가에 늘어선 열 개가 넘는 공장들로 흩어졌고, 길거리를 따라서, 다리를 건너서, 몇 블록에 걸쳐 늘어선 붉은 벽돌 건물의 위압적인 정면을 따라서 계속 흘러 나갔다. 공장 문이 조금씩 열리자 노동자 2만 8000명은 녹은 쇳물처럼 문 사이로 흘러 들어가 공장을 가득 메웠다. 커다란 시계를 지나, 삐걱거리는 나무 계단을 지나, 기계류로 가득 찬 공간을 비집고 들어가 자기 위치를 찾아갔다. 그러자 모든 공장 문이 다시 잠겼다. 마지막 호각 소리가 울리면서 아침 "조업 개시"를 알렸다. 그러자 요란하게 으르렁대는 소리와 함께 온 도시의 기계, 터빈 수천 대가 돌아가고 증기가 뿜어져 나오고 노동자들이 일어나 근육을 움직여 작업을 시작했다. 새로운 노동의 하루가 시작된 것이다.

공장의 방 하나는 이탈리아 르네상스 시대 투시원근법이 적용된 스케치 같아서 공장 전체를 내려다볼 수 있었다. 이 방의 넓은 천장은 대들보가 격자 형식으로 교차하는 구조인데 이 대들보를 지탱하는 기둥들은 소실점을 향해 10미터, 20미터, 100미터를 물러나는 것처럼 보였다. 건물 높은 곳에 한 줄로 주욱 달려 있는 창문을 통해 들어온 빛이 마치 구름 사이를 비집고 나온 햇빛처럼 허공에 직선을 그리고 있었다. 해가 짧은 겨울에는 이게 일요일 일몰부터 토요일 정오 사이에 볼 수 있는 유일한 햇빛이었다. 노동자들이 들을 수 있는 유일한 소리는 그들 두뇌로 끝없이 쑤시고 들어오는 기계의 굉음이었다. 아침부터 공장의 가동 속도가 빨라지자 노동자들은 무슨 일이 일어났음을 직감했지만, 기계가 전속력으로 움직이는 공장에서 대화는 불가능했기에 마음속 걱정을 나눌 새가 없었다. 기계가 돌아가기 시작하자 대화는 뚝 끊겨버렸다. 번호표가 달린 멜빵 작업복을 입은 남자들과 긴 치마를 입은 여자들이 침묵 속에서 열심히 자기들 기계를 돌보았고, 가끔 이런저런 명령을 내지를 뿐이었다.

어느 공장이나 방직기가 설치된 방이 중추에 해당했다. 아래층에서는 여자들과 아이들이 면화나 양털을 씻고, 실을 자아 물레축과 베틀에 감는 일들을 했으며, 이 실은 맨 위층으로 모이게 되어 있었다. 여기에는 동력 베틀이 있었다. 남자 키보다는 낮지만 트럭만큼 폭이 넓은 동력 베틀은 강철로 된 틀에 나무 날실틀 세 개가 매달려 있었고 날실틀 하나하나에는 하프처럼 끈이 달려 있었다. 날실틀은 도르레에 연결되어 1초도 안 되는 시간에 위로 올라갔다 아래로 내려가기를 되풀이하며 끊임없이 탁탁 소리를 냈다. 날실틀이 위로 올라갈 때마다 강철로 된 팔이 실이 담긴 북*을 한쪽에서 다른 쪽으로 내던지면 북은 소리를 내면서 1초에 두 "픽^{pick}"** 이상을 왔다 갔다 한다. 동력 베틀 아래에는 마

* 베틀에서, 날실 틈으로 왔다 갔다 하면서 씨실을 푸는 기구.
** 씨실이 한 번 통과하면 이를 "1픽"으로 센다.

치 동화에 나오는 거인의 아내가 남편 양말을 꿰맬 때 사용하는 것 같은, 폭 1.2미터 크기의 커다란 실뭉치가 있어서 기계에 계속 실을 대준다. 그러면 기계 뒤쪽으로 섬유가 굴러 나온다. 폭이 넓고 부드러워 이제 감수만 하면 되는 천이다. 베틀 하나하나가 너무 빨리 움직이기 때문에 방직공은 감히 눈을 다른 데로 돌릴 새가 없지만, 그래도 탁탁거리고 투닥거리는 기계 소리에 빠져든 채로 한 번에 베틀 열두 개를 돌봐야 하는 이들이 많았다.

장장 수천 제곱미터에 걸쳐 펼쳐진 방에 죽 늘어선 베틀 기계들이 이런 소음을 한꺼번에 토해놓는다고 상상해보라. 이것이 바로 공장에서 들려오는 불협화음이다. 어떤 노동자들은 자기들이 이 투닥 소리에 익숙해졌다고 완강하게 주장했고,[10] 어떤 이들은 이 소리 때문에 미칠 지경이라고 했지만, 많은 이들은 이 소리에 무언가 최면 효과 같은 것이 있음을 알게 되었다. 방직기 방에서 나는 소리는 무작위적인 웅웅 소리가 아니라 나름의 고약한 연주음이었다. 모든 기계가 작동하는 속도가 달랐던 데다 박자도 끊임없이 변했다. 한 30초 동안은 방에서 나오는 소리에 싱커페이션이 걸린 것같이 **라**-타-타, **라**-타-타 소리가 났다. 그 다음에는 일부 기계들이 속도를 따라잡고 다른 것들은 뒤처지면서 방 전체가 클랙-**클랙**-클랙-**클랙** 소리를 내서 마치 일정한 리듬에 따라 행진하는 듯했다. 노동자가 이 새로운 리듬에 적응할 만하면 기계들의 스텝이 또다시 서로 어긋나서 싱커페이션으로 돌아간다. **라**-타-타, **라**-타-타. 이어 **클랙**-**클랙**-클랙-**클랙**. 매일 열 시간씩. **라**-타-타, **라**-타-타. **클랙**-**클랙**-클랙-**클랙**. 일주일에 6일씩. 일요일 하루를 쉬어봤자 노동자의 머릿속에서는 이 리듬과 소리가 떠나지를 않으며, 월요일이 되면 또다시 울리기 시작한다. 1912년 1월 12일 금요일 아침에도 클랙 소리가 왕왕거리고 있었다. 이날도 이 소리는 10시간 동안 지속될 예정이었지만, 2시간도 채 못 되어 문제가 터졌다.

워싱턴 공장에서 조업이 개시된 직후 젊은 남자들과 소년들이 공장 문 바깥 북운하北運河 근처에 집결한 것이다.[11] 아무도 이들에게 주목하지 않았다. 공장 문 근처의 작은 사무실에 있던 급여 담당자 찰스 키친이[12] 임금 계산을 끝내는 참이었다. 매주 금요일에 그렇듯이 키친은 작은 손수레를 끌고 공장 방마다 돌아다니며 주급 수표를 나누어 주려 하고 있었다. 하지만 오전 9시가 되었을 때 키친은 함성 소리를 들었다. 창 너머 뿌옇게 공장 문을 열어젖히고 들어오는 사람들의 팔뚝과 등이 보였고, 이들은 곧 공장 안마당을 가득 채웠다. 키친은 곧바로 경찰에 신고했다. 잠시 후 곤봉을 차고 순찰을 돌던 순경 하나가 나타났지만, 이미 2000명이나 되는 사람이 공장 바깥에서 무리를 이루고 있어 속수무책이었다.[13] 한편 공장 안에서는 기계 소음이 계속 들리는 가운데 1층 작업실 몇 군에서 둔탁한 함성이 울려 퍼졌다.

어느 목격자의 회상에 따르면, 이 파업은 "전기 불꽃처럼" 시작되었다.[14] 남자들과 소년들이 공장으로 뛰어 들어가면서 소리 질렀다. "임금이 너무 적다! 다 나와! 다 나와!" 깜짝 놀란 노동자들 옆을 남자들 몇 백 명이 쏜살같이 뛰어 지나가면서 공장 더 깊숙이 들어갔다. 몇 분이 지나자 더 많은 사람이 기계를 떠나 버렸다. 이들은 워싱턴 방직 공장을 관통하여 우르르 몰려가 함성을 지르면서 다른 이들에게도 동참하라고 요구했다. 몇 사람은 칼을 꺼내, 기계들을 오버헤드 캠축에 연결하는 고무 밴드처럼 위로 솟구친 벨트들을 난도질했다. 거슬리는 찍 소리가 길게 울리면서 고무 조각들과 천 조각들이 바닥에 떨어졌다. 기계들은 멈추어버렸다. 남자들은 방적틀에서 실패들을 떼어내 들어 올려 내동댕이쳤다. 얼굴이 새파랗게 질린 소녀들이 겁을 먹고 뒤로 물러섰다. 소년들은 긴장한 얼굴로 씩 웃었다. 몇몇 여자들은 기절했지만, 다른 여자들은 각자의 위치를 벗어나 군중에 합류했다.

성난 노동자들은 공장을 통과해 몰려가면서 깃발 두 개를 펼쳤다. 하나는 미국 국기인 성조기였고 다른 하나는 붉은색, 흰색, 녹색이 어우러진 이탈리아 국기였다. 이들은 작업 위치에 이를 때마다 여전히 일을 하고 있는 이들에게 기계에서 떨어져 나오라고 애원하고 협박하고 호소하는 한편 두 깃발을 들고 행진하기 시작했다. 한편 공장 감독관들은 이런 소음에 아랑곳 않고 소리를 질렀다. 이 광란에 합류하지 말고 계속 "일손"을 움직이라는 것이었다.

"토니, 위치로 돌아가! 너 잘라버릴 거야!"

"잘러 씨발, 이거 안 해!"[15]

자기 위치를 지키고 있거나 작업실에 있는 노동자들은 "모두 밖으로 나와!" 하고 외치는 소리를 들었다. 여기 끼어들어 말려보려는 자는 두드려 맞고 뺐었다. 실 감는 작업을 하던 방에서는 감독관이 굴대로 두들겨 맞아 머리에서 피가 솟구쳤다. 또 다른 감독관은 누군가 집어던진 실패에 맞았다. 사람들은 공포에 휩싸였고 거짓 소문이 퍼지기 시작했다. 어떤 여자는 기계를 떠나지 않겠다고 고집을 피우다가 칼빵을 맞았대![16] 총 맞은 사람도 있대!

경찰이든 보스든 누구를 막론하고 성난 군중이 기계로 돌아가게 만들 수는 없었고, 고삐 풀린 노동자들은 공장을 아예 작살을 내버렸다. 모터를 파괴했고 동력 베틀에 연결된 실들을 모두 끊어버렸다. 완성된 천들은 칼로 난도질을 했고, 전구는 모두 깨버렸고, 손으로 들 수 있는 것들은 모조리 내동댕이쳤다. 비록 공장 직원 대부분은 원래 위치에 머물렀지만, 노동자 800여 명은 파업에 동참했거나 아니면 밖으로 끌려나갔다.[17]

한편 다른 공장에서 온 파업 노동자들이 공장 문 앞으로 집결하고 있었다. 더 많은 사람이 경찰에 연락을 취했고, 경찰관 두 명이 공장으로 들어갔다가 각종 연장을 들고 덤벼드는 노동자들에게 둘러싸여 곤욕을 치렀다.[18] 하지만 군중은 곧 으뜸가는 표적은 워싱턴 공장이 아니라는 판단을 내린다. 로렌스에서 가장 미움받는 자가 있으니, 그놈에게 한방 먹이면 얼마나 통쾌하겠는가. 그리하여 성난 노동자들은 대로로 쏟아져 나와 메리맥강을 향했다. 이들의 목표는 은행까지 갖추고 있는 세계 최대의 공장이었다.

미국 역사상 가장 극적인 장면을 연출한 이 파업은 32센트 임금 삭감으로 일어났다. 하지만 경영자 측은 시간당 임금은 전혀 깎이지 않았다고 반복해서 강조했다. 1912년 1월 1일을 기해서 매사추세츠주에서는 새로운 노동법이 발효되었고, 주당 노동시간이 56시간에서 54시간으로 줄어들었다. 노동자들은 이러한 노동시간 단축을 환영했지만, 절대 급여가 삭감되지 않아야 한다는 조건을 분명히 제시했다. 1월의 첫 2주간은 노동자들도 공장 측이 이 법을 어떤 식으로 적용할지를 알아내려고 백방으로 노력했다. 어떤 이들은 아메리칸 모직 회장인 윌리엄 우드(노동자들이 "빌리 우드"*라고 조롱하는 이였다)에게 친전親展이라고 적은 등기우편을 보내기도 했다.

아메리칸 모직은 로렌스에서 가장 큰 공장 네 개를 소유했으며, 이 도시의 섬유 노동자 절반을 고용했다.[19] 빌리 우드는 이따위 편지에 답신을 쓰기에는 너무 바쁜 사람이었다. 다른 노동자들은 공장 경영진을 만나기도 했지만 아무것도 알아내지 못했다. 지난번 주 의회에서 노동시간 단축을 의무화했을 때(1909년)는 주당 임금이 깎이지 않았지만 그

---

* 21년의 짧은 생애 동안 스물일곱 명을 살해한 것으로 알려진 악명 높은 무법자 '빌리 키드'에 빗댄 별명으로 보인다. 빌리는 윌리엄의 애칭이다.

후 연 이윤이 44퍼센트나 폭락했으므로[20] 이번에는 공장주들이 인색하게 굴 분위기였다. 커다란 시계 위에 붙은 알림판에 새로운 노동법 내용이 적혀 있었지만, 임금에 대한 언급은 없었다. 대신 신문과 업계 소식지에서 관련 내용을 찾아볼 수 있었다.

파업이 터지기 전날, 《로렌스 텔레그램》은 사설로 공장주들의 딜레마를 설명했다. "공장 노동시간이 주 56시간에서 주 54시간으로 줄어들어도 전과 똑같이 임금을 지급하라는 요구는 사실상 임금 인상 요구이다. 우리도 공장에서 노동시간은 줄이고 임금은 올리길 바란다. …… 하지만 이 공장들도 경쟁이라는 철의 법칙에 따라 운영해야만 한다. 다른 주의 경우 주당 60시간 이상 노동이 허용되고 있으며, 이 공장들과 경쟁하지 않을 수가 없는 것이다."[21] 섬유업계 소식지인 《섬유와 직물》은 더욱 직설적으로 발언했다.

이 54시간 노동법은 명백히 인민들의 자유에 대한 직접 간섭이다. …… 법률을 통해 현실적으로 노동계급의 소득 창출 능력을 빼앗아 가버린다면, 이 법이 적용되는 주의 사람들이 누려야 할 삶의 후생을 해치게 되는 것이다. 우리 도시의 섬유 공장에서 여자들이나 미성년자들이 과도한 노동을 하는 일은 심지어 주당 노동시간이 60시간이 넘었던 시절에도 벌어진 적이 없으며, 이는 지금도 마찬가지이다. 우리의 공장 마을에는 열 살이나 열두 살에 일을 시작하여 평생 행복하게 노동자로 살다 이제 퇴직하여 노동의 결실을 누리는 중년층과 노년층이 무수히 많다.[22]

메시지는 아주 명확했다. 새 노동법은 사실상 임금삭감법이었고 이를 감지한 노동자들은 '공장 철수'를 이야기하기 시작했다. 1912년 1월 첫 주에 많은 공장에서 정오 회합이 열렸다. 숙련공들만 참여할 수 있었다.

엄청나게 많은 미숙련 노동자들은 알아서 행동해야 했지만, 그중 일부는 지역 노조 지부를 만드는 작업에 들어갔다. 방적공들, 방직공들, 베틀수리공들은 1월 3일 세계산업노동자연맹(이하 IWW)의 20지부에서 자체 집회를 열었다.[23] IWW 조합원은 로렌스시에 300명뿐이었다.[24] 모두 물레의 실패처럼 대체 가능한 하잘것없는 존재들이었다. 이들 몇 백 명이 공장에서 철수해봐야 공장 보스들로서는 그저 몇 시간 전력이 나간 셈 치면 그만이었다. 20지부에서는 그전에 두 번이나 파업을 시도했지만 모두 실패했다. 불과 7년 전에 설립된 IWW는 피켓라인에서 그러듯이 자기들의 시끌벅적한 집회장에서도 싸움을 벌였다.

사람들은 이들을 "워블리"라고 불렀지만, 왜 그렇게 부르는지는 아무도 알지 못했다. 이들은 자기들만의 노래, 자기들만의 농담, 자기들만의 신조가 있었다. 워블리들은 노동계급과 사용자 계급 사이에 공통의 이해 따윈 전혀 없다고 믿었다. "계급 전쟁이 임박했으며, 노동계급이 이기게 되어 있다!" 워블리들은 이렇게 설교했다. 이들은 "거대한 단일 노조!"를 외치면서 콜로라도주의 납 광산과 네바다주의 금밭에서 머리통이 깨지는 파업을 벌인 바 있었다. 하지만 여기는 뉴잉글랜드이다. 워블리들은 이 지역의 작은 섬유 도시 몇 군데에서 자신들의 전술을 시도해보았지만,[25] 로렌스만 한 도시에서 행동을 조직해본 적은 전혀 없었다. 그래서 IWW가 파업을 조직할지도 모른다고 진지하게 걱정하는 사람은 없었다. 베틀수리공들이 파업을 경고하여 《로렌스 트리뷴》 1면을 장식했지만[26] "메리 케네디가 휘스트 카드 게임에서 상을 타다"와[27] 같은 헤드라인이 달린 기사도 똑같은 비중으로 나란히 보도되었다. IWW 집회 기사는 뒷면 어딘가에 처박혀 있었다. 그리고 어떤 신문도 바싹 마른 꼿꼿한 이탈리아인 한 명의 동향은 언급하지 않았다.

1912년의 처음 2주간 파업 이야기는 대부분 이탈리아인들이 시작했으며, 이들에게 열기를 불어넣은 사람이 하나 있었다. 하지만 1월 12일 싸움이 시작되었을 때 이 남자는 노동자들 사이에 없었다. 안젤로 로코는 로렌스 고등학교에서 수업을 듣고 있었다. 당시 스물여덟 살로 로렌스 고등학교에서 가장 나이가 많은 학생이었다. 키가 작았지만 체격은 건장했다. 눈에는 까만 점이 박혔고 광대뼈가 튀어나왔으며 머리는 곱슬이었는데 이탈리아어와 프랑스어를 유창하게 했다. "나는 프랑스어도 알고 이탈리아어도 알고 이 동네 지리도 잘 알아요."²⁸ 하지만 로코는 액센트가 심한 치코 막스*식 영어를 썼고, 문장을 끝낼 때마다 "이해되우? 이해되우?"라는 말을 덧붙였다. 로코는 어느 나라 언어로 말을 하든 독특한 방법으로 자기 의사를 표현할 줄 알았으며, 비록 그날 아침 몸은 파업 노동자들과 함께 있지 않았지만 마음만은 함께했다. 불과 이틀 전 밤에 로코의 연설을 들은 사람이라면 그가 공장의 현실을 모르는 사람이 아님을 알 수 있었을 것이다. 로코의 개인사를 아는 이들은 그의 이야기가 바로 자기들 이야기라는 사실을 알았다.

로코는 나폴리에서 북쪽으로 60~70킬로미터 떨어진, 바위산 중턱의 마을 로카몬피나를 떠나왔다. 로코의 집에서는 어머니가 남편과 네 아이가 입을 옷을, 손베틀로 천을 짜고 한땀한땀 바느질을 하여 모두 만들었다. 로코는 처음에 프랑스로 가서 2년 동안 일한 뒤 잠시 고향으로 돌아갔다가 이번에는 이탈리아 이민자들이 "라메리카"^(La 'Merica)라고 부르는 땅으로 훌쩍 뛰어 넘어왔다.²⁹ 로코는 회상했다. "미국으로 이주하면 살림이 펼 거라는 느낌이 들었죠." "이탈리아에서 살기 싫거나 뭐 그런 것은 아니었어요. 그냥 미국에 오면 더 잘살 수 있으리라 생각한 거죠." 그는 열아홉 번째 생일인 1902년 12월 13일 자유의 여신상을 처음으로

---

* 미국의 코미디언, 배우로 활동했으며 초라한 옷차림에 곱슬머리 가발과 티롤식 모자를 쓰고 등장해 마치 이탈리아 시골 출신으로 보였다.

보았다. 어떤 이민자들처럼 배에서 내리자마자 이 새 땅에 무릎을 꿇고 눈물을 흘리며 미국 국가를 불렀는지는 아무도 모르지만, 다시 유럽으로 돌아갈 생각은 전혀 없었다. 그는 이제 "아메리카"에 왔으며, 여기 온 목적대로 돈을 벌기 위해 일을 했다.

몇 년 동안 로코는 야심 차게 살았고, 베틀 위의 북처럼 힘차게 여기저기로 뛰어다녔다. 처음에는 이모가 사는 로드아일랜드의 포터킷으로 가서 한 공장에서 일자리를 잡았다. 그다음에는 임금을 많이 주는 일자리를 찾아 프로비던스로 갔다가 결국 미국 최대의 섬유 도시 로렌스로 와서 이탈리아인 다섯 명과 방 하나를 함께 쓰고 살았다. 로코는 부자들이 입는 양복에 쓰이는 소모사를 만들었으나 이 일이 너무 시시하다 여겨 결국 도시를 떠나게 되었다. "나는 이런 일 할 사람은 아니에요." 그는 메인주의 비드퍼드로 이주하여 방직공이 되었고, 주급 10달러를 집으로 가져갔다. 이렇게 저축한 돈으로 처음에는 동생, 다음에는 어머니와 아버지, 두 여동생 등 이탈리아에 있던 가족을 모두 데려왔다. 그는 가족들을 정착시키고 일자리를 구해준 다음 다른 도시로 또 떠났다. 메인주의 요크빌, 버몬트주의 벌링턴을 거쳐 인근의 위누스키에 정착했다. "위누스키는 우리가 세웠고, 거기 경제도 우리가 일으켰어요. 이해되우? 이해되우?" 로코는 다시 메인주의 스코우히건을 거쳐 이스트매디슨으로 갔다.

시어도어 루스벨트에 이어 윌리엄 하워드 태프트가 대통령이 되었을 때 로코는 더 나은 시대가 오리라 기대했다. 이번에도 공화당 대통령이 취임했으니, 사업 분위기는 좋을 거야. "우리는 모든 상황이 좋아질 거라고 생각했죠. 당시 나는 훌륭한 방직공이었고 방직 일이라면 아주 빠삭했거든요. 공장 한 부문의 감독관이 될 수도 있었어요. 그래서 생각했죠. '로드아일랜드의 운소킷으로 가자.' 가는 길에 로렌스에 잠깐 들렀어요. 1908년 12월, 대통령 선거 직후였죠. 그런데 로렌스에 있는 지인들이 여기 그냥 눌러앉으라는 거예요."

로렌스에는 가족도 있고 친구도 있었지만, 로코와 같은 야심찬 젊은 이에게는 또 다른 이점이 있었으니, 바로 야간 학교였다. 그는 로렌스에 정착하자마자 학교에 입학하여 우드 공장에서 온종일 일한 뒤에 야간 수업을 들었다. 로코는 스물다섯 살 나이에 5학년 과정에 배정되었다. 가족은 수돗물도 안 나오는 방 두 개짜리 아파트에 살았다. 타고나기를 명민했던 로코는 5학년 과정에서 1년을 보낸 다음 고등학교로 월반하게 되었다. 항상 저축하고 또 저축하던 끝에 "어떤 유대인 신사"로부터 3층짜리 공동주택을 한 채 사들였고 이때부터 집세를 받기 시작한다. 그런 종류의 주거지들이 20년간 "플레인스" 지역에 마구 생겨났다.[30] 아파트가 빽빽이 들어찬 로렌스시의 빈민 구역이 사방으로 퍼져나간 것이다. 로코는 구입한 지 2년 만에 집을 팔아 손에 쥔 돈으로 공장을 그만두고 낮에는 고등학교에 다녔다. 열심히 공부해 법률가가 되고 싶었던 것이다. 로렌스시에 사는 이탈리아인들은 8000명에 달했지만,[31] 고등학교를 다니는 이탈리아인은 한 사람도 없었고 모두 일을 하고 있었다. 이런 연유로 1월 12일 아침에 로코는 학교에 있었던 것이다. 하지만 밤이 되면 또 다른 분야의 숙제를 열심히 했다.

이탈리아인은 로렌스에서 평판이 그다지 좋지 못했다. 1891년 처음으로 이탈리아인 마흔두 명이 로렌스시에 들어왔는데 노면전차 노동자들이 파업에 들어가자 대체 노동자, 속칭 '땜빵'으로 일하기 위해서였다. 이들은 평판 나쁜 선술집에서 짚단을 침대 삼아 첫날밤을 보냈지만, 다음 날 아침에 일어나 수백 명이 자기들을 둘러싸고 쏘아보고 있음을 깨달았다. 사람들은 이 이국적인 종족들에게 호기심이 일었고, 지금 하는 짓 때문에 화가 난 터라 이들이 세수하고 면도하는 과정을 유심히 지켜보았다. 그들 중 몇 사람이 바싹 다가오자 이 신참 이탈리아인 몇 명은 기겁을 하고 도망가 버렸다.[32] 나머지는 노면전차로 가서 일을 시작했다. 그때 이후로 이들은 악명 높은 '땜빵^{scab}'으로 불리게 되었다. 로코가 회상했다. "이탈리아 사람은 온전한 일자리를 잡을 수가 없었기 때문에 온갖 궂은일을 도맡아야 했어요. 그건 부인할 수 없어요. 돈도 아주 조금밖에 못 받고. 그래서 파업이 일어난 공장에서 '땜빵'이라도 해야 좀 좋은 일자리를 잡을 수 있었어요. 참으로 부끄러운 일이죠." 로렌스 시 사람들은 '얼마나 믿을 수 있는가' '얼마나 정직하게 일하는가'를 민족을 평가하는 척도로 삼았으므로, '땜빵' 일이나 하는 촌뜨기 이탈리아인을 가장 천한 족속으로 여겼다. 설상가상으로 이탈리아인은 아나키스트라고 알려져 있었다.

소수의 아나키스트가 유니언 스트리트와 가든 스트리트 근처의 "이탈리아 폴란드 구역" 여기저기에서 비밀 회합을 열었다. 여기에서 아나키스트들이 암살과 폭탄 테러 음모를 꾸민다고들 했지만, 이들은 대부분 그저 자유에 대해 이야기했을 뿐이다. 아무튼 '땜빵'이나 폭탄 테러범이라고 알려져 있었으니, 이탈리아인은 평판이 좋을 수가 없었다. 하지만 이제 다가오는 파업은 어쩌면 이런 평판을 바꾸어놓을 기회가 될 거라고 로코는 생각했다. 그리고 커먼 스트리트(여기에는 이탈리아인들이 우글거렸다)에서는 이번엔 아주 큰 파업이 일어날 거라는 말이 돌았다. 만약 이번에도 이탈리아 사람들이 '땜빵' 일이나 하려고 몰려간다면, 주세페와 마리아는 짐을 싸서 나폴리로 돌아가는 편이 나을 터였다. 로렌스 시에 남아서 일을 할 수는 있겠지만, 절대로 아일랜드 사람들처럼 의원으로 선출되거나 구역의 보스가 될 수는 없을 것이다. 또 영국인, 독일인처럼 상인으로 성공할 수도 없을 터였다. 이렇게 되면 평생 공장 일에서 빠져나올 수가 없다.

로코는 친구들로 하여금 돈 몇 푼보다 더 큰 것을 생각하게 하려면 자신이 리더십을 발휘할 필요가 있음을 깨달았다. 이번 파업은 모종의 조직가가 필요할 터인데, 그런 사람은 로렌스시 바깥에서 초빙해야 했다. 로렌스시 사람들은 자기 민족이라는 틀에 갇혀 아웅다웅하는 판이니, 이런 경계를 넘어서는 누군가를 외부에서 데려와야 애국심을 파업 전선의 무기로 바꿀 수 있으리라 본 것이다. 그리하여 주급이 나오기 전인 월요일에 로코는 '지라시'를 인쇄하여 커먼 스트리트에 뿌려놓았다. 모든 이탈리아인은 플레이스 지역의 중심에 있는 오크 스트리트 109번지 폴 채비스 홀에 모이라는 것이었다. 시간은 1월 10일 수요일 저녁 8시였다.

로코는 회상했다. "숙련공 조합원은 자기들끼리 모여서 공장주들이 임금을 삭감할 경우 파업으로 갈지 말지를 투표로 정했어요. 숙련공 조합원, 그러니까 독일인, 프랑스인, 영국인 들은 파업으로 가기로 결정했어요. 나는 이렇게 생각했죠. '그래, 지금이야말로 이탈리아 사람들도 파업을 파괴하려 들지 말고 다른 노동자들과 힘을 합칠 때야.'" 수요일 저녁이 되었다. 로코는 홀의 뒷문으로 슬쩍 들어갔고, 어스름한 불빛 속에서 홀 전체를 훑어보았다. 1000명이 홀을 메우고 있었다. 사방에서 사람들이 함께 앉아서 혹은 벽에 기대어 서서 이야기를 하고, 몸짓을 하며, 허공에 팔을 흔들고 있었다. 로코는 벽 하나를 돌아 무대를 향했다. 웅성거리는 군중 앞에서 무대에 올라 몸을 꼿꼿이 쭉 펴고 사람들에게 조용히 해달라고 말했다. "저는 사람들에게 질문을 던졌죠. 자, 이제 다른 나라 사람들은 다 파업을 한다고 합니다. 여러분은 어떻게 하실 겁니까?" 그러자 홀 전체에 외침이 울려 퍼졌다. "파업! 파업!" 동의하지 않는 이들이 설령 있었다 해도 뭐라고 할 분위기가 아니었다. 그러자 로코는 자기가 도움을 좀 청해볼 곳이 있을지 모른다고 말을 꺼냈다.

불과 6개월 전에 애틀랜틱 공장에서 소규모 파업이 일어났다. IWW 조직가인 제임스 톰슨이 로렌스시로 왔지만 이렇게 보잘것없는 파업 현장에서 할 수 있는 일이 거의 없음을 곧 깨달았다. 그는 20지부 회원들에게, 나중에 보다 큰 규모로 작업거부가 시작되면 조지프 에터를 부르라고 말했다.[33] 여러분 중에도 에터를 아는 분들이 있죠? 로코가 군중에게 말했다. 에터는 이탈리아인 조직가로서 한 해 전 봄에 로렌스시를 지나간 바 있었다. '웃는 얼굴 조'라는 별명으로 불렸으며, 오리건주의 벌목 현장에서 펜실베이니아의 철강 공장에 이르기까지 파업을 지도한 경험이 있었다.[34] 그가 와서 도움을 줄 겁니다. 로코가 말했다. 고맙습니다 여러분. 다 잘될 겁니다. 이탈리아인들은 로코의 연설에 큰 힘을 얻고 해산했다. 폴 채비스 홀의 내부 무대는 이제 텅 비었다. 무대는 홀 바깥에서 만들어지고 있었다.

1월 12일 오전 10시가 다가오자 군중이 험악한 기세로 워싱턴 공장에서 뛰쳐나와 행진을 시작했다. 펄럭이는 깃발을 앞세우고 북운하를 따라 붉은 벽돌로 지어진 태산 같은 공장 건물들을 지나쳤다. 유니언 스트리트에 이르자 전면이 평평한 에버릿 공장 건물이 네 블록에 걸쳐 펼쳐져 있었으니, 군중은 어쩌면 여기에 분노를 퍼부을 수도 있었을 것이다. 또는 운하 건너편에 있는, 그보다 작은 쿤하트 공장 혹은 덕 공장을 때려 부술 수도 있었을 것이다. 하지만 모든 노동자가 다음 표적은 바로 빌리 우드라는 것을 분명히 알고 있었다. 이렇게 분노로 똘똘 뭉친 군중은 메리맥강 그리고 남쪽 둑에 있는 우드 공장으로 나아갔다.

메리맥강에 도달한 노동자들은, 자기들이 등뒤에 두고 떠난 고국과 이 미국이라는 우락부락한 나라를 구별 짓는 제조업의 풍경을 민낯으로, 그림엽서처럼 보여주는 광경에 마주했다. 서쪽의 강 상류에는 낮고

넓은 댐이 있어서 메리맥강의 흐름을 통제하고 로렌스를 산업의 발전소로 만들어주고 있었다. 그해 내내 이 그레이트 스톤 댐에 고인 물이 유리 커튼과 같은 모습으로 넘쳐 흘렀지만, 이날 아침만은 눈이 올 듯 잔뜩 찌푸린 하늘 아래 꽁꽁 얼어붙어 있었다. 이 댐은 1848년에 세워졌는데 웅대한 자연의 힘에 비하면 인간들의 보잘것없는 노력의 소산으로 보일 뿐이었고, 댐 앞에 세워진 공장들도 여전히 하찮아 보였다. 하지만 눈을 돌려 동쪽을 보면 자연이 더욱 거센 20세기 산업의 요구에 맞추어 족쇄가 채워진 모습이 드러났다. 강 하류를 따라 보이는 것이라곤 온통 벽돌 건물의 벽뿐이었다. 이 벽돌로 된 절벽 위에는 굴뚝이 삐쭉삐쭉 솟아 있었고, 아래로는 시커먼 창문이 길게 줄을 지어 늘어서 있었다. 이 벽돌 절벽은 지평선까지 이어졌으며, 마치 벽돌 건물들의 숲이 먼저 있었고 나중에 메리맥 강물이 건물 사이를 뚫고 지나간 느낌을 주었다. 이 벽돌 건물은 그야말로 진정한 노동의 우주를 형성했다. 너머에는 아무것도 없고, 여기서 탈출할 방법도 없으며, 이 거대한 공장들의 팽창 역시 한계가 없다.

  군중은 발걸음을 질질 끌면서 격자무늬 구조물, 덕 다리를 건너느라 몇 분을 보냈다. 남쪽 강둑에 다다른 뒤에는 우드 공장의 웅장한 아치 현관을 왼쪽에 두고 아이어 공장의 멋진 시계탑을 오른쪽에 두고 계속 지나갔다. 양쪽 공장 창문을 통해 깜짝 놀란 노동자들이 이들을 내려다보고 있었다. 군중은 그들에게 소리쳤다. "공장에서 나와! 나와!" 그다음에는 떠오르는 태양 쪽으로 돌아서 풋볼 경기장 여섯 개를 합친 것보다 더 길게 펼쳐진 건물을 따라 걸어가기 시작했다. 저기 멀리에 메리맥 스트리트의 경비원 루이스 베리가 우드 공장의 대문에서 친구와 잡담을 하다가 배 속 깊은 데서 터져 나오는 군중의 함성과 행진의 발소리를 듣게 되었다.[35] 순식간에 군중이 그를 덮쳤다. 베리는 로렌스시를 상징하는 거대 기업을 지키려고 재빨리 움직이면서 철문의 빗장을 지르려 했지만, 문살 사이로 군중의 팔이 들어와 휘저어대고 있었으며 그들의 성난 얼굴도 문살에 눌린 채로 그를 노려보고 있었다. 사실 철문은 작업 개시를 알리는 호각이 울린 이후로 계속 잠겨 있었지만, 사람들은 격자 모양 철문을 경첩에서 떼어내 땅에 내동댕이쳤고, 베리는 공포에 질려 이를 바라보았다. 군중은 이제 소리를 지르고 깃발과 막대기를 휘두르면서 경비원을 지나쳐 휩쓸고 나아갔다.[36]

노동자들은 1층으로 몰려 들어가 문 하나를 박살 내고 다른 문들로도 줄지어 들어갔다. 수납 사무실의 출납원 프랭크 셔먼은 워싱턴 공장 쪽과 방금 전화통화를 마치자마자 "아주 지독한 고함과 울부짖음 그리고 여러 나팔 소리를" 들었다. 몇 초 후 이 공장의 급여 담당이 얼굴이 사색이 되어 소리를 지르며 뛰어 들어왔다. "아이고, 셔먼 씨. 저놈들이 문들을 박살 내고 경비원을 끌어낸 다음에 공장 전체로 흩어졌어요!" 셔먼은 계속 경찰에 전화를 했지만 바로 통화를 못 했고 여러 번 시도한 후에야 통화할 수 있었다.[37] 그러는 사이에 급여 담당자는 그날 아침 나누어 주려고 손수레에 담았던 수표 6000여 장을 조용히 사무실 금고에 집어넣었다.[38]

군중은 워싱턴 공장에서 그랬던 것처럼 우드 공장에서도 사방으로 흩어져 다른 노동자들에게 이 아수라장에 동참하라고 촉구했다. 하지만 이번에는 전과 다른 점이 있었으니 곤봉이 동원되었다.(군중은 방직기에서 뜯어낸 50~60센티미터 길이의 막대기, 기계류에서 뜯어낸 강철 손잡이,[39] 쇳덩어리 등을 휘두르고 있었다.) 일하던 노동자들은 파업 노동자들이 자기들 머리 위로 이런 무기를 휘두르는 판이라 어쩔 수 없이 베틀과 물레를 버리고 떠나야만 했다.[40] 수십 년이 지나 이 상황을 회고한 이의 말이다. "나는 작업거부를 하지 않았어요. 그냥 일을 계속하려고 했는데 가만

두지를 않더군요. 그들은 내 눈에다 후추를 뿌렸어요. 정말 무지막지한 외국인 무리였어요. 미국 사람이라면 눈에 후추를 뿌리는 짓을 하겠어요?"[41] 한 여성은 칼로 찌르겠다는 협박에 기계를 떠났고, 다른 두 사람은 얻어맞았다.[42] 기계실의 십장 한 사람은 칼에 손이 찔렸다.[43] 하지만 이 난리통 속에서도 유혈 사태는 거의 일어나지 않았다.

이 순간만을 몇 년 동안이나 기다려온 이들이 많았다. 보스들, 공장주들, 그리고 자기들을 아예 갈아버리도록 설계된 듯한 이 시스템에 한 방 먹일 기회만 노리며 오랜 세월 참아온 사람들. 하지만 잉글랜드에서 일어났던 러다이트 운동*과 마찬가지로 이들 또한 기계에 분노를 퍼부었다. 이 무리들은 사방으로 흩어져 방마다 들어가 벨트에 칼질을 하고, 전선을 끊고, 동력 베틀을 때려 부수고, 실패와 부품들을 뜯어내 집어던졌다.[44] 기계의 굉음 위로 "밖으로 나가!" 그리고 "임금이 적다!"와 같은 고함이 들렸다. 수선실 문앞에 있던 젊은 여성은 몰려오는 군중을 보았다. 그녀는 기절해서 실려 갔으며 1시간 동안이나 의식을 회복하지 못했다. 몇몇 여성은 공장 사무실로 도망쳤고, 여기서는 구석에 웅크린 비서들이 사방에서 들려오는 광란의 고함 소리와 파업에 돌입한 노동자들이 쌩쌩 돌아가는 기계에 쇳조각을 던져 생기는 소음에 떨고 있었다.[45] 누가 틀었는지는 모르지만 스프링클러 덕에 공장이 구출되었다. 몇몇 부서는 물에 푹 젖어들었다. 몇 분 후 공장 감독이 모든 전력을 끊어버렸다. 직원 6000명 중에는 분노로 들끓는 이들도 있었고, 다시 일하고 싶어 하는 이들도 있었고, 최소한 공장을 떠나기 전에 임금이나

---

*   1811~16년 영국에서 벌어진 기계 파괴 운동. 기계가 자신들의 일자리를 빼앗는다고 믿은 노동자들은 "러드Ludd"라는 가명을 사용하여 공장주들과 행정가들에게 협박 편지를 보내기도 했다. 이후 일자리와 노동조건을 위협하는 기술 진보에 반대하는 이들을 총칭하는 용어가 되었다.

받기를 바라는 이들도 있었지만, 결국 모두 줄지어 공장을 빠져나갔다. 결국 이 공장에 자기 이름을 붙인 공장 소유주에게 심판의 날이 온 셈이었다.

카네기, 록펠러, 멜론. 20세기 초 미국에서 부를 상징하는 거물들로 막가는 싸움판 한가운데서 부를 일군 이들이다. 윌리엄 매디슨 우드 또한 이들과 맞먹는 지배력을 자랑하는 인물이었지만, 섬유 산업이라는 게 총칼의 활극이 펼쳐지는 철강, 석유, 금융 세계처럼 대중들의 상상력을 자극하는 영역이 못 되는지라 그들만큼의 명성을 얻지는 못했다. 그리고 오늘날 윌리엄 우드의 이름이 잊혀진 이유는 앞에서 말한 거물들과는 달리 자신의 재산을 사회에 내놓은 바가 거의 없기 때문이다. 우드 재단, 우드 연구소, 우드 대학처럼 우드라는 이름을 기념하는 무언가가 있는 게 아니니까. 우드는 대신 저택과 요트 구입, 유럽 휴가 여행 등으로 엄청난 부를 탕진하고 아내를 위해 돈을 물 쓰듯 했으며 네 자식의 버릇만 망쳐놓았다. 개인적으로 아는 사람들에게는 후하게 돈을 꾸어주기도 해서 지인들이 그에게 진 부채는 60만 달러에 달했다.[46] 하지만 만년에 돈을 댄 양로원 사업과[47] 고급스러운 계획 마을 등을 제외하면, 우드는 재산 대부분을 친구와 가족에게만 썼다. 그래서 우드를 탐욕스러운 자본가로, 부자들의 방종을 상징하는 자로 희화하기 십상이다. 로렌스시의 공장 노동자들에게 이러한 희화는 아주 호소력이 컸으며, 이 파업 전반에 걸쳐 "빌리 우드"는 그런 자의 상징 노릇을 하게 된다. 하지만 윌리엄 우드는 그의 재산이나 행운이 시사하는 것보다 훨씬 더 복잡한 인물이었다.

아메리칸 모직이 섬유 회사 여덟 개가 합병되어 만들어졌듯이, 우드 또한 여러 요소가 하나로 합쳐진, 말하자면 J.P. 모건, 호레이쇼 앨저, 룸펠슈틸츠헨 등이 똑같은 분량씩 합쳐진 인물이었다. 우드도 모건과 마찬가지로 주주 수천 명에게 영향을 미칠 결정들을 내렸다. 앨저의 소설에 나오는 주인공처럼 우드도 "행운과 용기"에 힘입어 주급 4달러짜리 사환에서 시작하여 최고의 부자에 이르기까지 출세의 사다리를 기어올랐다. 그리고 짚을 짜서 황금을 만든, 동화에 나오는 난장이 룸펠슈틸츠헨처럼 면화와 양털을 짜서 전 세계 최대의 섬유 기업 집단을 일구었다. 1926년 자살로 삶을 마감할 때 우드는 미국에서 가장 부유한 사람 중 하나였다. 그의 연봉은 100만 달러가 넘었고 미국 전체를 통틀어 두 번째로 많은 연봉을 받는 경영자였다.[48] 아메리칸 모직은 공장 예순 개를 소유하고 직원 4만 명을 고용했다.[49] 우드가 걸어온 삶의 궤적을 생각해보면, 자기가 고용한 자들이 자기 소유의 기계를 때려 부수고 길거리로 쏟아져 나왔을 때 왜 그토록 충격을 받고 화를 냈는지 설명할 수 있다. 나도 옛날에 가난했는데? 나도 공장에서 일했던 사람인데? 그러다가 출세한 사람인데? 그는 특유의 침착한 태도로 강하게 주장했다. "능력 있는 사람을 계속 깔아뭉갤 수는 없소! 능력 있는 사람은 결국 반드시 일어서게 되어 있는 법이오."[50]

1월 12일 새벽 호각 소리가 울려 퍼졌을 때, 로렌스시 바로 남쪽 앤도버에 있는 우드의 저택 2층 창문에는 이미 불이 밝혀져 있었다. 우드는 새벽 3시면 일어나서 일을 시작했다. 키가 작고 땅땅한 체격에 콧수염이 빽빽하고 눈빛이 형형한 우드는 침대 바로 옆에 커피 주전자를 두었다. 밤이고 새벽이고 아이디어가 떠오를 때마다 조수를 불러서 명령을 받아 적게 하고 다음 날에는 분명히 실행에 옮기도록 했다.[51] 그는 근무시간을 놓고 불평하는 노동자에게는 경멸감을 숨기지 않았다. 주당 56시간이 되었든 54시간이 되었든 일하는 시간을 노는 시간과 구별하지 않았다. 하루에 17시간을 일했고 1주일에 6일을 일했다.[52] 물론 오페라 관람과 바이올린 연주도 즐겼지만,[53] 그의 진정한 취미는 "일, 그리고 더 많은 일"이었다는 것이 한 친구의 말이다.[54] 그의 시대에는 이러한 일중독이야말로 성공의 비법이었고, 이를 우드만큼 성실하게 따른 이는 거의 없었다.

우드의 부모님은 1850년대에 포르투갈의 아조레스를 떠나 동포 이민자들의 일반적인 경로를 따라 미국으로 이주한 이들이었다. 그의 아버지는 성이 자신투, 마데이라, 실바 등이었고,[55] 뉴잉글랜드로 가는 포경선에 자리를 예약했다. 그는 미국 마사스빈야드섬에 도착하자마자 이름을 윌리엄 제이슨 우드로 바꾸었고, 열여덟 살의 포르투갈 소녀와 결혼했으며, 허드렛일로 새 삶을 시작했다. 다음 15년 동안 아멜리아 크리스티아나 우드는 아이를 열 명 낳았는데 이중 살아남은 아이는 여섯 명이었다. 그녀의 두 번째 아이이자 맏아들인 윌리엄은 1858년에 태어났다.[56] 그로부터 3년 후 가족은 뉴베드퍼드로 이주했다. 우드의 아버지는 옛날 포경선 항구와 마사스빈야드섬을 오가는 증기선의 승무원으로 잠시 일했고 어머니는 같은 배에서 청소부로 일했다. 1870년 우드가 열두 살이 되었을 때 그의 아버지는 폐결핵으로 사망했다.[57] 우드는 훗날 이렇게 회고했다. "그래서 저도 일을 시작했고 행운이 찾아왔습니다. 노동은 자기 하기 나름이에요. 고난과 형벌이 될 수도 있고 즐거움과 행복이 될 수도 있습니다. 나는 사실상 인생 전체에 걸쳐 일을 해왔으며 이를 즐깁니다. 일하지 않는 사람은 자신의 의무를 팽개치고 있을 뿐만 아니라 가장 큰 만족의 기회를 놓치고 있는 거예요."[58]

성적이 바닥을 기던 우드는 학교를 그만두고, 공장 관리 사무실에서 일자리를 잡았는데, 곧 공장에도 드나들기 시작했다. 그는 번개처럼 빠르게 움직이는 동력 베틀에 경탄했으며, 맨 위층에서 명령을 내리는 사람들의 권력에 매료되었다. 그래서 귀찮은 질문을 늘어놓아 사람들을 성가시게 했다. 그는 회상한다. "저는 총감독, 십장, 하급 노동자 할 것 없이 누구에게나 끊임없이 질문을 했습니다. 처음부터 저는 이런저런 비용에 관심을 기울였습니다."[59] 사무실에서 3년을 일한 뒤에 우드는 공장으로 보내달라고 요청했고, 공장으로 간 뒤에는 하루에 12시간씩 일하면서[60] 더 많은 질문을 쏟아놓았다. "저는 제품 두 개를 보면서 공장도 가격이 각각 얼마일지를 따져보곤 했죠. 이건 누구든 할 수 있는 일입니다. 만약 바닥을 청소하는 허드렛일이 직업이라고 해도, 정말 배우고자 한다면 바닥을 쓰는 것을 **통해서** 배울 수 있어요."[61] 이렇게 배울 것이 많았지만 우드는 공장 일만으로는 만족할 수 없었다. 열여덟 살에 공장을 그만두고 미국 동해안을 따라 여행을 한다. 우선 1876년 필라델피아에서 열린 미국 독립 100주년 축하 행사에 갔다가 매사추세츠로 돌아왔다. 이어 뉴베드퍼드로 갔다가 다음에는 폴리버라는 공장 도시로 갔다.[62] 다음 10년간 그는 은행과 공장 사무실 등을 전전하면서 회계 원리 그리고 면화 무역의 비용 분석 기법 등을 습득한다. 1886년 우드는 이제 주급 4달러짜리 노동자가 아니었다. 그보다 일곱 배 많은 임금을 받았으며 더 잘나가고픈 야심으로 가득한 존재가 되었다.

남북전쟁이 끝난 후 미국에서는 산업화 광풍이 밀어닥쳤고 특히 섬유업은 철도업을 능가할 정도로 호황을 구가했다. 미국 북동부의 강들을 따라 거대한 섬유 공장들이 들어섰으며, 비쩍 마른 농장 노동자들을 빨아들였다. 이 노동자들은 곧 보스들에게 고분고분하게 구는 법, 베틀이나 물레를 돌리는 법, 화장실 다녀올 때마다 시간을 기록하는 법 등을 배웠다. 하지만 시도 때도 없이 덮치는 경제공황에 많은 섬유 회사가 사업을 접었다. 각종 리스크와 기대 이윤을 저울질해본 우드는 공장을 세워 사업을 시작할 꿈에 부풀었지만, 먼저 망해가는 공장 하나를 구하는 일에 고용된다. 우드는 프로비던스에 있을 당시 프레더릭 아이어를 만난다. 아이어는 흰색 턱수염이 빽빽한 거만한 인물로서, 뉴잉글랜드 출신인 자신의 족보가 저 옛날 영국에서 건너온 청교도까지 거슬러 올라간다고 뻐겨댔다. 그는 아이어 특허 약품을 팔아 재산을 일구었다. 이 약품이란 대머리 치료제와 사르사 음료 같은 것이었고, 특히 후자는 "무기력증과 쇠약증 등 특히 봄철에 나타나는 모든 증상을 없애는 최고의 치료제"라고 선전했다.[63] 아이어는 또한 『아이어 연감』을 판매했다. 이는 매년 2500만 부가 팔리면서 "성경 다음으로 많이 팔리는 책"이라는 명성을 얻기도 한다.[64]

아이어는 우드를 만났을 당시 섬유업에서 큰돈을 낭비하고 있었다. 로렌스시에 있는 워싱턴 공장이 큰 손실을 내고 있었던 것이다. 아이어는 면화 생산을 감독하려고 우드를 고용했지만 결국 면화 부문에서 손을 떼버리게 된다. 우드는 모직 분야로 옮겨 갔지만, 여기서는 전혀 다른 전문성이 요구되었다. 주어지는 일이 우드의 능력으로는 감당할 수 없는 업무라서 오래지 않아 해고당한다. 우드는 인생의 쓴맛을 보고 외톨이가 되어 바닥까지 처박히지만, 앨저의 소설에 나오는 주인공들이 항상 그렇듯이, 곧 힘을 내어 몸을 일으킨다. 그는 아이어의 공장으로 걸어 들어가서 출장 세일즈맨으로 일하겠다고 제안한다. 그때까지 섬유 산업은 현장 판매에만 길들여져 있었으므로 이는 완전히 새로운 아이디어였다. 불과 1년 만에 우드는 소모사를 200만 달러어치나 팔아치우고 3년도 안 돼 워싱턴 공장의 책임자가 된다. 또한 보스의 딸인 엘렌 아이어와 결혼한다.[65]

1890년대 초에는 경기 과열과 거품 붕괴로 부침을 겪었지만, 우드가 금융 문제에 영리하게 대처하여 워싱턴 공장은 살아남았다. 1895년, 그는 주주들은 즐겁게 해주고 지친 노동자들은 아주 너덜너덜하게 만들어버릴 노동 시스템을 고안해낸다. 바로 보너스 시스템인데 생산 할당량을 맞춘 노동자들의 임금에 웃돈을 얹어주어 보상하는 식이었다. 그런데 이 시스템에서는 노동자 한 사람 한 사람의 실적이 서로 연계되어 있었다. 방직공의 보너스는 방적공의 생산량에, 방적공의 보너스는 관사공의 생산량에…… 이런 식으로 생산 라인 전체를 엮는 식이었다. 또 하나 숨은 문제가 있었다. 노동자들이 보너스를 받으려면 결근 일수가 한 달에 이틀 이상이 되지 않아야 했다. 그러니 몸이 아파도 기진맥진해도 혹은 일하다가 다쳐도 쥐꼬리만 한 월 상여금을 받기 위해 매일 무거운 몸을 이끌고 공장으로 나가야 했다.

우드는 이렇게 임금을 당근으로 이용해 공장의 가동 속도를 올렸다. 심지어 속도를 더 올리는 방법도 찾아냈다. 공장의 동력 베틀은 1890년에는 1분에 90픽 속도로 움직였지만 1912년이 되면 1분에 140픽 속도로 움직였다.[66] 그리하여 로렌스시 섬유 공장은 미국 전체에서 가장 생산성이 높은 곳이 된다.[67] 노동자들은, 임금이 약간 오르기는 했지만, 이 보너스 시스템을 혐오했고, 이 빌어먹을 놈의 시스템을 만들어낸 우드를 미워했다. 우드의 시스템은 공장 노동을 장거리 경주에서 전력질주의 단거리 경주로 만들어버린 것이다. 한 노동자가 훗날 이렇게 회상했다. "당시에는 정말 사람을 말처럼 혹사시키며 부려먹었어. 모든 문제의 뿌리가 그거였다고, 알아?"[68]

우드의 공장은 끊임없이 섬유를 토해냈고 그의 행운 역시 계속되었다. 마침내 1899년, 우드는 결정적인 한 방을 선보인다. 그해 2월, 로렌스시에서 뉴욕주 북부까지 아우르는 지역의 섬유 공장들을 합병하여 기업 가치가 무려 1200만 달러에 달하는 아메리칸 모직을 세운 것이다. 카네기와 모건이 합병을 통해 초거대 제철 기업 유에스 스틸을 세우기

2년 전이었다. 우드는 이 회사의 재무 담당 이사가 되었고, 1905년 아이어가 은퇴하자 회장으로 취임한다.[69] 그해 우드는 더욱 대담한 행동에 나선다. 메리맥강 남쪽 둑에 350만 달러를 투자해 사람들이 "세계 8대 불가사의"라고 이름 붙인 우드 공장을 세운 것이다.

이 건물의 크기는 한마디로 상상을 초월했다. 날개처럼 평행한 부속 건물 하나하나가 약 600미터 길이로서, 엠파이어 스테이트 빌딩을 땅에 눕혔을 때보다 150미터가 더 길었다. 공장에는 무려 1470대의 동력 베틀이 25킬로미터에 걸쳐 늘어서 있었다.[70] 모든 기계는 최신식이었다. 그리고 총 6층 건물의 층간마다 우드는 "에스컬레이터"라고 불리는 새로운 장치를 설치했다.[71] 공장의 젊은 노동자들은 이를 거꾸로 타는 장난을 즐겼지만 그러다 걸리면 해고였다.[72] 우드 공장은 이렇게 무려 12만 제곱미터 면적에 걸쳐 노동자 6000명을 고용하고 있었으니 일대가 작은 도시라고 할 만했다. 기업 합병과 그에 따른 권력을 상징하는 존재라는 점에서, 섬유 산업의 우드 공장은 제철 산업의 유에스 스틸 피츠버그 공장에 비견할 만했다. 이렇게 거대한 공장이 과연 효율적으로 돌아갈 수 있을까, 의심하는 이들도 있었다. 하지만 우드는 보스턴 사무실에서 끊임없이 고함을 지르고 명령을 내려 공장을 관리했다. 1907년이 되면 이 공장에서 매주 무려 450톤의 양털을 짜서 양복 옷감을 만들어냈으니,[73] 이것만으로도 이미 수지를 맞춘 셈이었다.[74] 그로부터 2년 후 우드는 오로지 우드 공장에 필요한 실을 공급하기 위해 길 건너에 아이어 방적 공장을 세우고 이민자 2000명을 고용한다.

우드는 여가 시간에는 당대의 저 유명한 "과시적 소비"를 즐기기도 했다. 애스터 집안이나 밴더빌트 집안처럼 뉴포트에서 저택 하나는 충분히 살 여력이 있었지만, 저택 한 채로는 성에 차지 않았다. 앤도버에 녹색과 회색으로 된 카펜터 고딕 저택*을 지어 아든이라고 불렀으며,[75]

이걸로는 부족하여 새로운 궁전을 여럿 세웠다. 그는 마사스빈야드섬의 해변에서 멀리 떨어진, 약 2.5제곱킬로미터 넓이의 섬 하나를 사들여 침실 열두 개와 볼링장 두 개를 갖춘 여름 별장을 세웠다. 이 별장 창문으로 내다보면 자기 부모님이 고된 일을 하던 증기선이 해협을 오가는 것을 볼 수 있다고 손님들에게 말하기도 했다. 나중에는 플로리다주 팜비치에 4층짜리 저택인 타워스를 세운다. 또한 매사추세츠주의 비벌리에는 아이어가 선물로 준 가족 영지도 있었다.[76] 여기에 더하여 멋진 자동차 부대가 있었으니, 우드는 너무 많아서 몇 대인지도 모르겠다고 말했다.[77] 또한 다수의 요트, 하인들, 여러 칸의 전용 기차에 이르기까지, 우드의 재산은 그야말로 땅에서 저절로 솟아난 제국을 연상케 했다. 이 제국을 뒤흔들 파업이 벌어진 아침, 우드는 자신의 재산을 더욱 불릴 계획을 세우느라 새벽같이 일어나서 일하고 있었다.

윌리엄 우드는 로렌스의 유일한 공장주도 아니었고 제일 인색한 공장주도 아니었다. 지난 10년간 네 번이나 임금 인상을 단행했다(또 한편 경기가 나쁠 때는 임금을 크게 낮추었으며, 결국 1912년경의 임금은 1905년과 비슷한 수준이었다). 우드는 자신의 노동자들을 위해서 로렌스시에 주택 일흔여덟 채를 세웠다고 자랑하기도 했다.[78] 하지만 이 또한 그를 만인의 욕받이로 만들었다. 공장에도 공동주택에도 우드라는 이름이 붙어 있었으니, 그의 이름은 로렌스시 풍경의 일부로 굳어졌던 것이다. 냉소주의자들이 전지전능한 신을 겨냥하여 날리는 논리가 있다. 조물주가 만들어낸 세상이 이 모양 이꼴이라면, 신은 세상을 바로잡을 의지가 없거나 아니면 그럴 능력이 없다는 것이다. 똑같은 논리로 노동자들 또한 우드를 혐오했다. 어찌되었든, 우드는 자신을 아메리칸드림의 사랑받는 상징

---

* 당시 미국에서 고딕 건축의 요소들을 소박하고 피상적으로 모방하여 지은 집.

이라고 여겼지만, 사실은 미국이라는 악몽을 대표하는 경멸의 상징이 되고 말았던 셈이다.

❖

거대한 파업이 덮치기 전야의 로렌스는 그해 4월 첫 항해 준비에 부산하던, "결코 침몰할 리 없는" 여객선에 비유할 수 있다. 지금 어떤 시련이 다가오고 있는지를 까맣게 모른 채, 떠다니는 거대한 빙하에 충돌하리라는 사실을 모르고 항해하던 타이태닉호처럼 앞으로 나아가고 있었다. 이 도시에서 큰 파업이 마지막으로 벌어진 것은 30년 전 일이었으며, 그다음에 소규모 작업거부 사태가 몇 차례 일어났지만 사람들은 주목하지 않았다. 물론 신문에는 보도되었지만 시민들은 신경 쓰지 않았고, 일상은 평소대로 돌아갔다.

 1912년 일반적인 미국 도시의 경제는 항상 작은 근심거리들로 가득했다. 후에 어떤 이는 "공장들이 바로 로렌스시이다"라고 쓰기도 했지만(공장이 무려 서른 개였다),[79] 이 도시에는 공장뿐만 아니라 이발소 110개, 당구장 열아홉 개, 대장간 열두 개, 하숙집 100개 이상, 구둣방 열네 개, 시가와 담배 가게 서른네 개, 코르셋 가게 두 개, 건어물 가게 마흔여덟 개, 편자 가게 열 개, 살롱 예순두 개, 증기선 대리점 열네 개, 식료품점 300개, 양복점 여든한 개 등이 성업 중이었다.[80] 파업이 일어난 주간에 이 가게들은 새해맞이 세일을 마쳐가고 있었으며, 로렌스시도 시곗바늘처럼 돌아가고 있었다. 우유배달원이 매일 도시를 돌았고 의사들도 왕진을 다녔다. 에식스 스트리트의 극장 콜로니얼 시어터에서는 "어여쁜 여인들, 아름다운 무대 효과, 풍부한 멜로디"라는 문구로 광고하는 보드빌 쇼인 〈브로드웨이의 메아리〉를 상영하고 있었다.[81] 아이린 버틀러 양의 집에서 열린 '로렌스 여성 클럽'의 정기 회합에서는 아테네의 파르테논 신전에 대한, 그림을 곁들인 강연회를 열었다.[82] 이러한 사교 모임 소식은 여러 신문의 고정란을 차지했고, 사이사이에 소화제와 발모제 광고, 범죄와 스캔들, 최근 시 정부에서 터진 독직 사건 같은 기사가 섞여 있었다.

하지만 공유지 광장 위로 솟은 종탑을 둔 시청 건물 안에서는 일이 보통 때처럼 돌아가고 있지 않았다. 로렌스시는 파산지경이라 몇 달째 지출을 못하고 있는 상태였다.[83] 시청에서는 공무원들의 보수라도 지급하기 위해 재산가들에게 세금을 선납해달라고 요청했다.[84] 시청 바로 건너편에는 경찰서와 법원이 있었는데, 둘 다 근년에 들어 조명과 환기가 형편없다는 비판을 받고 있었다. 하지만 새로 취임한 시장은 로렌스시를 깨끗이 일신하겠다고 약속했다. 진보적인 개혁을 단행한다는 이야기가 나돌고 새해 희망이 부풀고 있었기에, 임박한 파업의 심각성을 폄하하는 분위기였다. "공장 직원들이 하필 한 해 중 지금 파업을 하려 든다는 것은 심각한 실수로 보인다." 1월 10일자 《로렌스 트리뷴》의 사설이다. 1911년 내내 많은 노동자가 해고된 바 있었다. "일자리가 필요한" 공장 노동자들은 고용이 다시 안정되는 상황을 반길 거라고 이 신문은 내다보았다.[85] 또한 최근 매사추세츠의 다른 섬유 도시들에서도 파업이 벌어졌지만(모두 쟁점은 주당 2시간 치의 임금 삭감이었다), 불과 며칠을 버티지 못하고 무너진 바 있으며,[86] 공장에는 발도 들여본 적이 없는 로렌스의 지도층은 고작 1주일에 32센트를 더 받겠다고 잘릴 각오를 하고 일을 벌이는 노동자들을 도저히 이해하지 못할 거라고 주장했다.

하지만 임금 삭감은 구실일 뿐이었다. 파업의 다른 원인으로 포스터 문제도 있었다. 여전히 공동주택의 벽에 붙어 있는 포스터들도 있었지만[87] 그저 사람들의 기억 속에만 남아 있는 것도 많았다. 한 포스터에는 황금이 밖으로 삐져나올 정도로 가득 찬 가방을 들고 공장을 나서는 섬유 노동자들이 그려져 있었다. 또 다른 포스터에는 열 명을 헤아리는 가족이 그려져 있었고, 아버지는 금덩어리를 쥐고서 우드 공장으로 들어서고 있었다. 포스터에 적힌 문구는 이랬다. "로렌스에는 배 고픈 사람이 없습니다. 여기서는 모두에게 일자리가 주어지고 먹을거리가 돌아갑니다."[88] 이 포스터들은 남부 유럽 전역에 붙어 있었고 아메리칸 모직의 상호가 떡하니 찍혀 있었다. 하지만 로렌스시로 이주한 노동자들은 아침마다 주린 배를 움켜쥐고 출근했으며, 주말마다 집으로 가져가는 돈이라고는 기껏 4달러, 6달러, 8달러 50센트짜리 수표였으니, 이들은 자기들을 로렌스로 꾀어 들인 포스터를 떠올릴 수밖에 없었고, 빌리 우드에 대한 증오도 그만큼 더 깊어갔던 것이다.

또 다른 원인으로 "밀집증후군"이 있었다. 로렌스 시민의 생활 환경을 연구한 1912년 문서 「로렌스 조사 보고서」에 나오는 용어로서, 어선의 정어리처럼 사람들로 꽉꽉 채워진 빈민가에 사는 이들에게 생겨난 폭발할 듯한 분노를 가리켰다. 밸리 스트리트의 경우 침실 두 개짜리 아파트에 보통 여섯 명이 살았고, 커먼 스트리트의 경우에는 아파트 한 채에 평균 여덟 명이 살았다. 이렇게 붐비는 상황이니 사람들은 침실이고 거실이고 가릴 것 없이 잠자리로 삼았고, 부엌도 하나로는 부족하게 되었다.[89] 거리마다 골목마다 지저분한 소녀들과 성질 못된 소년들로 붐볐다. 모든 부엌에서는 엄마들, 이모들, 삼촌들이 서로 소리를 질렀으며, 아버지들은 폭발하려는 감정을 억누르고 있었다. 도무지 한순간도 혼자 있을 수가 없었다. 한 여성의 회고담이다. "어머니가 부엌에서 나를 부르고 음식 냄새가 나면 밥 때가 됐구나 하고 부엌으로 갔었죠. 하지만 어떨 때는 우리 엄마가 부른 게 아니었어요. 창문을 통해 옆집에서 들려온 소리였어요! 그러면 창문 너머로 손을 뻗어서 옆 집 식탁의 음식을 먹어버릴 수도 있었죠. 그 정도로 가까웠어요."[90]

「로렌스 조사 보고서」의 여러 장들의 제목만 보아도 공동주택 지구의 끔찍한 삶의 실상을 짐작할 수 있다. "창문이 없는 방들." "어둠에서 죽음으로." "사람들을 짐승처럼 가두어놓은 주택들." 이러한 상태가 지배적인 동네라면 어디든 파업 이야기가 나왔지만, 그중에서도 가장 목소리가 높았던 지역은 600명이 불과 4000제곱미터에 몰려 살던 몇 블록이었다. 침대 하나에서 네 사람이 함께 잘 정도였으며, 한 명에게 감염된 폐결핵이 순식간에 이 구역에 만연한 돌림병으로 악화되기도 했다. 한 지역의 가톨릭 신부가 말했다. "저의 신도들은 미국에서 살고 있는 게 아닙니다. 이들은 미국에 깔려서 살고 있습니다."[91] 에식스 스트리트에 늘어선 멋진 상점에 드나드는 사람들은 이 파업을 나중에 "외부의 선동가들" 때문에 벌어진 사태로 몰아붙였다. 하지만 이 잘 차려입은 고객들이 이해하지 못하는 사실이 있었다. 모든 공동주택 문 앞에는 죽음이라는 놈이 진을 치고 있었으며, 바로 이놈이 이 도시의 가장 과격한 선동가였다는 사실이다.

파업이 일어나기 전 1주일도 여느 때와 다르지 않았다. 1월 9일, 열네 살짜리 소년이 알링턴 공장의 엘리베이터에 다리가 끼였는데 결국 다리를 잘라내는 수밖에 없었다. 소년은 다음 날 사망했다.[92] 같은 주 어느 날, 에버릿 공장에서 일하는 이탈리아인이 저녁에 집을 나와 에식스 스트리트에 있는 호텔에 투숙했다. 다음 날 아침 호텔 하녀가 문을 두드렸다. 대답이 없어서 다시 두드렸다. 결국 문을 열고 들어가 보니 독한 가스 냄새가 그녀의 얼굴을 덮쳤다. 남자는 침대에 누워 있었다. 사람들은 그를 살려내 병원으로 데려갔고, 조금 있다가 다시 공장으로 돌아갔다.[93] 이처럼 사람이 죽어가는 이야기들도 신문은 그냥 한두 줄로 처리해버렸기에, 파업 직전의 토요일 저녁 에식스 스트리트의 한 상점에 우드 공장 노동자 한 사람이 제 발로 걸어 들어가 갑자기 쓰러져 죽는다 해도 가족이나 옆에서 지켜본 사람들 말고는 누구 하나 신경 쓰지 않았다.[94] 하지만 또 다른 노동자들은 이를 주목했다.

공장 노동자들이 죽으면 공동주택 지구에서는 빨래를 널면서 수다를 떠는 네트워크를 통해 소문이 퍼졌다. 남자들은 대부분 잘 모르고 무시하지만, 여자들이 풍성하게 가꾸어놓은 네트워크였다. 어느 집 아기가 죽었는지 금방 소문이 번지듯이 노동자가 죽을 때마다 여자들은 신문에 보도되기도 전에 사망자 이름까지 알고 있었다. 이들의 부고 기사는 신문에 잘 보이지도 않게 실렸지만, 우물가에 모여든 사람들은 귀를 쫑긋 세워 죽은 사람의 이름이 무엇이고 나이는 몇 살인지를 전해 들었다. 이번 주만 해도 생후 1년 5개월이 된 카라 메올라, 생후 16일이 된 퍼트리셔 매든, 생후 3개월이 된 마거릿 번스, 생후 9개월이 된 아이다 카퍼난 등이 죽었다.[95] 플레인스 지역에는 질병이 스멀거리고 있었다. 설사, 홍역, 백일해, 크루프폐렴처럼 오늘날에는 쉽게 고칠 수 있는 질병들로 당시에는 수백 명이 죽었고 사망자는 대부분 아이들이었다. 파업이 벌어지기 한 해 전에 로렌스시에서는 1524명이 사망했다. 그중 거의 절반이 여섯 살도 안 된 아동이었고,[96] 500명 이상은 첫돌도 맞지 못한 아기들이었다. 이 차가운 통계 숫자들이 말하는 바는 분명했다. 로렌스시는 미국 전체에서 영아사망률이 가장 높은 도시였으며, 따라서 파업도 전쟁처럼 치열할 수밖에 없었다.

이민자들을 로렌스로 꾀어 들인 포스터들에는 금으로 가득 찬 가방이 그려져 있었지만, 막상 짐을 싸서 대서양을 건너는 배의 3등 선실에 빼곡히 몸을 실었던 이들이 무슨 금덩어리 노다지를 기대한 것은 아니었다. 대부분은 그저 고향에서 도저히 찾을 수 없었던 일자리를 찾아온 것뿐이었다. 개중에는 빌리 우드가 되어보겠다는 꿈을 품은 이도 있었겠지만, 다름 아닌 자기가 빌리 우드의 다음 희생물이 될 줄은 아무도 몰랐을 것이다. 설령 파업에 성공하여 2시간 어치의 임금을 받아낸다 해도, 이들의 수치스럽고 처참한 삶과 아이들을 괴롭히는 죽음이 보상될 리는 없었다. 또한 이주 노동자 아이들과 여자들에게 매일 욕설을 퍼붓고 남자들에게는 인종주의적 비방을 쏟아내며 항상 나무라는 감독관들이 처참하게 망가뜨린 존엄감이 회복될 리도 없는 일이었다. "그들은 우리를 정말 말 못하는 가축처럼 대했어요." 한 노동자의 말이다.[97] 그리하여 1월 12일, 군중이 우드 공장을 박살 내고 있을 때도 훨씬 많은 노동자는 여전히 일을 하고 있었다. 자기들도 작업거부에 동참할지 여부를 아직 결정하지 못했지만, 더 이상 참을 수가 없는 상태라는 점만은 갈수록 확신하게 된다.

오전 10시 3분, 로렌스시 공안위원장 코르넬리우스 린치는 화재경보함 333, 즉 폭동경계령을 발동했다. 예전에도 파업이 벌어졌고 인종 폭동이 일어나기도 했지만, 로렌스시 역사상 폭동경계령이 내려진 적은 한 번도 없었다. 몇 년 전에 화재경보함333이 발동되기는 했지만 이는 그저 시험에 불과했다. 당시 시장이었던 린치는 휘하 '경찰들'의 경계 태세를 시험하기 위해 이를 발동했던 것이다. 그래서 이번에는 진짜 혼란이 임박하여 도시가 마비될 판이었지만 비번이던 경찰관 다수는 공안위원장이 또 "늑대야!"라고 외치는 거라고 생각하여 직접 전화를 받기 전까지는 꼼짝도 하지 않았다.[98] 하지만 정오도 되기 전에, 눈이 내리는 가운데, 윌리엄 우드는 노동시간을 단축한 "잘못된 노동 집단"을 비난하는 성명서를 작성하고 있었다. 언론 매체에 보낼 요량이었다. 때맞추어 《로렌스 데일리 아메리칸》에서는 정오판 1면에 평소보다 약 3센티미터 더 높여 실을 "무장한 광란 폭도들이 공장들을 습격"이라는 헤드라인 배너를 준비하고 있었다.[99] 그리고 경찰 수십 명이 눈보라 속에서 곤봉을 휘두르며 덕 공장에서 파업 중인 노동자 2000명과 치열한 싸움을 벌이고 있었다. 시청 종탑에서는 폭동경계령을 알리는 종소리가 쏟아지고 있었으며 경찰들이 집결하고 있었다.

2장

이민자들의 도시

부유한 사람은 정말로 책임이 무겁습니다.

—애벗 로렌스[1]

로렌스시는 이름이 암시하는 바와 같이, 폭력적이고 유혈이 낭자한 파업이 일어날 거라고는 누구도 예측하지 못한 도시였다. 이 도시의 건설은 영국의 추악한 섬유 도시들을 목도한 미국의 대응으로서 로렌스는 효율적이고 합리적인 일종의 유토피아로 설계되었다. 공원들, 개방된 수로들, 노동자들도 만족할 저렴한 주택 등으로 가득한 계획 대도시로 건설된 것이다. 하지만 19세기 내내 이러한 꿈은 계속 깨져갔으며, 1912년이 되면 거의 잊혀진다. 파업이 시작되자 어떤 이들은 공장주들에게 잘못을 돌렸고, 다른 이들은 이주 노동자들과 그들의 과격파 지도자들에게 손가락질을 했다. 하지만 또 다른 죄인이 있었으니 바로 메리맥강이다. 이 강이 제공하는 동력은 너무나 매력적이어서 사람들이 그냥 놓아둘 수가 없었던 것이다.

 미국의 강을 이야기하면 사람들은 미시시피강과 이 강에서 운행하는 증기선들을 이야기한다. 혹은 흑인 노예들이 자유를 찾아 건너간 오하이오강을 이야기한다. 또 루이스 클라크 탐험대를 서부로 이끈 미주리강을 이야기한다. 하지만 메리맥강을 이야기하는 사람은 거의 없다.

뉴햄프셔주의 화이트 마운틴에서 대서양의 둔덕과 보스턴 북쪽의 늪지대에 이르는 약 180킬로미터 길이에 불과한 메리맥강은 앞서 언급한 전설적인 강들에 비하면 그냥 시냇물 정도에 불과할 뿐이다. 이 메리맥강은 플래트강과 같은 흙탕물이 아니며, 컬럼비아강처럼 거칠지도 않다. 콜로라도강처럼 크고 작은 협곡을 깎아낸 것도 아니다. 메리맥강은 대부분 계단식으로 흘러간다. 몇 킬로미터에 걸쳐 거의 흐르지도 않고 정체되어 있다가 갑자기 하얀색 거품을 일으키며 급류로 뚝 떨어졌다가 또다시 몇 킬로미터에 걸쳐 거의 흐르지도 않다가 떨어지는 패턴이 반복되는 것이다. 하지만 윌리엄 블레이크의 유명한 말처럼 "에너지는 영원한 즐거움"이므로, 메리맥강의 수많은 폭포는 산업용 동력을 찾아 헤매던 1820년대 공장주들을 끌어모았다. 그리고 주요 동력이 증기와 전기로 넘어가는 향후 50년 동안, 미국의 산업혁명을 촉발시킨 강이 바로 이 메리맥강이었다. 이 사실 하나만으로도 메리맥강은 미국의 여러 강들 사이에서도 두드러진 위치를 점할 자격이 충분하다.

1839년 8월의 마지막 날 헨리 소로와 동생 존은 직접 만든 노 젓는 배를 타고 메리맥강 탐험에 나섰지만, 앞으로 이 강가에서 벌어질 일에 대해서는 희미한 실마리밖에 보지 못했다. 1주일에 걸친 여정에서 이들의 눈에 비친 메리맥강은 청어와 철갑상어가 득실거리고 이따금씩 급류로 변신하는, 원주민 포터켓 부족과 알곤킨 부족의 눈에 비친 모습과 크게 다르지 않았다. 메리맥이라는 이름이 알곤킨 부족의 언어로 "급물살"이라는 뜻이다. 소로는 「콩코드강과 메리맥강에서 보낸 1주일」이라는 글에서 이렇게 말했다.

배를 타고 이 강을 따라 상류로 나아가는 것도 해볼 만한 일이다. 서드베리까지만 가더라도 우리 뒤로 얼마나 큰 벌판이 펼쳐져 있는지를 느낄 수 있다. 거대한 언덕들, 수백 갈래의 시냇물, 농장들, 예전에 본 적이 없는 헛간들과 짚더미들, 그리고 도처에 있는 사람들. …… 예전에는 본 적도 들어본 적도 없는 사람들, 이름도 알 수 없는 사람들이 긴 오리 사냥용 총을 들고 방수 장화를 신고 들판을 돌아다니는 모습을 볼 것이다. …… 그들은 밤이 되기 전에 청색 날개, 녹색 날개 달린 쇠오리를 볼 것이며, 혹부리오리, 홍머리오리, 검은 오리, 물수리뿐만 아니라 야생의 고귀한 풍경들을 구경할 것이다. 응접실에 앉아 있는 이들로서는 꿈도 꾸지 못할 광경이다.[2]

소로는 이렇게 자연 풍광에 도취돼 있었지만, 메리맥강 한 자락의 모습에 바로 정신이 깨어났다. 불과 1.5킬로미터 정도밖에 안 떨어진, 물의 낙차가 9미터가 넘는 포터킷 폭포 근처에,[3] 미국 어디에서도 본 적이 없는 도시가 자라나고 있었던 것이다. 매사추세츠주의 로웰시는 도시로 인가받은 지 16년밖에 되지 않았지만, 강굽이의 조그만 마을에 불과하던 모습을 벗고 근대화하는 세상의 신세계로 변화했다. "물레의 도시"라는 별명을 가진 로웰은 10킬로미터에 걸친 운하, 마흔 개의 섬유 공장, 1만 대의 베틀, 그리고 1만 명의 노동자를 자랑하고 있었다.[4] 이 노동자들은 그야말로 전설 속의 공장 소녀들이었다. 뉴잉글랜드 농부의 딸들로, 회사가 제공하는 주택에서 생활하며 열심히 일하고, 대신 도덕 훈련과 교육을 지향하는 엄격한 규율에 통제되고 있었다. 공장 소녀들은 남는 시간에는 신문을 직접 써서 돌려 보고, 랠프 월도 에머슨 같은 인사들의 강연이라는 혜택을 누리기도 했다.[5] 하지만 소녀들은 남는 시간이 많지 않았으니, 일주일에 6일을 일했으며 작업은 오전 5시에 시작되었기 때문이다.[6] 로웰시의 공장들은 남부의 흑인 노예들이 딴 원면을 처리하여 매년 9만 킬로미터가 넘는 길이의 옷감을 생산해냈다.[7] 앤드루 잭슨 대통령과, 엉망진창인 영국 산업 도시의 끔찍함을 너무나 잘 아는 소설가 찰스 디킨스 등은 계획 도시 로웰을 방문하여 넘치는 찬사를 바쳤다. 디킨스는 『미국 노트』에서 더럽고 범죄에 찌든 영국의 섬유 도시에 비교하면서 로웰시를 찬양했고, 이를 두고 "선과 악, 삶을 밝혀주는 빛과 깊이 모를 어둠"이라고 묘사했다.[8]

하지만 소로는 디킨스와는 달리 로웰시를 좋아하지 않았다. 그래도 낙관적 입장을 취하고 싶어 했다. "아마도 몇 천 년이 지난 다음에는(물론 물고기들이 그동안 인내심을 가지고 어딘가 다른 데서 여름을 보내야겠지만) 자연의 힘으로 이 빌러리카 댐도, 로웰시의 공장들도 다 무너져 사라지고 그래스그라운드강 또한 다시 깨끗해질 것이다."[9] 동시대인들 중 이렇게 "메리맥강의 자유"를 걱정해준 소로와 관점을 같이하는 사람은 거의 없었다.[10] 남북전쟁 이전에도 미국에는 소로가 말한 "이름도 알 수 없는 사람들", 즉 제조업에 생계를 의지하는 사람들이 무수히 많았다. 이런 사람들이 메리맥강을 완전히 바꾸어놓게 되는데, 만약 소로가 1912년에 1주일간 메리맥강을 여행했다면 아마도 "야생의 고귀한 풍경" 따위는 거의 보지 못했을 것이다. 뉴햄프셔주의 공장 도시 프랭클린에서 시작하여 로웰시, 로렌스시를 거쳐 대서양에 이르기까지 메리맥강에는 공장들이 늘어서게 되어 강물은 갖은 염료들로 채색되고 여러 댐들로 목이 졸리게 된다. 태초부터 자유롭게 흘러온 이 강은 19세기의 가장 부유하고 청교도적인 인물 몇 사람에 의해 불과 몇 십 년 만에 순하게 길들여진다.

미국에서 최초의 섬유 공장들을 세운 거물들은 초기의 아메리칸드림을 대담하게 거스르는 이들이었다. 미국 건국의 아버지들은 산업에 대한 입장이 애매모호했다. 의사이자 독립선언서 서명자의 하나인 벤저민 러시는 미국인들도 자체 공장을 가지기를 바랐으며 "식량이나 의복을 완전히 외국인들에게 의존하는 민족은 항상 그들에게 종속되게 마련이다"라고 말했다.[11] 알렉산더 해밀턴은 "성향상 게으르게 될 개인들(그래서 많은 경우 공동체의 짐이 될 개인들)"에게 일을 시키는 훌륭한 수단으로서 공장 노동을 장려했다.[12] 하지만 프랜시스 캐벗 로웰이 매사추세츠주 월덤의 찰스강 인근에 최초의 자체 공장을 세울 때까지도 미국에서는 여전히 토머스 제퍼슨의 꿈이 지배적 위치를 차지했다. 제퍼슨은 "미국 산업"이라는 생각 자체를 거부했다. "우리에게 열심히 일할 토지가 있는 한, 우리 시민들이 작업대에 앉거나 방적기의 실패를 돌리는 모습은 절대로 보지 않도록 하자. …… 제조업의 전반적인 가동을 두고 말하자면, 우리를 위한 공장들은 유럽에 있는 것들로 족하다."[13] 신문에는 영국 섬유 도시들의 이야기가 실려 있었다. 네 살밖에 안 된 아이들이[14] 쉬익 소리를 내는 증기 보일러들과 연기를 토해내는 굴뚝들 아래를 걸어 일터로 가는 모습을 묘사한 글을 읽은 이들은 미국에 의복 산업이 생긴다는 생각만 해도 몸서리를 쳤다. 월덤 공장이 문을 열었던 바로 그해에 연방 의원 대니얼 웹스터는 이렇게 경고했다. "우리 미국의 젊은이들이 자연의 모습에 눈을 감고 자랄 수밖에 없을 것입니다. …… 그리고 먼지, 연기, 증기, 그리고 끝도 없이 빙빙 돌아가는 물레와 실패만이 눈에 보이는 환경에서 살게 될 수 있습니다."[15]

하지만 이러한 제퍼슨식 이상은 메리맥강과 인근 공장들에서 나오는 이윤의 힘 앞에서 감히 적수가 될 수 없었다. 일단 로웰시가 길을 닦자, 섬유 생산이 얼마나 고된 일인가를 두고 논쟁이 가열되는 가운데 다른 도시들이 뒤를 따르게 된다. 1840년대에 이르면 로웰시 공장의 상태가 보스턴에서 뜨거운 논쟁의 대상이 된다. 공장들은 습기가 많고 위험한 곳이라는 말이 돌았다. 소로의 말에 따르면, 공장 소녀들은 "임금 노예"일 뿐이었다.[16] 또 다른 이들은 무려 14시간의 장시간 노동, 기계의 정규 "속도 증가", 공장 소녀들의 불안한 건강 상태 등을 두고 항의에 나섰다.

소녀들 스스로 이미 저임금과 장시간 노동에 저항하기 위해 간헐적으로 공장에서 걸어 나와 "작업거부"를 벌인 바 있었다. 매사추세츠주 전역에 걸쳐서 공장 노동자들은 엄청난 양의 탄원서를 보내고 있었으며, 어떤 것들은 길이가 40미터에 달했다.[17] 10시간 노동제를 의무화하도록 주 의회에 촉구하는 내용이었다.[18] 하지만 로웰시의 초기 투자자들 중 몇 명은 이러한 논쟁에 개의치 않고 모범이 될 또 다른 섬유 도시를 세울 장소를 물색했다. 1845년 말, 메리맥강 하류 쪽으로 20킬로미터 떨어진, 강폭이 넓고 굽이가 급하게 떨어지는 폭포 인근에 모여서 계획을 세웠으니 이중 두드러진 인물이 바로 애벗 로렌스였다.

애벗 로렌스는 미국 대통령이 될 뻔했지만 여덟 표가 모자라 그렇게 되지 못한 인물이었다. 그런 사람치고는 큰 존재감을 발휘하지는 않았지만, 다섯 아들 중의 막내로 자라난 로렌스는 막후에서 끈을 당겨 상황을 조종할 줄 아는 인물이었다. 로렌스는 자신의 명성과 재산을 다 걸고 자기 이름까지 따서 이 도시의 건설을 전폭적으로 밀고 나갔지만, 이미 섬유 업종에서 커다란 비극과 승리를 경험한 바 있었다. 그의 맏형인 에이머스는 보스턴에서 가장 부유한 사람의 하나로서, 5억 달러가 넘는 돈을 사회에 기부하여[19] 하버드 대학과 윌리엄스 대학의 재산을 늘려주었으며 가난한 성직자들에게 종교 서적들을 보내주기도 했다.[20] 다른 형들인 새뮤얼과 윌리엄은 로웰시에서 큰돈을 벌고 나서는 사업을 접고 있었다. 하지만 또 다른 형인 루서 로렌스는 공장 사업으로 빠르게 부를 쌓았다. 1939년 4월, 로웰시 시장으로 재선된 직후 루서는 형제들이 소유한 공장 중 하나인 미들섹스 매뉴팩처링 컴퍼니를 돌아보고 있었다. 그런데 거대한 동력 바퀴가 돌아가는 구덩이를 내려다보던 중 발이 미끄러져 안으로 떨어지고 말았다.[21] 거대한 바퀴는 루터의 두개골을 부수어버렸다. 이러한 비극에도 불구하고 애벗 로렌스는 섬유 산업의 미래를 낙관하고 있었다. 로웰시 창설자들은 기숙사 시스템을 마련하면서 "도덕적 청결성"을[22] 강조했거니와, 로렌스와 그의 형제들 또한 이를 강력히 장려했다. 속옷과 스타킹을 만드는 공장 다섯 개를 소유한[23] 로렌스의 회사는 그런 규제를 통해 직원들에게 "어떤 상황에서든 말이나 행동으로나 절제와 미덕에 대한 고귀한 사랑으로 속속들이 물들어 있음을, 그리고 도덕적 사회적 책무를 의식하며 살아가고 있음을 보여주어야 한다"고 요구했다.[24] 이는 건성으로 하는 잔소리가 아니었다. 애벗 로렌스의 삶 자체가 "절제와 미덕에 대한 고귀한 사랑"으로 무엇을 성취할 수 있는지를 보여준다.

1792년, 벙커힐 전투*에 참전했던 용사의 아들로 태어난 애벗은 그로턴에 있는 가족 농장에서 어린 시절을 보냈다.[25] 16세가 되자 맏형 에이머스의 공장에서 일하게 되었다. 에이머스는 술은 입에 대지도 않고 오로지 성경 읽기에만 몰두하는 인물이었으며, 안식일에 일을 해서는 안 된다고 주장하는 이였다. 형제들은 건어물 사업으로 큰 부를 일구었으며, 너무 많은 재산을 불편하게 여겼던 에이머스와 달리 애벗은 아무렇지도 않게 받아들였다. 그는 친구에게 쓴 편지에 이렇게 적었다. "만약 내가 너무 큰 부자가 되는 게 아닌가 하여 마음이 불편하다면, 하나 더 알아두어야 할 게 있네. 나는 돈 버는 방법을 안다네."[26] 몇 안 되는 아주 친한 친구들과 가족 모임의 성원들도 마찬가지였다. 로렌스 형제들은 역사가들이 "보스턴 협회"라고 부르는 집단의 창립 멤버들이었다. 이들 거물 여든 명은 1840년대와 1850년대에 뉴잉글랜드의 산업을 장악하고 있었다. 이들 집단은 미국 전체 섬유업의 5분의 1을 통제하는 공장 서른한 개, 보스턴 자본의 40퍼센트를 지배하는 은행들, 매사

---

* 미국 독립전쟁 초기에 벌어졌던 전투.

추세츠주의 선박들 5분의 2와 건물들 4분의 3이 가입된 보험사들, 이 지역의 철도 총연장의 3분의 1을 소유한 철도 회사 등을 거느리고 있었다.[27] 로렌스 형제들은 이 모든 사업체에 거액을 투자하고 있었다. 이 "협회"에 대해 한 유니테리언 교파의 개혁가는 이렇게 말했다. "이 집단은 …… 자신들의 목적에 필요하다면 주지사, 상원의원, 판사를 마치 옷감을 제조하듯 손쉽게 제조할 수 있었다. 이 집단이야말로 사회라는 기계 전체를 소유하고 있었던 셈이다."[28]

에이머스는 궤양증으로 1830년 은퇴하지만, 그의 막냇동생은 이제 막 이력을 시작하는 참이었다. 1834년, 애벗은 연방 의원으로 선출된다. 이후 재출마를 거절했지만, 1838년이 되자 친구들이 재선에 도전하라고 설득했다. 로렌스는 머리가 벗겨졌고 키가 작았지만 눈이 늘 반짝였고 엄청난 매력을 지닌 인물이었다. 로렌스는 재선에 성공하여 워싱턴으로 돌아갔지만 습한 공기로 인해 티푸스 열병에 걸려 사퇴하지 않을 수 없었다.[29] 1843년에는 노바스코샤에서 배가 난파되는 사고를 겪었고 보스턴으로 돌아가 대니얼 손더스라는 이와 만나게 된다. 손더스는 메리맥강에서 로웰시 동쪽에 걸쳐 있는 폭포 몇 개의 사용권을 매입한 상태에서 새로운 섬유 도시를 세우자는 아이디어를 가지고 애벗에게 접근했던 것이다. 그리하여 로렌스시 건설과 관련한 100만 달러짜리 거래가 만찬 자리에서 성사된다.[30] 1845년 3월 20일, 매사추세츠 주 정부는 "메리맥강을 가로지르는 댐을 건설하여 …… 제조업과 기계적 용도에 활용할 목적으로" 에식스 사 설립을 인가한다.[31] 다음 날 애벗, 새뮤얼, 윌리엄 형제들을 포함한 회사 설립자 열네 명은 마차를 타고 디어 점프 폭포로 간다.[32] 흐르는 강물과 폭포의 엄청난 힘에 매혹된 이들은 로웰시의 메리맥 하우스에서 만찬을 열었다. 여기에서 어떤 농장들을 매입할지, 댐 하나와 여러 운하들을 어떻게 건설할지, 주식을 어떻게 발행할지 등을 논의했다. 애벗 로렌스는 주당 100달러에 1000주를 매입하여 최대 주주가 되며, 에식스 사의 회장이 된다. 그다음에는 고된 작업이 시작되었다.

우리는 남북전쟁 이전의 미국이라고 하면 마차가 다니고 물레방아가 동력을 일으키며 말이 쟁기를 끄는 세상을 상상하지만, 최소한 지도 위에 새로운 도시를 만들어내는 일이라면 실로 번개같이 해내던 시대였다. 앞서 언급한 만찬 자리에서 협상한 지 1년도 되지 않아 로렌스는 서부 개척 시대의 어떤 도시보다 활기를 띠는 도시가 되었다. 이 새 도시에 동력을 제공하기 위해 엔지니어들은 세계에서 가장 긴 댐을 건설했다. 뉴햄프셔주에서 화강암을 또 메인주에서 목재를 끌어왔으며,[33] 공사는 1845년 9월 19일에 시작되어 3년 후 같은 달 같은 날 같은 시간에 최종 완료되었다. 메리맥강을 가로지르는 이 그레이트 스톤 댐은 500미터에 이르는 길이를 자랑했다. 약 9미터의 낙차로 쏟아져 내리는 물은 150공장력^{millpower}(수력을 측정하는 좀 모호한 용어로서, 1공장력은 60~70마력에 해당했다)을 내놓았다.[34] 이 댐이 지어지는 동안 노동자들은 북운하를 팠다. 이 1.5킬로미터에 걸친 수로로 인해 메리맥강에는 섬 하나가 생겼고, 공장들은 양쪽에서 수력을 끌어와 활용할 수 있었다.[35] 강둑을 따라 새롭게 에식스 스트리트가 마련되었으며, 상인, 행상, 대장장이, 기계공 들이 여기에 점포를 열었다. 1846년 한 해만 해도 처음으로 약사, 변호사, 의사 사무실이 생겨났으며 식료품점도 문을 열었다. 최초의 섬유 공장 두 개를 세우는 공사가 그해 여름에 시작되었고, 잇달아 교회 네 개, 신문사 하나, 이런저런 호텔들도 문을 열었다. 이듬해에는 건물 450채가 세워졌다.[36] 1848년 이 도시는 공식적으로 로렌스라는 이름을 얻었으며, 이제 더 이상 농부들 몇 사람이 사는 시골이 아니라 여러 직업에 종사하는 시민 6000명이 모여 사는 도시로 변모했다. 그중 아일랜드인이 3분의 1이 넘었지만, 도시 인구에는 독일인 한 명, 이탈리아인 한 명, 프랑스인 세 명, 웨일스인 두 명, 스코틀랜드인 아홉 명, 영국인 스물여덟 명, 흑인 열여섯 명 등이 포함되어 있었다.[37]

하지만 애벗 로렌스는 이러한 도시의 붐을 현장에서 즐길 수 없었다. 1848년 다시 정치권을 어슬렁거렸고, 이번에는 최고위직을 노리고 있었다. 매사추세츠주의 다른 휘그당원*들은 웹스터를 대통령으로 밀었지만, 로렌스는 생각이 달랐다. 웹스터는 미국 남부의 "특유한 제도"인 노예제(공장으로 들어가는 원면의 원천이다)를 폐지하자고 외치고 있었다. 로렌스도 노예제에 반대했지만, 그것을 없애는 일은 남부 사람들이 해야지 북부 사람들이 주도해선 안 된다고 생각하여[38] 대통령 후보로 멕시코 전쟁의 영웅 재커리 테일러를 밀었다. 테일러는 대통령 후보로 지명되었으며, 부통령 후보 자리는 로렌스에게 돌아가는 것이 기정사실이었다. 하지만 마지막 순간에 웹스터 쪽 사람들이 로렌스를 버리는 바람에 이 자리를 따내는 데에 딱 여덟 표가 모자라게 되었다. 테일러는 대통령에 당선되었지만, 1850년 급성 소화불량으로 사망하여 부통령인 밀라드 필모어가 새로운 행정부 수반이 되었다. 당시 애벗 로렌스는 영국 대사로 봉직하고 있었지만, 어쨌든 **이 정도로** 가깝게 대통령 자리에 다가갔던 것이다.[39] 그는 공적인 자리에서나 사적인 자리에서나 이를 불평한 적이 전혀 없었다. 그리고 로렌스가 세운 도시는 계속해서 자라났다.

1854년에 그려진 로렌스시의 그림을 보면, 농부 한 사람이 황소와 개를 옆에 두고서 목가적인 프로스펙트 언덕에서 1만 5000명의 인구를 자랑하는 도시를 내려다보고 있다.[40] 이 도시는 굴뚝, 일렬로 늘어선 주택들, 뾰족한 첨탑들로 가득하다. 이렇게 성장했음에도 불구하고 로렌

---

*   휘그당은 1833년에서 1856년까지 미국에 존재한 정당으로 왕정에 반대하는 영국 휘그당과 유사한 입장을 취했다.

시는 여전히 창립자들의 정의로운 원칙들을 실현할 수 있는 규모였다. 애벗은 도서관에 1000달러를 기부하면서 이는 폭넓은 노동자들의 운명을 개선하는 데 도움이 될 선물이라고 주장했다. 그는 "종교적, 지적, 도덕적 문화의 기준을 높게 잡으면 어떤 결과가 나오든 두려워할 이유가 없을 것이다"라고 말했다.[41] 에식스 사 또한 이 도시가 이미 지나치게 인구가 많아진 로웰시처럼 쇠퇴하는 일이 없도록 확실한 계획을 마련했다. 에식스 스트리트의 건물들은 벽돌과 석재로 세워야 했고 3층을 넘지 않아야 했다. 주거지인 헤이버힐 스트리트에도 제한을 두어, 땅 한 필지에 주택은 한 채만 지어야 하며, 한 거주지에 한 가족 이상이 살면 안 되었다. 강가를 따라 조성된 커넬 스트리트와 메투언 스트리트에 늘어선 하숙집과 기숙사는 밤 10시에 문을 닫아야 했다. 기숙사 사감들은 사생들 중 일요일 예배를 빼먹는 이들을 공장 요원들에게 보고해야 했다. 퍼시픽 공장에는 노동자들의 해고 요건으로 '역량과 단정함의 부족' '신앙심 부족' '술 취함', 심지어 '욕설'까지 있었다.[42]

애벗 로렌스는 험한 꼴을 보지 않아도 되는 생애를 살았으니, 그의 꿈이 어두워지기 전에 세상을 뜬 것이다. 1854년 로렌스시에서 첫 폭동이 일어났고 2개월 후 애벗은 티푸스 열병을 다시 앓았다. 이 소동은 무더운 7월 어느 날 시작되었고, 당시 미국은 이민자에 대한 반감이라는 열병이 휩쓸고 있었다. 그날 오후 한 아일랜드인의 집에 미국 국기가 거꾸로 매달린 것이 발견되었다. 당시 미국에는 전국에 걸쳐 이른바 "아무것도 몰라요 당Know-Nothing Party"이 있었다. 이는 아일랜드인과 가톨릭교도에 반대하는 비밀결사였지만 회원들은 누가 가입 여부를 물으면 "저는 아무것도 몰라요"라고 대답하는 것을 신조로 삼았기에 이런 이름을 얻었다고 한다.[43] 이 당의 당원들은 성조기가 거꾸로 게양된 데 분노하여 로렌스시 거리에서 항의 시위를 시작했다. 구경꾼들이 대열에 합류했고, 손에 손에 짱돌을 들었다. 땅거미가 내릴 무렵 군중 2000명이 커먼 스트리트의 아일랜드인 주거지에 모여들었다. 군중은 짱돌을 집어던졌고, 한 신문 보도에 따르면 총까지 쏘았다. 목표물이 된 건물은 크게 파손되었지만, 다친 사람은 없었고 폭도들은 해산했다.[44]

애벗 로렌스가 이 폭동 이야기를 들었다는 증거는 없다. 그해 가을 침상에 몸져누워 있었으며, 이듬해 여름에 숨을 거두었다. 그가 죽자 조사가 물밀 듯 밀려들었으며, 보스턴의 파뉴일 홀에서 열린 기념식에는 많은 사람이 참석했다. 전직 매사추세츠 주지사 에드워드 에버릿이 로렌스시의 창립자에게 조사를 바쳤다. "그는 당시 불모의 바위에 헛되이 떨어지던 수많은 시냇물 소리를 들으면서 이것이 훗날 수력 바퀴와 동력 베틀의 음악 소리와 박자를 맞추리라 내다본 선각자이셨습니다."[45] 애벗 로렌스는 다양한 공공 기관에 15만 달러라는 큰돈을 유증했으며, 그중에는 보스턴 공공 도서관 그리고 하버드 대학에 자신이 설립한 로렌스 과학대학 등이 있다. 또한 보스턴의 가난한 사람들이 거주할 임시 숙소 건설 사업에 5만 달러를 남겼다.[46] 애벗 로렌스는 무엇보다 뜨거운 열기를 뿜어내는 도시를 남겨놓았다. 이 도시에는 이미 공장 열한 개가 들어서 있었으며, 각자 노동자들을 채용하느라 혈안이 되어 있었다. 이 노동자들이 조만간 무더기로 몰려들면서 애벗의 유토피아가 감당할 수 없는 숫자로 불어난다.

아일랜드인이 제일 먼저 도착했다. 1840년대 말 아일랜드를 덮친 감자 기근*을 피해 미국으로 도망 온 아일랜드인의 수는 100만 명에 이르렀다. 로렌스시에서도 이들은 댐과 운하들을 세우는 데 일조했지만, 곧

---

* 아일랜드 대기근이라고 하며 1845년에서 1852년까지 발생해 100만 명 이상이 사망했고 다수가 해외로 집단 이주했다.

"판잣집 아일랜드인"으로 불리게 된다. 이들은 그레이트 스톤 댐의 서쪽 빈터인 "뉴 더블린"에 모여 살았는데 여기에는 난로 굴뚝이 솟아 있는, 거친 목재로 만든 허술한 건물 수백 채가 들어서 있었다.[47] 어느 판잣집은 길이가 무려 30미터에 이르렀고 한 가족과 하숙생 일흔일곱 명이 살고 있었다.[48] 아일랜드인에 이어 영국인이 왔다. 남북전쟁이 끝난 뒤, 영국 맨체스터와 리즈의 섬유 노동자들은 더 깨끗하고 급료도 3분의 1이나 더 많은 섬유 도시가 있다는 말을 들은 것이다.[49] 1868년이 되면 영국인과 아일랜드인이 로렌스를 그야말로 공장 도시로 바꾸어놓았으며 이러한 명성은 『하퍼스 위클리』에 실린 윈슬로 호머의 그림이 곁들여진 기사로 확고해진다. 호머의 판화는 "퇴근 시간"이라는 제목이 붙어 있으며, 한 무리의 로렌스 노동자들을 그린 것이다. 많은 이들이 뺨이 홀쭉하도록 여위었고, 어떤 이들은 무덤덤하고 도전적인 표정을 짓고 있다. 이들은 모두 도시락 통을 하나씩 들고 13시간에 이르는 공장 노동을 마치고 (강가에 늘어선 공장을 배경으로) 집으로 돌아가고 있다.[50]

1870년대가 되자 이번에는 프랑스계 캐나다인이 이주 대열에 동참한다. 낙농업이 기계화되고 토양 고갈 사태가 확산되자,[51] 퀘벡에서 로웰과 로렌스로 수천 명이 내려온 것이다.[52] 그다음에는 독일인이 왔다. 1880년대에 독일 산업 지대가 바이에른에서 루르 계곡으로 이동하면서 독일 섬유 노동자는 대서양을 건너 미국 섬유 노동자가 되었다.[53] 당시 미국인들은 미친 듯이 산업화의 대로를 질주하고 있었으므로 다국적 이민자들의 노동력은 반겼지만, 이들이 고국의 생활 방식을 유지하는 데는 의심의 눈초리를 품었다.

"난세에 태어나라, 이놈아!"라는 옛날 중국 욕설이 있거니와, 로렌스는 마치 이러한 욕설을 실현하고 있는 듯했다. 미국 역사상 경제가 가장 거칠게 롤러코스터처럼 오르내렸던 "도금 시대$^{Gilded\ Age}$"에 도시로 성장했기 때문이다. 대부분 농촌으로 이루어진 나라였던 미국은 19세기 마지막 몇 십 년간 전 세계를 선도하는 산업 강국으로 자라난다.[54] 로렌스시는 이 어지럽고 탐욕스러운 시대에 발을 맞추느라 부산스러웠다. 미국은 갈수록 패션에 민감한 나라가 되었고, 로렌스시의 공장들은 거품이 생겨나고 터지는 과정을 거치면서 미국에 필요한 옷감을 생산해 냈다. 1870년대와 1880년대를 거치면서 메리맥강은 처음에는 증기로, 다음에는 전기로 사람 키 두 배 높이의 동력 바퀴들을 돌리게 되었다.[55] 그리고 이 바퀴들은 더 큰 공장들을 돌아가게 만들었다. 여기에 도착한 이민자들은 벌집처럼 바쁘고 시끄럽게 웅웅거리는 실로 비인간적인 규모의 공장을 보면서 경외감을 느꼈다. 새로운 공장주들은 광란의 경쟁을 벌이는 판이라 "절제와 미덕"이라는 애벗 로렌스의 관심사를 돌볼 틈이 없었다. 가부장적 온정주의가 사라진 자리를 공장주들의 무관심이 차지했다. 로렌스의 공장주나 폴리버의 공장주나 마찬가지였다. "나는 내 노동자들을 내 기계와 같이 바라봅니다. 내가 돈을 내는 작업을 할 수만 있다면 나는 그들을 고용해 뽑아낼 수 있는 것은 다 뽑아냅니다. 그들이 공장 담벼락 바깥에서 무엇을 하는지 어떻게 지내는지는 내 알 바 아니며, 내 일이라고 보지도 않습니다."[56] 한 로렌스 공장주는 좀 더 직설적으로 정곡을 찌른다. 그의 노동자들은 한마디로 "한 무더기의 멍청이들"이라는 것이었다.[57]

하지만 이 "멍청이들"도 가만히 있지는 않았다. "도금 시대" 전체에 걸쳐서 노동자들은 한데 뭉쳤고, 전국노동조합이나 노동기사단 같은 초기 노조를 결성했다. 1877년 이전에는 파업이 횟수도 적고 또 대부분 평화로운 성격을 띠었지만, 로렌스의 공장주들은 노조가 생기는 기미만 보여도 이를 위협으로 간주했다. 10시간 노동제 운동은 남북전쟁 이전부터 로렌스시에서 일어났지만, 쟁의라고 해봐야 자잘한 작업거부 정도였고, 이마저도 금세 진압되었다. 1867년에는 "비타협적인 10시간 노동"이라는 구호 아래 로렌스시 최초의 소규모 파업이 벌어졌다. 파업 지도부는 전원 해고당했으며, 파업에 참여한 여성들은 해고되었을 뿐만 아니라 회사가 제공한 주택에서도 쫓겨났다.[58]

1870년대에 걸쳐서 로렌스시는 모범적인 공장 도시로 널리 알려졌다. 노동자들은 만족스러운 삶을 누렸으며, 감히 파업 같은 짓을 했다가는 "신속히 해고"당하며[59] 그들의 이름은 뉴잉글랜드 공장주들이 돌려 보는 블랙리스트에 올라간다는 것이었다.[60] 인근의 폴리버에서는 몇 년에 한 번씩 장기 파업이 벌어졌지만, 로렌스시에서는 1882년 첫 번째 대규모 작업거부가 벌어질 때까지 별 일이 없었다. "나는 노동자들이 정말로 굶주리고 있다면 파업 따위는 하지 않을 거라고 믿습니다." 그해 초 퍼시픽 공장의 재무 담당자가 태평스럽게 했던 말이다.[61] 3월이 되자 퍼시픽 공장은 임금을 20퍼센트 삭감했다. 3월 14일에 우발적인 소규모 파업이 일어나 사흘 만에 5000명이 여기에 합류했다.[62] 다른 공장들은 최고 속도로 가동되고 있었지만, 퍼시픽 공장은 파업으로 그해 봄 내내 속도를 내지 못했다. 파업위원회는 기금을 모았고, 경찰관에게도 1인당 1달러씩 거두었다. 하지만 여름으로 넘어갈 즈음에도 퍼시픽 공장은 대체 노동자들을 고용하여 무사히 살아남았다. 파업 노동자 절반 이상이 굶주림과 환멸에 절어 로렌스시를 떠났으며, 8월에 이르러 파업은 깨지고 만다. 이 도시에 있던 두 노조 지부는 새로운 정책을 채택한다. "파업을 예방하기 위한 중재"였다.[63] 그러고 나서 로렌스시의 노사관계는 다시 정상으로, 즉 무노조 상태로 돌아간다.

미국 노동자들은 이렇게 2보 전진 1보 후퇴 방식으로 계속 조직해 나아갔으며, 그동안 로렌스시의 다른 노동자들(이발사들, 석공들, 식자공들, 목수들)은 자발적으로 노조 지부를 결성했다.[64] 하지만 "노동조합으로 뭉쳐라!"라는 구호가 울릴 때마다 공장주들은 밀려드는 이민자들의 물결에서 간편한 해답을 얻을 수 있었다. 독일인이 파업을 입에 올리면 보스들은 프랑스계 캐나다인이 기꺼이 그들의 일자리를 빼앗아 갈 것이라고 장담했다. 게다가 전일제로 공장에서 일하는 아홉 살, 열 살, 열한 살짜리 아이들이 수천 명이나 있었다. 그러니 누구든 로렌스시의 공장 노동이 마음에 들지 않는 이들은 언제든 다른 곳에서 일자리를 찾으시기를. 다른 도시로 가는 사람들은 거의 없었다. 매사추세츠주는 공장 도시로 가득했지만, 로렌스시보다 훨씬 상황이 나쁜 도시들도 많다는 소문이 노동자들 사이에서 돌고 있었다. 임금도 로렌스시가 홀리요크나 노스애덤스보다 높았다. 노동 조건은 폴리버와 비교하면 훨씬 좋았다. 폴리버는 주거 조건이나 공장 노동 자체가 뉴잉글랜드라기보다는 잉글랜드의 섬유 도시들과 비슷하다는 것이었다.[65] 안젤로 로코가 그의 파란만장한 일자리 편력에서 알게 되었듯이, 로렌스시는 섬유 도시치고는 괜찮은 편이었다. 하지만 이민자들이 계속 밀려들면서 이 도시는 건설자의 이상과는 갈수록 더 멀어진다.

1890년까지 로렌스는 급속히 성장했다. 인구가 4만 5000명까지 불어났음에도 불구하고 사망률이나 평균수명에서 어느 때보다 양호한 상황이었다. 여러 대통령, 유명한 장성들, 발명가들이 방문하는 자부심에 찬 활기 있는 도시였으며,[66] 이 방문자들은 로렌스시야말로 미국 산업의 최첨단임을 인정했다. 하지만 우드가 워싱턴 공장으로 간 직후[67]에는 이민자들의 물결이 또다시 이 도시를 덮쳐서 "수력 바퀴와 동력 베틀의 음악 소리"를 잠재우기 시작했다. 이들은 '땜빵'으로 악명 높은 이탈리아인들로서, 1890년대에는 무려 1만 5000명이 로렌스시로 추가 이주했다. 그리고 1900년에서 1910년 사이에는 또다시 아이들, 사촌들, 이모들, 삼촌들을 대동해 대가족 단위로 2만 명이 로렌스시로, 동굴 같은 공장으

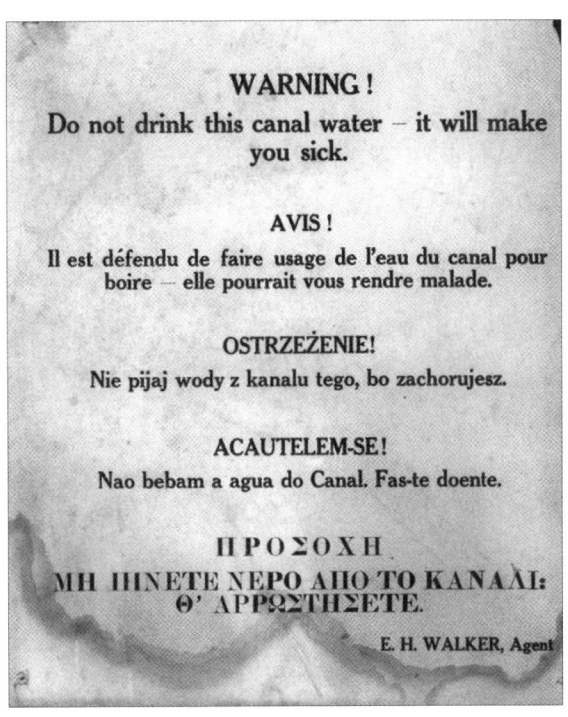

다섯 개 언어로 적혀 있는 경고문. "이 운하의 물을 마시지 마세요. 병에 걸립니다."

로 쏟아져 들어갔다.[68] 옛날 에식스 사 규칙이었던 한 필지에 집 한 채, 한 주거 단위에 한 가족이라는 원칙은 이미 잊힌 지 오래였지만 이제는 아예 잔인한 농담처럼 되어버렸다. 도시 한가운데를 가로질러 빈민촌이 생겨났다. 여기 건물들은 4층짜리 목조였으며, 천장은 마치 하나님께서 이 공동주택들이 로렌스시 토양에 깊이 박히도록 꽉꽉 밟아놓은 양 땅처럼 평평했다. 아이들은 실험실의 쥐처럼 미로 같은 길에서 몰려다니며 싸우고, 놀고, 또 각자의 모국어로 욕설을 퍼부었다. 쓰레기와 생활하수가 골목들을 채우고 운하로 밀려들었으니, 이에 몇몇 언어로 된 경고 표지판이 세워졌다.[69]

공장이 "도덕적 청결성"의 보루라는 관념은 사라진 지 오래였다. 이러한 관념은 뉴잉글랜드 주민이 뉴잉글랜드 주민을 위해 마련한 것이었다. 또 초기 이민자들에게는 어느 정도 확산시킬 수 있었겠지만, 이 최근에 온 외국인들은 너무나…… 이국적이었다. 아일랜드, 잉글랜드, 캐나다, 독일도 아니라 이제는 이탈리아, 러시아, 리투아니아, 터키, 그리스 등지에서 몰려온 사람들인 것이다. 시인 에마 레이저러스는 자유의 여신상에 새겨진 유명한 시에서 그들을 "자유를 흡입하기를 열망하는 빽빽이 웅크린 무리들"이라고 부른 바 있다.[70] 《뉴잉글랜드 매거진》에서는 이들을 "남유럽의 인간 폐기물들"이라고 불렀으며, "우리의 여러 제도에 전혀 공감하지 못하고 동화되지도 않을 자들"이라고 했다.[71]

역사가 도널드 콜이 주목한 바 있듯이, 모든 이민자의 물결은 국적을 불문하고 엄격한 정착 패턴을 따르게 되어 있다. 로렌스 이주 처음 10년은 생존 투쟁의 기간이다. 새로 나타난 모든 민족 집단은 극도로 혐오스러운 대상이 되며, 이런저런 별명이 붙여져 모욕당하고, 정치인들에게 비난받는다. 또 신문에서는 범죄 기사의 단골 주인공으로 환한 조명을 받는다. 하지만 10년이 지나면 모든 집단이 정착하고 융합하여 완전한 미국인이 되었다는 작은 증후들을 보여주기 시작한다. 첫째 증후는 교회의 등장이다. 어느 집단이든 종교를 발판으로 일어서기 시작했다. 로렌스시에 온 지 20년이 지나면 모든 민족 집단이 사교 클럽을 만들고 고국에서 가져온 물품을 판매하는 가게들을 연다. 또 얼마 안 있어 자기들 고유의 축제를 연다. 아일랜드인은 성 패트릭의 날 축제를 열었다. 독일인은 시인 프리드리히 폰 실러의 생일을 축하했다. 스코틀랜드인은 로버트 번스의 생일을 축하했고, 폴란드인은 폴란드 혁명 기념일을 축하했다.[72] 30년이 지나면 자기들 언어로 된 신문을 제작하고, 토론 모임을 만들고, 정치권에도 진출한다. 땅을 사는 개인들이 나타나며 그에 따라 일정한 지위도 얻게 된다. 1880년대에는 로렌스의 첫 번째 이민자 집단이 도시의 정치를 장악한다. 1882년 아일랜드인들은 최초의 아일랜드인 시장을 배출한다. 주인공은 존 브린이라는 장의사였다.[73] 이들은 곧 시의회도 장악하게 된다. 시의회 회의실은 곧 "아일랜드파"와 "반아일랜드파"의 격렬한 전투장이 되었다.[74] 하지만 숫자는 많지만 아직 일어서지 못한 무리들끼리 벌이는 구역 전쟁은 유혈 사태까지 낳을 정도로 험악했다. 토요일 밤이 되면 주급을 손에 쥔 노동자들이 이 도시의 무수한 살롱에서 술을 마셨고, 그러면 에식스 스트리트는 폭력 사태로 얼룩지곤 했다. 처음에는 말싸움이 벌어지지만, 언어가 달라 소통이 어려워지면 곧 주먹과 칼이라는 만국 공통어로 소통하기 시작한다. 결혼식 잔치처럼 술과 추억이 흘러넘치는 행사도 결국 주먹싸움으로 끝나곤 했고,[75] 집단 간에 구역이 정리되지 않은 상태라면 일요일 소풍도 패싸움으로 끝나는 경우가 많았다. 집단들 사이의 쩨쩨한 혐오의 조합은 끝이 없어 보였다. 아일랜드인은 영국인과 싸우고, 영국인은 아일랜드인과 싸운다. 프랑스계 캐나다인은 폴란드인과 드잡이를 한다. 이탈리아인은 아르메니아인에게 칼부림을 한다…… 이런 식이었다. 1912년 이전의 20년간 이 도시 인구의 6퍼센트(즉 매년 몇 천 명씩)가 체포된 적이 있었고, 대개 주취 혹은 폭력 때문이었다.[76] 이 모든 범죄와 긴장된 분위기에도 불구하고 로렌스시는 미국에서 맨해튼 밖에서는 찾아보기 힘든 세계주의적 분위기를 띠고 있었다.

이러한 위험을 개의치 않는 이라면, 로렌스시 안쪽만 돌아다녀도 전 세계의 상당 지역을 돌아다닌 효과를 얻을 수 있었다. 북쪽으로는 스피켓강이 구불거렸고 남쪽으로는 메리맥강이 직선을 그리며 부드럽게 흘렀으며, 두 강 사이의 지역을 다양한 문화를 꿰매어 붙인 인간 담요가 덮고 있었던 셈이다. 대부분의 거리는 여러 언어가 뒤섞인 공간이었지만, 몇몇 거리는 동질성을 띠고 있었다. 커먼 스트리트를 따라가면 기분 좋은 이탈리아의 풍미를 느낄 수 있었다. 포스터들은 이탈리아어로 적혀 있었다. 대화에 쓰인 언어는 대부분 시칠리아섬 방언인 시칠리아노였다. 차양으로 장식된 상점 유리 진열창에는 매달아놓은 살라미, 치즈 덩어리,[77] 염소젖 치즈, 올리브 기름 등이 진열되어 있었다. 매년 콜럼버스*의 날 행사가 열리면 커먼 스트리트가 색등이 빛나고 박 모양의 만돌린과 아코디온의 구슬픈 음악으로 가득하여 사람들로 미어터질 정도였다.

그보다 작은 빈민가에서는 다른 이민자들이 자리 잡고 자기들 문화를 철저히 고수했다. 1895년부터 집단 학살을 피해 러시아에서 온 유대인 그리고 동유럽 유대인촌을 빠져나온 유대인 5000명이 밸리 스트리트, 콘코드 스트리트, 로웰 스트리트 등에 정착했고, 이들의 주택 입구들을 메주자**로 장식하게 된다.[78] 여기에서 선한 유대인들은 훈제 연어와 훈제 청어를 구입하고 여러 회당 중 하나를 선택할 수 있었다. 아니면 그저 이디시어***로 대화하는 기쁨을 만끽할 수 있었다. 인근에는 기독교와 이슬람 사이의 폭력적인 종교 갈등을 피해 온 시리아인 2000명이[79] 빠르게 성공가도를 달리고 있었다. 시리아인은 이미 자기들의 신문, 학교, 그리고 교회 몇 개를 가지고 있었다. 프로스펙트 언덕 근처의 도시 동편에는 독일인이 할스빌레라고 부른 주거지가 자리 잡고 있었다. 다른 민족 집단들과 마찬가지로 독일인들 또한 요람에서 무덤까지 항상 함께할 수 있는 문화를 창출했다. 로렌스시의 독일인은 독일어를 하

---

* 탐험가 콜럼버스는 원래 이탈리아인이며 이탈리아 이름은 크리스토포로 콜롬보이다.
** 집 주인이 유대교 신자임을 알리는 양피지 조각으로 한쪽에는 신명기의 구절들이, 다른 쪽에는 신의 이름이 적혀 있다.
*** 동유럽의 아시케나지 유대인들이 사용했으며 로망스어의 여러 특징이 혼합된 언어이다.

는 의사나 조산원을 통해 세상에 태어나고,[80] 독일어로 가르치는 독일 학교를 다니고, 《안차이거 운트 포스트》 신문을 읽고, 독일 합창단이나 오페라 동호회에서 노래를 하고, 독일어를 쓰는 "베라이네"(스포츠, 정치 활동, 토론 등을 하는 모임)에 가입하고, 열두 개나 되는 독일식 양복점에서 무릎까지 오는 가죽 바지를 맞추고, 뵘 카페에서 독일 요리를 즐기고, 열일곱 군데나 되는 독일 식료품점에서 독일식 야채 절임 사우어크라우트를 살 수 있었다. 로렌스시에는 또한 독일 보석상 네 개, 치과 병원 한 개, 약방 세 개, 담배 가게 다섯 개, 교회 두 개, 양조장 한 개 등이 있었다. 그리고 평범한 독일인은 이 도시의 독일 양로원에서 노년을 보낼 수 있었다.[81]

이렇게 다양한 문화가 뒤범벅되어 끓고 있는 수프를, 토박이에게서 태어난 토박이 "미국인"이 돌보면서 수프가 끓어 넘친다 싶으면 한 번씩 저어주는 역할을 했다. 1912년 도시에 남아 있는 미국인은 1만 2000명뿐이었지만 이들은 토박이라는 이점(언어, 부, 인맥 등)을 활용하여 도시 전체를 통제했다. 이들 중 섬유업에서 일하는 이들은 20퍼센트에도 못 미쳤고, 대부분 공장 보스이거나 본사에서 일하는 사람들이었다.[82] 목수, 석공, 여점원도 있었지만 대부분은 화이트칼라 노동자들이었다. 이 토박이들은 은행가가 되어 공장주들의 투자가 어디로 향하는지를 추적하고 있었다. 또 교사가 되어 어째서 "그 아이들"은 수업 도중에는 멍하니 허공만 보다가 누가 조금만 놀려도 싸움박질을 하는지를 두고 의아해했다. 그런가 하면 의사가 되어 토요일 밤 패싸움에서 다친 이들의 상처를 꿰매주거나 공동주택에서 폐결핵 환자를 진단하는 일을 했다. 도시 주민 중에는 흑인도 260명 있었다. 이들은 굳이 공장 노동자로 지원할 필요조차 없었다. 대부분 식당 보조원으로 일했으며, 아니면 공장주들과 경영인들의 멋진 집에서 하인으로 일하며 하루에 1달러를 받았다.[83] 하지만 공장주들은 로렌스 시내에는 살지 않았기 때문에 이 하인들은 노면전차를 타고 교외로 출근해야 했다. 공장주들은 1890년대부터 인근 앤도버 혹은 보스턴의 백베이에 있는, 담쟁이벽 큰길을 따라 늘어선 저택으로 이사했다. 파업 전야에 공장주나 섬유업 주주로서[84] 로렌스시에 살고 있는 사람은 하나도 없었다.

결국 1912년의 로렌스시는 청교도 정치인이 꿈꾸던 도시가 아니었다. 8만 6000명이 불과 18제곱킬로미터 면적에 쑤셔 넣어진, 그야말로 언제 터질지 모르는 화약고 같은 곳이었다. 미국에 뿌리 내린 집단들이나, 아직도 고국으로 돌아가고 싶어 하는 사람들이나 모두 다 건드리면 바로 불이 붙는 가연성 물질들이었다. 남편이나 아버지가 해주는 이야기 말고는 공장에 대해 아는 게 거의 없는 여자와 아이 들이 있었다. 반면 매일같이 공장에 나가 부대끼면서 경제와 권력의 논리를 뼈저리게 배우는 여자와 아이 들도 있었다. 아나키스트도 있었지만 수는 적었다. 더 많은 사람은 법과 질서를 신봉했고, 후자를 보호할 필요가 있을 경우 기꺼이 전자를 두들겨 패려 드는 이들이었다. 이러한 여러 집단이 "이민자 도시"를 형성했다. 형편없는 임금을 받으며 고된 노동에 시달리지만, 자식들만은 괜찮은 임금을 받는 노동자, 심지어 화이트칼라가 되어 봉급을 받을 수 있게 되기를 바라는 자부심 있는 노동자 집단으로 구성된 도시였다. 1912년 1월 12일 이전에는 이 여러 민족 분파가 깃발에 칠해진 색깔들처럼 서로 뚜렷이 구별되었다. 하지만 1912년에 들어서자, 똑같은 깃발이 바람에 펄럭이면 여러 색깔이 뒤섞이듯이, 이 분파들도 하나로 뒤섞인다. 그리하여 한때 소로가 평화롭게 노를 저어 다녔던 메리맥강은 이들로 인해 치열한 전장으로 변한다.

3장

메리맥강 전투

울려라, 로렌스의 맑은 종소리여!
온 땅 위로 울림을 전하라!
비추어라, 로렌스의 아름다운 불빛이여!
일하는 무리들 모두에게 힘을 줄지어다……

우리 길거리의 소음 위로,
우리의 자랑스러운 노랫소리 위로,
간단하고도 엄중한 질문의 소리를 들어라
우리는 잘하고 있는가 아니면 잘못하고 있는가?
자유롭고 하나 된 민족으로서 우리는
이 원초적 진리를 알게 되리니
모든 사람과 마찬가지로 공동체들 또한
뿌린 대로 거둘 수밖에 없노라

—로렌스시 건설 50주년을 기념하며
전 시장 로버트 튜크스베리가 쓴 시 「오늘의 도시」에서

1월 12일 오전 10시에 폭동경계령이 울리자(세 차례 빠른 종소리가 30초마다 세 번씩) 경찰은 잽싸게 움직였다.[1] 땡땡거리는 종소리가 로렌스시 전역에 울려 퍼졌다. 그러자 사람들은 종탑을 보았고, 교사들은 교실 창가로 다가갔으며, 가게 상인들은 길거리로 나와 무슨 일인지를 알아보려 했다. 경찰들은 공단으로 쏟아져 들어가면서 성난 군중이 이미 우드 공장에서 빠져나왔음을 알게 되었다. 공장의 방들은 기계가 모두 박살이 난 채 텅 비었고, 방적기의 실패와 실뭉치는 스프링클러에서 쏟아져 나온 물에 푹 젖어 있었다. 공장을 따라 몇 블록에 걸쳐 있는 메리맥 스트리트에서는 공장에서 나온 노동자 수천 명이 옹기종기 모여 무슨 일이 벌어졌는지를 서로 물어보고 있었다. 하지만 폭도들은 이미 다른 곳으로 간 상태였다.

열 명 남짓 되는 경찰들이 아이어 공장에 도착했을 때는 노동자 수천 명이 이미 공장을 엉망으로 만들어놓고 정문으로 밀려 나오고 있었다. 사람들이 우르르 몰려나오면서 우드 공장과 아이어 공장 사이의 광장은 소음으로 꽉 차버렸다. 험악한 고함, 기세를 올리는 함성과 조롱하는 소리가 건물 벽과 주랑 현관에서 울려 퍼졌고, 노동자들은 작은 성조기 깃발을 휘날리며 빗자루와 막대기를 휘두르고 있었다. 사방에서 싸움이 벌어졌다. 경찰들은 곤봉으로 노동자들의 머리통을 부수고 노동자들은 물레 막대기를 야구방망이처럼 휘둘러댔다. 인근에 있던 경찰들이 계속 달려오고 있었지만, 군중은 여전히 광장에서 우글대고 있었다. 경찰 간부 마셜 새뮤얼 로건은 질서 비슷한 모습이라도 회복하고자 파업자 떼거리를 도심으로 뻗은 덕 다리로 밀어붙이기로 했다. 로건은 수하 경찰들에게 권총을 꺼내 군중을 밀어대라고 명령했다.[2] 군중 가운데 골수 싸움꾼은 소수였고 대부분 주변 구경꾼들이라 큰 저항 없이 밀리기 시작했다. 색색의 코트를 입어 얼룩덜룩해 보이는 군중은 하얀 입김을 내뿜으며 별 사고 없이 다리를 건너갔다. 하지만 북운하에 있는 작은 덕 공장에 도착하면서 진짜 전투가 시작되었다.

군중은 새로운 표적을 발견하자 더 이상 경찰들 의도와 달리 밀리지 않았다. 노동자들은 유니언 스트리트를 점거하고 경찰들을 밀어대기 시작했다. 공장 창가에는 유니언 스트리트와 커낼 스트리트의 교차로를 꽉 막고 있는 군중들을 내려다보는 사람들의 얼굴로 가득했으며, 교차로에서는 노면전차, 마차, 자동차들이 저마다 경적을 울려대고 있었다. 파업 노동자들은 공장 안의 노동자들에게 소리쳤다. "나와! 나와!" 막상 나온 사람은 남자 한 사람과 여자 한 사람뿐이었지만, 파업 노동자들의 열화 같은 갈채를 받았다.[3] 노동자 무리는 이제 공장 전면에 집결하여 몰아칠 준비를 하고 있었다. 열 명 남짓한 경찰들이 곤봉을 치켜든 채 공장 정문을 등지고 서 있었다. 군중 가운데 한 남자가 다른 이의 목말을 타고 이탈리아어로 소리를 질렀고, 다른 이가 똑같은 말을 폴란드어로 소리쳤다.[4] 대부분 아일랜드인이던 경찰들은[5] 해산하라는 말로 알아들었지만,[6] 곧 무리들이 공장 정문으로 달려들었다. 경찰은 흔들리기 시작했다.[7] 경찰 몇 사람이 권총을 꺼내 쏘겠다고 위협하자 군중은 물러나면서 조롱과 욕설을 퍼부었다. 남자들은 경찰들과 드잡이를 했으며, 여자들은 소리를 지르고 팔을 흔들면서 남편, 아들, 오빠나 동생들에게 싸우라고 찔러댔다.[8] 싸움판 언저리에서 더 많은 경찰이 노면전차를 타고 또 걸어서 모이고 있었으며 덩치 큰 검은색 출동 차량에서 쏟아져 나오기도 했다.[9] 그때 한 남자가 덕 공장 정문 위로 기어 올라갔다. 노동자들은 그를 밀어 올리고 경찰들은 끌어내리려고 했지만, 결국 남자는 철문을 넘어 건너편에 도착했다. 이를 신호로 군중은 또 한 번 밀어붙이기 시작했다. 공장을 지키는 경찰들은 다시 노동자들을 때려눕혔다. 쓰러진 노동자들은 길거리에서 몸을 뒤틀거나 죽었는지 꿈틀도 하지 않았다.

군중은 덕 공장으로 밀고 들어갈 수 없음을 감지하고는 이제 공장 건물 앞면을 공격하기 시작했다. 흩날리는 눈발 사이로 돌멩이와 얼음 조각들이 날아들어 유리창을 박살 냈고, 깨진 유리 파편이 비오듯 길거리로 쏟아졌다.[10] 불과 몇 분 만에 유니언 스트리트 쪽으로 나 있는 유리창은 거의 다 깨져버렸다.[11] 더 많은 경찰이 도착했고, 군중 뒤에 집결하여 수백 명을 건물에서 떼어내려고 했다. 그러자 방금 시작된 전투가 금세 끝나 버렸다. 이 싸움은 불과 몇 분밖에 지속되지 않았지만[12] 향후 오랜 세월 동안 로렌스 사람들 입에 오르내린다.

군중은 교량과 벽돌 건물 사이의 틈바구니에서 벗어나 흩어졌다. 에식스 스트리트를 거쳐 도심으로 간 이들도 많았지만, 대부분은 집으로 돌아가서 상처를 돌보고, 무용담을 늘어놓고, 이 다음에 어떻게 될지를 두고 이야기했다. 도심에서는 남자들과 여자들 무리가 여전히 길거리에 남아 있었고, 그들은 목소리도 몸짓도 험악했다. 얼음과 유리 조각이 날아드는 가운데 피범벅이 된 경찰들은 서로를 부축했고, 일곱 명(남자

여섯 명과 여자 한 명)을 체포했다. 체포된 남자들은 모두 이탈리아인으로서 폭동을 선동했다는 혐의를 받았고, 여자는 칼로 경찰관을 공격했다는 혐의를 받았다.[13] 정오가 되자 공단에는 다시 불편한 고요가 찾아왔고 도시 전체는 팽팽한 긴장감으로 숨이 막힐 듯했다.

보스턴의 아메리칸 모직 사무실에서 이 소식을 들은 윌리엄 우드는 충격을 받았으나 이내 앨저의 소설 주인공처럼 행동했다. 긍정적이고 낙관적인 태도를 보인 것이다. 그는 언론에 보낸 성명서에서 자신의 동료 노동자들이 자기의 선한 의도를 오해했다고 주장했다.

> 공장주들은 직원들의 벗입니다. 그래서 새로운 법 때문에 노동자들의 노동시간이 줄어들어 집에 가져가는 급료도 줄어들게 된 것을 아주 가슴 아프게 생각합니다. 시간당 임금률은 줄이지 않았습니다. 하지만 54시간을 일하는 노동자가 56시간을 일하는 노동자와 똑같은 돈을 받을 수는 없는 일입니다. 미국에는 주당 56시간에서 심지어 60시간 넘게 공장을 돌리는 업체들이 있으며, 매사추세츠의 공장주들도 이들과 같은 시장에서 경쟁하려면 다른 도리가 없다는 것은 너무나 자명한 일입니다.

일단 자신의 동료 노동자들이 이 법 자체가 잘못됐음을 이해하면, 이번 파업은 "성급하고 그릇된 일"임을 깨달으리라는 뜻이었다. "직원들도 정의가 자신의 편이 아니라는 사실을 이해하면 파업을 할 이유가 없으며, 따라서 파업이 오래갈 수도 없는 일입니다. 저는 조속히 정상으로 돌아오기를 기대하고 있습니다."[14]

오후 2시가 되자 퍼시픽 공장에서는 노동자 500명이 급여 봉투를 열어보고는 평화적으로 작업거부에 돌입했고[15] 우드 공장과 아이어 공장에서는 거의 1만 1000명이[16] 파업에 들어갔거나 공장폐쇄를 맞게 되었다. 다른 공장에서는 노동자들이 여전히 행진하는 군인처럼 일사불란하게 일하고 있었지만, 그날 아침에 벌어진 광란의 사태에 대한 소문은 온 도시로 퍼졌다. 그날 오후 시의원들이 시장 마이클 스캔런과 긴급 회동을 열었다. 스캔런 시장은 뿔테 안경을 쓴 멋쟁이로[17] 취임한 지 불과 12일밖에 되지 않았다. 이 회동의 첫째 안건은 무엇보다 질서 유지였다. 공장 대표들은 주 민병대를 동원하여 공장을 지키라고 촉구했지만,[18] 시장은 그래선 안 된다고 판단했다. 다른 지역 파업 사례를 보더라도 주 민병대를 동원하면 꼭 유혈 사태가 벌어졌고 게다가 시청이 파산 직전인지라 관련 비용을 주 정부에 지불할 수가 없다는 것이었다. 또한 시청 건물을 폐쇄하지도 않겠다고 했다.[19] 질서가 회복된 상태이니 어떤 조치도 필요치 않다는 것이었다. 한편 경찰들은 공장과 공장으로 흩어져서 거대한 건물들이 또다시 공격받지 않도록 지키고 있었다. 공동주택 지구에서는 아침에 벌어진 전투에 대한 이야기들이 퍼져나갔으며 차후 계획을 논의하고 있었다.

한편 여러 민족 집단은 자기네 거주지로 흩어져 전단과 소식지를 돌렸다. IWW의 이탈리아 지부가 발행한 소식지는 자기들이 이 파업에 불을 댕겼다며 이렇게 주장했다. "이탈리아 파업 노동자들은 이번 기회에 자랑스러운 조국 이탈리아의 자손임을 분명히 각인시켜주었다." 또한 이 파업은 "노동자들의 고혈을 빨아먹는 자본가들에게 교만과 흡혈에도 한계가 있다는 점을 똑똑히 깨닫게 해주었다"고도 했다. 하지만 폭력과 기물 파손 행위에는 조심하라고 경고했다. 이런 짓은 "파업 노동자들에게 해가 되고, 자금력뿐만 아니라 사법 당국의 강력한 지지를 뒷배로 둔 사용자들에게 유리한 결과"를 초래한다는 것이었다.[20] 다른 소식지들은 여기저기서 대중 집회가 열릴 것이라고 알렸다. 한편 스캔런 시장은 노동자들을 진정시키기 위해 이런 집회에 가급적 많이 모습을 드러내려 했다. 해가 지고 공동주택 창문에는 등유불이 밝혀졌다. 남아서 일을 했던 노동자들은 대열을 이루어 퇴근했으며, 소수의 노동자들은 야간 교대근무를 하러 갔다. 이들의 출근을 가로막는 사람은 없었다. 어둠이 내리자 서치라이트 불빛이 북운하 수면을 길게 쓸고 지나갔으며,[21] 이 동그란 불빛 안에서 흩날리는 눈송이들이 검은 공장 건물들을 배경으로 반짝거렸다. 이 서치라이트는 영하 6도의 추위에[22] 순찰을 도는 경찰들에게 큰 도움이 되었다. 길고도 고독한 순찰이었다. 밤새 들려온 소리라고는 야간 통행금지를 알리는 아이어 시계탑의 둔탁한 종소리뿐이었다.[23] 의심스러운 행동도 보고된 바가 없었다.

그전에도 로렌스에서 파업이 일어나긴 했지만, 짱돌을 던지는 폭도들이 앞장서 파업을 시작한 경우는 없었다. "전 세계의 소모사를 생산하는 도시" 로렌스시에서 그날 아침과 같은 혼란은 벌어진 적이 없었다. 아예 비슷한 일조차 없었다. 로렌스시는 급진주의의 온상 따위와는 거리가 멀었고, 그날 석간신문들은 벌써 폭동을 일으킨 자들이 토박이 주민들이 아니며 심지어 미국인들도 아니라고 확언했다. "문제를 일으킨 자들은 외국인 노동자 500여 명"이라고 《로렌스 텔레그램》은 말했다.[24] 《보스턴 글로브》는 이렇게 덧붙였다. "많은 공장에서 섬유 노동자의 다수를 점하는 이들은 영어를 말하는 인종이 아니라 이탈리아인, 시리아인, 폴란드인, 포르투갈인, 아르메니아인 같은 외국인들이다. 이 등급의 남자와 여자 들에게 이주를 장려했더니 이제는 이들이 로렌스시를 장악해버린 것이다." 그리하여 이 신문은 결론짓는다. 이런 노동자들은 "무지하기 때문에 쉽게 속아 넘어가고 또 쉽게 흥분하여 날뛴다".[25] (최근에 온 이주민들이 파업에서 두드러진 역할을 했다는 점은 옳았지만, 무지하고 폭력성을 타고났다는 것은 잘못된 진단이었다. 공장의 급여 수준을 민족별로 분류해보면 가장 적극적으로 파업에 참여한 이탈리아인, 시리아인, 아르메니아인, 리투아니아인, 폴란드인, 러시아인 등이 임금을 가장 적게 받았음을 알 수 있다.)[26] 시청 공무원들은 이 파업이 소수 "난동자들"이 주도한 짓이라고 여기며 평정을 유지하려 했다. 뭐 이민자 몇 십 명이나 몇 백 명이 법을 어긴다 해도 다수는 그러지 않으니까. 이들은 마음속으로 이렇게 생각했다. 질서가 유지될 거야. 로렌스시는 "현대 도시"잖아. 파업 따위가 일어나는 후진 도시가 아니라고.

그로부터 9년 전에 로렌스시 건설 50주년 기념식이 열렸다. 9년 동안 미 전역에서는 애국주의와 시민 자긍심의 물결이 높이 솟아 올랐다.

20세기 첫 10년 동안 성조기의 빨강, 하양, 파랑 색깔이 소풍길뿐만 아니라 새롭게 생겨난 제도인 야구 월드시리즈 경기장도 수놓았다. 미국의 "백색 대함대"*는 전 지구를 순회하면서 미국이 이제는 푸에르토리코에서 파나마 운하를 거쳐 필리핀에 이르도록 영향력을 행사하는 세계적 강대국임을 과시하고 있었다. 미국 도시 로렌스시 또한 이러한 분위기를 타고 자부심에 차서 한껏 들떠 있었다. 1903년에는 50주년 기념 행사의 일환으로《로렌스시의 모습들》이라는 사진집을 발간했다. 이 사진집만 보면 로렌스시 한복판에 자리 잡은, 미국에서 가장 을씨년스러운 공동주택 지구에 노동자들이 빽빽이 쑤셔 넣어져 살고 있다는 사실은 짐작조차 할 수 없다. 대신 웅장한 건축물로 꾸며진 번창하는 도시의 모습이 펼쳐진다. 우선 메리맥강 상류의 8각형 지붕으로 꾸며진 로렌스 카누 클럽이 나오며, 널찍한 선착장, 메리맥강을 누비는 카누 클럽 회원들이 차례로 등장한다. 도심의 모습으로는, 이와 마찬가지로 멋진(중세의 장원 저택처럼 높은 아치와 작은 탑이 있다) 로렌스 공공 도서관이

---

* 선체를 흰색으로 칠한 열여섯 척의 전함으로 구성되어 1907년부터 1909년까지 전 세계의 바다를 운항했다.

나온다. 에식스 카운티 법원 건물에는 화려하게 장식된 높은 첨탑이 있고, 시청의 탑은 이보다 더 높아서 50미터였다. 여기에는 손으로 조각한 나무 독수리 그리고 섬터 요새에서 남북전쟁이 시작될 때 발사되었다는 포탄 두 개가 매달려 있었다.[27] 지역 민병대가 소집될 경우 주둔하는 주 정부 병기창은 아서왕의 카멜롯 성을 닮았다. 심지어 카운티 감옥마저도 놀랄 만큼 화려했으니, 아치형 창문들을 보면 감옥이 아니라 성당이라고 착각할 지경이었다. 도시 여기저기에는 교회 첨탑들, 고딕식 창문들을 비롯한 유럽 문화의 유산들이 흩어져 있었다. 마지막으로 프로스펙트 언덕과 타워 언덕에는 호화로운 빅토리아식 주택들 수십 채가 들어서 있었다. 이 건물들 지붕의 박공은 풍요와 전통을 모두 담아내고 있었다.[28]

하지만 위험한 일들로 가득한 다음 몇 개월 동안 로렌스는 미 전역에 걸쳐 급진적인 무법 도시라는 평판을 얻고 주민들은 노동자 혁명을 키운 이들이라는 혐의를 받게 된다. 하지만 1912년 1월 12일 당시만 해도 미국에서 가장 애국주의가 기승을 부린 도시는 바로 매사추세츠주의 로렌스시였다. 이곳의 학교 교과서는 로렌스시야말로 "가장 미국적이려는 열망이 가득한 도시"라고 주장하고 있었다. 학교 위원회는 교사들에게 "진정한 애국주의"를 장려하고 "미국식 제도들의 우월성"을 가르치라고 촉구했다.[29] 신문은 근면한 노동, 정직, 그리고 "미국주의"를 증진했으며, 지역의 외국어 신문들 또한 미국으로 귀화하여 시민권을 얻고 투표도 하면서 (한 시리아 신문이 일컬은 바로) 미국의 "장엄하고 위대한 헌법"을 떠받들라고 촉구했다.[30]

하지만 로렌스시 사람들이 모두 신문을 읽은 것은 아니었다. 도시의 이주민 중 거의 4분의 1은 전혀 글자를 읽지 못했다.[31] 이들에게 시민적 자긍심이란 거의 매주 에식스 스트리트에서 벌어지는 깃발 행진에서

나 나타나는 것이었다. 행진 때가 아니라고 해도 미국 국기는 여러 건물과 회당에서 휘날렸다. 로렌스 시민들의 애국심은 투표에서도 나타났다. 1900년에서 1차 세계대전까지는 유권자들이 당시의 진보주의를 지지했다. 로렌스 시민들도 그러했다. 이들은 트러스트 독점체들을 때려잡겠다는 루스벨트 대통령을 지지했다. 좀 더 진보적인 유권자들은 연방소득세, 상원의원 직선제, 심지어 여성 참정권 등 아직 법령화되지는 않았지만 새로이 제기된 생각들을 지지하고 나섰다. 하지만 사회주의자 후보가 얻은 표는 소수에 불과했다. 1912년 11월 대통령 선거에서 사회당 후보 유진 뎁스는 약 90만 표를 얻었다. 이는 총투표수의 6퍼센트에 해당했으나 로렌스시에서 나온 표는 520표에 불과했다.[32] 시민들은 공화당 후보보다 민주당의 우드로 윌슨 후보에게 조금 더 많은 표를 던졌다.

스캔런은 이 애국심과 자부심에 가득 찬 도시의 새로운 시장으로서 폭도들이 설치고 다니는 꼴을 절대 용납해서는 안 된다는 것을 알고 있었다. 파업이 일어난 다음 날 아침, 새벽부터 깨어 있었던 이는 윌리엄 우드만이 아니었다. 스캔런 시장은 토요일 오전 4시 30분에 시의원들과 함께 시청에서 회의를 열었다. 오전 6시, 시장은 소방수 스무 명을 경찰관으로 임명하고 소방수 제복을 입은 채로 공장을 보호하는 경찰 병력에 가담하라고 명령한다.[33] 그리고 아무 일도 없었다는 듯이 평온하게 토요일이 시작되었다. 아침 조업을 알리는 호각 소리도 시간에 맞추어 울려 퍼졌다. 무수히 많은 노동자가 제시간에 일어나 출근을 하고, 경찰들 앞을 지나 정문을 통과했다. 모든 공장이 바쁘게 돌아갔다. 이 둘째 날의 파업 노동자들 수는 4000명에서[34] 1만 2000명[35]으로 추산되지만, 이렇게 빠진 이들을 아랑곳하지 않고 토요일 오전 근무는 사고 없이 지나갔다. 경찰이 강력하게 현장을 보호하는 가운데 급여 담당자들이 전날 나누어 주지 못했던 수표를 배분했다. 이 급여에는 2시간 치 임금이 빠져 있었지만, 아무도 "임금이 모자란다"라고 소리 지르지 않았다. 작업거부 사태도 일어나지 않았다. 공장들에서는 노동자들이 조용하다고 보고했으며, 월요일 아침에는 모든 노동자가 출근할 것이라고 내다보았다.[36] 하지만 도시 분위기는 많은 이들이 생각한 것보다 훨씬 더 팽팽했다.

그날 아침 우드 공장에서는 한 여성이 숄 아래에 도끼를 숨겨두었다가 발각되었다. 또 다른 남성 한 사람은 긴 칼을 가지고 왔다. 두 사람 모두 파업 노동자들의 위협에서 자신을 지키려고 무기를 가져왔다고 주장했다.[37] 오전 9시, 군중 600여 명이 시청 홀에 집결했다. 보통은 학교 행사, 강아지 쇼, 교회 예배 등이 열리는 장소지만,[38] 이제는 작업거부를 지지하는 분노에 찬 연설이 울려 퍼지고 있었다. 아메리칸 모직이나 "빌리 우드"라는 이름이 거론될 때면 군중은 야유를 퍼부었다.[39] 그날 아침 안젤로 로코는 피켓라인을 형성한 군중을 이끌고 공단을 한 바퀴 돌았다. 프로스펙트 공장에 도착했을 때 안에 갇힌 파업 노동자 한 사람을 구출하기 위해 봉쇄선을 깨고 들어가려는 이탈리아 노동자들을 보았다. 군중은 이미 경찰차 타이어를 칼로 난도질해놓았다.[40] 만약 군중이 정말로 공장을 습격한다면 "누군가 죽어 나갈 것"임을 로코는 직감했다. 그래서 상황을 수습하기 위해 경찰 지휘관에게 다가가 공장 안으로 들어가서 상황이 어떤지를 봐도 되겠느냐고 물었다. "경찰 지휘관은 저를 안으로 들여보내 주었어요. 나는 안에 있는 파업 노동자를 만나고 나와서 군중에게 말했어요. '그 친구는 지금 경찰서로 갔어요. 여기 없어요. 우리도 이제 갑시다.' 거기에서 우리는 브로드웨이에 있는 어스워코 공장으로 갔습니다. 거기에서 해산했죠."[41]

정오를 알리는 호각 소리가 울리자 노동자들은 썰물처럼 일제히 퇴근했다. 다툼이 벌어진 현장은 단 하나, 에버릿 공장이었다. 싸우는 사람들(파업에 가담한 자들과 그러지 않은 자들)은 모두 여자였고 서로 머리끄덩이를 잡아당기고 치마를 찢어댔다. 하지만 이 사고가 벌어지기 전에 이미 회사 책임자들은 파업보다는 공장폐쇄가 낫다고 판단하여 공장을 닫아버렸다. "에버릿 공장에서 일하는 여성들 대부분은 외국인이며, 자기들과 같은 나라에서 온 파업 노동자들 사이에서 살아가는 것을 두려워한다는 사실"을 감안했다고 한다.[42] 하지만 토요일에 벌어진 작은 싸움들은 곧 다가올 태풍에 비하면 아무것도 아니었다. 오후 2시가 되자 푸른 양복을 입은 키가 작고 통통한 남자가 시청 홀의 연단에 올라섰다. 검은 곱슬머리에 얼굴에는 미소를 띤 남자는 파업 노동자들에게 연설하기 시작했다. 이제 모든 공장이 주말 휴무에 들어갔으므로, 시청 홀은 1500명이 넘는 노동자로 붐비고 있었다. 맨 처음 연단에 오른 스캔런 시장은 자기 절제를 주문했다. "어제의 불미스러운 일은 다 지난 일입니다." "이걸로 끝냅시다. …… 미국은 법을 준수하는 나라이며 우리 모두 법을 지키며 살아가고 있습니다." 그는 시의회에서 협상위원회를 구성하여 파업 노동자와 공장주 양측을 만날 준비가 되어 있다고 했다.[43] "여러분, 갑자기 나타나 특정한 사상을 설파하며 비타협적으로 끝까지 투쟁해야 한다고 말하는 사람들 이야기에 귀를 기울이지 말아주십시오."[44] 시장이 말을 마치자 보스턴의 한 판사가 이탈리아어로 통역했고, 다음에는 시장이 두려워하는 "특정한 사상"을 대표하는 사람이 연단에 올랐다.

파업이 벌어지기 전날 오후, 에터는 뉴욕 맨해튼의 이스트 12번가에 있는 IWW 사무실에 있었다. 그때 전보 한 통이 에터 앞으로 날아들었다.[45] 내용은 이러했다. "로렌스시에서 파업. 당신이 와야 함."[46] 서명한 사람 이름은 안젤로 로코였다. 로코는 IWW의 명성을 알고 있었다. 워블리들이 말하는 혁명이 로렌스시의 환경과 잘 들어맞지 않으리란 점도 알았지만 개의치 않고 에터를 불렀다. 그는 회상했다. "IWW는 급진파 조직이었죠. 당시 내 입장에서는 그들이 누구든 상관없었어요. 나는 파업을 조직해줄 사람을 찾고 있었으니까요."[47]

그날 저녁 에터는 전보를 들고 맨해튼의 통제조공노동조합 회관으로 갔다. 1860년 에이브러햄 링컨이 감동적인 연설을 함으로써 대선 가도의 첫발을 내디딘 곳이었다.[48] 통제조공노동조합에서는 "사회주의와 IWW"라는 주제의 토론회를 주최했다. 토론자는 IWW의 윌리엄 '빅 빌' 헤이우드와 미국 사회당의 공동 창립자 모리스 힐퀴트였다. 세상과 격리된 듯한 이 오래된 회관에서 에터는 몇몇 친구들을 만났다. 그중에는 아르투로 조바니티라는 이탈리아 시인도 있었고, 스물한 살 된 여성 엘리자베스 걸리 플린도 있었다.[49] 플린은 열다섯 살 때부터 노동자들을 사회당으로 끌어들인 조직가이자 활동가였다.[50] 에터와 친구들은 헤이우드와 마찬가지로 자신들의 건장한 노동자들과 무력한 사회당원들 사이를 단호하게 구분했다. 헤이우드는 군중에게 말했다. "IWW 자체가 바로 작업복을 입은 사회주의인 것입니다."[51] 토론이 끝난 뒤 에터는 헤이우드에게 문제의 전보를 보여주었다. 에터는 로렌스시로 가는 게 별로 내키지 않았지만, 헤이우드는 그를 설득했고 나중에 더 많은 도움이 필요하면 자신도 가겠다고 약속했다.[52] 에터는 원고를 편집하느라 목요일 밤을 새우고 금요일에 로렌스시로 가는 기차에 몸을 싣는다.[53] 그가 도착했을 때는 밤이 되어 서치라이트의 불빛이 공단을 휩쓸고 있었다. 그는 IWW 선전물, 가입 원서, 배지로 가득 찬 가방을 들고서[54] (가방에는 그전의 여러 파업 투쟁에서 사용한 연단용 의결 망치도 들어 있었다)[55] 보스턴 앤드 메인 철도 회사 차량 기지에서 반 블록 떨어진 에식스 스트리트의 니덤 호텔에 투숙했다.[56] 토요일 아침, 에터는 시청에서 열린 파업 노동자의 집회에 참석했지만, 아직 연설할 준비가 안 되었다고 말했다.[57] 그러고 나서 오후가 되자 연설을 쏟아내며 작업에 착수했다. 그의 연설을 듣는 사람에 따라 달랐겠지만 에터는 이번 파업 투쟁의 카이사르처럼, 간디처럼, 혹은 로베스피에르처럼 느껴졌다.

연단에 올라선 에터에게 우레 같은 박수가 쏟아졌다. 나이는 스물여섯 살이었지만, 앞줄에서 본 그의 모습은 아기 얼굴을 한 소년 같았다. "웃는 얼굴 조"라는 별명 그대로였다. 청중 앞에서 연설을 할 때나, 사진기 앞에서 포즈를 취할 때나 파업의 다음 계획을 열띠게 논의할 때나 얼굴에는 항상 즐거운 미소가 가득했다. 한 언론인은 "이야기할 때가 되면 그는 마치 어둠 속의 등대처럼 빛났다"라고 회상했다.[58] 에터가 이야기를 시작하자 군중은 조용해졌다. 이러한 집중력은 에터보다 나이가 훨씬 많은 자신감 넘치고 노련한 연설가나 돼야 끌어낼 수 있는 것이었다. 이 초라하고 겁먹은 노동자 무리를 그는 소중한 존재로 다루며 말을 걸었다. 이전에는 누구도 이렇게 한 적이 없었다. 그는 당신들이야말로 공장에서 가장 중요한 사람들이라고 했다. 공장을 지은 것도 당신들의 노동이다. 우리가 입는 옷을 만든 것도 당신들의 손이다. 빌리 우드 같은 자들이 엄청난 재산을 쌓아 올렸는데 다 당신들의 피땀을 이용한 것이다. 따라서 로렌스시의 공장은 말할 것도 없고 다른 모든 공장, 광산, 기타 산업은 온전히 당신들이, 그리고 전 세계 노동자가 소유해야 한다. 에터의 주장에 당혹스러워하는 이들이 있었을 것이다. 아무도 들어본 적이 없는 이야기였으니까. 그들이 생각했던 본인들의 가치란 그저 급여 수표 그리고 거기에 보태려고 기를 쓰는 쥐꼬리만 한 상여금 정도에 불과했으며, 원했던 것도 그저 더 많은 임금에 불과했기 때문이다. 그런데 여기에 살집 좋고 얼굴에 웃음 띤 사나이가 나타나 당신들이 조만간 온 지구를 통째로 소유할 거라고 말하는 것이다. 이는 너무나 자극적이고 흥분되는 이야기였고 말하는 이는 농담과 일화 등으로 양념까지 쳤다. 그리고 경고를 덧붙였다. "정말로 피를 보아야 하는 상황이라면, 그게 노동계급의 피가 될지 아니면 사용자들의 피가 될지는 파업에 나선 당신들의 결정에 달려 있습니다." 그는 당면한 적들 중 한 사람을 지목하여 이야기를 계속했다.

　에터의 말에 따르면, 빌리 우드는 아메리칸 모직을 세운 직후 동업자인 자본가들에게 이른바 "노동 문제"의 해법을 제시했다. 만찬 자리에서 이렇게 말했다는 것이다. "여러분, 1달러를 꺼내 선반에 두어보십시오. 6개월이 지나도 1달러는 그대로 1달러입니다. 하지만 노동자를 선반에 6개월 동안 놓아두면 해골로 변합니다. 그렇지 않겠습니까?" 노동자들의 야유가 쏟아졌다. 에터는 야유가 가라앉기를 기다렸고, 하던 말을 계속했다. "우드 씨는 여러분을 굶겨서 복종시키는 방법을 조언한 것입니다. 임금 삭감의 명분으로 제시된 논리는 여러분이 노동시간 단축으로 일을 덜하게 된다는 것입니다. 그게 사실이 아님은 우드 씨도 잘 알고 있습니다. 몇 년 전 뉴잉글랜드에서 임금이 삭감된 것은 1907년의 공황 때문이라고 저들은 주장했습니다. 하지만 1907년이야말로 여러 산업에서 주식 배당금이 사상 최대로 지급된 해였습니다." 에터의 목소리는 이제 크레셴도로 올라가고 있었다. 그리하여 결론을 내렸다. "50센트면 빵이 열 덩어리입니다. 여러분 모두에게 이번 싸움은 그만큼의 이익이 달려 있는 것입니다. 즉 빵을 덜 먹게 되느냐 더 먹게 되느냐, 바로 이 문제인 것입니다."[59]

　에터의 연설을 들은 한 신문기자는 그가 "길거리 선동가의 온갖 속임수와 뻔한 수작을 다 갖추고 있었다"고 썼다.[60] 이는 분명히 비웃음이 섞인 말이지만, 에터라는 인물에게 길거리 선동은 그동안 쌓아온 이력이자 타고난 소명이기도 했다. 그는 로렌스시로 가기 전에 뜨내기 노동자들의 험한 길을 똑같이 따라가면서 산 속의 벌채 현장이든 철강 공장 옆 공터이건 자신을 부르는 곳이라면 어디든 달려가서 복잡한 문제를 이해하기 쉽게 설명해주고 서로 으르렁거리는 노동자 분파들을 단합시켰다. 1912년 이전까지 에터가 어떻게 살아왔는지는 상세히 알려져 있지 않다. 에터는 브루클린에서 태어났지만 그의 가족은 곧 시카고에 정착했다. 1886년 에터의 아버지는 저 유명한 헤이마켓 사건으로 부상을 당했다.[61] 그해 5월 4일, 시카고의 헤이마켓 광장에서는 8시간 노동을 주장하는 집회가 열렸는데 군중 한복판에 폭탄이 떨어져서 경찰관 여섯 명이 사망했다. 이에 다른 경찰관들이 발포하여 무수히 많은 노동자가 쓰러져 죽었으며 다친 사람도 수백 명이나 되었다.[62]

당시 에터는 한 살배기 아기였지만, 이 일을 집안 족보만큼이나 시시콜콜히 알고 있었다. 에터의 아버지는 이탈리아 이민자로서 전투적인 노동자였거니와, 아들에게 자주 이 이야기를 해주었으며 어쩌면 자기 몸의 상처까지 보여주었을 듯하다. "아버지는 그런 격동기에 파업을 감행하는 노동자였다는 사실을 자랑스럽게 여기셨습니다"라고 에터는 회고했다.[63] 다른 집 아이들은 『이상한 나라의 앨리스』나 『소공자』 같은 이야기를 들으면서 잠들었지만, 에터의 아버지는 아들의 머리맡에서 헤이마켓, 홈스테드, 풀먼 등 19세기 말의 악명 높은 미국의 3대 파업 이야기를 들려주었다. 에터는 헤이마켓 사건에서 아무 증거도 없는데 폭탄을 던진 범죄자로 몰려 교수형을 당한 순교자 네 사람의 이름을 아버지의 무릎에 안겨서 알게 되었다.* 또한 1892년 카네기의 철강 도시였던 펜실베이니아주의 홈스테드에서 파업 노동자들이 핑커턴 용

---

* 헤이마켓 사건으로 사형당한 네 사람은 앨버트 파슨스, 오거스트 스파이스, 그리고 아돌프 피셔, 조지 엥겔이다.

역 집단*과 하루 종일 총격전을 벌인 이야기를 흥미진진하게 들었다. 에터는 열 살이 되기도 전에 1894년 풀먼 파업에서 전국의 철도 노동자들이 작업거부를 감행했다가 연방군과 주 민병대의 폭력에 짓밟힌 이야기를 생생히 풀어낼 수 있게 되었다. 이러한 이야기들이 영감의 원천이 되었기에 성년이 되었을 때는 미국이라는 나라에 아무런 환상도 품고 있지 않았다. 아홉 살 때는 어머니가 세상을 떠났고[64] 그는 학교를 떠나 노동을 해야 했으며 이러한 경험을 통해 자신이 어릴 적 듣고 배운 이야기들이 모두 사실임을 확신하게 된다. 에터는 통 제조 노동자로,[65] 기차역에서 증기기관차에 물을 공급하는 소년으로, 조선공 조수로, 나중에는 주조 공장과 목재 가공 공장 노동자로 고된 일을 해야 했다.

에터는 타고난 언어 재능을 통해 마침내 고된 노동에서 풀려난다. 영어, 이탈리아어, 폴란드어에 유창했고 이디시어와 헝가리어로도 대화가 가능했으므로,[66] IWW의 노동자 조직가로서 전국을 순회했다. 그는 서부 전역을 돌아다니면서 길거리 연설을 했고, 이민자, 부랑자, 이주 노동자 등의 가난한 무리들을 움직여 헌신적인 파업 노동자로 거듭나게 했다. 사람들이 총부리를 들이대고 그를 쫓아낸 적도 많았다.[67] 1909년 그는 펜실베이니아주의 매키스록스에서 철강 노동자 파업을 지휘하러 동부로 갔다. 여기에서 열세 명이 목숨을 잃고 500명이 다쳤지만,[68] IWW는 파업을 승리로 이끌었고[69] 에터는 피츠버그 지역에 머물면서 폴란드인, 독일인, 체코인, 크로아티아인 같은 서로 다른 민족들을 조직하는 일을 해나갔다. 이 지역에서 과업을 마치자 이번에는 브루클린의 제화

---

*   급격한 경제성장 과정에서 소외된 노동자들의 반발이 극심해지던 19세기 말, 20세기 초 핑커턴 용역 경비 회사는 노동조합 파괴 행위로 악명을 떨쳤다. 대표적인 사건이 1892년 펜실베이니아 홈스테드에서 벌어진 카네기 제철소 파업 진압이다. 깡패와 부랑자로 구성된 핑커턴 경비원 300명이 노동자들과 충돌했고 결국 10여 명이 숨지고 수백 명이 다쳤다.

노동자들을 조직했으며 이 도시를 자신의 발판으로 삼았다. 한 해 전 여름에는 매사추세츠주 뉴베드퍼드의 소규모 섬유 노동자 파업을 살펴보느라[70] 로렌스시를 방문한 적이 있었다. 로코의 집에 머물면서[71] 공장들의 상황을 알아보았지만 봉기의 조짐은 보이지 않아 로렌스시를 떠났더랬다.

연설할 때마다 에터는 폭력을 선동한다는 혐의를 받았고, 실제로 그가 지도하는 거의 모든 파업에서 폭력 사태가 벌어졌다. 하지만 그는 어린 시절 아버지의 이야기를 들으면서 폭력이야말로 노동자들에게는 최악의 적이라는 믿음을 굳힌 바 있었다. 폭력을 사용한 쪽이 파업 노동자이든 경찰이든 용역 집단이든 상관이 없었다. 일단 유혈 사태가 벌어지면 노동 쪽을 지지할 수도 있었을 언론 매체와 공공 여론이 싸늘하게 돌아선다는 것이었다. 에터가 옹호한 유일한 무력은 수동적 저항이었다. 그는 자주 노동자들에게 말했다. "노동자들이 주머니에 손을 찔러 넣고 아무 일도 하지 않으면, 자본가들은 가만히 있을 수가 없게 됩니다. 우리가 수동적 저항을 통해 일체의 움직임을 거부하고 완전한 침묵을 지키면, 공격과 방어에 온갖 무기와 도구를 동원하는 저들보다 더 큰 힘을 발휘할 수 있습니다."[72] 이러한 수사는 비록 비폭력을 요청하는 것이지만 총검만큼이나 날카롭고 정곡을 찔렀기에 이 말의 표적이 된 자본가들은 등골이 오싹해졌다. 하지만 스캔런 시장이 겁을 집어먹은 이유는 에터의 말솜씨 때문이 아니었다. 문제는 에터가 어떤 집단을 대표하느냐, 바로 이것이었다.

서류로만 보면 IWW는 일개 노조에 불과했지만, 뒷골목에서, 누추한 모임 장소들에서, 그리고 IWW의 붉은색 가입증을 가진 뜨내기 노동자들이 우글거리는 기차 칸에서 IWW란 하나의 신앙이자 종교였다. 역사의 긴 시각으로 보면 워블리들은 부당하게 낭만적인 존재로 희화될 때가 많다. 시끄럽지만 사랑스러운 할아버지 정도로 그려진다고 할까. 뒤뜰에 앉아서 옛 추억이나 늘어놓다가 누구 한 사람 걸려들면 미친 듯이 정치 이야기를 풀어놓는 사람으로 말이다. 하지만 IWW는 전성기였던 1905년에서 1917년 사이에 미국이 가장 두려워한 조직이었다. 전체 회원 수는 워블리들 스스로 주장하는 것보다 혹은 적수들보다 항상 적었다. 로렌스 파업이 벌어지던 당시, 회비를 내는 회원들은 전국을 통틀어 1만 5000명도 되지 않았고,[73] 10만 명을 넘은 적은 한 번도 없었다.[74] 하지만 싸워야 할 일이 있으면 조직에 가담하면서 들락거리는 이들이 몇천 명을 헤아렸다. 이 들락거리는 이들은 실로 헌신적이었고, 이상주의자들이었으며, 비타협적이었고, 고귀하게 생각하고 행동한 경우가 많았으며, 이따금씩은 폭력적이었고, 항상 새로운 소식을 들고 다녔다. 이들은 노사분쟁이 스멀거린다 싶은 데서는 어디에서나 모습을 드러냈다.

이들의 등장으로 가장 유명해진 싸움은 서부의 여러 광산에서 벌어진 파업이었고, 메인주의 섬유 공장, 루이지애나주의 벌목장, 뉴저지주의 비단 공장, 캘리포니아주의 풍족한 농장 등에서도 워블리들은 파업을 조직했다.[75] 이들의 집단행동은 최초의 연좌농성 파업에서 발언 자유를 위한 시민 불복종 행동에 걸쳐 있었고, 이것만 보면 워블리들은 그렇게 해로운 집단은 아닌 듯했다. 하지만 권력 집단은 IWW의 실제 행동만 보고 판단하지 않았고, 결국은 이들을 분쇄하고 만다. 사실 에터 같은 이들은 성난 폭도들을 노래하는 군중으로 바꾸어놓기도 했고 워블리들은 그다지 혁명적이지 않은 결과를 두고도 기꺼이 타협하여 자신들의 신조를 위태롭게 할 정도였다. 한 회원의 말이다. "우리의 궁극적인 목적은 …… 혁명입니다. 하지만 지금으로서는 몸을 누일 잠자리, 목욕할 정도의 물, 먹을 만한 음식을 확보하는 것이 중요하죠."[76] 하지만 권력자들의 눈에는 그런 것들이 보이지 않았다.

이들은 워블리의 주장을 곧이곧대로 받아들여 그들의 정체를 규정했다. 그리고 IWW의 연설, 노래, 소식지 등에서는 노동자들을 일깨우고 보스들에게 경각심을 불러일으킬 언사들을 얼마든지 찾아낼 수 있었다. 워블리들은 선동적이고 자극적인 문구를 만들어내는 재주가 있었으며, 이는 창립 총회에서부터 드러났다. 1905년 6월 27일, 시카고시 북쪽의 연기 자욱한 강당에서 창립식이 열렸다.[77] '빅 빌' 헤이우드는 연단으로 올랐고, 버려진 판자 조각을 망치처럼 두드리면서[78] 질서 유지를 호소했다. "노동자 동지 여러분! 이 모임은 '노동계급대륙회의'입니다. 우리는 자본주의라는 노예의 쇠사슬로부터 노동계급을 해방하기 위해 여기에 모였습니다."[79] 이 집회에 모인 대표자 200명 중에는 유진 뎁스와 같은 노동운동의 지도자들뿐만 아니라, 광부들의 파업을 열렬히 지지하면서 "미국에서 가장 위험한 여성"이라는 평판을 얻게 된 메리 "마더" 존스 할머니도 있었다.[80] 이들은 12일에 걸쳐서 강령을 마련하고, 사회주의의 민감한 쟁점들에 대해 날선 토론을 벌이면서 정관을 만들어나갔다. IWW 정관의 전문은 "우리, 인민들"로 시작하지 않는다. 대신 이렇게 언명하고 있다.

> 노동계급과 고용주 계급 사이에 공통점은 없다. 수백만의 노동 인민이 굶주림과 결핍에 시달리는 가운데 소수의 고용주 계급이 삶에 필요한 좋은 것을 모조리 손에 넣은 상황에서 평화란 있을 수 없다. 노동자들이 산업뿐만 아니라 정치 영역에서도 하나로 뭉쳐 자기들 노동의 생산물을 움켜쥐는 그날이 올 때까지 이 두 계급은 서로 투쟁할 수밖에 없다.[81]

IWW는 이렇게 도전장을 던진 뒤 1년 만에 사방팔방에서 십자포화를 맞게 된다. 에터와 같은 젊은 이상주의자 조직 활동가는 험악한 현장

한복판에 들어선다. 헤이우드는 아이다호주에서 전 주지사 프랭크 스튜넨버그의 살해 음모로 법정에 서게 된다.[82] IWW는 조직 외부의 끈질긴 괴롭힘뿐만 아니라 이데올로기와 전술을 둘러싼 끊임없는 논쟁으로 극심한 내부 분열에 시달리고 있었다. 하지만 전투로 점철된 첫 1년 동안 스키넥터디에서 시카고와 스포캔에 이르기까지 무려 384개의 지부가 조직되었다.[83] IWW에 가입하기는 쉬웠다. 월 회비는 50센트였으며 어떨 때는 절반으로 깎이기도 했다. 노동자 스무 명이 모여서 헌장에 서명하고 10달러를 모으면 지부 하나를 만들 수 있었고, 이렇게 만들어진 노조는 자체 간행물을 펴냈고 안에서만 쓰이는 은어들을 사용했다. 회원증을 가진 워블리들이 쓰던 말을 보면, "바인들^{bindle}"은 침낭, "핑크^{fink}"는 파업파괴자 혹은 밀고자였다. "바보 막대기$^{idiot\ stick}$"는 삽, 그러니까 "지식 상자"(학교)를 그만둔 "뻣뻣한 이들^{stiff}"이 휘두르게 되는 물건이었다. "가위제비갈매기^{scissorbill}"는 의식이 아직 깨어나지 않은 노동자, 즉 앞으로 잘살게 될 거라는 자본가들의 약속을 여전히 믿고 "하늘이 '만나'를 내려준다는 말"을 믿는 "부시와^{bushwa}"(부르주아)들이었다. 경찰은 "황소들^{bulls}", 파업 파괴 용역들은 "좆같은 놈들^{dicks}", "똥창에 빠진^{sloughed}" 놈들이며 "워블리^{Wob}"를 잡아넣은 경찰서는 "깡통^{can}"이었다. 워블리들은 "단일한 거대 노조"라는 꿈을 의미하는 O.B.U.(One Big Union)의 시대가 도래하여 정의와 평등이 실현되는 "협동의 공영체"가 나타나고 "나무랄 데 없이 좋은^{jake}" 상태가 될 것이라고 했다.[84]

사람들이 왜 IWW에 매력을 느꼈는지를 이해하려면 실제로 미국 서부가 개척된 과정을 생각해보아야 한다. 20세기가 시작될 무렵, 서부의 대부분은 그야말로 후닥닥 건설되었다. 원자재를 생산하는 산업에서는 힘쓸 사람들이 필요했지만, 대부분 일시적 일자리만을 주었다. 광산 노동, 벌목, 과일 따기 등은 1년 내내 할 수 있는 일이 아니었고, 실업보험도, 산재보상도, 안정된 주거도 주어지지 않았다. 많은 노동자가 아예 가족이 없었거나 최소한 가족을 만드는 데 열성적이지 않았다(아내를 일컫는 워블리들의 은어는 "차꼬와 족쇄"였다).[85] 따라서 이들의 일상생활은 훗날의 영화에 나오는 서부의 모습보다 훨씬 더 거칠었고 자본과 노동의 긴장으로 가득했다. 살짝 건드리기만 해도 터질 것만 같았다.

자본은 "탐정들", 즉 용역 직원들을 고용하여 "수사"를 의뢰하고 문제를 일으켰다.[86] 그러면 노동 쪽은 파괴 공작원을 고용했다. 자본의 등 뒤에는 경찰과 민병대가 있어서 파업 노동자들을 "소 우리", 즉 야외 우리에 가두어놓았고, 갇힌 자들은 몇 주씩 푹푹 썩다가 굶주림으로 죽어갔다.[87] 노동 측이 믿을 언덕이라고는 머릿수뿐이었다. 몇 달 동안 뼈 빠지게 일을 하다가도 계절적 실업에 걸려 한 계절 내내(또는 경기가 나쁘면 1년 내내) 아무 할 일이 없어 놀게 되는 노동자들이 부지기수였던 것이다. 당시 서부는 "배회", 즉 그냥 어슬렁거리는 것도 범죄가 될 정도로 험악한 지역이었다(이것이 경찰들 일지에 제일 많이 등장하는 범죄 항목의 하나였다). 방울뱀, 비막이 판잣집, 흙투성이 길거리가 특징이고, 장총 개머리판, 다이너마이트 등이 난무하는 험악하고 무시무시한 지역이었으며, 워블리들은 바로 이 시대를 배경으로 투쟁한 노조원들이었다. 서로 목줄 끊기 경쟁을 벌이는 산업 자본가와 과격한 워블리는 천생연분이었는지도 모른다. 양쪽 다 싸움이라면 몸살 나게 즐기는 이들이었으니까.

사실 IWW는 몇 십 년 동안이나 절실했던 노동자의 필요를 채우는 조직이기도 했다. 서부의 이주 노동자들은 노조가 없었다. 19세기 말이었다면 노동기사단이 이들의 노조가 되어주었겠지만, 이 혁신적인 노조는 헤이마켓 사건 직후 사라져버렸다.[88] 대신 나타난 것은 새뮤얼 곰퍼스가 이끄는 미국노동총연맹(이하 AFL)이었으니, 1912년이 되면 AFL은 직종별로 조직화하여 조합원이 200만 명에 달하게 된다.[89] 하지만 AFL

은 미숙련 노동자들에게는 전혀 관심이 없었다. 파업도 회피했으며 경영자 측의 호의를 끌어내는 데에 노력을 집중했고 워블리들과는 사사건건 싸움을 벌였다. 워블리들은 "계략가들"이며 "우리 운동의 적"이라는 게 곰퍼스의 말이었다.[90] AFL은 보수적이고 차별적인 조직으로서, 그들의 "순수하고 단순한 노동조합주의"는 정말로 너무나 순수하고 단순하여 여성, 흑인, 이민자 등은 조직할 수가 없었다. 반면 IWW는 일하는 이로서 제발 노동을 좀 덜 하기를 바라는 모든 이를 기꺼이 받아주었다. "우리는 노동자 대중과 만나고 그들의 삶을 괜찮은 수준으로 끌어올리기 위해 진창 밑바닥까지 내려갈 것입니다"라고 헤이우드는 천명했다.[91] 워블리들은 옛날 노동기사단의 구호를 받아들여 다음과 같이 말했다. "한 사람에게 입힌 상해는 모두에게 입힌 상해이다."[92] 이 조직이 발행한 한 리플릿은 이렇게 덧붙였다. "IWW는 백인의 노조도, 흑인의 노조도, 홍인의 노조도 아닙니다. 일하는 사람의 노조입니다."[93] 이렇게 IWW 활동은 시작부터 순탄치 않았지만, 회원은 계속해서 늘어갔으며, 그들의 명성은 뜨내기 노동자들과 부자들 모두에게 퍼져나갔다.

"피골상접 슬림"이나[94] "말라깽이 맥"[95] 같은 별명을 가진, 지쳐 너덜너덜해진 노동자들에게 워블리들이란 어떤 성직자보다 큰 영감을 주는 이들이었다. IWW는 공산주의와 달리 종교에도 친화적이었다. 그들은 간행물을 통해 예수 그리스도를 "나사렛에서 온 뜨내기 목수" "예루살렘 말라깽이"라고 불렀으며, 그가 현대 세계에 나타난다면 "건설산업노조에 가입하여 활동했을 것"이라고 주장했다.[96] 하지만 IWW는 자체의 순교자, 성찬식, 교리를 갖춘 하나의 교구였다. 그들이 설파한 종말론에 따르면, 일단 모든 노동자가 "단일한 거대 노조"로 뭉치면, 그때부터는 노동을 멈추어도 된다. 한순간이다. 온 도시, 온 나라, 온 세계가 변한다. 헤이우드는 어떤 글에서, 총파업을 통해 언젠가 "자본가들이 손에 쥔 산업 통제력이 대중에게 넘어오며 자본가들은 이 지구상에서 소멸하는" 날이 올 거라고 했다.[97] 그러면 이 소멸하는 자본가들은 어디로 가게 될까, 이에 대해서는 아무런 설명이 없었다. 또 워블리들은 자신들이 말한 "협동의 공영체"가 어떻게 운영되는지에 대해서도 별 말이 없었다. 지도자인 헤이우드는 "비정치적 정부가 들어설 것"이라는 식으로 막연히 암시했을 뿐이다. "국가는 사라지고, 의회는 지금처럼 법률가들과 종교인들이 아닌, 여러 산업의 전문가들로 구성될 것이며, 이들은 모든 인민의 좋은 삶을 논의하기 위해 머리를 맞댈 것입니다."[98]

워블리의 사상은 꼭 공산주의처럼 들리기도 한다. 아직 볼셰비키 혁명이 일어나기 전이라서 공산주의 사상은 현실에서 시험된 적이 없는 이론이었다. IWW의 이념은 또한 아나키즘 요소들도 포함하고 있었으니, 자발적 이타주의와 절대적인 개인의 자유에 기초한, 정부가 없는 사회를 이상화한다는 점에서 그러하다. 하지만 엄밀히 말하자면 워블리들은 생디칼리스트들이었다. 생디칼리즘이란 당시 영국과 프랑스에서 대규모 파업을 일으키던 이념이자 하나의 꿈으로서, 노동조합이 산업을 운영하고 나머지 사회 부문은 기적처럼 알아서 굴러가는 모종의 유토피아를 지향하는 운동이었다. 하지만 워블리들 중 이런저런 사상이나 이념 따위에 깊은 관심을 가진 인물은 거의 없었다. 한 노동자가 말한 바 있듯이, "가장 중요한 이들은" 이런저런 철학자들이나 이론가들이 아니었다. "가장 중요한 이들은 투쟁의 전선에서 싸우는, 옷에서는 악취가 나고, 머릿속은 반란으로 가슴은 희망으로 눈은 결의로 가득하며, 노동에 찌든 험한 주먹을 들어 직접 행동에 나서는 장삼이사 노동자들"이었다.[99] 그러한 노동자들에게 IWW의 복음은 마치 대천사장의 트럼펫 소리처럼 들렸다. 한편 자본을 몽땅 내놓고 조용히 꺼져달라는 요구를 받은 자본가들로서는 이들을 반역자나 다름없는 무리로 볼 수밖에 없었다. 워블리들이 가는 곳마다 언론 매체에서는 그들의 신조야말로, 바로 이들이 폭력의 현행범이라는 생생한 증거라고 떠들어댔다.

《덜루트 뉴스 트리뷴》은 "IWW가 내놓는 것은 폭력뿐이다"라고 보도했다. 워블리들이 네바다주에서 광부들의 파업을 이끌자,《골드필드 가십》은 워블리들을 몽땅 "전신주에 …… 목을 매달아야 한다"고 주장했다.[100] 만화 논평에서는 IWW 연사들이 한 손에는 폭탄을 들고 주머니에는 다이너마이트를 꽂은 채 "파괴하라!Sabotage!"라고 쓰인 비누 상자에서 군중에게 연설하는 장면을 그려놓았다.[101] IWW의 철자도 "위스키를 내놔!I Want Whiskey" "무책임한 도매금 파괴자자Irresponsible Wholesale Wreckers", 그리고 더 많게는 "일 안 해!I Won't Work"의 머리글자라고 비아냥거렸다.[102] IWW의 간행물들에서는 이를 반박하고 자신들은 폭력을 선동하지 않는다 했지만, 워블리들의 말에서는 전혀 다른 이야기가 나온다. 헤이우드의 경우, 법이 잘못돼 있어서 얼마든지 억지로 해석될 수 있고 자신과 동료 노동자들도 감옥에 들어간 적이 있는지라 이렇게 선언했다. "저는 법을 경멸합니다. 저는 법을 준수하는 시민이 아닙니다. 나아가서, 사회주의자라면 법을 준수하는 시민이 **되려야 될 수가** 없습니다." 언론 매체는 IWW가 일으킨 파업들로 완전히 꼭지가 돈 고용주들 이야기를 즐겨 보도했다. 그들이 볼 때 워블리들이란 "세상을 뒤집어엎으려는 과격분자들"이며[103] 그들을 따르는 파업 노동자들이란 "다른 여러 주에서 온 아나키스트 사회주의 선동가들의 …… 도구"일 뿐이었다.[104]

사실 워블리들이 폭력이나 살인을 옹호한 적은 결코 없다. 하지만 그들은 본성상 간디 같은 평화주의자들은 못 되었다. 산전수전 다 겪은 노동자들로 파업 도중에 사소한 단속 조치에도 폭발하고 말았으며, 결국 IWW 깃발이 올라간 곳에서는 폭력 사태가 신문 1면을 장식했다. 또한 워블리들은 사보타주에 매료되어 있었던 것이 분명해 보인다. 국제적인 사보타주의 상징인 검은 고양이 그리고 "사보^{sabot}"로 불리는 나막신이 이들에 대한 노래와 만화에 자주 등장했다.[105] 워블리들은 자신들이 말하는 사보타주란 비폭력 파업을 포함하는 말로 의미의 폭이 아주 넓다고 설명했지만, 표적이 무엇이냐에 따라 그러한 구별은 언제든 사라질 수 있었다. 그리하여 조지프 에터가 1월 13일 연단에 올랐을 때, 노동 문제를 쭉 지켜본 로렌스시의 주민이라면 누구든 그를 급진적이고 폭력적인 노조의 아바타라고 여길 수밖에 없었다. 미국의 서부 곳곳에 혼돈의 씨앗을 뿌리고 다녔던 IWW가 이제는 동부로 넘어와 자기네 도시를 점거하고 프랑스혁명의 요새였던 바스티유 감옥처럼 써먹으려 드는구나, 하고 생각한 것이다. 그날 오후 연단에 오른 에터가 했던 마지막 말들도 그들의 생각을 바꾸지는 못했다. 스캔런 시장은 에터의 연설을 들으면서 눈썹이 안경 위까지 치켜져 올라갔을 것임이 틀림없다.

"월요일 아침이 되면, 공장을 완전히 닫아버려야 합니다. 이미 우리가 시작한 일이지만, 지금보다 더 철저히 공장을 닫아버려야 하는 겁니다." 에터는 시청 회합에서 이렇게 말했다. 더 이상 폭력을 사용해선 안 된다고 강력하게 주의를 주었으며, "파업 투쟁에서 흐르는 피는 항상 노동자의 피입니다. …… 당신들의 운동에 동참하라고, 월요일 아침이 되어도 일하러 가지 말라고 모든 이를 설득하는 작업은 여러분이 해야 할 일입니다. 피를 보고 싶지 않다면 빌미를 주지 않으면 됩니다. 여러분이 가진 거라고는 주먹뿐입니다. 그걸 휘둘러봐야 무장을 하고 민병대까지 동원한 저들을 이길 수는 없습니다. 하지만 여러분에게는 저들에게 없는 무기가 있습니다. 노동이라는 무기가 있으니, 만약 여러분이 강고하게 단결만 한다면 얼마든지 저들을 무너뜨릴 수가 있습니다!" 하고 역설했다.[106] 에터는 자신의 연설을 이탈리아어로 되풀이했으며, 말을 끝내면 다른 이들이 나와서 프랑스어, 폴란드어, 리투아니아어 등으로 통역해주었다.¹⁰⁷ 다음으로 에터는 열네 개 민족 단위에서 대표자를 네 명씩 뽑아 56인으로 구성된 파업위원회를 구성했다.¹⁰⁸ (로코는 파업이 지속되는 동안에는 학교에 출석하지 않기로 했기에 이탈리아 대표단의 일원으로 참석했다.)¹⁰⁹ 그런데 아일랜드인, 영국인, 프랑스계 캐나다인, 독일인은 대부분 파업을 지지하지 않았으므로, 파업위원회에서도 그들의 빈자리가 눈에 띄게 두드러졌다.¹¹⁰ 파업위원회 위원들은 월요일 아침에 모인다고 에터는 공표했다. 이윽고 노동자들은 해산하여 건물을 떠났다.

다음 날인 일요일은 로렌스시의 여느 일요일과 다름없이 조용했지만, 사람들은 문을 닫아걸고 밖으로 나오려 들지 않았다. 도시 전체의 목사와 신부들은 설교단에서 법과 질서를 수호해달라고 요청하며 기도했다.¹¹¹ 하지만 로렌스시의 가장 영향력 있는 신부는 다른 데 있었다. 파업이 시작되기 전날 밤 이 도시 3만 가톨릭교도의 영적 지도자인 제임스 오라일리 신부는¹¹² 25년의 봉직으로 주어진 휴가를 받아 플로리다로 떠난 상태였다.¹¹³ 로렌스에서 파업이 터진 시점에 영적 지도자는 플로리다의 팜비치에서 일광욕을 즐기고 있었고¹¹⁴ 추운 로렌스시로 서둘러 돌아오려 하지 않았다. 그보다는 힘이 떨어지는 인물이었지만 성 로사리오 성당의 마리아노 밀라니스 신부가 나서서 월요일 아침에 여러 성당을 방문하여 어떤 분쟁이든 중재하겠다고 공표했다.¹¹⁵

교회에서 예배가 진행되는 동안 파업위원회는 예정대로 메리맥강에서 한 블록 떨어진 메이슨 스트리트의 프랑스-벨기에 홀에서 모였다. 이후 이 나무 기둥으로 떠받쳐진 2층 건물이 파업의 총본부가 된다. 그날 위원회는 에터를 의장으로 지명하고 재정, 홍보, 조사, 조직, 구호 등의 업무를 수행할 산하 위원회 담당자를 임명했다. 위원들은 몸이 아프거나 체포되는 경우를 대비하여 직무를 대신할 사람을 한 명씩 지명해두었다.¹¹⁶ 그날 오후, 이탈리아인들 집회에서는 금요일 벌어진 싸움으로 머리에 붕대를 감은 세 사람이 연설했고, 다른 민족 집단들에서도 비슷한 집회가 열렸으며, 청중 가운데는 평상복을 입은 경찰관도 있었다.[117] 에터는 보도자료를 내어 월요일 아침에 유혈 사태가 발생할 가능성을 두고 이렇게 말했다. "파업 노동자들은 절대로 먼저 폭력을 쓰지 않을 것이다. 그들은 누구보다도 평화를 원하며, 누군가 싸움을 걸기 전에는 절대로 싸우지 않을 것이다. 하지만 먼저 싸움을 건다면 나도 그들을 말릴 수가 없다."[118]

스캔런은 에터에게 겁을 먹었는지 아니면 다이너마이트가 터져 난리가 날지도 모른다는 소문에 겁을 먹었는지 생각을 바꾸어 주 민병대를 부르기로 했다. 일요일 오후, 시장은 세 개 중대에 주 정부 병기창으로 집결하라고 명령을 내렸다. 다음 날 아침 6시, 제9연대의 L중대와 F중대 그리고 C포대(모두 250명의 로렌스 주민들) 병사들이 집결했다. 하지만 민병대가 숙소를 배정받기도 전에 노동자들이 에터의 명령에 따라 재빨리 대응했다. 월요일 아침 5시, 노동자 수백 명이 로렌스시의 더 작은 공장들 바깥에 집결했고, 우드 공장과 아이어 공장 정문 앞에는 무려 5000명이 입구 쪽을 빽빽이 막고 서버렸다.[119] 조업 개시를 알리는 호각이 울리자 이 노동자 선발대는 에터가 세운 계획을 실행에 옮겼다. 하지만 이들은 평화로운 피케팅을 호소한 에터의 말을 무시하고 도시락 가방을 들고 있는 이들이 보이면 곁으로 다가갔다. 이보쇼, 못 들었소? 오늘은 일 안하기로 했다잖아. 공장 닫았다고. 고집스레 공장에 들어가려는 이들은 밀치기를 당했고 험한 꼴을 보기도 했지만, 그래도 들어갈 수는 있었다.[120] 하지만 공장 기계 앞에 도착한 이들은 많지 않았다. 아침 7시가 되면 도시 전체가 서로 충돌하여 시끌시끌해졌기 때문이다.

우드 공장 경비원 루이스 베리는 이번에는 단단히 대비하고 있었고, 사람들이 철문을 계속 두드려댔지만 굳세게 지키고 있었다. 하지만 파업 노동자 몇 사람이 어찌어찌 철문 안으로 비집고 들어가서 한 시간 동안이나 텅 빈 공장을 어슬렁거리고 돌아다니다가 경찰에 붙들리고 말았다.[121] 다른 곳에서는 격렬한 싸움이 일어났다. 퍼시픽 공장에서는 노동자들이 정문을 공격하다가 격퇴당했으나 또다시 공격에 나섰다. 노동자들은 열을 받은 나머지 근처의 철도 야적장을 습격하여 나무판자와 석탄 덩어리들을 가져왔다. 곧 커낼 스트리트에는 유리창 깨지는 소리가 울려 퍼졌다. 경찰들이 총을 꺼내 공중에 발포했지만 성난 군중은 흩어지지 않았다. 마침내 공장 경영자들이 소방 호스 세 개의 밸브를 열어버렸다. 얼음처럼 차가운 물줄기가 우아한 곡선을 그리며 내리는 눈발을 가로질러 앞줄에 선 노동자들을 흠뻑 적셨다. 온도가 다시 한 자릿수로 떨어져 있었던지라 반쯤 얼어붙은 사람들은 공장에서 뒤로 밀려났다. 하지만 몇 사람은 쏟아지는 물길을 뚫고 전진하여 무릎을 꿇고 권총을 꺼내 호스로 물을 뿌리는 사람들에게 발포했다.[122]

평화로운 군중은 메리맥강 주변을 어슬렁거렸지만, 도시 북쪽 끝의 알링턴 공장에서는 소규모 전투가 진행 중이었다. 경찰들이 마구 곤봉을 휘두르고 소방 호스를 동원했다. 워싱턴 공장에서도 간헐적으로 싸움이 폭발했다. 펨버턴 공장에서도. 프로스펙트 공장에서도. 애틀랜틱 공장에서도. 공단 전체에 걸쳐서 우여곡절 끝에 공장에 들어가 기계 앞에 선 이들이 몇 백 명 있었지만, 기계는 모두 멈추어 있었다. 조업을 개시했던 공장들도 금세 문을 닫아버렸고, 다른 공장들은 아예 아침 조업을 개시할 시도조차 하지 못했다.[123] 파업 노동자들은 에터의 훈령을 글자 그대로 잘 따랐다. 전 세계 섬유업의 중심 도시인 로렌스시에 이제 해가 중천에 떴지만, 단 한 대의 물레도 동력 베틀도 움직이지 않았다. 파업 노동자들은 공장들을 닫아버린 것이다. 이제 공장주들이 무언가 보여줄 차례였다.

4장

성조기와 총검

나는 노동계급의 절반을 고용하여 나머지 절반을 죽일 수 있다.

―제이 굴드(철도업계 거물)[1]

1월 15일 아침 6시에 주 정부 병기창에 집결한 민병대원 250명은 모두 자원자였다. 대부분은 이상주의로 가득한 젊은이들로서, 화가 나서 사람에게 총을 쏴본 적도 볏단으로 된 허수아비 말고 진짜 사람을 칼로 베어본 적도 없는 이들이었다. 이들은 일당(하루 1.55달러)[2]을 챙기려고 자원한 것이 아니라, 먼 외국으로 나가서 자유를 위해 싸우는 꿈을 품고 자원한 이들이었다. 하지만 근년에 들어서 민병대는 재미도 없고 뻔한 임무를 수행했을 뿐이다. 남북전쟁 이후 매사추세츠주에서 민병대가 소집된 것은 고작 열세 번이었다. 폴리버와 케임브리지에서 파업 투쟁이 벌어졌지만, 대부분은 보스턴, 첼시, 디어필드 등에서 일어난 대형 화재 이후 순찰 임무를 맡아 평화를 유지하는 활동을 했다. 로렌스시에도 민병대가 온 적이 있었으니 1890년의 일이었다.[3] 사이클론이 불어닥쳐 여섯 명이 죽고 주택 수십 채가 부서지는 사건이 벌어졌던 것이다.[4] 이러한 상황에서 평화를 유지하는 일도 훌륭하고 가치 있는 공공서비스이기는 하지만, 매사추세츠주의 민병대는 전 세계 어느 나라 군대보다도 고귀한 역사를 자랑했고 그런 전설을 기준으로 보면 참으로 실망스러운 임무였다.

이들은 저 전설 속의 "5분대기조"*의 후예였던 것이다. 1775년, 매사추세츠 민병대는 렉싱턴그린에서 최초로 발포하여 콩코드 다리에서 영국군을 격퇴하였거니와, 이는 "전 세계에 울려 퍼진 총소리"였다. 그리고 1812년 전쟁**이 벌어졌을 때는 이 "5분대기조"의 아들 세대가 뉴잉글랜드를 지켰으며, 손자 세대는 멕시코 전쟁에서 싸웠다. 남북전쟁에서 제6연대는 자신들을 "1861년의 5분대기조"라고 칭하며 싸웠다. 링컨 대통령의 부름에 응하여 볼티모어의 반란자 저격수들을 뚫고서 수도 워싱턴에 최초로 입성한 북군이었던 것이다. 그로부터 37년 후, 매사추세츠주 민병대는 미국-스페인 전쟁이 벌어지는 동안 쿠바에서 싸웠다.[5] 이 모든 것이 합쳐져 자랑스러운 전쟁 기록이 되었다. 하지만 1912년 1월 15일에는 파업 노동자들이 로렌스시의 공장을 폐쇄하고 있었으며, 화승총으로 미국 혁명을 시작했던 용사들의 고손자들은 이제 이들과 싸워야 했다. 즉 그들의 적수가 자랑스럽게 일컬은 "계급 전쟁"이라는 싸움에 뛰어든 것이다.

스캔런 시장은 폭도들이 미쳐 날뛴다는 무서운 보고를 받았는지라 민병대에게 월요일 아침 9시 45분에 길거리에 집결하라는 명령을 내렸다. 병기창에서 시작하여, F중대는 에임스베리 스트리트를 거쳐 도심을 가로질러 에식스 거리로 행군했다. F중대는 전원 로렌스시 주민이었기에 구경꾼들 중에서도 얼굴을 알아보는 이들이 많았지만, 눈길 한 번 주지 않고 군대식 보행으로 착착 군홧발 소리를 내며 아스팔트를 행군했다.

* 미국 독립전쟁 때 무기, 전술, 군사 전략 훈련을 받은 식민지 민병대를 가리킨다. 이들은 전체 민병대의 4분의 1을 차지했으며 항상 준비돼 있었고 기동력이 뛰어나 이런 명칭이 붙었다.
** 미국과 영국 사이에 벌어진 전쟁으로, 당시 뉴잉글랜드 주민들은 조롱조로 대통령의 이름을 따서 매디슨 씨의 전쟁이라고 불렀다고 한다.

몇 분 후 또 다른 동네 주민들 부대인 L중대도 행군을 하면서 나타났다. L중대는 운하에 접근하자 오른쪽으로 돌아서 애틀랜틱 공장 앞에 모여 있는 군중을 바로 해산시켰고, 이에 F중대는 퍼시픽 공장 앞에 있는 물에 푹 젖은 성난 군중과 정면으로 대치했다. 랜들릿 대위는 중대 병력의 행진을 멈추고 군중을 다시 철도 교량 너머 북쪽 강둑으로 밀어내라고 명령을 내렸다.[6] 군중은 처음에는 밀리는 듯했지만, 곧 다시 집결하여 버티면서 군인들에게 야유를 보냈다. 랜들릿 대위는 올리브색 제복을 입고 길게 늘어선 군인들 앞에 서서 권총을 머리 위로 치켜들고 파업 노동자들에게 해산하라고 명령했다. 야유 소리가 돌아왔다. 그러자 대위는 군인들에게 착검하라고 명령하고는 소리쳤다. "공격!"[7]

한 주 전 금요일, 스캔런 시장은 민병대를 소집해달라는 공장주들의 요구를 거부했었다. 시장이 그렇게 조심스러운 태도를 취한 데는 충분히 그럴 만한 이유가 있었다. 미국에서 노사관계가 폭력으로 얼룩진 시대 전체를 통틀어, 민병대는 여러 차례 파업과 관련한 폭동을 진압했고 그때마다 수십 명씩 인명이 희생되었다. 이 혼란의 시대는 1877년 여름, 깊은 불황이 찾아와 임금이 줄줄이 삭감되어 전국적으로 철도 파업("대혼란Great Upheaval"으로 불리기도 한다)이 촉발되면서 시작되었다. 여러 노동자 무리가 올버니에서 샌프란시스코에 이르는 철도 운송을 마비시키자 민병대원들이 파업 노동자들과 전투를 벌였고 사상자가 산더미처럼 늘어났다. 우선은 각 주 민병대들이 소집되었다. 볼티모어에서는 짱돌을 던지는 군중에게 군대가 발포하여 열 명이 죽고 스물세 명이 다쳤다.[8] 피츠버그에서는 파업 노동자 대열에 남자들과 여자들뿐만 아니라 아이들까지 가세하여 민병대에 돌을 던졌으며 이에 민병대가 발포하여 스무 명을 죽였다.[9] 결국 주 민병대로는 역부족임이 판명되었고(민병대원들 중 노조 편에 선 이들이 많았다)[10] 결국은 파업과 봉기를 진압하는 데에 연방군이 투입되었다. 1894년에는 파업에 참여한 노동자가 무려 75만 명에 달했으며,[11] 시카고 근처의 풀먼 기관차 공장에서 작업거부가 벌어진 기간에는 일리노이주 민병대만으로 질서를 유지하기가 힘에 부쳤다. 당시 임금은 33퍼센트나 삭감된 데다 노동자들이 살고 있는 회사 마을의 경우 식료품비, 상하수도 요금, 가스 요금, 집세까지 올라(이는 회사에서 통제했다) 생활고에 허리가 꺾일 판이라 노동자들이 항의하며 파업을 일으킨 것이었다. 그리하여 7월 4일에는 연방군이 호출되었고, 유혈이 낭자한 폭력 사태가 벌어졌다. 그후 며칠 동안 파업 노동자들은 철도 차량들에 불을 질렀고, 시카고 하늘 위에는 연기가 구름처럼 덮여 가실 날이 없었다.[12] 그런 와중에 연방군과 민병대는 노동자 열한 명을 죽였고 부상을 입힌 사람은 쉰 명에 달했다.[13]

그다음 10년 동안은 폭력의 무대가 서부로 이동했으니, 여기서도 민병대가 동원되어 파업 광부들과 전투를 벌였다. 그리고 로렌스시에서 폭동이 벌어지기 3년 전, 펜실베이니아주의 매키스록스에 있는 프레스드 아이언 공장에서는 주 정부 순경들 200명이 파업에 들어간 철강 노동자들을 회사 주택에서 퇴거시키는 일을 했다. 기병대(파업 노동자들은 이들을 "코사크 기병대"라고 부르며 혐오했다)가 노동자들과 아내들을 공격하는 동안 보병들이 발포하여 군중 100명이 부상을 입었다. 1개월 후 IWW가 파업 투쟁을 떠맡은 후 노동자들과 민병대는 또 한 번 총격전을 주고받는다.* 당시 몇몇 군인은 부상당한 노동자들을 자기들 말에 묶어서 길거리 여기저기로 끌고 다니기도 했다.[14]

이제 로렌스시도 이런 사태를 맞아야 한단 말인가? 양쪽 전선이 불

---

* 당시 6000명의 노동자 파업을 지도한 워블리들은 투쟁적이고 용감했으나 먼저 폭력을 행사하지 않았고 공격을 받으면 비로소 반격했다. 이들은 살해된 노동자 수만큼의 기병대원의 목숨을 빼앗기로 했으며 결의의 대로 실행했다.

과 몇 미터 간격을 두고 형성되면서 이제 로렌스시도 꼼짝없이 학살의 현장이 될 상황이었다. 커낼 스트리트 한쪽에는 분노한 노동자 수천 명이 진을 치고 있었으니, 그들 중에는 총을 소지한 이들도 있었고 칼과 곤봉으로 무장한 이들도 있었다. 반대편에는 민병대 한 개 중대가 있었고, 군인들 모두 1인당 서른 발의 실탄을 가지고 있었다.[15] 누구든 한 발만 쏘아도 학살이 시작되고 작은 사고 하나에 수십 명의 목숨이 날아갈 판이었다. 하지만 F중대가 사나운 군중을 공격했던 순간이 파업 개시일에 벌어진 유혈 사태의 최절정이었다.

착검한 총을 든 군대가 진격해 오자 군중들은 서둘러 방향을 돌려 다리를 건너갔다. 몸싸움을 벌이며 허둥대다가 누군가의 발밑에 쓰러지기도 하면서 야적장을 지나 에식스 스트리트까지 밀렸고, 여기에서 벌레들처럼 흩어졌다. 심하게 다친 사람은 한 명뿐이었다. 한 병사의 칼날에 갈비뼈 아래가 관통당한 도미닉 라프라디는 병원으로 실려갔다.[16] 다른 여섯 명이 머리에 상처를 입고 병원에 들어갔으며, 서른 명은 체포되었다. 체포된 이탈리아 남성은 38구경 리볼버 권총, 탄띠, 양쪽 주머니에 단검 하나씩을 지니고 있었다.[17] 정오가 되자 병사들이 대오를 형성해 우드 공장에서 프로스펙트 공장, 그리고 강 건너 다른 공장들에 이르렀다. 그리고 로웰, 린, 헤이버힐 등에서 더 많은 경찰이 오고 있었다.[18] 이른 오후부터 아메리칸 모직의 네 공장은 가동되기 시작했다. 다른 공장들도 절반 이상의 노동자들이 작업을 거부한 상태이긴 했지만 기계를 돌렸으며 공장주들은 화요일 아침이 되면 모든 공장이 작업을 재개할 것이라고 밝혔다.[19]

다음 주, 시청에서는 보안 수준을 상향하고 민병대 다섯 개 중대를 추가 동원했다. 몇 안 되는 개별 사고들 말고는 폭력 사태는 거의 일어나지 않았다. 노동자들은 에터의 조언에 귀를 기울여 주머니에 손을 꽂고 아무 일도 하지 않았지만, 이러한 조롱조의 침묵을 강제한 것은 비단 민병대의 총검만이 아니었다. 법정에서는 제러마이어 마호니 판사가, 구호가 적힌 피켓을 들고 걸어가는 행동을 넘어서는 일을 저지르면 사법기관이 어떻게 처벌하는지를 보여주고 있었다. 매일 아침 마호니 판사는 어두컴컴한 법정에 앉아서 반항적인 파업 노동자와 맞대면했다. 로렌스에서는 번뜩이는 지혜와 날카로운 법적 판단으로 잘 알려진 깐깐한 인물인 이 쉰다섯 살 판사는 가족이 남북전쟁 이후 아일랜드에서 이주해온 이후 로렌스시에서 자라났다.

마호니는 법률가로서 21년을 일했으며 판사로는 7년째 봉직하고 있었다.[20] 위법 행위는 손톱만큼도 용납하지 않는 사람으로서 파업 노동자들에게 철퇴를 내렸다. 심지어 길거리를 막거나 혼란을 일으키는 가벼운 법 위반에도 5~15달러의 무거운 벌금형을 내렸으니,[21] 이는 1~3일의 일당에 해당하는 돈이었다. 무정부 상태를 일으켰다는 혐의를 받는 자에게도 신속 가혹한 판결을 내렸는데, 항상 정의로운 것도 아니었다. 화요일에는 퍼시픽 공장에서 폭동을 일으켜 체포된 스물네 명에게 판결을 내렸다. 사건당 신문 시간은 5분도 안 됐고 피고는 모두 1년형에 처해졌다.[22] 전날에는 총을 들고 탄띠를 두르고 단검 두 자루까지 소지했던 빈센조 라마스트로에게 2년형을 내렸다.[23] 판결이 내려지면 모든 파업 노동자는 이 판사에게 긴 강의를 들어야 했다. "지금 우리 미국인은 이토록 뻔뻔하고 대담한 무법 행위가 언제 자행되었는지 기억조차 하기 어려울 정도입니다. 이 파업 노동자들은 대부분 외국인일 것이며, 법을 어기려는 의도는 없었을 것입니다. 그저 미국의 법을 알지 못하고 자기들이 저지른 범죄의 중대성을 깨닫지 못하고 있을 뿐입니다. 따라서 이들에게 이러한 사실을 알려줄 수 있는 유일한 방법은 이 법정에서 가장 무거운 형을 선고하는 것입니다."[24]

판사가 이렇게 판결을 내리는 동안, 에터는 어째서 IWW가 이토록 위험한 파업의 지도자 역할을 맡겼는지를 분명히 보여주었다. 그는 1주일 내내 사방을 뛰어다녔고, 모든 관련자를 만났다. 또 연단에 올라 자기가 매키스록스에서 휘둘렀던 연단용 망치를 내려쳤다. 길모퉁이에서는 파업 노동자들을 모아 즉석 집회를 열었고, 소방용 수전 위에 올라서서 연설을 했다.[25] 그는 어느 집회에서 말했다. "파업 노동자들에게 호스로 물을 뿌릴 수는 있겠지만 노동자들의 마음속에는 불꽃이 타오르고 있습니다. 이 프롤레타리아가 일으킨 반란의 불꽃은 세상의 어떤 소방 호스로도 끌 수가 없습니다."[26] 에터는 니덤 호텔에 방을 잡았지만, 파업 노동자들과 만나 걱정 근심을 듣기 위해 매일 밤 다른 공동주택에서 잠을 잤다.[27] 더 많은 폭력 사태가 일어나리라 예상된 화요일 아침에는 두꺼운 오버코트와 중절모 차림으로[28] 공단을 걸어서 순회했다. 반쯤 녹은 눈얼음이 서걱거리는 인도에 도열한 민병대를 지나 도시 곳곳을 걸어가는 에터를 파업 노동자 수백 명이 뒤따르고 있었다. 마치 아이들을 홀려 어디론가 데려갔다는 전설의 피리 부는 사나이가 로렌스 시에 나타난 것 같았다. 에터가 사람들을 이끌고 워싱턴 공장에 나타나자마자, 민병대에 밀려 바퀴살을 뽑아 곤봉으로 쓰고 있던 파업 노동자들도 순식간에 조용해졌다. 이어 에터는 군중을 이끌고 메리맥강을 건너서 우드 공장 주변을 돌았다. 가는 곳마다 만사 평화로워졌다. 에터는 화요일 아침, 조업 시작 시간의 팽팽한 긴장이 가라앉을 때까지 공단에 머물렀으며, 그런 다음에야 빡빡한 하루 일과를 시작했다.[29]

에터의 일정은 이랬다. 오전 9시에는 이탈리아인들과 만났고, 10시에는 파업위원회를 열었고, 정오쯤에는 검수노동자조합, 수선노동자조합, 직물마디제거노동자조합 사람들을 만났다. 또 3시에는 민병대의 르로이 스위처 소령을 만났고, 4시 반에는 시의원들을 만났으며, 저녁 7시에는 프랑스계 벨기에인들을 만났고, 9시에는 다시 이탈리아인들을 만났다. 시장은 미쳐 날뛰며 더 이상의 반란은 "끔찍한 학살"로 이어질 거라고 예언했지만,[30] 에터는 그저 환호하는 군중 뒤에 서서 차분하고도 강력한 연대의 기운을 뿜어내고 있었다. 에터는 연설을 할 때마다 평화를 유지하되 비타협적으로 싸우라고 촉구했다. 그는 이렇게 말했다. "질서를 지키는 일은 가능합니다. 하지만 병사들의 번뜩이는 총검으로 유지되는 질서라는 것을 저는 결코 본 적이 없습니다." 그러자 "브라보!"라는 외침이 터져 나왔고, 에터는 외침이 가라앉기를 기다렸다가 말을 이어갔다. "우리 운동이 피를 뿌린다고 해서 이길 수 있는 게 아니라는 점을 이해해야 합니다. …… 우리 지도부가 옹호하는 유일한 무기는 바로 평화로운 설득입니다."[31]

그는 민병대의 존재를 언급하면서 다음과 같이 경고했다. "이 장난감 병사들이 있다는 것을 잊지 마십시오. 이들은 멋진 장난감들을 들고 있으며, 우리를 칼로 쑤실 작정이며 온갖 재미를 다 보겠다고 벼르고 있습니다. 이들에게 기회를 주지 마십시오."[32] 무엇보다 에터는 전통적으로 원수지간이었던 파업 노동자들에게(그리스인과 터키인, 터키인과 아르메니아인, 프랑스인과 독일인, 이탈리아인과 적대 지역 출신 사람들 등)[33] 한데 뭉치라고 촉구했다. "여러분이 유대인이라는 것을 잊으십시오. 여러분이 폴란드인, 독일인, 러시아인이라는 것을 잊으십시오."[34] "노동자에게는 오직 하나의 국적, 하나의 인종, 하나의 종교만이 있을 뿐입니다."[35] 그는 민족들뿐만 아니라 서로 다른 계급에 속한 노동자들에게도 단결하라고 촉구하고 또 경고했다. "여러분은 이 공장의 숙련 노동자들입니다." 그는 검수 노동자, 수선 노동자, 직물 마디 제거 노동자들에게 말했다. "영어를 할 줄 안다고, 이 나라에 익숙하다고, 전문 직종에 종사한다고 임금이 더 높다고 귀족처럼 굴지 마십시오. 저임금 노동자들과 운명을 함께

하십시오. 여러분이 그들에게 손을 내밀어 끌어올려 주지 않으면, 그들이 손을 내밀어 당신들을 끌어내릴 것입니다."36

에터는 이렇게 노동자들을 뜻대로 움직인 뒤, 자신에게 편리한 표적을 만들어냈다. 애초에 IWW 출신이므로, 언론계, 정치권, 노동계 등에 적이 널려 있었다. 월요일 아침에는 섬유노조연합 의장인 존 골든이 로렌스시로 왔다. 키가 크고 풍채가 좋은 폴리버의 직조공 출신으로 AFL의 산하 노조를 거쳐 높은 자리에 오른 인물이었다. 골든은 IWW를 경멸하여 "노동의 세계에는 전혀 설 자리가 없는 불법 조직"이라는37 딱지를 붙였다.38 골든은 뉴잉글랜드의 최상층에 자리 잡은 섬유노조 보스로서, 미숙련 노동자들이나 이민자들은 거들떠보지 않았고 이들을 "우리 미국의 제도에 낯선 자들"이라고 여겼다.39 로렌스는 그가 자기 구역이라고 여기는 도시로, IWW가 여기로 밀고 들어온다면 일전을 불사하겠다는 태도를 보였다. 골든은 즉시 이 파업을 "임노동자들에게 지독한 계급 증오를 선동하여 이들의 머리를 장악한 자들이 이끄는 혁명"이라고 매도했다.40 에터를 "형편없는 배우"라고 부르면서,41 노동자들에게 "시시한 수다꾼"에게 휘둘리지 말라고 하였고 숙련 노동자들을 피켓라인에서 빼내는 운동을 시작했다.42 신문들도 에터를 경멸의 대상으로 낙인찍어버렸다. 《로웰 쿠리어》는 파업 노동자들이 "눈매가 무서운 프롤레타리아의 작은 집단"에게 기만당하고 있다고 했다.43 《보스턴 헤럴드》는 에터에게 "외부에서 들어온 선동가"라는 딱지를 붙였다.44 윌리엄 랜돌프 허스트의 《보스턴 아메리칸》은 그를 "최악의 폭력 유발자"라고 불렀다.45

하지만 스캔런 시장은 직접 행동을 선호했다. 사실 에터와 마찬가지로 스캔런 역시 끝없는 대결을 통해 이력을 쌓아온 인물이었다. 이 파업 이전 6년 동안 에터가 노동자 조직화로 온 나라를 뛰어다닐 때 스캔런은 시의원으로서 부패한 로렌스의 시정을 청소하기 위해 싸우고 있었다. 시대 흐름이던 진보주의에 발맞추며 당시 만연했던 수의계약이라는 로렌스시의 비리 관행에 도전했다. 1910년 그는 한 가지 음모를 폭로하여 시청을 뒤흔들어놓았다. 공화당 소속이던 윌리엄 화이트 시장을 감옥에 보냈으며, 부패한 민족별 구청장 시스템을 전 도시 차원의 선거로 대체하고 선출된 공직자 소환과 주민투표 조항을 포함하는 새로운 도시 헌장의 초안을 마련했다. 유권자들은 압도적으로 새 헌장을 승인했고, 파업이 벌어지기 불과 5주 전에 민주당 소속 스캔런은 로렌스의 새 시장으로 선출된다. 이 차분하지만 정직한 정치인의 놀라운 출세 과정의 절정이 바로 이 선거였다.

  스캔런은 노바스코샤에 정착한 아일랜드 이민자 가정에서 태어났으며, 로렌스에서는 두 살 때부터 살았다. 학교를 그만두고 인쇄공 도제로 들어갔지만 시력이 좋지 않아 다른 직업을 찾아야 했다. 1890년대에 스캔런은 새로운 이민자들이 몰려오자 플레이스 지역을 떠난 아일랜드인들에게 부동산과 보험을 판매했다. 1901년에는 이 도시의 우유감독관으로 임명되며, 5년 후에는 시의원이 된다. 그는 깐깐한 빅토리아식 도덕률을 체득한 이였기에 정부와 기업체들 사이의 뒷방 거래에 충격을 받았고, 마구 부풀려진 도시 예산에 반대하여 수십 번에 걸쳐 홀로 반대표를 던졌다. 그는 경찰 고용의 공정성, 시청 노동자들의 급여 인상, 보도·공원·놀이터 등을 포함한 도시 환경을 개선하기 위해 지칠 줄 모르고 싸웠다. 이렇게 이 도시를 문명화하는 데 온 삶을 바쳤기에[46] 스캔런 시장은 로렌스시가 "외부에서 들어온 선동가"의 먹잇감이 되도록 내버려둘 생각이 없었다. 월요일, 봉기가 일어나고 몇 시간이 지나, 시장은 에터와 파업 노동자들과 경찰서에서 만나 대화를 나누었다. 이들의 요구를 쭉 들은 시장은 파업 지도자 에터와 직접 담판을 했다.

  "에터 씨, 오늘 있었던 소요 사태가 본인 책임이라고 생각하지 않으십니까? 이게 다 당신이 지난 토요일 집회에서 했던 연설 때문이라고 생각지 않으십니까?"

에터가 답했다. "나는 내가 하는 일과 말에 책임을 집니다. 하지만 이 노동자들처럼 심하게 도발당한 이들, 땅에 짓밟히고 얼굴이 진창에 처박혀 사람의 몰골을 잃어버린 이들이 벌일 행위에는 책임질 수가 없습니다." 에터는 폭동의 원인이 기아선상에 있는 임금 수준과 물대포 공격 등에 있다고 했지만, 스캔런은 철테 안경 너머로 이 워블리 지도자를 쏘아보면서 자신의 주장을 밀어붙였다.

시장이 말했다. "나도 이 사람들이 마땅히 받아야 할 몫을 받지 못하고 있다는 점에는 동의합니다. 이들이 지금 받고 있는 것 이상으로 받을 권리가 있다는 것은 분명합니다. 그렇다고 폭력이 정당화될 수는 없습니다. 우리 로렌스시에서는 이런 종류의 파업이 벌어진 적이 한 번도 없습니다. 물론 파업이 몇 번 있었지만, 무질서한 상태를 진압하기 위해 경찰을 불러야 했던 적은 결코 없었습니다. 다른 도시에 있는 이들에게 도움을 청하고 민병대를 고용해야 했던 적은 더더욱 없습니다. 에터 씨, 나는 당신이 토요일 오후에 노동자들에게 그런 연설만 하지 않았다면 오늘 이런 문제가 터지지는 않았을 거라고 봅니다. …… 자, 이제 당신이 이렇게 문제를 일으키는 사람들과 작별하고 첫 기차로 당신이 온 뉴욕으로 돌아간다면 이 파업은 빨리 정리될 수 있다고 봅니다."

에터는 자신이 로렌스시에 머물 권리가 있다고 답했다. "나는 여기에 남아 이 사람들을 위해 할 수 있는 일들을 다 할 것입니다."

스캔런이 다시 쏘아붙였다. "우리는 당신의 어떤 권리든 빼앗을 생각이 없습니다. 그저 평화를 유지하고, 사유재산 파괴를 중지하고, 시 재정으로 복구해야 할 손상 행위를 중지해달라는 것입니다. 당신이 평화 회복을 위해 노동자들에게 조언한다면, 얼마든지 여기서 회의를 열어도 좋습니다."⁴⁷ 시장은 평정을 유지하고 있었지만, 속으로는 이 파업 지도자의 결의와 카리스마에 진정으로 겁을 집어먹었다. 파업 노동자들이야 민병대가 통제한다 해도, 이 에터라는 사내는 누가 통제할 수 있단 말인가? 스캔런은 이 회합이 끝나자마자 보스턴에 있는 셔먼 탐정 사무소에 전화를 걸었다. 그날 저녁에는 결국 "이탈리아어나 영어 대화를 속기할 수 있으며, 필요하다 싶으면 '밧줄 묶기'도 수행하고, 이탈리아어를 할 줄 아는 공작원"을 채용하기로 하고 계약을 맺는다.⁴⁸ "밧줄 묶기"란 탐정들의 은어로, 누군가 문제 될 말과 행동을 하도록 유도하는 것을 뜻했다. 이제 탐정 한 사람이 어디를 가든 에터를 따라붙게 되었다.

시장과의 만남을 마친 에터는 시청에 모인 파업 노동자 1300명에게 스캔런 시장이 자신을 도시에서 쫓아내려 했다고 말했다. 군중들이 웅성거리자 자신은 결코 그들을 버리지 않을 것이라고 확언하면서 에터는 이렇게 말했다. "그들이 할 수 있는 일이라고는 나를 감옥에 처넣는 것뿐입니다. 하지만 두 시간만 지나면 내가 하던 대로 여러분을 지키는 다른 사람이 나타날 것입니다. 저들이 나를 감옥에 집어넣으려는 이유는 그렇게 하여 이 파업의 생명력을 꺾을 수 있다고 보기 때문이겠죠. 하지만 이 파업의 생명력은 저 개인에게 있는 게 아닙니다. 이걸 절대 잊지 마십시오."⁴⁹

하지만 최소한 첫 주에는 파업의 생명력이 에터 한 사람에게 달려 있었다. 그가 지칠 줄 모르고 집회를 조직하는 가운데, 초기에 나타난 폭력과 분노는 강철 같은 결의로 바뀌어갔으며, 이것이 공동주택 지구, 여러 회합 장소, 모든 공장을 둘러싼 피켓라인들로 확산되었다. 무질서한 사태는 이따금씩 벌어지는 몸싸움 정도로 줄어들었다. 1월 16일 화요일에는 민병대와 파업 노동자들 사이에 사소한 싸움이 벌어지기도 했지만, 피를 본 경우는 딱 한 번뿐이었다. 한 민병대원이 눈길에 미끄러져 총검 위로 쓰러지는 바람에 제 허벅지에 상처를 낸 일이었다.[50] 하루하루 공장들이 계속 굴러가기는 했지만, 조업이 재개될 때마다 일터에 나타나는 이들의 수는 계속 줄어들었다. 한 여성이 불평을 했다. "우리 작업실 전체가 이번 주 내내 평상시의 하루 치 작업도 하지 못했어요. 다들 신경이 곤두서 있어서 차분히 앉아 일을 할 수가 없었던 거예요. 감독들도 계속 일을 시키려 들지 않았어요. 그저 삼삼오오 떼를 지어 이러쿵저러쿵하며 시간을 보냈죠. 언제 무슨 일이 터질 줄 모르니까 조금만 이상한 소리가 나도 펄쩍 뛰었고 기겁을 했죠."[51] 이들의 "신경이 곤두서게" 된 이유는 "'땜빵'들이 살기 힘들게 만들어버려라"는 에터의 조언을 노동자들이 받아들였기 때문이다. 이 "파업 대체 노동자"를 뜻하는 속어 scab*이라는 말은, 곧 "예스"와 "노"와 함께 로렌스 사람이라면 모두 이해하는 영어 단어가 되었다. 파업에 돌입한 노동자들은 특정한 공동주택들을 둘러싸고 "Scab! Scab!"이라고 외쳤다.[52] 공동주택들 문앞에는 불길한 분위기를 풍기는 검은 손이 그려져 있었다. 피켓라인, 플래카드, 외투 단추에 적혀 있는 주문은 "'땜빵'이 되지 말자!"였다.[53] 매일 아침, 파업 노동자들은 여전히 피켓라인을 지나쳐서 그냥 출근하는 노동자들에게 전단을 건네주었다.

 한 주가 지나면서 파업위원회는 아침 회의를 열 때마다 파업에 가담하는 노동자가 꾸준히 늘어나는 양상을 수치로 파악했다. 여러 언어가 뒤섞인 데다 통역이 등장해 한 민족 집단씩 숫자를 보고하는 모습을 보면 이 파업위원회는 훗날의 국제연합을 닮았다. 시리아인은 모두 파업에 참여하고 있습니다. 리투아니아인도 전원 참여합니다. 폴란드인도 일터로 돌아가지 않습니다. 이탈리아인은? "말 안 해도 다 압니다!" 에터

---

* 원래 상처 난 부위에 생긴 딱지라는 뜻이지만 여기서는 파업 노동자 대신 현장에 투입되는 임시직 노동자 혹은 파업에 동조하지 않는 배신자를 가리킨다.

남성 여성 동지 여러분, 또 더 좋은 날이 오기를 바라는 이들의 열망에 공감하는 여러분.

파업에 나선 우리 섬유 노동자들은 이루 말로 다할 수 없는 착취를 당하고 황당한 일들과 모욕을 겪었으며, 이제 인간이 체념하고 견딜 수 있는 한계를 넘어선 상태입니다. 우리는 세상이 정직하다고 믿기에, 우리의 불만과 반란을 일으킨 이유를 짧게 설명하고자 합니다. 우리의 임금은 점점 줄어들었지만 기계의 가동 속도는 계속 올라가 이를 따라잡기 위해 긴장해야 하는 정도가 인간이 감내할 수 있는 수준을 넘어서고 말았습니다.

우리가 반란을 일으킬 수밖에 없었던 이유는, 정말로 참을 수 없는 상태, 한계에 도달했기 때문입니다.

적들은 우리를 가리켜 "외국인들" "폭동꾼들"이라고 외쳐대면서 문제의 본질을 흐리려 듭니다. 우리는 이렇게 대답하렵니다. 우리가 우리의 노동과 기회를 빼앗기고 착취당하는 것을 얌전히 받아들일 때는 우리더러 외국인이라고 하지 않았습니다. 우리의 가장 중요한 이익을 스스로 배반하는 한, 우리는 선량한 시민으로 여겨졌습니다. 이제 우리가 당당히 일어서서 우리들 권리의 오직 일부만을 요구했을 뿐인데, 착취자들과 하수인들은 우리에게 오만가지 흉측한 이름으로 딱지를 붙이고 있습니다.

우리의 운동을 응원하는 분들께 호소합니다. 분명한 말과 행동으로 여러분의 뜻을 표현해주십시오.

동지 여러분! 기억하십시오! 한 사람에게 입힌 상해는 모두에게 입힌 상해입니다. 모두 파업에 나섭시다! 뭉칩시다! 모두 승리의 한 길로 나아갑시다!

—파업위원회[54]

는 농담을 했다.[55] 프랑스계 벨기에인은 알링턴 공장에서 피켓라인을 넘어 일터로 갔지만, 파업에 참여하는 인원이 늘어났습니다. 러시아인도 모두 참여합니다. 포르투갈인도 마찬가지입니다. 아르메니아인과[56] 유대인의[57] 여러 집단도 모두 투표를 통해 파업에 참여하기로 했답니다. 심지어 얼마 안 되는 미국 토박이 노동자도 다수가 파업에 참여하기로 했습니다.[58] 도시의 모든 공장에서 규모는 작지만 자발적 작업거부 사태가 벌어졌다. 파업 노동자들은 새로 채용된 이들도 기꺼이 파업에 참여했다고 주장한 반면, 공장 감독관들은 회사를 사랑하는 노동자들을 파업 노동자들이 겁을 주어 쫓아버렸다고 볼멘소리를 했다.[59] 동기야 어찌되었든 해당 주가 끝날 무렵이 되자 작업거부에 돌입한 작업장 수가 늘어나면서 파업 노동자들의 수는 최소한 1만 5000명에 달했다. 이는 《뉴욕타임스》가 보도한 숫자지만,[60] 아마 에터가 주장했던 대로 2만 명에 더 가까웠을 것이다.[61] 파업위원회는 만장일치로 IWW와 손잡기로 의결하였고,[62] 이에 약 4500명이 이 조직에 가입하여[63] 25센트의 회비를 내고 붉은 카드를 받았다. 이 돈은 즉각 파업 기금으로 들어갔다.[64]

파업 노동자들은 IWW와 연대했을 뿐만 아니라 여러 요구의 목록을 내밀었다. 처음에 요구한 바는 2시간 치 임금이지만, 이제는 더 많은 것을 원했다. 이들의 요구는 1) 전반적인 15퍼센트의 임금 인상 2) 초과근무에 대해서는 두 배의 임금 지급(20퍼센트가 넘는 노동자들이 초과근무를 했지만 항상 표준 임금률에 맞추어 보수를 받았다)[65] 3) 빌리 우드의 잔인한 상여금 시스템의 즉각 폐지 4) 파업 종료 후 복귀한 노동자들에 대한 일체의 법적 조치 금지 등이었다.[66] 에터는 외부 중재에 반대했지만, 파업위원회는 투표를 거쳐 에터의 주장을 누르고 주 정부가 구성한 화해 및 중재 위원회에 요구 사항을 전달하기로 의결했다.[67] 파업 노동자들은 이 위원회 위원들과 당장 만나고 싶어 했지만 공장주들은 거부했다.[68]

윌리엄 우드는 처음에는 공식 성명을 내지 않고 그저 스캔런 시장에게 "로렌스시에서 벌어지는 것은 파업이 아니라 폭도들의 난동이오"라고 말했을 뿐이었다.[69] 마침내 우드가 언론 매체를 통해 노동자들에게 응답했을 때 이는 섬유업 거물이라기보다는 헤어진 연인의 말같이 들렸다.

> 지난 금요일 여러분 중 다수가 우리 공장을 떠났고, 그후 계속 모습을 보이지 않고 있습니다. 나는 이러한 행동에 너무나 놀랐습니다. 여러분은 자신들이 무엇을 하려고 하는지 또 불만이 무엇인지 요구가 무엇인지도 전혀 알려주지 않았습니다. 여러분이 떠난 이유가 우리 회사가 54시간 치의 임금만을 지급했기 때문이라는 것을 저도 신문을 보고 알았습니다. ……여러분이 떠난 뒤에도 여러분이 원하는 바를 말해주는 사람이 아무도 없었던 것입니다. 여러분은 54시간을 일하고도 56시간 치의 임금을 받고자 한다고요.

우드는 이어 빡빡한 경쟁, 최근의 불황, 임금만이 아니라 주주 배당금도 고려할 필요가 있다는 점 등을 들어 임금 인상을 완강히 거부했다.[70] 파업 노동자의 다른 요구에 대해서는 언급조차 하지 않았다.

이렇게 대치하던 양 진영은 공공 여론의 지지를 받기 위한 운동을 벌였다. 초점은 임금이었다. 로렌스시의 섬유 노동자들이 받는 임금은 도대체 얼마인가? 에터가 언론에 말한 바에 따르면, 공장 노동자 평균 임금은 주급 6달러지만, 공장주들은 주급 9달러라고 반박했다.[71] 이러한 차이가 나오게 된 것은 숫자 계산의 주체와 방식이 달랐기 때문이다. 에터는 산술 평균을 사용해 여러 공장이 매주 지급하는 임금 총액 15만 달러를 2만 5000(노동자들 수)으로 나누었다.[72] 반면 공장주들은 통계학에서 말하는 중간값^{median}을 사용했다. 직조공의 평균 임금이 주당 13달러이며, 관사공의 평균 임금이 4.50달러이니 중간값을 취하여 반올림한 것이다. 파업 노동자들은 이에 항의했다. 직조공 한 명에게 딸린, 주급이 4.5달러가 안 되는 관사공, 보빈 보이*, 청소부 등이 몇 십 명에 달한다는 것이었다. 그러자 공장주들은 그러한 저임금을 받는 이들은 가장 숙련이 떨어지고 수도 적으며 대표적인 임금 노동자라고 볼 수 없다고 주장했다. 하지만 어느 쪽이든 이렇게 주급으로 계산하면 매년 몇 주 동안은 일거리가 없어서 수천 명이 일시해고 상태가 된다는 사실은 전혀 고려하지 못하게 된다.

이 논쟁을 해소하기 위해 《로렌스 트리뷴》은 노동자들에게 급여명세서를 보내달라고 요청했다. 신문사에는 하루 만에 여든여섯 장의 급여명세서가 밀려들었고, 주급 범위는 3.06달러에서 7.05달러였다. 다수의 급여명세서에는 지역 은행의 광고, "지금 바로 저축하세요. 우리 은행에 넣으시면 꾸준히 예금이 불어납니다"라는 문구가 쓰여 있었다.[73] 대체로 파업 노동자를 동정하던 《로렌스 트리뷴》은 많은 경우 "가족을 거느린 성인 남성들"의 1주일 치 임금은 3.06달러, 4.50달러, 5.25달러 등으로 대표된다고 보도했다.[74] 공장주들은 이러한 결과는 노동자들이 "파업에 이롭게 하려고" 보낸, 가장 낮은 임금이 찍힌 급여명세서에서 도출되었기 때문에 크게 왜곡된 것이라고 반발했다.[75] 지역 정치인들은 이 논쟁에 기름을 끼얹었다. 이민자들이 방 하나에 여러 명씩 살고 있지만, 이는 그런 생활에 익숙해 있거나 자기들 급여의 큰 몫을 고국으로 송금하기 때문이라고 주장한 것이다. 임금 논쟁이 길어지자 윌리엄 우드는 1906년 이후 로렌스시의 공장 노동자들이 해외로 송금한 돈이 80만 달러라고 주장했다.[76] 하지만 노동자들이 6년 동안 송금한 80만 달러라는

---

* 보빈(실패)을 베틀에 있는 여성들에게 가져다주고 방적된 면사나 양모 실이 감긴 보빈을 수거하는 일을 했다.

금액은 1인당 연간 5.33달러밖에 안 되는 돈이었다. 한편 전국모직물제조업자협회는 전 지구적인 관점에서 로렌스시의 임금은 다른 섬유 도시보다 높은 편이라고 지적하였고 이는 맞는 말이었다. "로렌스시의 공장들은 현대적이고 가장 좋은 장비를 갖추었으며 고도의 효율성을 자랑하고, 직원들 또한 섬유 노동자치고는 좋은 임금을 받고 있습니다"라고 그들의 대변인이 말했다. 매사추세츠주의 섬유 노동자 임금은 영국의 두 배이며 미국 남부(여기서는 방적공이 주당 66시간을 일하고 3.50달러를 받았다)와 비교해도 훨씬 높은 수준이라는 것이었다.[77] 하지만 이 협회 또한 섬유 공장 노동이 모든 경제적 위계의 서열에서 꼴찌라는 것만은 인정했다.

높은 영아사망률, 낮은 기대 수명, 인도 콜카타에 버금가는 끔찍한 인구 밀도 등 로렌스시에 나타나는 우울한 통계 수치들은 메인주에서 조지아주에 이르는 모든 섬유 도시에서 똑같이 나타났다. 어떤 계산 방식을 사용해도 이들 섬유 노동자의 임금은 다른 업종의 노동자 임금에 뒤처졌다. 전국적으로 보면 제지 노동자들은 주당 평균 10.58달러, 제화 노동자들은 11.42달러, 철강 노동자들은 13.88달러를 받았다.[78] 심지어 에식스 스트리트와 브로드웨이 스트리트를 따라 두 바퀴 수레를 미는 로렌스시의 미화원들도 주당 12달러를 받았다.[79] 하지만 공장 노동자들은 일당이 1달러를 살짝 넘든 모자라든 굶주림에 시달리고 있었다. 또 자기들의 미숙련 노동을 내다 파는 자유시장에서는 이른바 "보이지 않는 손" 때문에 언제든 낭떠러지로 추락할 위험이 있었다. 전형적인 사례로 블레스키 가정의 경우를 보자.

파업 전 존 블레스키는 퍼시픽 공장에서 원면을 깨끗이 청소하는 작업을 했다. 주급은 7.5달러(오늘날의 가치로 환산하면 140달러)였고 그와 아내 그리고 너무 어려서 일을 할 수 없는 아이들 네 명으로 구성된 가족에게 다른 수입원은 없었다. 이렇게 생활이 빠듯하니 블레스키의 아내는 여러 지출 내역을 정확히 기록해두었다. 1주일의 예산을 보자.

방세 1.25   등유 0.12   우유 0.77   빵 1.68   차 0.05
커피 0.15   양배추 0.84   고기 0.50   설탕 0.07

이런 비용을 빼고 나면 남는 돈은 2.07달러였다. 그들은 고국인 폴란드로 돈을 전혀 송금할 수 없었다. 이 돈은 신발, 약품, 의복, 한 살배기 아들에게 필요한 물품을 사는 데 모두 들어갔다. 블레스키의 이웃 중에는 집이 넓어서 방들을 세 주어 주당 1달러씩 받는 이들도 있지만, 블레스키의 경우 방 두 개에 부엌이 하나 딸린 집에 살았다. 존, 그의 아내, 아기가 한 방에서 자고 나머지 세 아이들이 다른 방의 철제 침대에서 잠을 잤다. 이웃들 대부분은 석탄으로 난방을 했으며 욕조에 석탄을 저장했다.[80] 그런데 블레스키 가족은 이렇게 석탄을 구입할 형편이 못 됐다(욕조 크기에 맞추어 석탄을 구매하면 큰 석탄 통을 가진 집주인들이 대량으로 구입할 때보다 가격이 두 배나 비쌌다).[81] 블레스키 가족은 아이들이 길거리에서 주워 온 나무 부스러기로 부엌 난로를 때야 했다. 아이들이 빈손으로 집에 돌아오면 집에 불기란 없었다. 버터(1파운드에 18센트)라든가 계란(열두 개에 38센트) 같은 사치품은 블레스키 가족의 예산에 들어설 틈이 없었다.[82] 대부분의 공장 노동자들과 마찬가지로 블레스키 가족 또한 로렌스시에서 생산된 섬유로 맨해튼의 착취 공장에서 만든 옷은 살 형편이 못 되었다. 오버코트가 10.98달러였다. 치마 한 벌도 1.98달러였으니 이틀이나 사흘 치 소득에 해당했다. 그리고 양복 한 벌(15달러)을 맞출 수 있는 사람도 없었다.[83] 블레스키 가족은 모두 옷이 해어질 때까지 입었다. 파업이 시작되었을 당시 블레스키 부인은 3년 전 로렌스시로 오기 직전 폴란드에서 샀던 숄, 치마, 블라우스를 그대로 입고 있었다. 초라한 행색이 부끄러워 집 밖으로 거의 한 걸음도 나가지 않았다.[84]

이렇게 공장주들과 노동자들은 서로 제시하는 수치가 달랐지만, 루이스 브랜다이스가 볼 때는 어느 쪽 숫자이든 마음을 괴롭히기는 마찬가지였다. 브랜다이스는 저명한 보스턴의 법률가이자 훗날 대법원 판사가 되는 인물로서, 파업이 시작된 지 1주일도 안 돼 미국이 "노예 인종"을 키워내고 있다고 경고했다. 노동자들의 한탄스러운 노동조건과 실질 임금 하락을 서술하면서 해결책은 오직 하나라고 주장했다. 바로 더욱 강력한 노동조합이었다. 그는 독점 대자본이 "자신들의 사업장 어디에든 노조 비슷해 보이는 것만 나타나도 뿌리를 뽑으려" 드는 태도를 강력하게 비난했다. "이러한 불평등으로 인해 사회 불안이 갈수록 더 또렷하게 모습을 드러내고 있습니다"라고 보스턴 클럽에서 발언했다. "이런 현실의 끔찍한 결과를 미국 국민들이 감지하고 있습니다. 로렌스시에서 터져 나온 폭력 사태는 이처럼 권력을 부당하게 사용한 결과입니다."[85]

1912년 당시 이렇게 고삐 풀린 자본주의를 길들여야 한다는 목소리를 내는 이들은 브랜다이스 이외에도 많았다. 시어도어 루스벨트가 "악행을 일삼는 거부들"을 비난하기 오래전부터 보통 사람은 상상도 못할 부를 쌓아 올린, 한 줌밖에 안 되는 부자들이 엄청난 권력을 거머쥐는 것을 걱정하는 시민들이 있었다. 《매클루어즈》《콜리어스》《코스모폴리탄》 같은 주요 잡지에는 부패와 음모를 폭로하고 비판하는 기사들이 실렸다. 루스벨트가 "추문이나 들춰내는 자들"이라고 조롱했던 언론인들이 철강 트러스트, 석유 트러스트, 설탕 트러스트 등이 자행하는 온갖 악행을 폭로한 것이다. 그리하여 보란 듯이 정치적 영향력을 행사한 아메리칸 모직은 이제 "모직 트러스트"의 선봉이라는 비난을 뒤집어쓰게 된다. 이 "모직 트러스트"의 비밀 무기는(일반 시민은 물론 대통령 자신조차 이해할 수 없었기에 "비밀"이라고 불렸다) 바로 관세였다.

연방 정부가 수입 제품에 매기는 관세는 보통 일상의 대화와 토론의 주제가 아니었다. 하지만 1910년 이후, 로렌스시 노동자들이 파업을 감행하던 기간에 걸쳐서 모직물 관세에 대한 이야기가 상점, 흡연 가게, 술집 등을 가득 채웠다. "도금 시대" 동안 민주당은 물가를 낮추려고 낮은 관세를 선호했다. 공화당은 국내 산업을 보호하기 위해 높은 관세를 선호했고, 냉소가들은 이 정책의 목적이 부자들을 더욱 부유하게 만드는 데에 있다고 했다. 이 기간에는 통상 백악관과 의회를 공화당이 장악했으므로 관세는 역사상 가장 높은 수준이었다. 포퓰리스트들과 진보주의자들은 여기에 항의했지만, 관세가 원래 일반 시민이 정확히 이해하기 힘든 주제였기에 이들의 불평은 거의 관심을 끌지 못했다. 심지어 태프트 대통령마저도 자신이 관세 문제를 잘 이해하지 못한다는 점을 인정했다. "전문가가 아닌 사람한테는 이게 영어가 아니고 원주민 촉토족 언어처럼 들립니다"라고 말했다.[86] 그때, 펜실베이니아의 유전 지대에서 온 자그마한 여성이 앞으로 나서서 설명했다.

그녀는 기념비적 저작 『스탠더드 오일의 역사』를 통해 스탠더드 오일 트러스트의 해체에 일조한 아이다 타벨*이었다. 그로부터 6년 후, 이번에는 모직물 관세가 어떻게 하여 윌리엄 우드 같은 사람들에게 저택들, 요트들, 너무 많아 세지도 못하는 자동차들을 안겨주는 데 일조했는지를 폭로했다. 타벨은 《아메리칸 매거진》에 실린 기사 세 편을 통해 모직물 트러스트가 정치적 영향력을 활용하여 수입 모직물에 터무니없이

---

* 19세기 말과 20세기 초 '진보의 시대'를 대표하는 작가이자 탐사 저널리즘의 선구자. 타벨이 저술한 『스탠더드 오일의 역사』는 《매클루어스 매거진에》에 먼저 연재된 후에 출간되었으며 대통령 시어도어 루스벨트도 이 기사를 읽고 지지하는 편지를 보냈다. 1999년 《뉴욕 타임스》는 20세기 미국 저널리즘 가운데 가장 중요한 100대 보도물 중 다섯 번째로 이 책을 꼽았다.

높은 관세를 부과했다고 공격했다.[87] 이 관세 덕분에 미국의 모직물 가격은 영국보다 두 배나 높아졌으며,[88] 면사가 섞여서 짜일 때도 많았고, 섬유업자들은 결국 어떤 카르텔보다 부유하고 교만한 트러스트를 창출하고 말았다는 것이다. 이 모직물 트러스트는 상원의원 몇 명을 수족처럼 부리고 있었으며 매사추세츠주 상원의원인 헨리 캐벗 로지("보호주의의 최고의 전도사"), 로드아일랜드주의 상원의원 닐슨 올드리치[89](존 D. 록펠러의 장인이었다)[90] 등이 여기에 해당한다는 것이었다. 타벨은 이 트러스트의 우두머리들 중에서도 (윌리엄 우드도 언급하기는 하지만) 주로 로렌스시의 알링턴 공장 회장인 윌리엄 휘트먼에게 화살을 겨눈다. 타벨은 심지어 공화당의 태프트 대통령조차도 "변호가 불가능하다"고 고개를 저을 정도로 높은 모직물 관세를 부과하게 한 사람이 휘트먼이라고 보았다.[91] 휘트먼이 의회 청문회에 나와 증언하자, 한 의원은 이 모직물 트러스트를 "내가 지금까지 본 유일한 1등급 트러스트"라고 말했다.[92]

로렌스시의 공장주들 가운데 우두머리들은 100퍼센트에서 200퍼센트 사이의 관세로 보호를 받았다.[93] 어떻게 이렇게 되었을까? 아마도 휘트먼 자신이 모직물 관세 조항을 작성했기 때문일 것이라고 타벨은 시사한다.[94] 아니면 전국 모직물제조업자협회의 비서가 하필 상원 재정위원회에서 일하고 있기 때문일 것이라고 했다. 그리고 또 다른 폭로가 터져 나왔다. 이 인물, 마치 양떼에 숨어든 늑대와 같은 사람이 1909년 관세를 그대로 유지하기로 결정한 직후 무려 5000달러의 상여금을 지급받았다는 것이다. 참으로 흥미롭지 않은가?[95] 핵심은 바로 세율표 K였다. 의회는 원래 관세를 낮추겠다 약속했지만 실제로는 거의 손을 대지 않고 승인한 것이다. 언론인 타벨은 이 모직물 관세를 놓고 십자군 전쟁을 치른 셈이며, 이 때문에 세율표 K는 언론의 십자포화를 맞게 된다. 로렌스시 파업이 일어나기 전 2년 동안 전국에 걸쳐 스물네 편의 잡지

기사와[96] 수십 편의 신문 사설이[97] 이 모직물 트러스트를 공격했다.

하지만 모직물 제조업자들도 가만히 있지 않았다. 아메리칸 모직은 "세율표 K에 대한 진실"을 설명하는 광고들을 여러 잡지에 싣기 위해 10만 달러를 지출했다.[98] 윌리엄 우드의 서명이 적혀 있는 이 광고는 미국인들의 애국주의와 허영심을 이용하려 들었다. 모직물 산업은 남북전쟁 당시 북군에 군복을 제공하여 전쟁 승리에 기여했으며,[99] 아메리칸 모직 덕분에 "미국의 남성과 여성들은 전 세계에서 가장 옷을 잘 입는 사람들"이 되었다고 주장했다.[100] 우드는 또한 어째서 모직물 제조 기업들의 경영자들이 세율표 K의 많은 부분을 작성했는지도 설명했다. "모직물 사업은 여러 단계로 구성되어 있으며, 이 단계들은 직접 종사하는 사람들만 제대로 이해할 만큼 복잡해서 관세 법률 또한 이들이 작성할 수밖에 없습니다."[101] 하지만 이러한 홍보는 시기상 너무 늦었고 양도 적었다.

1909년의 의회 논쟁에서 공화당에는 만약 관세를 낮추지 않을 경우 온 나라가 민주당 쪽으로 가버릴 것이라는 경고가 날아들었다. 하지만 공화당 상원의원 리드 스무트(훗날 높은 관세 법을 입안하는 데 참여하여 대공황 사태를 심화시킨 인물이다) 같은 이는 아랑곳하지 않았다.[102] "뭐 민주당이 잡으라지. 내가 알게 무언가?" 그리하여 1910년에 실제로 온 미국이 민주당에 표를 몰아주었으며, 민주당이 장악한 하원에서는 세율표 K에 칼질을 하겠다고 공언했다. 로렌스시 파업이 벌어지기 전 여름, 의회에서는 모직물 관세를 절반으로 깎는 법안을 통과시켰다.[103] 태프트 대통령은 의회에 "모직물 제조업자 집단이 너무 많은 의원들을 거느리고 있다"고 한탄한 바 있지만,[104] 이 법안에 거부권을 행사한다.[105] 하지만 이 정도의 시도만으로도 윌리엄 우드와 윌리엄 휘트먼 같은 기득권 집단의 자신감은 흔들리게 되었다. 6개월 후, 로렌스시 노동자들이 파업을 벌이자 거물 공장주들은 노동시간이 2시간 줄어든 상황에서 전과 같은 임금을 지급할 수는 없다고 했다. 무엇보다 "의회가 관세를 낮추면" 수입이 크게 줄어들기 때문이라는 것이었다.[106] 그리하여 노동자들의 임금을 둘러싼 논쟁이 뜨거워지자 저 높은 국회의사당에서나 논의되던 복잡한 이슈인 관세 문제가 로렌스시 길거리에서도 본격적으로 논의되었다. 하지만 파업 첫 주에는 파업 노동자들 누구도 관세 문제를 언급하지는 않았다. 행진을 조직하는 일만 하기에도 바빴기 때문이다.

한 주의 중반이 되자 로렌스시는 야영장처럼 바뀌었다. 거리에서는 무장한 민병대가 캠프를 설치하고 몇 시간마다 한 번씩 근무지로 이동했다가 돌아왔다. 스캔런 시장은 공단의 통제권을 아예 스위처 소령에게 넘겨버렸고,[107] 그가 거느린 여덟 개 중대는 이제 메리맥강 양편에 도열하고 있었다. 공장 한 개에 12~60명으로 편성된 병사 총 500명이 어깨를 맞대고 공장을 지키고 있었다.[108] 이것이 무슨 영웅적인 임무는 아니지만, 독립전쟁 당시의 "5분대기조"의 후예들은 군사적 효율성을 충분히 발휘하고 있었다. 민병대는 파업 노동자들이 공장에 들어가지 못하게 막았고 '땜빵'들을 괴롭히는 이들은 모두 체포했고, 약간만 수상쩍은 인물이 나타나도 멈춰 세워 검문했다. 군중들이 집단행동을 하지 못하도록 "길에 서 있지 말고 이동하시오!"라고 수시로 소리를 질러댔다. 심지어 보행자 한 사람이 담뱃불을 붙이느라 잠깐 서 있어도 "이동하시오!"라고 벼락같이 소리쳤다. 민병대원들은 손발이 얼얼한 추위에 시달리며 몇 시간씩 서 있어야 했으므로 특수 제작된 털모자, 덧신, 장갑 등을 갖추었다. 이들은 매일 밤 공장 안에 임시로 만든 막사에 설치된 간이침대에서[109] 잠을 갔다. 하지만 민병대가 도저히 막아낼 수 없었던 것은 각종 소문이었다. 한 주가 지나면서 각종 소문이 전염병처럼 도시를 휩쓸고 시간이 갈수록 더 거칠어졌다. 공장들 안에 총기류가 잔뜩 쌓여 있고 이제 학살 준비가 다 끝났다는 것이었다.[110] 또한 파업이 거의 끝났다는 소문도 돌았다. 스위처 소령 그리고 매사추세츠주의 다른 지역에 면화 공장을 소유한 주지사 유진 포스가 파업 노동자들과 합의했다는 것이었다.[111] 하지만 가장 불길한 소문은 다이너마이트 이야기였다. 로렌스시의 공장들을 날려버리려고 지금 대량의 다이너마이트가 반입되고 있다는 것이었다.[112] 에터는 이 이야기를 듣고 웃어버리고 말았다. "그렇게 말도 안 되는 소리에 대답해봐야 소문만 더 커질 겁니다. 사람들에게 폭탄 터지는 소리가 들리거든 그때 가서 믿으라고 말해주세요."[113] 에터가 이 소문을 부인했으나 시청 공직자들에게는 아무런 위로가 되지 않았다. 이들은 계속해서 노동자들을 죄어 들어왔다. 술집들이 문을 닫았다.[114] 주요 공장의 탑 꼭대기에는 저격수들이 배치되었다.[115] 온 도시가 요새화된 상태에서 감시와 대기가 일상화된 듯했다. 하지만 이렇게 피를 보는 폭력이 임박했다는 살벌한 경고가 날아드는 상황에서 노동자들의 첫 번째 조직 활동은 신나는 거리 행진이었으니, 사람들은 깜짝 놀라고 말았다.

이 행진은 소문처럼 퍼져갔다. 1월 17일 수요일 아침, 파업 노동자들은 에터에게 행진 허락을 얻어냈고, 오전 11시에는 시민 수십 명이 플레인스 지역 한복판에 있는 엘름 스트리트에 모였다. 이들은 커다란 미국 국기를 들고 출발했고, 지나가는 행인들에게 환호를 하며 소리쳤다. 엘름 스트리트는 이탈리아인 구역과 폴란드인 구역을 나누는 도로로서, 양쪽 모두 장 보러 나온 여자들, 길가에서 잡담하는 남자들, 눈싸움을 하는 아이들로 가득했다. 행진 대열이 지나가자 수백 명이 여기에 합세했다. 눈 덮인 공원을 지나가면서 이들은 유니언 스트리트를 향해 남쪽으로 방향을 틀었다. 공장폐쇄를 단행한 에버릿 공장이 가까워지자 이들 군중이 민병대 대열을 향해 돌진할까봐 많은 이가 두려워했다. 하지만 군중은 오른쪽으로 돌아 커먼 스트리트로 갔으며, 이탈리아인 동네 한가운데로 들어갔다. 정육점 카운터에서, 이발소 의자에서, 구두닦이 가게에서 또 카페에서, 이탈리아인들이 손을 흔들고 박수를 치면서 쏟아져 나왔다. 더 많은 사람이 대열에 합류하였고, 어떤 이들은 성조기를 들고 나왔다.

이들이 시청 시계탑 아래에 왔을 때쯤에는 인원이 3000명으로 불어났다. 행진 대열은 다시 플레이스 지역으로 방향을 틀어 더 많은 사람을 모았다. 최근에 기뻐할 일이 별로 없어 축 처져 있던 여자들, 아이들, 10대 소년소녀들이 함께 참여했다. 대열이 로렌스 고등학교의 노란 벽돌 건물을 지나가자 창문으로 학생들이 몸을 내밀고 환호성을 질러댔다. 경찰서를 지날 때 일부 근심에 찬 시민들이 당장 행진을 멈추라고 요구했지만,[116] 막상 행진 대열에 있던 이들은 흰 콧수염을 단 대머리 보안관 제임스 오설리번을 알아보고[117] 야유를 보내긴커녕 손을 흔들었다. 대열이 다시 에식스 스트리트로 방향을 틀어 도심으로 들어오자 사람들 수는 1만 명으로 불어났다. 모두가 무언가 소리를 내고 있었으며, 어떤 이들에게는 이게 박수 소리로 또 어떤 이들에게는 전투의 고함 소리로 들렸다. 한 이탈리아인 집단은 〈가리발디 찬가〉를 힘차게 불러댔고,[118] 이 시끄러운 불협화음을 뚫고 프랑스계 벨기에인 집단이 노동자 혁명의 찬가인 〈인터내셔널가〉를 부르는 소리가 들려오기 시작했다. 노동자 수백 명이 각자의 언어로 이 노래를 함께 불렀다.

노동자들이여, 깊은 잠에서 깨어나라
결핍의 노예들이여, 깨어나라

이성은 반란을 일으켜 이제는 천둥소리가 되어
마침내 위선의 시대를 끝내려 한다

모든 미신을 벗어던져라
굴종해온 대중들이여, 일어나라, 일어나라
이제부터 낡은 전통을 바꾸고
힘차게 도약하여 빛나는 성과를 이루리라

동지들이여, 와서 모이자
최후의 전투가 우리 앞에 있다
인터내셔널이 인류를 하나 되게 하리라

정오가 되어 은행가들과 상인들이 에식스 스트리트에 나왔을 때, 이 행진 대열은 네 블록에 걸쳐 도심의 도로를 가득 메우고 있었다. 노면전차는 지나갈 수 있었지만 포드의 모델 T 자동차, 마차, 손수레 등은 다른 길로 돌아갔다. 20분에 걸쳐 노동자들은 깃발을 날리고 노래하며 행진해 나아갔고, 이제 이민자들이 상호 적대를 멈추고 단단히 뭉쳐 승리의 결의로 뭉친 군대가 되었음을 "이민자들의 도시" 전체에 똑똑히 보여주었다. 행진 지도자들은 공동주택들과 상가를 지나 마침내 모든 사태의 시발점인 장소로 대열을 이끌었다. 바로 공단이었다.

도심 서쪽 끝에 있는 브로드웨이에 도착하자 대열은 남쪽으로 돌아 강 쪽으로 방향을 잡았다. C포대는 군중들이 다가오는 소리를 듣고 커낼 스트리트 건너편에 자리를 잡았다. 흥에 겨운 행진 참여자들은 군인들이 도열해 있는 대치선으로 다가갔다. 맨 앞줄에 선 사람들은 눈앞에 총검이 어른거리자 멈추려고 했지만 뒤에 있는 사람들이 계속 밀어댔다. 그러다가 맨 앞줄의 상황이 뒷줄까지 겨우 전달되었다. 행진 대열이 일으키던 요란한 소리가 잦아들었고 군중은 점차 조용해졌다. 민병대원들은 장총을 들어 대열 맨 앞에 선 사람들을 조준했다. 잠시 시간이 멈춘 듯한 장면이었다. 군모를 쓴 이들은 노동자들이 피켓을 휘두르듯이 총검을 휘둘러대면서 숄과 헝겊 모자로 인해 알록달록해 보이는 노동자들을 노려보았다. 두 집단이 서로 대치하는 가운데 눈 덮인 커낼 스트리트에는 성조기만 휘날리고 있었다.[119]

  파업 노동자들 몇 명이 얼음덩어리를 던졌고, 민병대는 앞으로 전진했다. 여자들 몇 사람(그중 몇 명은 아기를 안고 있었다)이 날카로운 총검이 삐죽삐죽 튀어나온 대치선까지 접근해 고함을 질러대며 항의했다.[120] 한 병사는 칼을 뽑아 칼등으로 세 사람을 내리쳤다. 대열 뒤쪽에 있던 일부는 뒤돌아서 도망갔지만 나머지는 그렇게 할 수가 없었다. 파업 노동자들은 민병대 뒤편으로 육중한 공장 건물들과 뾰족하게 솟아오른 굴뚝을 보았다. 이들 왼쪽으로는 도시를 낳은 댐이 보였고, 거기 담긴 물은 여전히 단단히 얼어붙어 빙판이 돼 있었으며, 메리맥강 너머로는 더 많은 공장들이 보였다. 대치 상태는 고작 1~2분 지속되었지만 참으로 길게 느껴졌다. 에터는 너무 바빠서 행진에 참여할 수 없었고 당시 여러 블록 떨어진 장소에 있었지만, 그가 했던 말은 이 장면을 고스란히 묘사한 것 같다. 전날 밤 에터는 "로렌스시는 지금까지 항상 산업 평화를 누려왔습니다"라고 단언한 시장을 비웃으며 말했다. "맞습니다, 우리는 지금까지 산업 평화를 누려왔어요. 공동묘지를 가득 메우고 수많은 사람을 절망으로 밀어 넣은 평화 말입니다. …… 저들이 우리에게 주는 임금으로는 개들조차 부러워하지 않을 삶밖에는 누릴 수가 없어요. 그게 산업 평화라면, 대체 저들에게 산업 전쟁이란 무엇입니까?"[121] 민병대는 에터의 질문에 대답이라도 하듯, 공장들을 말없는 초병으로 삼아 파업 노동자 무리와 맞선 것이다. 움직이는 것이라곤 살짝 부는 바람에 펄럭이는 깃발들뿐이었다. 그때 차량 한 대가 달려와 병사들 뒤편에 멈추었다. 차에서 내린 사람은 스위처 소령이었다.

스위처 소령은 변호사가 본업이고 여가 시간에 민병대 소령 일을 맡고 있던 터였다 회색 콧수염을 기른 이 사내는 빠르게 맨 앞줄로 걸어 나왔다. 파업 노동자 몇 명이 소령에게 모자를 벗어 인사를 했다. 스위처 소령은 잠깐 현장 상황을 둘러보더니 이 군중이 폭도가 아니라 그저 열 지어 행진하는 사람들이라는 것을 알아챘다. 그는 C포대에게 물러나라고 명령했다. 그러자 군중은 환호성을 지르면서 군인들을 지나 길을 휩쓸고 커낼 스트리트로 나아갔다.[122] 1850년대에 세워져 이제 무너져가는 노동자 기숙사를 지나, 중세풍 탑이 하늘을 찌르고 있는 퍼시픽 공장을 지나 행진하던 군중은 창문을 통해 구경하는 노동자들에게 동참하라고 소리를 질렀다. 대열이 지난 금요일에 최악의 전투가 벌어졌던 덕 다리에 이르자 양측은 또다시 대치했다. 민병대가 행진 대열이 다리를 넘지 못하게 막은 것이다. 그러자 행진 대열을 이끌던 한 남자가 성조기를 가리키며 말했다. "이건 미국 국기다. 미국 국기가 가는 길을 막을 수는 없다." 그러자 민병대 중위는 병사들에게 경례를 하라고 명령했다. 잠시, 민병대가 경례 자세를 취하고 행진 대열이 지나갈 수 있을 듯한 느낌이 들었다. 하지만 중위는 곧 다리를 봉쇄하라는 명령을 내렸고, 행진 대열은 유니언 스트리트로 돌아가 2시간 후에 해산했다.[123]

목요일에는 눈발을 뚫고 또 다른 무리 1만 명이 행진했다.[124] 하지만 금요일에는 새벽부터 따듯해지더니 마침내 거센 비가 내려 공단은 물빛으로 번들거렸고 조용해졌다. 최초의 함성이 터진 뒤 꼭 1주일이 되었다. 파업이 확산되자 사기가 올랐던 이들은 아침에 한 주 전 노동의 대가인 급여 수표를 받으며 암울한 미래가 기다리고 있음을 깨달았다. 이제 더는 일터에서 급여를 받을 수 없었다. 민병대의 엄중한 감시 아래 파업 노동자들은 사무실로 향했고 줄을 서서 수표를 받고 집으로 돌아갔다. 언제 여기로 돌아올지, 아니, 돌아올 수 있을지도 알 수 없었다. 또한 6달러이건 9달러이건 이 급여로 파업이 지속되는 동안 가족들을 부양할 수 있을지 여부도 알 수 없었다.[125] 이 금요일 저녁, 스캔런 시장은 하루 종일 아무도 (파업 노동자들도, 주 정부 중재자들도, 공장주들도) 만나지 않았다고 밝혔다. 파업이 언제 끝날지 모르고 향후 전망이 보이지 않는다고 말했다.[126]

1월 20일 토요일, 민병대 네 개 중대가 추가로 소집되어 민병대 병력은 열두 개 중대 총 800명에 이르렀다.[127] 그날 아침에는 모든 것이 평화로웠다. 영어를 사용하는 노동자 2000명이 파업에 가담했고,[128] 이제 파업 인원이 거의 2만 명에 다다랐다. 누구도 부인할 수 없는 사실이었다. 결국 1910년과 1911년 동안 매사추세츠주에서 벌어진 어떤 파업보다 큰 파업이 벌어진 것이다.[129] 오전 8시, 한 폴란드인이 굶주림으로 정신이 나간 상태에서 공동주택 3층 창문에서 뛰어내렸다는 소문이 돌았다. 그는 척추가 부러진 채 병원으로 이송되었다.[130] 그리고 나서 정오가 조금 지나 또 다른 소문이 돌았다. 처음에는 사실일까 싶었지만 곧 진짜임이 확인되었다. 사설탐정들의 정보에 근거해 공동주택 지구로 진입한 보스턴과 로렌스시의 경찰 한 팀이 세 군대를 수색해 각종 퓨즈, 뇌관들, 그리고 다이너마이트 스물여덟 개를 발견한 것이다.[131]

5장

다이너마이트 음모

> 노사 분쟁은 태도와 심리에 있어서 전쟁과 똑같다. 그리고 노사 양측이 평화로운 시절에는 상상도 못할 짓들을 수없이 벌이게 된다.
>
> —클래런스 대로[1]

다이너마이트가 발견되었다는 소식이 퍼지면서 공포의 물결도 함께 퍼져 나갔다. 공동주택 지구 사람들은 갑자기 창문을 열기도 또 차양을 닫기도 두려워졌고,[2] 아이들을 길가에 풀어놓지도 못하게 되었다. 파업 초기에는 노동자들과 경찰들이 충돌하는 상황에서만 위험이 발생했지만 이제는 상황이 달라졌다. 다이너마이트가 무려 스물여덟 개나 나왔으니 건물들이 마구 무너져 아무 죄 없는 사람들이 떼죽음을 당할 수도 있는 일이었다. 로렌스 사람들은 이미 공장이 무너지면 어떤 고통을 초래하는지를 잘 알고 있었다. 파업이 벌어지기 52년 전인 1860년 1월 10일, 주간 근무가 끝나고 노동자들의 퇴근 시간이 가까워올 무렵 펨버턴 공장의 약한 기둥들이 무너져버렸다. 5층짜리 건물이 그야말로 순식간에 주저앉아버렸고, 건물 전체가 무시무시한 세상의 종말을 연상시키는 한 차례 진동과 함께 무너지고 말았다. 파업 당시 나이가 많은 주민들은 폐허 속에서 들리는 비명, 몸이 끼여 꼼짝 못하고 있는 이들을 산 채로 불태워버린 화재, 그리고 엄청난 사상자(여든여덟 명 사망, 116명 영구불구)를 낳은 사태를 여전히 기억하고 있었다.[3] 수많은 가슴 아픈 사연과 영웅적 활약상을 전하는 이야기들을 통해 이 "로렌스 재난"은 여전히 도시의 전승 속에 살아 있었다.[4] 그런데 이제 다이너마이트가 발견되면서 또다시 공장 붕괴라는 망령이 스멀스멀 살아난 것이다. 이 음모를 꾸민 자들은 누구인가? 대체 무엇을 얻으려는 것일까?

하지만 공포가 확산되기 전에 항상 필연적으로 나타나는 현상이 있다. 사람들이 넋을 잃고 매료되는 것이다. 1월 20일 토요일 정오 직후, 오크 스트리트 292번지의 허름한 3층 건물 바깥에 군중들이 모여들었다. 여기에서 푸른 종이에 싸여 옷장 속에 숨겨진 다이너마이트 일곱 개가 발견된 것이다.[5] 구경꾼들이 소문을 주고받는 가운데 탐정들이 급히 밖으로 나와서 검은 자동차에 올라타고 더 많은 폭발물을 찾으려고 속도를 냈다. 석간신문이 나오기도 전에 불길한 세부 사항들이 온 도시에 퍼져나갔다. 그날 아침 보스턴 경찰서의 윌리엄 루니 경감이 이끄는 경찰들은 플레인스 지역 전체로 흩어졌다. 이들은 어디를 뒤져야 할지 정확히 알았고, 정확한 주소지로 바로 달려갔다. 심지어 교회 공동묘지에서도 정확한 장소를 알고 찾아가 결국 다이너마이트를 발견했다.[6] 이 음모가들은 "외부자들"로서 무언가 폭파하려고 로렌스시로 온 것이 분명했다. 목표물은 가장 큰 공장들, 주 정부 병기창, 경찰서, 윌리엄 우드와 공장 관리자 월터 파커의 집 등이라는 이야기가 돌았다.[7] 체포된 이들은 여성 두 명, 아르메니아인 몇 명, 그리고 "푸에르토리코 출신 흑인" 등이었다.[8] 이 음모의 주동자는 며칠 전 행진 대열에서 시리아인들을 이끌었던 파리스 마라드였다.[9] 체포 당시 한 남성은 네 손가락에 끼는 놋쇠 뭉치를 가지고 있었고, 마라드는 38구경 권총을 소지하고 있었다. 마라드는 고개를 푹 숙인 채로 연행되었다.[10] 경찰은 남성 둘을 더 쫓고 있었으며, 이들은 펜실베이니아에서 다이너마이트를 다루는 노동자로 잔뼈가 굵은 이탈리아인이라고 했다.[11] 다이너마이트는 에터가 우편물을 받아 가는 장소 바로 옆의 구두닦이 가게에서도 발견되었다. 도시 어딘가에 더 많은 다이너마이트가 있을 것이라고 여겨졌으며, 신문들은 이미 "미국 역사상 최악의 다이너마이트 음모"를 비난하느라고 난리였다.[12] 에식스 스트리트에서는 상점에 간 사람들이 사야 할 물건만 사고 잽싸게 집으로 돌아가는 풍경이 오후 내내 펼쳐졌다.[13]

이 음모에서 가장 무서운 것은 그런 일이 얼마든지 가능하다는 점이었다. 그전 10년 동안 미국에서는 매년 3000건가량의 파업이 벌어졌다.[14] 파업 와중에 일어난 폭발 사고는 극소수에 불과했지만, 일어났다 하면 전국 뉴스가 되었고, 결국 다이너마이트는 노동계에서 활용하는 최후의 수단이라는 악명을 얻었다. 1886년 헤이마켓 폭탄 사건 이래로 광산, 교량을 비롯해, 조직 노동자들이 목표물로 삼은 것들이 이유를 알 수 없는 폭파 사고에 휘말렸다. 몇 십 년 동안 개별적인 폭파 행위가 나타나다가 1906년에서 1911년 사이에 무려 110군데 건설 현장이 다이너마이트의 공격을 받아 절정을 이루었다. 유에스 스틸에 맞선 국제교량철골구조노동자연합은 사보타주 운동에 돌입했고, 이 때문에 해당 공장에 만들어졌던 초기 단계의 노동조합은 다 분쇄되고 말았다. 철골과 교량 노동자들은 건설 현장에서 다이너마이트를 손쉽게 구할 수 있었으므로, 사측을 협상장으로 끌어내려고 소소한 폭발 사고들을 일으켰다.[15] 이러한 방식은 완전히 실패로 끝나버렸다. 다이너마이트가 노동 문제를 다룬 신문 헤드라인의 단골이 되어버렸기 때문이다. 다이너마이트가 로렌스시에서 발견된 바로 그날만 해도 인디애나폴리스에서 연방 수사관들이 노조의 사보타주 건을 다루다 다이너마이트를 발견했으며, 콜로라도주의 푸에블로에서는 노조에 가입되어 있지 않은 세탁소가 폭파된 사건이 보도되었다.[16] 하지만 로렌스시에서도 또 미국 전체에서도, 이 다이너마이트 이야기는 로렌스시 파업이 시작되기 불과 6주 전에 해결된 음모 사건을 떠오르게 만들었다.

1910년 10월 1일 오전 1시가 막 지났을 때, 《로스앤젤레스 타임스》에서는 조간신문 판을 짜서 인쇄기에 걸고 있었다. 그런데 건물 뒤쪽의 "잉크 골목"에서 딱딱거리는 성마른 소리가 들려왔다. 그리고 갑자기 폭발이 일어나 건물에 큰 구멍이 뚫리고 말았다. 그로부터 몇 분 만에 몇 차례 더 폭발이 일어났고(어떤 이들은 15킬로미터 밖에서도 폭발 소리를 들었다고 했다)[17], 건물 전체가 불길에 휩싸였다. 이 신문사 건물은 파괴되었고, 스무 명이 사망했다. 보조 인쇄소에서 찍어낸 다음 날 신문은 다음과 같은 헤드라인을 달고 가판대에 등장했다. "노동조합 활동가들이 본사를 폭파했다."[18] 이 신문의 발행인은 남북전쟁 당시 남군과 싸울 때만큼이나 격렬하게 여러 노동조합과 전투를 치러왔으므로, 주저 없이 범인을 노조 활동가들이라고 지목한 것이다.[19] 발행인 해리슨 그레이 오티스 장군은 싸움을 즐기는 호전적인 인물로서 자기 자동차에 대포를 장착하고 로스앤젤레스 시내를 돌아다니는 사람이었다. 극단적인 보수주의를 대변하는 그의 신문은 이전부터 로스앤젤레스를 "오픈 숍"* 도시, 즉 노동조합이 힘을 못 쓰는 도시로 만들자는 운동을 이끌어왔다. "장군"께서는 다이너마이트로 자신의 본부가 폐허가 되던 날 밤 멕시코에 있었지만, 돌아오자마자 화끈한 사설로 반격의 포문을 열었다. 시작은 이렇다. "오, 너희 아나키스트 쓰레기들, 비겁한 살인자들, 정직한 노동의 피를 빨아먹는 거머리들, 이 한밤의 암살자들 ……"[20] 이 신문 논조는 갈수록 더 격렬해졌다. 오티스는 사설탐정들을 고용했으며, 정보를 제공하는 이들에게 총액 30만 달러의 현상금까지 내걸었다. 이 사건의 여파는 1911년까지 길게 이어졌고, 이는 노동운동과 관련하여 한 세대

---

* 고용된 노동자가 자유의사에 따라 노동조합 가입을 결정할 수 있는 방식. 노동조합의 힘이 약한 경우에 오픈숍을 채택한다.

에 걸쳐 가장 유명한 사건이 되었다.

로스앤젤레스에서는 시장 선거가 다가오고 있었으며, 사회주의자 후보가 승리할 가능성이 상당히 높았다. 현 시장이 임명한 위원회와 대배심에서도 사건 조사에 나섰지만 이 사회주의자 후보도 조사에 착수했고, 폭발이 있기 전에 신문사 직원들이 가스 유출로 구토증을 겪었다는 사실을 알아냈다.[21] 가스 유출이 개연성 있는 설명으로 보였다. 그런데 4월이 되자 오티스가 고용한 탐정 윌리엄 번스가 제임스 맥나마라와 존 맥나마라 형제를 잡아냈다. 두 사람 모두 교량과 철골 노조의 고위 간부였다. 맥나마라 형제가 범죄자 인도 청문회조차 거치지 않고 로스앤젤레스로 송환되자[22] 노동운동 전체가 그들이 결백하다고 주장하며 단결했다. 그다음 5개월 동안 이 사건으로 분노한 이들과 자신이 정의롭다고 생각하는 자들이 저마다 목소리를 내고 움직였다. 로스앤젤레스 사람들은 대부분 맥나마라 형제의 결백을 믿었으며, 이러한 동정심으로 인해 시장 선거에서는 사회주의자 후보가 선두를 달리고 있었다. AFL의 지도자 새뮤얼 곰퍼스는 보통 논란에 휩싸인 문제들을 피해 가는 인물이었지만, 이번에는 감옥에 갇혀 있는 맥나마라 형제를 면회하고 조합원들에게 "정의와 인류애의 이름으로"[23] 이 형제의 석방을 위해 싸우자고 호소했다. 미국의 거의 모든 도시에 "맥나마라 지킴이 연맹"이 만들어졌으며, 노동절에는 형제의 석방을 요구하는 대규모 행진이 조직되었다. 탐정 번스는 훗날 "사회혁명이 임박한 것으로 보였다"고 회고했다.[24] 마침내 1911년 10월, 맥나마라 재판이 시작되었다. 형제의 변호인단은 유명한 클래런스 대로가 이끌었다. 배심원 선임에도 거의 한 달이 걸렸다. 그러는 사이에 대로는(본래 이 사건을 맡고 싶어 하지 않았다) 독자적으로 수사 전문가들을 고용해 증거를 검토해보았다. 그는 충격을 받아 아연실색했고 수감된 형제들에게 말했다. "아이고 하나님, 꼬리가 긴 정도가 아니라 아주 십리 밖으로 뻗어 있구먼요."[25]

　시장 선거 나흘 전인 12월 1일 이 도시는 물론 온 미국이 재판정에서 벌어진 광경에 큰 충격에 빠졌다. 변호사 대로는 "무죄" 주장을 철회하고 대신 맥나마라 형제의 자백서를 제출했다. 제임스의 말이었다. "건물을 부수거나 소유주들에게 겁을 주려고 한 일은 아니었습니다. 또 누구의 목숨도 빼앗을 생각은 없었습니다." 쥐죽은 듯 조용해진 법정에서 기자 한 사람이 불쑥 내뱉었다. "맙소사, 이거 너무 심하잖아!"[26] 그전 14개월간 소동을 일으켰던 이 사건의 결말은 특히 노동운동에 심각하게 나타났다. 사회주의자 후보는 선거에서 패배했다. 곰퍼스는 공석에서 눈물을 흘렸다.[27] 맥나마라 형제는 샌 퀜틴 감옥으로 보내졌다. 이런 일이 있고 나서 불과 7주 만에 로렌스시에서 다이너마이트가 발견되었으니, 미국 노사쟁의에 관심을 둔 신문, 경찰, 시민 누구든 이것이 로렌스시의 공장들을 날려버리려는 노동자들의 엄청난 음모의 일부임을 털끝만큼도 의심하지 않았다. 에터는 동의하지 않았으며 토요일 오후 파업 노동자들에게 말했다. "자기가 심어놓은 것은 누구든 쉽게 찾아냅니다. 다이너마이트도 며칠 전에 저들이 심어놓았으니 간단히 찾아낼 수 있었던 거지요. 나는 지금까지 별의별 속임수를 다 보았지만, 이런 종류의 속임수가 먹히는 것은 처음 봅니다."[28] 하지만 에터의 주장은 근거가 없었고, 압도적인 여론과 언론 공세에 힘없이 떠밀려 갈 수밖에 없었다. 에터의 말은 맥나마라 사건 내내 노동 쪽에서 엄숙하게 내밀던 프레임이 아니었던가?[29]

　1월 21일 일요일에도 도시는 공포에 붙들려 있었지만, 이 사건에 큰 흥미를 느낀 방문객 수천 명이 로렌스시로 몰려들었다. 일요일을 맞아 나들이에 나선 이들이 로웰, 헤이버힐, 보스턴 등지에서 기차를 타고 철도 차량 기지의 우뚝 솟은 종탑 앞에서 하차해 에식스 스트리트를 따라 도시 구경에 나섰다. 그리하여 신문에서 본 장면들, 열정적인 파업 노동자들이 여러 강당에서 목소리를 높이는 모습, 군모를 쓴 병사들이 도열한 장면, 그리고 봉건 시대의 군대가 지키는 성채와 같은 공장들의 모습 등을 보러 다녔다. 이미 공공 여론은 두 쪽으로 갈라지기 시작했다. 당시에는 일요일 하루만 쉬었기에 이 금쪽같은 휴일을 이용해 로렌스시를 방문한 노동자들에게는 이 도시가 미래의 꿈처럼 보였다. 즉 노동자들이 들고 일어나 하나의 횃불이 된다! 이 파업이 승리하기를! 어디서 왔든 노동자들은 한결같은 마음으로 빌었다. 하지만 빅토리아식 보수주의자들, 깃털 모자를 쓴 여성들, 일요일이라고 양복을 차려입은 남자들은 로렌스시를 최악의 악몽 같은 도시라고 보았다. 포위당한 도시, 군대가 동원되어 폭도들을 간신히 누르고 있는 도시, 혁명을 설파하는 급진주의자들이 미래를 위협하는 도시. 로렌스시가 이들 손에 무너지면, 다음은 어디일 것인가?

그날 아침, 로렌스시 성직자들은 파업에 대해 좀 더 많은 고민을 담은 설교를 내놓았다. 단상에서 울리는 설교 말씀은 성경 해석의 가짓수만큼이나 다양했다. 침례교 목사는 "무슨 희생을 치르더라도 법과 질서"를 회복해야 한다고 말했다.[30] 장로교 전도사는 평화를 위해 기도했으며, 많은 목사는 교구 성도들에게 사악한 IWW에 속지 말라고 당부했다. 파업 노동자들 편에 선 성직자는 소수에 불과했다. 유니테리언 교파의 목사는 마태복음 10장 10절의 "일꾼이 자기 먹을 것을 받는 것은 당연하다"라는 말씀을 들어서 자본가와 노동자가 벌이는 전쟁을 비난하고, "우리 모두가 산업민주주의라는 큰 문제에 대한 해답을 찾아야 하는 때입니다"라는 결론을 내렸다.[31] 성 로사리오 성당에서 대머리에 안경을 낀 밀라니스 신부는 윌리엄 우드가 자신에게 보낸 편지를 공개했다. 파업 노동자들은 일단 일터로 돌아간 다음 경제가 회복된 뒤에 임금 인상을 기대해야 한다는 내용이었다.[32] 밀라니스 신부는 우드의 조언을 거부하고 노동자들에게 굳건히 버티라고 촉구했으며, 신도들에게 헌금함을 돌리면서 파업 기금을 모았다.[33] 회중파 교회 목사인 로버트 비어스는 공장주들이 자신들이 "형제들을 지키는 자들"이라는 사실을 망각했다고 비난했고,[34] 시리아 성직자인 바실 나하스 신부는 교구의 노동자들에게 모든 요구 조건이 관철될 때까지 파업을 계속하라고 말했다.[35] 한편 주 정부 병기창에 모인 민병대원들도 예배에 참석했으며, 이 "유쾌하지 못한" 임무를 수행하는 동안에도 군기를 유지하라는 권면을 받았다.[36] 로렌스시에서 가장 영향력이 강한 성직자인 오라일리 신부는 여전히 플로리다에서 휴가를 즐겼으며, 신도들에게 아무런 조언도 보내지 않고 있었다.

새로운 주가 시작되었고, 시장과 임시 시민위원회는 로렌스시와 보스턴을 바삐 왔다 갔다 하며 합의를 보려고 애썼다. 일요일에 공장주들이 공장별로 직원들을 만날 수 있다고 발언하여 분위기가 크게 고무되었지만,[37] 파업위원회는 그러한 각개격파식 접근을 즉각 거부했다.[38] "투쟁은 계속된다. IWW와 연대하여 함께 싸웁시다"라는 피켓 아래 더 긴 대열이 형성되었다.[39] 양쪽 지도자들 모두 대화를 거부했고, 도시 공무원들은 더욱 절박해 보였다. 하지만 파업 노동자들은 마치 깊은 잠에서 깨어나 일찍 출근할 필요도 없는 사람처럼 행동했다. 이들의 회의는 아메리칸 모직 본사에서 열리던 회의처럼 제시간에 시작되어 오전 내내 계속되었다. 남자들은 계속해서 잡담을 했고 여자들은 아이들을 옆에 앉혀두고 최근 소식과 소문에 귀를 기울이며 참을성 있게 앉아 있었다. 파업위원회는 빌리 우드에게 보내는 도전적인 편지의 초안을 작성했고, '땜빵'들 이름과 사진이 실린 소책자를 만들기로 투표로 결의했다.[40] 더불어 파업 기금이 꾸준히 늘어나고 있다는 사실도 기록했다. 로렌스시 바깥에서 돈이 들어오기 시작했다. 알링턴에 사는 한 여성이 50달러 수표를 보내왔다.[41] 헤이버힐의 제화 노동자들이 100달러를 보내왔고, 얼마 후 또 700달러를 보냈다.[42] 로렌스 시민들은 현물을 기부했다. 폴란드 제빵업자들은 할인 가격에 빵을 팔겠다고 했으며, 폴란드 이발사들은 '땡빵'에게는 면도를 해주지 않을 것이라고 말했다. 아르메니아인들은 자기들 하숙집에 머무는 아르메니아 파업 노동자들에게 무료로 음식을 제공했다.[43] 그리고 1월 23일 화요일에는 프랑스-벨기에 홀에서 수프 주방이 최초로 문을 열었다.

삐걱거리는 창고 같은 홀에 긴 탁자 세 개가 놓였고, 아침과 오후, 하루에 두 번 식사가 제공되어[44] 홀은 주린 사람들로 가득했다. 여자들은 뒤쪽에서 요리를 했고, 남자들은 김이 모락모락 나는 수프 그릇, 블랙커피가 담긴 유리잔, 두껍게 자른 호밀 빵 등을 탁자로 날랐다. 난방 기구라고 해봐야 부엌 스토브뿐인 공동주택에서 떨다가 온 어른들과 아이들은 여기에서 영양분뿐만 아니라 온기도 들이켰다. 어른들은 서로 소식을 주고받았고 아이들은 여위고 더러운 얼굴을[45] 수프 접시에 박고 꿀꺽꿀꺽 마셔댄 후에 더 달라고 하는 등 시끌벅적했다. 소설 『올리버 트위스트』와는 달리, 어른들은 아이들에게 수프를 더 주었다. "먹고 싶어 하는 만큼 먹여라", 이것이 주방의 비공식 구호였다. 홀을 가로질러 어린이들이 길게 줄을 서 있었다. 이 아이들은 수프를 집에 가져가려고 저녁 도시락 통을 들고 김이 피어오르는 수프 그릇들을 바라보고 있었다.[46] 이 수프 주방은 하루에 4000여 끼의 식사를 제공했는데,[47] 로렌스 시에서 프랑스계 벨기에인들이 오랫동안 운영해온 협동조합에서 만든 것이었다.[48] 이는 금세 하나의 모델이 되어 다른 민족 집단들의 이웃들도 비슷한 구호 활동에 나서 각각 몇 천 명이 넘는 사람을 먹였다.[49] 파업 자체와 마찬가지로 이 수프 주방 또한 사람들 사이의 장벽을 무너뜨렸다. 한 남자가 회상했다. "처음에는 감히 갈 생각을 못했어요. 저는 정교회*를 믿는 집안 출신인데 그건 이교도들의 음식이니까요. 첫날 제가 벨기에인 기관에서 운영하는 수프 주방에 갔을 때 받은 음식은 햄 샌드위치였어요. 사실 그전에는 햄은 입에도 댄 적이 없었죠. 게다가 프랑크 소세지까지 하나 받아 먹었습니다. 제가 집으로 돌아오니 엄마가 말했어요. '여기 빵이랑 차가 있으니 먹어라.' 제가 말했죠. '나 벌써 밥 먹었어요, 엄마.' '어디서 먹었니?' '수프 주방에서요.' 엄마는 바로 나를 끌고 가서 코셔 비누와 물로 제 입을 씻어내고서 다시는 거기 가지 말라고 했습니다. 하지만 저는 배가 고팠기 때문에 아이들과 함께 계속 거기에 갔죠."50

아이들에게 밥을 먹이는 한편, 노동자들은 계속 행진을 했고 노래를 부르기 시작했다. 피켓라인에서도, 행진 대열에서도, 심지어 회의 도중에도 노래를 했다. 한 베테랑 기자는 이렇게 썼다. "내 생전에 노랫소리가 나오는 파업은 처음 보았다. 사람들이 노래라는 만국 공통어로 하나가 될 때 여러 민족이 서로 섞이면서 피어오르던 기묘한 불꽃을 나는 결코 잊지 못할 것이다." IWW는 노동자들에게 노래 책을 배부했다. 여기에는 〈8시간 노동의 노래〉〈노동의 깃발〉〈노동자여, 저들이 우리를 지배하게 둘 것인가?〉 같은 노래들이 수록돼 있었다.51 노동자들은 스스로 노래를 만들기도 했다. 그중에는 〈맘 편한 여름〉을 개사한 곡도 있었다.

맘 편한 피켓라인에서, 맘 편한 피켓라인에서
여기저기에서 모인, 거의 모든 지역에서 모인 노동자들

*   세계에서 두 번째로 큰 기독교 교단으로 그리스와 러시아, 동유럽, 캅카스 일대에 2억 5000만 명의 신자가 있다.

그리스인과 폴란드인은 씩씩하게 버티고 독일인도 항상 보인다네
하지만 아일랜드인이 좀 더 오면 좋겠네, 맘 편한 피켓라인으로.[52]

대열을 이룬 노동자들은 에터의 엄중한 명령에 따라서 공단에는 접근하지 않았지만, 이따금씩 민병대가 눈에 띄면 "우-우!" 하고 외치고 웃고 농담하며 행진을 계속했다.[53] 하지만 행진 대열 너머 시민들은 안절부절못했으며, 다이너마이트로 인한 공포로 수군거리고 있었다. 정말로 맥나마라식 음모가 로렌스시에도 도사리고 있는 것일까? 공장 건물이나 시청 건물이 언제라도 폭파될 수 있지 않을까? 경찰들은 용의자들을 신문했지만 그들에게 끌어낸 이야기로는 무슨 결론을 내릴 수가 없었다. 특히 황당한 것은 주모자로 지목된 시리아인 양복업자의 룸메이트인 두 아르메니아인의 증언이었다. 다이너마이트가 발견되기 전날 밤 10시 30분, 데이비드 라샤드는 문을 두드리는 소리에 잠이 깼다. 문을 열자 낯선 남자가 꾸러미를 가져왔다. 라샤드는 영어를 거의 못했지만 낯선 이가 오크 스트리트 292번지에 사는 사람들 이름을 전혀 모른다는 것은 알 수 있었다. 낯선 이는 이 꾸러미가 "이 집에 사는 사람"에게 가는 거라고 말했다. 라샤드는 꾸러미를 탁자에 올려놓고 다시 잠이 들었다. 30분 후 룸메이트가 집으로 왔다. 조지프 아세프가 꾸러미를 열어보니 "소시지 혹은 양초" 같은 막대기들이 나왔다. 아세프가 경찰에게 말했다. "저는 그중 하나에 불을 붙여보려고 성냥까지 꺼내려고 했다니까요." 다음 날 아침 아세프는 막대기들을 가지고 커피 하우스에 가서 친구에게 이게 뭐냐고 물었다가 다이너마이트라는 답을 들었다. 이웃의 약국 주인은 즉시 경찰을 부르라고 말했다. 집으로 돌아온 아세프는 다이너마이트를 벽장에 넣고 점심 식사 후에 경찰서에 가져가려고 했지만, "경찰들이 찾아와서 제 수고를 덜어주었다"고 했다. 믿기 힘

든 이야기였지만, 경찰이 약국 주인을 신문하자 아주 세부적인 사항까지 사실로 입증되었다. 경찰은 다음으로 구두닦이 우르바노 다프라토를 신문했다. 콧수염을 기른 마른 체형의 다프라토는 토요일 아침 낯선 사람이 꾸러미 하나를 들고 자기 가게를 찾아왔다고 했다. 상대는 검은색 중산모를 쓴 땅땅한 체구의 아일랜드인으로 "영어를 잘했다".[54] 다프라토는 꾸러미 내용물이 구두라고 생각했으므로 "구두 닦는 데 5센트"라고 쓰인 진열창[55] 문구 아래쪽에 물건을 놓아두었다.[56] 경찰은 바로 그 장소에서 잡지에 싸여 있는 꾸러미를 찾아냈다.

  이러한 이야기들이 퍼지면서, 어떤 사람들은 수사관들이 처음에 뒤진 교회 공동묘지에서는 아무것도 찾지 못했는데 어떻게 세 번째 다이너마이트의 은닉처를 정확히 지목한 지도를 들고 나타났는지를 의심스러워했다.[57] 모래톱 위에. 덤불 뒤에. 종이에 싸인 채.[58] 일요일 저녁에는 꾸러미를 든 낯선 사람이 오크 스트리트의 또 다른 집 문을 두드렸다. 한 시리아 여인이 문을 열고 나왔다. 이 불청객은 문제의 꾸러미가 당신의 시동생 것이라고 했다. 하지만 여자는 라샤드의 이야기를 이미 들었으므로 비명을 질렀고 낯선 이는 도망가 버렸다. 이 이야기를 들은 "집주인"이 경찰에 알렸으며 경찰은 이미 의심이 깊어지고 있는 상태였다.[59] 1월 22일 월요일 아침 마호니 판사는 다이너마이트 사건의 심의를 금요일로 연기했다. 도시의 부보안관이 수사를 더 할 필요가 있다고 판단하여 연기를 요청한 것이다. "경찰이 볼 때 석연치 않은 부분들이 있습니다."[60] 한편 판사는 "이 도시에서 다이너마이트를 숨겼다는 혐의로 체포된 남녀가 어떤 음모의 희생자들이며, 이 도시에 퍼진 공포 분위기를 계속 유지하려는 인사들에게 속은 것임을 보여주는 정황들"이 있다고 말했다.[61] 하지만 그가 말하는 "인사들"이란 누구인가? 다른 파업 노동자들인가? 보스턴의 아나키스트들인가? 서부에서 온 워블리들인가?

시 정부와 시민들은 평정을 찾으려고 애썼다. 하지만 길거리에 군대가 출동해 있고 공장주들이 출근하는 노동자들에게 총기 소지 허가증을 얻어다 주는 상황에서[62] 심리적 공황이 진정될 턱이 없었다. 다들 절망의 늪으로 빠져들 뿐이었다. 날씨는 풀릴 기미가 보이지 않았다. 월요일과 화요일에는 더 많은 눈이 내렸다. 공단 전체에 걸쳐 맨 얼굴을 드러낸 민병대원들이 추워서 발을 동동 굴렀고 추운 날씨, 적고 부실한 배식, 지겨운 임무를 두고 불평하고 있었다. 이들은 사기를 유지하려 기를 쓰면서 매일 밤 지그 댄스를 추었고, 피아노 근처에 모여 노래를 불렀으며,[63] 으스스한 소리가 울려 퍼지는 공장에서 상대도 없이 권투 시합을 하는 시늉을 했다.[64] 에식스 스트리트에서는 빵빵거리는 자동차들과 말들이 자리를 잡으려고 실랑이를 벌였고, 여자들은 숄을 두르고 아이를 업은 채 뿌연 하늘 아래를 터덜거리며 걸어갔다.[65] 도시 밖에서 온 사람이라면 로렌스시 아이들이 오버코트는 고사하고 스웨터도 별로 없어서 이 매서운 추위에 얼굴과 손이 시퍼레진 모습을 보았을 터였다.[66]

매일 아침, 시비를 걸고 야유를 퍼붓는 파업 노동자들의 피켓라인을 넘어 노동자 수천 명이 공장으로 들어갔으며, 공장은 직원의 3분의 2가 사라진 상태라 제대로 가동될 수가 없었다.[67] 굴뚝에서는 검은 연기가 여전히 피어올랐고, 피켓라인에서는 몇몇 공장 창문에서 사람이 움직이는 모습이 흐릿하게 보였다. 하지만 훨씬 더 많은 창문들이 어두웠고, 깨져 있었으며, 아무것도 보이지 않아 안에서 무슨 일이 벌어지는지를 알 길이 없었다. 지쳐버린 공동주택 지구 사람들은 쥐새끼들처럼 수천 명씩 모여서 무언가 진전의 조짐이 보이지 않을까 고대하며 목을 빼고 있었다. 행진 대열은 신이 났고 수프 주방들이 돌아가고 있었으며 집회는 항상 열렸지만, 그래도 지루한 시간은 한없이 남아돌았다. 뼛속까지 스며드는 추위에 시달리는 시간. 징징대는 아이들과 씨름해야 하는 시간. 다 접어버리고 그냥 일터로 돌아가고 싶은 유혹과 싸우는 시간. 매일 새벽부터 황혼까지 공장 안에서 보내던 이들은 새벽부터 황혼까지 공장 밖에서 보내는 일이 이토록 사람을 지치게 할 줄은 상상도 하지 못했다.

여자들은 둘째 직업인 아이들 돌보기로 바빴지만, **무언가** 할 일을 찾아야 하는 남자들은 다른 곳을 헤매 다녔다. 월요일에는 로렌스 얼음 회사에서 메리맥강의 얼음을 덩어리로 잘라내는 일을 할 사람을 찾는 광고를 냈다. 당시는 냉장고가 발명되기 전이라, 얼어붙은 강에서 잘라낸 13킬로그램 무게의 얼음을 마차에 실어놓고 10센트에 팔았다.[68] 얼음을 잘라내는 일은 춥고 힘이 들었지만, 이 구인 광고에 거의 1000명이 몰려들었고, 800명을 돌려보내야 했다.[69] 파업 노동자들 수십 명이 인근의 로웰시로 기차를 타고 가서 일자리를 구했지만, "떠돌이들floaters"은 필요치 않다는 소리만 듣고 말았다.[70] 파업이 둘째 주 주말에 이르자 흉측한 이야기들이 매일 날아들었다. 어느 파업 노동자가 총검에 팔이 찔렸다든가,[71] 땜빵 하나가 칼침을 맞았다든가, 심지어 불의의 사고로 말 한 마리가 칼에 찔렸다든가 하는 이야기들이었다. 이 파업이 끝나면 로렌스시는 어떤 모습으로 바뀔까? 가족들마다 우르르 부엌에 모여들어 실로 힘든 질문들을 주고받았다. 아예 미국 생활을 접고 고국으로 돌아가야 하는 게 아닐까? 굶주림을 무릅쓰고 굳건히 버틴다고 하지만, 파업이 깨지면 보복이나 해고를 당하는 게 아닐까? 젊은 노동자들은 IWW의 전단지나 에터의 연설에 나오는 주장을 되풀이했다가 노인들에게 꾸중을 들었다. 사회주의는 유럽에는 맞을지 몰라도, 여기는 구대륙이 아니라 미국이다. 미국은 모두에게 더 나은 삶을 그리고 개인의 자유를 약속하지 않았는가?

여러 사안을 놓고 논쟁이 진행되는 가운데, 무어라 규정할 수 없는 특별한 회복력과 재생력이 생겨나면서 파업에 더욱더 힘이 실렸다. 이제 미국을 떠나 돌아가려는 사람은 아무도 없었다. 여기까지 왔다. 정든 나라와 문화를 떠나, 대서양을 건너, 엘리스섬에서 가축 떼 취급을 받고, 일자리를 잡고, 일을 배우고, 힘든 일을 참고, 새로운 삶을 시작하려고 여기까지 왔다. 고국에서 폭력 사건에 연루되었거나 여러 이유로 박해를 받아 미국까지 온 이들은 돌아가고 싶어도 돌아갈 수도 없었다. 하지만 나머지 사람들은 미국을 떠나려 하지 않았다. 여기까지 왔는데 이제 와서 패배하고 죽을상을 하고서 돌아갈 수는 없는 일이다. 이들은 자기 자리에서 발판을 더욱 탄탄하게 다졌고, 파업에도 정서적 감정적 열기가 더해졌다. 하루 동안에도 분위기는 기쁨에서 분노로 또 공포로 계속 바뀌었고, 축하로 시작하여 배반으로 끝나는 날들이 이어졌다.

1월 24일 수요일 오전 9시, 철도 차량 기지에 군중이 모이기 시작했다. 하루에도 로렌스시를 통과하는 객차는 100대가 넘지만,[72] 이 군중은 가족이나 친구를 기다리는 것이 아니었다. 이들이 기다리는 대상은 하나의 전설이었다. 11시 30분이 되면 손에 성조기를 들고 흔드는 사람이 1만 명을 헤아리게 된다.[73] 한 젊은 여성은 성조기를 휘두르는 것으로는 성에 차지 않아 아예 모자와 숄까지 성조기로 두르고 신문사 사진기자들 앞에서 수줍게 포즈를 취했다.[74] 마침내 정오가 되기 직전, 또 다른 열차가 증기를 뿜으며 역으로 들어왔다. 플랫폼에 드디어 익숙한 얼굴, 통통하고 무뚝뚝하고 눈을 가늘게 뜬 얼굴이 나타났다. 윌리엄 더들리 헤이우드가 로렌스시에 도착한 것이다. 그러자 엄청난 환호 소리가 종탑에 부딪혀 사방으로 울려 퍼졌다.

'빅 빌'은 유명한 카우보이모자 대신 중산모를 쓰고 나타나 많은 이들이 의아했을 것이다. 사실은 별명만큼 덩치가 크지도 않았다. 신문에서는 "180센티미터가 훨씬 넘는다"고 했으며 심지어 "2미터 10센티미터에 가깝다"고 했지만,[75] 헤이우드의 실제 키는 180센티미터였다. 하지만 체중은 약 110킬로미터나 나갔으며,[76] 허리둘레가 엄청나서 그에게 "빅 빌"이라는 별명을 안겨준 것이었다.[77] 하지만 헤이우드의 별명은 그가 살아온 인생에도 적용되는 이름이었다. 로렌스시를 방문했을 때 '빅 빌'은 남북전쟁 이후의 미국에서 가장 파란만장한 인생을 살아온 사람이라고 할 만했다. 그는 광부, 카우보이, 농장주였다. 네바다에서는 금광을 찾아 헤매었고 콜로라도의 술집에서 도박으로 상당한 재산을 따고 또 잃기도 했다. 살인 혐의로 재판을 받았으나 무죄로 풀려났고, 길거리 패싸움에서 한 탐정에게 총을 쏜 뒤에도 풀려났다. 또 병에 걸린, 네바다 제인이라 불리는 아내를 당나귀에 태워 약 220킬로미터에 이르는 사막을 가로질러 자연치료를 하는 진흙 목욕장으로 데려가 류머티즘을 치료했다. 네바다 제인이 고립된 오두막에서 둘째 아이를 낳았을 때 헤이우드는 미친 듯이 의학책을 뒤져 산파 노릇을 하여 딸을 받아냈고 탯줄을 끊고 묶는 일까지 해냈다. 훗날 노동운동 지도자가 된, 이 외눈박이 길거리 싸움꾼은 런던에서는 조지 버나드 쇼에게, 코펜하겐에서는 블라디미르 일리치 울리야노프(아직 세상이 그를 '레닌'이라 부르며 두려워하기 전이다)에게 환대를 받았다. 생가죽처럼 질기고, 좋은 버번위스키처럼 잘 익은 헤이우드는 셰익스피어를 암송하는가 하면 여가 시간에는 체스를 두기도 하는 인물이었다. 태평양 해안에서 대서양 해안에 이르기까지, 노동자들에게 빅 빌이라는 인물은 단순한 지도자가 아니었다. 그는 유진 뎁스가 부른 대로 "노동자의 링컨"이었다.[78] 공장 보스, 공장주, 경찰에게는 다이너마이트만큼이나 위험한 존재였고.

당대 가장 유명한 반란자였던 헤이우드는 사실 가장 미국적인 환경의 산물이었다. 헤이우드는 파업 투쟁에 휘말린 노사 양측을 통틀어 이민자가 아닌, 혹은 이민자의 자식이 아닌 유일한 지도자였다. 그는 솔트레이크시티의 한 흙벽돌집에서 태어났다.[79] 때는 1869년 대륙횡단철도가 완성되기 불과 몇 달 전이었다. 어머니는 포장마차를 타고 서부로 간 여성이었다.[80] 아버지는 포니 익스프레스의 우편배달부*였지만, 헤이우드가 기억하는 아버지의 모습은 단 하나뿐이었다. 세 살 때, 광부 일을 하던 아버지가 사탕과 함께 처음으로 바지를 사주고 어깨에 목말을 태워준 것이었다. 헤이우드의 아버지는 광산으로 돌아간 직후 폐렴으로 사망했다. 어머니가 그를 아버지의 무덤으로 데려갔을 때 소년은 무덤에 엎드려 흙을 끌어안았다. 나중에 헤이우드는 이때를 회상했다.[81] "나는 할 수 있는 만큼 깊이 흙을 파내려 갔지요." 어머니가 재혼을 하자 가족은 광산촌으로 이주했으며, 여기에서 빌은 총싸움, 다이너마이트 폭발, 린치 등을 두 눈으로 목격하며 자랐다. "이러한 피비린내 나는 폭력의 현장이 내가 일곱 살 때부터 펼쳐졌습니다. 나는 이 모든 것을 자연스러운 삶의 일부로 받아들이며 살았지요."[82] 그는 아홉 살 때 칼로 새총을 깎다가 잘못해서 오른쪽 눈을 찌르고 말았다. 의사들은 그를 며칠 동안 어두운 방에 가두어놓았지만, 아무 소용이 없었다.[83] 보이지 않게 된 눈이 빠지지도 않고 여전히 제자리에 박혀 있어 표정과 눈길이 무서워지고 말았다. 그래서 사진 촬영을 할 때는 옆모습만 찍어 이를 감추었다.[84]

헤이우드는 열두 살 때 학교를 그만두고 농장으로 일하러 갔다가 첫 번째 파업을 경험하게 된다. 어느 날 쟁기질을 하다가 쥐 굴을 구경하

---

* 서부에서 금이 발견되자 수천 명의 탐광꾼, 투자자, 기업가들이 캘리포니아에 몰려들었고 우편 서비스 수요가 폭증했다. 이에 대응하여 미주리주 세인트조지프에서 새크라멘토까지 우편물을 배달하는 회사가 등장하여 동부에서 서부까지 18개월이 걸리던 우편배달 기간을 10일로 단축했다. 미숙련 노동자 일당이 1달러 이하이던 시절 포니 익스프레스 우편배달부는 주급 25달러를 받았을 만큼 임금은 높았지만, 슬퍼해줄 사람 하나 없는 고아가 선호될 만큼 매일 목숨을 걸어야 하는 위험한 직업이었다.

느라고 일을 멈추었다. 일은 않고 쭈그리고 앉아 있는 소년을 본 보스가 채찍으로 그를 내리쳤다. 헤이우드는 소지품을 챙겨서 집으로 돌아갔지만, 그를 쫓아온 보스는 어머니에게 당신 아들이 여전히 계약 관계에 있다는 것을 잊지 말라고 했다.[85] 헤이우드는 달갑지 않아 하며 일터로 돌아갔지만 6개월 후에는 농장을 떠나 유타주와 네바다주를 쏘다니며 은 광산과 납 광산에서 일했다. 수많은 광부들처럼 광산에서 일을 하다가 일찍 죽거나 사고로 죽을 수도 있었지만 살아남았고, 1886년 시카고에서 일어난 폭탄 투척 사건을 다룬 신문 기사를 읽고는 현존 질서에 의문을 품기 시작했다. 헤이우드는 네바다주의 광산촌에서 시카고의 헤이마켓 사건에 대해 열심히 알아보았던 것이다. 그는 훗날 회상했다. "나는 마음속으로 이 폭발 사건의 원인을 헤아려보려고 했습니다. 과연 파업 노동자들이 그런 일을 저질렀을까요? 그들을 대변한다는 이들이 그랬을까요? 헤이마켓 광장에 경찰들은 왜 있었던 걸까요? 폭탄은 누가 던졌을까요? …… 그렇게 서둘러 범인들을 지목하고 아나키스트라는 딱지를 붙여 교수형을 집행한 자들은 누구였을까요?" 헤이우드는 이렇게 결론을 내린다. 그 사건은 "내 인생의 전환점"이었다고.[86]

하지만 인생을 전환하기 전에 먼저 헤이우드는 자신과 아내를 위해 생계를 꾸리는 데 10년을 바쳐야 했다. 하는 일마다 실패했다. 버려진 연방 군대의 요새에 농장을 일구려고 해보았지만, 땅이 새로운 인디언 보호구역의 일부가 되어버리는 바람에 땅을 모두 잃었다.[87] 아내가 딸을 낳은 뒤 몸져누웠으므로 헤이우드는 사정이 더 절박해졌다. 1893년 공황(이는 1930년대 이전에 미국 최악의 공황이었다)의 와중에 그는 사돈 집안사람들과 함께 가족을 떠나서 캘리포니아로 갔다. 광산촌과 철도 야적장 등을 어슬렁거려보았지만 일자리를 찾지 못했다. 그는 "콕시 군단"에 합류했다. 이는 기차를 타고 수도 워싱턴으로 가서 일자리를 달라고 행진하려는 실업자들 무리였다. 하지만 헤이우드는 네바다주에서 기차를 내려 위너무카에 있는 가족들에게 돌아간다. 여기에서 풀먼 파업에 대한 기사를 읽었을 뿐만 아니라 노조의 힘을 직접 체험하게 된다. 지역의 철도 노동자들이 시카고로 향하는 농산물 열차의 운행을 거부하자 이 열차는 위너무카에 그대로 머물러 있게 되었다. 굶주린 사람들은 열차에 실린 오렌지를 비롯한 농산물을 마음껏 먹어치웠다. 헤이우드는 풀먼 파업을 "먹구름을 뚫고 하늘에서 내려온 한 줄기 빛"으로 보았다.[88] 만약 모든 노동자가 일치단결해 단일한 거대 노조를 결성하다면, 광산, 공장은 물론이고 나라 전체를 멈추어버릴 수 있을 것이다. 또한 제대로 된 임금과 더 적은 노동시간을 얻어내기 전까지는 일을 하지 않겠다고 선언할 수도 있을 터였다. 심지어 생산수단을 가져와 손수 만들어낸 모든 제품을 소유할 수도 있을 것이다. 하지만 이런 꿈은 헤이우드가 짊어진 일의 무게를 줄여야 꿀 수 있었다.

네바다 제인은 아무것도 못하고 침상에 누워 있었는지라, 헤이우드는 하루 종일 소떼를 몰거나 광석을 캐야 했고 더불어 가사노동과 아이 돌봄까지 도맡아야 했다. 그는 열심히 일할수록 점차 세상에 쓰라린 감정을 품게 되었다. 파업하는 광부들이 곤봉에 맞고, 총을 맞고, 심지어 "소를 가두는 울타리"에[89] 갇혀 숨져가는 모습을 보면서 "자본가 계급"을 혐오하게 되었다. 그는 훗날 말했다. "자본가들은 마음이 없습니다. 하지만 그놈들 지갑에 작살을 꽂으면 피를 뽑을 수 있지요."[90] 1896년 헤이우드는 당시 막 생겨난 서부광부연맹에 가입하여 계속 승진해나간다. 1901년에 이르면 체스로 단련된 전략적 사고방식 덕분에 서부광부연맹의 2인자가 된다. 그는 가족을 덴버로 데려갔으며,[91] 여기에서 거대한 체구와 평판으로 광산주들과 그들이 고용한 깡패들의 표적이 되었다. 헤이우드는 성격이 다혈질이라 문제를 일으킬 때가 많았지만, 수많은 주먹

싸움에서 결코 진 적이 없었다. 한번은 덴버의 유니언 역에서 어느 광산주를 알아보고 주먹을 날렸다. 하지만 헤이우드는 여러 사람에게 두들겨 맞고 뻗어버렸으며, 일어나자 사방에서 총을 겨눈 자들에게 둘러싸이고 말았다. "댕겨, 이 개새끼들아, 댕겨!" 그는 소리쳤다. 피투성이가 되어 비틀거리는 헤이우드를 경찰들이 유치장에 집어넣었지만 그는 다시 부보안관 두 명을 때려눕혔다가 기절할 때까지 두들겨 맞았다.[92]

또 언젠가는 동료 조직가들과 함께 술집을 나와서 부보안관들과 맞닥뜨렸다. 서로 험악한 말들을 교환하다가 마침내 주먹을 주고받게 되었다. 헤이우드는 권총 손잡이로 두들겨 맞고 무릎을 꿇었지만, 이내 자기 총을 꺼내 발사했다. 그는 살인 미수 혐의로 잡혀 들어갔지만 희생자가 건강을 회복했고 또 경찰이 이를 정당방위로 인정하여 풀려났다.[93] 몇 년 후 그는 IWW 제1차 총회에서 허술한 널빤지를 두드리며 "질서"를 외치고 발언을 하게 되지만, 그런 후부터 악운이 겹치게 된다.

"빅 빌"이라는 이름은 광산촌과 IWW 회합에서나 알려져 있었다. 하지만 1907년, 헤이우드는 아이다호주의 전직 주지사를 살해한 혐의로 재판을 받게 된다. 1905년 12월 30일 주지사 프랭크 스튜넨버그가 폭탄에 살해당한 사건에서, 검사들은 헤이우드가 직접 폭탄을 설치했다고 주장하지는 않았다.[94] 해리 오처드라는 뜨내기가 면책특권과 안락한 감방을 제공받자 자기가 주지사를 살해했으며 더 심한 행위를 사주받았다고 자백한 것이다. 누가 그를 고용했을까? 오처드는 헤이우드와 서부광부연맹 관계자 두 명을 지목하면서, 주지사가 광부들 파업을 잔인하게 짓밟아 이에 대한 보복으로 살인을 계획한 거라고 주장했다. 헤이우드는 덴버주에서 체포되어 수감되었고 범죄인 인도 심리도 없이 밀폐된 기차 객실에 실려 보이즈 감옥으로 이송되었다. 철창 안에서 그는 톨스토이, 도스토옙스키, 마르크스 등의 저서를 읽었고,[95] 타오르는 계급

전쟁에 점점 더 관심을 기울이게 된 미국인들 모두가 헤이우드라는 이름을 알게 되었다. 헤이우드가 "납치"되자[96] 법적인 분쟁이 일어났고 사건은 결국 미국 대법원으로 갔다. 한 사람만이 반대하는 가운데, 대법원 판사들은 경찰이 헤이우드를 "조급하고 생각 없이 체포"했지만 헌법을 위반하진 않았다고 판결했다.[97] 결국 헤이우드는 재판을 받아야 했다. 5월 1일 노동절이 되자 수만 명이 행진하면서 노래했다. "모이어, 헤이우드, 페티본이 죽어야 하나? 여기 6만 노동자들이 왜 그래야 하는지를 묻는다."[98] 그리고 루스벨트 대통령이 헤이우드를 "바람직하지 못한 시민"이라고 부르자 행진에 참여한 이들은 자기들도 바람직하지 못한 시민들이라고 적힌 버튼을 착용했다.[99]

재판은 1907년 5월 9일에 시작되었다. 헤이우드의 변호사는 클래런스 대로였으니, 당대의 유명한 사건은 모두 대로가 맡는 것처럼 보였다. 농부들 그리고 전직 농부들로 짜인 배심원단이 착석하자[100] 오처드는 자신의 이야기를 시작했다. 대로는 훗날 "참 대단한 이야기였다"고 회상한다.[101] 오처드는 헤이우드의 사주로 자신이 저지른 폭탄 테러 행위들의 목록을 죽 읊어댔다. 자기가 정확히 얼마를 받았는지도 이야기했으며, 마지막으로 스튜넨버그 주지사를 살해하는 데에는 240달러를 받았다고 말했다. 하지만 오처드의 이야기를 뒷받침해줄 수 있는 사람은 아무도 없었다. 또 다른 뜨내기 하나가 암살을 모의하는 자리에 자기도 있었다고 자백했지만, 나중에 이를 취소하고 아예 재판에는 나타나지도 않았다.[102] 오처드의 증언은 아무런 증거도 없이 법정에 제출되었지만 그가 사건을 놀랄 만큼 명확히 기억하고 자신 있게 진술했기 때문에 거의 모든 사람이 헤이우드가 유죄판결을 받으리라 확신했다.

대로는 열한 시간에 걸친 최종 변론에서[103] 헤이우드라는 인물을 몇 문장으로 요약한다. 대로는 배심원들에게 말했다. "저는 이 사람이 천사라고 주장하는 게 아닙니다. 서부광부연맹은 천사들을 고용할 여력이 없습니다. 광산주협회, 핑커턴 용역 경비 회사, 엄청난 부와 권력을 손에 쥔 이들과 싸우는 판인데, 천사를 고용해서 무얼 어쩌겠습니까? 말도 안 되는 일이죠. 싸움꾼의 몸과 용기로 무장하고, 절대적 헌신과 가난하고 힘없는 사람들에 대한 사랑으로 가득하고, 불공평을 싫어하고, 특히 힘 있는 이들이 불공평하게 구는 처사를 미워하는 사람들 중에서도 가장 뛰어난 인물을 고용해야만 합니다."[104] 배심원들은 스물한 시간에 걸쳐 심의와 숙고를 거쳤다. 오늘날까지도 헤이우드가 실제로 오처드를 고용했다고 생각하는 이들이 있지만,[105] 배심원단은 헤이우드가 무죄라는 평결을 내렸다. 이 놀라운 소식이 미국 전역으로 퍼져나가자 광부들은 폭죽을 쏘고 모닥불 주변을 돌며 춤을 추고 몇 톤에 이르는 다이너마이트까지 터뜨려가며 축하했다. 불꽃같은 여성 아나키스트 엠마 골드먼은 루스벨트 대통령에게 전보까지 보냈다. "바람직하지 못한 시민이 승리하다. 기뻐하라!"[106]

법정에서 풀려나 자유의 몸이 된 헤이우드는 대담하고 비타협적인 노동운동을 대표하는 전 국민적 상징이 되었다. 이후 4년간 전국을 순회하면서 사람들로 꽉 찬 도시의 강당과 현장에서 쟁의를 벌이는 노동자들에게 연설을 했다. 이러한 여행과 명성 때문에 그의 결혼은 마침내 깨지고 말았다. 네바다 제인은 "크리스천 사이언스"라는 교파로 개종하였고, 경악한 무신론자 헤이우드는 그녀와 완전히 결별하게 된다.[107] 끊임없이 연단에 선 그는 특유의 목소리, 날카로운 수사, 위트를 능수능란하게 구사해 청중을 사로잡았다. 헤이우드는 보통 연설을 이렇게 시작했다. "오늘밤 나는 계급투쟁에 대해 이야기하렵니다. 너무나 쉽고 단순하게 설명해서 심지어 법률가조차 이해할 수 있도록 말이죠."[108] 헤이우드는 연단에서 이런 농담을 할 때가 많았다. "저는 서부에서 온 쌍권총의 사나이입니다. 아세요?" 그러고는 자신의 "총들"을 꺼냈다. 한쪽 주머니에서는 노조 가입 카드를, 다른 쪽 주머니에서는 사회당 당원증을 꺼내 들었던 것이다.[109]

헤이우드는 너무 선동적인 연설을 하는 바람에 IWW를 실제보다 더 과격해 보이게 만들었다는 비판을 받을 때가 많았다. "몰수하라! 그거 좋죠! 저는 이 말이 좋습니다. 자본가들을 벗겨 먹고 그들에게서 무언가를 가져온다는 뜻이잖아요. 하지만 이런 일이 가능하려면 힘이 아주 강해야 합니다."[110] 하지만 헤이우드는 자신의 비전 혹은 진실성에 대해 분명한 입장을 견지했으며 이렇게 말했다. "저들은 우리를 막지 못합니다. 그들이 무얼 하든 우리는 계속 전진하고, 이 험한 세상에서 강하게 단련된 우리 노동자들은 모든 생산 부문을 통제하여 원하는 때 원하는 만큼 일할 것입니다. 포장마차를 만든 사람은 자기 마차를 타게 될 것입니다."[111]

헤이우드는 로렌스에 도착하기 전 월요일에 에터에게 편지를 보냈다. 우선 지금까지 이룬 성과를 축하하면서도 이렇게 경고했다. "조, 고삐를 꽉 잡아야 하네. 저들은 자네를 노리고 있고 언제든 잡아가려고 하겠지. 자네가 체포된다 해도 세세한 부분에 이르기까지 일이 차질 없이 진행되도록 파업위원회를 잘 꾸려놓아야 하네."[112] 그러고는 다음 연설 여정을 최종 결정해 맨해튼을 떠나는 기차에 몸을 싣는다. 헤이우드는 1월 24일 수요일 아침 로렌스시에 도착했지만, 그때는 상황이 뒤집혀 있었다. 군중은 110킬로그램이나 나가는 헤이우드를 들어 올려 어깨 위에 태웠다. 이는 "로렌스시를 방문한 누구에게도 주어진 적이 없는 환대의 표시"라고[113] 《로렌스 트리뷴》은 주장했다. 사람들은 저마다 헤이우드의 경호원을 자처하며 서로 떠밀었고, 헤이우드는 800여 미터에 걸쳐 늘어선[114] 행진 대열과 함께 차량 기지에서 오크 스트리트 109번지까지 나아가게 된다. 여기는 에터가 파업위원회를 운영하고 회의를 여는 폴 채비스 홀이었다. 군중은 건물 밖에서 계속 환호성을 질렀고 마침내 에터가 2층 창문으로 모습을 나타냈다. 그는 손을 흔들어 군중을 진정시킨 뒤에 일단 모두 해산하고 오후 2시에 공원에서 모이자고 말했다.[115] 이어 오랜 친구인 에터와 헤이우드는 그날 할 일을 논의하기 위해 만났다. 여기에는 공장주들과의 첫 만남이 포함되어 있었다.

불과 30분 전, 아직도 폴 채비스 홀 앞에서 군중이 여전히 헤이우드가 모습을 드러내기를 기다리고 있을 때 스캔런 시장과 스위처 소령을 실은 자동차가 폴 채비스 홀 앞에 섰다. 두 사람은 길거리에서 에터를 만나자 그에게 중요한 소식을 전해주었다. 공장주들이 저녁 7시에 파업위원회와 만나기로 합의했다는 것이다. 에터는 주춤거렸다. 다른 일정들(대부분 연설)이 있었기 때문이다. 하지만 시장은 완강하게 주장했다. "우리는 이 만남을 성사시키려고 열흘을 고생했소." 스캔런 시장은 간청했고 스위처 소령은 차 안에서 이렇게 말했다. "참석만 하라니까요. 아마 이 도시에서 가장 인기 좋은 사람이 될 거요." 에터는 자신은 이미 충분히 인기 있는 인물이라고 말했지만, 결국은 동의했다. 시장과 소령을 실은 차는 빠르게 사라졌다.[116]

헤이우드가 왔고 또 공장 보스들과 만나기로 했으니, 주말에는 파업이 끝날 것처럼 보였다. 파업 노동자들은 또한 라프라디가 나타나서 큰 힘을 얻었다. 라프라디는 8일 전 퍼시픽 공장에서 칼에 찔려 죽어가고 있다는 소문이 돌았다. 하지만 이제 파업위원들 앞에 서서 싱긋 웃고 있었으니, 이 끈질기고 치열한 파업의 또 다른 상징으로 떠오른 것이다.[117] 날씨마저도 낙관적인 듯했다. 그날 오후, 파랗게 갠 하늘 아래 1만 명이 모여들어 로렌스 공원의 메이플나무와 떡갈나무 사이에 집결했다. 넓게 펼쳐진 눈밭 가운데 설치된 연단에 올라선 에터는 파업 노동자의 만신전에 새로운 신을 모셔 왔다. 뉴욕에서 나오는 이탈리아어 사회주의 주간지 《일 프롤레타리오》의 편집자이자 시인인 아르투로 조바니티였다. 책에 푹 절여진 지식인 냄새가 나는 조바니티가 이탈리어로 몇 마디 하고 나자 연단은 이제 모든 이가 기다려온 인물에게 돌아갔다.

헤이우드가 사람들 앞에 나섰다. 험한 인생을 술고래로 살아온 탓인지 마흔두 살임에도 불구하고 훨씬 늙어 보였다. 머리가 벗어지고 있었고, 코는 툭 튀어나왔고, 턱살이 축 늘어진 모습은 W.C. 필즈*와 꼭 닮았지만, 마이크로폰이 없이 연설해야 했으므로 시어도어 루스벨트처럼 몸을 앞으로 숙이고 말들을 앞으로 내던져야 했다. 이 자리에 있었던 거의 모든 사람에게 헤이우드의 연설을 들을 수 있는 첫 번째 기회였지만, 헤이우드가 연설가로서 최고의 기량을 발휘한 것은 아니었다. 그는 청중의 분노를 끌어내는 데 익숙한 사람이지만, 이렇게 서로 다른 민족들이 신이 나서 모인 광경에 당황한 듯했다. 에터가 이미 한 말에 무슨 말을 덧붙일 수 있겠는가? 그는 무수한 노동자들의 얼굴을 죽 훑어본 뒤, 그냥 뻔한 말들을 이어 붙여서 연설을 짜나갔다. 그는 "노동자 형제자매 여러분"이 "자신을 단단히 조여야 한다"고 말했다. "여러분은 이 공장들에서 끔찍한 대우를 받았습니다. 여러분 얼굴만 보아도 알 수 있습니다." 그는 런던과 파리에서는 총파업이 성공을 거두었으며, 자신은 조만간 서부로 떠날 거라고 이야기했다. "제가 가는 모든 도시의 노동조합에 말하겠습니다. '파업에 나선 로렌스시의 노동 형제들에게 물품들과 돈을 보내주십시오'라고요." 군중은 헤이우드의 마지막 말에 환성을 질렀고, 이어 '빅 빌'과 '웃는 얼굴 조'가 앞장서서 또 한 차례 행진이 시작되었다. 행진 대열이 공원으로 돌아와서 정리 집회를 할 때, 헤이우

---

*   미국의 펜실베이니아에서 태어난 희극배우로 많은 명언을 남겼다. 물 대신 술을 마셔대다가 코가 빨갛게 변했고 결국 술병으로 죽었다.

드는 이야말로 "진정한 만국 국민들의 행진"이라고 찬양했다.[118] 하지만 다음 몇 주에 걸쳐 밝은 분위기가 분노로 들끓는 분위기로 바뀌고 비로소 헤이우드는 평판에 걸맞은 모습을 보이게 된다.

행진 대열의 장엄한 모습만으로도 노동자들의 사기는 한껏 올랐고 또 다른 사실이 알려지면서 더욱 위로 치솟았다. 매사추세츠 주지사 포스의 개인 비서가 한 언론인에게 비밀 편지를 보냈는데 이 사실이 언론에 누출된 것이다. 이 편지 내용은 그날 오후 신문에 보도되었다. 포스의 비서는 공장주들을 "인간 기계보다는 강철과 무쇠로 만들어진 기계를 더욱 알뜰히 보살피는" 자들로 보았으며, 파업의 원인 제공자로 한 사람을 지목했다. "공중의 정서는 한 방향, 즉 그를 가리키고 있다. 그가 로렌스 노동자들을 몰아넣은 생활 조건은 정말로 참아낼 수 없는 것이다."[119] 다음 날 주지사의 비서는 자신의 편지가 누출된 데 충격을 표한 반면, 지목된 "한 사람"인 윌리엄 우드는 그런 "사악하고 잔인한" 비난에 반대한다고 나섰다.[120] 하지만 공장주들과 파업위원회의 저녁 회합이 다가오는 가운데 파업 노동자들은 심지어 공장주인 주지사조차 자기들 편이라고 느끼고 있었다. 그리고 공장주들과 파업위원회의 회의가 시작되었다.

저녁 7시, 에터, 헤이우드, 그리고 파업위원회 성원 쉰여섯 명 전원은 비좁은 시의원 회의실로 들어갔다. 이들을 맞은 것은 시장과 시청 공무원들이었다. 하지만 공장주들은 어디에 있는가? 공장 관리인 몇 명이 가까운 자리에 앉아 있다가 아메리칸 모직 대표자가 도착하자 모두 일어나 시장 집무실로 들어가 버렸다. 그리하여 이상한 만남이 성사되었다. 주 정부의 중재위원회 의장인 윌라드 하울랜드는 노동자들에게 상황이 급박하니 조속히 합의할 필요가 있다고 말했다. 뒷자리에 서 있던 한 노동자가 끼어들었다.

"나는 회사 쪽을 대표하는 이가 **누구**인지 묻고 싶소만?"

하울랜드가 답했다. "회사 쪽은 없습니다. 우리는 그저 여러분과 공장 사람들을 초대했을 뿐……"

파업 노동자들은 "이게 뭐야!"라고 소리를 지르기 시작했고, 결국 에터가 나서서 이들을 진정시켰다. 에터 또한 이 모임을 위해 다른 회합들을 취소한 터라 잔뜩 화가 나 있었으므로, 지금 당장 시장 집무실에서 공장 관리인들이 나오지 않으면 자신들도 집단 퇴장하겠노라고 위협했다. 공장 관리인들은 여전히 공장별로 노동자들을 따로 따로 만나기를 원한다고 하울랜드가 말했지만, 에터는 이를 거부했다. "이 사람들에게 고용주들이 휘두르는 굶주림이라는 채찍은 하나뿐이오. 그러니 지금 협상해야 할 노동조합 또한 단 하나요." 하울랜드가 공장 관리인들과 이야기하려고 시장 집무실로 들어갔을 때 시의원들은 에터에게 사과하면서 자기들도 공장주들이 나오는 걸로 알았다고 말했다. 잠시 후 하울랜드가 돌아왔다. 그는 중재의 중요성을 강조하며 이야기를 시작했지만, 에터가 말을 잘라버렸다.

"여기 우리가 왜 왔는지 다시 한 번 말씀드리겠소. 주 정부 위원회 의장께서 중재의 이점에 대해 강의하고 싶다면 날짜를 따로 잡으시오. 지금 우리는 강의를 들으러 온 게 아니오." 그러자 하울랜드는 공장 관리인들이 파업 노동자 전체의 대표자들과 만나기를 거부했다고 밝혔다. 사람들은 회의실을 떠나기 시작했다.

"돌아오시오! 돌아오시오!" 스캔런 시장이 소리 질렀다. "에터 씨에게 다음 모임을 언제 열지 물어주시오!" 하지만 에터는 그날 저녁 시간을 헛되이 날려버렸으므로 시간을 정하고 싶어 하지 않았다. 스캔런은 다음 번 모임을 열기 위해서는 얼마나 일찍 통지해야 하는지를 물었고, 에터는 대답했다. "내 생각에는 저쪽이 우리보다는 시간이 훨씬 많을 것이오. 어쨌든 저쪽은 다들 자동차도 가지고 있지 않소? 나는 시간을 못 박아 말할 수가 없습니다." 그래도 말해달라고 조르자, 에터는 몇 시간 전에 알려주면 파업위원회가 다시 모이겠지만, 공장주들이 나오지 않으면 절대 오지 않을 것이라고 분명히 말했다. 그때 한 시의원이 시장 집무실에서 나와 공장 관리인들이 두 명만 빼고 모두 집에 가버렸다고 전했다. 한 노동자가 말했다. "결국 시간 낭비였군. 우리도 휴회를 제안합니다." 그러자 "재청합니다!"라는 소리가 울려 퍼졌고, 회의는 끝났다. 헤이우드와 에터가 먼저 떠났고, 파업위원회 노동자들도 터덜터덜 어두운 거리로 흩어졌다.[121] 노동자들은 밝은 희망의 발걸음으로 하루를 열었으나 또다시 공동주택 지구로 힘없이 돌아갈 수밖에 없었고 날씨는 더욱더 쌩하니 추워지고 있었다.

달라진 것은 없었다. 양쪽 모두 메리맥강을 뒤덮은 얼음장처럼 꼼짝도 하지 않았다. 그 주가 지나면서 포스 주지사는 주 정부가 나서서 로렌스시의 상황을 조사해달라고 요청하였고,[122] 로렌스시의 조그마한 사회당은 시장을 소환하기 위해 서명운동을 시작했다(이런 개혁을 이끈 주인공이 바로 스캔런 시장이었다).[123] 수프 주방은 계속해서 따뜻한 식사를 제공했고, 도심의 한 옷가게는 매출의 10퍼센트를 파업 기금으로 내놓겠다고 약속했다.[124] 1월 26일 금요일, 또다시 낙관적 전망이 나타났다. 그날 오후 에식스 스트리트의 신문팔이 소년들은 당일 석간 《로렌스 트리뷴》의 헤드라인을 소리 높여 외치고 있었다. "합의가 보인다!"[125] 윌리엄 우드가 에터와 직접 만나기로 합의했다는 것이다. 하지만 이 소식이 길거리에 퍼지기도 전에 협상은 끝나 버렸다.

협상은 오후 3시 정각에 시작되었다. 보스턴에 있는 아메리칸 모직의 무겁게 가라앉은 사무실에서 모직물 트러스트의 수장인 통통하고 뻣뻣한 인물 윌리엄 우드가 편안경, 스패츠 부츠, 쇠사슬 달린 회중시계를 갖춘 정장 차림으로 나타나, 머리카락은 엉망인 채로 항상 미소를 띠고 있는 자유사상과 급진주의의 정수라 할 인물 에터와 악수를 나누었다. 두 사람은 앉아서 서로 상대방을 재보았다. 우드와 에터는 공통점이 많았다. 둘 다 키가 작으면서도 다혈질이었고, 이민자의 아들로서 허드렛일부터 시작하여 여기까지 온 사람들이었다. 두 사람 모두 자기야말로 2만 8000명 "동료 노동자들"의 진정한 대표자라고 주장하고 있었다. 비록 같은 탁자에 앉아 있어도 두 사람의 사이는 멀고도 멀었다. 우드는 자신의 변호사가 바로 옆에 임석한 가운데 파업 노동자들을 정돈된 대열로 유지한 공을 치하하면서 에터를 "위대한 작은 장군"이라고 불렀다.[126] 에터는 이런 정중한 인사말을 주고받을 시간이 없었기에 파업 노동자들의 요구를 바로 내놓았다. 임금 15퍼센트 인상, 초과근무 임금 두 배 인상, "상여금 시스템"의 즉각 폐지, 악의적인 비방 금지 등이었다. 우드는 임금 인상의 정당성에 대해 물었고, 에터는 자유시장의 원리를 끌어다 대었다. 옷을 파는 사람은 가격표를 붙이게 되어 있다. 가격표에 적힌 돈을 내지 않으면 옷을 살 수가 없는 것이다. 인상될 임금은 노동력에 대한 새로운 가격이다. 만약 아메리칸 모직 회장께서 물건을 만들어 팔고 싶다면, 당연히 필요한 제조 비용을 치러야 한다. 병사들의 총검으로는 옷감을 짤 수 없다.[127]

우드와 변호사는 다른 방으로 갔다가 돌아왔다. 아메리칸 모직은 어떤 요구에도 응하지 않을 것이라고 우드는 선언했다. 파업 노동자들은 자신들의 요구를 다시 생각해보아야 한다면서. 에터는 거절했고 협상은 끝나버렸다. 에터는 "구역질이 났지만 풀이 죽지는 않았습니다"라면서 이제 "긴 싸움을 준비"하자고 말했다. 한편 우드는 공장주들은 더 이상 에터와 만나지 않을 것이라는 내용의 성명서를 냈다. "이런 방식의 협상은 이제 끝났습니다."[128] 이후 윌리엄 우드는 파업에서 모습을 감추어버린다. 자신이 악당이 되었다는 것에 상처를 받았고 직원들이 자기를 버리고 선택한 지도자라는 사람에 대해 너무 놀란 나머지 언론에 어떤 성명서도 내지 않게 된다. 파업 노동자들에게도 편지 한 장 보내지 않았다. 그냥 모습을 감추었고, 거만한 설교도, 위협도, 심지어 가식적 행동마저 일체 거부해버렸다. 우드의 계획(만약 그런 게 있었다면)은 효과를 거두는 것처럼 보였다. 파업 노동자들은 눈에 더 잘 띄는 적을 찾아서 "빌리 우드" 때리기를 그만두게 되니까.

우드가 에터와 만난 다음 날 아침, 경찰은 다이너마이트를 숨겼다며 체포한 이들을 모두 풀어주었다. "아주 유명한 젊은이"가 폭발물을 "심은 행위"에 대해 조사를 받았다는 소문이 돌았다.[129] 그날 오후 땅거미가 내릴 때쯤 저수지 근처에 사는 주민들은 무언가 세 번 폭발하는 소리에 덜컥 겁을 먹었다. 하지만 이 폭발음은 주 경찰이 압수한 다이너마이트들을 터뜨린 소리로 판명되었다. 이 다이너마이트들은 니트로글리세린 75퍼센트를 함유하고 있는 데다 살짝만 눌러도 폭발할 정도로 캡[cap]이 예민해서 지금까지 뉴잉글랜드 지역에서 발견된 가장 위험한 물건이라고들 했다.[130] 몇 시간 뒤, 헤이우드는 연설이 잡혀 있는 오하이오주 털리도로 가는 기차에 올랐다. '빅 빌'은 청중들에게 말했다.[131] "여기에 자본가들 말고는 외국인이란 없습니다." 그리고 가능한 한 빨리 로렌스시로 돌아오겠다고 약속했다.[132] 주말 내내 다른 지역에서 구경꾼들이 오고 갔으며, 민병대원들은 추위를 막으려고 망토를 둘렀고, 노동자들은 월요일 아침 6시에 공장들을 순회하는 '대행진'을 계획했다. 진 빠지는 파업 둘째 주가 지났다. 노동자 2만 명이 일자리가 없이 급여도 받지 못했지만, 굳건히 버티는 지도부가 희망의 불꽃을 살려내고 있었다. 한 공장 감독관이 현장 복귀를 설득하겠다면서 노동자들을 집으로 초대하기도 했다. 에터는 쏘아붙였다. "집이 아주 커야 할걸."[133]

6장

통제 불능에 빠지다

오, 이 귀를 울리는 소리는 무엇인가?
저 계곡 아래의 둥둥대는 북소리
주황색 군복을 입은 병사들이란다,
군인들이 온다.

—W.H. 오든

1912년 1월 29일에 로렌스시에서 벌어진 일은 수천 명의 목격자가 있고, 수십 개의 신문 기사가 있고, 살인 사건에 대한 자세한 재판 기록이 있지만, 여전히 불확실성에 휩싸여 있다. 이 퍼즐의 가장 이해할 수 없는 조각은, 일출 2시간 전 도시의 노면전차를 공격한 폭도들이다.

폭도들이란 논리로 움직이는 존재가 아니지만, 그래도 폭동을 일으킬 때는 나름의 동기가 있게 마련이다. 하지만 그날 아침 로렌스시에서 벌어진 혼란은 모든 상식을 넘어선다. 노동자 입장에서 보자면 파업은 계획대로 아주 잘 진행되었고, 지도자는 심지어 승리를 선언할 정도였다. 사건이 일어나기 전 금요일 저녁 에터는 윌리엄 우드와 협상한 지 몇 시간 뒤 파뉴일 홀에서 연설을 했다. 이곳은 웅장한 식민지 시대 건물로서, 애벗 로렌스가 세상을 떠났을 때 연단에서 추도사가 낭독된 바 있었다. 에터는 아주 대담한 발언을 한다. 보스턴의 사회주의자 클럽에서 했던 이야기이기도 했다. "목사들은 사람들의 형제애에 대해 2000년 이상 설교를 해왔습니다. 우리는 이번 파업에서 이천 몇 백 년간 아무도 실현하지 못한 형제애를 보여주었습니다. 우리끼리 하는 이야기입니다만, 이 파업은 이미 승리했습니다."[1]

비록 섣부른 이야기이기는 했지만 에터가 장담한 바는 이 파업이 흘러온 궤적을 반영하는 것으로 보였다. 노동자들의 분노라는 서곡이 울려 퍼졌고, 지도부도 없이 계획되지 않은 저항이 터져 나왔다가, 전례 없는 연대의 깃발 아래 함께 모인 것이다. 노동자 2만 명이 하나가 되어 길거리를 행진했고, 노래하고 기뻐하며 몇 주 전까지만 해도 자기들을 거지나 가축 취급을 하던 공장주들을 대놓고 조롱할 수 있게 된 것이다. 주 정부의 공직자들은 수사 가능성을 타진하고 있었다. 다이너마이트 소동은 파업 노동자들에게 흠집을 내려는 모종의 음모로 밝혀졌으며, 헤이우드라는 거물 덕분에 미국 전체의 스포트라이트를 받아 상당한 액수의 파업 기금이 모이고 있었다. 하지만 월요일 아침에는 노동자들이 '땜빵'들을 몰아내겠다는 생각 하나에 매달려 자신들이 선점한 모든 이점을 내다 버리고 말았다. 파업 자체와 마찬가지로, 새롭게 터져 나온 이 폭력 사태 또한 "전기의 불꽃"처럼 시작되었다. 경찰은 신속히 용의자 두 명을 체포했지만, 누가 정말 주범인지는 아무도 확신하지 못했다. 하지만 어찌되었든 일은 터지고 말았다.

1월 27일과 28일, 주말 동안 파업 노동자들은 불편한 이야기를 주고받았다. 아메리칸 모직이 보낸 자들이 공동주택 지구에 나와 질퍽질퍽한 뒷골목까지 샅샅이 뒤지며 음침한 계단을 올라 집집마다 문을 두드리고 있다는 것이었다. 파업이 끝났습니다. 월요일에는 정상 출근하십시오. 모든 요구가 받아들여졌습니다. 아무도 사법 조치를 당하지 않을 것입니다. 사측이 이렇게 나오자 에터는 극도로 분노했다. 노동자들이 무리 지어 공장으로 돌아갈까 두려워 선정적인 수사를 동원해 비난을 퍼부었고, 적들은 이후 몇 달 동안이나 이를 인용하고 이용해먹었다. 일요일 오후, 에터는 아메리칸 모직이 보낸 자들을 어떻게 대접할지를 두고 일갈했다. "만약 감독관이 찾아와 동지를 배반하고 '땜빵'이 되지 않으면 블랙리스트에 오를 거라고 말하면, 놈을 계단 아래로 던져버리십시오!" 요란한 박수 소리가 이어진 뒤, 에터는 파업을 혁명에 비유했다. 특히 최근 중국에서 일어난, 몇 백 년 역사의 청 왕조를 무너뜨린 혁명을 언급했다. "공장주들이 쓰는 방법은 미국식이 아니라 완전히 중국식입니다. 그런데 이제는 중국 사람들도 못 참겠다고 들고 일어나 혁명을 일으켰고, 자기들 뜻에 동의하지 않는 자들의 목을 쳐버렸습니다. 이런 식으로 저들이 우리를 막다른 골목으로 밀어붙인다면, 우리 노동자들도 중국 사람들을 본받아 참수斬首 원정대를 조직해야 할 것입니다."[2] 그는 일요일에 아홉 군데 집회에서 발언을 했으며,[3] 워블리들이 가장 중시하는 전술을 제안했다. 바로 파괴 공작, 즉 사보타주였다. 만약 노동자들이 어쩔 수 없이 공장으로 돌아가야 한다면, 주머니 가득 금강사*를 집어넣고 들어가서 기계에 뿌리자는 것이었다. "저들이 우리를 굶겨서 기계로 돌아가게 만든다면, 우리가 돌아갔을 때 놈들의 옷감, 실, 기계 등이 어떤 꼴이 되는지 보여줍시다!"[4] 그리고 이번 파업에서 처음으로 에터의 낙관주의에 균열이 나타나기 시작했다. "이틀 후 이 도시는 불행한 일을 겪을 것입니다. 무언가 일이 터질 것입니다. 다이너마이트 폭발은 아니니까 너무 흥분하지는 마세요. 하지만 정말이에요. 무언가 일이 터질 것입니다."[5]

다음 날 아침, 일출 2시간 전 파업 노동자들은 공동주택 지구를 돌면서 양철 냄비를 두드려 동료들을 깨웠다.[6] 오전 5시 15분, 1000명이 넘는 사람이 에식스 스트리트에 집결하여 대기하고 있었다. 에터는 행진 대오에 "공장을 어느 때보다 철저히, 물샐틈없이 막으라"고 요구했

---

* 석류석 가루로서 유리나 쇠붙이를 가는 데 쓴다.

지만,[7] 동시에 "절대 폭력적인 행동은 하지 말고 주머니에 손을 꾹 찔러 넣고 있어야 한다"고 당부했다.[8] 날씨가 북극같이 차가운, 어둠이 덮인 새벽에 서치라이트가 공단을 쓸어 가고 피로에 지친 민병대원들이 보초를 서고 있는 가운데 파업 노동자들은 에터의 명령을 따랐다. 최소한 처음에는. 그때 노면전차 한 대가 나타났다. 내부 조명이 깜빡거리는 가운데 브로드웨이를 지나 에식스 스트리트로 오고 있었다. 그러자 사람들이 주머니에서 손을 빼내기 시작했고, 짱돌과 얼음조각이 빗발치듯 전차로 날아들었다. 유리창이 깨지고 안쪽에서 소리 죽인 비명소리가 들려왔다. 폭도들에게 둘러싸인 노면전차는 부르르 떨더니 멈추어 섰다. 몇 사람이 전차 지붕에 올라가 전선을 떼어냈고, 다음에는 전차를 어둠 속으로 밀어버렸다.[9] 노동자들은 "땜빵들! 땜빵들!"이라고 소리 지르면서 차량 안으로 들어가 상대가 누구든 점심 도시락 통을 들고 있는 이들은 모조리 끌어냈다. 도시락들과 꾸러미들이 차 밖으로 던져졌고, 군중들은 이를 길거리로 걷어차 버렸다. 승객들은 오버코트, 스웨터, 작업복 같은 옷까지 빼앗겼다. 파업 노동자들은 지금이 마치 무정부 상태임을 알리는 깃발이나 되는 양 이 옷들을 휘두르면서 아무 의심 없이 다가오고 있는 다음 노면전차를 향해 돌진했다.

동녘 하늘이 밝아오고 조업 개시 호각 소리가 울려 퍼지면서 일부 노동자들은 공장으로 갔지만 파업 노동자들은 도심으로 몰려갔다(대부분은 평화를 유지하려 했지만 복수심에 불타는 이들도 수십 명은 되었다). 에터는 거리 여기저기에서 모습을 보였다. 군중이 공장 근처에 가지 않도록 지휘했지만[10] 파업파괴자로 의심되는 자들이나 노면전차에는 어떤 행위도 하지 않았다. 일터로 가던 젊은 여성들이 파업 노동자들에게 둘러싸여 고초를 겪었으며, 그중 몇 명은 할 수 없이 경찰서로 들어가 숨어야 했다. 노동자들은 전차의 창문들을 박살냈고, 여자들과 아이들이 날카로운 비명을 지르는 가운데 남자들을 차 밖으로 끌어냈다. 짱돌과 얼음 덩어리들이 사방에서 날아다니고 있었다. 한 여성은 얼굴에 돌을 맞은 뒤 가까이에 있는 민병대 쪽으로 뛰어가며 비명을 질렀다. "저 겁쟁이들을 쏴 죽여! 다 쏴버려!"[11] 하지만 군중은 공단 근처로는 가지 않았고, 민병대와 마주칠 일도 없었다. 민병대 쪽으로 가려고 하면 병사들은 즉시 딸깍 소리를 내면서 총에 장전을 했다. 그러면 노동자들은 물러서면서 야유와 조롱을 보냈다. 에터와 마찬가지로 스위처 소령 또한 부지런히 전략적 거점들을 돌아보았다. 그러는 동안 에식스 스트리트 전역에서는 경찰들과 노동자들이 대치하였고, 노동자들 일부는 골목길이나 일찍 문을 연 상점으로 피신했다. 해가 떠오르고 이 아수라장을 비추자, 파업 노동자들이 "이 도시의 길거리를 완전히 장악했다"는 사실이 드러났다고 《로렌스 트리뷴》은 보도했다.[12]

소동이 모두 끝난 뒤 몇몇 경찰관과 노동자는 상처를 치료하고 있었다. 전차 승객 몇 명은 날아다니는 유리조각에 베였다. 노동자 아홉 명이 체포되었으며 노면전차 열여섯 량이 박살이 났다.[13] 하지만 이런 수치로는 파업 노동자들의 명분이 얼마나 큰 손상을 입었는지 나타낼 수 없다. 에터도 그날 아침 일어난 사건이 얼마나 큰 대가를 초래할지 전혀 모르고 있었다. 도시 전체로 이 사건의 충격이 퍼져나가자 어느 공원 집회에서 이렇게 말했다. "우리는 오늘 아침 공장 보스들에게 한 방 먹였습니다. 저들은 우리가 또 행진이나 할 줄 알았겠지만, 대신 우리는 피켓라인을 형성했습니다." 모였던 군중이 해산할 무렵 에터는 한 신문기자에게 자신은 "이 상황에 완벽하게 만족한다"고 말했다. 노면전차 공격에 대해 묻자 자신은 그런 일을 전혀 보지 못했고, 보았더라면 말렸을 것이라고 답했다.[14] 하루 종일 에터는 능수능란하게 답변을 이어갔다. 또 다른 기자가 이 폭력 사태에 대해 질문하자 이렇게 말했다. "전혀 모르는 일입니다. 내가 신경 쓸 일도 아니에요. 맞아요. 우린 별개로 피켓라인들을 만들어 저들을 속여 넘겼어요. 한 방 먹인 거죠."[15] 파업위원회의 아침 회의에서는 또 이렇게 덧붙였다. "감히 말하건대, 폭력 행위는 이쪽보다 저쪽에서 훨씬 더 심하게 저질렀습니다."[16] 하지만 "저쪽"에서는 상황을 그렇게 보지 않았다. 정오가 되기도 전에 로렌스시 시장, 시의원들, 사업가들 위원회, 몇몇 은행가, 공장 관리인들, 스위처 소령 등 주요 인사들 20여 명이 주립 베이 은행에서 회합을 열어 도시 전체에 계엄령을 선포하고 전면적인 공장폐쇄를 단행할지를 논의했다. 많은 논의를 했지만, 특히 에터와 그의 조수인 저 아르투로 조바니티라는 정체 모를 외부인이 파업 노동자들에게 했던 말들을 입에 올렸고 어떻게 대응할지를 두고 깊이 논의했다.[17]

이른 오후가 되자 에터 또한 자신들이 큰 손상을 입었음을 깨달았다. 그는 다이너마이트 사건과 마찬가지로 이번 폭동을 주도한 자들도 외부에서 심은 자들이라고 공격하기 시작했다. 경찰도 민병대도 제지하지 않았으니, 파업 노동자들에게 비난이 돌아가게 하려고 공장주들이 꾸며낸 행위임을 알 수 있다는 것이었다. 공격을 당한 전차들은 특히 "5센트짜리도 안 되는 낡은 고물 차량들"이라면서, 풀먼 파업 때도 사측이 깡패들을 고용해 파업 노동자인 척하고 자사의 낡은 차량들에 불을 지르게 했던 일을 환기시켰다. 이곳 로렌스에서도 공장 측이 보낸 비밀 요원들이 파업 노동자들 대오 안으로 침투했다는 것이다. "그들의 임무는 문제를 일으켜서 우리 노동자들에게 폭동 혐의를 씌우는 것입니다."[18]

아마도 에터는 자신의 실책을 만회하려 노력했을 것이다. 어쩌면 그가 옳았을 수도 있다. 그동안 여러 차례 평화 행진을 이어갔으므로 월요일에 벌어진 폭력은 정말 뜬금없는 사태였고, 마치 번창하는 상점 주인이 자기 가게에 불을 지른 격이었기 때문이다. 또 하나 의심스러운 요소는 그날 아침 몇몇 사람이 팻말에 적은 구호였다. "우리는 정의를 위해 파업합니다!"[19] 단순한 구호지만, 이는 IWW에서 배포한 전단지나 포스터 어디에도 없었고 어떤 노동자도 이런 구호가 적힌 전단지를 나누어 준 적이 없었다. 사측이 사설탐정들을 프락치로 고용하여 일부러 문제를 일으키는 행위는 파업 때마다 흔히 쓰인 전술이었다. 비록 스캔런 시장이 고용한 탐정 셔먼은 입을 꾹 다물고 있었지만, 지역 신문들은 핑커턴 탐정 사무소와[20] 번스 탐정 사무소[21] 요원들이 로렌스시에서 잠복근무를 하고 있다고 보도한 바 있었다. 몇 달 후 시의원 코르넬리우스 린치는 다이너마이트 음모에 대한 수사가 진행되는 도중 진실을 말하겠노라 선서한 다음 경찰이 자극하여 일부 파업 폭력을 촉발했다고 인정했다.[22] 하지만 고용된 용역 깡패들 수십 명이 그렇게 활개를 치면서 난리를 벌였는데도 파업 노동자들 중에 그들의 정체를 알아챈 이가 아무도 없단 말인가? 아니면 돈을 받은 소수의 선동꾼들이 파괴 행위에 불만 붙였고 열이 뻗친 노동자들이 본격적인 파괴 행위를 저지른 걸까? 아니면 에터가 아메리칸 모직의 사기극에 너무 화가 나서 말을 심하게 한 나머지 생각보다 훨씬 더 격렬한 분노를 폭발시켰던 것일까? 1월 29일 일어난 폭동의 원인은 알 수 없다. 명확한 실마리가 없으며, 돈을 받은 프락치들이 벌인 짓임을 입증하는 확실한 물증도 없다.[23] 하지만 그날 아침과 오후까지 도시는 술렁였다. 오후 4시가 되어 에터와 조바니티가 독일인 파업 노동자들을 만나러 갔을 때,[24] 길거리 분위기는 소란이 일어난 아침나절보다 더욱 엉망이었다. 파업 기간 중 어렵게 유지한 인내심과 절제의 불꽃에 이제는 기름이 부어져 화염으로 활활 타오를 판이었다.

안나 로피조에 대해 알려진 것은 많지 않다. 33세. 커먼 스트리트 18과 1/2번지에서 하숙. 검은색과 갈색이 섞인 머리와 검은 눈동자.[25] 로피조는 공장에서 일하는 노동자였다. 1월 29일 오후 5시경 집을 나와 유니언 스트리트와 가든 스트리트의 교차로 근처에서 파업 노동자들과 경찰들이 주먹다짐을 하는 현장 인근을 걸어갔다. 그녀도 파업에 동참했지만 피켓 시위에 적극적으로 참여하지는 않았다. 당시 몇 블록 떨어진 친구 집을 방문하기로 마음먹은 터였다. 그러지 않았다면 날도 어두워졌는데 밖에 나오지는 않았을 것이다. 파업 노동자들이 경찰들에게 얼음덩어리를 던지고 경찰은 곤봉을 휘두르며 반격하는 상황을 보고도 왜 이런 난장판 근처로 걸어갔는지는 알 길이 없다. 하지만 어쨌든 숄을 머리에 쓰고 길거리에 서서 이 싸움을 지켜보고 있었다. 그러다 총을 맞았다.

만약 미국에 "신원 미상 이민자들의 무덤"이 있다면, 그래서 나중에 집안 족보를 정리하는 먼 친척 말고는 아는 사람이 아무도 없는 이민자들을 추모한다면, 로피조 또한 거기에 한 자리를 차지할 만한 사람이다. 심지어 안나 로피조라는 이름에 대한 세부 사항조차 논쟁거리다. 신문과 역사책에 나오는 그녀의 이름은 애니 로패지, 안나 라피아자, 안나 라피자, 안나 로페즈, 이외에도 몇 가지가 더 있다. 또 누군가의 말에 따르면 커먼 스트리트에서는 안나 라모니카라고 불렸다. 그녀를 채용한 공장 관리인의 성을 딴 것이라고 한다.[26] 한 신문에서는 그녀가 결혼반지를 끼고 있었다고 보도했지만,[27] 장례식에 남편은 나타나지 않았다. 라피조는 1890~1910년에 일어난, 이탈리아인들의 거대한 이민 물결을 타고 "아메리카"로 오게 되었다. 엘리스섬에 남아 있는 입국 기록에는 "안나 로피조, 30세, 나폴리에서 온 두 개의 굴뚝이 달린 증기선을 타고 1909년 7월 28일에 미국 도착"이라고 적혀 있다.[28] 이 배에 로피조라는 이름을 가진 다른 사람은 없었다.

아마도 이탈리아 남부 끝자락의 가난한 지역에 살던 여인이 어느 날 남편과 싸운 뒤 마을에 붙어 있는 미국 이민 홍보 포스터를 보았을 것이다. 금덩어리가 잔뜩 들어 있는 가방을 들고 공장에서 나오는 그림을 보고서 더 나은 삶, 최소한 더 부유한 삶을 꿈꾸었을 것이다. 이 약속을 믿고 안나는 대서양을 건넜다. 엘리스섬에서 리틀 이태리 스트리트로 나간 후에는 메인주에서 뉴욕 맨해튼에 이르도록 돌아다니는 말을 들었을 것이다. "일자리를 원한다면 로렌스시로 가라."[29] 그리하여 이 섬유 도시로 왔고, 비록 금덩어리를 찾지는 못했지만 일자리는 구했다. 다른 가족들을 데려올 계획을 세웠을지 모르고, 아니면 가족이 전혀 없었을 수도 있다. 장례식에 온 조문객은 오직 한 명뿐이었다(삼촌이라고 했다). 하지만 조문객은 아니라고 해도 시민 수천 명이 그녀의 관 앞을 지나가며 명복을 빌었다. 하지만 그들 역시 로피조에 대해서는 오늘날 우리가 알고 있는 정도 이상은 알지 못했다. 즉 로피조는 불의의 사고로 죽은 순교자이며, 그녀의 죽음으로 도시 전체가 뿌리째 흔들리게 되었다는 것이다.

군중이 유니언 스트리트와 가든 스트리트의 교차로에 모일 때 하늘은 어두워지고 눈을 엄청나게 퍼붓고 있었다. 이 교차로는 파업 기간 내내 일종의 전략적 요충지였다. 유니언 스트리트는 에버릿 공장과 접해 있었고, 에버릿 공장은 북쪽에서 남쪽으로, 북운하에 이르기까지 네 블록에 걸쳐 펼쳐져 있었다. 에버릿 공장은 여전히 닫혀 있었지만, 유니언 스트리트는 덕 브리지를 넘어서 우드 공장과 아이어 공장까지 이어져 있었다. 가든 스트리트는 워낙 북쪽에 있는지라 민병대가 여기까지 순찰을 돌지는 않았기에 파업 노동자들은 이 교차로를 지나가는 '땜빵'들을 마음대로 괴롭힐 수가 있었다. 그러다가 민병대가 가까이 오면 언제든 이탈리아인 구역으로 숨어버리면 그만이었다. 그리하여 매일 아침 조업 시간이 다가올 때마다 또 저녁에 퇴근할 때마다 이 교차로는 '땜빵'들을 찾아내 (에터가 촉구한 것처럼) 그들의 삶을 비참하게 만들려는 이들이 모여드는 장소가 되었던 것이다.[30] 이날 오후에도 수백 명이 여기에 모여들었다. 이들은 일거리가 없이 3주를 버텼고 굶주림은 갈수록 심해졌으며 미국으로 오라는 약속과 포스터 문구가 죄다 거짓이었음을 깨달은 사람들로서 마음에 가득한 분노를 쏟아내려 하고 있었다.

경찰이 출동 요청을 받은 시각은 오후 4시 30분이었다. 당시 에버릿 공장에서는 경찰 두 명이 순찰을 돌고 있었지만, 그날 아침에 폭동이 일어난 터라 또 다른 경찰 열두 명이 신속히 대응했다. 스위처 소령은 폭동이 일어났다는 말을 듣고 D중대를 파견했다. 민병대가 도착했을 때는 경찰들이 이미 곤봉을 휘둘러대고 있었다. 당시 경찰의 책임자였던 경사는 이렇게 회상했다. "우리는 곤봉을 썼죠. 아주 세게 휘둘렀고 몇 명이나 두드려 팼는지 셀 수도 없습니다."[31] 거기에 민병대까지 올라오고 있었으니, 누군가 큰 소리로 외쳤다. "군인들이 온다!" 금세 수백 명이 경찰과 민병대 사이에 끼이고 말았다. 병사들이 장총 개머리판을 곤봉으로 사용하여 사람들의 머리통과 등을 내리쳤다. 어찌나 심하게 내리쳤는지 장총들이 부러지기까지 했다. 쓰러진 파업 노동자들은 현장에서 후송되었고 진압 작전이 계획대로 신속히 진행되고 있었다. 군중은 사방으로 흩어졌다. 하지만 인근 건물의 창문으로 지켜보던 여자들이 경찰에게 소리를 지르고 노동자들에게는 힘내서 싸우라고 응원했다.[32] 군중은 다시 전선으로 돌아왔다. 가로등이 밝혀졌고, 눈이 많이 왔지만 길거리는 대낮같이 밝았다. 하지만 첫 총성이 들렸을 때 누가 쏘았는지는 아무도 몰랐다. 잠시 후, 길 한켠에 떨어져 서 있던 여성들 쪽에서 특이한 고함 소리가 들려왔다.[33] 그다음에는 혼란스러운 전투가 벌어졌고 너무나 많은 일이 순서를 정리할 수도 없이 순식간에 일어났다.

민병대는 남쪽에서, 경찰들은 북쪽에서 군중과 싸우고 있었다. 길거리의 밝은 조명 아래 하얗게 쌓인 눈을 배경으로 시커먼 군중의 실루엣이 지나가고 회색 그림자가 따라간다. 밀어붙인다. 밀쳐댄다. 사람들이 쓰러지고, 반쯤 녹아 진창이 된 얼음 바닥에 미끄러진다. 울려 퍼지는 비명, 사람들 몸에 나무 곤봉이 부닥치는 둔탁한 소리. 이쪽 방향으로 우르르 몰려가는가 하면 또 저쪽 방향으로 우르르 몰려간다. 또 총성이 들린다. 어떤 사람이 경찰관에게 다가가 "조심하시오! 저놈들은 경찰을 다 잡으려 하고 있소!" 하고 소리친다. 또 어떤 사람은 총성이 울렸지만 공포탄일 뿐이라고 주장한다. 바로 그때, 구경꾼들 중 한 여성이 고꾸라져 땅에 쓰러졌다. 그런데 누가 이 여성에게 다가가기도 전에 경찰관 한 사람이 등에 심한 통증을 느꼈다.

오스카 베누아라는 경찰관이 말했다. "나, 돌에 맞았나봐."

"돌? 야, 너 지금 총 맞았어!"[34]

베누아는 즉시 가든 스트리트 한 블록 위에 있는 로렌스 종합병원으로 옮겨졌고 등에 칼로 찔린 듯한 상처가 발견되었다. 봉합 수술을 받은 베누아는 귀가했다. 그런데 그를 이송했던 앰뷸런스에 안나 로피조도 타고 있었다. 38구경 총탄이 갈비뼈 사이를 지나 폐동맥을 끊어버리고 오른쪽 어깨에 멈추어 있었다.[35] 의사들의 소견에 따르면 즉사했을 것이다. 일부 파업 노동자들은 어떤 남자가 베누아에게 총을 쏘았지만 사고로 이 여성이 총을 맞는 것을 보았다고 진술했다.[36] 베누아 본인도 똑같은 이야기를 했다.[37] 다른 이들은 어떤 남자가 땅에 총을 쏘았는데 총알이 튀어 올라 사고가 났다고 했지만, 부검 결과 총알은 위에서 아래쪽으로 쏜 것임이 밝혀졌다.[38] 누가, 어떤 상황에서 총을 쏘았든 간에, 이제 파업에서 첫 사망자가 나온 것이다. 그녀의 이름은 아무도 몰랐다. 그날 저녁 이탈리아인 세 명이 병원으로 갔지만, 그녀가 누구인지 알아보는 이는 아무도 없었다. 이제 모든 것이 달라질 수밖에 없었다.[39] 전략적 요충지인 유니언 스트리트와 가든 스트리트의 교차로에는 무거운 침묵이 흘렀고 삼삼오오 무리 지은 사람들은 붉은 핏자국을 눈이 내려 덮어버릴 때까지 계속 바라보았다.

이 소식이 도시 전체로 퍼지면서 사람들은 충격을 받았다. 또 한편으로는 이 비극을 놓고 블랙유머가 넘쳐났다. 월요일 밤 9시, 경찰은 다이너마이트를 심고 다닌다는 혐의로 한 남자를 체포했다. 그는 소문대로 "아주 유명한 젊은이"였다. 이름은 존 브린으로서, 직업은 장의사이고 전직 시의원이며 지금은 학교위원회 위원이었다. 이 도시의 가장 저명한 집안인 존 브린 가족의 일원이었다. 존 브린은 로렌스 최초의 아일랜드인 시장이었으며, 성 패트릭의 날에는 엄청난 규모의 축제 행렬을 이끄는 역할도 여러 번 맡은 이였다.[40] 아들 존 브린이 체포되었다는 소식과 함께 경찰이 어떻게 그를 잡아냈는지를 알리는 소문도 돌았다. 굳이 셜록 홈스까지 필요한 일도 아니었다. 브린은 애초에 경찰을 다이너마이트가 있는 장소로 이끈 사람이었다. 처음에는 정보를 흘리고, 다음에는 지도까지 그려주었지만, 이 지도를 보고 처음 교회 공동묘지를 뒤진 탐정들은 빈손으로 돌아갔다.[41] 하지만 누구도 부인하지 못할 증거는 바로 잡지였다. 다프라토의 구두닦이 가게에 배달된 다이너마이트는 잡지에 싸여 있었는데, 이 잡지는 장의업계 회지인 《셰이디사이드》였다.[42] 구독자난에는 "존 브린"이라는 이름이 뚜렷이 쓰여 있었다.[43] 로렌스시 주민들은 아연실색했으며, 약간은 흥미로워했다. 로코는 회상했다. "아마도 어떤 의미로는 신께서 개입한 일이었습니다. 참 어리석도다, 하고요."[44]

브린은 재물손괴 모의 혐의를 받았고 보석금 1000달러를 내고 석방되었다. 이제 그의 명예에 먹칠이 되었으니, 파업 첫 주에 새로 문을 연 존 브린 학교의 평판은 어찌되는 것일까?[45] 그래도 교명은 아들이 아닌 아버지 존 브린 이름에서 따온 것이었다. 그리고 로렌스시에서 아일랜드인의 정치적 기반을 넓히는 데 일생을 바친 아버지 브린은 천만다행으로 이미 세상을 떠났기에 그의 가족 이름이 법원 서류에 오르내리는 꼴을 보는 일은 면했다. 하지만 아들 존 브린이 음모가치고는 아주 똑똑한 편이 못 된다면, 그를 이 일에 나서게 만든 자는 누구일까? 법정 서류에 적힌 음모 혐의의 피고인은 "존 J. 브린과 성명불상의 개인 혹은 개인들"로 되어 있다.[46] 이 성명불상의 인물 중 하나는 어떤 시리아인으로 여겨졌다.[47] 파업 노동자들 쪽에서도 이 음모의 배후가 누구인지 나름대로 짐작하고 있었음이 틀림없다. 어떤 이들은 심지어 포르투갈인 혈통의 남자, 윌리엄 우드를 의심하기도 했다.

재앙에 가까웠던 그날 월요일, 스캔런 시장은 자신이 전날 내린 명령을 두고 깊이 후회했다. 민병대 수를 줄이라는 명령을 내렸던 것이다. 협상은 교착상태였고, 파업 노동자들은 되레 즐거워하고 있었으며 불편한 고요가 도시 전체를 누르고 있었기 때문이다. 민병대원 800명을 재우고 먹이느라 벌써 로렌스시는 1만 500달러의 비용을 지출했고,[48] 민병대가 이렇게 잔뜩 모여 있을 필요가 없다고 여긴 것이었다. 스캔런 시장의 명령으로 세 개 중대가 해산하여 집으로 돌아갔으며, 공장을 지키는 아홉 개 중대만 남았다.[49] 그런데 월요일 저녁이 되면 그날 일어난 폭동들과 인명 살상에 놀란 시장이 스위처 소령에게 의지하면서 백지위임장을 내주게 된다. 소령은 주저하지 않았다. 매사추세츠주 동부 전역에 민병대 소집령이 떨어졌다. 밤새 각지에서 군인들을 날라 오는 열차가 바쁘게 기차역으로 들어왔다. 웨이크필드, 스턴햄, 찰스타운, 뉴턴, 월덤.[50] 보스턴에서는 털이 잘 다듬어진 말들을 이끌고 기병대 두 개 중대가 왔다. 사우스프레밍엄의 병기창에는 새로이 탄약이 도착했다.[51] 한 중대는 하버드 대학에서 왔다. 하버드 대학 총장은 민병대에 자원하는 학생들은 중간고사를 면제해주겠다고 약속했다.[52] 하버드의 새 총장이 이렇게 로렌스시에 관심을 기울인 데는 학문과 무관한 이유가 있었다. 누님인 시가 피우는 시인 에이미 로웰, 형인 유명한 천문학자 퍼시벌 로웰과 더불어 하버드 대학 총장 애벗 로렌스 로웰은 애벗 로렌스의 손자였던 것이다.[53]

    1월 30일 화요일 아침, 1500명의 병사들이 로렌스시의 여러 거리를 순찰했다. 이제 민병대는 공단만 지키는 게 아니라 에식스 스트리트의 큰길에서 브로드웨이를 거쳐 도시 중심을 막고 있는 미로 같은 공동주택 지대까지 훑고 지나갔다. 기마 경찰은 대형을 유지하면서 "서 있지 마시오!"라고 외치며 대로를 확보했다. 보스턴 메트로폴리탄 경찰청 소속의 건장한 남자 쉰세 명은 밝은 푸른색 더블브레스트 코트를 입고 순찰을 돌았다. 미국 해병대에서 온 저격수 여덟 명이 제 위치에서 대기하고 있었다.[54] 법률가인 스위처 소령은 주의 깊게 강조했다. 이건 계엄령은 아니라고. 매사추세츠주에서 계엄령을 선포할 수 있는 권한은 주 의회가 가지고 있었기에 절차를 밟을 시간이 없었다는 것이다.[55] 하지만 이제부터는 행진도, 공원 집회도, "더 이상의 헛수작도" 모두 금한다고 소령은 선언했다.[56] 어떤 목적으로든 길거리에 우두커니 서 있으면 잠재적인 폭동으로 간주하여 걸맞은 조치를 취하겠다고 을렀다.[57] 소령은 선언했다. "설마 군인들이 총까지 쏠까, 하고 생각한다면 인생 최대의 실수를 저지르는 것이다. 그들은 목숨이 위태로울 것이다. 불법 행동은 어떤 수단을 동원해서라도 반드시 진압한다."[58]

    그날 아침 민병대는 처음으로 총을 쏘았다. 특히 공단을 중심으로 안전을 확보하고 얼어붙은 메리맥강을 넘어오는 자가 있는지 살펴보라는 명령을 받았다. 오전 5시경, 민병대원들은 그레이트 스톤 댐 바로 아래에서 어스워코 공장으로 위험할 정도로 가까이 접근하는 사람들의 그림자를 발견했다. 몇몇 병사가 경고 사격을 했다. 그림자 대열은 강둑 아래에서 사격을 멈추어달라고 소리 질렀다. "우리는 지금 일하러 가는 겁니다." 로렌스 얼음 회사에 고용된 이들이었다.[59]

하지만 이제 도시가 일촉즉발의 긴장에 휩싸였으니 머지않아 큰 사고가 터질 판이었다. 메리맥강에서 경고 사격 총소리가 울리고 1시간이 지나 민병대는 시리아인 무리에게 다가갔다. 그들은 고립된 시리아인 구역 내에서 행진을 벌이려고 준비하고 있었다. 이들은 스위처 소령이 행진 금지 명령을 내렸다는 소식을 듣지 못했으며, 민병대는 그들에게 이를 알려주었다. 그러자 실랑이가 벌어졌고 시리아인들은 쫓겨 도망치는 신세가 되었다. 몇몇 소년은 도망가다 멈추어 얼음덩어리를 던졌다. 그중 한 명은 열여덟 살 존 라미였다. 어머니와 두 형제를 둔 라미는 레바논 산맥의 삼나무가 자라나는 언덕배기의 작은 마을 출신이었다. 알링턴 공장을 다니던 라미는 파업을 적극 지지했고, 시리아 드럼과 나팔 부대 대오와 함께 행진했다.[60] 그날 아침 밖에 나가지 말라고 어머니가 애원했지만, 그는 행진하면서 놀아볼 생각이었을 것이다. 목격자들의 말에 따르면 라미와 두 친구가 병사들에게 얼음덩어리를 던졌다. 그런데 병사들이 갑자기 쫓아와 졸지에 소년들은 총검 몇 미터 앞에서 마구 달려야 하는 신세가 되었다. 이렇게 쫓기던 라미가 뛰기를 멈추자 병사들의 총검이 덮쳐왔다. 라미는 총검 하나를 피할 수 있었지만 다음 총검에 왼쪽 어깨를 찔렸다. 상처는 심하지 않아 보였다. 라미는 집으로 걸어갔으며 어머니에게 비록 셔츠가 피로 물들었지만 걱정할 필요 없다고 말했다. 그런데 집으로 온 의사는 다른 이야기를 했으며, 라미에게 빨리 병원으로 가라고 했다. 라미는 자기가 죽을 수도 있는 거냐고 물었으며 의사는 그렇다고 했다.[61]

1월 30일 화요일, 로렌스 시민들은 길거리에 설치된, 무장 군인들의 막사들을 보았다. 에식스 스트리트에 쇼핑을 나온 시민들과 병사들은 몸싸움을 벌였다. 큼지막한 새 깃털이 달린 모자를 쓴 여성들은 곧추세운 병사들의 총검을 피하기 위해 모자를 벗어야 했고,[62] 한 줄로 늘어서서 총구를 하늘로 향하고 있는 군인들이 사방에 진을 치고 있었다. 도시 전체는 평정을 유지했다고 한다. 스캔런 시장은 파업이 장기적인 교착상태에 들어갔다고 보았지만, 공장주들은 희망에 차 있었다. 그날 아침 공장들은 평소보다 늦게 문을 열었다. 시장과 그렇게 협의했던 것이다. 근자에 폭동이 터진 시각은 아침 조업이 시작되기 전, 어두운 새벽이었으니, 해가 나와 있는 시간대인 오전 7시 30분에서 오후 4시 30분 사이에 공장을 돌리기로 했다. 두 공장을 제외한 모든 공장이 돌아갔고 모두 출근한 노동자들이 현저히 늘어났다고 보고했다.[63] 민병대는 공장에 들어가려는 노동자들을 파업 노동자들이 괴롭히는 짓을 일체 금지했다. 커낼 스트리트 전체에 기계 돌아가는 소리가 울려 퍼졌으며, 굴뚝에서는 연기가 났고, 공장들이 멀쩡히 운영되는 것으로 보였다. 사람들은 파업이 약해지고 있으며, 폭력 행위와 사망 사건 때문에 노동자들이 치명상을 입었다고 느꼈다. 그때 두 기자가 장막 뒤로 숨어들었다.《보스턴 글로브》기자는 워싱턴 공장의 방적실로 숨어들었다. 여러 줄로 늘어선 기계가 돌아가고 있었지만 이 기계들을 관리하는 노동자는 한 사람도 보이질 않았다.[64] 《뉴욕 타임스》기자 또한 공장의 중역인 척하고 고급 차를 몰고서 알링턴 공장으로 들어갔다가 유령이 출몰하는 것 같은 광경을 보았다고 했다. 보통 방직공 4000명이 일하는 거대한 방직실에서 일하는 사람은 불과 열여섯 명이었으며, 넓고 넓은 방적 공간, 소모 공간, 빗질 작업 공간 등에서는 기계만 최고 속도로 돌아갈 뿐 사람은 한 명도 없었다는 것이다.[65]

그날 오후 라미는 숨을 거두었다. 얼핏 대단치 않아 보였지만 칼이 대동맥을 끊어놓았던 것이다. 시리아인들은 또 한 번 충격을 받았다. 지난 두 주 동안 그들의 지도자들은 파업을 수행하고 행진을 조직했는데, 다이너마이트를 숨겼다는 혐의까지 받았다. 시리아인 주거지 전체에 슬픔이 드리우고 복수하겠다는 말들이 터져 나왔다.

한 남자가 그날 저녁 경찰관에게 말했다. "그놈들이 그애를 죽였다고? 좋았어. 내일 보자고. 똑같이 갚아줄 테니까."

경찰이 소리 질렀다. "집으로 가요! 집으로 들어가요!"

"좋아, 집으로 가지. 하지만 내일 밤에는 누구 하나 집으로 돌아가지 않을걸."[66]

24시간이 채 지나지 않아 또 들려온 사망자 발생 소식에 에터는 넋을 잃었다. 화요일 오후, 그는 스위처 소령과 만나 안나 로피조의 장례식을 두고 협상했다. 스위처 소령이 모든 행진을 금지했지만, 에터는 결국 허가를 받아내 짧게나마 행진을 하기로 했다.[67] 행진에 참여할 사람들은 2만여 명으로 예상되었다. 이제 노동자들은 또 다른 순교자의 장례를 치러야 하는 상황이었다. 소령과 회의를 마치고 나온 에터의 모습은 로렌스시로 온 이후로 가장 침울해 보였다.[68] 사실 며칠 동안 왠지 얼빠진 사람처럼 보였더랬다. 우선 그답지 않게 분노에 차 있었고, 시종일관 우울하고 진지해서, 마치 다른 사람이 된 것처럼 보였던 것이다. 하지만 저녁 때, 진을 치고 있던 민병대를 뚫고 폴 채비스 홀까지 온 폴란드인 2000명에게 연설했으며 본래 모습을 되찾았다. 웃는 얼굴, 강철 같은 의지로 빛나는 눈, 또 이따금씩은 신명나는 모습까지 보이면서 청중에게 특유의 자신감을 불어넣었다. 그가 연단에 올라설 때 이것이 이번 파업에서 에터가 행하는 마지막 연설이 되리라 생각한 이는 아무도 없었다. 그는 이번 파업의 목적을 되새기는 말로 연설을 시작했다.

"내가 볼 때 이 집회로 우리 파업이 깨졌다는 낭설은 확실히 부인됐습니다. 이번 싸움을 이겨보겠다고 저들은 더 많은 병사와 보스턴의 경찰을 불렀고, 가능하다면 유혈이 낭자한 상황까지 몰고 가려고 합니다. 이제 공장주들도 나서서 목소리를 냅니다. 이들이 말하는 언어는 바로 병사들의 총검과 다이너마이트입니다. 하지만 이번 파업은 우리의 승리로 끝날 것입니다. 달리 될 수는 없습니다." 그는 죽거나 다친 사람들 이름을 열거하고는 모종의 이중 잣대가 지배하고 있다고 말했다. "파업 노동자를 죽이는 것은 법률이며, 경찰관의 코트를 자르는 것은 살인입니다. 하지만 우리가 볼 때 살인은 살인이고 폭도들의 난동은 폭도들의 난동일 뿐입니다. 그동안 폭동이라 할 만한 사건이 있었다면 이는 저쪽에서 고용한 자들이 불을 붙였기 때문입니다. 우리가 사용하는 유일한 다이너마이트는 계급 연대입니다. …… 우리의 목표는 단 하나입니다. 공장주들의 자동차 대수를 줄인다! 파업 노동자들에게 돌아가는 빵은 늘린다!" 에터는 자신이 곧 체포되리라 믿는 노동자들의 두려움을 일축했다. 설령 체포를 당한다고 해도 곧 보석으로 나온다며 군중을 안심시켰다. "나의 체포를 두고 저들은 밤낮으로 입을 놀렸고 지금도 말로만 떠들고 있습니다. 좋아요. 맘대로 하라고 합시다. 내가 어디에 사는지는 저들도 알고 있으니까요."[69] 에터가 한 말은 사실이었다. 경찰은 에터가 어디 사는지 알고 있었다. 하지만 보석으로 나올 것이라는 에터의 말은 결코 사실이 아니었다.

 니덤 호텔은 객실에 모든 기능이 구비된, 시어도어 드라이저의 소설에 자주 나오는 종류의 빅토리아식 호텔이었다. 에식스 스트리트에서 잘 드러나지 않는 호텔이기도 했다. 6층인데 방은 층당 네 개뿐이어서 꼭 폭이 좁은 캐비닛 같았으며, 창문마다 흰색 처마가 있어서 붉은색 벽돌 벽과 대조를 이루었다.[70] 또 한편 차량 기지와 가장 가까운 호텔이라 파업 전략을 짜는 비공식 본부가 되었다. 1912년 주요 도시의 큰 호텔에 투숙하는 사업가는 한 번에 여러 주 숙박을 예약하는 것이 관례였다. 어떤 이들은 호텔에서 살기도 했다. 하지만 이번 파업과 관련해 로렌스에 온 경찰들, 기자들 그리고 몇 명인지도 모를 사설탐정들은 호텔에 딸린 라스켈라 바에 내려와서 무슨 일이 벌어지는지 알아내려고 "밑바닥 정보"를 캐고 있었다. 이 호텔은 전화 서비스, "전기 및 가스 조명" "모든 객실에 상수도 구비" 등을 자랑하고 있었다.

에터는 첫 주에는 파업 노동자들의 집에서 숙식을 했지만, 나중에는 니덤 호텔에 머물러 32호실에 본부를 꾸렸다. 화요일 밤 폴란드 파업 노동자들에게 연설한 다음 호텔로 돌아왔다. 로비 기자들이 에터를 알아보았다. 그는 45분간 질의응답을 한 다음 글로 쓴 성명서를 들고 오겠다 약속하고 방으로 올라갔다. 엘리베이터 문이 닫히며 곱슬머리 얼굴이 사라지자 평상복 차림으로 그를 추적해온 경찰들은 눈에 띄지 않게 행동하려 애쓰고 있었다. 기자들은 로비에서 카드 게임을 했다. 그런데 11시 30분이 되자 중산모를 쓰고 조끼와 양복 정장을 챙겨 입고 물범 같은 콧수염을 자랑하는[71] 키 큰 사내가 로비를 지나 성큼성큼 엘리베이터로 걸어갔다. 잠시 후 에터는 정장 차림이었지만 우울하고 어지러운 모습으로 자기 방 문을 열었고, 윌리엄 프록터 경감을 올려다보았다. 프록터는 체포한다고 말했고 에터는 영장을 제시하라고 요구했다. 혐의는 에터의 예상과는 달리 폭동 선동이 아니었다. 프록터는 에터에게서 편지 두 통을 빼앗고 손에 수갑을 채웠다. 곧 호텔 안에 말이 퍼졌다. "에터가 체포됐대!"[72] 기자들이 소동을 피우는 가운데 에터는 신속히 로비를 지나 호텔 뒤에 세워놓은 경찰차로 호송되었다. 2시간 후, 경찰은 이탈리아인 주거지의 한 공동주택 문을 두드렸고, 아르투로 조바니티를 같은 혐의로 체포했다. 안나 로피조 살해 사건의 종범이라는 것이었다.[73]

다음 날 아침 일찍 안젤로 로코가 경찰서로 에터를 보러 갔다. 로코는 면회 불가라는 말을 듣고 돌아갔지만 잠시 후 돌아와서 자신의 친구를 만나야겠다고 고집했다. 로코가 자신의 이름을 말하자 오설리번 보안관은 그가 이탈리아 파업 노동자들 사이에 가장 영향력이 큰 인물임을 알아보았다. 로코가 회상했다. "그가 말했죠. '저놈 집어넣어! 저놈 집어넣어!' 저는 철창에 갇혔고 저들은 평화 교란이라는 혐의를 씌웠습니다."[74] 로코가 수감되는 가운데 더 유명한 죄수인 에터와 조바니티는 철창 밖으로 나가고 있었다.

1월 31일 오전 10시경, 에터와 조바니티는 법정에 나와 있었다. 판사가 혐의 내용을 읽어나가는 동안 에터는 자기 손가락을 들여다보았고 조바니티는 침묵을 지킨 채 고개를 푹 숙이고 있었다. 그의 갈색 눈동자는 평소보다 더 슬퍼 보였다. 두 사람 모두 무죄를 주장했다. 만약 혐의가 폭동 선동이라면 금방 보석으로 풀려났을 것이다. 하지만 살인 혐의를 쓴 경우에는 비록 종범이라고 해도 그런 혜택이 주어지지 않았다. 두 사람이 법정 밖으로 끌려갈 때 절도 혐의로 들어온 한 여성이 에터에게 다가가 손을 잡았다.[75] 경찰들은 법정 바깥에 진을 치고 있는 기자와 파업 노동자를 피해서 에터와 조바니티를 경찰서 옆문으로 밀어 넣었다. 이 모습을 본 성난 군중이 덤벼들었지만, 민병대가 신속히 이들을 제압했고 순찰 마차가 체포한 이들을 에식스 카운티 감옥으로 끌고 갔다. 조바니티는 여러 층의 탑이 있고 높은 아치 창문이 달린 이 감옥 건물을 보고는 꼭 교회 같다고 말했다.[76] 이 두 사람은 다음 주에 기소인부절차를 밟기 전까지는 감옥 바깥을 보지 못하게 된다.

지도자인 에터가 사라지자 이제 파업은 지친 무용수의 억지 동작처럼 보였다. 수요일 아침 파업위원회 회의는 한 지역 지도자가 주재하였고, 그는 에터가 쓰던 회의용 망치를 사용했다. 노동자들은 에터가 체포된 일은 오히려 투쟁의 명분을 강화할 뿐이며, 이렇게 많은 사람이 참석한 것은 참으로 고무적이라고 말했지만, 일반적인 보고를 듣는 가운데 45분이 지나자 지도자들은 곧바로 집행부 회의로 넘어가 버렸다.[77] 사람들은 놀라운 사건들로 아직도 혼란스러운 도시에서 계속 살아가느라고 기를 쓰고 있었다. 에식스 스트리트의 한 구두 가게는 그날 아침 공짜로 빵을 나누어 주겠다고 써 붙였으며, 인도에 줄이 길게 늘어서자 질서를 지키기 위해 민병대까지 왔다. 불과 1시간 만에 사람들은 빵 5000덩어리를 채 갔다.[78]

공장들은 마치 유령이 나올 것 같은 모습으로 계속 돌아갔고 "절대적 보편적 평화로움"이[79] 거리를 지배하고 있었지만, 이런 모습은 에터가 일컬은 "모종의 산업 평화" 같은 것에 불과했다. 기마 경찰들은 키 큰 말에 올라 앉아 갈등과 긴장을 자아내고 있었다. 말발굽이 보도에 부딪히는 소리만으로도 겨울의 을씨년스러움이 더 강해졌으며, 아이들은 놀라 쳐다보다가 부모들의 바쁜 손길에 금방 끌려갔다. 이 기마 경찰들은 공동주택 지구를 어슬렁거리다가 권총을 휘두르고, 사람들이 모이면 해산시키고, 주민들이 문밖에 나와 있으면 들어가라고 윽박질렀다.[80] 하버드 대학에서 온 민병대는 좀 더 널널해 보였다. 비록 그중 한 명은 "저자들에게 한방 날리고 싶다"고 말했지만,[81] 잘생긴 아이비리그 대학생들은 웃고 농담하면서 마치 작업 팀원들처럼 단체 사진을 찍느라 포즈를 취했다. 많은 젊은 여성이, 특히 이들이 입은 군복에 반하고 말았다. 당시 열다섯 살 공장 노동자였던 릴리언 도너휴는 이렇게 회상했다. "오, 정말 근사한 복장이었어요. 붉은색 새틴 안감을 댄 푸른 망토를 입은 거예요!" 도너휴는 결국 한 민병대원과 결혼했다. 비록 하버드 대학 출신은 아니었지만.[82]

수요일은 파업이 시작된 1월의 마지막 날이었다. 장의사 프랭크 드시

저는 안나 로피조의 시신을 안치한 관 뚜껑을 열고 장의사 앞문도 열어 놓았다. 곧 사람들이 줄을 서서 시신에 조의를 표하고 지나갔으며, 행렬은 커먼 스트리트를 따라서 몇 블록에 걸쳐 길게 늘어섰다. 이 행렬에 끼어 있었던 이들은 슬픔보다는 분노에 차 있었으며, 그날 오후 뭔가 보복을 해야 한다는 이야기가 떠돌았다. 겁을 집어먹은 드시저는 경찰서로 달려가 에터의 변호사에게 간청했다. 에터가 그런 행진을 하지 말라고 충고하는 내용이 담긴 성명서를 내달라는 것이었다.

드시저는 장례식장으로 돌아왔으며, 여전히 시신 앞에서 조의를 표하던 조문객들은 서한의 내용을 전해 듣고 차분해졌다. 하지만 드시저는 작은 위험이라도 피하고자 했다. 폭동이 일어나든가, 아니면 최소한 시위가 벌어질 것이라고 보았기에 몰래 관을 치워버리려 했다. 하지만 오전 내내 그리고 오후에 들어서도 계속 사람들이 몰려와서 시신에 조의를 표했다. 오후 1시 30분, 장의사 건물 밖에는 1000명에 이르는 사람들이 줄을 서 있었는데 기병대가 시청 건물을 돌아 커먼 스트리트로 향하고 있었다. 병사들은 행렬을 이룬 사람들 앞에 서서 권총을 꺼냈다. 이어 제식동작을 하듯 천천히 탄알을 장전하였고, 구경꾼들이 웅성거리는 가운데 찰칵 소리가 또렷이 들렸다. 대위 계급장을 단 중대장이 장례식장 안으로 들어가서 아직 장례식이 시작되지 않았음을 알게 되었다. 밖으로 나온 대위는 기병대를 이끌고 커먼 스트리트를 오르락내리락했다.

이처럼 위협적인 대치는 1시간 이상 계속되었다. 말들의 울음소리가 울려 퍼지는 가운데 기병들이 장전된 권총을 들고 있었고, 파업 노동자들과 동조자들은 야유를 퍼부으며 주먹을 휘둘러댔다. 마침내 오후 3시 40분, 대열의 길이가 조금 줄어들자 드시저는 기회를 엿보았다. 그의 신

> 동지 여러분,
>
> 공장주들은 우리의 파업을 무너뜨리고 또다시 여러분의 삶을 쥐어짜서 직물을 생산하려는 욕망에 가득 차 자신들이 "파업의 중추"라고 부르는 나를 체포했습니다.
>
> 이 일을 오히려 자극의 계기, 결단의 계기로 삼아 파업 승리를 향해 나아가십시오.
>
> 이미 예이츠 동지에게 무엇을 할지를 이야기해두었으며 하루 이틀 사이에 빌 헤이우드와 윌리엄 트라웃먼이 와서 파업 승리에 필요한 도움을 줄 것입니다.
>
> 당부하건대 동지들, 기운을 내십시오. 그리고 "중재도 없다. 타협도 없다"라는 구호를 기억하십시오. 인사와 격려를 드립니다.
>
> 승리를 위하여
> ─조지프 J. 에터
>
> 덧붙임: 조언을 하자면 오늘 오후 장례 행진은 하지 마십시오. 비록 몸은 떨어져 있지만 마음만은 동지들과 함께하겠습니다.[83]

호에 따라 영구차 한 대가 마차 앞으로 끌려 나왔다. 일꾼들은 관을 급히 바깥으로 끌고 나왔다. 조문객 한 명이 마차에 탔고, 영구차와 마차가 함께 말을 달려 무염시태 묘지로 갔다.[84] 로렌스시의 북동쪽 끝에 있는, 알링턴 공장이 보이는 곳이었다. 여기에서 로피조의 시신은 한 묘실에 안치되었다. 봄이 와서 땅이 녹으면 땅속에 묻힐 예정이었다.

다음 날인 2월 1일 화요일에는 시리아인 수백 명이 라미의 장례식장에 모여들었다. 검은 상복과 정장을 입은 여자들과 남자들은 엘름 스트리트에 있는 녹색의 마론파* 교회를 가득 메웠고, 함께 찬송가를 부르고 성경 구절을 외웠다. 신부가 암송했다. "육신을 죽인 이들을 두려워하지 말고, 육신과 영혼을 죽이는 이들을 두려워하라." 향을 피워놓아 공기에는 달콤한 향취가 흘렀다. 가브리엘 바스타니 신부는 라미를 기리기 위해 "로렌스시 파업에서 살해당함"이라고 쓴 기념비를 세우자 했지만, 세워진 바는 없다.[85]

그리하여 파업 기간 동안 가장 혼란스러운 날들이 지나갔다. 많은 이들이 도시 분위기가 어쩌면 이렇게 순식간에 어두워질 수 있을까 생각하며 놀랐다. 헤이우드가 방문하여 모두 환호를 올리던 날이 고작 1주일 전이었고, 첫 행진을 벌인 지 두 주밖에 지나지 않았던 것이다. 당시에는 금방 승리할 것 같았지만, 이제는 많은 이들이 언제라도 패배하리라 예상하게 되었다. 주말쯤에는 두 가지 징조가 나타나 더욱 험한 시절의 도래를 알렸다. 첫째는 달을 둘러싼 기묘한 후광이었다. 이는 공장 굴뚝에서 나온 연기 고리처럼 하늘을 맴돌면서 또 한 번의 매서운 눈보라를 예고하고 있었다.[86] 하지만 확실한 징조는 따로 있었다. 당국이 1500명의 병사, 저격수, 보스턴 경찰을 먹이기 위해 도매상들에게 주문을 넣은 것이다.

이 군수품들은 주 정부 병기창에 보관되어, 공단에서 시청과 고등학교 체육관을 거쳐 YMCA 건물까지 흩어져 있는 군인들의 막사로 보내질 예정이었다. 보급품들은 햄 세 통, 커피 180킬로그램, 빵 700덩어리, 버터 115킬로그램, 우유 일흔다섯 깡통, 설탕 500킬로그램, 소금 135킬로그램, 옥수수 통조림 마흔 상자, 라드 한 상자, 감자 스무 꾸러미, 양

---

* 동방 가톨릭교회의 일파로 오늘날 레바논과 시리아에서 가장 유력한 교단이다.

파 열 꾸러미, 쌀 90킬로그램 등이었고, 기병대의 말을 먹이기 위해 건초 3톤과 귀리 4000킬로그램도 마련된 상태였다.[87] 군대가 장기 주둔할 계획을 세운 것이다.

2부

역사의 법정에서

빵과 장미

우리는 행진하고 행진한다, 아름다운 햇빛 속에서
백만 개의 시커먼 부엌 아궁이와 천개의 공장 다락의 어두움이
갑자기 밀어닥친 눈부신 햇빛에 쫓겨 멀리 달아난다
사람들이 우리 노래를 들었기 때문이다, "빵과 장미를, 빵과 장미를"

우리는 행진하고 행진한다, 우리는 남성들을 위해서도 싸운다
그들도 여성들의 자식들이며 우리는 그들을 다시 키워낸다
태어날 때부터 숨을 거둘 때까지 땀만 흘리는 그런 삶은 결코 없으리
몸이 굶주리듯 마음도 굶주린다, 우리에게 빵을 달라, 그리고 장미도 달라!

우리는 행진하고 행진한다, 숨져간 무수한 여성들이 울부짖으며 함께 간다
우리는 아득한 옛날부터 그녀들이 불렀던 빵의 노래를 부른다
허드렛일에 지친 그녀들의 정신은 예술도 사랑도 아름다움도 거의 알지 못했다
맞다, 우리는 빵을 얻기 위해 싸운다, 하지만 우리는 장미도 얻기 위해 싸운다

우리는 행진하고 행진한다, 저 위대한 시대를 여는 이들은 바로 우리다
여성들이 일어서는 것은 곧 인류 전체가 일어서는 것이다
허드렛일로 허리가 휘는 사람 따로, 빈둥거리며 게으름 피우는 사람 따로인 세상은
이제 끝이다
대신 인생의 온갖 빛나는 것을 우리 모두 함께 나누자. 빵과 장미를, 빵과 장미를!

―제임스 오펜하임

7장

두 쪽이 난 나라, 미국

지금 미국은 소요와 당혹, 거의 공포에 가까운 불안의 시기를 지나고 있다. 우리는 부랴부랴 모든 사회적 통념을 꺼내 재검토하고 있다. 맨 밑바닥에서 올라오고 있는 것이다.

—월터 윌, 『새로운 민주주의』, 1912[1]

병사 1500명이 로렌스시에 자리 잡은 직후, 스캔런 시장은 뉴햄프셔주의 나슈아에서 온 편지를 받았다.

안녕하십니까.
귀하의 도시에서 벌어진 파업에 제가 도움을 드릴 수 있게 된다면, 저는 경찰관 세 사람 몫을 할 수 있다고 장담합니다. 좋은 말 한 필과 혼 트리 안장 한 개, 그리고 안장에 매다는 채찍 하나, 콜트 권총 두 정을 제공한다면 말입니다. …… 저는 약 두 달 전 해군에서 제대하여 지금 일자리를 찾고 있습니다. 저는 미국의 이 지역은 잘 알지 못합니다. 해군에 입대하기 전부터 사격과 승마 훈련을 받았으므로 이 두 가지에 능합니다. 훈련은 펜실베이니아주에서 받았으며, 콜트 권총만 있다면 거의 어떤 표적이든 명중시킬 수 있습니다. 그리고…… 폭도들을 제압하는 훈련도 많이 받았습니다. 귀하의 답장을 기다리겠습니다.

시장의 답장은 재치가 있었다. 편지 보내신 분의 제안은 "감사히 받겠지만" 로렌스시는 이미 충분한 안전을 확보하고 있다고. 만약 민병대, 보스턴의 메트로폴리탄 경찰, 해병대 저격수, 로렌스시 경찰을 모두 동원했음에도 평화 유지에 실패한다면 "귀하의 자격들이 고려될 가능성이 있겠습니다."[2] 다음 날 맨해튼에서는 두 남자가 조지프 에터가 체포당한 이야기를 하고 있었다. "저 변덕스러운 자본가들 떼거리가 또 빌어먹을 몹쓸 짓을 저질렀군!" 다른 사람이 답했다. "자기들 무덤을 판 거지 뭐, 이렇게 되면 지난번 사망 사건 수사를 안 할 수가 없잖아."[3] 로렌스 파업은 이제 온 미국인의 관심사가 된 것으로 보였다.

1912년 겨울 미국은 급속히 20세기로 진입하고 있었다. 헨리 포드의 신제품 "모델 T"가 나오면서 자동차가 빠르게 보급되었고, 비행기가 막 이륙을 시작했으며, 철도는 어느 때보다 동력이 강해지고 훌륭히 작동하고 있었다. 흙과 모래가 뒤섞인 진창에 불과하던 파나마 운하 건설은 계속 진척되어 이제 인류 역사상 가장 뛰어난 공학적 위업을 쌓아 올리고 있었다. 이집트인들이 피라미드를 건설한 이후 이처럼 거대한 건설 사업은 이루어진 적이 없었다. 맨해튼과 시카고에서는 마천루들이 쑥쑥 올라오고 있었다. 5센트짜리 극장에 들어가면 댕댕거리는 래그타임 피아노 연주에 맞추어 짧은 무성영화들이 상영되고 있었으니, 그중에는 데이비드 워크 그리피스가 감독한 〈공동주택 지구에 피어난 백합〉, 또 "미국의 국민 연인" 메리 픽퍼드가 주연한 〈작은 빨간색 마법 망토〉 같은 영화가 있었다.[4] 또한 원거리 통신이 발달하여 먼 지방 소식들도 전해지면서, 신문의 헤드라인과 사진은 상대적으로 좁은 국내에서는 접할 수 없었던 이야기들을 쏟아내고 있었다. 남극 탐험대들의 경쟁, 풍차 앞에 서 있는 네덜란드 소녀의 사진, 왕관을 쓰고 거리 행진에 참여한 유럽의 군주들……. 브로드웨이 뮤지컬에는 조지 코핸과 에설 배리모어가 출연했고, 버스터 키튼, 필즈, 그리고 젊고 익살 넘치는 막스 형제가 보드빌 쇼를 펼치고 있었다. 이 시절은 최상도 최악도 아니었지만, 많은 미국인은 이때를 둘 중 하나로 그려내고자 기를 썼다. 노동자 혁명이 임박했다고 설파하고 다니는 쪽이나 야만 세계를 문명화하는 "백인들의 짐"을 옹호하고 다니는 쪽이나 자만심에 빠져 있기는 마찬가지였기에 지독한 도덕적 허풍이 만연한 시대였다.

1월이 지나자 두 가지 주제가 헤드라인의 단골이 되었다. 첫째는 다가오는 선거였다. 공화당은 16년째 백악관을 장악하고 있었으며, 링컨 이후 반세기 동안 두 번을 빼면 모든 대통령 선거에서 승리했다. 하지만 1912년 당시의 대통령은 대다수 미국인이 살만 잔뜩 찐 허풍선이라고 여기는 인물이었으며, 이제 갈아치워야 한다고 국민들은 생각하고 있었다. 태프트 대통령은 우선 관세법 개정에 거부권을 행사하여 온 국민이 분통을 터뜨렸다. 또 만찬 자리든 음악회장이든 국무회의 석상이든 그냥 잠들어버리는 버릇이 있었는지라 기운 넘치는 미국인들은 단단히 짜증이 날 수밖에 없었다.[5] 심지어 동료 공화당원들조차 몸무게가 135킬로그램이나 나가는 대통령을 "원하는 것을 챙겨 가려고 독이 오른 자들에게 완전히 포위돼버린 맘 좋은 아저씨"라고 보았다.[6] 모두 다 알고 있었다. 태프트는 루스벨트가 아니라는 것을. 1월 내내 신문에서는 루스벨트가 3년 전에 떠난 백악관을 되찾으려 할지를 두고 추측성 기사를 내놓고 있었다. 루스벨트 본인도 태도가 오락가락했고 뭐라도 한마디 하면 신문의 헤드라인이 되었다. 그러는 사이에 뉴저지의 새 주지사 우드로 윌슨이 아주 강력한 경쟁자로 떠올랐고 매사추세츠 주지사 포스 또한 다크호스로 부상하고 있었다.[7]

둘째 주제는 날씨였다. 1888년 눈보라가 몰아친 이후로 이렇게 끔찍한 겨울은 처음이었다. 메인주에서 미국 중서부에 이르기까지 사람들은 공동주택에 들어앉아 떨었고, 농부들은 두껍게 쌓인 눈에 발이 묶여버렸다. 보스턴 항구뿐만 아니라 롱아일랜드 해협도 꽁꽁 얼어붙어버렸다.[8] 나이아가라 폭포 근처에는 약 20미터 두께에 300미터 길이의 거대한 얼음덩어리가 생겼고 사람들은 매일같이 이 길을 걸어다녔다.[9] 외국의 겨울은 보다 따뜻했지만 훨씬 더 부산스러웠다. 중국은 마침내 혁명의 진통을 견뎌낸 반면, 쿠바, 멕시코, 온두라스는 반란으로 들끓었기에 미국에서는 현지의 미국 과일 기업들 재산을 보호하기 위해 해병대를 보내자는 논의가 나오고 있었다.[10] 발칸반도에서는 전쟁 조짐이 보였고, 러시아제국에서는 최면술에 능한 수도승이 알렉산드라 황후와 혈우병을 앓는 아들이자 로마노프 왕조의 계승자를 홀려놓았다는 소문이 돌았다.[11] 하지만 2월이 되자 사망 사고 두 건과 다이너마이트 음모의 여파로, 로렌스시가 관심의 초점이 된다.

이 이야기는 이미 10년 전부터 예고된 바 있었다. 당시 미국인들은 자신들 살아생전에 미국이 도저히 알아볼 수 없을 만큼 변해버렸다고 느꼈다. 최근까지도 농업이 압도적이었던 미국이 이제는 사람이 미어터지고 썩을 대로 썩은 도시들의 나라가 되어버린 것이다. 개혁가들은 1890년대 이후로 조용한 홀에서, 또 시끄러운 강당에서 이런 미국은 건국의 아버지들이 그린 나라가 더 이상 아니라고 주장했다. 이는 "언덕 위의 도시"가 아니라 언덕 위의 빈민촌이라는 것이었다. 아메리칸드림은 무너져버렸고, 이를 되살릴 수 있는 것은 오로지 정부뿐이라는 합의가 자라나고 있었다. 20세기의 첫 10년 동안 주요 도시들에서 "진보주의자"가 시장이 되었고, 시어도어 루스벨트 같은 인물이 대통령으로 선출되었다. 이들의 목적은 IWW가 외치는 유형의 계급 전쟁을 벌이는 게 아니라 예방하는 것이었다. 자본주의의 날카롭고 해로운 면들을 부드럽게 다듬어서 막 일어나고 있는 사회주의의 물결을 주저앉히는 것이었다. 여러 도시의 시정을 장악해버린 부패한 정치적 "기계들"을 청소하고, 독점 대자본을 길들이고, "못사는 다른 반쪽"도 먹고살 수 있는 나라로 만들어야 한다는 이야기가 도처에서 터져 나왔다.

1912년이 되면 개혁가들의 열망이 절정을 이루었으니 오늘날 "진보주의 시대"라고 불리는 특유의 교훈극이 상연되기에 꼭 맞는 시기였다. 이런 교훈극이 막을 올린 곳이 바로 로렌스시였다. 여기 분열된 미국의 모든 역설을 드러내고 있는 파업의 도시가 있다. 노사 갈등, 고삐 풀린 산업화, 높은 관세, 이민, 사회주의, 생디칼리즘, 여성의 권리, 아동노동 등, 당대의 유일한 매체였던 신문과 잡지는 로렌스 파업의 호소력을 알아보고 앞다투어 취재에 뛰어들었다. 1912년 당시 미국에는 신문사가 2600개 있었고(사상 최다였다)[12] 이들의 정치적 입장은 골수 공화당 지지에서 순도 높은 아나키즘에 이르기까지 가지각색이었다. 주요 도시마다 일간지가 몇 개씩 있었고, 신문들 사이에는 목줄끊기 경쟁이 벌어졌다. 신문팔이 소년들이 소리 높여 외치는 헤드라인이 신문 판매의 핵심 요소였다. 그런데 로렌스 파업의 경우 간헐적인 폭력, 여러 민족의 분위기, 서로 싸우는 분파들 같은, 신문이라는 매체에서 다룰 만한 주제로 안성맞춤인 이야기들이 넘쳐 나고 있었다.

1월 12일 이후로 지역의 일간지들(보스턴 일간지 여섯 개, 로렌스 일간지 세 개)[13]은 각자 이 파업 소식에 하루 2미터 길이까지 지면을 할애한 바 있었다. 논조는 다양했으니 냉철한가 하면 선정적이기도 했다. 가장 선정적인 기사들은 뉴잉글랜드 지방에서 가장 널리 읽히는 일간지《보스턴 아메리칸》에서 나왔다. 윌리엄 허스트가 발행하는 이 신문은 파업이 시작된 아침 이래로 노동자들이 공장을 다이너마이트로 폭파하겠다고 위협했다는 등의 근거 없는 기사를 실어 분노를 샀다.[14] 풍부한 전면 사진들, 선정적인 헤드라인, 유명인사들을 타블로이드 신문처럼 다루는 태도 등으로 유명한《보스턴 아메리칸》은 로렌스시에서 벌어진 온갖 자잘한 사건을 모종의 무정부 상태가 진행 중이라는 증거인 양 콕 집어서 다루었다. 특히 파업 노동자들이 이 신문을 의심의 눈초리로 본 이유는, 폭발물이 발견되기 이틀 전인 1월 18일에 이미 다이너마이트 음모를 이 신문이 다루었기 때문이다.[15] 그래서 이들은《보스턴 아메리칸》을 "사회의 암덩어리"라고 불렀지만,[16] 그런 인식 때문에 이 신문의 논조가 변하는 것을 눈치채지 못했다.

허스트가 풀어놓은 기자들이 로렌스시의 공동주택 지구를 다니면서 굶주림과 절망에 찌든 이야기들을 긁어서 돌아오자《보스턴 아메리칸》은 파업 노동자들을 지지하게 된다. 비록 소문을 사실처럼 보도하는 태도는 여전했지만, 그래도 허스트의 신문은 에터가 체포되자 "무언가 냄새가 난다"고[17] 비판했으며, "보호관세로 제조업자들이 벌어들이는 어마어마한 이윤"을 공격했던[18] 보스턴의 유일한 신문이었다. 다른 신문들은 비록 더 정확했지만 그만큼 동정적이지는 않았다.《보스턴 트랜스크립트》와《보스턴 헤럴드》는 대놓고 공장주들 편에 섰고,《보스턴 글로브》는 파업에 대한 사설은 거의 싣지 않았으며, 사건을 보도할 때도 냉정한 거리를 유지했다.

로렌스시의 신문들도 태도가 갈렸다.《로렌스 트리뷴》은 "에식스 카운티의 대의제 민주주의 신문"을 표방하면서 에터와 헤이우드를 에둘러 비판했지만, 파업 노동자들은 지지했다. 한 사설에서는 "노동 능력이 있어서 대기업이 채용한 사람이라면, 일당 1달러보다는 더 가치 있는 존재이다"라는[19] 입장을 천명했다. 이 도시의 다른 일간지들은 둘 다 공화당 쪽에서 소유한 신문으로,[20] 분명히 공장주들의 진영에 서 있었다.《로렌스 텔레그램》의 사설들은 법과 질서를 전투적으로 옹호했으며, 공장주들이 높게 추산해 발표한 임금 수치를 인용했고,[21] IWW를 비난한 다른 신문들의 기사를 자주 내보냈다. 선정적인 신문인《로렌스 데일리 아메리칸》은 이 모든 상황이 신물이 난다는 태도를 노골적인 헤드라인으로 표명했다. 에터가 "이 도시를 뒤집어놓겠다고 말하다."[22] "면도날을 소지한 파업 노동자가 체포되다."[23]

하지만 로렌스시의 일간지들은 영어권 시민들만을 독자로 삼았다. 하지만 로렌스시는 이미 수많은 언어가 쓰이는 공장 도시로 성장했으므로, 실로 다양한 외국어 신문들이 쏟아져 나왔다. 시리아어로 나오던 《알와파》는 비록 최근에 폐간되었지만, 프랑스어로 나오는 《쿠리에 드 로랑스》와 독일어로 나오는 《안차이거 운트 포스트》는 여전히 성업 중이었으며[24] 두 신문 모두 파업 노동자들을 지지했다. 《쿠리에 드 로랑스》는 이 파업을 프랑스식으로 살짝 꼬아서 바라보았다. 이 신문은 에터를 "파업 지도자"로[25] 다루었다. 반면 스위처 소령은 "소령", 스캔런 시장은 그냥 "시장"이었다. 이 신문도 처음에는 사건들을 보도했을 뿐이고 그저 "고통받는 이들"을 위해 모금을 하자는 정도의 논조를 보였다. 하지만 파업이 강고하게 지속되고 프랑스계 캐나다인들이 점점 더 많이 파업에 참여하자 《쿠리에 드 로랑스》 또한 강성으로 변해 아예 미국의 전체 경제구조에 의문을 제기했다. 한 사설에서는 록펠러를 필두로 한 미국의 최고 부자들을 하나씩 나열하면서 "성경의 욥처럼 가난한 상태로 이 나라에 온 사람들이 정말로 정직한 방법으로 이렇게 부자가 될 수 있는 걸까?"라고 물었다.[26]

《안차이거 운트 포스트》 또한 "공장 노동자 파업"을 동정적인 태도로 바라보았으며 이렇게 주장했다. "파업의 조속한 종결을 원한다 해도 이 파업을 시작한 이들이 완강하게 요구 사항을 고수하는 데 책임을 돌려서는 안 된다."[27] 《쿠리에 드 로랑스》와 마찬가지로, 2월 중순 들어 독일인이 더 많이 파업에 참여하자 《안차이거 운트 포스트》 또한 더욱 대담해졌다.[28] "모든 노동자는 정당한 임금을 받을 자격이 있다"라는 헤드라인의 기사에서 공장주들이 정말로 파업 노동자들의 요구를 받아들일 수 없을 정도로 가난하냐고 물었다.

> 지난 몇 년 동안 이 도시에 들어선 거대하고 값비싼 공장 건물들을 보기만 해도 알 수 있다. 이 공장을 세운 결과 원래 부유한 소유주들이 더 가난해졌는가? 반대로 대부분 눈에 띄게 더 부유해지지 않았는가? 아마도 적나라한 진실은, 미국의 독점 대자본가들이 웬만한 이윤에는 만족하는 법을 전혀 배우지 못했다는 점이리라. 이들이 난리를 치면서 추구하는 것은 오로지 돈을 긁어모으는 것뿐이다. 대체 무슨 목적으로? 상상할 수도 없이 화려한 삶을 누리면서 망나니 자식들에게 엄청난 재산을 물려주는 것뿐이다.[29]

로렌스시의 리투아니아인들은 보스턴에서 나오는 《켈레이비스》라는 주간지를 통해 파업 소식을 쫓아갔다. 《켈레이비스》는 특히 리투아니아인들이 당한 공격을 자세히 다루었고,[30] 파업 기금에 몇 센트라도 기부한 미국과 캐나다의 리투아니아인의 이름을 긴 목록으로 인쇄 보도했으며,[31] '땜빵'들은 파업 노동자들에게서 빵을 빼앗아 가는 "사악한 인간들"이라고 몰아붙였다.[32] 다이너마이트 음모 사건도 비판적인 논조로 보도했다. "자유로운 미국의 자본가들은 그들만의 소중한 정부가 있고, 또 러시아의 경찰과 비슷하게 광견병자 같은 과격분자들도 거느리고 있다. 여기 로렌스시 몇 곳에 다이너마이트를 심은 자들 말이다."[33]

결국 로렌스시 지역 신문을 넘어서서 전국 매체들까지 이 파업에 주목하게 되었다. 한두 주 뒤처졌지만 이 매체들은 보스턴과 로렌스에서 나왔던 소식을 금세 따라잡았다. 그후 다양한 입장을 표명하는 사설들이 쏟아져 나왔다.

로렌스 파업은 …… 세계는 아니어도 전국적인 섬유업계 파업의 일부일 뿐이며, 따라서 해당 음모가들이 희망하는 대로 일종의 사회혁명의 신호탄이다.《뉴욕 트리뷴》[34]

파업 노동자 살해 사건의 공범이라면 왜 아메리칸 모직의 우드 회장을 체포하지 않는가? 그 또한 이 사건에 에터와 똑같은 정도로 관련되어 있지 않은가?《토페카 캐피틀》[35]

파업 노동자들이 군인들의 총부리 앞에서 무력한 존재일 뿐만 아니라 임금표로 볼 때 무척 고단하게 살아간다는 점도 분명하다. …… 하지만 이 노동자들은 재화의 희소함을 초래하려고 로렌스시를 무정부 상태로 몰아가면서 이에 대한 공감을 요구하고 있는 셈이다. 너무나 당연하게도 해당 재화들의 소비자들로서는 생산의 적들에게 공감할 여력이 없다. 《뉴욕 타임스》[36]

그리고 《로스앤젤레스 타임스》는 여전히 맥나마라 형제 사건과 사회주의 "비밀 종교"를 격렬히 공격하고 있었으니, 이 사건에도 각별한 분노를 표출했다. 이 신문은 에터와 헤이우드를 "폭도의 지도자들"[37]이라고 낙인찍으면서 이렇게 묻는다. "그렇다면 우리는 이제 용기를 내어 저 위대한 유다의 왕 여호사밧*의 이름으로 또한 미국 독립 시기 대륙의회의 이름으로 이 범법자들에게 여리고**로 가라고 말할 때가 되지 않았는가?"[38]

*   유다 왕국의 4대 왕으로 부유하고 강대한 왕국을 일구었다.
** 40년간 광야를 떠돌던 여호수아가 이끄는 이스라엘 백성이 정복한, 젖과 꿀이 흐르는 땅 가나안의 관문이었다.

비록 주류 매체들의 태도는 이렇게 각양각색이었지만, 미국에서 막 생겨나던 사회주의 매체들은 한목소리로 주장했다. "로렌스시는 전형적인 자본주의 공장 도시이다." 캔자스주에서 나오는 사회주의 신문으로 미국에서 가장 인기 있는 주간지였던 《이성에 대한 호소 Appeal to Reason》는 이렇게 보도했다. "로렌스시의 임금노동자들에게는 빈곤, 착취, 실업과 굶주림에 대한 공포가 운명처럼 주어져 있는 반면, 한줌밖에 안 되는 공장주들은 중세의 봉건 귀족들처럼 교만하게 뻐기고 있다."[39] 뉴욕 그리니치빌리지에서 나오는 잡지 《대중》은 이 파업을 반란이라고 일컬었다. "이 공장의 가난한 노예들은 임금 삭감 때문에 반란을 일으켰지만 당시 5분 전까지만 해도 파업 따위는 생각할 여력이 없었다. 너무 심한 중노동에 시달리고 있었기에 빵, 당밀, 물, 그리고 지옥 같은 공장의 소음 말고 무슨 조직이나 투표 따위는 생각할 틈도 없었던 것이다."[40] 사회주의 간행물에서 파업 노동자들은 항상 "굶주리는 자"로 묘사되었고,[41] 공장주들은 "도둑"과 "기생충"으로[42] 그려졌다. 그리고 파업 자체는 항상 (1871년 파리에서 2개월간 유지되다가 분쇄당한 노동자 정부인) 파리 코뮌의 낭만적인 재현으로 묘사되었다. 이러한 정서를 전형적으로 보여주는 것은 이탈리아 사회주의 연맹 주간지인 《일 프롤레타리오》였다(편집국장인 조바니티는 당시 로렌스시의 감옥에 있었다). 잘못된 기사들도 있었지만(이 주간지가 처음으로 로렌스시 특파원에게 글을 받아 내보낸 기사에는 민병대가 파업 노동자들을 사살하고 있다고 돼 있다)[43] 이 주간지는 웅변적인 수사로 이 투쟁의 영광을 치장했다. "비굴하게 끝내기에는 너무나 아름답고 너무나 서사시적인 투쟁."[44]

잡지들은 로렌스시를 주목하는 데 좀 더 시간이 걸렸지만, 2월 초부터는 본격적으로 보도에 나섰으며 논조도 좀 더 풍부했다. 잡지들이야말로 "진보주의 시대"의 양심이었다. "반역 행위를 저지르는" 상원을 청소해버리자는 주장에서 관세 개혁에 이르기까지 무수한 도덕적 십자군 운동이 지속되었으며, 이러한 운동은 보통 길고 자세한 잡지 기사들이 불을 붙였다. 그러한 묵직한 기사들을 썼던 언론인들 다수가 로렌스 시로 집결하고 있었다. 링컨 스테픈스, 메리 히튼 보어스, 레이 스태너드 베이커, 윌리엄 앨런 화이트 등의 "폭로 전문 언론인"이었다. 이들은 일단 기차역에서 내리자마자 미국의 도시에서 군인들이 상주하고 있는 놀라운 모습을 본 뒤에 거리를 돌아다니며 기사를 써나갔다. 훗날 《뉴리퍼블릭》의 창간에 참여한 월터 와일은 이 도시의 현재 상태를 《아웃룩》에 다음과 같이 묘사했다.

> 권총과 총검으로 무장한 민병대가 공단의 도로와 교량을 지키고 서서 모든 통행인을 검문하고 있다. 쇠 울타리와 육중한 철문이 보호하는 거대한 공장 건물들은 시커먼 요새처럼 모습을 드리우고 있으며, 건물들 전면에는 반대쪽에서 비추는 서치라이트의 묘한 불빛이 흔들리며 지나간다. 공장 안에도 군인들이 진을 치고 있어서 혹시라도 공장을 습격하려는 무리가 있다면 당장 탄환을 빗발처럼 쏟아부을 기세이다.[45]

언론인들은 파업 노동자들의 집회에 참석하여 열 가지가 넘는 언어로 행해지는 열정적인 연설을 들었다. 이들은 스캔런 시장, 스위처 소령, 헤이우드를 인터뷰했고, 이어 벌레가 뒤끓는 공동주택 지구로 향했다. 《하퍼스 위클리》는 한 시리아인 가족의 상태를 다음과 같이 묘사했고, 이 기사 때문에 아메리칸 모직의 광고가 끊기기도 했다.[46]

> 방 세 개에 여섯 식구가 살고 있었다. 마루는 더럽고 먼지와 재, 치우지 않은 쓰레기로 가득했다. 가족을 부양하는 이는 고작 16세 6개월이 된 소년

과 17세 소녀 두 명이었고, 이들이 벌어 오는 소득은 다 합쳐봐야 한 주에 12달러 50센트였다. 방세만 한 달에 10달러가 나갔다. 이 소녀는 이렇게 부르짖었다. …… "아, 다마스쿠스*를 절대로 떠나는 게 아니었는데."[47]

잡지들은 빵을 타려고 줄을 선 아이들,[48] 아기를 안은 여윈 여인들,[49] 펄럭이는 성조기 아래에서 대치하고 있는 파업 노동자들과 민병대[50] 등의 모습을 사진으로 실었다. 미국의 공공 여론은 이렇게 넘쳐 나는 이야기들과 통계 수치들을 가지고 이 파업의 원인, 해법, 의미와 중요성 등을 두고 논쟁을 벌였다. 곧 로렌스시의 주민들은 자기들 도시가 일종의 어항이 된 느낌을 받았다. "로렌스시 바깥에 사는 사람들 중에 이번 파업에 깃들어 있는 미덕과 해결 방안을 모르는 사람이 있을까?"《로렌스 트리뷴》의 질문이었다.[51] 로렌스시에서 나온 기사들은 연구실, 대합실, 착취 공장, 광산촌 등지에서 널리 읽혔으며, 이 파업 이야기는 심지어 날씨 이야기 그리고 루스벨트가 마침내 모자를 "링 안으로" 던지기로 결심했다는 이야기와 맞먹을 정도로 사람들의 관심을 끌게 된다. 겨울이 깊어가면서, 로렌스시는 "밑바닥에서 환상을 깨고 나오던"[52] 미국인들의 의식을 일깨우는 피뢰침이 되었다.

이제 로렌스시에서 무슨 일이 벌어질지는 온 미국인이 다 알고 있는 듯했지만, 파업이 4주차로 들어가자 양쪽 모두 매일 아침 에식스 스트리트의 반쯤 녹은 눈을 밟고 서 있는 말들처럼 이러지도 저러지도 못하는

---

* 현재 시리아 수도.

상황이 되었다.⁵³ 파업 노동자들은 일단 1월 말 살육 사태의 충격에서 회복하여 당당히 저항하는 태도를 보였다. 2월 1일, 커먼 스트리트에서 군중들을 몰아내던 병사가 어떤 여성에게 가게 안으로 돌아가라고 명령했다. 여인은 거부했다. 가게는 남편 소유였고 도로는 여성 소유였다. 민병대원이 장총을 겨누자 여성은 팔을 흔들며 소리를 질렀다. 구경꾼들은 겁에 질려 얼어붙었다. 마침내 그녀의 남편이 부드럽게 아내의 손을 잡고 가게 안으로 데리고 들어갔다.⁵⁴ 조금 후에 한 포르투갈인 남성이 2층 창문에서 머리를 내밀었다. 장총 세 정이 그를 겨냥했다. 그러자 남자는 코트를 열어젖히고 가슴을 드러내고는 소리쳤다. "쏠 테면 쏴봐! 쏠 테면 쏴보라고!" 남자는 빈약한 가슴을 드러내고 총부리를 노려보았고, 누군가 그를 창문에서 떼어내 안으로 데려갔다.⁵⁵ 빌리 우드가 시무룩하여 가만히 있으니, 이러한 사건들을 거치면서 노동자들은 민병대를 새로운 적으로 지목하게 되었다. 노동자들을 서쪽으로 몰아내는 민병대를 본 헤이우드는 그들을 "군복 입은 겁쟁이들"이라고 비난했고,⁵⁶ 노동자들은 술 취한 민병대원들이 자신들을 모욕하고 위협한 행위를 성토했다. 하지만 민병대가 있어서 기뻐하는 사람들도 있었다.

어느 날 오후, 동네에서 그저 "친구"라고 불리는 소년 아서 리건이 퍼시픽 공장 근처의 다리를 건너고 있었다. 도시락 상자들을 메고 작은 수레를 끌고 가는 소년을 파업 노동자 세 명이 보았다. 리건은 회상한다. "그들이 말했어요. '그거 땜빵 놈들이 먹을 저녁밥이지?' 제가 말했죠. '아녀요. 엔지니어들과 소방수들이 먹을 거예요. 그 사람들은 보험 문제 때문에 공장 안에 있어야 해요.' 소용없었어요. 그자들은 속이 찬 저녁 도시락 상자 두 개와 속이 빈 상자 두 개를 모두 강물에 던져버렸고 심지어 내가 끌던 수레까지 던져버렸어요. 그다음에는 저를 밀기 시작했어요. 때리지는 않았지만 밀치고 별짓을 다했죠. 저는 아홉 살짜리 아이였는데도 말이에요. 그때 위를 보았는데 C포대에서 온 민병대원 두 사람이 와 있었어요. 그들은 손목에 생가죽을 두르고 구멍 뚫린 마차 바퀴살을 들고 있었어요. 그들이 나를 괴롭힌 사람들에게 다가갔어요. 한 사람이 물었죠. '친구, 저놈들이 너에게 무슨 해코지를 했나?'" 엉엉 울던 소년이 자기 수레가 없어졌다고 말했더니 민병대원들은 소년을 괴롭힌 노동자들을 붙잡아 거꾸로 뒤집어 흔들어댔다. 그러자 동전이 쨍그랑 소리를 내며 바닥에 떨어졌다. 병사들은 동전들을 모아 소년에게 주었다. "그래서 내가 아무거나 모아 대충 만든 수레 대신 2달러 6센트가 생겼던 겁니다. 아, 다 옛날이야기죠."[57]

이렇게 대드는 분위기가 더 험악해지면서 노동자들은 위험할 정도로 대담해졌다. 어느 날 아침, 누군가 지나가는 기차에 다이너마이트를 하나 던졌다. 하지만 다이너마이트는 철로 위에 떨어졌고 터지지도 않았다.[58] 주중에는 새벽마다 노동자들이 모자 달린 옷을 입어 얼굴을 가리고 '땜빵'들을 찾아다니기 시작했다.[59] 한 여인이 회상했다. "아침 일찍 어느 집에 불이 켜져 있으면, 이를테면 아침 6시나 7시 정각에요. 그러면 그들이 와서 문을 두드리고 말해요. '불 꺼! 너희들 출근 못해!'라고요."[60] 더 험악한 위협이 우편으로도 날아 다녔다. 한 회중과 성직자가 공장주들을 찬양하고 "너무 애를 많이 낳은" 이민자들을 비판하자[61] 저 악명 높은 이탈리아식 "검은 손"이 날아들었다.[62] 죽임을 의미하는 위협이었다. 그러자 성직자는 재빨리 사과했다.[63] 파업위원회도 반란자 특유의 태도를 보였다. 프랑스-벨기에 홀 바닥 나무판자들이 휘어 부러질 정도로 사람들이 많이 모인 어느 날 아침,[64] 파업위원회는 또 다른 선언을 내놓는다.

우리 노동자들이 지금처럼 버티기만 한다면 파업은 승리한다. 에터를 비롯한 동지들을 체포했으나 이는 보스들이 얼마나 절박한 처지에 몰렸는지를 보여주는 증거일 뿐이다. 그런 짓을 해봐야 파업을 깨기는커녕 노동자들이 제 몫을 되찾고야 말겠다는 결의만 더 다지게 만들 뿐이다. …… 파업은 절대로 질 수 없다. 누가 주급 6달러를 받겠다고 여기 와서 우리 대신 일하겠는가? 집회에 나가자. 파업을 깨는 배반자가 되지 말자! 한 사람에게 입힌 상해는 모두에게 입힌 상해다![65]

에터 또한 편지를 내어 "나에게 관심을 기울이지 말고 여러분의 방어선을 강화하는 데 더 신경을 쓰십시오"라고 촉구했다.[66] 공장에서는 납기를 못 맞출 주문들이 늘어갔고, 방직기와 방적기는 전체의 4분의 1밖에 안 되는 최소 인력이 굴려야 했다.[67] 반면 파업 노동자 쪽으로는 미국 전역에서 기부금이 들어왔고 지역의 IWW 회원 수는 1만 명을 넘어서고 있었으며,[68] 힘의 균형추가 다시 파업 노동자들 쪽으로 기우는 듯했다. 헤이우드는 로렌스시로 돌아오자 군중들에게 말했다. "파업이 로렌스시 전역으로 퍼졌다는 소식을 찾아 신문을 꼼꼼히 읽었습니다. 그런데 돌아와 보니 정말로 시 전역으로 파업이 확산되었군요!"[69]

민병대는 거리의 질서를 지켰지만, 시민들은 일상의 질서를 스스로 유지해야 했다. 언제 유혈 사태가 벌어질지 모른다는 두려움이 도사리고 있는 상황에서 일상적인 기분전환은 어느 때보다 중요해졌다. 5센트짜리 영화관은 이 대목을 맞아 사람들로 붐볐다.[70] 사교 모임과 여성회 모임 또한 아무 일도 없었던 것처럼 열렸다.[71] 링컨 탄생일을 기념하여, 북군으로 참전해 링컨을 만난 적이 있는 두 사람과 대담하기로 했던 노스에식스 회중파 클럽은 애초 계획을 그대로 진행했다.[72] 어떤 신문은 "불안증"으로 고통받는 "공장 소녀들"에게, "완전한 진품임을 보장하는" 리디아 핑크햄의 식물성 화합물을 사용해보라는 광고를 실었다.[73] 하지만 이처럼 평온해 보이는 겉모습을 들추어 보면, 많은 이들이 긴장된 대치 상태에 신물을 내고 있음을 알 수 있었다. 한 식료품 가게 주인이 말했다. 하루 매출이 4달러로 줄어든 상황이었다. "저는 파업 노동자들 주장에 크게 공감했습니다. 노동자들 급여를 올려주어야 한다고 생각해요. 하지만 이 파업은 어쨌든 끝내야 합니다."[74]

2월 2일 금요일, 파업 노동자 대표단이 포스 주지사를 만나려고 보스턴으로 떠났지만, 사람들 이목은 법정으로 쏠렸다. 마호니 판사는, 어떻게 존 브린이 다이너마이트를 심어놓은 장소로 경찰들을 인도했는지를 알아내려고 증언을 요청했다. 브린의 판결은 5월로 정해졌다.[75] 그날 아침 보스턴의 한 판사는 (그들 변호사의 표현에 따르면) "정말 터무니없이 과장된 사건"으로 수감된 에터와 조바니티를 석방할 것을 요구하는 인신보호영장 발부를 심의했다.[76] 판사는 공판을 연기했고, 두 사람은 계속 감옥에 있게 되었다. 에터는 유진 뎁스가 보낸 전보 한 통을 받는다. "축하합니다! 승리가 보입니다! 미국판 코사크 기병대가 지키는 로렌스의 노예 감옥은 미국의 성인들에게 큰 수치이며 문명에 반하는 범죄입니다."[77] 그날 밤 파업위원회 사람들은 로렌스시로 돌아왔다. 주지사가 "우리에게 일말의 공감도" 보여주지 않아 잔뜩 화가 난 채로.[78]

그날 저녁 맨해튼의 카네기홀 중심 무대는 파업이 차지했다. 논쟁의 주제는 "아나키즘 대 사회주의"였고 사회를 맡은 헤이우드는 일약 스타가 되었다. 여러 층에 걸쳐 객석이 설치된 커다란 카네기홀 무대에 들어서자 '빅 빌'조차 왜소해 보일 지경이었지만, 그의 바리톤 목소리는 유감없이 진가를 발휘했다. "저는 오늘밤 매사추세츠주 로렌스시에서 파업 중인 섬유 노동자 2만 2000명을 대표하여 이 자리에 섰습니다." 헤이우드가 말을 시작했지만 계속 이어갈 수가 없었다. 로렌스라는 지명이 나오자 청중이 몇 분 동안이나 발을 구르고 휘파람을 불었기 때문이다.

헤이우드는 눈을 가늘게 뜨고서 천장의 샹들리에부터 맨 아래층의 옷을 잘 입은 이들까지 모두 훑어보았다. 마침내 말을 할 수 있게 되자 그리니치빌리지와 로어이스트사이드의 모든 이가 화제로 삼았던 이 파업에 직접 참여한 이로서 놀라운 이야기를 풀어놓아 청중을 완전히 휘어잡았다.[79]

파업 노동자들은 "그들 삶의 권리를 쟁취하기 위해 싸우고 있습니다!" 그는 천둥처럼 소리쳤다. "여러분이 입은 옷을 만들어낸 사람들이지만 정작 본인들은 헐벗고 있습니다." 그는 약속했다. 일단 로렌스시에서 승리를 쟁취한 뒤에는 IWW가 파업을 전국으로 확산시킬 것이라고. 그리고 파업 노동자들이 "굶주림이라는 채찍에 맞아 공장으로 다시 쫓겨 들어가지 않는 한" 승리할 것이라고. "여러분에게 달려 있습니다!" 그러고 나서 헤이우드는 모금함을 청중에게 돌렸으며, 최소한 300달러는 나올 것으로 기대한다고 말했다. 사람들은 지갑에서 돈을 꺼냈으며 모금액은 모두 452달러 4센트였다. 헤이우드는 놀랐고 깊이 감사했지만 마지막으로 한 번 더 호소했다. "저는 호소합니다. 이 자리에 모인 여러분, 집에 갈 차비만 남기고 가진 돈을 다 털어놓고 갑시다!" 그러자 연단으로 주화들이 빗발처럼 쏟아지기 시작했다. 헤이우드와, 토론자로 참여했던 엠마 골드먼은 이 주화들과 높은 객석에서 팔랑팔랑 떨어지는 지폐들을 줍고 수습하느라 여념이 없었다. 다음 날 아침, 헤이우드는 750달러를 가지고 로렌스로 돌아갔다. 프랑스-벨기에 홀에 도착한 다음 전국의 노동자들과 노동조합에서 쏟아져 들어온 돈에 자기가 가져온 돈을 더했다.

당시 미국에서는 무슨 일인가 벌어지고 있었고, 로렌스 파업은 효시였을 뿐이었다. 《뉴욕 타임스》는 노조 파괴자로 명성을 얻은 앤드루 카네기의 이름을 따서 지은 카네기홀에서 '빅 빌' 헤이우드가 참석자 전원의 환호를 받은 사건을 보며 시대 분위기가 바뀌고 있음을 깨닫고 주목했다. 기자는 이 "주목할 만한" 장면을 마치 인류학자와 같은 시선으로 바라보면서 청중을 묘사했다. 현장에는 여러 민족, 모든 연령대 사람들이 있었고, 게다가 "골드먼이 아나키즘에 대해 발언할 때마다 갈채를 보내는 이들은 맨 위층의 가난한 사람들뿐만이 아니었다"는 것이다. 우아하게 잘 차려입은 여성들도 "똑같이 열성적으로" 골드먼의 발언에 갈채를 보냈다는 것이다.[80] 부유층 여성들이 미국의 가장 악명 높은 급진파에게 갈채를 보낸다고? 이 나라에 지금 무슨 일이 벌어지고 있는 것일까?

미국은 기로에 서 있었다. 40년간 미친 듯한 속도로 산업화가 진행되면서 미국은 이을 수 없는 단층으로 쪼개져버렸다. 1912년 미국은 빅토리아시대와 현대 사이에 끼여 있었고, 인간의 행태를 설명할 때도 두 가지 상반된 이상 앞에서 분열되어 있었다. 빅토리아식 사고방식을 가진 이들은 인간은 자기 성격을 스스로 만들어내는 존재이고 이야말로 본인의 운명을 추동하는 엔진이라고 설파했다. 따라서 모든 개인은 아무리 비참한 치경에 처했다 해도 응당 받아야 할 몫을 받았다고 보아야 한다는 것이었다. 하지만 당시 막 출현하던 현대적 사고방식은 인간의 성격이란 출생이 아닌, 자신이 통제할 수 없는 조건들에 의해 결정된다고 보았다. 따라서 정의로운 사회를 이루려면 그러한 조건이 누구에게나 고르게 적용되도록 만들어야 한다고 주장했다. 이처럼 근본적인 차이로 인한 분열 말고도 다른 쟁점이 있었다. 당시 이민자들의 물결은 (1890년 이후로 무려 1300만 명[81]) 외국인 혐오증을 폭발시키고 있었다. 그리고 전미유색인종지위향상협회NAACP가 결성되어 흑인들에 대한 린치와 짐 크로 법* 강화에 맞서서 매주 시위를 벌이고 있었다. 여성들은 장장

---

*   남북전쟁 후 남부 열한 개주에서 제정한 법으로 공공장소에서 흑백 분리를 강제했다.

60년이 넘도록 선거권을 얻기 위해 싸웠지만 성과가 없어 지쳐버렸으며 어느 때보다 남성들과 척을 진 상태였다. 하지만 이러한 분열 양상을 가로지르는 것은 바로 계급 분열이었다.

"도금 시대"는 끝났지만, 과도한 방종의 작태는 부채에 붙는 이자처럼 계속 남아 있었다. 상위 1퍼센트의 미국인들은 수십 년간 소득세도 내지 않고 주식 배당금과 엄청난 유산, 여러 소득으로 부자가 되었기에 전체 자산의 **절반**을 움켜쥐고 있었다.[82] 1912년 연간 1인당 소득은 340달러였거니와(오늘날로 따져 대략 6000달러),[83] 1912년 2월 초 사교계에서는 무려 3만 5000달러를 들인 파티가 열렸고, 이 파티를 주최한 여성이 걸친 보석은 세계에서 가장 큰 인도산 블루 다이아몬드를 포함하여 50만 달러어치에 달했다고 한다.[84] 미국의 모든 도시에는 한가운데에 풍요의 섬이 있고(번쩍이는 저택들, 고급 레스토랑, 부자들과 상속자들의 명부 등), 이를 둘러싸고 빈민촌의 물결이 높아지고 있는 형국이었다.

유진 뎁스는 이 극심한 분열을 두고 1912년 초에 이렇게 선언한다. "동지들이여, 올해는 우리의 해입니다!"[85] 이에 동조하는 미국인의 수가 늘어나고 있었다. 뎁스가 이끄는 사회당의 당원 수는 1901년 1만 명에 불과했으나[86] 1912년에는 11만 8000명으로[87] 폭증했다. 대부분의 사회주의자는 IWW를 대책 없는 급진파라고 여겼다.[88] 사회당은 혁명이 임박했다는 식의 설교를 늘어놓지 않았다. 뎁스는 "레드 스페셜"이라고 적힌 객차가 달린 기차를 타고 통과하는 역마다 플랫폼에서 사회주의 선전을 했으며 사회주의는 파업과 사보타주가 아니라 투표를 통해 달성될 것이라고 말해 농민과 공장 노동자 들을 안심시켰다. 뎁스가 내놓은 강령에는 누진소득세 도입, 여성 참정권 보장, 기간 시설의 지자체 소유, 그리고 연방 정부 차원의 주택 건설업, 은행업, 산업에 걸친 부패 척결 등이 포함돼 있었다.[89] 이미 공직에 오른 사회주의자들은 1000명이 넘었으며,[90] 연방 의원 한 사람, 밀워키 시장, 스키넥터디 시장, 오하이오주의 세인트메리 시장, 캘리포니아주의 와츠 시장과 버클리 시장 등이 탄생했다.[91] 1911년 《애틀랜틱 먼슬리》는 "사회주의를 준비하라"고 촉구하는 제목을 단 기사를 내보냈다. 사회주의의 도래는 불가피하다고 진단한 것이다. "왜냐하면 전 세계의 모든 임노동자를 사회주의 운동의 지지자로 만들 수 있기 때문"이라는 것이었다.[92] 《하퍼스》 또한 H.G. 웰스와 동일한 예언을 내놓고 있었다.[93] 헬렌 켈러, 잭 런던뿐만 아니라 당시 하버드 대학 학생이었던 월터 리프먼이 만든 하버드 사회주의자 클럽 회원들은 자신들을 사회주의자라고 불렀다.[94] 《이성에 대한 호소》의 50만 구독자들 또한 마찬가지였다.[95]

이렇게 인기가 올라가고 있었음에도 불구하고 사회주의 운동 자체는 분열되어 있었다. 좌익은 각자의 날개를 가지고 있었으니, 맨 왼쪽에는 워블리들이 있었고 중도에는 성자와 같은 뎁스가 있었으며 맨 오른쪽에는 나머지 모든 조류를 비난하는 강단 사회주의자들이 있었다. 카네기홀에서 골드먼에게 갈채를 보낸 부유한 여성들은 노동자들과 공감하게 되었다. 먼저 성난 의류 노동자들 파업이 일어났고, 이후 1911년에는 트라이앵글 블라우스 회사의 화재 사건이 일어났다. 후자의 경우, 악명 높은 착취 공장에 감금되어 일하던 이민자 여성 수십 명이 화재가 나자 치마에 불이 붙은 채 뛰어내려 죽음을 당한 사건이었다.[96]* 하지만 부유층 남성들은 이 여성들의 정서를 공유하지 않았고 좌파의 끊임없는 비판도 불편해했다. 재산가들은 사회주의자가 늘어나는 추세를 면밀히

---

* 공장에 불이 나서 8, 9, 10층을 화마가 삼켜버렸다. 뉴욕 소방서 측은 사다리가 7층 이상에는 닿지 않는다고 말했다. 공장은 숱한 범법 행위를 저질렀다. 작업 중에 문이 잠겨 있어서는 안 된다고 규정돼 있었지만 이 회사의 문은 잠겨 있었다. 결국 젊은 여성 노동자들이 작업대에서, 잠긴 문 앞에서 불에 타 죽었고, 불을 피해 까마득한 지상으로 뛰어 내려 사망했다.

관찰하였으니 로렌스시의 군중이 〈인터내셔널가〉를 부르고 붉은색 깃발이 나부끼는 모습을 보았다. 앨버트 게리 판사는 동료 철강업 거물들의 만찬 자리에서 이렇게 말했다. "농민들을 선동하여 프랑스혁명을 촉발시킨 것과 비슷한 선동적 연설이 말로 활자로 퍼지고 있습니다. 무언가 하지 않으면 이 불꽃이 거대한 화염으로 변해 폭발할 것입니다."[97] 거대한 재산 형성의 뿌리가 철강, 석유, 섬유, 또는 다른 무엇이든, 미국 최고의 부자들은 "사회주의에 아무런 준비가" 되어 있지 않은 듯했다. 그리고 이는 단순한 소득의 문제가 아니었다.

독일 사회학자 막스 베버가 저술한 《프로테스탄트 윤리와 자본주의 정신》을 보면, 로렌스시의 공장주들을 제대로 이해한 쪽은 에터보다는 베버인 것 같다. 에터는 이 "사회의 모든 것을 빨아들이는 스폰지 같은 기생충들 …… 너무 게으르고 무능해서 일을 할 줄도 모르는 자들"이라고 미친 듯이 외쳤지만,[98] 베버는 저 유명한 1905년 에세이에서 자본주의를 만든 것은 쉴 새 없이 무언가를 해내려는 인물들이라고 했다. 이들의 특징으로는 신의 소명이라는 생각,[99] 칼뱅주의적 금욕주의,[100] 고된 노동, 특히 자발적으로 행하는 고된 노동에 대한 확고한 믿음[101] 등을 들었다. 베버가 제시한 기준은 뉴잉글랜드의 섬유업계를 장악한 과두 체제 우두머리들에게 거의 글자 그대로 들어맞았다.

이 지역 공장 거물들의 간략한 전기를 읽으면 마치 그 시대의 《플루타르코스 영웅전》을 읽는 느낌이 든다.[102] 모든 회사 중역이 비슷한 인생행로를 걸어왔다. 사립 고등학교를 나오고, 아이비리그 대학을 거쳐 자기 사무실을 가진 공장 중역으로 부임한다. 그다음부터 이 사람들의 삶은 보험회사, 은행, 다른 공장의 이사회와 얽힌다.[103] 지도자 격인 공장 경영자들은 동일한 사교 클럽에 들어가며, 특히 동력 베틀 발명자 이름을 딴 보스턴의 아크라이트 클럽이 유명했다. 1880년 이래로 이 클럽 회원들(모두가 공장주이거나 공장 경영자)은 함께 뭉쳐 아동노동금지법을 반대했고, 높은 관세를 지지했고, 파업에 시달리는 공장주를 돕기 위한 기금을 마련했다.[104] 이 클럽의 한 회장이 말했듯이, 어려움이 닥칠 때는 회원들이 "한 줄의 (건물) 벽돌처럼" 든든하게 서로 지켜주어야 할 터였다.[105] 이들은 권력뿐만 아니라 종교(대부분 영국 성공회), 정치(공화당), 혈통(보스턴 상류층) 등도 공유했다. 이민자의 자식들일 경우에는 자기 족보를 약간 손보아야 받아들여졌다. 1900년 당시 윌리엄 우드는 자기 조상이 포르투갈인임을 부인하였고, 연방 정부의 인구조사 서식에는 자기 아버지가 스코틀랜드에서 태어났다고 써냈다.[106]

이 모든 이들의 성취 뒤에는 애벗 로렌스가 반겼을 법한 청교도적 경건함이 버티고 있었다. 모직물 관세 부과를 이끌어낸 윌리엄 휘트먼은 이를 아주 간명하게 표현했다. "나는 내 묘비에 한 줄은 적어도 된다고 믿는다. '저는 항상 약속을 지켰습니다.'"[107] 휘트먼은 날카로운 푸른 눈동자와 하얗게 센 머리, 철테 안경을 쓴 모습의 말쑥한 신사로서, 노바스코샤의 양 목장에서 어린 시절을 보낸 다음 섬유업의 거물이 될 때까지의 출세 과정을 이상화하여 늘어놓았다. 열세 살 때 단돈 10달러를 들고 보스턴에 도착한 이야기, 마차 삯을 아끼려고 매사추세츠주의 케임브리지까지 걸어 다닌 이야기, 사무원 일자리를 달라고 설득하여 결국 얻어낸 이야기 등을 자주 풀어댔다. 남북전쟁 기간에 각종 섬유를 판매한 휘트먼은 1867년 알링턴 공장 재무담당관으로 고용되었고, 6년 후인 1873년에는 총책임자가 되었고, 1902년에는 회장으로 취임했다.[108] 1912년 나이 일흔에도 하루 종일 사무실에서 일을 했으며 점심식사 때 15분만을 쉴 뿐이었다.[109] 자부심에 넘치고, 검소하며, 정의롭다고 자부하는 휘트먼을 보면 베버의 "자본주의 정신"이 마구 뿜어져 나오는 듯하다. "나는 명예의 원칙이라는 주제에 대해서라면 설교도 할 수 있으리라 믿습니다"라고 그는 말했다. "구체적으로 주어졌든 아니면 암묵적으로 주어졌든 자기의 책무를 남김없이 수행하는 것만큼 인간을 발전시키는 일은 없습니다."[110]

이번 파업이 휘트먼, 우드를 비롯한 공장주들의 개인 재산에 무슨 위협이 되는 것은 아니었다. 문제는 단 하나, 이들의 자만심과 일생에 걸친 성취가 위태로워진다는 데 있었다. 이들은 영국 리버풀에서 오스트레일리아에 이르기까지 원자재 상품 시장을 훤히 꿸 뿐만 아니라, 매년 면화 재배 면적과 양모 수량의 변화를 차트로 그려내며, 아르헨티나의 농장, 미국 와이오밍주의 양 목장, 미국 남부의 플랜테이션 등지에서 매년 수백만 킬로그램이나 되는 물건을 사들이는 이들이었다. 또한 세계에서 가장 큰 공장들을 세웠고, 매년 완제품 섬유가 무한정 쏟아져 나오도록 자동화까지 구축해놓은 인물들이었다. 지난 몇 년간은 이윤이 급감했지만, 1912년에는 흑자로 전환할 밝은 전망이 보였다. 그런데 한 떼거리의 급진파들, 공장에서 일도 제대로 해보지 않은 자들, 그런 주제에 숙련도는 가장 낮은 무지렁이들이 공장을 소유하고 운영해야 한다고 믿는 자들이 자기들이 일생 동안 세워놓은 제국을 내놓으라고 위협하는 것이다. 이런 괘씸한 짓은 상상하기도 어려운 일이라 "한 줄의 벽돌들"은 어느 때보다 단단히 힘을 합치고 있었다.

하지만 이는 최상층 어르신들 이야기일 뿐이며, 약간 아래 계급으로 내려가면 단순히 자부심을 지켜내는 것보다 좀 더 현실적인 문제들이 도사리고 있었다. 이 공장들의 주주들에게 파업이란 정말로 소득을 위협하는 문제였다. "보스턴의 귀족정은 뉴잉글랜드 지역 섬유 공장들에서 나오는 이윤에 기초하고 있다고 해도 과언이 아니다"라고 베이커는 말한 바 있다.[111] 파업 내내 우드와 휘트먼은 자기들이 노동자들에게 돈을 더 줄 여력이 없다고 우는소리를 한 바 있다. 재무제표를 보면 이유를 알 수 있다. 근자에 들어 수익이 줄었음에도 불구하고 섬유업계 배당금은 옷감의 가격만큼이나 높았다. 퍼시픽 공장은 파업이 벌어지기 전 10년간 연간 배당률이 무려 14.8퍼센트에 이르렀거니와*,[112] 5년마다 주주들의 투자액은 두 배로 늘어났다. 퍼시픽 공장은 세계 최대의 면화 날염 공장이었지만 주주는 고작 600명밖에 되지 않았다. 주식 한 장이 당시 공장 노동자의 9년 치 연봉에 해당하는 무려 3800달러에 팔렸으니[113] 이는 놀랄 일도 아니었다. 아메리칸 모직의 배당은 그리 후하지 않아서 우선주(주당 89달러)를 가진 이들에게는 배당률 7퍼센트에 해당하는 수익이 돌아갔다. 1904년 이후에는, 순이윤 증가율이 22퍼센트에 불과했지만, 배당금을 두 배로 올렸다.[114]

배당금이 늘면서 주주들의 기대도 함께 늘어났다. 보스턴의 한 유력자는 로렌스 파업에 대해 이렇게 말했다. "이건 옳고 그름의 문제가 아니라 수요와 공급의 문제요. 사람을 쓰는 데 최저가보다 더 높은 값을 치르는 경영주가 있다면 그는 주주들의 돈을 강탈하는 셈인 것이오."[115] 어떤 공장 중역은 좀 더 완곡하게 표현했다. "저는 이 공장을 돌보아야 하며, 제 주주들에게 드릴 배당금을 벌어들여야 합니다. 그러지 못하면 제 일자리를 잃을 테고, 결국 다른 누군가 여기 와서 주주 배당금을 **벌어들이려** 할 것입니다. 우리는 연방 정부와 주 정부 법률, 그리고 좀 더 포괄적인 경쟁의 법칙, 요컨대 이 시스템 전체에 구속되어 있는 것입니다. 저나 우리 회사 홀로 이 섬유업계의 조건을 본질적으로 바꾸기란 불가능합니다. 우리 공장 밑바닥에 있는 이탈리아 출신 미숙련공이 그렇게 할 수 없는 것과 똑같습니다."[116]

결국 공장 노동자들이나 경영자들이나 똑같이 손발이 묶인 데다 자

---

* 20세기 전반 미국 주식 배당률은 대개 8퍼센트를 넘지 못했다. 1929년 당시 배당률 14퍼센트는 극히 예외적으로 높은 수치다.

기들의 원칙과 소득이 위태로워진 상황이었다. 이들이 이제 1912년의 "미국 대분열"이라는 선을 사이에 두고 대면하게 된 것이다. 하지만 이러한 부자와 가난한 이들이라는 양극단 사이에는 또 수많은 사람이 있었고, 이들이 당면한 20세기 현실은 어떤 이념이나 교리로도 설명할 수 없을 만큼 복잡했다. 화이트칼라 간부 계층이 점점 커지고 있었거니와,[117] 이들은 로렌스 파업과 관련하여 무슨 소득이나 명분에 위협을 느끼지는 않았기에 파업 기사들을 읽으면서 실로 다양하게 엇갈리는 의견을 내놓았다. 이들이 보기에 지금 공장 임금을 받으며 가족을 이루어서는 안 되며, 자식과 아내를 공장으로 보내는 것은 더더욱 있을 수 없는 일이었다. 하지만 온갖 공포와 두려움 때문에(이민자들의 물결, 1901년 대통령 윌리엄 매킨리를 암살한 자와 같은 아나키스트들,[118] 파업 규모가 더 커지고 폭력성을 띠면서 쌓여가는 재앙들) 이들은 IWW라는 이름만 들어도 몸서리를 쳤다.

물론 노동자들이 굶어 죽을 정도로 임금을 착취하는 행위가 미국식은 아니지만, 그럼 폭도들이 자행하는 폭력은 미국식이란 말인가? 또 임노동 체제의 폐지는 미국식이란 말인가? 이 파업의 독특한 환경을 살펴보던 사람들에게 이런 급진주의는 특히 더 두려움을 안겼다. 매사추세츠주는 공화당의 아성으로서 미국의 기둥 같은 지역이다. 1620년 영국 필그림 항해자들이 미국에 도착해 처음 밟았다는 플리머스 바위가 있고 청교도적 금법禁法이 태어났으며 미국에서 제일 좋은 대학들과 가장 현명한 학자들이 자리 잡는 지역이기도 하다.[119] 매사추세츠주는 또 미국에서 가장 진보적인 노동 법률을 자랑했다.[120] 만약 IWW가 여기에 뿌리를 내린다면, 이제 미국에서 안전한 곳은 없을 터였다. 미국 전체가 "가진 자들"과 "못 가진 자들"로 갈라진 상황에서 로렌스 파업은 사람들을 분류하는 일종의 리트머스 시험지 노릇을 하게 되었다. 자본과 노동이 팽팽히 대립하자 미국인들은 어느 쪽이든 선택하지 않을 수 없어 답답한 마음으로 일간지 기사들을 읽어나갔다. 그런데 2월 3일, 놀라운 소식이 신문에 실렸다. 프랑스계 캐나다인들 거주 구역에 있는 공동주택에서 이민자 네 명이 살해당한 것이다.

오랫동안 소문만 무성하여(죽은 사람들이 '땜빵' 일꾼이었다,[121] 살해 흉기가 총검(!)이었다 등)[122] 공황을 불러일으키다 조금씩 진실이 흘러나왔다. 하지만 진실도 소문만큼 황당하기는 마찬가지였다. 2월 초 아직 어둡고 추운 새벽, 비명과 신음이 이 건물 2층에서 흘러나와 밸리 스트리트의 주민들이 깨어났다. 플레인스 지역에서 집안싸움은 워낙 흔한 일이라 이웃들은 그냥 다 잠이 들었다. 다음 날 2층 사람들이 하루 종일 나오지 않아 이를 괴이쩍게 여겨 한 소녀가 경찰을 불렀다. 경찰관이 계단을 오르는데 문을 두드리는 집주인이 보였다. 조간신문은 문 앞에 그대로 있었다. 집 안은 조용했다. 한 번 더 노크를 해본 뒤 경찰은 문을 부수고 들어갔다. 이들의 플래시는 유혈이 낭자한 끔찍한 광경을 비추었다. 트럼프 카드가 흩어져 있었고 탁자에는 위스키 병이 놓여 있었다. 한쪽 벽에는 피칠갑이 된 손자국이 찍혀 있었다. 부엌 바닥에는 시신 세 구가 피 웅덩이 속에 뒹굴고 있었다. 시신은 모두 무참하게 난자당한 상태였다. 그리고 침실에서는 사지가 잘린 네 번째 몸뚱이가 발견되었다.[123]

기겁을 한 군중이 길거리에 모이는 가운데 경찰들은 같은 동네의 이웃집들로 흩어졌다. 여러 증인이 중산모를 쓰고 짧은 회색 코트와 검은색 바지를 입은 남자가 그날 아침 일찍 아파트 건물을 빠져나가는 것을 보았다고 했다. 한 증인은 달빛 아래 실루엣으로 보았는데 그자가 곤봉 혹은 칼을 손에 들고 있었다고 했다. 길거리에서는 그 집 문에 백묵 글씨로 "파업 땜방 일꾼!"이라고 적혀 있었다는 확실치 않은 소문도 돌았다.[124] 이 소문이 거짓으로 밝혀지자 더 가능성 있는 살해 동기가 흘러

나왔다. 이 집에 살던 여자 둘은 사실 동네에서도 악명이 높았다. 집으로 낯선 남자들을 끌어들였다고 했다. 그런데 그날 밤 끌어들인 남자들 중 하나가 에식스 저축은행에서 방금 485달러를 인출했다는 것이었다.[125] 이 현금은 남자의 시신에서 찾을 수 없었으므로 바로 이 범죄를 설명할 열쇠가 되었다. 이 돈을 서로 가로채려고 수작을 부리다 술기운에 끔찍한 살인을 저질렀다는 것이었다. 토요일 아침이 되자 신문들은 "이 살인 사건을 섬유 공장 파업과 연결 지을 만한 점은 눈곱만큼도 없다"고 보도했다.[126] 하지만 살인범은 여전히 잡히지 않은 상태였다.

공포라는 촉수가 조여들어 오면 중간 지대는 점점 찾기가 어려워진다. 그중에서도 가장 확장 가능성이 높은 중간 지대(그리고 IWW에게는 가장 위협적인 중간 지대)를 찜하고 나선 것은 AFL 섬유노조 수장 존 골든이었다. 골든은 워블리들이 로렌스시로 손을 뻗치자 격노했으며, 이번 파업을 자신이 내건 조건으로 종결 짓기 위한 음모를 꾸몄다. 워블리로 오래 활동한 이들이라면 골든이 그런 짓을 하고도 남을 위인임을 알았다. 그로부터 5년 전, 골든이 메인주의 스카우히건에서 벌어진 IWW 섬유 파업을 깨기 위해 "노조가 동원한 파업파괴자들"을 불러들였기 때문이다.[127] 이제 골든은, 우리 AFL은 "로렌스시의 지도자 자리를 노리는 자들이 무자비한 폭력으로 가득한 이념을 퍼뜨리는 것을 더 이상 용납할" 수 없다는 성명을 냈다.[128] 2월 3일, 온 도시가 네 사람의 살인 사건으로 시끄러운 가운데, 골든과 로렌스시의 중앙노동조합(이하 CLU) 지도자들은 방직공, 방적공을 비롯한 숙련공들을 불러 직종별 요구 조건 목록을 작성한 다음 공장주들을 찾아갔다. 약간이라도 임금 인상을 얻어 낸다면 숙련공들은 공장으로 복귀할 것이고 이렇게 되면 모든 노동자가 앞다투어 공장으로 돌아가 파업은 깨질 터였다. 그러면 IWW도 도시 밖으로 몰아낼 수 있게 되는 것이다. 워블리들은 이러한 행태를 가리켜

"파업 투쟁 중인 동지의 등에 칼을 꽂은 것"이라고[129] 규탄하며 반격에 나섰다. 파업 노동자들이 모였을 때 누구든 "존 골든"이라는 이름을 입에 올리면 저마다의 언어로 야유를 보내는 법을 배웠다.[130] 다음 주 내내 IWW 충성파들은 연대를 뜻하는 하얀색 리본을 매고 다닌 반면, 숙련공들은 별도로 작성한 요구안을 내밀었다.[131] 그리고 골든과 CLU 지도부는 워블리들을 따돌리기 위한 책략의 하나로 자체 구호소를 설치 운영했다.

도시 전체가 굶주리고 있었다. 수프 주방에서 하루에도 몇 천 끼니의 식사를 제공하고 있었지만,[132] 일자리를 잃은 이들의 수를 감안하면 새 발의 피였다. 교회들도 식사를 제공했지만, 많은 가족이 도움 청하기를 부끄러워했고,[133] 결국 뼈만 남은 채 몸을 덜덜 떠는 아이들이 식당 뒷문에 나타나 빵을 구걸했다.[134] 빵집 주인들은 빵 수천 덩이를 더 내놓았고,[135] 교사들은 파업 노동자의 아이들에게 빵 한 조각을 1페니에 팔기도 했지만,[136] 굶주림을 달래기에는 역부족이었다. 2월 4일, AFL은 전국에 걸쳐 모금을 했고,[137] 이는 괜히 워블리들과 엮여 이름을 더럽히기 싫어하던 이들에게는 매력적인 선택지였다. 최초의 기부자 중 하나는 보스턴 시장이었던 존 '허니 피츠' 피츠제럴드(존 F. 케네디 전 대통령의 할아버지)로서, 100달러를 보냈다.[138] 2월 첫 주에만 모금액이 1300달러에 달했으며,[139] 이 돈은 모두 로렌스시에 있는 CLU가 새로 세운 구호소로 들어갔다. 여기는 사회복지사들, 여성 참정권 운동가들, 그리고 보스턴 지역의 선한 이웃들이 모이는 장소가 되었다.[140]

매일 아침, 블라우스와 긴 치마를 입은 깔끔한 여성들이 브로드웨이에 설치한 임시 사무소에 도착한다. 문 앞에는 굶주린 파업 노동자들이 벌벌 떨면서 기다리고 있다. 이들에게 들어오라고 하여 화목 난로 근처의 오렌지색 상자들에 앉힌 다음 빈곤한 가정들에 대한 두꺼운 파일을 다시 검토한다. 그러다 아침 9시가 되면 면접이 시작된다. "이름? 나이? 사는 곳? 다니는 교회? 아이들 숫자? 가장 필요한 물품?"[141] 하지만 신청자가 "IWW 회원"임을 인정하는 순간 면접은 바로 중단된다. 그렇지 않을 경우에는 이 작업이 저녁까지 계속된다. 촛불을 밝혀놓은 채로 여성들은 식료품, 의복, 석탄 등을 나누어 주면서 파업 노동자들의 굳은 기개에 탄복했다. 여성노동조합연맹의 메이블 길리스피는 말했다. "제가 지금까지 참여한 피켓라인에서는 노동자들에게 일터로 복귀하지 말라고 간청해야 했어요. 하지만 여기에서는 모든 노동자가 단단히 하나로 뭉쳐 있네요."[142]

파업 4주차가 되었을 때 양쪽의 대치 상태는 어느 때보다 견고했다. 또 한 사람이 죽었다는 소문이 돌았지만 이는 사실이 아닌 것으로 밝혀졌다. 너무 굶주려 필사적으로 먹을거리를 찾던 남자가 어떤 여자의 집 부엌에 들어갔다가 뒷문으로 도망쳤다.[143] 에터와 조바니티는 여전히 감옥에 있었고, 이들의 인신보호영장 청구는 기각되었다.[144] 로코는 벌금 50달러를 내고 석방되었다. 그는 법률가 지망생이었으므로 항소했다.[145] 경찰은 4인의 살인 사건 수사에는 조금도 진전이 없다고 고백했으며, 모든 민병대 중대원은 2주간의 근무를 마치고 교체되어, 새로 온 병사들이 기차역에서 출발해 에식스 스트리트를 지나 주 정부 병기창에 집결했다.[146] 2월 8일, 주 의회는 몇 주나 시간을 끈 뒤에 비로소 로렌스 시의 노동조건을 조사하기로 합의했고, 한 팀은 파업 노동자 쪽으로 또 다른 한 팀은 공장주들 쪽으로 파견했다. 공장주들을 만난 팀을 이끈 인물은 수줍음을 타고 말이 없는 노스햄프턴 출신의 주 의회 상원의원 캘빈 쿨리지였다.[147] 훗날 대통령이 되는 이 인물은 우드와 그의 무리들이 어느 때보다 고집을 피우면서 파업 지도부 전체를 상대로 협상하기를 거부한다는 것을 알게 되었다.[148] 하지만 쿨리지는 파업 지도부를 경멸하기로는 공장주들보다 더한 위인이었다. 쿨리지는 자신의 새어머니에게 쓴 편지에서 이렇게 말한다. "사회주의자들과 아나키스트들은 누구도 임금을 받고 일하는 것을 원하지 않습니다. 문제는 임금이 아니에요. 이건 규모는 작지만, 교회건 정부건 간에 세상의 모든 권위를 다 때려 부수려는 시도랍니다."[149]

하지만 존 골든의 계획도 이 교착상태를 풀어내지는 못했다. 숙련 노동자들은 몇 주 동안 회의를 열어 비숙련 노동자들보다 심지어 더 까다로운 요구를 내놓았다는 사실이 드러났다. 대부분 15퍼센트 임금 인상을 원했으며, 방직공들은 20퍼센트 인상을 원했다. 또한 직종마다 IWW보다 훨씬 많은 요구 사항을 분명히 밝히고 나섰다. 에버릿 공장 방직공들은 자신들이 짠 천의 길이에 따라 급여를 받기를 원했다. 퍼시픽 공장 방직공들은 한 번에 작동시켜 관리하는 방직기 숫자를 열네 대 이하로 제한하기를 원했다. 우드 공장의 수선공들은 "잘못된 작업"에 대해서도 임금이 지급되기를 원했다.[150] 이러한 불만 사항을 전달받은 공장주들은 단번에 일축해버렸다. 공장 관리인들과 숙련공들의 만남은 다음 수를 숙고하는 경영진의 형편에 따라 몇 번이나 연기되었다. 골든은 만약 공장주들이 응답하지 않으면 자기 나름의 파업을 시작하겠다고 위협했다.[151] 공장주들은 침묵으로 일관했다. 신문기자들은 윌리엄 우드를 쫓아다녔지만, 편도선염으로 고생하던 데다 기자들까지 따라붙어 짜증이 치민 우드는 마침내 폭발하고 말았다. "왜 허구한 날 나만 표적으로 삼는 거요? 이건 나만의 파업이 아니란 말이오. 할 말도 없고 말하고 싶지도 않아요. 누구 다른 사람하고 이야기하쇼!"[152]

온 미국이 지켜보고 있었지만, 여전히 무장한 로렌스시의 노사는 불안한 교착상태에 놓여 있었다. 파업 중인 노동자들의 아이들을 조만간 도시 밖으로 탈출시킬 기미가 보였지만, 해당 주말 가장 큰 뉴스는 성인들의 탈출이었다. 한 달 동안이나 공포와 좌절에 시달린 나머지 러시아인 100명, 이탈리아인 350명, 프랑스계 캐나다인 350명이 마침내 학을 떼고 말았다. 이들은 여러 개의 트렁크와 작은 가구까지 들고서 기차역으로 향했고, 온 가족이 미국행 여정을 거꾸로 밟아 고국으로 돌아가려 하고 있었다. 몇몇은 파업 사태가 해결되면 돌아오겠다고 했지만, 훨씬 많은 이들이 다시는 돌아오지 않겠다고 단호하게 말했다. 아르투로 마사비는 보스턴행 기차를 기다리는 동포 200명 앞에 서서 이렇게 말했다. "우리는 미국이 미래가 밝은 나라라고 생각하여 여기까지 온 거예요. 아메리칸 모직에서 이탈리아 전역에 뿌려놓은 포스터를 보고 미국으로 온 거라고요. 그들이 붙여놓은 포스터를 보니 공장주들이 우리를 자식처럼 대우해줄 것 같았어요. 순 거짓말입니다. 우리는 개처럼 취급받았습니다. 우리 이탈리아도 상황이 나쁘지만 이 나라 섬유 공장들은 더 끔찍합니다."[153] 마사비와 동료 이탈리아인들은 기차를 타고 맨해튼으로 떠났으며, 거기에서 다시 증기선을 탔다. 뉴욕항을 떠난 증기선은 자유의 여신상을 지나갔고, 증기선의 선미에서 본 여신상은 배가 앞으로 나아가면서 점점 더 작아졌다. 이렇게 그들은 고향으로 돌아갔다.

8장

아이들의 탈출

여성들의 지지를 얻지 못하고 승리한 파업은 없습니다.

—마더 존스[1]

2월 10일, 공단 하늘에 해가 떠오를 때, 민병대가 아침 순찰을 돌고 있을 때, 그리고 토요일 아침인지라 로렌스시 전체가 아직 잠들어 있을 때, 수십 명의 엄마와 아이들이 조용히 프랑스-벨기에 홀에 모여들었다. 이 이야기는 이 잔혹하고 악의 넘치는 파업 이야기에 따뜻한 온기를 불어넣는다.

　기온이 영하로 떨어져 코끝과 손가락 끝이 얼얼했지만, 엄마들도 또 아이들도 이 추위를 막을 옷은 없었다. 얼굴이 빨개진 아이들이 차가운 공기 속에서 줄지어 서 있었지만, 장갑을 낀 아이들은 거의 없었고 그저 다 떨어진 스웨터와 오버코트를 입었을 뿐이다. 엄마들 중에는 긴 드레스 위에 달랑 숄을 두른 이들도 많았다.[2] 하지만 이들이 들어온 홀은 분명 활기를 띠기 시작했다. 어떤 임무를 자각하고 부산스레 움직이는 이들이 뿜어낸 힘이 홀을 움직이기 시작했다. 부엌에서는 여성들이 바쁘게 몇 백 개의 샌드위치를 준비하고 있었다. 다른 여성들은 아이들이 다른 데로 흩어지지 않게 모아 긴 탁자에 앉혔고, 뜨거운 우유나 커피를 나누어 주어 몸을 덥히게 했다. 이들은 오전에 출발하기로 했다. 막판에 결정된 일이라 공동주택 지구 전체에는 바로 전날 밤에 전달되었다.[3] 따라서 아이들 150명을 낯모르는 사람들 집으로 보내는 데 필요한 시간은 너무나 부족했다. 아이 한 사람 한 사람을 다 등록한 뒤 이름, 연령, 주소, 출신 민족을 적은 쪽지를 핀으로 옷에 꽂아주어야 했다. 아이 돌봄을 수락하는 서류들도 모아야 했고, 이를 여성 보호자들에게 전달해야 했다. 엄마들에게는 자기 아이들을 돌보아줄 가정들을 세심히 선별했으니 아이들이 안전할 것이며 이 방법이 최선이라는 확신을 주어야 했다. 무엇보다 파업에 승리하기 위해서는 눈물은 꾹 눌러두어야 했다. 또 이렇게 떠나는 아이들은 남은 사람들에게 얼마나 큰 슬픔을 안겨주는지를 절대 알아서는 안 될 터였다.

아이들은 본래 아침 8시 20분 차를 타게 돼 있었지만 8시가 됐음에도 떠날 준비가 전혀 되어 있지 않았다. 엄마들은 부산스럽게 법석을 떨었고 아이들은 칭얼댔다. "엄마, 우리 어디 가는 거야?" 부모들은 아이들에게 뉴욕에 대해 이미 이야기해주었다. 자유의 여신상, 로어이스트사이드, 리틀 이태리, 마천루 빌딩들과 행상인들의 손수레로 가득 찬 부산한 거리 등등. 로렌스시에는 코딱지만 하게 있는 것들이 뉴욕에 가면 어마어마한 크기로 펼쳐져 있대. 이제 아이들이 그 도시로 간다. 며칠 동안? 몇 주 동안? 얼마나 걸릴지 누가 알까? 하지만 세세히 챙겨야 할 일이 많았으므로 아이들은 8시 30분이 되어서야 이 프랑스-벨기에 홀을 떠날 수 있었다. 날씨는 추웠지만 아이들은 신이 났다. 하늘은 구름 한점 없이 맑고 파랬으며, 아이들은 두 명씩 손을 잡고서 기차역으로 걸어가며 노래를 불렀다. 첫 곡은 〈라 마르세예즈〉*, 둘째 곡은 엄마

---

* 1792년 프랑스 육군 대위 클로드 드릴이 만든 노래이다. 마르세유 출신 의용병들이 파리에 입성하면서 이 노래를 불렀다는 사실이 널리 알려져 이런 제목이 붙었다. 프랑스 제1공화국 때 국가로 지정되어 오늘에 이르고 있으며 원래 군가로 지어져 가사가 매우 과격하다.

아빠가 행진하면서 부르는 노래를 듣고 배운 〈인터내셔널가〉*. 모두들 자기네 모국어로 노래를 불렀다. 아이들이 브로드웨이로 돌아서자 파업 노동자들은 크게 환호했고 전차 승객들은 무슨 일인가 궁금해하며 창문 밖에 펼쳐진 광경을 바라보았다. 아이들과 어른들 200명이 기차역에 도착한 시각은 9시 2분발 보스턴행 열차가 출발하기 10분 전이었다. 이 10분 사이 엄마들에게는 다시 생각해볼 기회가 주어졌으며, 멀리서 기차의 진입을 알리는 호각 소리가 들리자 스물네 명이 넘는 엄마들이 여전히 명찰을 달고 뉴욕을 볼 생각에 한껏 들떠 있었던지라 실망한 아이들을 끌고 공동주택 지구로 돌아갔다.[4] 하지만 나머지는 아이들을 밀고 나갔다. 플랫폼에 들어선 기차가 멈추자 이제 엄마들이 치러야 할 대가가 객차 유리창에 똑똑히 나타났다. 이 추위 속에서 당장이라도 터질 것 같은 울음을 참느라고 입술을 앙다문 엄마들의 얼굴이 유리창에 고스란히 비친 것이다.

다음 몇 분간, 플랫폼은 작별 인사와 포옹을 나누는 사람들로 부산했다. 나이가 많은 아이들에게는 "몸조심해" "편지 꼭 써" 같은 말들이 쏟아졌고, 가장 어린 아이는(두 살 정도) 객차 발판까지 나온 여성 보호자에게 직접 안겨졌다. 여자들뿐만 아니라 남자들도 눈물을 흘렸으며, 새로운 도시로 떠난다는 마음에 신바람이 났던 아이들 또한 목이 메어 작별 인사조차 제대로 할 수 없었다. 기저귀를 찬 한 아기는 이날 아침 소동이 벌어진 이유를 돌연 깨달았는지 울기 시작했다. "아, 엄마, 엄마, 엄마!" 엄마는 마지막으로 한 번 꼭 안아주고 아이를 여성 보호자에게 넘겨주었고, 아기 울음소리가 들리지 않는 곳으로 귀를 막고 뛰어갔다.[5]

---

* 노동자 국제주의와 사회주의를 상징하는 노래로 1871년 파리 코뮌 때 외젠 포티에가 가사를 썼고 당시에는 〈라 마르세예즈〉의 곡에 맞추어 불렀다. 지금 불리는 노래 가락은 1888년 피에르 드제이테가 지은 것이다.

이 울고 있는 여인을 다른 엄마들이 둘러싸고 위로해주었다. 이 파업은 꼭 이길 거예요. 꼭 이겨야 해요.[6] 객차 안에서는 아이들이 창가로 달려가 유리창에 얼굴을 꼭 붙였다.[7] 기차가 출발하자 플랫폼은 흔들리는 손수건에 뒤덮였고,[8] 사람들 마음속에 가득 차오른 슬픔은 마침내 목메어 아이들을 부르는 울음소리로 터져 나오고 말았다. 로렌스의 아이들이 길을 떠난 것이다.

이 아이디어는 유럽에서 맨해튼을 거쳐 들어온 것이었다. 이탈리아 사회주의 연맹 회원들은 파업에 돌입한 이탈리아 노동자들이 아이들을 굶주림과 위험에서 지키기 위해 지지자들의 가정에 맡긴다는 이야기를 들었다. 노동자들은 아이들을 먹이고 돌봐야 할 의무에서 벗어나 파업에 집중하여 승리할 수 있었다는 것이다. 이탈리아뿐만 아니라 프랑스와 벨기에에서도 이렇게 한다고 했다. 하지만 미국에서는 이런 식의 아이들 탈출시키기 작전이 벌어진 적이 없었다. 유니언 광장에서 열린 집회에서 이탈리아인들이 이 전략을 헤이우드에게 제안했다.[9] 사실 엄청난 위험을 안고 있는 계획이었다. 두말할 것도 없이 엄청난 이목이 집중될 테고 이 과정에서 단 한 명의 아이라도 잃어버리거나 다치거나 학대를 당한다면 IWW는 로렌스시에서 완전히 신뢰를 잃을 터였다. 하지만 헤이우드는 이 "꼬마들"을 다른 데로 보내자는 아이디어를 마음에 들어 했다. 나중에 이를 "전시戰時 조치"라고 불렀다.[10] 그리하여 2월 7일부터 사회주의 일간지인 《뉴욕 콜》을 통해서 뜻있는 가정들을 모으는 광고를 내보냈다.[11]

《뉴욕 콜》로 수많은 편지와 전화가 쏟아졌으며, 탈출할 아이들 700명의 자리를 확보할 수 있었다.[12] 모든 신청자는 면접을 보았을 뿐만 아니라 가정 방문까지 거친 후에 선별되었다.[13] 《뉴욕 콜》의 헤드라인은 이랬다. "당신들의 아이들을 보내주세요!" 《일 프롤레타리오》의 헤드라인

> **아이들을 맡아주세요**
>
> 로렌스시에서 파업에 돌입한 노동자들의 아이들이 배가 고픕니다. 엄마 아빠들은 굶주림과 싸우고 있으며, 굶주림 때문에 파업이 무너질 수 있습니다. 어른들은 기꺼이 모든 고통을 참아내지만, 어린것들이 아파하는 모습은 볼 수 없습니다. 또 밥을 달라고 보채는 소리도 차마 듣지 못합니다. 노동자 여러분, 그리고 파업에 연대하는 여러분에게 알립니다. 이 투쟁이 끝날 때까지 노동자들의 아이를 맡아주실 분들은 우리 신문사로 이름과 주소를 보내주세요. 지금 당장 연락주세요.

문구는 더욱 따뜻했다. "그 아이들을 우리 아이들로 삼겠습니다."[14] 이제 토요일 오후가 되었다. 아이들이 생애 첫 번째 기차 여행을 즐기는 동안, 맨해튼의 그랜드 센트럴 역에는 우글거리는 군중이 이제나저제나 아이들이 나타나기를 기다리고 있었다. 하지만 보스턴발 3시 30분 열차가 도착했는데도 아이들 무리는 나타나지 않았다.[15] 그러자 뉴욕과 보스턴 사이에 수많은 전보가 오고 갔다. 로렌스에서 떠난 아이들이 지금 어디 있는 것인가?

이 "꼬마"들은 원래 타려던 기차를 놓쳤는지라 보스턴에서 갈아타려고 했던 열차도 놓쳤고 그래서 90분을 더 기다려야 했다. 그 사이에 보스턴 남부역의 중앙 홀을 노랫소리와 놀이 소리로 가득 채워 다른 승객들을 기쁘게 했다.[16] 하지만 이 아이들이 왜 여기에 왔는지를 알게 되었을 때 모든 이가 기뻐하지는 않았다. 한 노인은 둘러선 사람들에게 "우리 매사추세츠는 로렌스에 사는 아이들을 얼마든지 돌볼 수 있소!" 노인이 이 말을 계속 반복하자 마침내 아이들을 인도하던 여성 보호자가 대거리를 했다. "그래요? 우리 매사추세츠? 하하! 매사추세츠는 군인들을 보내서 이 아이들 아빠들에게 총알을 퍼붓던데요. 뿐만 아니라 '일해, 일해, 하루 종일 일해'라고 닦달했고요. 그래서 아빠들이 '더는 일을 못하겠어요. 그런데 아이들이 배가 고픕니다'라고 했더니 매사추세츠는 '그러면 저놈들에게 총알 밥을 먹여라!'라고 합디다. 우리 매사추세츠요? 하하!" 여성은 손가락을 한 번 튕기더니 돌아서서 아이들을 돌보러 갔다.[17]

승차 시간이 되었다. 이들을 위해 특별 객차 한 량이 추가되었고, 로렌스의 꼬마 대표단이 객실을 가득 메웠다.[18] 기차는 보스턴의 서쪽으로 펼쳐진 눈밭과 동화에나 나올 숲을 지나갔으며 아이들의 모험이 다시 시작되었다. 하지만 기차가 맨해튼에 도착할 무렵에는 날이 저물어 저녁이 가까웠으며, 아이들은 이제 자신들이 어떻게 되는지 몰라 초조해하기 시작했다. 한편 그랜드 센트럴 역의 군중들은 기차 도착 시간이 6시 30분이라는 사실을 알게 된다. 원래는 5번가로 행진하기로 했지만 이는 취소해야 했다. 어떤 이들은 저녁을 먹으로 집으로 갔지만 저녁이 되니 다시 5000명이 모여들어 그랜드 센트럴 역의 중앙 홀이 터져 나갈 것 같았다. 저녁 8시가 되기 직전, 붉은 깃발 수십 개가 군중들 머리 위로 펄럭였고 헤드라이트로 플랫폼을 비추며 기차가 미끄러져 들어왔다. 마치 일제히 신호라도 받은 듯이 〈라 마르세예즈〉의 허밍이 시작되어 기차가 완전히 정차할 때까지 계속 커져갔다. 그다음에 갑자기 환호의 함성이 터져 나왔다.[19] 각종 모자들이 하늘을 날아다녔다. 잠시 후 곤히 잠든 조그만 아이들을 업은 남자들이 객실에서 나오기 시작했다. 조금 있다가 나이가 좀 있는 아이들도 나왔고, 두 줄로 대열을 지었다. 아이들은 콘크리트 바닥을 쿵쿵 밟아 행진하면서 연호하기 시작했다.

"우리는 누구? 우리는 누구? 우리는 누구?"

"맞아요 우리는! 맞아요 우리는! 맞아요 우리는!"

"파업 노동자! 파업 노동자! 파업 노동자!"

경찰들은 군중을 억제하려고 했지만, 이 북새통 속에서 아이들을 목말 태우고 몸을 비벼 빠져나오는 이들이 많았다. 국적과 민족의 장벽은 노동계급이라는 공통의 지반 앞에서 무너져버렸다. 이탈리아 사람들이 폴란드 아이들을 업고 간다. 독일인들이 이탈리아 어린아이를 높이 안아 올린다.[20] 아이들을 목말 태우고 걸어가는 아저씨들의 시커먼 콧수염이 아이들의 두 발 사이에서 오르락내리락한다. 너무 커서 업거나 안을 수 없는 아이들은 경찰들이 정해준 간격으로 행진을 하면서 지나갔다. 비록 준비된 행진은 취소되었지만, 이들은 가장 가까운 고가 철도역으로 인도되어 어퍼이스트사이드에 있는 '노동의 성전'으로 가는 기차를 타게 되었다. 거기에는 혹시라도 데려갈 사람 없이 '남겨진' 아이들이 있으면 데려가려고 기다리는 가족들이 많았다.[21] 그런 아이는 없었다. 아이들은 고기, 수프, 밥, 감자 등을 허겁지겁 먹어치웠고 따뜻한 옷을 받았다. 의사들은 돌아다니면서 아이들을 진찰했다.[22] 아이들은 심각한 영양실조에 시달리고 있었다. 한 아이는 수두에, 다른 아이는 디프테리아에 걸려 있었고, 거의 모든 아이들의 편도선이 부어 있었다. 간호사이자, 나중에 미국 가족계획연맹을 세운 마거릿 생어는 이날 아이들과 함께 한 기억을 이렇게 전한다. "이 아이들처럼 헐벗고 힘든 상태에 있는 아이들은 어디서도 본 적이 없어요. …… 아이들은 무척 수척해 있었고, 모든 아이가 영양실조 증세를 보이고 있었어요. …… 아이들이 저녁을 먹는데 고기를 그냥 손으로 움켜쥐고 입에 넣는 거예요, 절로 눈물이 날 수밖에요."[23] 아이를 맡아줄 가정을 배정하는 서류 작업은 심야까지 진행되었고, 마침내 아이들 119명 모두[24] 파업이 끝날 때까지 돌봐주기로 약속한 가정으로 이동했다. 아이들은 녹초가 되어 잠이 들었으며, 아침에 깨어났을 때는 여기가 내가 살던 그 나라가 맞나 싶어 어리둥절했다.

분열된 나라 미국에서 그나마 모든 사람이 동의하는 규칙이 있다면, 아이들은 건드리지 말아야 한다는 것이었다. 20세기 초는 아동의 황금시대로 여겨졌다. 당시에도 그랬으며 지금도 마찬가지다. 물론 현실에서는 아이들 200만 명이 광산과 공장에서 일하고 있었으며,[25] 수천 명이 험악한 조직폭력배 무리에 들어가 길거리를 헤매었다. 이 시대에 『피터 팬』에서 『쌍둥이 남매 보브시』에 이르기까지 아동 서적의 고전들이 나왔으며, 맥스필드 패리시와 N.C. 위스의 매력적인 일러스트레이션의 영향을 받아 아동기는 순결하고 신성한 세계, 숭고하고 신비로운 세계로 여겨졌다. 진보주의자들은 청소년 법정을 창설하고 의무교육 기간을 연장하여 아동을 보호했다. 학계에서는 아동심리학과 청소년심리학이 개척되었다. 미국은 모든 노동자에게 생계를 보장해줄 수는 없었지만 최소한 아이들 거처는 마련해줄 수 있었다. 그런데 1912년 2월 10일, 한 급진파 노조가 100명이 넘는 아이들을 어머니한테서 떼어내 "가축처럼 딱지를 붙여서"[26] "너희 착취자들아, 너희들 희생자들의 아이들 앞에서 무릎을 꿇을지어다"라는[27] 깃발을 든 사회주의자들 품에 넘겨버렸다는 것이다. 아이들은 노래를 불렀고 어른들은 신이 나서 공중에 모자를 던졌지만, 나머지 미국인은 재미있어하지 않았다. 이러한 부정적 반응은 로렌스시에서 가장 크게 나타났다.

스캔런 시장은 아이가 둘 있었고 아내가 셋째 아이를 임신한 상황이었으니,[28] 분개할 법도 했다. 그는 부모들이 자식들을 떠나 보내도록 강압을 받았음이 틀림없다며 이렇게 주장했다. "파업 지도자들이 이따위 짓을 했다고는 도저히 믿을 수가 없습니다. …… 로렌스시 차원에서 얼마든지 이 아이들을 돌볼 수 있었는데 말입니다."²⁹ 파업 노동자들을 동정했던 밀라니스 신부조차도 이 아이들의 탈출 사건을 비판했다. "파업과 관련하여 벌어진 가장 괘씸한 짓입니다. 자식들이 어디로 가는지도 모르는 부모들이 많았고 이들은 아이들과 떨어지는 것을 원치 않았습니다. 하지만 자기네 지도자들을 너무나 신뢰해 그런 방안이 최선이라고 생각하게 된 것입니다."³⁰ 존 골든은 IWW가 "순전히 파업 기금을 모으는 데 아이들을 이용하려고 부모한테서 떼어내는 짓"을 저질렀다고 비난했다.³¹ 보스턴시 사람들은 이 행동을 "정신 나간 바보짓"이라고 불렀으며,³² 매사추세츠주의 아동학대방지협회 회장은 자신이 개입할 권한이 없는 것이 한탄스러울 뿐이라고 했다.³³ 보스턴과 로렌스시의 매체들은 한목소리로 이 탈출 행위를 매도했고, 떠나는 아이들을 "가엾은 우리의 어린 자식들"³⁴ "찡그린 표정으로 불안하게 두리번거리는 굶주린 아이들"³⁵이라고 묘사했다. 이 아이들 중 일부는 절대 돌아오지 못할 것이라고 그냥 질러버리는 기자들도 있었다.³⁶

막상 로렌스의 아이들은 자기들이 착취당하고 있다는 생각은 전혀 하지 못했다. 한 소녀는 자기를 맡아준 가족의 아파트를 돌아본 후 "이제 다 봤으니까 집에 가야 되는 것 아니에요?"라고 물었다.³⁷ 다른 아이들도 자신이 놓인 상황에 어리둥절해했다. 아이들 서른한 명은 뉴저지주의 호보킨으로 보내져서 이탈리아 비단방직공노조의 돌봄을 받았다. 나머지는 뉴욕에 머물렀다. 아이들에게 뉴욕은 처음에는 무섭고 알 수 없는 도시였지만, 일요일 아침이 되어 수족관, 자연사박물관, 브롱스 동물원 등으로 놀러 가서 또래 아이들과 어울리게 되자 갑자기 친근한 도시로 바뀌기 시작했다.³⁸ 여기서 아이들은 각자 머무는 따뜻한 집 이야기 그리고 푹신한 침대에서 혼자 자도 된다는 이야기들을 시간 가는 줄 모르고 나누었다. 로렌스시의 공무원들은 아이들이 버려질까봐 걱정했지만, 막상 아이들은 무료로 진찰과 치료를 받았고, 식사 때마다 배가 터지도록 먹었으며, 이 도시의 학교에 다니게 되었다.[39] 며칠 지나지 않아 아이들은 부모들에게 편지를 보내 "1년간 여기 머물면 안 돼요?"라고 했으며,[40] 절대로 집에 돌아가지 않겠다고[41] 떼를 쓴 아이들도 있었다. 하지만 한 아이는 곧바로 돌아가기도 했다.

열한 살이던 메리 설리번은 부모가 뉴욕행을 허락하지 않아 그저 친구들을 배웅하려고 기차역까지만 가기로 했더랬다. 하지만 여동생 낸시와 떨어지게 되었고, 그러자 뉴욕에 한번 놀러 가야겠다고 마음먹었다. 그래서 어느 어른에게 자기도 데려가 달라고 말했다. 그래서 메리에게도 정식으로 명찰이 주어졌고 함께 길을 떠나게 되었다. 기차역으로 갔던 낸시 혼자 집으로 돌아오자, 메리의 부모들은 황급히 로렌스시 경찰서로 달려갔고, 경찰은 뉴욕시 경찰에게 전보를 쳤지만 아무런 대답도 듣지 못했다. 다음 날 메리는 집으로 편지를 보냈다. "여기서 너무 재밌게 지내고 있어요. 모자에 셔츠에 새 스웨터에 다섯 개의 새 뜨개 모자까지 받아서 너무 좋아요. 그러니 제 걱정 마세요. …… 낸시는 왜 그냥 집으로 돌아갔을까요? 추워서? 함께 왔으면 정말 재미있었을 텐데."[42] 메리의 아버지는 당국의 통보를 받자 월요일 아침 맨해튼으로 갔다. 메리는 화요일에 로렌스시로 돌아갔고, 무슨 일인지 물어보는 사람들에게 "뉴욕은 멋진 곳이지만 저는 집에 있을 거예요. 아무 데도 안 가요"라고 대답했다.[43]

누구도 예상치 못한 아이들의 탈출은 가슴이 미어지는 일이었는지라, 이 로렌스 파업이 단순히 자본과 노동의 힘겨루기가 아니라는 것을 전 미국에 널리 알렸다. 또 이렇게 대담한 작전을 선택하도록 힘을 쓴 헤이우드는 에터의 그림자에서 벗어나 "노동자의 링컨"이라는 명성을 쌓아나갔다. 그는 에터가 묵던 니덤 호텔의 옛 본부를 차지하여[44] 전임자와 마찬가지로 동에 번쩍 서에 번쩍 도처에 나타났다. 하루에 열 군데나 되는 집회장에 나타나 연설했으며, 막 파업 현장에 등장한 엘리자베스 걸리 플린도 함께할 때가 많았다.[45] 그의 연설은 서부 특유의 투지와 완강한 의지에 비폭력의 존중이라는 양념을 더한 내용을 담고 있었다. 그는 노동자들에게 말했다. "우선 나는 폭력을 거부합니다. 그걸로는 아무것도 얻지 못합니다. 이제 우리는 파업에 나설 때 두 손을 주머니에 꾹 찔러 넣고 있어야 합니다. …… 파업의 진짜 위력은 우리의 압도적인 머릿수에서 비롯되는 것입니다."[46] 또한 헤이우드는 멀리 서부에서 처음 연설을 시작한 이래로 독특한 미국주의를 시전해왔다. 에터는 이 파업을 프랑스혁명, 중국혁명에 비유했지만, 헤이우드는 "애플파이"(그가 제일 좋아하는 디저트였다)처럼 아주 미국적인 것들에 비유했다.[47] 파업에 나선 노동자들은 "이제 메이플라워호가 발견한 플리머스 바위만큼 굳건"하며,[48] "승객이던 청교도 순례자들만큼이나 굳은 결의"에 차 있다고 했다.[49] 또 파뉴일 홀에 모인 청중에게는 패트릭 헨리의 말을 인용하며 이렇게 외쳤다. "인간의 삶은 시장에서 파는 가장 싼 상품이 되었습니다. 우리는 인간의 삶이 이 지구상에서 가장 가치가 높은 자산이 되어야 한다고 주장합니다. 이게 만약 반역이라면, 크게 한판 벌여봅시다!"[50]

'빅 빌'은 강한 개성을 발휘해, 노동자의 정서를 공유하는 지도자를 원하던 파업 노동자들의 마음을 얻어냈다. 그는 노동자들의 집에서 밥을 먹었고 스파게티와 터키 케밥이 산더미처럼 쌓여 있는 접시를 깨끗이 비워버렸다. 시리아인들과 저녁을 함께한 뒤에는 물담뱃대까지 물었고 그러다 두툼한 얼굴 살이 완전히 창백해지기도 했다. 나중에 플린에게 말했다. "걸리, 재수 좋은 줄 아세요. 여자들한테는 물담배를 권하지 않거든요."[51] 연단에 서면 헤이우드는 악명 높은 급진주의자가 민주주의자(민주당원이 아니라)가 될 수도 있음을 보여주었다. 한 무리의 청중 앞에서 민족별로 대표자를 한 명 뽑으라고 한 뒤 이들을 연단에 불러 몇 마디 하라고 했다. 어떤 이들은 헤이우드가 구사한 표현과 구절들을 반복했지만, 거의 한마디도 못하는 사람도 있었다. 청중은 깔깔 웃으며 박수로 격려해주었고 헤이우드는 위대한 노동자가 꼭 위대한 연설가가 되라는 법은 없음을 상기시켰다. 한 이탈리아 소녀는 너무 수줍어서 무대에서 뛰어내릴 판이었지만, 헤이우드는 그녀를 친절히 무대 앞으로 이끌어 정중하고 우아한 동작으로 인사를 했다. 소녀는 겨우 몇 마디 할 수 있었고 누군가는 자기 의견에 귀 기울일 것이라고 느끼며 청중 속으로 돌아갔다.[52] 헤이우드는 또 어느 날 저녁 중국음식점에서 연설을 했는데, 어찌나 단순명쾌한지 거기 모인 중국인들, 아르메니아인들, 그리스인들 중 영어를 거의 못하는 이들까지 모두 이해할 수 있었다.

이제 파업은 "네 덩이 파업"이라고 불리게 되었다. 싸움의 불씨가 된 임금 32센트는 꼭 빵 네 덩이를 살 수 있는 돈이었기 때문이다.[53] 헤이우드를 지도자로 삼아 파업은 5주차로 들어섰다. 2월 12일 월요일 아침, 파업 노동자들은 새로운 전술을 선보였다. 그냥 서서 추위에 떠는 대신 피켓라인으로 "무한 사슬"을 만들어 반쯤 녹은 눈으로 진창이 된 공장 앞 보도를 하루종일 터덜터덜 걸어 다니는 것이었다. 무한히 넓게 펼쳐진 공장 건물들을 이 "무한 사슬"로 둘러싸서 계속 걷는 행동은 파업이 무한히 계속된다는 것을 뜻하는 완벽한 상징이었다. 민병대는 갈수록 적대감을 보였지만 이렇게 사슬을 만들면 민병대의 적대 행위도 피할 수 있었다. 하지만 이 피켓라인은 뚫고 지나가기에 어렵지는 않았다.[54] 안나 로피조를 조문하기 위해 최대 2만 3000명이 모인 이후 파업 가담자들 숫자는 조금씩 줄기 시작했고, 일터로 돌아가는 노동자들이 늘어났다. 2월의 처음 2주 동안 거의 3000명이 일터로 돌아갔으며,[55] 복귀자가 너무 많아서 공장주들은 이들이 혹시 파괴 공작을 하러 온 것이 아

로렌스시는 19세기에 이상적인 공장 도시로 탄생했다. 하지만 이 책에 묘사된 파업이 일어난 1912년에는 18제곱미터 면적에 51개국에서 온 노동자 8만 6000명이 빽빽이 들어차 있는 "이민자 도시"가 돼 있었다.

1912년 1월 12일, 파업 노동자들이 최우선 공격 목표로 삼았던 우드 공장(길이 약 600미터) 모습. 당시 세계 최대의 소모사 제조 공장이었다.

혹독하게 추운 1월 15일, 퍼시픽 공장으로 몰려간 노동자들에게 경찰이 소방 호스로 물을 뿌리고 있다.

파업 첫 주 주말, 민병대 여덟 개 중대가 로렌스에 들어온다. 이들은 공장 안에 마련된 임시 숙소에서 머물며, 파업 노동자들과 격렬한 싸움을 벌이게 된다.

서로 대치하고 있는 노동자들과 민병대원들. 파업 사태가 해결되지 않고 질질 끄는 교착상태에서 소름 끼치는 사건들이 일어난다.

국적과 언어를 뛰어넘어 하나로 뭉친 파업 노동자 1만 명이 로렌스시를 가로질러 행진하고 있다.

포르투갈 이민자의 아들로 태어난 윌리엄 우드. 평범한 공장 노동자로 출발하여 로켓처럼 빠르게 성공을 거둔 미국 섬유산업의 거물로 1912년 당시 로렌스 시민들이 가장 증오했던 인물이다.

공장 안에 마련한 숙소에서 피아노를 치는 민병대원. 이들은 노래하고 춤추고 권투 연습을 하는 등 사기를 유지하기 위해 갖은 노력을 기울였다. 상당수가 자신들의 임무에 회의를 느꼈고 40여 명이 임무 수행을 거부해 군사재판에 넘겨졌다.

피켓라인을 형성해 도시를 행진하는 노동자들. 미국 노동운동의 역사에서 이런 새로운 전술은 로렌스 파업에서 처음 나타났다.

두 사람이 사망하고, 다이너마이트 음모 사건이 세상에 알려지자 미 전역에서 달려간 언론인들이 로렌스 파업을 보도하기 시작했고 이제 파업 기사가 신문 1면에 올라가게 된다.

1월 말, 파업을 지도하던 IWW의 조지프 에터(오른쪽)와 아르투로 조바니티(왼쪽)가 체포된다. 경찰은 격렬한 충돌 현장에서 총에 맞아 숨진 안나 로피조라는 여성의 사망에 책임이 있다는 이유를 댔는데 두 사람은 사건 현장에서 1500미터나 떨어진 장소에 있었다. 이들의 재판이 끝날 때까지 전 세계 노동자들이 항의 시위를 벌였다.

에터와 조바니티를 이어받아 파업을 이끈 "빅 빌" 헤이우드. IWW의 가장 뛰어난 조직가였던 헤이우드는 미국의 자본가들이 가장 두려워하던 인물이었다.

헤이우드는 당시 미국에서는 생소했던 새로운 전술을 승인한다. 아이들이 굶주리자 파업 기간 중에 대신 돌봐줄 가정을 찾는다는 광고를 냈고 이에 열렬히 호응한 맨해튼의 가정들에 아이들을 보낸 것이다. 2월 17일 두 번째로 로렌스를 탈출한 아이들이 뉴욕 5번가를 행진하고 있다.

"파업 투쟁의 영혼"이라 불렸던 스물한 살의 엘리자베스 걸리 플린. 플린은 노동자들을 결집시키고, 로렌스를 탈출한 아이들을 돌보았으며, 지칠 줄 모르고 파업 기금을 모으러 다녔다.

제임스 오라일리 신부. 로렌스 가톨릭 신도들의 영적 아버지로서 그야말로 "빅 보스"였다. 플로리다에서 휴가를 즐기다 로렌스로 돌아와 IWW에 맞선 치열한 전투를 이끌게 된다.

2월 중순, 로렌스시 여성들이 가두 행진을 하고 있다. 이들은 남성들과 함께 피켓라인을 형성했으며 경찰의 체포에 맞서 격렬히 저항하는 등 파업에서 중요한 역할을 수행했다.

로렌스 경찰이 도시 밖으로 아이들을 탈출시키려는 어머니들을 두들겨 패고 있다. 이에 모든 미국인이 충격을 받았고 의회에서는 청문회를 열게 된다. '로렌스시의 법과 질서'라는 제목이 달린 이 그림은 《콜리어》를 비롯한 여러 매체에 실렸다.

여성들은 전례 없이 강력한 연대의 정신으로, 노동자들에 대한 폭력, 증오, 굶주림이 가중되는 상황에서도 파업을 지속해나갔다.

3월 14일, 로렌스 공원. 파업이 시작된 지 두 달하고도 이틀이 지난 이날 헤이우드는 노동자들의 의사를 물어 파업 종료를 선언한다. 왼쪽에 엘리자베스 걸리 플린이 보인다.

콜럼버스의 날, 시민 수만 명이 '신과 조국을 위하여'라는 슬로건 아래 성조기를 흔들며 가두 행진을 벌였다. 이날 로렌스에서는 미국 역사상 가장 거대한 애국주의 물결이 일렁였다.

닐까 의심하여 탐정들을 고용해 감시하라고 했을 정도였다.[56]

파업 노동자들이 '땜빵'이라고 부르며 혐오한 이들은 어떤 사람들이었을까? 애초에는 대부분 숙련노동자들이었다. 임금도 더 높고, 노동조합에 속해 있으며, 자신들의 숙련에 정당한 자부심을 가지고 있었기에 이 파업에서 한 떼거리의 "풋내기들"과 섞이는 것을 좋아하지 않았다. 또 다른 이들로는 자신들의 문화적 전통에 충실한 이들이 있었다. 아일랜드인들은 일관되게 파업에 반대했다. 자신들은 꾹 참고 미국 사회를 배우고 지식을 쌓아 신분 상승을 이루었는데, 그렇게 하기에는 너무 무식하고 참을성도 없는 최근에 온 이민자들이 일을 저지른 거라고 보았던 것이다. 프랑스계 캐나다인들은 전반적으로 노동조합에 의구심을 품었으며[57] 파업에도 뒤늦게 참여했다. 독일인들도 마찬가지였다. 하지만 피켓라인을 형성한 노동자들이 공장들을 돌며 행진을 벌이고 파업이 무한히 늘어지자 공포와 굶주림에 질린 사람들은 일터로 복귀했다. 아이들이 탈출하여 안전하고 즐겁게 지내고 있다니 정말 기뻤지만, 그렇다고 로렌스시의 상황이 달라진 것은 아니었다. 공장주들은 여전히 침묵을 지켰다. 그리고 또다시 파업이 무너지고 있다는 소문이 돌기 시작했다. 아무래도 조만간 파업이 끝날 것 같은데, 지금 당장 복귀해야 하지 않겠어?

아직 대오는 2000명을 유지했지만,[58] 언제까지 파업을 계속할 수 있을까? 절망의 감정이 스멀거리면서 파업 노동자와 '땜빵'의 전쟁도 점점 더 격렬해졌다. 아이들이 뉴욕으로 떠난 날 밤, 성난 무리들이 메리맥강을 따라 워터 스트리트에 집결해 이 파업파괴자들의 집 창문에 돌을 던지기도 했다.[59] 피켓라인을 뚫고 지나가는 이들에게 죽여버린다고 위협하기도 했는데 이 역시 흔한 일이었다. 한 독일인은 다른 이를 '땜빵'이라고 불렀다가 권총의 총부리와 맞닥뜨리기도 했다.[60] 노동자 한 사람

한 사람이 어느 쪽을 선택할지를 결정해야 했다. 이 한 번의 결정에 따라 자신의 이력과 평판, 생계가 결판날 수도 있는 일이었다.

선택은 고통스러울 정도로 단순했다. 계속 파업을 하면서 굶주릴 것이냐, 아니면 일터로 복귀하는 대신 조롱과 증오를 견뎌낼 것이냐. 일터로 복귀하기로 결정한 로맹 마르쿠의 경우를 들어보자. 아침마다 마르쿠는 퍼시픽 공장으로 출근하면서 악질적인 괴롭힘을 견뎌내야 했다. 그러다 어느 날 모국어인 프랑스어로 쓰인 "검은 손" 편지를 받았다. 사흘 안에 일터에서 나오라, 그러지 않으면 죽여버리겠다는 것이었다. 그는 경찰서로 편지를 가져갔으며, 경찰은 이를 민병대에 넘겼다. 아무 일도 일어나지 않았으며 마르쿠는 계속 일터로 나갔다. 자식 아홉을 둔 아버지 마르쿠는 말했다. "나는 일을 계속해야 해요. 음식을 구걸하러 다닐 생각이 없고, 나와 아이들을 먹이려고 다른 사람들이 모금을 하게 둘 생각도 없어요. 내가 일을 할 수 있는 한 절대로 그러지는 않을 거예요."[61]

해당 주의 중반에, 《보스턴 글로브》는 파업 노동자들의 사기가 "심하게 흔들렸다"고 보도했다.[62] 갑자기 흐름이 바뀌자 헤이우드는 걱정하기 시작했다. IWW의 선언문에 나오는 대로, "4주에서 6주 사이에 승리하지 못하는 파업은 시간이 더 지나도 승리할 수 없다"는 사실을 잘 알고 있었기 때문이다.[63] 경영진은 버텨낼 돈도 자원도 많지만 노동자들은 버틸수록 더 큰 피해를 입기 때문이다. 아이들의 탈출을 한 번 더 조직하면 도움이 될 수 있겠지만, 이 침울하게 가라앉는 분위기를 반전시키기 위해 당장 무언가 해야 할 처지였다. 그가 꺼낸 패는 도심 보이콧이었다. 2월 14일 오후 2시, 수백 명이 에식스 스트리트에 집결했다. 계속 움직이라는 군인들의 명령에 따라 이들은 보도를 왔다 갔다 했다. 여자들은 서로 팔짱을 끼었고 남자들은 어깨를 맞대었다. 상인들에게 파업 때문에 그들이 얼마나 큰 대가를 치르고 있는지를 알려주려고 작은 가게들과 백화점들로 들어갔다. 몇 분간 물건을 이리저리 살펴보는 척하다가 바로 걸어 나와 버리는 것이었다. 그중 많은 이들이 인도에서 밀려났고 민병대가 이들을 밀치기도 했지만,[64] 공공장소 집회가 금지된 상황에서 헤이우드가 고안한 이러한 시위는 노동자들이 여전히 머릿수의 위력을 발휘할 수 있음을 보여주는 효과적인 방법이었다.

이 주 내내 IWW와 존 골든이 손잡은 CLU의 말싸움은 점점 더 격렬해졌다. CLU에서 자기들이 파업 노동자들의 대표라고 주장하고 나서자 파업위원회는 이렇게 선언했다. "그러한 선언문은 백치의 두뇌 아니면 공장주들의 사무실에서 나온 것일 수밖에 없다."[65] 파업 노동자들은 곧 노래를 만드는 워블리 조 힐이 찬송가 〈예수님과의 대화〉에 새롭게 가사를 붙인 노래를 부르게 되었다.[66] 이 개사곡의 제목은 〈골든과의 대화〉였다.

> 로렌스시에서는 굶주린 대중이 빵을 얻으려고 파업을 벌였네
> 냉혈한 우드 씨는 파업 노동자들을 진압하려 기를 쓰다가
> 새미 곰퍼스에게 편지를 써서 의견을 물었다네
> 우편배달부가 가져온 대답을 들어보세
>
> 골든 씨와 대화를, 대화를 해보세요
> 모든 문제가 풀릴 겁니다. 잘될 겁니다
> 그는 돈만 잘 집어주면 어떤 파업이든 끝을 내줍니다
> 그에게 저녁 한 끼 잘 먹여보세요. 그러면 다 해결됩니다
> 골든 씨와 대화를 하면 모든 문제가 풀릴 겁니다. 잘될 겁니다[67]

하지만 골든이 조직한 숙련공들 이외에는 아무도 골든과 대화하려 들

지 않았다. 공장주들은 여전히 대화를 거부하다가 요즘 경기가 안 좋고 관세 개혁이라는 위협이 도사리고 있으므로 숙련공들의 요구를 들어줄 수가 없다고 답했다. 아메리칸 모직은 끝까지 골든에게 답을 주지 않았다.[68] 우드는 쿨리지에게 IWW 쪽 사람과는 절대로 만나지 않겠다고[69] 밝혔고 파업위원회도 에터와 조바니티가 석방되기 전에는 절대로 협상에 나서지 않기로 만장일치로 결정한 터라,[70] 파업 노동자들은 돈 한푼 없이 몇 주, 아니면 몇 달, 심지어 더 오랜 기간을 참고 기다려야 할 판이었다. 변화는 오로지 민병대에서 나타났을 뿐이지만, 이건 나쁜 변화였다.

아이들이 뉴욕으로 떠난 날, 스위처 소령은 부대원들에게 경계를 더욱 삼엄히 하라고 명령했다. "폭도 비슷한 무리들", 무기를 휘두르는 자들, 체포에 저항하는 자들에게는 "사전 경고 없이 사격"해도 좋다고 했다.[71] 스위처의 칙령으로 시장에 물건 사러 가는 일조차 적진 돌격처럼 위험한 행동이 되어버렸다. 또다시 파업 노동자가 상처를 입었으니, 그의 왼팔은 병사들의 총검으로 찢어져 있었다.[72] 개를 끌고 가던 남자가 빨리 움직이라는 명령에 따르지 않자 민병대원은 개를 총검으로 찔렀다.[73] 파업 노동자들은 아침 회의에서 민병대원들이 죽이겠다고 협박하고 있으며, 저들을 조금만 자극하면 총검으로 "이탈리아 놈들 몸에 빵꾸를 내주겠다"고 으름장을 놓는다고 했다.[74] 그러자 노동자들은 괴롭힘과 모욕을 참지 못하고 맞서 싸우기 시작했다. 어느 날 아침 워싱턴 공장의 서치라이트 아래로 행군하던 병사들은 갑자기 공기총 총알이 철문을 때리는 소리에 깜짝 놀랐으며, 이런 일이 사흘 연속 계속되었다. 총알을 맞은 사람은 없었고, 총을 쏜 사람도 찾지 못했다.[75] 이건 단지 좀 더 노골적인 반란의 신호탄일 뿐이었다.

일부 병사들은 전장 스트레스에 시달리며 파업 노동자들에게 동조하기 시작했다. IWW는 매일같이 공단 벽에 병사들의 지지를 호소하는 전단을 붙여놓았고, 동료 노동자들 편에 서서 무기를 내려놓고 "군사적 이상"을 거부하라고 촉구했다. 한 전단의 내용은 이러했다. "젊은이여, 훌륭한 병사가 되는 것이야말로 당신의 삶에서 가장 비천한 목표입니다. '훌륭한 병사'는 절대로 옳고 그름을 따지려 하지 않습니다. 절대로 생각하지 않고 절대로 이성을 발휘하지도 않습니다. 그저 복종할 뿐입니다. …… 젊은이여, 병사가 되지 마십시오. 인간이 되십시오."[76] 어떤 병사는 파업위원회에 1달러를 기부했다. 헤이우드는 즉시 이 지폐를 액자에 넣었다.[77] 임무 수행을 거부하다가 군사재판에 넘겨진 이들(무려 마흔 명이나 되었다고 한다)도 있었다.[78] 하지만 대부분의 민병대원에게 진정 사기를 떨어뜨리는 요인은 그러한 선전이라기보다는 지루함, 추위, 도구로 이용당한다는 생각에 치미는 분노 등이었다. 한 민병대원은 훗날 자기 중대의 분위기를 이렇게 회상했다.

> 우리가 공장주 편에서 싸우고 있다는 느낌이 너무 강했습니다. 우리가 모든 시민에게 정의로운 일을 하기 위해 시 정부에 고용된 경찰관이라고 느끼는 이는 아무도 없었습니다. 우리는 그저 공장에 숙소를 만들고 공장주들을 적들의 폭력에서 보호하기 위해 싸우는 자들에 불과하다고 느꼈습니다. 공장 숙소는 훌륭했으며, 공장주들은 우리에게 끊임없이 호의를 베풀었습니다.[79]

하루하루 지나면서 장기 근무로 인한 피로가 심각해졌다. 로웰에서 온 한 민병대원의 말이다. "빌어먹을 놈의 파업! 저는 간밤에 딱 3시간 잤습니다. 집에 가고 싶어요."[80] (하지만 보초 근무만으로 민병대원들이 피곤해진 것은 아니었다. 많은 병사가 새벽까지 춤판을 벌이면서 젊은 여성들을 초대하기도

했다. 그러자 시에서 이런 행태를 금지시켰다.)[81]

한 주 내내 군중은 공원 인근의 경찰청 옆에서 집회를 열어 하루 빨리 에터와 조바니티를 석방하라고 촉구했다. 매일 아침 두 사람은 수갑을 찬 채로 법정으로 이송되었다. 에터는 항상 웃고 있었고, 조바니티는 흐트러진 차림에 고개를 숙이고 있었으며 매체에서는 여전히 그를 수수께끼 같은 존재로 여기고 있었다.[82] 감옥에서 나올 때 허가를 받으면 두 사람은 노동자들 수십 명과 악수를 하고 소식을 주고받았다. 한 이탈리아인은 두 사람을 한꺼번에 끌어안기도 했다.[83] 한 기자가 에터에게 지금 기분이 어떠냐고 물었다.

"아주 좋아요! 안 좋을 이유가 없잖아요!"[84] 에터의 답이었다.

검사는 두 지도자들이 안나 로피조의 살해를 선동했다고 주장하고, 판사에게 이를 확신시키기 위해 주로 신문기자들과 잠복 탐정들의 증언에 의존했다. 피고인들에게 불리한 구절들을 인용했고 또 불길한 어조로 강조했다. 에터가 한 말들이다. "이틀 후, 이 도시는 행복할 수가 없을 겁니다. 무언가 일이 터질 테니까요." "우리는 철물점 주인들이 총기류를 나누어 주느라 바쁘게 만들 것입니다."[85] 조바니티가 한 말들이다. "야수처럼 피 냄새를 찾아 돌아다닙시다."[86] "평화로운 피케팅은 엿이나 먹으라지! 저놈들이 공장에서 나오지 않으면 우리가 저놈들 대갈통을 깨버릴 거야!"[87] 또한 검사는 IWW도 심판대에 올렸다. 워블리 문건들을 인용하면서 IWW 산하 노조가 폭력 혁명을 선동하고 있다고 비난한 것이다. 에터가 체포될 당시 발견된 편지 두 통이 핵심 역할을 했다. 한 통은 IWW의 재무부장인 빈센트 세인트 존이 보낸 것이었다. 이 편지에서 세인트 존은 에터에게 말했다. 이번 파업을 이기는 방법으로 경영진보다 오래 버티기를 선택할 경우 이는 결코 실현할 수 없다고. "저 조직된 1만 6000명 혹은 2만 명이 감옥으로 쳐들어가서 파업 기간 동안 이 나라에 자기들을 먹여 살리라고 요구하게 만들라"는 것이었다. 다른 한 통은 로드아일랜드에 사는 워블리가 보낸 것으로서, 이번 파업을 뉴잉글랜드 전체의 아메리칸 모직 공장으로 확산시키라고 조언했다.[88]

IWW를 끌어들이는 것은 흔한 법률 전략이었기에, 워블리들은 효과적으로 대응하여 자기들 노동조합을 지켜냈다. 에터는 의기양양하여 미소 지으며 IWW는 "역사가 낳은 아이"라며, IWW가 폭력이나 무력을 옹호한다는 주장을 부인했다. 에터는 말했다. "우리가 말하는 힘이란 노동조합의 연대를 말하는 것입니다. IWW는 어떤 폭력도 신봉하지 않습니다. 우리가 신봉하는 것은 평화입니다."[89] 헤이우드는 반복해서 미국 수정헌법 5조*를 언급했고, 로코는 한사코 피고인들을 옹호하다가 결국 "적의를 품은 증인", 즉 자신을 법정에 세운 쪽에 의도적으로 불리하게 진술하는 증인으로 지목되어 증언대에서 내려와야 했다.[90]

검사는 결국 에터도 조바니티도 로피조를 쏜 사람이 아니라는 주장을 받아들였다. 그럼 누가 그랬단 말인가? 1월 29일에 벌어진 사건들로 돌아가면, 증인들은 하나같이 키가 크고 검은 피부에 갈색 코트를 입고 긴 막대를 소지한 이탈리아인에게 초점을 맞추었다. 아수라장에 눈발까지 흩날리는 가운데 그 남자가 다른 사람 어깨에 권총을 올리고 경찰관 오스카 베누아를(그날 저녁 등에 칼이 찔린 경찰관) 겨냥하고 있었다는 것이다. 다음으로 베누아가 출석하여 자신도 불꽃을 보았고, 총알이 휙 지나가는 것을 느꼈으며, 순간 여자가 땅에 쓰러지는 모습을 보았다고 증언했다.[91] 이러한 설명은 신문 보도와 일치하는, 틀림없는 사실로 받아들여지는 분위기였다. 검사는 2월 13일 화요일, 신문을 종결했다.

그날 오후, 양복과 조끼를 깔끔히 차려입고 중절모를 쓴 헤이우드가

---

*   일사부재리의 원칙, 묵비권을 행사할 수 있는 권리, 적절한 법적 절차에 따라 재판받을 권리 등을 명시한 조항이다.

위엄 있는 모습으로 법정에 들어섰고, 곁에는 키가 작고 푸른 눈동자에 검은 머리를 땋아 내린 여성이 있었다. 엘리자베스 걸리 플린은 로렌스시에 도착한 이래 보조 역할을 맡았지만 지금부터 이 파업의 지도자가 된다. 플린은 아이들을 데리고 뉴욕에 갔다가 방금 돌아와서 부모들에게 아이들 소식을 전해주었고, 또다시 아이들 탈출 계획을 세우고 지지를 호소하고 다녔다. 플린은 노동자들에게 말했다. "이 아이들의 시위는 내가 지금까지 본 가장 멋진 광경이었습니다. 나는 파업 투쟁에도 여러 번 참여했고 발언 자유 투쟁도 열심히 했지만, 지난 토요일에 본 것처럼 인간의 형제애가 솟아나는 광경은 결코 본 적이 없습니다. 자본가 계급은 이제 자기들 옥좌에서 두려워 떨어야 마땅합니다."[92]

플린은 어디에서 연설을 하든 항상 연단 앞으로 몸을 기울였고, 숙련된 연설가들이 다들 그렇듯이 한 팔을 휘두르면서 목소리를 멀리까지 전달하는 인물이었지만, 그렇게 젊은 여성이 이러한 능력을 가지고 있다는 것은 놀라운 일이었다. 플린은 스물한 살에 이미 미 전역에서 파업 투사로 악명을 떨쳤다. 지난해 가을에도 로렌스시에서 연설을 했으며, 1월 20일에 도착했을 때(당시 다이너마이트 사건으로 도시가 공포에 질려 있었다)[93]는 사람들 수백 명을 기차역으로 집결시켰다. 플린과 에터가 군중들을 뚫고 지나갈 때는 환호가 터져 나오기도 했다.[94] 플린의 이름은 세 부분으로 구성돼 있어 처음에는 혼동을 낳기도 했다. 그녀가 공원에서 도착 연설을 마치자 한 파업위원이 말했다. "자, 만세 삼창을 합시다. 이분 이름이 엘리자베스…… 음…… 이름들 아시죠?"[95] 또 다른 파업위원은 이름이 기억나지 않아 그냥 "저 연설 잘하는 아주 작은 여성"이라고 얼버무리기도 했다.[96] 하지만 이 이름 긴 여자는 이제부터 왜 자신이 브루클린에서 스포캔에 이르도록 "IWW의 가장 위험한 인물의 하나"로 간주되는지를 보여주게 된다.[97]

조 힐은 자신의 노래 〈반란 소녀〉를 플린에게 바쳤으니 가사를 보면 그녀가 IWW에서 얼마나 중요한 인물인지를 알 수 있다.

그래, 반란 소녀. 그래, 반란 소녀
노동계급에게 그녀는 소중한 진주
그녀는 용기, 자부심, 기쁨을 가져다준다네
투쟁하는 반란 소년에게[98]

이 "반란 소녀"라는 말은 그냥 붙은 것이 아니었다. 가족에게 물려받은 유산이었다. 플린은 한결같은 아일랜드 애국자들의 딸로 태어났으며, 집안은 가난했지만 이상주의를 먹고 자란 정신은 풍요로웠다. 아버지인 톰 플린은 토목공학자였지만, 사회주의에 대한 열정이 넘쳐서 먹고사는 일은 뒤로 밀쳐둔 사람이었다. 플린은 회상했다. "우리 어머니는 정말 고생을 많이 하셨어요. 그래서 아빠가 구직활동을 피하는 구실로 카를 마르크스를 남용한다고 느낄 때가 많았죠."[99] 플린의 어머니인 애니 걸리는 바느질꾼이자 여성 참정권 운동가였으며, 여성들도 자기 의사를 분명히 밝힐 의무가 있다는 신념으로 철저히 무장한 이였다.[100] 플린 가족은 찢어지게 가난하여 공장과 산업 도시들을 이리저리 돌아다녔으며, 플린은 손가락이 잘린 어린 여공들의 모습에 "이루 말할 수 없는 충격을 받았다".[101] 결국 플린 가족은 뉴욕 할렘에 정착하였고, 난방이 안 되고 온수도 안 나오는데 그저 도서관에서 빌려온 책만 가득한 아파트에서 네 아이가 자라게 된다. "사상은 우리의 고기이자 음료였어요. 때로는 고기와 음료의 대체물이었고요."[102]

플린은 10대에 이미 마르크스와 러시아 아나키스트 크로포트킨의 저서, 업턴 싱클레어의 『정글』 등을 읽었다. 아직 고등학생일 때 이미 부모님의 격려로 뉴욕 여기저기를 누비며 즉석 연단에서 연설을 시작했다. 어두운 색의 긴 치마와 하얀 블라우스 차림에 붉은색 타이를 매고 누구든 귀를 기울이는 이에게 자본주의의 해악 그리고 임박한 혁명에 대해 이야기한 것이다. 그녀의 이야기를 들은 이들 중 하나가 소설가 시어도어 드라이저로서, 《브로드웨이 매거진》에 쓴 글에서 플린을 "이스트사이드의 잔다르크"이며 "지금까지 뉴욕시에 나타난 가장 놀라운 소녀"라고 불렀다.[103]

한번은 그녀가 허가받지 않고 연설했다는 이유로 체포되었는데, 어느 브로드웨이 쇼 제작자가 배우로 나서보라는 제안을 했다. 그녀는 대답했다. "나는 여배우 같은 것 안 해요! 나는 노동운동가이며, 내 연설문은 내가 직접 써요!"[104]

플린은 열여섯 살이던 1906년에 IWW에 가입해 이듬해부터 전국을 돌아다니며 노동자들을 조직했다. 한 광산촌에 연설을 하러 가서 광부를 만나 결혼했지만, 결혼은 "반란 소녀"와 그리 어울리지 않는 일이었다. 배 속에 아이를 품은 채로 그녀는 다시 홀로 길을 떠난다. 1909년 여름, 플린은 몬태나주, 워싱턴주, 오리건주 전역을 다니며 조직 활동에 몰두했으며 이렇게 말했다. "저는 제 조국과 사랑에 빠졌습니다. 우리나라의 강들, 평원들, 산들, 도시들, 그리고 사람들."[105] 시커먼 "남정네들"이 우글거리는 노동자 캠프에서 이 푸른 눈동자의 10대 소녀는 마치 덤불 속에 피어난 장미처럼 눈에 띄었다. 워블리들은 자기들 같은 남정네들이 플린을 건드리지 못하게 보호했고, "걸리는 우리와 함께 있으면 하나님의 주머니 속에 있는 것처럼 안전하다"고 주장했다.[106] 하지만 미국이라는 나라는 플린의 거만한(훗날 어떤 이들은 "반역적인"이라고도 했) 나라 사랑을 전혀 이해하지 못했으며, 워블리들도 그녀를 미국의 법에서 지켜줄 수는 없었다.

1909년 12월, IWW는 "발언의 자유 투쟁"을 시작한다. 이는 IWW가 서부 전역에서 수행한 여러 시민 불복종 운동의 하나였다. 스포캔 거리 연설을 금지당한 워블리들은 "동료 노동자들"에게 여기로 와서 감옥을 채워버리자고 호소했다. 이에 600명 넘는 노동자가 스포캔에 나타나 연설을 하거나 그저 미국독립선언서를 낭독했고,[107] 마침내 경찰이 달려와 이들을 즉석 연단에서 끌어냈다. 워블리들은 감옥에서 구타당하고, 땀통에 쑤셔 넣어지고, 얼음장 같은 독방에 감금되는 등의 고초를 당했다. 수십 명이 병원으로 실려 갔으며 한 명은 결국 죽었다. 한 지역 신문 기자는 이렇게 썼다. "설령 내 어머니를 죽인 놈이라고 해도, 이 IWW 노동자들이 고문당한 광경은 차마 눈 뜨고 볼 수가 없을 것이다."[108] 플린도 그해 겨울 임신한 상태에서 스포캔에 도착했지만, IWW는 그녀의 연설을 허락하지 않았다. 그럼에도 플린은 IWW 저널이던 《산업노동자》 편집자였으므로 음모 혐의로 체포되었고 유치장에서 하룻밤을 보낸 뒤 판사 앞에 서게 되었다. 플린은 당신이 해온 연설의 기반이 무엇이냐는 판사의 질문에 대답했다. "권리장전입니다."

판사가 응수했다. "하지만 당신은 법률가가 아니잖아요? 그걸 어떻게 해석한단 말인가요?"

플린은 대답했다. "권리장전은 평이한 영어로 쓰여 있습니다, 판사님. 누구나 이해할 수 있어요. 그건 법률가가 아니라 인민을 위해 쓰인 문서입니다." 플린은 무죄로 풀려난 뒤,[109] 시카고에 있는 남편에게 돌아가서 1910년에 아들을 출산한다. 아이를 낳은 직후 이혼한 플린은 육아와 노동자 조직 운동을 병행하다가 로렌스시로 오라는 연락을 받았고, 이민자들이 처한 곤경에 대해 연설을 했다. 이민자들은 "옛 나라"에서 뿌리가 뽑힌 이들로서 자유를 찾아 미국으로 왔지만, 대체 "무슨 자유입니까? 거대한 감옥 같은 공장으로, 대도시의 빈민가로, 이 공장 도시의 공동주택 지구로 가축 떼처럼 떠밀려다니는 자유 말입니까?"[110] 또 학교에서 교사들이 파업 노동자 부모들을 부정적으로 언급할 때 여기에 맞설 수 있도록 아이들을 위한 특별 집회들을 열었다.[111] 로렌스시의 청중 앞에서 연설하고, 미국 북동부를 돌며 파업 기금을 모아 오고, 이후의 전략적 행동을 계획하는 등, 플린은 자신의 행보를 통해 언론인 보어스가 기억하는 대로, "파업 투쟁의 정신"이 되었다.

> 엘리자베스 걸리 플린이 연설하면 청중은 눈에 띄게 흥분했다. 젊음, 아일랜드인의 푸른 눈동자, 목련처럼 하얀 얼굴, 휘날리는 검은 머리칼, 그야말로 젊은 여성 혁명가의 모습이 거기 있었다. 그녀는 사람들을 흔들어놓았고, 연대와 이상을 호소하여 그들을 일으켜 세웠다. 집회가 끝날 때는 모두 함께 노래를 했다. 마치 한줄기 불꽃이 한바탕 청중을 훑고 지나간 것 같았다.[112]

플린이 가장 눈에 띄기는 했지만, 이 파업 투쟁의 정신을 체현한 여성이 그녀만은 아니었다. 로렌스의 공장 노동자 가운데 여성과 아이들이 절반이 넘었고,[113] 지역 신문이 '여자 선동꾼'으로 조롱했던 이들이 항상 존재했다. 1882년에 로렌스에서 파업이 벌어졌을 때도 선동에 나선 이는 한 여성이었다. 그녀는 임금 삭감 통보를 받고 항의를 하러 갔지만 보스는 면전에서 문을 쾅 닫아버렸다. 이 여성은 플레인스 지역에서 작업거부를 주도했고[114] 워블리들은 이 불꽃에 기름을 끼얹었을 뿐이다. AFL과 달리 IWW는 여성들의 가입을 환영했다. 플린은 《산업노동자》에 이렇게 썼다. "이제 여성들을 집으로 쫓아 보낼 수는 없다. 이들은 노동자 군대의 일부인 것이다."[115] 이제 플린과 IWW가 전폭적으로 지지하는 가운데 로렌스의 여성들은 전투에 나서기 위해 무장했으며, 이는 비유가 아니었다.

여성들은 파업 시작을 알리는 함성을 내지를 때부터 남자들과 똑같이 분노하고 단결했다. 2월 중순이 되자 아이들이 탈출하고 남자들의 지구력이 떨어지고 더 이상 선반에 요리할 거리가 남아 있지 않아 굶주림이 엄습하자 여성들은 최전선으로 나섰다. 남성들은 처음에 아내, 어머니, 딸이 싸움에 나서는 것을 반대했다.[116] 하지만 일단 여성들이 역량을 입증하자 파업을 추동하는 힘은 여성들에게서 나온다는 점이 분명해졌다. 여성들의 용기, 동지애, 유머가 조합된 집단의 성격을 잘 보여준 일은 한 여성 피켓 활동가와 병사의 싸움이었다. 민병대원들은 여성 피켓 활동가들을 "희롱"하려 들 때가 많았고,[117] 데이트나 하러 가자고 꾀기도 했다. 대부분의 여성은 무시해버렸지만, 한 여성은 자기가 어떻게 대응했는지를 파업위원회에 알렸다. 그녀가 피켓을 들고 있는데 한 민병대원이 다가와서 움직이라고 명령했다. 이를 거부하자 병사는 자기와 "약속을 따로 잡지 않겠느냐고" 물었다. 그녀는 이렇게 답했다고 한다. "아니, 나는 남자만 만나거든."[118]

분명히 파업을 책임진 이들은 남성이었지만, 사태의 외양을 조금만 들추어 보면 여성들이 똑같은 영향력을 행사했음을 알 수 있다. 공동주택 지구 전역에서 여자들은 건물 복도 혹은 길모퉁이에서 만나 전략을 두고 토론했다.[119] 또한 얼마 안 되는 먹을거리를 함께 모아 음식을 준비하고 아이들도 함께 돌보았다. 주방에서 수프를 만들며 감자를 벗기다가도 갑자기 〈인터내셔널가〉를 제창하기도 했다.[120] 팔짱을 끼고 길을 오가면서 노래를 했고 또 행인들에게 외치기도 했다. 여성이라고 하면 찰스 깁슨이 묘사한 아름다운 소녀나 생각하며 자라난 경찰관들은 이들의 행동에 질겁을 했고 몇몇은 아예 도망치기까지 했다. 현장에 있던 헤이우드에 따르면, 여자들은 한 경찰관의 속옷이 드러나도록 옷을 벗겨버리고 운하 위로 거꾸로 매달아놓았다. 이 사태는 다른 경찰관이 개입하여 겨우 수습되었다.[121] 여자들은 경찰과 민병대원의 얼굴에 후추 가루를 뿌렸고, 가위로 그들의 멜빵을 잘라버렸으며,[122] 머리핀으로 말을 찔러 날뛰게 만들어 기마 경찰을 당황하게 만들었다.[123] 결국 경찰들도 반격에 나섰고, 파업 기간에 체포된 여성만 130명에 달했다.[124] 하지만 경찰은 예의범절을 지키느라 여자들을 남자들처럼 거칠게 다룰 수는 없었다(최소한 처음에는 그랬다). 로렌스의 한 검사가 한탄했다. "경찰 한 사람이 열 남자를 다룰 수 있지만 여자 하나를 다루는 데는 경찰 열 사람이 필요합니다."[125] 한편 판사석에 앉은 마호니는 이렇게 여자들을 위험에 몰아넣는 "사내들의 수작"을[126] 비판했지만, 여성들은 자기들이 이용당하고 있는 게 아니라고 주장했다. 파업위원회 회의에서 한 여성이 분명히 말했다. "마호니 판사의 말은 사실이 아닙니다. 파업에 가담한 여성들은 누가 감싸고 돌봐주거나 강제로 피켓라인으로 내모는 이들이 아닙니다. 우리가 피켓라인에 서는 이유는 그것이 의무라고 생각하기 때문이에요."[127]

여성들이 가장 활발히 활동한 가족의 하나로 안젤로 로코의 가족을 들 수 있다. 오빠가 집회에 나간 사이에 열네 살짜리 콘실리아는 어머니(엘름 스트리트 사람들은 모두 그녀를 "우리 할머니"라고 불렀다)[128]를 따라서 이탈리아인 거주 구역을 돌아다녔다. 콘실리아는 회상했다. "어머니는 뜨거운 논쟁에도 직접 참여하셨어요. 파업 노동자들에게 음식을 더 갖다 주고, 해야 할 일들을 하나하나 점검도 했고요." 로코네 집은 "해당 블록 모든 아이에게 열려 있었어요. 어머니는 빵이나 피자를 만들어주셨으니 아이들이 모두 몰려들었죠. 파업 기간 내내 말이에요. 우리 오빠는 아주 열심히 활동했으니까 자주 보지는 못했죠. 감옥에 있든가 IWW에 가 있었으니까요. 우리 어머니는 우리 블록에서는 누구도 굶거나 추위에 떨지 않게 만들었어요."[129]

　여성들 수천 명이 피켓을 들고 노래하는 대열에 합류했으며, 역사가 아디스 캐머런에 따르면 좀 더 적극적인 행동에 나서서 지역의 전설이 된 이들도 있다. 예를 들면 "달걀 여인"으로 알려진 사라 악셀로드이다. 러시아 이민자로 우드 공장 수선공이었던 악셀로드는 파업이 시작되기 직전에 인근의 양계장으로 이사했지만, 매일매일 도시로 나오면서 계란을 잔뜩 가져와 굶주린 가족들에게 나누어 주었다.[130] 조세핀 리스도 있다. 그녀는 아버지와 함께 우드 공장에 다녀 주급 7달러씩을 벌어와 가족 여덟 명을 부양해야 했다.[131] 폴란드어에 유창했고 이디시어와 리투아니아어로도 대화가 가능했기에 리스는 소중한 통역가 역할을 해냈다. 또 체포된 파업 노동자들에게 상담자가 돼주었고, 파업위원회에서 폴란드 대표단의 일원으로 활동했다. 하지만 리스가 화제의 인물이 된 이유는 민병대와 충돌한 일 때문이었다. 한 민병대원이, 리스가 아파서 비명을 지를 정도로 팔을 꽉 쥐더니 창녀라고 부르고는[132] 총검을 겨누었다. 그녀는 총을 밀쳐버리고[133] 방한용 토시로 병사의 뺨을 때렸다.[134] 리스는 체포되어 벌금 10달러를 부과받았으나 납부를 거부하였고, 판사에게 이렇게 말했다. "감옥 밖에서도 자유로울 수 없다면, 차라리 감옥에 들어가 있겠어요." 또 조세핀 레스닉이라는 여성은 어느 병사의 총을 빼앗아 병사를 때린 죄로 체포되었다. 병사는 피켓 활동가들에게 너희들 여자 맞나는 식으로 이죽거린 것으로 보인다.[135] 하지만 가장 힘차게 투쟁한 여성 파업 노동자는 로렌스시의 공장을 통틀어 가장 높은 임금을 받던 이였다.

　애니 웰첸바흐는 "아트 스퀘어"를 아름답게 짜는 솜씨가 뛰어나서 주급 20달러 58센트를 받았다.[136] 이 스물네 살짜리 방직공이 한마디만 하면 로렌스시의 공장 세 개가 문을 닫을 거라고들 할 정도였다. 애니와 남편(공장의 십장이었다)¹³⁷은 사우스로렌스에 집도 한 채 소유했지만, 그녀는 파업이 시작되자 즉시 동참했다. "오랜 세월 동안 저 불쌍한 이탈리아인들과 리투아니아인들에게 저들이 말하는 방식을 보면서 분노가 쌓였습니다"라고 이유를 밝혔다.¹³⁸ 애니는 우드 공장에서 일할 때보다 파업 기간에 더욱 바빠졌다. 독일어, 폴란드어, 이디시어에 유창했으므로¹³⁹ 법정 공판에 참석했고, 파업 노동자들의 가정을 방문했다. 파업위원회의 집행위원 중에서 유일한 여성으로서 리스와 마찬가지로 체포되면서 유명해졌다. 애니는 자신이 체포당한 일을 "웃음거리"로 여겼지만,¹⁴⁰ 파업 노동자들, 특히 여성들이 크게 분노했다. 2월 16일 자정 직전에 경찰은 애니뿐만 아니라 두 자매의 집을 덮쳐 잠옷 바람인 여성들을 끌고 갔다. 이 자매는 여성 노동자들을 겁박했다는 혐의를 받았지만, 파업 노동자뿐만 아니라 로렌스의 많은 이들이 실제 겁박은 경찰들이 저지르고 있다는 느낌을 받았다. 체포된 애니는 곧바로 불같이 분노했다.¹⁴¹ 스무 명이 넘는, 로렌스 진보 여성회 회원이 그녀의 체포에 항의했다.¹⁴² 이 여성들은 모두 어엿한 앵글로색슨계 성姓으로 서명한 편지에서 이 한밤에 벌어진 납치를 "러시아에서나 벌어질 행동"이라고 비판했다.¹⁴³ 애니는 유죄판결을 받고 소액의 벌금을 물었지만, 오히려 명성은 커져만 갔다. 그녀는 검은 물결 치마에 높고 경쾌해 보이는 모자를 쓰고 다녔으므로 길거리에서도 쉽게 알아볼 수 있었고, 전혀 모르는 사람들도 고맙다는 말을 해주었다. 어느 날 한 이탈리아인이 다가오더니 말했다. "나 신경 안 써, 죽어도. 그런데 누가 당신 해치면 나 당신 위해 죽어."¹⁴⁴ 어느 날 오후 애니가 커먼 스트리트를 걸어갈 때 다른 이들이 뒤따르기 시작해 마침내 파업 노동자 2000명이 그녀의 집까지 따라갔다고 한다.¹⁴⁵

여성들이 단결하고 또 헤이우드와 플린이 운전대를 잡으면서 매일매일 희망과 두려움, 연대와 생계가 서로 씨름하는 나날이 이어졌다. 아이들 탈출 사건으로 로렌스 파업이 유명해지면서 매일 몇 백 달러씩 구호 기금이 꾸준히 들어왔다.[146] 프랑스-벨기에 홀에서는 미국 전역에서 날아온 편지들을 개봉하여 25센트, 10센트, 1달러짜리 동전들을 꺼내 모으느라 바빴다. 파업 노동자 스물네 명이 IWW의 구호위원회에서 일했으며, 민족별로 따로 운영되는 수프 주방 열여덟 군데에 기금을 나누어 주고 있었다.[147] 로코는 이탈리아인을 위한 기금을 대부분 관리했고, 파업 기간 전체에 걸쳐 5000달러를 식료품 구입에 지출했다.[148] 위원회는 또한 식료품 바우처도 나누어 주었다. 파업 노동자 한 사람이 주당 2달러어치의 바우처를 받았다. 가족은 3~5.5달러를 받았을 뿐만 아니라 석탄도 받았고(욕조를 두 번 채울 수 있는 양), 땔감 나무 구입 비용으로 주당 25센트씩을 받았다.[149] 신발과 겨울옷도 생기면 분배되었다. 도시 저쪽에 있던 CLU의 구호소는 가까이로는 로웰에서 멀리로는 캘리포니아주 베이커스필드에 이르기까지 여러 노동조합(목수 노조, 구두공 노조, 음악가 노조, 바텐더 노조, 천 씌우기 노조 등)의 기부를 받았다. 보스턴, 시카고, 텍사스주의 와코, 노스다코타주의 그랜드포크스 등지에서 개인들이 1달러, 5달러, 50달러 등을 보내왔다.[150]

로렌스시 밖에서 기금을 보내면서 파업 노동자들이 집세를 못내 쫓겨나거나 굶주리는 일은 줄어들었다. 하지만 아이들이 식당에서 음식을 구걸했고, 지친 엄마들이 빵을 받으려고 줄을 섰으며, 유령 같은 노인들이 수프 주방에서 따뜻한 음식을 허겁지겁 먹고 있었다. 굶주림은 여전히 사방을 지배하고 있었던 것이다. 굶주림과 싸우는 전쟁에 돈을 낼 수 없는 이들은 자기들 식자재 창고를 털었다. 인근 도시인 웨스트피바디에서는 두 남자가 집집마다 돌아다니면서 현금 200달러, 살아 있는 돼지들과 닭들, 각종 채소, 커피, 차 등을 모아서 가져왔다.[151] 인근의 농부들도 각종 농산물을 보내왔다.[152] 그리고 헤이우드와 플린이 또 한 차례 아동 탈출 작전을 계획하자 미국 동부 전역에서 자기들이 로렌스의 아이들을 돌보겠다는 제안이 날아들었다.[153] 보스턴의 사회주의자들이 집을 제공하겠다고 했고, 린, 브록턴, 필라델피아, 프로비던스 등에서도 마찬가지였다.[154]

2월 17일 토요일, 아이들 150명이 서로 다른 목적지로 떠났다. 한 무리는 수많은 모자와 손수건의 배웅을 받으며 오전 7시 21분에 떠났다. 보스턴에서는 북부역에서 남부역에 이르는 미로 같은 거리들을 통과하여 행진도 했으며, 이제는 유명해진 이 탈출 대열을 수백 명이 나와서 지켜보기도 했다.[155] 맨해튼행 기차는 제 시간에 도착했다. 플린이 감독하는 가운데 아이들은 이번에도 요란한 환영(트럼펫과 드럼 소리, 붉은 모자를 쓴 짐꾼들의 긴 대열 등)을[156] 받았다. 지난번에는 못했던 5번가 행진도 할 수 있었다. 행렬 맨 앞에서는 네 살배기 곱슬머리 소녀가 팻말을 들고 있었다. "나중에도 우리는 이 탈출을 기억할 거예요." 또 다른 팻말을 든 아이가 뒤를 따랐다. "우리는 집을 찾아 로렌스시에서 왔어요." "작은 아이 한 명이 우리를 이끌 거예요."[157] 아이들은 5번가를 쭉 따라 걸었고, 밴드가 풍악을 울렸고, 여자들은 파업 기금을 모았다.[158] 많은 가게 주인이 돈을 냈지만 또 그만큼 많은 사람이 비웃고, 소리를 지르고, 경찰에게 이 빈곤을 우려먹는 행렬을 당장 멈추라고 촉구했다.[159]

탈출한 아이들 가운데 두 번째 그룹은 이탈리아인으로 모두 서른다섯 명이었다. 이들은 그날 아침 로렌스시를 떠나 버몬트주의 바르로 갔다. 이 도시의 그린마운틴스에 있는 화강암 채석장에서 일하는 이탈리아인들이 아이들을 맡겠다고 나선 것이다.[160] 바르의 중앙역에는 시민 1600명이 나와 있었다. 이 도시 전체 인구의 5분의 1이 아이들을 맞으러 나온 것이다. 바르의 대로에서 벌어진 이 아이들의 행진은 뉴욕 5번가의 행진처럼 요란하지 않았지만, 야유를 보내는 적대적인 구경꾼들이 없었고 분위기는 훨씬 더 따뜻했다. 아이들이 팻말에 쓴 것처럼 정말 이 일을 기억할지는 아무도 몰랐지만, 80년이 지났음에도 여전히 기억하고 있는 이가 있었다. 당시 여덟 살로 여동생과 함께 바르로 보내진 어니스토 칼데로네는 1993년 인터뷰에서 자신을 따뜻이 품어준 가정과 도시를 회상했다.

> 평생 그런 환대는 받아본 적이 없습니다. 정말 기적같이 놀라웠어요. 그들은 우리를 홀로 데려갔고 무대에 올렸어요. 그리고 우리를 한 명씩 데려가서 이 소년 혹은 소녀를 데려가시려는 분이 있느냐고 물었어요. 제 차례가 되자 어떤 아저씨와 부인이 저를 집으로 데려갔죠. 제 침실을 보여주었고, 저에게 필요한 물품의 목록을 만들었어요. 제게 양복도 한 벌 사주셨고, 썰매, 셔츠, 타이까지 사주셨죠. 그분들 가족 이름은 기억나지 않아요. 제 또래 여자아이가 한 명 있었죠. 그분들이 썰매를 사주셔서 그애와 저는 매일같이 빙판에 가서 놀았어요. 딱 한 가지 아쉬운 것은 엄마 아빠가 보고 싶었다는 거예요. 저는 아직 어렸으니까요.[161]

버몬트의 산지에서 또 맨해튼의 빌딩 숲에서 보기에 아이들의 탈출은 모두 놀라운 성공을 거둔 것 같았다. 하지만 플레이스 지역을 관찰하는 로렌스 시청 입장에서는 이 모든 일이 당장 멈추어야 할 저질 쇼로 보였다. 가뜩이나 로렌스시는 급진주의의 온상이라는 낙인이 붙은 판인데, 이제는 아이들도 돌보지 않는 매정한 도시라고 낙인찍히게 되었으니까. 이제 시청 공무원들은 비난에 멈추지 않고 조치를 취하기로 단단히 마음먹었다. 2월 17일 아이들이 두 번째로 탈출하고 2시간 뒤 스위처 소령은 파업 노동자들에게 편지를 보내 이렇게 공표했다. "내가 로렌스에 진주한 민병대의 지휘관으로 재직하는 한, 부모의 동의 없이 아이들을 부모한테서 떼어내 다른 도시로 보내는 짓은 절대로 용납하지 않을 것입니다." 여성 보호자들이 챙겨 간, 아이들 한 사람 한 사람의 부모 동의서는 완전히 무시해버렸다. 스위처는 아이들을 다른 도시로 보내라는 협박을 받았다는 부모들의 호소를 들었으며 탈출한 "아이들" 일부는 파업 노동자들의 자식도 아니라는 말도 들었다고 주장했다.[162]

스위처의 편지가 프랑스-벨기에 홀에 도착한 토요일 오전에는 파업 위원회 회의가 한창이었다. 파업 노동자들은 애니에게 막 환호를 올린 참이었다. 애니는 이렇게 비난했다. "스위처 소령은 이 병사들인지, 아니면 무슨 카키색 옷에 들어 있는 허수하비들인지를 시켜서 숙녀들을 모독할 계획입니다. 그는 남자가 아닙니다." 마침 그때 소령의 편지가 낭독되자 사람들의 야유가 홀을 가득 채웠다. 회의는 계속되었고, 세 번째로 아이들을 탈출시킬 계획도 세워졌다.[163] 행선지는 필라델피아였고 그들은 다음 주 토요일에 아이들 200명을 받을 준비가 되어 있었다.[164] 사람들은 뉴욕에 갔다가 동부를 돌며 파업 기금을 모으러 간 플린을 기다렸다. 그녀는 자신이 세운, 로런스를 "아이들 없는 도시"로 만들겠다는 목표를 실현하려고 열심이었으니까.[165] 한 주 내내 공동주택 지구에서는 엄마들이 마음을 추스르느라 몸부림을 쳤고, 아이들을 되도록 오래 안아주었다. 그다음에는 또 파업 일정을 소화했다.

어느 날 아침, 교회 바깥에 여성들 스물네 명이 모였다. 추위에 발을 동동 구르고 어깨에 두른 숄을 한껏 당기면서 이야기를 나누었다. 동쪽 지평선이 연어 살 같은 핑크색으로 물드는 가운데 이들의 입김이 하얗게 피어올랐다. 여자들은 마음을 다잡았는지 고개를 숙이고 피켓라인으로 걸어갔다. 그런데 갑자기 경찰이 나타났다. 그들의 배지가 경찰들

머리 위의 조명을 받아 번쩍이고 있었다. 경찰들은 이 여자들을 둘러싸더니 욕설을 퍼부으며 곤봉을 꺼냈고, 여자들은 총총걸음으로 사라졌다. 한 여성이 떠나면서 친구에게 말했다. "나 집에 가. 애를 봐야 해. 돌아올게."[166]

9장

경찰의 무자비한 폭력

어떤 공포도 배고픔에 견줄 수 없으며, 어떤 인내심으로도 배고픔을 버텨낼 수 없습니다. 굶주림이 있는 곳에는 구역질이란 있을 수 없습니다. 그리고 미신, 신앙, 게다가 원칙이라고 불리는 것들 따위는 배고픔 앞에서는 바람에 날리는 쌀겨만도 못하게 되죠. 굶주림이 계속되면 얼마나 끔찍한지, 얼마나 고통스러운 고문에 시달리는지, 그래서 온갖 나쁜 생각들이 떠오르는지, 결국 침울하고도 음침한 흉측함이 마음 가득 차오르는지를 모르십니까?

—조지프 콘래드, 『암흑의 핵심』[1]

2월 중순, 공동주택 지구의 어린 소년이 거의 매일 오후가 되면 (눈이 오거나 끔찍하게 춥지 않은 한) 밖으로 나와서 병정놀이를 하고 있었다. 그런데 미국의 다른 동네 아이들과는 달리 이 소년 조니 레인은 산후안힐 습격이나 게티스버그 전투 재현 같은 놀이를 하는 게 아니었다. 엄마가 만들어준 푸른 군복(놋쇠 단추와 견장도 달려 있었다)을 차려입고 총을 들고(물론 총을 든 시늉을 하고) 공원에서 북쪽으로 몇 블록 떨어진 햄프셔 스트리트와 머틀 스트리트의 모퉁이에서 군인 보행을 하기 시작했다. 그는 가슴을 내밀고는 친구들과 이웃들에게 손가락을 튕기면서 소리 질렀다. "움직여!" 여기에 흥미를 느낀 민병대원들이 모여들자 조니는 자기가 언젠가 진짜 장군이 될 거라고 장담했다.[2] 군인들은 껄껄 웃으며 잘해보라고 부추겼지만, 로렌스시는 군사훈련장처럼 긴장이 팽팽한 상태였고, 여기에 민병대가 나타났으니 그렇게 웃을 일은 절대 아니었다.

  주지사인 포스 역시 로렌스 파업이 해결되지 않자 초조해하고 있었다. 여전히 떠오르는 대통령 선거의 다크호스였지만, 식자층에서는 파업을 제대로 다루지 못했기에 대통령이 될 가능성이 낮다고 보았다. 물론 이 사실은 본인도 잘 알고 있었다.[3] 포스는 의원 시절 반노동자 입장에서 표를 던진 인물로 뉴잉글랜드 지역 전체에 잘 알려져 있었다.[4] 이번 파업에서도 기껏해야 30일간의 정상 조업 휴전을 제안한 것 말고는 한 일이 없었고 그나마 파업 노동자들이 단칼에 거부해버린 바 있었다.[5] 포스는 본래 공화당원이었지만 최근에 정당을 갈아탄 터라 주 의회 공화당 의원들이 끊임없이 공격해오는 판이었다.[6] 그런데 이 통통하고 친화력 있는 공장주 포스 주지사는 매사추세츠주 군대의 최고 통수권자이기도 했다.

파업 노동자들이야 불만이 가득했지만 주 정부와 로렌스 시청 공무원들은 민병대가 이 어려운 상황을 훌륭하게 다루었다고 여기고 있었다. 적어도 최근까지는 그랬다. 하지만 민병대의 총검은 요술 지팡이가 아니었다. 자칫 사람이 무더기로 죽어나갈지도 몰랐다. 그리하여 2월 13일 포스 주지사는 스캔런 시장을 보스턴으로 불러서 황금 돔이 얹힌 건물에서 회의를 했다. 이 자리에서 주지사는 이제 로렌스시의 경찰이 순찰보다 더 중요한 일들을 맡아야 한다고 말했다. 유쾌하지 못한 임무라고 해서 몽땅 민병대에 떠맡겨서는 안 된다는 것이었다. 보통 침착한 모습을 보이던 시장이 회의를 마치고 나오자 아주 격앙된 어조로 입을 열었다. 이 파업은 여느 파업과 달리 "혁명의 맹아입니다. 임금 전쟁이 미국 전역으로 확산되려는 찰나입니다". 물론 시장은 기아선상의 임금을 지급하는 공장주들을 비판했고, "주주들에게 엄청난 액수의 배당금을 안기고 경영진에게 거액의 봉급을 지급하는 행태"도 비난했다.[7] 대치 상태는 계속될 것이라고 했다. "현재로서는 이 파업이 끝날 가능성이 전혀 보이지 않습니다."[8] 따라서 군인들은 여러 소문과 일부 신문의 헤드라인과 달리[9] 계속 로렌스시에 주둔할 것이라고 했다.[10] 그날 저녁, 민병대의 최고위급 장교 또한 시장에게 한방 날렸다.

"로렌스의 민간 당국은 무기력하며, 오로지 민병대에게 의지해 상황을 통제하려 하고 있습니다." 부관 임무를 수행하는 가드너 피어슨이 말했다. "이제는 민간 당국이 자기 힘으로 상황을 타개하려는 노력을 해야 할 때입니다."[11] "무기력함." 이 말은 《로렌스 데일이 아메리칸》 1면에 떡하니 박혀 보도되었고, 한 주 내내 시청 전체에 울려 퍼졌다. 2월 15일 목요일에 시의원들이 모였을 때도 이 말은 공기 중에 떠돌고 있었다. 그날 저녁 스캔런 시장은 우울해 있었다. 시장 소환 청원을 둘러싼 싸움과 거센 비판 속에서도 단결을 유지했던 통치 연합이 이제 무너지기 시작했기 때문이다. 시의원들은 경찰을 마구 두들겨댔다. 간부들 기강이 무너졌고, 무능하며, 심지어 파업 노동자들을 무서워한다는 것이었다. 공안위원장으로서 파업 당일 아침에 폭동경계령을 발동했던 린치는 경찰력을 두둔했으며 이렇게 물었다. "시장님, 지금 우리가 여기서 무얼 하고 있는 겁니까? 경찰 재판이 열린 겁니까?"[12] 하지만 시의원들의 비판은 정곡을 찌른 것이었다. 며칠 안으로 로렌스시 경찰이 공단을 제외한 모든 구역을 통제하기로 했으며 경찰 총수도 새로 뽑혔다. 그로부터 1주일도 지나지 않아 이 경찰의 강경 탄압(결코 무기력한 모습이 아니었다)은 로렌스시뿐만 아니라 온 미국을 뒤흔들어놓게 된다.

아일랜드계 이민자들이 지배하는 로렌스시의 당국자가 바뀐다는 소식이 들려오자 국외자들은 그래봤자 성씨나 바뀌겠거니 하는 반응을 보였다. 피니건이라는 시의원이 플래내건으로 바뀌고, 케이시와 콜린스가 오고 또 간다는 식이었다.[13] 파업과 관련된 핵심 인물들만 봐도 로워라는 변호사와 로웰이라는 변호사, 린치라는 변호사와 같은 이름의 시의원이 있었고, 법원으로 가면 마호니라는 인물이 무려 네 명(변호사 둘, 판사 하나,[14] 그리고 사무원[15])이나 있었다. 그리하여 보안관으로 제임스 오설리번 대신 존 설리번이 온다고 했을 때도 사람들은 무슨 의미 있는 변화라고 생각하지 않았다. 하지만 세대교체는 분명히 이루어졌다. 물러가는 보안관 오설리번은 1868년에 처음 근무를 시작했고, 은행 강도들이나 시시한 사기꾼들을 잡는 데는 도움이 되었지만, 이제 일흔 살 노인이 된 보안관이 파업 노동자 무리를 상대하는 것은 분명 힘에 부치는 일이었다. 많은 이들이 이제는 젊은 피가 필요하다고 느끼던 터였다. 새로운 로렌스시 보안관은 열여섯 살이나 젊으니 훨씬 더 세게 움직여줄 것이라는 기대를 받고 있었다.

존 설리번은 30년째 경찰로 근무했으며, 대부분 야간순찰대장으로 일했다. 다섯 살 때 아버지가 세상을 떠난 이래 집안의 유일한 남자였으며, "엄격한 규율을 강조하는 사람이며 유능한 경찰관"으로 알려졌다.[16] 파업 노동자들과 전투를 치른 바도 있었다. 1월 29일 노면전차 습격 사건이 일어났을 때 얼음덩어리에 맞으며 폭도들과 싸워 우드 공장과 프로스펙트 공장을 지켜냈던 것이다.[17] 결의에 찬 실눈과 군살 없는 뺨, 무뚝뚝한 표정을 한[18] 설리번은 딱 봐도 군기반장 같았다. 비록 스캔런 시장과 사돈지간이기는 했지만,[19] 바로 이런 점들 때문에 보안관으로 승진했을 터였다. 이러한 사람이 이제 지휘관 자리에 올랐으니, 《보스턴 글로브》의 예측대로 "좀 더 강력한 민간 경찰력 행사"가 예상되는 국면이었다.[20]

을씨년스러운 뉴잉글랜드의 2월 말에 접어들자 파업으로 인한 혼돈이 임박했다는 증후가 사방에서 나타났다. 기자들도,[21] 파업 지도자들도,[22] 다음 1~2주 안에 무슨 일인가 터질 것이라는 사실을 감지했다. 공장주들이 무너지든가 아니면 절망한 파업 노동자들을 현장으로 돌아가게 만들 무슨 일이 터지고야 말 거라고 생각했다. 폴리버에서 메인에 걸쳐 섬유 도시에서 소규모 파업이 일어났으며,[23] 로렌스시는 위험할 정도로 소란스러워지고 있었다.

피케팅을 도맡은 여성들은 계속해서 최전선으로 뛰쳐나왔으며, 어느 때보다 소란스러웠다. 무리를 지어 공장 밖에서 어슬렁거리다가 '땜빵'이 보이면 공개적으로 망신을 주고, 체포당할 때는 민병대원을 맹렬히 때리거나 아예 길에 드러누워 몸부림을 치며 비명을 질러댔다.[24] 아니면 아주 행복하게 체포당하여 자랑스레 경찰차를 타고 경찰서로 향했다.[25] 협상이 타결될 기미는 전혀 보이지 않았다. 캘빈 쿨리지는 자신의 임무가 "다루기에 대단히 힘든 일"임을 알았다고 했다.[26] 그가 이끄는 위원회는 대담하게도 공장주들에게 IWW와 직접 협상을 해보라고 권했지만,[27] 로렌스시 공무원들은 머리끝까지 화가 치밀어서 보스턴으로 달려가 어떻게 그런 말도 안 되는 생각을 할 수 있느냐고 대들었다.[28] 또다시 파업 노동자 1000명이 일터로 복귀했으며,[29] 이에 변절자들에 대한 분노가 새롭게 끓어올랐다. 헤이우드와 플린은 어느 때보다 큰 규모로 아이들을 탈출시킬 계획을 세웠지만, 새로 임명된 보안관은 "내가 가진 모든 무력, 권한, 권력"을 사용하여 이를 반드시 막겠다고 공언했다.[30]

로렌스 경찰은 이러한 벌집으로 한 발을 들여놓았다. 무능하다는 공격에 아직도 괴로워하던 경찰은 이번에는 에터와 조바니티 재판 말미에 나온 증언으로 또 한 번 상처를 입는다. 키가 크고 피부가 검은 이탈리아인이 안나 로피조를 죽인 것인가? 체구가 작은 열다섯 살 폴란드 소녀가 증언석에 들어섰을 때 피고인 측의 대답이 나오게 된다. 이 소녀 그레타 주르바일은 유니언 스트리트와 가든 스트리트가 만나는 길모퉁이에 살았다. 1월 29일 오후 5시, 그녀는 시끄러운 소리에 무슨 일인가 하여 나가 보았다.

검사가 물었다. "땅에 쓰러져 있는 한 여성을 보았습니까?"

"예, 바로 제 옆에서요."

"그녀가 쓰러지기 전에 보았습니까?"

"예."

"총은 몇 발이 발사되었나요?"

"네 발 혹은 다섯 발이요."

"총을 쏜 사람을 보았습니까?"

"예."

"누구입니까?"

"경찰관이었어요."[31]

주르바일은 법정에 있는 경찰관 베누아를 지목했다. "저는 베누아 경찰관이 팔을 들어서 권총을 발사하는 것을 보았어요. 그러자 여자가 쓰러졌고요."[32] 주르바일과 함께 있었던 친구도 그녀의 증언을 뒷받침했다.[33] 이 혐의는 앞의 "무기력하다"는 공격과 함께 시청 전체에 울려 퍼졌다. 2월 21일 수요일, 에터와 조바니티는 검사로부터 "노동자 선동꾼"으로 비난을 받았고 4월 대배심이 열릴 때까지 갇혀 있게 되었다. 보석은 거부되었다. 두 사람은 감옥으로 돌아갔으며,[34] 로렌스 경찰은 이제 비겁함에 더해 살인 혐의까지 뒤집어쓰고 순찰 임무를 수행해야 했다.

다음 날 오후 1시 직전, 아이들 열한 명과 부모들이 기차역에 나타났다. 역은 조용하였고, 평상시보다 붐비지 않았다. 오후 1시 차로 전보다 더 많은 아이들이 코네티컷주의 브리지포트에 있는 가정들로 갈 예정이었다. 차가 제시간에 들어왔다. 어머니들이 가슴 아픈 이별을 준비하고 있을 때 경찰관 베누아와 또 다른 순경이 앞으로 나왔다. 설리번 보안관의 명령으로 이제 파업 노동자의 자식들은 로렌스를 떠나지 못한다고 이들은 말했다. 몇몇 부모는 아이들을 데리고 여행을 가는 거라고 항의했고, 이들은 탑승이 허용되었다. 나머지 사람들은 경찰서로 연행되었고, 여기에서 새 보안관은 부모들에게 어째서 아이들을 도시 밖으로 내보내는 것이냐고 물었다. 이들은 하나같이 아이들을 돌볼 여력이 없기 때문이라고 답했다. 보안관 옆에는 친절하고 머리가 하얗게 센 목사 한 사람이 있었다. 그가 로렌스시의 자선 담당자였다. 클라크 카터 목사는 부모들에게 구호가 필요하면 자기에게 오라고 안심시켰다. 로렌스시는 가난한 아이들을 잘 돌보는 도시라면서. 공안위원장 린치 또한 거기에 있었고, 자꾸 눈을 비비는 여섯 살짜리 아들과 어머니에게 큰 관심을 기울였다. 여인은 자기 아이가 브리지포트에서 의사의 진찰을 받을 거라는 약속을 받았다고 했다. 린치 또한 그러한 빈곤에 대해 잘 알고 있었다. 홀어머니 밑에서 다섯 아이의 하나로 자랐으며 열 살 때부터 공장에서 일하여 하루에 50센트를 받았다. 어머니의 이야기에 마음이 뭉클해진 린치는 아픈 소년을 그날 오후 로렌스 종합병원으로 데려갔다.[35] 그리고 린치는 엄중히 경고하면서[36] 15달러를 부모에게 주었고, 가족들을 풀어주었다. 이 사건은 잘 마무리되었지만, 헤이우드는 시가 "엉터리로 체포"했다고[37] 공격했으며, 이는 무언가 불길한 먹구름이 몰려오고 있음을 암시하고 있었다.

이 문제를 놓고 양쪽 모두 갈 데까지 가보자는 태도를 보이면서 공공 여론은 더욱더 설리번 보안관의 용기와 능력을 시험대에 올리게 된다. 2월 10일 행한 첫 번째 탈출 이후로 항의가 빗발쳤다. 이는 부분적으로는 《보스턴 아메리칸》의 지칠 줄 모르는 낚시 행태 때문이기도 했다. 이 신문은 로렌스시에서 아이들이 빠져나간 것을 롱펠로의 시 〈에반젤린〉에 나오는 아카디아 사람들의 강요된 탈출에 비유했다. 또 "비미국적이며 어떤 관점에서도 정당화될 수 없는 행태"라고[38] 비난하면서 누군가 "어린것들"을 그러한 "아동 착취"로 내몰아 부모와 떨어질 수밖에 없게 했다고 주장했다.[39] 몇몇 신문은 행복해하는 아이들이 집으로 보낸 편지들을 실었다.

엄마,

저는 즐겁게 지내고 있어요. 그리고 파업이 끝나면 집으로 갈 거예요. 그리고 지금은 학교에 다니고 있어요. …… 여기에 어린 남자아이가 있어서 걔하고 같이 놀아요. 그리고 쇼도 보러 가요. 제가 언제 백신을 맞았는지 좀 알려주실래요? 저와 함께 있는 분들이 옷을 사주셨어요. 저는 잘 지내고 있고 걱정도 없어요. 애기는 어떻게 지내요? 엄마는 어떻게 지내요?

―사랑하는 아들, 조지프[40]

하지만 《보스턴 아메리칸》은 아이들을 멀리 보낸 것이 옳은 행동이었는지 혼란스러워하는 어머니들과 인터뷰한 기사를 거의 매일 내보내고 있었다.[41] 사람들의 분노가 쌓여가자 헤이우드도 반격에 나섰다. 보스턴의 "백베이에 사는 상류층과 그들 무리에게 아첨하는 일간지들"을 조롱하면서 "금권 지배자들"은 공장에서 벌어지는 아동 착취에는 입도 뻥끗 안 한다고 공박했다. 또 "순전히 물질적인 이해관계에서 아이들을 그저 어린 노예로만 바라보는 이 보스턴의 착취자와 부인 들은 노예들을 잃어버릴까봐 두려워 이제 경보음을 울리고 있다"고 목소리를 높였다.[42] 헤이우드는 경찰의 어떤 경고에도 굴하지 않고 아이들을 더 내보낼 계획을 세우고 있었다.

2월 23일 금요일 아침, 로렌스 도심은 이상하게 조용했다. 에식스 스트리트 여기저기에서는 시민들이 평소와 같이 쇼핑을 하고 있었지만, 25일 만에 처음으로 민병대가 그들을 밀어대거나 움직이라고 재촉하지 않았다. 1500명 병력 전원이 공단으로 돌아갔으며, 에버릿 공장 근처에서 '땜빵'들을 괴롭히는 한 무리의 여자들을 여유 있게 다루고 있었다.[43] 그날은 하루 종일 아무 사고도 일어나지 않았고 누구도 체포되지 않았다. 로렌스시의 경찰은 모든 상황을 잘 통제할 수 있다고 설리번 보안관은 시장에게 확언했다. "월요일 아침이 되면, 저들이 무슨 짓을 하든 거기에 대처할 준비가 되어 있을 것입니다."[44] 하지만 파업 노동자들은 월요일까지 기다릴 수가 없었다. 이들의 기차가 그전에 오게 되어 있었으니까.

이전 두 번의 토요일 아침과 마찬가지로 엄마와 아이들은 2월 24일 새벽 해가 뜨기 전에 일어나 또다시 탈출을 준비했다. 오전 6시 30분, 기차역의 대합실이 붐볐다. 아이들 200명은 전혀 보이지 않았다. 아마도 전날 경찰이 공동주택 지구에 나타나서 아이들을 보내지 말라고 경고했기 때문일 것이다. 하지만 아이들 마흔여섯 명과 부모들 그리고 여성 보호자들이 역에서 기다리고 있었다. 여성 보호자들은 증서를 가지고 있었다. IWW 아동소개위원회가 "파업 노동자의 아이들을 다른 도시로 보내는 것을 보조"하도록 허락한다는 내용의 서류였다. 아이들은 모두 부모들이 서명한 신분증을 가지고 있었다.[45] 아이들은 벤치에 조용히 앉아 있었다. 어른들은 기다리고 있었다. 헤이우드가 도착하여 사람들에게 인사를 하고는 혼자 플랫폼으로 나갔다. 그리고 6시 45분, 설리번 보안관이 대합실로 들어왔다. 평상복을 입었지만 정규 군인 같은 태도로 7시 11분 차를 탈 사람들 말고는 모두 나가라고 명령했다. 그가 공표했다. "여성 분 중에 누구라도 아이들을 보내려고 한다면 여러분도 아이들도 모두 체포합니다."[46] 몇몇 부모는 아이들을 붙잡고 떠나 버렸지만,[47] 한 여성이 걸어 나와 보안관에게 소리 질렀다. "나 내 친구들에게 아이들 보내! 얘네들 내 아이들! 네 애들 아냐! 상관하지 마!"[48] 나머지 사람들은 입을 다물고 어쩔 줄 몰라 하며 서 있었다. 잠시 후 보안관은 바깥으로 나가 경찰관들과 함께 서 있었다. 플랫폼의 먼 쪽 끝에는 민병대 네 개 중대가 대기하고 있었다.[49] 수하물 사무실 근처 도로변에는 워터타운 병기창에서 보낸, 뒤가 열려 있는 군용 트럭이 서 있었다.[50] 다음 몇 분 동안 아무도 움직이지 않았다. 속삭이는 소리만이 들릴 뿐이었다. 그때 멀리서 기차 소리가 들렸다. 시끄러운 엔진 소리가 멈추었고 기차가 정지했다. 그러자 로렌스시의 모든 이성도 도망가 버렸다. 이성 또한 이 구역질 나는 도시를 한시라도 빨리 빠져나가고 싶어 표를 사놓고 기다리고 있었던 듯했다.

로피조의 살해 사건과 마찬가지로, 그다음에 벌어진 일들은 오늘날에도 진상이 밝혀지지 않았다. 아이들은 정말 헝겊 인형처럼 질질 끌려 다녔던가? 여성들에게 곤봉 세례가 쏟아졌던가? 임신한 여인도 곤봉에 맞았는가? 기자들도 몇 명 있었지만 그러한 잔혹 행위를 담은 사진 한 장 남아 있지 않다. 사실 그날 아침의 상황을 담은 사진은 전혀 없다. 하지만 남겨진 말만으로도 진상을 파악하기에는 충분하다.

경찰들이 플랫폼으로 들어오는 기차와 대합실 사이에서 통행을 막고 도발하면서 결국 일이 벌어졌다. 여성들과 아이들에게는 동쪽 입구를 통해 도로로 돌아가든가 아니면 기차가 출발할 때까지 대합실 안에 머물러 있으라는 명령이 떨어졌다. 엄마들은 화가 나고 당황하여 서로를 바라보았고, 남편들, 아이들을 보면서 어떻게 해야 할지 몰라 발을 동동 굴렀다. 헤이우드가 있었으면 지침을 주었겠지만 그는 이미 기차에 올라타서 좌석에 앉아 있었다. 잠시 후 한 폴란드 여성이 작은 아이를 잡아 끌고 경찰에게 다가갔다. 그러고는 갑자기 플랫폼을 가로질러 뛰어갔다. 경찰들은 황급히 이 엄마와 아이를 붙잡아 다시 대합실에 집어넣었다.[51] 이 신원 미상의 여성이 그날 아침의 불길을 일으킨 불꽃이었던 셈이다.

순식간에 엄마들은 아이들을 끌고 기차 쪽으로 나아갔다. 경찰은 여자들을 낚아채고 아이들로부터 떼어놓았으며, 이를 바라보는 구경꾼들은 공포에 질렸다. 폴란드어, 러시아어, 리투아니아어, 이디시어로 토해내는 비명이 난무했다.[52] 엄마들이 끌려가자 아이들은 비명을 질렀다. 여자들은 반격을 시작했으며, 주먹을 휘둘렀고, 손톱으로 경찰들의 뺨을 할퀴었다. 아빠들은 아이들을 들어 엄마들에게 데려가려고 했지만 경찰의 압박에 뒤로 물러섰다. 기차 엔진에서 수증기가 뿜어져 나오는 가운데 역 플랫폼에는 꽃 장식 모자들이 흩어져 있었다. 사람들은 사방팔방으로 팔을 뻗고 손을 내저으며 호소하고 발버둥 쳤다. 경찰들은 아랑곳하지 않고 엄마들을 한 군데로 몰아가고 있었고, 미쳐 날뛰는 여성 한 사람을 통제하려고 경찰관 두세 사람이 붙었다. 기차에 탄 승객들은 아연실색하여 이 광경을 바라보고 있었다. 여자들은 머리가 헝클어지고, 긴 치마와 스카프는 펄럭이고, 몸뚱이는 경찰들의 건장한 팔뚝에 짓눌려 있었지만, 그런 상태에서도 한 손으로는 아이들을 붙잡으려 하고 다른 손으로는 경찰들을 두들겨댔다. 시청 공무원들은 지금까지도 이를 부인하지만, 경찰은 "그들의 곤봉을 사용할 수밖에 없었다."[53]

여자들은 구타를 당하고 발작에 가까운 상태에서 군용 트럭 짐칸에 던져졌다. 경찰들이 아이들을 끌고 가자 플랫폼에 있던 한 여성이 소리질렀다. "아이들 막 다루지 마요! 아이들 죽어요!"[54] 하지만 경찰은 아이들 몇 명(그중 하나는 여섯 살밖에 안 되었다)을 엄마들과 마찬가지로 트럭 짐칸으로 집어던졌다. 여자들은 트럭에서 빠져나오려고 몸부림쳤고, 몸싸움을 하던 한 경찰관은 이들을 떼어놓기 위해 곤봉으로 여자들의 머리통을 내리쳤다.[55] 또 다른 경찰관은 한 여성의 주먹질에 트럭에서 떨어질 뻔하자 그녀의 목을 조르기도 했다.[56] 여자들이 비명을 지르고 아이들이 우는 가운데, 남자들이 경찰들을 죽일 듯이 쏘아보는 가운데, 민병대가 근처에서 지켜보는 가운데, 이 7시 11분 기차는 서서히 출발했다. 한쪽 창가 자리에는 강연 여행을 떠나는 헤이우드가 혼자 앉아 있었다. 얼굴은 분노로 시퍼레져 있었다. 체포될 게 뻔한 상황이니 피할 수밖에 없었다 해도 양심의 가책이 밀려왔다. 결국 로렌스의 아이들은 한 명도 이 기차를 타지 못했다.

이 모든 것이 7분간 벌어진 일이었다. 경찰차가 떠나자 플랫폼에 남아 있던 이들은 야유를 보냈다. "경찰, 나쁜 놈들!" 한 남자가 계속 이렇게 외치다 결국 체포당했다.[57] 경찰청으로 향하는 경찰차가 700~800미터를 가는 동안에 소문은 이미 온 도시로 빛의 속도로 퍼져나갔다. 트럭이 시청 앞 광장에 도착했을 때는 이미 사람들 100명이 기다리고 있었고, 이들은 잔뜩 독이 올라 한 사람도 통과시키지 않을 기세였다. 경찰은 결국 이 군중을 공격하여 공원으로 흩어버릴 수밖에 없었다. 그리고 기차역에서 붙잡혀 온 이들(남성 다섯 명, 여성 아홉 명, 아이들 열다섯 명)은 경찰서로 끌려 들어갔다.[58] 이 이야기는 공동주택 지구로, 피켓라인으로, 그리고 도시 전체로 퍼져나갔다. 소문이 항상 정확한 것은 아니었다. 말이 전해질 때마다 기차역에서 벌어진 구타 이야기가 점점 부풀려졌으니까. 하지만 어쨌든 거기에 담긴 의미는 분명했다. 이건 그냥 넘어갈 일이 아니다. 반드시 복수해야 한다.

그날 아침 10시 30분, 파업위원회는 프랑스-벨기에 홀에서 정례 회의를 열고 있었다. 그런데 뒤편에서 경찰 두 명이 나타났다. 평상복 차림이었지만 분명히 배지를 달고 있었다. 사람들로 가득한 홀 전체로 금세 소문이 퍼졌다. 군중은 즉각 폭발해 야유를 퍼부었다. IWW 사무총장인 트라우먼은 폭동이 일어날까 두려워 서둘러 연단으로 올라가 소리쳤다. "자본가들은 이제 궁지에 몰렸습니다! 그자들이 원하는 바는 여러분이 섣부르게 행동하는 겁니다. 그들의 도발에 넘어가지 마십시오! 아침에 저들이 여자들과 아이들에게까지 곤봉을 쓰는 것을 보셨지요! 하지만 참고 기다립시다. 이제 하루만 지나면 이 괘씸한 자들이 저지른 짓을 온 세상이 알게 될 테니까요!"[59] 그리하여 회의장 뒤에 경찰 두 명이

서 있는 가운데 회의는 계속되었다. 기차역에서 막 도착한 파견단이 현장 상황을 묘사했다. 새뮤얼 립슨이 1905년에 일어난 페테르부르크 봉기를 언급했다. "저는 러시아에서 혁명이 터질 때 거기 있었습니다. 하지만 오늘 아침에 보았던 광경은 어디서도 본 적이 없습니다." 목격자들은 여자들에게 매타작을 하고, 아이들을 헝겊 인형처럼 집어던지고, 임신한 여인의 유방과 배를 구타하는 행위 등 스페인 화가 프란시스코 고야 그림에나 나올 법한 끔찍한 광경을 묘사했다. 그러자 "부끄러운 줄 알아라!" 하는 고함 소리가 온 홀을 울렸다. 어떤 이는 외쳤다. "스파이들과 용역들을 때려잡자!" 하지만 목격자들이 이 잔혹 행위들을 보고한 다음 회의는 무난히 진행되었고, 주요 안건인 아이들을 더 보낼지 말지를 두고 투표가 이루어졌다. 위원회는 만장일치로 새로운 탈출 계획을 승인했고, 이번에도 행선지는 필라델피아, 시간은 월요일로 정해졌다. 한 위원이 말했다. "파업은 이제 시작입니다. 오늘 본격적으로 시작한 겁니다."[60] 홍보위원회는 그날 밤 로렌스 전역에 붙일 전단 작업을 시작했다. 경찰관 두 명은 회의가 끝나기 전에 나오는 편이 지혜로울 것이라고 생각했다.[61]

정오가 되자 경찰서 계단은 잡혀간 아내들의 남편들로 발 디딜 틈이 없었다. 기차역에서 잡혀간 아홉 명 말고도 그날 아침 피케팅을 하다가 끌려온 여성이 스물다섯 명 더 있었다. 남편들은 모두 아내 소식을 기다리고 있었고, 어떤 이들은 눈물을 흘리고 있었으며 대부분 아기를 팔에 안고 있었다.[62] 들어오라는 허락이 떨어지면 이들은 짜증을 내는 경찰관에게 아이들을 넘겨주었고, 경찰관은 다시 아이들을 철창 안에 있는 엄마들에게 넘겨주었다. 위층에서는 설리번 보안관이 《보스턴 아메리칸》 기자에게 자랑이라도 하듯 이야기하고 있었다. "보셨다시피 오늘은 민병대의 도움이 전혀 없었습니다. 우리 경찰이 누구의 도움 없이도 상황을 통제할 능력이 있다는 것을 세상에 보여주려고 이렇게 한 것입니다."[63] 그 사이에 아래층에서는 생후 3개월밖에 안 된 아기가 철창 안에서 엄마의 돌봄을 받고 있었다.[64]

오후 2시 45분, 아직 많은 아기가 여전히 엄마 품에 안겨 있는 와중에 여자들은 윌버 로웰 판사 앞으로 불려 나갔다. 마호니 판사가 IWW를 배제하라고 쿨리지 위원회에 촉구하려고 보스턴에 출타하여 대신 자리를 지킨 것이었다.[65] 판사는 피케팅을 하다가 체포된 여성들 이름을 하나씩 불렀다. 매기 제소칸트, 폴린 나락, 애니 라자크, 에바 클린코나스······.[66] 이들 모두 자신들은 잘못이 없다고 주장했으며 오히려 경찰이 피케팅하는 사람들을 구타했다고 비난했다. 이들에게는 1달러에서 5달러의 벌금형이 선고되었다. 하지만 모두가 돈을 내기를 거부했고, 아래층으로 돌려보내졌다(팔이 부러진 한 여성은 병원으로 보내졌다).[67] 이어 로웰 판사는 기차역에 있었던 여성들 쪽으로 돌아섰다.

판사가 선언했다. "부모들이 자기들이 보살피는 아이들을 멀리 떨어진 도시로 보내면 자의라 해도 아동 유기나 다름없다고 봅니다."[68] 판사는 1903년의 매사추세츠 법을 인용했다. 16세 이하의 아이가 "교육을 받지 못하거나 제대로 된 돌봄을 받지 못한 채 성장"했다는 것이 밝혀지면 부모를 기소할 수 있도록 한 법이었다. 변호사 조지 로워가 항의했다. 떠나려던 아이들은 모두 부모의 허락을 받았다. 이 아이들 모두 일생 처음으로 더 좋은 옷과 음식이 있는 가정들로 갈 예정이었다. 만약 이게 아동 유기라면, 사전의 말풀이를 바꾸어야 할 판이 아닌가?[69] 하지만 로웰 판사는 이러한 주장을 묵살했고, 아이들 열다섯 명을 모두 "빈민 농장"으로 알려진 시설로 보내버렸다. 시 외곽에 있는 오래된 주택 세 채가 들어서 있는 농장이었다.[70] 다음 공판이 있을 화요일까지 하얀 피켓 담장으로 둘러친 이 농장에서 대기하라는 것이었다.[71]

판사는 또한 엄마들에게 소란죄를 적용하여 각각 1달러에서 3달러까지 벌금형을 선고했다.[72] 하지만 판사석에 앉아 판결을 내리는 것은 쉬운 일일지 몰라도 엄마들에게서 다시 아이들을 떼어놓기란 아주 힘든 일이었다. 시의 보호감찰관들이 아이들을 끌고 가기 시작하자 엄마들 몇 명은 아들딸들에게 달려가 꼭 끌어안았다. 아이들과 떨어지지 않겠다고 비명을 지르며 몸부림치는 엄마들을 강제로 떼어놓는 사이에 판사는 "질서!"를 외치며 망치를 내리쳤다.[73] 1시간 후, 네 마리 말이 끄는 마차가 커먼 스트리트에 멈추어 울고 있는 아이들을 태워 가려 했을 때,[74] 군중 500명이 튀어나왔다. 경찰이 이들과 싸우면서 아이들을 마차에 태우는 데 20분이 걸렸다. 마차가 출발하자 많은 여성이 기절했으며 경찰서 안으로 끌려 들어가야 했다. 하지만 한 남자는 이 북새통을 틈타 자기 아이들을 붙들고 공원으로 달아나 버리기도 했다.[75]

그날 밤, 수백 명이나 되는 사람이 방금 나온 파업위원회 전단을 벽에 붙이려고 온 도시로 퍼져나갔다. 한 전단은 민병대원들에게 호소했다. "모든 잔혹 행위를 멈추시오. 폭력을 자극하는 모든 행동을 멈추시오. 인간적인 면을 보여주시오."[76] 또 다른 전단은 '땜빵'들에게 호소했다. "아직 뉘우치고 잘못을 만회할 시간이 있습니다. …… 일어나시오! 파업 대오로 돌아오시오! 승리를 향하여!"[77] 세 번째 전단은 로렌스시의 모든 노동자에게 호소했다. 때가 왔습니다. 총파업의 때가 왔습니다.

> 동지들, 망치를 내려놓읍시다. 서류철을 던져버립시다. 발전기를 멈추고, 방직기와 방적기의 동력을 끊어버립시다. 기계를 떠납시다. 선로의 불을 끕시다. 증기기관을 멈춥시다. 기차 엔진을 멈춥시다. 공장을 폐쇄합시다. 이 도시를 완전히 폐쇄합시다. 저들이 우리를 자극하는 행동은 선을 넘었습니다. 이제 우리 노동자들은 더 크게 들고 일어나야 합니다. …… 때가 왔습

니다. 바로 지금입니다. 모든 직종의 모든 노동자, 남자, 여자, 아이 가릴 것 없이 총파업으로 나아갑시다."[78]

일요일 아침 로렌스 시민들이 일어나 보니 이 전단들이 온 도시를 뒤덮고 있었다. 나무에도, 전신주에도, 건물에도, 전철 정류소에도 붙어 있었다.[79] 땅에 떨어진 포스터 위로 눈이 쌓였다. 헤이우드는 토요일에 벌어진 사건을 최대한 활용하기 위해 기를 쓰고 승부수를 던진 것이었다. 그리고 총파업의 약속이 치솟아오르는 파업 노동자들의 분노를 억누르는 데 도움이 되기를 기대했다. 파업 노동자들의 폭력이 도를 넘으면 경찰이 엄마들을 구타하고 아이들을 학대한 일로 얻을 수 있는 폭넓은 동정심을 잃어버릴지도 모르는 일이었다. 하지만 IWW의 적 측에도 나름의 에이스가 있었다. 일요일, 파업 노동자들은 마침내 이 도시의 가장 큰 힘과 맞닥뜨리게 된다. 이 힘은 경찰의 푸른 제복도 민병대의 올리브색 군복도 아닌 신부복을 입고 있었다.

이 오라일리 신부를 로렌스의 영향력 있는 성직자라고만 말하면 나폴레옹을 프랑스의 영향력 있는 장군이라고만 말하는 격이 된다. 오라일리 신부 말고도 성직자가 스무 명 더 있었지만, 한 교구 주민의 기억에 따르면, 그는 '빅 보스'였다.[80] 성모성당의 수장으로서, 이 도시의 영적인 주춧돌 역할을 하고 있었다. 오라일리 신부 없는 로렌스시는 상상하기 힘들다고 여기는 이들이 많았다. 1895년 오라일리 신부가 아우구스투스회 모임 참석차 로마로 떠날 때 교인들은 여비로 2100달러를 주었을 뿐만 아니라 그가 돌아왔을 때는 "성대한 퍼레이드"를 열어 축하했다.[81] 그가 말을 하면 교인들은 순종하는 자세로 주목했으며, 다른 이들은 이 도시의 도덕적 기준을 읽어내려고 귀를 기울였다. 그가 영을 내리면 서로 연결된 성당 열한 개, 다양한 이민자 교구들과 연계된 주일학교 수십 개, 교구 학교들을 다니는 아동들에게 영향을 미쳤다. 오라일리 신부는 성직자일 뿐만 아니라 애국자여서 아이들 1000명이 풀 먹인 하얀 셔츠를 입고 성조기를 휘두르는 애국 행진을 자주 조직했다. 그에게 신과 조국은 하나였으며, 이를 어느 기념일에 이렇게 표현했다. "지구 위에 십자가가 있는 상징, 그리고 숭고한 별과 줄무늬의 상징, 이 두 가지는 신에 대한 충성과 조국에 대한 충성이라는 가장 진정한 애국주의를 우리 아이들에게 심어줄 것입니다. 우리는 당당하게 말합니다. 하나님이 첫째, 조국이 둘째! 신을 잘 섬길수록 조국도 더 잘 섬길 수 있는 것입니다!"[82]

오라일리 신부가 당당히 자신의 이상에 헌신하는 태도는 가슴 아픈 어린 시절에 형성되었다. 어린 시절 어머니는 죽고 아버지는 남북전쟁에 북군으로 참전하여 병을 얻게 되어 그는 조부모 밑에서 자랐다. 조부모님은 뉴욕의 허드슨 밸리에 사는 아일랜드 이민자들이었다. 엄격한 교구 학교를 나온 오라일리는 열다섯 살에 빌라노바 칼리지에 입학한다. 여기에서 신의 부름을 받고 성직자로 서품을 받는다. 그는 빌라노바 칼리지에서 수학을 가르쳤으며, 이 대학의 재무 관리를 담당하다가 자신의 교구를 가지게 된다. 1886년 서른다섯 살 나이에 로렌스시의 성모 성당을 넘겨받지만, 이 교구는 이미 42만 5000달러의 부채를 안고 있었다. 그는 기금을 모으고, 대출을 받아내는 등 사업 수완을 발휘해 거의 혼자 힘으로 성모성당을 적자 상태에서 구출해냈다. 또한 여러 사교 클럽, 사회 서비스 기관, 이민자 집단에 미치는 영향을 단단히 다졌고, 1900년에는 이 도시의 가톨릭 신자 2만 8000명(당시 로렌스시 인구의 절반)의 지도자가 되었다. 누구나 인정하는 바였다.

파업이 있기 전 10년간 그리스인, 시리아 마론파 교인, 포르투갈인, 리투아니아인이 출석하는 가톨릭교회에 재정 지원을 하기도 했다. 로렌스시에서 그의 영향력은 비단 "가톨릭^{Catholic}" 교회에 국한되지 않았고 이 말의 그리스어 어원대로 "보편적^{catholic}"이었다. 오라일리 신부는 이 도시의 무역위원회에도 들어가 있었으며 메리맥 협동조합 은행을 함께 창설했다. 학교위원회에서도 일했으며, 노사쟁의가 벌어질 때면 시 중재 위원으로도 활약했다.[83] 또 콜럼버스 기사단 그리고 가톨릭 청년 협회를 조직했고 성 빈센트 드 폴 협회에서 로렌스시의 고아원에 이르기까지 여러 자선 기관을 운영했다. 심지어 로렌스 공공 도서관의 수탁인까지 맡아보았다. 어느 교구 교인이 회상했다. "도시에서 진행되는 어떤 일이든, 그가 안 된다고 말하면 그냥 끝나 버렸습니다."[84]

오라일리 신부는 이전에는 파업을 지지했다. 1894년, 워싱턴 공장에서 벌어진 소규모 파업에 개입했고, 이렇게 말했다. "합당한 임금을 지불하면서 공장을 운영할 수 없는 사람은 공장을 운영할 도덕적 권리가 없는 것입니다."[85] 같은 해에 일어난 풀먼 파업 또한 지지했고, 로렌스시에서 "노동자의 열렬한 대변자"라는 명성을 얻게 된다.[86] 하지만 1912년 2월 15일, 3주 동안의 휴가를 마치고 플로리다에서 돌아온, 흰 머리에 안경을 쓴 이 신부는 도시 전체가 포위된 상태임을 깨달았다. 다음 열흘 동안 오라일리 신부는 교회와 세속의 지도자들과 대화를 나누었고 자신이 품었던 최악의 의혹이 사실임을 알게 된다. 이미 10년 전에 "다른 도시에서 흘러 들어와 갈등과 유혈 사태를 선동하는 불평분자들"이 이끄는 "노동자와 자본가가 벌이는 사회주의 전쟁이라는 소동"이 일어날지도 모른다고 공장주들에게 경고한 바 있었다.[87] 그런데 아마겟돈에서 벌어진다는 이 세상 최후의 대전투가 자신이 사랑하는 로렌스시를 집어삼킨 것이다. 그는 2월 25일 일요일 설교에서 "전장으로 행진하는" 기독교 병사처럼 파업에 대한 첫 번째 설교를 내놓는다.

이 설교 주제는 예수 그리스도에 대한 사탄의 유혹이었지만, 이 지역

예화를 얼마든지 찾아낼 수 있었다. 신부의 우렁찬 고음이 성모성당의 높은 천장에까지 울려 퍼졌다. "우리는 이 사탄이 내미는 똑같은 요구를 우리 도시의 혁명 분자들의 입술에서 들은 바 있습니다. 아나키즘의 핵심은, 노동자가 아나키즘에 무릎을 꿇고 경배를 올리면 대가로 현존 사회 질서를 완전히 전복해주겠다고 약속하는 것입니다." 비록 임금 인상을 지지하지만, 이번 파업은 더 이상 급여를 둘러싼 것이 아니라고 신부는 말했다. 로렌스시는 지금 전쟁 상태라는 것이었다. "합법적으로 구성된 권위에 대한 전쟁이며, 종교에 대한 전쟁이며, 가정에 대한 전쟁이며, 인민에 대한 전쟁입니다. 이는 계급과 계급이 맞서는 세계적 규모의 전쟁이며, 로렌스에서 일어난 분란은 그저 빙산의 일각일 뿐입니다." 오라일리 신부는 IWW를 언급하지는 않았지만, "사회에 전면전을 선포하고 로렌스시를 전 미국을 염두에 둔 시험장으로 삼은 혁명 조직"에 일갈했다. 그는 대부분의 공장 노동자는 일터로 돌아가고 싶어 하며 공장주들 또한 많지 않은 임금 인상은 얼마든지 받아들일 준비가 되어 있지만, 이 파업이 이렇게 늘어지는 까닭은 순전히 이 "혁명 조직"의 "아나키즘 원칙" 때문이라며 노동자들에게 잘못을 돌렸다. 그리고 로렌스 시민들이 가톨릭 신도들에게 지금 무엇을 해야 하느냐고 묻는 때가 왔다는 결론을 내렸다. "자신의 제한된 삶의 영역에서나마 법과 질서에 힘을 보태는 사람이 되어야 하지 않을까요? 예수 그리스도와 그의 법률의 편에 서시겠습니까, 아니면 혁명과 혼돈의 편에 서시겠습니까?"[88]

이런 질문들에 교인들이 어떻게 답했는지는 아무도 모르지만 그날 오후 파업 노동자들은 자신들의 대답을 내놓는다. 파업 기간에도 일요일은 항상 조용했지만, 하루 전인 토요일에 일어난 사건의 여파로 노동자들은 소동을 일으키지 말아달라는 호소를 완전히 묵살해버렸다. 그날 오후, 한 무리의 군중이 오크 스트리트의 폴 채비스 홀 바깥에 운집했다. 경찰은 이들을 해산시키려고 처음에는 한 명을 체포했지만 갑자기 상대해야 할 사람이 수백 명으로 늘어나는 사태를 맞았다. 군중이 해산하긴커녕 체포당한 사람을 구출하기 위해 경찰들을 둘러싸고 소리를 지르기 시작한 것이다. 남자들은 대뜸 주먹을 휘둘렀고 여자들은 경찰들 얼굴에 침을 뱉었다. 또다시 곤봉이 난무했으며, 머리통들이 깨지고 갈비뼈들이 부러졌다. 일부 여성들은 반격에 나서 빗자루나 장대를 휘두르기도 했다. 어떤 이는 야구방망이를 휘둘렀다.[89] 다섯 명이 더 체포되고 나서야 소동이 가라앉았다. 《보스턴 글로브》의 한 기자는 그날 밤 도시를 돌아다닌 뒤 "외국인들은 오늘밤 성깔이 좋지 않은 상태"라고 썼다.[90] 하지만 로렌스시에서 벌어진 일을 다룬 최근 기사를 읽은 수많은 미국인 역시 같은 심정이었다.

《대중》의 독자이든 《뉴욕 타임스》의 독자이든, 착취 공장에서 일하든 국회의사당에서 일하든, 공화당원이든 민주당원이든 사회당원이든, 모든 미국인은 로렌스 기차역에서 경찰이 한 짓에 질려버릴 정도로 충격을 받았다. 매체의 반응은 정중한 비판에서 노골적인 비난에 이르기까지 다양했다. 《뉴욕 트리뷴》은, 이번 강경 탄압이 "파업을 다루는 데 얼마나 무능한지를 보여주는 것으로 이렇게 큰 웃음거리가 또 있었는지 도무지 기억이 안 날 지경"이라고 했다.[91] 《뉴욕 월드》는 또 이렇게 덧붙였다. "로렌스시 당국은 눈이 멀었음에 틀림없고, 공장주들은 미쳤음에 틀림없다."[92] 《마이애미 헤럴드》는 이 사건을 자세히 보도하면서 "이 모든 일이 러시아가 아닌…… 바로 여기 미국에서, 그것도 우리가 자랑하는 자유의 요람이라 할 장소 근처에서 벌어졌다는 점"에 놀랄 뿐이라고 했다.[93]

다른 매체에서는 경찰의 행동을 "법이 만든 연옥",[94] "최악의 실수"[95] 등으로 표현했다. 사설 만평란에는 비쩍 마른 공장 노동자들이 군인들의 총검 코앞에서[96] 혹은 경찰들의 곤봉 아래에서 떨고 있는[97] 그림들이 실렸다. 사회주의 매체들은 비판을 넘어 세상의 종말을 논하는 단계였다. 《이성에 대한 호소》는 2월 24일을 "검은 토요일"로 불렀다. 차르가 통치하던 러시아에서 1905년에 평화롭게 시위하던 군중을 학살했던 "피의 일요일" 사건을 염두에 둔 표현이었다. 그리하여 독자들에게 이렇게 말한다. "로렌스를 기억하라! 미국 독립전쟁이 렉싱턴에서 시작되었다면, 자유를 얻기 위한 노동자의 투쟁은 로렌스에서 시작되었다!"[98] 외국어 매체들도 별로 다를 바가 없었다. 프랑스어 신문 《쿠리에 드 로랑스》는 만약 부자들이 "마치 군주처럼 구는 버르장머리"를 고치지 않으면 혁명이 일어날 것이라고 주장했으며,[99] 리투아니아어 신문 《켈레이비스》는 이를 경찰의 "동물 같은 행태"라고 비난했다.[100]

공직을 맡은 인사들도 정파를 가리지 않고 책임 추궁에 가세했다. 아이다호주에서 헤이우드를 기소했던 공화당 상원의원 윌리엄 보라는 이렇게 말했다. "부모가 파업의 북새통에서 어린것들을 빼내 안전한 데로 보내지 못하게 막는 법이 있다는 말은 처음 들었다."[101] 클리블랜드의 민주당 소속 시장은 "미국은 노동자에게 자행되는 이러한 전쟁을 결코 용납하지 않을 것"이라고 했다.[102] 곰퍼스는 이 "범죄가 우리 미국의 역사와 매사추세츠주의 역사에 먹칠을 해버렸다"고 비난했다.[103] 연방의회에는 수사를 요구하는 전보들이 밀어닥쳤다.[104] 신시내티 주부협동조합연맹은 경찰의 "권력 남용"을 비난했고[105] 보스턴 로터리클럽이 연 "여성의 밤"에 참석한, 매사추세츠 주 의회 하원의장을 역임한 이로서 공장주들과 오랫동안 우정을 유지한 인물은 로렌스시 경찰이 "제정신을 잃었다"고 한탄했다.[106]

하지만 로렌스시의 명예를 지키려는 이들로서는 지금이야말로 방어진을 견고하게 펼칠 때였다. 2월 초 이래로 "매체의 해악"을 논의하기 위해 결성된 소규모 시민 모임이 있었다.[107] 이제 이들은 공식 기구를 출범시켰으니, 바로 로렌스 시민연합이었다. 이들의 목표는 "로렌스시에서 지난 6주 동안 생겨난 말도 안 되는 편견들"을 논박하는 것이었다.[108] 물론 오라일리 신부도 회원이었고, 은행가들, 상인들, 법률가들, 전 시장들, 그리고 여러 시민 지도자가 함께했다.[109] 이 단체는 10일 만에 첫 팸플릿을 발행했으며, 《로렌스 텔레그램》이 전위대 역할을 맡았다. "비겁한 인민의 배반자, 명성을 쫓는 연설가, 황색 저널리즘에 물든 언론인이 모조리 로렌스시로 뛰어들었다"고 이 신문은 2월 26일자 신문에서 주장했다. 이틀 전만 해도 《로렌스 텔레그램》 기자들이 제 손으로 경찰들이 "곤봉을 사용할 수밖에 없는 상황이다"라고 썼음에도, 이제는 시청 공직자들과 말을 맞추려고 "혐의만 있는 잔혹 행위"를 부인하기에 이른 것이다. "로렌스시 사람들은, 경찰들이 기차역에서 여성들에게 곤봉을 휘둘렀다는 말은 절대 믿지 않는다"고[110] 이 신문은 장담했다.

이러한 부인 행위는 계속 이어졌다. 향후 몇 년간 아니 몇 십 년간, 로렌스시 지도자들은 자기들 도시의 이미지와 역사를 통제하기 위해 전혀 다른 판본의 파업 이야기를 만들어냈다. 하지만 일단 "혐의만 있는 잔혹 행위" 때문에 도시 전체에 분노의 불이 붙었으니, 경직된 경찰력도 이제는 도시를 통제할 수 없었다. 그리고 노동자들은 파업 국면의 가장 격동적인 시간만을 기다리고 있었다. 월요일 아침이었다.

월요일 오전 5시, 말 한 마리가 터덜거리며[111] 제빵사의 마차를 끌고 앙상한 공원 나무들 옆을 천천히 지나가고 있었다. 공장에서 첫 호각이 울리기까지는 1시간이 남아 있었고, 모든 것이 평화로웠다. 공동주택 지구의 어느 집 창문에는 불이 켜져 있었다. 서치라이트 불빛이 공장 건물들을 훑고서 남쪽 하늘을 비추고 있었으며, 플레인스 지역에는 눈이 내려 착실히 쌓이고 있었다. 그런데 이 수정 같은 고요함을 몇 발의 권총 소리가 깨버렸다.[112] 공원을 걷던 말은 쏜살같이 뛰어갔다. 총성의 메아리가 사라지고 길고 슬픈 울음소리가 나무 위로 울려 퍼졌다.[113] 말발굽 소리가 사라진 뒤 남성 몇 사람이 이탈리아어로 대화하는 소리가 들렸다. 그리고 더 많은 총성이 들렸다. 경찰차를 몰고 공원을 순찰하던 경찰 세 사람은 총알이 스쳐가는 것을 느꼈다. 차를 돌려 보니 화약 불빛이 번쩍했던 어두운 골목으로 서둘러 사라지는 남자들이 보였다. 경찰들은 자기들을 공격한 남자들을 쫓아 뛰어가면서 총을 쏘았다. 두 남자는 도망쳤지만 한 남자가 남아 경찰관 한 명이 가까이 오기를 기다리다가 정조준하여 방아쇠를 당겼다. 하지만 총은 불발이었고, 이 남자도 골목 안으로 도망쳤다. 경찰은 차에서 내려[114] 골목 안으로 추격했다. 또 새로운 월요일이 시작된 것이었다.

 이날은 아이들을 탈출시키는 계획이 세워지지 않았다. 파업위원회가 "이 도시를 폐쇄하자"고 호소했지만 총파업은 일어나지 않았다. 여기는 1871년의 파리가 아니었고, 1905년의 페테르부르크도 아니었다. 여기는 로렌스일 뿐, 헤이우드와 동료 워블리들이 생각하는 것 같은 혁명의 도시가 아니었다. 6주 동안이나 치고받고 전투를 벌였음에도 여전히 성실한 이민자들의 도시로 남아 있었고 노동자들이 지향하는 바도 혁명이 아니라 그저 2시간 치 임금 수령일 뿐이었다. 아이들의 탈출이든 총파업이든, 다 조직과 계획이 필요한 일이었다. 하지만 1912년 2월 26일 월요일의 로렌스에서는 조직되거나 계획된 행동이 아니라 그저 아수라장이 벌어졌을 뿐이다.

 이날 아침 로렌스는 총격전 현장, 혁명의 도화선, 계급투쟁의 전장으로 변했다. 아침에만 경찰은 무려 예순여섯 명을 체포했고, 죄목은 통행방해로부터 살인 미수에 이르기까지 실로 다양했다. 어떤 이들은 갓난 아기를 안은 채로 법정에 서 있었고,[115] 그동안 마호니 판사는 이 "공포가 지배하는 가운데" 끌려온 이들이 저지른 짓을 두고 설교를 늘어놓았다.[116] 에식스 스트리트와 경찰서를 경찰차들이 번갈아 오가며 소리 지르고 노래하는 파업 노동자들을 실어 날랐다. 즉흥적으로 행진 대오가 생겨나자, 경찰은 이를 깨기 위해 분쇄 대형을 이루어[117] 군중을 좁은 길로 몰아넣는 데 성공했지만, 곧바로 2000명이나 되는 행진 대오가 다시 생겨나 경찰이 전혀 없는 길거리로 노래하고 춤추며 행진을 해나갔다.[118]

대규모 유혈 사태를 피할 수 있었던 것은 오직 총을 든 이들의 사격술이 형편없었기 때문이다. 노동자들은 벽돌을 던졌고,[119] 공동주택 창문에서 아무 데로나 총을 쏘아댔으며,[120] 경찰은 이 새벽의 암살자들에게 또 총격을 가했고⋯⋯ 하지만 모두 빗나갔다. 반격에 나선 경찰이 쏜 총 한 발만이 한 남자의 어깨를 맞혔을 뿐이다.[121] 이렇게 총을 맞고, 곤봉에 맞아 기절한 사람 혹은 파업 노동자들의 칼에 찔린 이들이 수십 명 더 있었다. 이날 아침에는 모두가 막 나가는 대담성을 보였고, 여자들은 감옥에 끌려가면서도 춤을 추고 노래를 불렀고,[122] 한 여성은 경찰 앞에서 가슴을 드러내며 쏴보라고 을렀다.[123] 이날 IWW는 미국 독립선언서를 임의로 자유롭게 인용하여 공장주들이 "무수한 학대"를 저지르고 "섬유 노동자들에게 무참한 폭정을" 저지르고 있다고 비난하는 성명을 냈다.[124] 또 연방 상원의원이 로렌스를 방문하여 노동자들의 생활상을 파악하고는 "미국의 수치"라고 말하기도 했다.[125] 그리고 로렌스 파업을 두고 벼르고 벼른 상원에서는 이날 수사 여부를 논의하기로 했지만, "보호 관세의 으뜸 사도"인 헨리 캐벗 로지가 나서서 일정을 한참 뒤로 밀어버렸다.[126] 또 누군가는 태프트 대통령에게 매사추세츠주의 한 공장 도시에서 경찰이 여자들을 곤봉으로 구타했다는 《뉴욕 선》의 기사를 보여주기도 했다. 대통령은 충격을 받고 법무부장관에게 수사를 지시했다.[127] 그리고 이 파란만장한 월요일, 성악가 엔리코 카루소*는 파업 노동자들을 돕기 위해 자선 콘서트를 열겠다고 제안했고,[128] 헤이우드는 수도 워싱턴으로 로렌스시의 아이들을 보내달라고 부탁하는 전보 한 통을 받았다. 미국의 양심을 뒤흔들어놓은 이 파업에 대한 의회 청문회가 열린다는 것이었다.[129]

로렌스 경찰은 무기력하다는 말을 들었다. 그래서 자기들의 기개를 입증했지만, 오히려 도시에 엄청난 분노를 불러일으켰으며 미국 전체에 큰 파문을 일으켰다. 경찰은 자기들 도시의 시민들조차 다룰 능력이 없어서 이제 미국 의회의 판단에 직면하게 되었고, 또 여자들과 아이들에게 무죄 추정의 원칙을 적용하는 공공 여론의 심판대에 오르게 되었다. 하지만 시 당국은 대중의 분노에 당황하지 않고 확고히 대응했다. 화요일이 되자 여자들과 아이들을 법정으로 불러냈고, 검찰 측은 이 부모들이 강압을 받아 아이들을 "착취하기 위해" 먼 곳으로 보냈다고 주장했다.[130] 마호니 판사는 열흘 전 로렌스 아이들이 뉴욕 5번가에서 행진을 하던 당시 자신도 맨해튼에 있었음을 밝혔다. "저는 그렇게 마음이 찢어지는 광경은 본 적이 없습니다." 그런데 마호니 판사는 아이들을 탈출시키는 행동에는 반대했지만 법정에 선 엄마들과 아이들에게는 놀랄 정도로 관대한 판결을 내렸다. 변호사들과 아동을 옹호하는 이들의 조언에 따라 한 가족만 빼고 전원 석방했다. 아이들은 집으로 갔으며,[131] 부모들에 대한 기소도 결국은 철회되었다.[132]

사실 혼돈은 예측된 사태였다. 문제는 이를 어떻게 최대한 활용하느

---

* 이탈리아 나폴리의 가난한 농부의 아들로 태어났다. 어머니의 격려와 헌신에 더해 카루소 자신도 공장에서 일하며 성악을 계속 공부하는 열정으로 당대 최고의 성악가가 되었다.

냐였다. 시 당국은 월요일의 폭력 사태야말로 IWW가 이 평화로운 도시를 무정부 상태로 몰아넣으려 한다는 증거라고 주장했고, 노동자 파업을 지도하는 헤이우드는 공공 여론의 동정을 얻기 위해 말재주를 발휘했다. 화요일에 열린 파업위원회 회의에서 이렇게 말했다. "동지 여러분, 말을 할 때 조심해야 합니다. 이제부터는 폭력 조장으로 해석될 수 있는 말은 한마디도 입 밖에 내지 말아야 합니다. 지금이야말로 우리가 승기를 잡아서 유리한 국면을 끝까지 이어가야 하는 때입니다."[133] 하지만 길거리에서 파업 노동자들이 날뛰자 경찰 또한 바짝 고삐를 잡으려 들었다. 수요일, 여성 수백 명이 에식스 스트리트에 모여 있다가 기마 경찰의 공격에 허겁지겁 도망쳐야 했다.[134] 그날 오후 내내 스캔런 시장과 시의원들은 보스턴에서 공장주들을 만나 무어라도 좋으니 제발 조금이라도 양보를 해달라고 애원했다. 하지만 진전은 없었다.[135] 며칠 동안 로렌스에서 벌어진 난동 사태가 널리 알려졌으므로 한 무리의 잡지 필자들이 마침내 로렌스시로 들어가 독자들에게 그동안 달라진 상황을 알리기로 했다.

뉴욕에서 온 이 무리는 "파업 견학"을 시작했다. 먼저 간 곳은 감옥으로서, 비록 에터와 조바니티를 만나지는 못했지만 유죄판결을 받고 구금된 여성들을 면회할 수 있었다. 그다음으로는 공동주택 지구를 방문하여 머릿속에 떠오르는 인상들을 열심히 공책에 필기했다. 사람 열두 명이 부엌에 우글거리는 것을 본 베이커는 이렇게 썼다. "석탄을 아끼기 위해 방 하나에만 불을 때려고[136] …… 내가 만약 이렇게 끔찍한 공동주택에서 살게 된다면 …… 나는 이런 생활을 끝장내기 위해 혁명이고 뭐고 어떤 운동에든 참여할 것이다."[137] 마지막으로 이 언론인들은 공단으로 들어가 보려고 했으나 커낼 스트리트에서 막혔고, 군인들이 지키는 "산업의 기묘한 요새와도 같은"[138] 이 거대한 공장들을 그냥 바라볼 수밖에 없었다. 이날의 마지막 일정은 헤이우드가 주최한 저녁 식사였다. 이들이 레스토랑에 도착하자 경찰이 빨리 들어가라고 밀어댔다. 그런데 누군가 지난 토요일 아침 기차역에 있었던 경찰관 한 사람을 알아보았다.

그가 말했다. "당신 그때 여자에게 곤봉을 내리친 그놈 맞지?"

경찰관 마이클 무어가 대답했다. "거기 서서 나한테 말 걸지 마시오. 계속 이동하시오."[139] 지목된 경찰이 언론인들을 해산시키려고 애쓰는 가운데 사람들이 모여들었다. 언론인들은 움직이기를 거부했고, 보도에 서 있을 권리가 있다고 주장했다. 한 소년이 경찰관 무어에게 "지옥에나 가라!"고 외치자 경찰관은 소년을 움켜잡았다. 언론인들이 소년을 지키기 위해 뛰어들었고, 무어도 소년을 놓아주었다. 마침내 언론인 무리는 니덤 호텔로 돌아갔으며, 어떻게 미국에 이토록 비참한 도시가 있을 수 있는지 놀랐다는 이야기들을 서로 털어놓았다. 이들이 로비에서 쉬고 있는데 호텔 지배인이 당당히 걸어왔다. 그는 이미 어느 여성 기자에게 경고한 바 있었다. 니덤 호텔에서는 여자들이 공공장소에서 담배를 피우는 행위를 용납하지 않는다는 것이었다. 언론인들은 자신들이 모든 것이 "잘못된, 최악으로 잘못된"[140] 악몽 같은 전쟁 포로수용소에 와 있다고 느꼈고 다음 기차로 떠나 버렸다.[141]

10장

1912년, 의회 청문회

이 가난한 사람들은 굶주림에 지친 나머지 날아갈 듯한 행복감이 머리를 채우는 환각 상태에 빠져들었다. 그러자 꽉 막힌 듯했던 지평선도 아주 밝은 미래로 활짝 열린 것처럼 보이기 시작했다. 이들의 눈동자가 다시 움직이자 저 멀리 펼쳐진 광경이 눈에 들어왔다. 그들이 꿈꾸는 이상 속의 도시가 이제 너무나 가까이 다가와 거의 현실로 보였다. 거기에는 형제처럼 사랑이 넘치는 사람들이 있었고, 노동의 황금시대가 펼쳐져 있었고, 어디에서나 모두 함께 밥을 먹었다. 이들은 이제 자기들이 이 도시로 들어가기 직전이라고 확신하였고, 이 확신은 누구도 깰 수 없었다.

—에밀 졸라, 『제르미날』[1]

로렌스시가 처음 생겼을 때는 여러 대통령과 시인이 방문하여 산업 효율성을 찬양했다. 이제 청소년기에 접어든 이 도시는 좀 더 불손한 방문객들을 만날 수밖에 없는 상황이었다. 연방 정부의 노동국장, 주 정부와[2] 연방 정부의 검찰총장, 대학 교수들, 정치인들. 이들이 여기에 오는 이유는 여러 가지였다. 강의, 조사, 관람 등. 하지만 협상을 타결시켜 파업 사태를 해결하기 위해 오는 이는 아무도 없었으며, 헤이우드는 이 사실을 날카롭게 인식했다.

  2월 27일 화요일 늦은 저녁, 헤이우드가 니덤 호텔로 돌아가 보니 예상치 못한 방문객이 와 있었다. 하원의원 버틀러 에임스였다. 이 이름은 최근 미국 역사에서 아주 요란하게 울려 퍼진 바 있었다. 그의 아버지는 남북전쟁 당시 게티스버그에서 싸웠으며, 국회 명예훈장을 받았고, 미국 상원의원으로 봉직했다.[3] 또 아들 에임스는 웨스트포인트 사관학교를 졸업하고 스페인-미국 전쟁에 참전한 바 있었다.[4] 하지만 헤이우드는 그를 또 한 명의 "금권 지배층"으로 보았으며, 정치인인 데다 로웰의 공장주이기까지 하니 이중으로 재수 없는 인간일 뿐이었다. 하원의원 에임스는 콧수염을 단정하게 다듬은, 외모가 말끔한 사람으로서 이미 스캔런 시장, 설리번 보안관, 로렌스 시민연합 인사 등을 만나고 나서 헤이우드에게 온 것이었다. 헤이우드는 코트 단추를 풀지 않은 채로 육중한 체구를 의자 깊이 파묻고 있었다. 이날 오후 로렌스시에서 여러 번 연설을 했지만, "지배계급"에 대한 경멸을 내비치는 일에는 결코 싫증을 내는 법이 없었다.

에임스가 파업에 대해 묻자 헤이우드는 진정한 인민의 대표라면 물을 필요조차 없을 거라고 대답했다. 진정한 대표라면 파업의 원인들, 투쟁의 진행 상황, 공장과 관련된 사실들을 알고 있을 것 아니냐는 이야기였다.

헤이우드가 공격했다. "당신은 노동자를 대표하는 이가 아니오."

에임스가 분개하여 대답했다. "대표합니다."

"당신은 사용자이지요?"

"맞소."

"그렇다면 노동 인민을 대표할 수가 없소. 당신은 고용주들의 대표요. 두 계급 사이에는 공동의 이익이란 있을 수 없으니 양쪽 모두를 대표한다는 것은 가당치 않은 말이오." 헤이우드가 호전적으로 나왔으나 에임스는 말싸움에 응했다. 헤이우드가 당신은 하루도 정직하게 노동해본 적이 없을 거라고 공격하자 에임스는 웃으며 자신은 당신이 아는 누구보다 더 오랜 시간 일한다고 말했다. 그러자 '빅 빌'은 바로 파고들 틈을 찾아냈다.

헤이우드는 캐물었다. "당신도 6달러라면 한 주일 노동의 보수로는 적다고 생각하오? 옷감을 만드는 사람의 급여가 기껏 주당 6달러인 판에, 법을 만드는 사람의 연봉이 7500달러라면 너무 많은 거라고 생각하지 않소? 인류에게는 법을 만드는 것보다는 옷감을 만드는 게 더 필요한 일이라고 믿지 않소?" 그러자 에임스는 연방 정부에서 주는 봉급은 주된 소득이 아니며, 게다가 자신은 봉급을 자선단체에 기부한다고 했다. 헤이우드는 만약 노동자들이 생활임금을 받는다면 자선 자체가 불필요할 것이라고 공박했다. 에임스는 이 파업 지도자와 말을 섞어봐야 자신이 분풀이 대상이 될 뿐 아무 소득도 없을 것임을 곧 깨달았다. 밖에서 차가 대기하고 있다는 말을 듣고 에임스는 작별 인사를 했다. 그러고는 다음 날 아침 파업위원회 회의에 참석하고 싶다고 말했다. 그러자 헤이우드는 당신이 와서 "인민의 의회"를 보는 것은 대환영이라고 말했다.[5] 두 사람은 헤어졌고 헤이우드는 자기 방으로 갔다. 하원에서 곧 로렌스 파업에 대한 청문회가 열리고 여론의 관심을 얻을 수 있을 터이니 기뻤지만 큰 기대는 하지 않았다. 하원을 "엉망진창"이라고 여겼기 때문이다.[6]

3월 1일 금요일 아침, 기차역에는 7시 11분 차를 탈 어른 다섯 명과 청소년 열세 명을 전송하기 위해 시민 1000명이 모여들었다. 경찰도 있었지만 길을 열어주었을 뿐 달리 무얼 하지는 않았다.[7] 이 대표단은 별다른 사고 없이 수도 워싱턴으로 향했다. 여기에서 금요일부터 청문회가 열릴 예정이었다. 기차가 시야에서 벗어나자 군중은 때마침 도시를 휩쓸던 소문을 두고 대화를 나누었다. 돌파구가 드디어 열렸다고 한다. 윌리엄 우드가 스캔런 시장 그리고 캘빈 쿨리지 위원회와 하루 종일 회의를 한 끝에 5퍼센트 임금 인상에 합의했다는 것이었다.[8] 우드는 이윤과 자존심 때문에 마음을 바꾸었으니, 전자는 기본 요인이고 후자는 복합적인 요인이었다. 모직 무역 대목이 다가오자 우드는 이제 한철이 다 지나는 면화 생산자들에게 자신의 결정을 따르라고 압력을 넣어야 했다.[9] 하지만 우드를 비롯한 공장주들 역시 다가오는 의회 청문회 그리고 사회적 평판이 추락한 사태에 겁을 집어먹었다. 모든 공장주가 우드의 지휘를 따랐으며, 이 제안은 IWW에 밀려 양보하는 것이 **아니라** 자신들이 먼저 나서서 노동자들에게 베푸는 것임을 못 박아 강조했다.[10] 공장주들은 파업 노동자들의 대표체를 보스턴으로 초빙하여 함께 논의하기로 했다. 파업 노동자들은 신속히 "10인위원회"를 꾸려 보스턴으로 보냈다. 도시 전체가 숨을 죽이고 사태 추이를 지켜보았다.

금요일 아침, 알링턴 공장은 윌리엄 휘트먼의 서명이 붙은 긴 성명서를 붙여놓았고, 이는 《로렌스 텔레그램》에 전문이 실렸다. 에식스 스트리트에서 이 신문은 날개 돋친 듯이 팔렸고, 사람들은 무리 지어 기사를 읽으면서 여러 언어로 번역해주기도 했다. "지난 2년간 우리 사업체는 이윤을 내지 못했습니다." 휘트먼은 이런 말로 성명서를 시작했다. 이 침체기에 "불리한 관세 입법" 가능성까지 겹쳐 "지금 임금 인상을 단행할 만한 처지는 못 됩니다"라고 했다. 하지만 "로렌스시의 노동조건은 정상적이지 않았습니다."(파업 노동자들은 이 대목에서 킥킥거리고 웃었을 것이다.) 그리고 도시의 후생은 "본래 만족스러웠던 노동조건의 회복"(이 대목에서 웃음소리가 더 높아졌을 것이다)에 달려 있으므로, 알링턴 공장은 3월 4일 월요일을 기하여 5퍼센트의 임금 인상을 제안한다는 것이었다. 또한 휘트먼은 이러한 양보를 통해 자신이 노리는 효과, 즉 노동자들이 파업을 끝내고 앞다투어 공장으로 몰려오는 효과를 얻기 위해 이 제안은 3월 6일까지만 유효하다고 시한을 못 박았다.[11] 아주 작은 가능성이나마 열린 셈이었다.

스캔런 시장과 언론 매체는 황홀경에 빠졌다. 공장주들이 드디어 입을 열었으니까. 이제 파업 종료는 시간문제로 보였다. 하지만 금요일에 열린 파업위원회 회의에서는 이 제안에 아무런 반응을 내놓지 않았다. 입을 꾹 다물고 침묵을 지켰다. 프랑스-벨기에 홀에 모인 이 "인민의 의회"(겨울 날씨에 시달린 까칠한 피부에 머리가 하얗게 센 남녀들이 모인)는 서로의 의중을 짚어보려고 초조하게 눈을 맞출 뿐이었다. 아무도 입을 열지 않았다. 그때 연단에 있던 헤이우드가 부드러운 어조로 말했다. "이건 15퍼센트가 아니잖아요." 그다음에 좀 더 힘을 주어 5퍼센트 인상에 해당하는 금액은 "파업 때문에 죽은 아기들도 억울해서 눈을 감지 못할 정도의 푼돈"이라고 선언했다.[12] 폴란드인들, 이탈리아인들, 러시아인들, 독일인들, 유대인들이 돌아가면서 자기들 민족 집단은 순전히 소문만 듣고도 이미 이 제안을 거부하기로 결정했다고 밝혔다.[13] 결국 파업위원회는 만장일치로 기존 요구를 다시 한 번 주장하고 에터와 조바니티가 감옥에 있는 한 파업을 계속할 것이라는 결정을 내렸다. 이어 〈인터내셔널가〉의 선율이 낡은 홀 전체에 울렸다.[14] 파업은 막바지에 이른 것이 아니었다. 이제 정말로 파업의 본모습이 나올 때가 되었을 뿐이었다.

존 골든은 노사가 입장을 밝힌 금요일에 로렌스시에 있었고, 자신이 영향을 미치는 노조원들에게 휘트먼의 제안을 받아서 IWW의 등뼈를 꺾어버리자고 촉구했다.[15] 대부분의 숙련공은 월요일에 직장으로 복귀할 것으로 보였다. 하지만 1만 5000명이나 되는 미숙련 노동자는 그럴 생각이 없었다. 이들은 애초 요구한 것의 3분의 1만 받겠다고 여기까지 온 것이 아니었다. 게다가 다른 요구들에 대해서는 일언반구 말이 없지 않은가? 그날 저녁 파업 노동자들이 구성한 10인위원회가 공장주들과의 첫 번째 회합을 마치고 돌아왔을 때 또 한 번의 모욕이 날아들었다. 휘트먼은 54시간으로 줄어든 노동시간을 기준으로 인상안을 제시한 것이다. 따라서 파업에 불을 댕긴 임금 삭감분을 제하고 나면 공장주들의 제안은 불과 1퍼센트 임금 인상에 불과했다. 위원회는 이 제안을 "농담"이라고 부른 뒤 빌리 우드에게 웃기지 말라고 한방 먹이고 회의장에서 모두 퇴장해버렸다.[16] 한 위원은 매체에 이렇게 말했다. "파업은 이제 어느 때보다 더 강력한 힘을 가지게 되었습니다."[17]

교착상태로 8주차에 접어들자 이제 그만하자는 목소리도 높았지만, 상반되는 관점도 명확히 나타났다. 로렌스, 보스턴을 비롯한 도시들에서 열린 대중 집회에서 파업 지지자들과 반대자들은 각자의 정치적 관점으로 사태를 해석하여 전혀 다른 로렌스시를 드러내고 있었다. 로렌스시는 외부에서 들어온 급진파 선동가들이 자극하여 폭동이 벌어진 도시지만 용감한 경찰과 민병대가 수호하고 있는 도시이기도 하다. 로렌스는 잔인무도한 코사크 기병대가 포위하고 있는 도시다. 로렌스는 소수 이민 노동자들이라는 "소화가 덜 된 덩어리"가[18] 있을 뿐 크게 번영하는 도시이다. 로렌스는 수치스러운 빈민굴이다. 파업 노동자들은 기차역에서 필설로는 형용하지 못할 잔혹 행위들을 당했다. 경찰은 최선의 방식으로 행동했다. 안나 로피조는 파업 노동자에게 살해당했다. 그녀를 살해한 자는 어떤 경찰관이다. 피난을 간 아이들은 행복하다. 아이들은 납치된 것이며, 간절히 집에 가고 싶어 한다. 이렇게 굴절된 관점을 가진 이들을 화해시키는 과제가, 노동 문제에는 일절 관여하지 않으려 드는 단위에 떨어지고 말았다. 바로 미국 의회였다.

1912년에 이르면 산업화된 몇몇 주 정부들이 노동자와 경영진의 충돌이라는 문제에 관여하기 시작한다. 근년에는 여성과 아이들의 노동시간 제한, 공장 감독 의무화, 최초의 산재보상 등을 담은 주 정부 법률들이 발의되기도 했다.[19] 하지만 이러한 법률들 다수는 묵살되기 일쑤였고 실제로는 집행되지 않았다. 하지만 매사추세츠주의 54시간 노동법에 대한 불평(그런 법률이 없는 다른 주들의 공장들과 경쟁할 수가 없다는)은 빈말이 아니었다. 어느 한 주에서 노동조건을 개선하려 하면 기업들은 공장을 빼버렸으며, 여러 주들이 임금 사다리의 바닥으로 질주하는 경쟁을 벌였던 것이다. 만약 정말로 노동자의 부담을 덜어주면서도 일자리를 없애지 않는 법률이 발의된다면 전국 규모에서 입법 시행되어야만 했다. 하지만 의회는 흑인을 차별하는 짐 크로 법과 "분리되지만 평등한"이라는 인종 분리 체제를 없애려 하지 않았듯이, 노사쟁의에도 끼어들지 않으려고 했다.

뉴딜 정책을 실행하기 전의 연방 정부는 주와 주 사이의 상업적 문제가 불거지거나 심각한 폭력 사태가 터질 때 말고는 노동시장에 개입하지 않았다. 그로버 클리블랜드 대통령은 1886년 미 전역에 걸친 철도 파업을 멈추기 위해 법원 명령을 이용했고, 8년 후에는 풀먼 파업을 깨기 위해 군대를 보냈다. 1902년, 루스벨트는 5개월이나 끌었던 무연탄 파업을 중재하여 다가오는 겨울에 온 미국인이 난방 없이 지내야 하는 사태를 미연에 방지했다.[20] 하지만 상업이 박살 나고 심지어 수십 명이 사망하는, 수천 건의 다른 파업 사태에서 연방 정부는 냉정히 초연한 자세를 취했고, 오직 어떤 주가 헌법을 어겼을 때만 개입했다. 로렌스 파업 이전 20년 동안 대법원은 노동자의 부담을 덜어주려고 했던 거의 모든 입법 노력을 무너뜨렸다. 노조 조직가를 블랙리스트에 올리는 관행을 금지하는 법. 회사가 "임시변통 쪽지"로 임금 지급을 중단시키는 행위를 금하는 법. 주당 노동시간을 60시간으로 제한하는 법. 파업을 중지시키는 법원 명령을 제한하는 법. 산업재해에 대해 사용자의 책무를 정의하는 법. 이 모든 법이 헌법에 어긋난다는 판결을 받았던 것이다.[21] 아동노동과 관련된 끔찍한 이야기들조차도 미국 의회를 움직이지는 못했다. 로렌스 파업 6년 전, 아동노동 관련 법안이 상원에서 계류되었다가 폐기되었다. 아이들이 매일 겪는 고통은 워싱턴의 의원들에게는 남 얘기였던 것이다.[22] 그랬던 하원이 로렌스 파업에 대한 청문회를 열기로 했으니 현장은 당연히 사람들로 미어터질 터였다.

3월 2일 토요일 오전 10시 30분, 국회의사당 근처의 하원 사무동 청문회실에는 너무 많은 사람이 몰려들었다. 커튼이 쳐진 높은 창문 앞에 하원의원들이 자리 잡았는데 맞은편 대리석 벽 앞에 앉거나 기대어 서 있는 사람만 수백 명이었다.[23] 비록 로렌스 파업이 대중들에게 큰 반향을 일으키기는 했지만, 일개 주의 노사 문제를 놓고 연방 의회에서 청문회를 열자고 하니 의원들은 혼란스러워했고 비판자들뿐만 아니라 여러 위원회에서도 반대하여 무산되는 듯했다. 그런데 상원에서도 로렌스 파업을 수사해야 한다는 안건이 올라갔다. 그러자 사회주의자인 하원의원 빅터 버거가 태프트 대통령과 하원의 규칙위원회를 찾아갔다.[24] 후자의 경우 민주당원 여덟 명과 공화당원 세 명으로 구성되어 있었는데 이들은 헌법상의 권리 침해 혹은 주와 주 사이의 상법상의 문제로 의제를 국한하여 청문회를 열기로 합의한다.[25]

청문회는 조용히 시작되었다. 펜실베이니아주 출신의 민주당 의원 윌리엄 윌슨(광부노동조합의 창립자 중 한 사람이다)[26]은 자신이 조사를 요구한 이유부터 설명했다. 미국에서는 "자본과 노동 사이의 수많은 갈등"이 벌어진 바 있지만, "제가 아는 한, 이 나라 상업 분쟁의 역사에서 매사추세츠주의 로렌스에 비견할 만한 노동조건은 비슷한 예조차 찾아볼 수 없기 때문"이라는 것이었다.[27] 그러자 버거는 자신이 받은 전보 수십 통을 내놓았다. 의회에 조사를 촉구하는 전보를 보낸 많은 이들은 IWW 회원들과 사회주의자들로 충분히 그럴 법한 사람들이었다. 하지만 미네소타주의 디프리버폴스의 시의회, 신시내티의 중앙노동위원회, 일리노이주 매턴의 철도직원연맹 등에서도 이런 전보를 보냈다.[28] 모두 2월 24일의 경찰 행동을 비난하는 전보였지만, 버거는 조사를 한 사건으로만 제한하는 것은 옳지 않다고 주장했다. 대신 아메리칸 모직이야말로 "이 나라에서 가장 억압적인 트러스트의 하나"를 이끄는 회사라고 공격했으며, "이 회사에서 일하는 노동자 몇 사람을 로렌스에서 모셔 왔으니, 이분들 이야기를 한번 들어봅시다"라고 덧붙였다.[29] 그리하여 첫 번째 증인이 호명되었고, 얼음장처럼 차가운 1월에 시작된 혼란상이 드디어 미국에서 가장 크고 빛나는 조명을 받게 되었다.

방직공 새뮤얼 립슨은 심각한 얼굴과 결연한 자세로 온갖 종이가 널브러진 긴 탁자 앞에 앉았다. 먼저 일상적인 질문이 던져졌다. 어디서 일하십니까? (우드 공장.) 거기서 몇 년이나 일하셨습니까? (3년.) 급여가 어떻게 되십니까? (주당 9~10달러.)[30] 하지만 립슨이 공장의 일상을 묘사하자 의원들은 정치적 태도에 따라 우울해하기도 하고 의심스러워하기도 했다. 아메리칸 모직은 정말로 직원들에게 주당 10센트를 찬물 값으로 받는단 말인가? 공장 노동자들이 일주일 내내 빵과 당밀로만 버티다가 일요일에 겨우 고기를 먹는다는 것이 사실인가? 립슨이 말했다. "일종의 당밀이죠. 그걸로 우리 배를 속이려고 애를 씁니다."[31]

버거는 질문을 던져 립슨이 파업 사태를 간단히 요약하게 했고, 이어 여덟 살 된 아들을 뉴욕으로 보낸 이유를 물었다. 립슨은 아들이 로렌스에서 매일같이 벌어지는 폭력 사태를 보는 것을 원치 않았다고 답했다. 한번은 아들이 이렇게 물었다고 한다. "왜 병사들은 사람들을 다치게 하고 총검을 들이대는 거예요?"[32] 그의 아들은 뉴욕에서 행복하게 지내고 있다고 말했으며, 이를 입증할 편지도 제시했다. 다음으로 버거는 립슨에게 2월 24일 일어난 사건을 이야기해달라고 청했다. 여성들과 아이들이 기차역에서 구타를 당했는가? 립슨이 증언했다. "한 경찰관이 어떤 여자아이를 잡아 트럭으로 던졌습니다. 아이는 눈이 시퍼렇게 멍들었고요. 저는 경찰들이 여자들 가슴을 곤봉으로 내리치는 것을 보았습니다. 경찰들은 얌전히 있었던 여성들도 체포하고 끌고 가서 경찰차에 밀어 넣었습니다." 그때 구타당한 여성들이 여기 있습니까? "아니요, 없습니다." 하지만 립슨은 열성적으로 그들의 이름과 주소를 댔다.[33] 하지만 다친 아이들 이름을 늘어놓기 시작하자 매사추세츠주 대표들은 이를 중지시켰다. 그들은 패널석에 앉아 안절부절못했고, 의장과 의원들에게 속삭이고 있었다. 청중석에서 마침내 공장 도시 브리지워터 출신의 하원의원 로버트 해리스가 일어나서 "매사추세츠주의 명예"를 언급했고, 이 위원회가 개별 주의 문제에 개입할 권리가 있는지를 물었다. 더 많은 속삭임이 오갔고 몇 분 지나자 결정이 내려졌다. 비록 여기가 미국 하원의 청문회장이지만, 로렌스 시청 공무원도 증인에게 반대신문을 할 수 있다는 것이었다.[34]

그때까지 청문회는 순조롭게 진행되었다. 의원들은 "조지아에서 온 신사분" 혹은 "위스콘신에서 온 신사분" 등으로 불렸다. 하지만 로렌스시 우체국장인 루이스 콕스가 립슨을 신문하면서 청문회장은 싸움이 벌어지는 피켓라인처럼 불꽃이 튀었다.

콕스가 물었다. "증인은 가끔 주급으로 20달러를 받지 않습니까?"

"아니요, 전혀 그런 적 없습니다."

"로렌스시 파업 사태는 조지프 에터가 왔을 때부터 심각해진 것 아닙니까?"

"아니요, 2만 명 중에서 누군가는 앞장을 서는 사람이 있어야만 합니다." 이렇게 대답한 윌슨이 반격했다. (콕스는 1월에 민병대에서 근무한 인물이니) "당신이 바로 병사들과 함께 시청에 있었던 사람 맞지요?" 그러자 청중석에서 갈채가 터져 나왔고, 위원회 의장은 두 사람 모두에게 자극적 발언을 삼가달라고 경고했다. 콕스와 립슨은 서로에 대한 경멸을 꾹 눌러야 했다. 콕스가 로렌스시에는 배고픈 사람이 하나도 없다고 말했을 때도 그러했다. 콕스가 립슨에게 물었다. "우리 로렌스에서 배를 곯고 있는 사람 이름을 하나라도 댈 수 있습니까?" 립슨은 "네? 뭐라고요?"라고 되물었다. "저는 방직공이라 방직기 소음에 가는귀가 좀 먹었거든요."³⁵ 립슨은 이어 매일같이 굶주린 사람 수천 명을 먹이고 있는 수프 주방 이야기를 해주었다.

하지만 립슨이 신문에 반박할 때는 그래도 청중들이 평정을 유지한 편이었다. 의원들이 "골든과 잠깐 대화"를 하던 중에는 그야말로 고함이 터져 나왔다. 존 골든은 의원들 앞에서 이 파업이 모종의 혁명이라는 주장을 되풀이했다. AFL은 오랫동안 로렌스에서 노동자들을 조직하려고 했지만 공장주들의 방해로 진전이 없었다고 했다. 그러자 IWW가 나타나서 "이 가난한 사람들의 정신을 망쳐놓았다"는 것이었다. 이때 리스가 소리쳤다. "저거 다 거짓말이에요!"³⁶ 리스의 목소리는 방 안에 쩡쩡 울렸지만, 골든은 못 들은 체하고 계속 이야기했다. IWW는 로렌스에서 "아나키즘을 설파"했다는 것이다. 그러자 청문회장은 이를 부인하는 청중들의 고함으로 떠나갈 듯했다. 의장이 망치를 내리치면서 질서가 회복되었지만, 골든이 에터를 공격하면서 다시 시끄러워졌다. 골든이, 에터가 폭력을 선동했고 노동자들에게 총기 구입을 촉구했다고 말하자 몇몇 청중이 "거짓말! 거짓말!"이라고 소리를 질러서 결국 의장이 이러면 모두 다 내보내겠다고 위협해야 했다.³⁷ 골든의 증언이 끝났을 때는 싸늘한 침묵이 흘렀다. 청문회는 관세 문제를 논의한 다음 오후 5시 30분에 다시 열기로 했지만, 의사봉 소리도 사람들의 씁쓸함을 달랠 수는 없었다.

사람들이 흩어지는 가운데 리스는 모금을 했다. 여비인 750달러를 마련하기 위해서였다. 우체국장 콕스가 1달러를 모금함에 집어넣자 버거가 리스에게 그 돈 돌려주라고 말했다. "우리는 피 값은 필요 없소!" 그러자 로렌스의 상인인 로버트 매카트니가 버거에게 소리를 지르기 시작했다. 두 사람은 얼굴을 맞대고 대립했다. 매카트니는 주먹을 흔들었으며 버거는 리스에게 돈 돌려주라는 고함으로 맞섰다. 리스는 돈을 돌려주었지만, 두 사람은 계속 맞붙어 있다가 윌슨 의원이 둘을 떼어놓아 겨우 갈라섰다. 이렇게 파란만장한 하루가 지났다.[38] 하지만 월요일 청문회에는 기차역 사건의 증인들과 어린 공장 노동자 열세 명이 나왔다. 청문회장으로 나오는 십대들을 본 어느 여성이 한 소녀에게 1달러를 주면서 기념품을 사라고 했다. 소녀는 엽서를 여러 장 사서 그날 밤 집에 소식을 전하는 데 모두 썼다.[39]

한편 로렌스 사람들은 신문을 보며 청문회가 어떻게 진행되고 있는지 알고 싶어 했으며 양쪽 모두 도덕적 우위를 점하려고 기를 썼다. 일요일이 되자 오라일리 신부가 초빙한 설교자가 연단에 올라 사회주의에 대한 설교를 시작했다. 사회주의자였던 데이비드 골드스틴은 성모성당의 교인들에게 말했다. "사회주의자는 누구보다 교활한 정치적 전략가입니다. 사람들의 불만과 빈곤, 그리고 이 세상의 여러 해악과 죄악을 이용하여 정치적 자본으로 삼습니다." 무신론과 "자유연애"를 모두 옹호하는 "사회당은 기독교 윤리와 갈등을 일으킵니다".[40] 한편 도시 반대편에서는 파업위원회가 드물게 일요일에 회의를 열었다. 다음 날로 예정된 대규모 피케팅을 논의했고, 이탈리아 사람들은 자기들 수프 주방에서 오전 3시에 커피를 대접하겠다고 공표했다. 분위기는 무척 좋았고, 노래를 부르는 이들도 많았으며, 헤이우드는 연단에서 농담을 해댔다. 하지만 로웰의 노동자들이 암소 한 마리를 보냈기 때문에 이를 맞이하기 위해 회합은 일찍 끝났다. 암소는 IWW 단추로 장식된 노란색 담요를 쓴 채로 끌려오고 있었고, 파업 노동자들은 이를 열렬히 환영했다. 도축될 암소는 외양간으로 끌려갔다. 화요일에 열리는 바비큐 파티 잔칫상에 오를 예정이었던 것이다.[41] 이날은 별 일 없이 지나갔지만, 그렇다고 또 다른 월요일이 다가오는 것을 막을 수는 없었다.

로렌스시 사람들은 다른 도시라면 전쟁 때나 겪었을 지옥을 52일이나 견뎌냈다. 하지만 간헐적으로 벌어진 여러 사건을 제외하면 파업 기간의 일상은 대부분 다를 바가 없었다. 사람을 멍하게 만들 정도로 똑같았다. 잔뜩 흐린 하늘 아래의 피켓처럼 속절없이 시간만 흘러갔다. 하지만 뉴잉글랜드에 봄맞이 행사들(크로커스 꽃놀이, 재킷 벗는 날. 그런데 이러고 나서 또 눈이 온다)이 돌아오는 이맘때 파업 또한 어느 쪽으로든 결판이 나게 되어 있었다. 지금까지와 같은 방식으로 계속될 수는 없는 일이었다.

2월에는 폭력 사태가 일어났지만 이제 그것도 힘이 다했다. 공장주들도 움직이기 시작했다. 헤이우드와 플린의 말들은 강도를 더욱 높여갔으며, 이제 남은 것은 한판 승부뿐이었다. 만약 파업 노동자들 대오가 무너져 공장주들이 내미는 약간의 인상안을 받아들인다면 그걸로 끝일 뿐, 공장주들이 다른 제안을 내놓을 리는 없었다. 만약 월요일에 더 많은 폭동이 벌어지면 사람들의 공감과 동정도 다 흩어질 테고 파업은 패배할 것이다. 감옥에 있는 에터나 연단에 있는 헤이우드나 잘 알고 있듯이, 대부분의 파업은 환호가 아니라 흐느낌으로 끝난다. 굶주리고 모욕을 당한 노동자들이 결국 일터로 돌아가게 되는 것이다. 하지만…… 노동자들이 여전히 강고하게 버텨준다면, 그래서 온 나라가 그들의 하소연에 귀를 기울여준다면, 그렇게 한 주만 더 버텨준다면 철벽같던 공장주들의 저항도 무너질 수 있다. 이미 공장들마다 처리하지 못한 주문들이 잔뜩 쌓여가면서 만약 파업이 좀 더 빨리 끝나지 않으면 공장 문을 닫게 될 거라는 소문이 돌고 있었다.[42] 시시하게 항복한다면 파업은 참패하겠지만 승리를 위해 굳세게 버티면 이길 테고, 모두 다 한꺼번에 일터로 돌아갈 수 있다. 또 모든 요구를 관철할 수 있다. 3월 4일 월요일, 마침내 노동자의 의지가 마지막 시험대에 올랐다.

이탈리아 사람들은 약속대로 오전 3시에 커피를 나누어 주었다. 1시간 후, 로렌스시 경찰관 350명 전원이 거리로 출동했다.[43] 해가 뜰 무렵에는 피켓 시위대 5000명(최대 규모)이 이룬 줄이 에식스 스트리트에서 몇 블록에 걸쳐 이어졌다. 이들은 끝이 안 보이는 인간 사슬을 만들어 메리맥강을 건너 공단의 미로에도 굽이굽이 늘어섰다. 그리하여 공장에서 첫 번째 호각 소리가 울렸을 때는 거의 모든 로렌스시 사람들이 깨어 있었고, 피켓라인으로 갈 준비 혹은 월요병을 떨쳐내고 일할 준비를 하고 있었다. 그리고 해가 떠오르자 모든 가로등, 모든 버스 정류장, 모든 벽돌담이 똑같은 포스터로 도배가 되어 있었다.[44]

기차역에서 일어난 구타 사건으로 일터로 돌아가는 노동자들의 흐름이 느려졌다. 사건 다음 주에 일터로 복귀한 노동자는 494명으로, 이는 2월 초 주간 복귀율의 절반에도 못 미치는 숫자였다. 하지만 소수라고 해도 꾸준히 쌓이면 큰 덩어리가 된다. 그리하여 이 결전의 8주차에 공장으로 복귀한 노동자들은 1만 3000명에 달했다.[45] 노동력의 거의 절반이 일터로 복귀했으니, 공장주들은 파업이 무너지고 있다고 장담했다. 하지만 숫자는 그들 편으로 보였을지 모르지만 정서는 그렇지 않았다. 용액을 끓이면 용액이 증기로 변해 날아가고 용기 밑바닥에 증류액이 남듯이, 파업 또한 마찬가지였다. 보다 약한 분자들은 증발하여 날아갔고, 희망 대신 급여 봉투를 찾아 떠나갔다. 하지만 지금까지 남은 이들은 정말로 바위처럼 단단했다. 이들은 승리의 결의로 가득하고 모든 변화의 기미에서 승리의 조짐을 읽어내는 이들로서, 매일 아침 신나게 단결하여 공단으로 행진했으며, '땜빵'들을 괴롭히는 행위도 전혀 하지 않았다. 전 주 월요일만 해도 체포당한 이들이 무려 예순여섯 명이었다. 하지만 3월 4일 월요일에는 아무도 체포되지 않았다.[46] 이처럼 내면의 야수성을 순화시킨 이들은 로렌스시에 여전히 남아 있는 야만성의 흔적을 보고 깜짝 놀랐다.

**굳게 섭시다! 굳게 섭시다! 모든 것을 얻읍시다! 모두 얻읍시다!
지금이야말로 파업으로 떨쳐 일어날 때입니다!**

섬유업계 공장주들이 항복하고 있습니다!
파업은 거의 승리했고, 반드시 승리할 것입니다!
공장 관리자, 경찰, 민병대, 법원, 깡패들의 잔혹성으로 온 미국이 흥분하고 있습니다!
이 세상은 우리 편입니다! 우리는 이길 것이며, 반드시 이겨야만 합니다!
우리가 고통받을 때는 모두 침묵했습니다!
하지만 이제, 더 많은 빵을 얻기 위한 산업노동자의 투쟁의 함성은 미국 시민뿐만 아니라 전 세계 노동자를 깨우고 있습니다!
임신한 여인들과 죄 없는 아이들을 악마처럼 야만적으로 취급한 사태에 분노한 미국 의회가 분노한 국민들의 천둥 같은 목소리에 화답하고 있습니다. 의회는 조사에 착수했습니다. 이들이 움직임으로써 고통받고 학대당한 우리 아내들과 아이들의 아픈 상처가 드러났고, 미쳐 날뛰는 자본가들이 어떤 폭력과 잔학 행위를 저질렀는지도 드러났습니다!
테프트 대통령은 우리가 부당함을 바로잡아달라고 호소할 때는 들은 척도 하지 않았지만, 반란이 다가오는 소리를 듣고서야 모든 인민의 공복으로 행동하고 있습니다.
모두 다 얻었습니다. 이제 남은 것은 더 많은 임금 그리고 생산자로서 누려야 할 더 많은 권리입니다!
물론 모든 동지가 이를 얻게 될 것입니다. 하지만 그러기 위해서는 지금까지와 마찬가지로 한데 뭉쳐야만 합니다!
압제자들과 산업의 차르들이 완전히 항복했다는 것이 확인되기 전에는 일터로 돌아가지 맙시다!
파업 대오를 꺾는 행위를 하지 맙시다! 그러면 고용주들이 우리 목을 꺾을 테고, 우리 물건까지 꺾어버릴 것입니다!
모두 함께합시다! 함께 이깁시다! 모든 것을, 모두 얻읍시다! 모두 전선으로 나갑시다!
이 산업 전쟁에서 모두 전사가 됩시다!
모두 함께 일터로 돌아가기 전에는 아무도 일터로 돌아가지 맙시다! 승리! 승리! 승리!

오전 8시, 파업 노동자 수백 명이 기차역 북쪽에 있는 브로드웨이 스트리트를 걸어가고 있을 때, 키가 크고 목소리가 걸걸하고 콧수염을 덥수룩하게 기른[47] 사람이 말버러 체임버스 호텔에서 뛰쳐나왔다. 실오라기 하나 걸치지 않은 알몸으로 머리에서는 피를 흘리고 있었다. 그는 마차 제작 업소에 뛰어 들어가서 외쳤다. "사람 살려! 사람 죽인다!" 마차 제작자는 곧 이 남자가 정신 나간 사람이 아님을 깨달았고 입을 것과 말 담요를 가져다주었다. 이제 안전해지자 IWW 조직가인 제임스 톰슨이 자기 이야기를 했다. 그가 한참 자고 있는데 노크 소리가 들렸다. 문을 열자 검은색 코트를 입고 중절모를 쓴 남자 셋이 있었다. 톰슨은 그들이 자기를 체포하러 온 경찰인 줄 알았다. 그런데 한 남자가 톰슨의 팔을 잡자 다른 사람이 머리를 쇠막대기로 내리쳤다는 것이다. 톰슨은 아찔한 가운데에서도 방에서 뛰쳐나가 세 층을 뛰어 내려갔으며 그동안 머리 위로 총알이 날아왔다고 한다. 또 한 차례 형편없는 총 솜씨 덕에 목숨을 구한 것이다. 괴한들은 사라졌으며, 현장에 무기들(쇠막대기 두 개, 32구경 권총 한 정, 손아귀에 숨길 수 있는, 총신이 고작 5센티미터밖에 안 되는 "너클 건")을 남겨놓았다. 사람들은 톰슨을 니덤 호텔로 데려갔고 그는 치료를 받으며 경찰 신문에 응했다. 톰슨은 누가 자기를 죽이려 했는지 전혀 아는 바가 없다고 했다. 바로 그때 헤이우드가 들어왔다.

그는 옛 친구 톰슨에게 충고했다. "변호사 없이는 말을 많이 하는 거 아니야!"

그러자 경감 프록터(에터를 체포한 경찰관이었다)가 물었다. "이분이 무언가 숨길 게 있나요?"

헤이우드가 답했다. "내가 아는 바로는 없소."

프록터가 말했다. "지금 우리는 톰슨 씨를 위해서 이걸 물어보고 있는 거요. 그러니까 빠지시오." 그러고는 톰슨에게 혹시 당신을 덮친 자들이 "필라델피아 무리"인지 물었다. 톰슨은 반복해서 아니라고 부인했지만, 경찰은 계속해서 그가 내부 갈등에 휘말려 다른 노조 간부들에게 공격받은 것이라고 주장했다. 하지만 파업 노동자들은 다른 쪽을 의심했다.[48] 헤이우드는 훗날 뉴욕의 탐정 용역 사무소에서 깡패들을 고용해 일을 저질렀다고 주장했지만,[49] 경찰은 겨우 며칠 만에 수사를 중단해버렸다.[50]

바로 같은 날 월요일에 의회 청문회가 다시 시작되었다. 지난번과 마찬가지로 똑같은 증인인 립슨을 앉혀놓고 양측은 공방을 벌였다. 하지만 반대신문은 배제되어 청문회장은 조용하고 엄숙한 분위기로 돌아갔다. 립슨은 방직기의 속도가 빨라졌고 작업 감독들이 노동자들을 막 대한다는 이야기를 했다.[51] "공장에서는 보스들의 말이 곧 법이에요. 나라에서 나온 감독관이란 사람은 구경도 못했고요. 그러니 보스들이 맘대로 할 수가 있는 거죠. 무슨 말 한마디라도 할라치면 그들은 문을 가리킵니다. 당장 나가라는 거죠. 그러고는 경비원을 불러서 우리를 끌고 나가라고 합니다."[52] 다음으로는 곰퍼스가 증인으로 나와 IWW를 "지도력이 없고, 조직 활동도 안 하는 조직"이라고 비난한 골든의 주장을 옹호했다.[53] 청문회 자리가 두 노동조합 조직의 입씨름으로 전락하려는 순간, 가장 어린 공장 노동자들이 불려 와 자기들 이야기를 했다.

전날 이 십대들은 국회의사당, 조지타운, 재무부 건물 등을 견학한 후 태프트 대통령과 만났다. 당시 열다섯 살이던 로사리오 콘파리노가 회상했다. "커다란 의자에 앉아 있는 덩치 크고 점잖은 사람이었어요. 컸죠, 그럼요. 체격이 아주 큰 사람이었어요. 콧수염에다가…… 그는 우리에게 어디서 왔느냐고 물었죠. 이탈리아 어디 독일 어디에서 왔느냐고요." 이 붙임성 있는 대통령은 어린 방문객 한 사람 한 사람과 악수를 나눈 뒤, 여성 보호인들 쪽으로 돌아서서 1000달러 수표를 건넸다. 수프 주방들에 내는 돈입니다, 라고 말하면서.[54] 이제 공장 짬밥깨나 먹은 어린 노동자들이 증인으로 나왔다. 체구가 작고 목소리도 연약하니 관심을 끌 수밖에 없었다. 이들이야말로 "로렌스의 아이들"로서, 그동안 온 나라가 한껏 동정하고 기부금을 던지지 않았던가. 그런데 아이들은 이 많은 사람들 사이에, 그것도 자신들이 우드 공장에서 만든 푸른색 서지 천으로 된 옷을 입은 엄한 남자들 앞에 앉아 있으니 말이 잘 나오지 않았다. 그래서 더 크게 이야기해달라는 부탁을 받기도 했다. 그리하여 이들은 큰 목소리로 의회에 그리고 (기자들을 통해) 미국 전체에 이 파업의 성격을 이야기해주었다. 이제 임금이 얼마냐, 직종별노조냐 산별노조냐, 누가 언제 누구를 때렸느냐는 등을 둘러싼 입씨름은 사라졌다. 이 어린 노동자들의 가냘픈 음성은 미국의 산업 체제를 심판대에 올리게 된다.

이들이 한 이야기는 모두 비슷했다. 다들 열세네 살에 학교를 그만두고 공장으로 간다. 모두 형제가 많아 돈을 벌어야 했다. 방직기 보조공, 소모공, 관사공 등으로 일하면서 버는 돈은 보통 일주일에 5달러 10센트이고 많이 벌 때는 6달러 55센트였다. 하지만 6달러 55센트를 벌려면 일주일 내내 일해야 했는데 흔한 일은 아니었다. 의원들은 공손하게 들었지만 처음에는 잘 이해하지 못했다. 그들은 공장 아이들에게 책을 읽느냐고 물었다. 아니요, 많이 못 읽어요. 노는 것은 좋아하니? 글쎄요, 일요일에 가끔요. 야구나 술래잡기요. 학교 가는 건 좋았니? 그럼요. 일찍 그만둬서 아쉬워요. 이제 의원들도 서서히 감을 잡아 이들이 결코 아이들이 아니며 심지어 청소년도 아니라는 것을 알았다. 이들은 공장 문 앞에 아동기를 버려두고 온 성인 도제들인 것이다. 질문은 이제 공장 일로 돌아갔고 의원들은 왜 이 아이들이 실제보다 나이가 들어 보이는지 마침내 이해하게 되었다. 물론 아이들의 대답을 도저히 믿을 수 없어서 몇 번이나 질문("5분이나 10분 지각했다고 1시간 치 임금을 제해버린다고?")[55]을 반복한 후였지만.

"빠른 속도로 일을 해야 하나요?"

"그럼요."

"왜 그러죠? 기계와 속도를 맞추기 위해서인가요?"

"몰라요. 그냥 맨날 더 빨리 더 빨리 하라고 시켜요."[56]

나이에 비해 빨리 어른이 되어가는 아이들 이야기를 하나하나 들으면서 의원들은 이제 엄마들이 구타를 당했는지, 임금이 주당 6달러인지 9달러인지를 떠나서 로렌스시의 상태를 두고 자랑스러워할 미국인은 한 사람도 없을 것이라고 확신하게 된다. 한 소년은 자기 가족이 매주 며칠씩은 빵과 물만으로 겨우 연명한다고 하소연하면서 "아마 말들도 우리보다는 잘살 거예요"라고 말했다.[57] 그렇게 해서 의원들이 겨우 산업 현장의 아동노동자 상태를 이해했다고 생각할 때, 한 소녀가 아직 갈 길이 멀다는 것을 뼈아프게 일깨워준다. 열두 번째 증인으로 나온 카멜라 테올리는 겉모습은 다른 아이들과 비슷했을 것이다. 나이에 비해 작은 체구에, 수줍고, 눈을 내리깔고 있는 모습. 그런데 앞에 앉은 의원들은 볼 수 없었지만, 카멜라의 뒷머리에는 머리카락이 자라지 않는 부위가 있었다. 카멜라가 열세 살 때 워싱턴 공장에 제 발로 걸어 들어갈 때 어떤 일들이 펼쳐질지 까맣게 몰랐듯이 의원들도 그녀의 뒷머리에 무슨 일이 벌어졌는지 까맣게 몰랐다. 곧 공장 일에 대한 질문들이 던져졌다.

"혹시 공장에서 다친 적이 있나요?"

"예."

"어떻게 사고가 일어났고 무슨 사고였는지 우리 위원회에 좀 이야기해줄 수 있나요?"

"음, 아직 학교에 다닐 때였는데요. 어떤 남자가 우리 집에 찾아와서 아빠한테 왜 내가 공장에 안 다니냐고 물었어요. 아빠가 말했죠. '우리 애가 열세 살인지 열네 살인지 몰라서요.' 그러니까 남자가 말했어요. '저한테 4달러만 내세요. 그러면 이민 온 나라에서 이 아이가 열네 살임을 증명하는 서류를 만들어 가져다 드리죠.' 그래서 아빠가 4달러를 주었어요. 그랬더니 한 달 만에 서류가 도착했고요. 나는 공장을 다녔고, 약 두 주 후에 머리를 다쳤어요."

"저런, 어떻게 다쳤어요? 어느 부위를 다쳤어요? 우리에게 설명해주세요."

"워싱턴에서 다쳤어요."

"워싱턴 공장 말이에요?"

"네."

"음, 어떻게 다쳤어요?"

"기계에 끼여 내 머리 가죽이 벗겨졌어요."

"기계에 끼여 머리 가죽이 벗겨졌다고요?"

"네."[58]

사고가 일어난 것은 1909년 7월이었다. 새벽 5시 30분, 테올리는 기계가 돌아가고 있는데도 머리를 묶지 않은 상태였다. 공장 규칙에 어긋나는 일이었다. 그때 친구가 부르자 그녀는 머리를 쓸어 넘겼다. 순간 머리가 방직기의 기어에 바로 말려들어가 버렸다. 사람들은 테올리의 머리 가죽 두 조각을 신문지에 싼 채로 아이를 급히 병원으로 보냈다. 의사들이 머리 가죽을 살려서 회복시킬 수 있었지만, 테올리는 병원에서 7개월을 보내야 했고 병원비는 아메리칸 모직에서 댔다. 어떤 이들은 고소해서 더 많은 배상을 받아내라고 가족에게 조언했지만, 이 사건을 맡으려는 변호사는 아무도 없었다. 그녀는 법적 노동 연령에도 미치지

못한 상태였다.[59]

테올리의 이야기에 청문회에 참석한 모든 사람이 충격을 받았다. 한 의원이 물었다. "아직도 그런 사람들이 학교 때려치우고 공장에 다닐 아이들을 찾으러 돌아다니고 있나요?"

테올리가 말했다. "몰라요." 더 많은 질문이 나왔지만, 그녀는 거의 말을 하려 들지 않았다.[60]

화요일 아침에는 필라델피아에서 온 여성이 기차역에서 자행된 끔찍한 구타 사건의 진상을 상세히 설명하고 있었는데, 한 유명 인사가 청문회장으로 들어와 사람들의 시선을 집중시켰다. 깃털 달린 어두운 색깔의 모자를 쓴 이 여성은 영부인 헬렌 태프트로, 하원의원들 좌석 뒷줄에 앉았다.[61] 태프트 부인은, 자신이 뉴욕으로 데려간 로렌스 아이들이 영양실조에 시달리고 있었다는 생어의 말도 또 자기 도시로 어느 민병대원을 때렸다는 리스의 말도 주의 깊게 경청했다. 다음 이틀 동안은 시 공무원들이 청문회장에 나와서 로렌스시의 흉측한 이미지를 회복하려고 최선을 다했지만, 이미 아이들의 증언에서 드러난 대로, 어린것들의 삶과 목숨을 기계에 갈아 넣는 피도 눈물도 없는 도시라는 이미지는 하원의원들과 영부인의 머릿속에서 사라지지 않았을 것이다.

청문회의 마지막 이틀 동안은 파업 노동자들 반대편에 선 이들이 이야기했다. 먼저 린치 공안위원장이, 이어 설리번 보안관, 상인, 우체국장, 공장의 급여 담당자, 클라크 카터 목사 등이 차례로 발언했다. 카터 목사는 빈민 선교 활동을 하는 사람이었지만, 좀 더 넓은 의미에서 보자면 이들 모두가 선교사였다. 로렌스시에 대한 "거짓말들"을 논박하려는 열망을 품고, 두툼한 급여 대장을 품고, 혹은 그저 자신감에 차서 여기 나온 것이었다. 하지만 아무리 열심히 준비했다고 해도 이들의 증언이란 여성들을 곤봉으로 후려치는 일이나 급여율 같은 문제를 훨씬 뛰어넘도록 아주 정교하게 짜인 부인(否認)의 거미줄에 불과했다. 이 시의원, 보안관, 상인, 공장주, 선교사 등은 한목소리로 로렌스를 전형적인 미국의 소도시로 묘사했다. 즉 이런저런 몇 가지 문제가 있지만 뉴욕이나 보스턴 같은 데는 절대 아니라는 것이었다. 우체국장 콕스가 말했다. "우리는 이 문제가 터지기 전에는 아주 잘 지내왔다고 생각합니다."[62]

이 도시의 대표들은 하나같이 로렌스시에 빈곤이 존재한다는 사실 자체를 인정하지 않으려 했다. 심지어 **빈곤**이라는 말조차 입에 올리지 않으려고 했다. 일부 이민자들은 "부유하지 못하며",[63] 또 어떤 이들은 "제한된 환경"에서 살고 있다는[64] 식이었다. 하지만 브로드웨이 저축은행의 재무당담관이 제출한 진술서에 따르면, "로렌스에는 빈민촌이 없다."[65] 공장 노동자들은 모두 "좋은 의식주를 누리고 있다"는 것이었다. 그리고 거의 모두 은행계좌가 있어서 유럽에 있는 가족에게 송금하는 돈이 1년에 20만 달러에 달한다고 했다.[66] (그런데 한 가족을 평균 일곱 명으로 잡아 계산하면 가구당 1년에 불과 35달러가 되고 만다.) 카터 목사는, 뉴욕으로 보내진 아이들이 장갑을 끼지 않았던 이유는 사람들의 동정심을 조장하려고 일부러 집에 두고 왔기 때문이라고 했다.[67] 또 빵과 당밀로 한 끼를 때우는 것은 절망적인 식사가 아니라 "일종의 사치"라고 했다. 일하는 이들은 본래 당밀 없이 빵만 먹을 때도 많다는 것이었다. 그리고 덧붙이기를, 로렌스에서 "학교 다니는 아이들은 당밀보다 더 좋은 걸 먹습니다. 카로 옥수수 시럽입니다."[68]

라미가 총검에 찔려 사망한 일도 특별 감찰 대상이었다. 설리번 보안관은 이 살인 사건에 대해 아는 바가 별로 없었는데, 켄터키주 출신의 민주당 의원 어거스투스 스탠리에게, 라미의 가족들이 아무런 불평불만도 제기하지 않았기 때문이라고 답했다. 스탠리는 물었다. "그 동네에서는 사람이 죽었는데 친척과 친구가 불평을 하기 전에는 왜 죽었는지 조사조차 안 합니까?"⁶⁹ 스탠리 의원은 또 이렇게 물었다. "소년이 살해되던 당시 손에 들고 있었던 무기는 뭐죠?"

설리번 보안관이 답했다. "그가 위험한 무기를 들었다는 말은 하지 않았습니다. 저는 그가 악기를 들고 있었다고 말했습니다."⁷⁰ 스탠리 의원은 나중에 라미의 살해를 1770년 영국군이 저지른 보스턴 학살에 비유했다.⁷¹

보안관은 기차역에서 경찰이 저지른 행위도 아주 철저히, 꼼꼼히 변호했다. 그는 몇몇 아이들이 부모의 동의 없이 도시 밖으로 보내진 사례를 들었다. 우선 제멋대로 뉴욕으로 떠난 소녀가 있었다. 이탈리아 소년 둘은 부모의 허락 없이 버몬트주 바르로 보내졌으며,⁷² 세 명은 부모의 동의하에 뉴욕으로 보내졌지만 집에 가겠다고 했으며,⁷³ 부인과 이혼한 한 남자는 자기는 아이들을 보내는 데 동의하지 않았지만 엄마가 보내버렸다고 했다.⁷⁴ 하지만 의원들은 되물었다. 그런데 아이를 보낸 가정이 200개가 넘는데 고작 이 일곱 건을 문제 삼아 여성들에게 곤봉 세례를 퍼붓는 행위가 정당화된다는 말인가? 하지만 보안관은 끈질기게 주장했다. 여성들에게 곤봉을 휘두른 적 없다고. "존경하는 의원님들, 꼭 말해두고 싶습니다. 저는 여성과 아이를 막론하고 누구든 다치는 일이 없도록 항상 주의하고 있습니다." 그날 벌어진 유일한 폭력은 한 경찰관이 트럭에서 떨어지지 않으려고 한 여성을 붙잡은 것뿐이라고 했다.⁷⁵ 그렇다면 보안관은 "사실상 모든 신문에" 보도된 이 잔혹 행위를 어떻게 설명할 수 있단 말인가? 보안관의 답은 이랬다. 신문들이란 "본래 항상 선정적인 것을 추구하니까요".⁷⁶

한 의원이 다른 주제로 넘어가서 마차 바퀴살을 민병대가 무기처럼 휘두른 게 사실이냐고 물으며 비슷한 바퀴살을 꺼내 들었다. 병사들이 실제로 이런 곤봉을 사람들에게 휘둘렀단 말인가? 설리번이 답했다.

"아마 그랬을 겁니다. 하지만 누가 그걸로 맞은 사건이 일어났는지는 모르겠습니다."[77] 우체국장 콕스에게 보여주자 아주 태평하게 자기는 더 큰 바퀴살이 쓰이는 것도 보았다고 말했다.

한 의원이 비웃었다. "큰 게 더 낫겠죠? 그죠?"

"그렇습니다. 큰 게 더 길고 또 머리 부분도 작으니까 더 낫습니다."[78] 그러고 나서 콕스는 로렌스시의 많은 사람이 이민자의 유입을 어떻게 바라보는지를 한마디로 정리했다. "로렌스에서 살다가 죽을 우리는 이 나라에서 가장 심각한 문제에 직면해 있습니다. 이 모든 사람을 어떻게 미국인으로 만드느냐, 하는 것입니다."[79]

하지만 가장 놀라운 사실을 드러낸 증인은 카터 목사였다. 그는 하버드 대학과 프린스턴 대학을 졸업한 회중파 목사로서,[80] 25년간 이 도시의 빈민 선교를 책임지고 있었다. 그는 "제한된 환경"에 있는 사람들을 방문하여 공장주들이 제공한 구호품을 나누어 주면서 견고한 노동 윤리와 종교적 신심을 장려했다고 했다.

그러지 않아도 의원들은 성직자들이 노동자들, 특히 아동노동자들의 곤경을 어떻게 보는지를 궁금해하던 참이라, 디킨스 소설에서 걸어 나온 것 같은 이 대단한 빅토리아식 인물을 먹잇감 삼아 집요하게 공격해 댔다. 목사는 공손히 "의원님"이라고 부르며 깍듯한 태도를 보였고, 말이 길어지는 데에 "저는 늙은이예요. 늙으면 자기 얘기만 계속하는 경향이 있죠"라고 사과하기도 했다.[81] 하지만 이 노인이, 자신이 바라보는 파업의 진실이라면서 말을 하면 할수록, 산업이라는 것이 사람들의 마음과 정서를 산업 도시의 스카이라인처럼 모질게 만들어버린다는 점만 여실히 드러났다. 이 목사는 파업 초기에 신나게 행진하던 이들을 "폭도들"이라고 묘사했을 뿐만 아니라, 공장 임금이 "외국어를 쓰는 소수의 미숙련자들"을 빼면 모두에게 안락한 삶을 제공하는 수준이라고 대답했다.[82] 의원들이 더 자세히 질문하자 자신은 아동노동이 잘못된 게 아니라고 생각한다는 사실을 인정했다. 그는 물었다. 매사추세츠주는 어째서 노동이 가능한 최소 연령을 열네 살로 올린 것인가? 어느 정도 나이가 든 아이들은 마땅히 "무언가 이윤을 챙기는 일에 몰두해 바삐 움직여야" 한다는 것이었다. "열여섯 살이 되도록 빈둥거리는 아이들은 이후에도 별 볼일 없게 되는 겁니다."[83] 그리고 아이들이 교육받을 필요가 있다는 말도 맞기는 하지만, "적절한 환경에서 교육받는 게 중요하죠. 많은 경우에 아이들에게 적절한 환경은 공장이고, 학교는 적절하지 않습니다".[84] 목사도 하루에 10시간 노동은 "어떤 경우에는 개인에 따라 너무 가혹할" 수 있다는 점을 인정했다. 하지만 자기 아들도 공장에서 일했다고 했다. "오늘 우리 앞에 있는 체격 좋고 머리 좋은 남자들"과 마찬가지로.[85] 마침내 윌슨 의원이 더 이상 참지 못하고 폭발했다.

그는 물었다. "아동노동에 동조하십니까? 이점에 대해서만 말해주세요. 제 생각에 우리 위원회에 계신 몇 분은 이 점에 관심을 기울일 것입니다."

카터가 대답했다. "아이들이 공장에서 하는 일은 대부분 매우 적절한 일입니다. 아이들한테는 일을 시켜야 해요."[86]

아연실색해진 의원들 앞에서 목사는 자신의 증언을 3월 7일 목요일 오후에 종결지었다. 이제 남은 증인은 급여 담당자들뿐이었다. 심각하고 똑 부러지게 말하는 남자들이 커다란 급여 장부를 펼쳐 들고 의원들에게 확언했다. 방직기 속도를 무리하게 높이라고 지시한 적이 전혀 없다. 법정 연령 이하의 아동은 고용하지 않도록 모든 노력을 다했다. 물을 마시는 데에 노동자들에게 돈을 내라고 한 적 없다. 어떤 이들은 푼돈을 모아 자발적으로 물을 샀다. 그러자 한 의원이 물었다. 하지만 노동자들이 어렵게 번 돈을 모아 물을 사야 했던 이유는 공장에서 제공하는 물이 너무 뜨거워 마실 수가 없기 때문 아닌가요? "그렇지 않다면 빵과 당밀을 사는 데 돈을 더 썼겠죠, 그렇죠?"[87] 급여 담당자들은 열심히 장부를 뒤져서 립슨의 평균 주급은 10달러가 아닌 11달러 62센트이고[88] 리스 또한 본인 주장보다는 더 벌고 있으며 평균 임금이 9달러라는 사실을 입증했다. 하지만 아직도 청문회장에는 빵과 당밀, 아동 노동, 바퀴살 곤봉 등의 이미지가 공포영화 영상처럼 어른거리고 있는 판인데, 여기에 대고 급여 대장을 들이대면서 저 사람들이 자기들 말보다 실제로는 50센트나 1달러 더 받아 갔다고 주장하는 꼴은 한심하다 못해 안쓰럽기까지 했다. 게다가 의원들이 자세히 물어보니 마침내 아이어 공장의 현금 담당자는 평균 임금 9달러는 "공장의 모든 피고용인"(엔지니어, 회계사, 목수, 감독관, 현금 담당자)을 포함하여 계산한 것임을 밝혔다.[89] 아메리칸 모직의 노동 관행은 향후 더 조사할 것이라는 불길한 여운을 남기면서[90] 청문회는 종결되었다.[91] 의원들도 청중도 영부인도 청문회장을 떠나 집으로 돌아갔다. 파업 노동자들도 공무원들도 기차를 타고 로렌스시로 돌아갔다. 그들이 각자 그려낸 로렌스시는 전혀 다른 도시였지만.

청문회 기간 동안 로렌스시에서는 별다른 일이 벌어지지 않았다. 네 개 중대가 해산되었고 대체되지 않았다.[92] 스위처 소령은 "우리가 오래 진주할수록 누군가 큰 실수를 저지를 가능성이 더 커진다"고 걱정했는데[93] 마침내 바라던 대로 임무에서 해제되었다.[94] 공장 주주들에게 아메리칸 모직이 주주총회를 연 뉴욕에서 좋은 소식이 날아들었다. 경기가 좋지 않았음에도 1911년에는 흑자가 1160만 달러로 증가했으니(1908년에는 800만 달러),[95] 이는 이 회사 자본 총액의 19퍼센트에 해당하는 액수였다. 게다가 주주 배당금으로 280만 달러가 별도로 지급되었다.[96] 파업 노동자들에게도 플린의 전보가 날아들었다. 펜실베이니아의 알리게니에서 열었던 "엄청난" 집회에서 550달러를 모았다는 소식이었다.[97] 월요일 밤, 로렌스 사람들 2000명이 로렌스 진보 여성 클럽 회합 이후 폭동을 일으키자고 외치며 거리로 나섰다. 파업 노동자들은 웰슬리 칼리지 교수 두 사람의 강연에 열이 올라 길거리를 가득 채우고 노래하고 소리를 지르다가 경찰에게 해산당했다.[98] 한 주 내내 숙련공들은 무더기로 공장으로 돌아갔으며, 이에 CLU는 파업 종료를 선언하며 브로드웨이에 열었던 구호소까지 닫아버렸다. 수요일, 경찰은 어두운 사무실 밖에서 2시간이나 소란을 피우던 군중을 해산시켰다.[99] 다음 날 아침, 아이들 마흔한 명이 부모의 서명이 적힌 허가증을 지니고 마침내 필라델피아로 길을 떠났다. 기차역에서는 연방 노동감독관이 지켜보는 가운데[100] 경찰들이 여성 보호인들에게 다가와 떠나는 아이들의 이름을 물었다. 한 경찰관이 말했다. "분명히 해둡니다. 이건 명령이나 요구가 아니라 그냥 요청입니다. 우리도 마음속으로는 당신들에게 동감합니다만, 경찰관이라서 어쩔 수가 없습니다. 해야 할 일이니까요."[101] 이번에도 엄마들은 기차가 떠날 때 울음을 터뜨렸다.[102] 보스턴의 남부역에서는 낯선 사람들이 아이들에게 과일과 캔디를 주었고,[103] 기차가 봄이 오는 남쪽으로 쉼 없이 달리는 가운데 아이들은 먹을거리를 허겁지겁 먹어치웠다.

그날 아침, 수천 명이 공단을 돌며 행진했지만, 이들의 참을성은 이제 바닥을 드러냈다. 누군가 땜방 일꾼의 목을 칼로 그었고,[104] 그러자 경찰은 한 블록 단위로 작전을 펼쳐 군중을 몰아냈다.[105] 열여섯 명이 체포되었고,[106] 그중 한 사람은 마호니 판사가 평화교란죄 혐의를 적용하자 이렇게 물었다. "무슨 평화 말씀이오?"[107] 파업위원회는 포스 주지사와 스캔런 시장에게 공개서한을 띄웠고, 3월 1일에 여성들이 구타를 당한 사례들을 구체적으로 열거했다. 그중 한 사람은 스물여덟 살 이탈리아 여성으로서, 파업에 가담한 노동자도 아니었는데 경찰들의 폭력으로 아이를 유산했다고 한다.[108] 편지는 이렇게 계속된다. "우리는 우리와 친족에게 가해진 잔혹 행위를 참아냈습니다. 하지만 우리는 기억할 것이며, 절대 잊지도 용서하지도 않을 것입니다."[109] 파업 노동자들은 굳건히 버티면서 공장주들과 10인위원회의 다음 회합에 모든 희망을 걸었다. 위원들은 보스턴에서 회합을 마친 다음 목요일 저녁에 돌아올 예정이었다.

11장

미국식 양탄자

> 사람은 항상 노동을 하고 살아야 하며, 그의 임금은 최소한 자기 삶을 부양할 정도는 되어야 한다. 대부분의 경우에는 그보다 더 많아야 한다. 그렇지 않으면 가족을 이룰 수 없을 것이며, 이렇게 되면 해당 노동자의 인종은 첫 세대를 넘어서 지속될 수가 없을 것이다.
>
> ―애덤 스미스, 『국부론』

윌리엄 우드는 산업계의 거물로 바쁜 일정을 소화하면서도 아버지의 의무를 다했다. 저녁에 집에 들어갈 때 두꺼운 모직 코트를 들어 올려 곰인 척하여 아이들이 "공격"하게 하는 놀이를 즐겼다.² 녹색으로 단장된 앤도버의 저택인 아든은 그의 아이들 놀이터였으며, 우드는 일에서 벗어날 수 있을 때마다 아이들과 함께 놀았다. 우드는 아들인 코르넬리우스와 윌리엄 주니어에게는 엄격했지만, 두 딸에게는 각별한 애정을 쏟았다. 3월 7일 목요일, 파업 노동자들과의 만남이 끝날 무렵 열일곱 살 된 딸 아이린이 썰매를 타다가 다쳤다는 소식을 들었다. 우드는 서둘러 논의를 끝내고 뉴햄프셔주의 프랑코니아로 가는 기차에 올라탔다.³ 가는 길에는 메리맥강을 건너게 된다.

우드는 로웰을 거쳐 갔겠지만 어쩌면 로렌스를 지나갔을지도 모른다. 두 도시 모두 자신이 건설한 제국의 결실을 보여주는 곳이었다. 방문이라고 해봐야 일시 정차에 불과하지만 그래도 파업이 시작된 이래로 "빌리 우드"가 섬유 도시를 방문하는 첫 번째 기회였다. 아메리칸 모직은 로렌스 도심에 사무실을 두었지만, 총수가 거기에 나타났다가는 폭동이 일어날 판이라 우드는 모든 사업을 보스턴에서 구상하고 실행했다. 이 목요일 저녁 기차가 얼어붙은 강을 건널 때 우드는 자신이 형상을 빚은, 그리고 거꾸로 자신의 형상을 빚어낸 왕국을 창밖으로 바라보았다.

그는 과연 무슨 생각을 했을까? 여기에 우드가 사반세기 전에 들어온 세계가 있었다. 그는 워싱턴 공장의 모직물 부서를 운영했고, 다음에는 자기 털실로 황금을 짜내는 왕국을 세웠다. 하지만 이 왕국에서 반란이 일어났다. 딱 2시간 치 임금이 모자라다고, "동료 노동자들"은 그의 알토란 같은 기계들을 부숴버렸고, 일터를 버리고 나와, 공장에서 단 하루도 일해본 적 없는 급진파 선동꾼을 지도자로 모신 것이다. 같은 이민자로서 자기들과 같은 신세에서 출발하여 꼭대기까지 올라간 자기를 버리고. 아마 우드는 킥킥대면서 파업 첫날 내놓은 예견("저는 조속히 정상으로 돌아오기를 기대하고 있습니다")을 회상했을지도 모른다.

교착상태가 거의 두 달 동안 계속되었다. 그의 공장에는 처리하지 못한 주문이 쌓여 있었다(우드의 기민한 머리에는 아마도 정확한 숫자가 입력돼 있었을 것이다. 7만 1693건에서 17만 5878건으로 불어났다).[4] 여기에다 아메리칸 모직에 대한 연방 정부 차원의 조사가 임박했으니 우드로서는 파업 노동자들에게 양보할 수밖에 없었다. 그토록 꼿꼿하게 버티던 이 사나이가 이제는 굽히고 들어가게 되었으니, 자신도 의아했을 것이다. '저자들은 대체 무슨 짓을 했단 말인가.' 유럽이라는 가마솥 바닥에 찌꺼기처럼 가라앉아 있던 인간들을 박박 긁어 왔는데 이 잡동사니 어중이떠중이들이 어떻게 강철같이 한 몸이 되어 세계 최대의 섬유 기업 집단에 도전하여 업계 수장들을 협상장으로 끌어낸 것인가? 심지어 자신이 내놓은 첫 번째 제안을 무시하고 더 많은 것을 내놓으라 하고 있지 않은가? 믿을 수 없는 일이었다. 만약 기차가 정차한 동안 콧수염이 난 통통한 자기 얼굴을 플랫폼에서 알아보는 사람들이 있을까봐 우드가 얼굴을 가렸다고 해도 놀랄 일은 아닐 것이다. 하지만 그가 도로를 응시하면서 답을 곰곰이 생각했다고 해도 놀랄 일은 아닐 것이다. 정차 시간은 몇 분에 불과했다. 기차는 승객들을 태운 뒤에 출발할 테고 성실한 아버지이자 금융의 천재, 패배하여 화가 난 섬유의 제왕께서는 계속 북쪽으로 올라갈 것이다. 잠시 후 또 다른 기차가 로렌스의 기차역으로 들어왔고 거의 9주 동안 누구도 듣지 못한 가장 좋은 소식을 품고 10인위원회 사람들이 플랫폼에 내리고 있었다.

  3월 7일 목요일 저녁, 프랑스-벨기에 홀은 미어터졌다. 공기가 아주 무겁고 습했으며 맨 뒷줄에 서 있던 한 여성은 기절할 정도였다.[5] 위원들은 연단에 올라 보스턴에서 열린 공장주들과의 협상 결과를 보고했다. 회합은 하루 종일 지속되었다. 우드는 또다시 임금을 올리겠다고 했지만 이번에는 하한선이 훨씬 높았다(15퍼센트 이상. 구체적인 수치는 정확히 알 수 없다). 위원회는 또한 우드에게 구체적인 임금표 제출을 요청했다. 파업 노동자 모두가 직종에 따라 자기 임금이 얼마나 오르는지 알아야 하지 않겠는가. 우드는 그렇게 하는 데 두 주는 걸릴 것이라 했다. 그사이에 노동자들은 일단 일터로 복귀하는 게 어떻겠는가? 10인위원회는 거부했고, 공장주들은 다시 자기들끼리 모여 논의를 했다. 돌아온 그들은 며칠 안에 항목별 임금표의 초안을 만들어 오겠다고 했다. 보너스 시스템도 손을 보기로 하여 기간을 절반으로 줄이겠다고 했다. 4주가 아니라 2주만 일해도 같은 보너스를 받을 수 있도록 한 것이다. 초과 근무 수당과 고발 조치 취하 등은 언급되지 않았으나 양쪽 다 쉽게 협상할 수 있는 문제라고 생각하는 듯했다. 노동자들은 처음보다 훨씬 더 나은 제안을 받았는데, 더 의미심장한 것은 공장주들의 태도였다.[6]

  한 위원이 이렇게 전했다. "우드 씨는 우리에게 매우 친절했으며, 지난주와는 아주 다른 태도로 순순히 협상에 응했습니다." 이어 애니가 자신이 관찰한 보스의 모습을 이야기했다. 키가 크고 우아하며 높은 모자를 쓴 그녀는 누구보다 낙관적인 태도를 보였다. "참을성 있게 기다립시다. 그러면 원하는 것을 얻을 수 있습니다. 우리가 우드 씨의 약점을 잡은 것 같습니다."[7] 이 발표를 각국 언어로 통역하는 소리들이 공장의 기계 소음보다 요란했고, 휴회가 결정되었다. 연단에서 말하는 소리는 어차피 들을 수도 없었다. 우드가 딸을 만나러 북쪽으로 가는 사이에 이 좋은 소식은 도시 전역으로 퍼졌다. 주말 내내 비가 왔지만,[8] 희망의 열병이 로렌스시 구석구석에 퍼져나갔다. 에식스 스트리트의 한 옷가게는 "대파업 마지막 세일"을 시작했다. 보통 1달러 하는 셔츠가 50센트였고 2달러 하는 숙녀용 봄 모자가 1달러 19센트였다.[9] 《로렌스 트리뷴》은 "신속한 타결로 나아가는 좋은 징조"라고 보도했다.[10] 민족을 불문하고 노동자들은 이제 승리가 손에 들어온다는 느낌을 맛보았다. 일부 불평하는 이들도 있었다. 결국 협상을 하다 보면 15퍼센트에 미치지 못할 것이라는 얘기였다.[11] 하지만 좀 더 냉철한 사람들은 어느 쪽이든 타협은 불가피하다고 주장했다.

  3월 9일 토요일, 10인위원회는 다시 보스턴을 방문했다. 이들은 직종별 임금표를 볼 수 있으리라 기대했지만 공장 쪽에서는 그저 부서별 임금 항목을 제시했을 뿐이었다. 10인위원회가 좀 더 자세한 사항을 요구하자 공장 관리인들은 월요일에 다시 연락하겠다고 했다.[12] 그날 오후 IWW 깃발을 든 아이들 열다섯 명이 또 기차를 타고 뉴햄프셔주의 맨체스터로 떠났다.[13] 뉴욕 시내 전역에서 로렌스 파업 지지 집회가 열렸고,[14] 로렌스시의 모습을 "환등기"로 보여주기도 했다.[15] 헤이우드는 기차역 앞의 유니언 광장에서 연설하면서 이탈리아 가정에 머물렀던 유명한 "두 꼬마"를 연단에 올렸다. 한 소년이 말했다. "안녕하세요, 헤이우드 씨. 로렌스시는 어때요?"[16] 헤이우드는 군중에게 파업이 1주일 안에 끝날 것이라고 밝히고 좀 더 대담한 예언을 했다. 임박한 승리는 곧 뉴잉글랜드 전역에서 섬유 노동자 파업을 불러일으킬 것이라고. 이런 사태를 피하는 유일한 방도는 임금 인상뿐이라고도 했다. 그가 이렇게 말하는 사이에 이미 메인주에서 코네티컷주에 이르는 공장주들은 자신들이 극도로 싫어하는 이 급진주의자의 조언을 받아들였다.

공장들이 수력원으로 삼는 뉴잉글랜드의 여러 강을 따라 들어선 공단에서 로렌스시와 같은 사태가 터질 수 있다는 두려움 때문에 갑자기 임금이 올랐다. 토요일 오후, 보스턴에서 열린 공장주 회의를 통해 노동자 12만 5000명의 임금이 5~7퍼센트 올랐다.[17] 누군가는 이렇게 탄식했다. 공장주들이 "하나가 쓰러지면 다른 것들도 모두 쓰러지는" 한 줄로 세운 벽돌같이 돼버렸다고.[18] 어떤 이들은 요구가 없었는데도 알아서 임금을 올렸으며, 파업이 예고되던 다른 사업장에서도 임금이 올랐다.[19] 다음 주 내내 벽돌들이 쓰러졌다. 매사추세츠주의 노스애덤스, 뉴햄프셔주의 그린빌, 로드아일랜드주의 프로비던스, 메인주의 비드퍼드.[20] 심지어 가장 강경한 입장을 고수하던 섬유 도시인 매사추세츠주의 폴리버까지 쓰러지고 말았다.[21] 이 마지막 벽돌이 쓰러졌을 때는, 로렌스 파업 노동자들 덕에 임금 인상의 혜택을 본 노동자들이 30만 명에 달했다.[22] 이 임금 인상으로 그해 섬유 노동자들의 주머니에 1200만 달러가 더 들어갔으며,[23] 로렌스시의 공장보다 임금이 낮은 공장에서는 임금 인상 투쟁이 일어났고, 모방 파업이 벌어졌다.

월요일이 다가오자 협상 타결이 눈에 보였다. 하지만 여기는 로렌스시가 아닌가, 일이 그렇게 간단히 진행되지는 않았다. 공장주들이 임금 인상 약속을 지키면 만사형통일지 아니면 무슨 대가를 치러야 하는지 등을 아무도 알 수 없었다. 한편, 9주에 걸친 지루한 시간 동안 굶주린 노동자들의 분노가 한 번 더 분출구를 찾아야 했다. 일요일 밤까지 며칠 밤 동안 파업 노동자들은 공동주택 지구로 들어가 '땜빵'들의 집 안으로 밀고 들어갔다.[24] 5시간 후에는 공원에서 총성이 세 발 울렸으니, 이는 피켓라인으로 모이라는 신호였다.[25]

해가 뜨자 지금까지 본 적 없는 대규모 피켓팅이 시작되었다. 약 1만 명이 몇 블록에 걸쳐 장사진을 이루었다. 이들 중 다수는 IWW 리본과 단추를 달고 엽서 크기의 에터와 조바니티의 사진을 패용하고 있었다.[26] 다시 경찰이 나와 이들을 몰아내려 했지만, 파업 노동자들은 굳건히 서서 노래하고 소리치며 행진했다. 마치 이 나라로 이민 온 이유가 공장 노동이 아니라 바로 이 행진이었던 것처럼. 공장 관리인들은 복귀한 노동자들이 거의 없다고 보고했다.[27] 일터로 복귀할 만한 이들은 이미 다 복귀한 터였다. 또 몇 명이 체포되었다. 한 남자는 끌려가지 않으려고 아내의 목에 매달려 실랑이를 벌이기도 했다.[28] 이 월요일 내내 10인위원회는 보스턴의 부름을 기다렸다. 하지만 아무런 소식도 오지 않았다. 대신 지난 2개월간 부글거렸던 반동 세력의 분노가 폭발해 마침내 역습에 나섰다. 로렌스시 공무원들 아니 어쩌면 도시 전체가 모욕과 창피를 당한 상태였다. 이제 명예를 되찾을 때였다.

헤이우드, 트라웃먼을 비롯한 IWW 지도자들은 월요일 밤 니덤 호텔에서 쉬고 있다가 소환장을 받았다. 이들은 곧바로 소환장을 흔들면서 농담을 했다.[29] 소환장에 따르면 화요일에 서퍽 카운티 최고 법원으로 출석해야 했다. 혐의는 기금 유용이었다. 보스턴에 있는 기부자 세 사람(사회복지사, 침례교 목사, 퍼시픽 공장 주주)[30]이 남은 IWW 파업 기금에 대해 사용 중지 명령을 신청한 것이다. 이들은 이 기금을 기아 구제에 쓴다고 광고해놓고 실제로는 법정 비용, 아이들을 다른 도시로 보내는 비용, 또 개인 판공비 등으로 사용했다는 것을 문제 삼았다. 다음 날 아침, IWW가 하루 동안 5250달러를 모금한 직후,[31] 헤이우드는 그러한 지출을 옹호했다. 그는 파업위원들 앞에서 말했다. "기금은 전쟁 수행에 쓰이는 돈이라고 분명히 말한 바 있습니다. 전쟁을 수행하려면 빵을 살 돈뿐만 아니라 피켓을 든 이들의 법정 변호 비용도 꼭 필요합니다. 이 역시 싸움의 일부니까요."[32] 10센트, 25센트, 1달러짜리 돈들이 계속해서 프랑스-벨기에 홀에 밀려들었고, 봉투에는 "아무 조건 없음"이라고 쓰여 있었다.[33]

하지만 소환장보다 강력한 반격이 로렌스 시민연합에서 나왔으며, 마치 합창이라도 하듯이 일부 매체들이 이를 거들었다. 3월 11일 월요일, 《뉴욕 트리뷴》의 1면 첫 기사는 이렇게 시작했다. "주민이 10만여 명이나 되는 미국 도시가 얼마나 간단히 외부 선동가들에게 장악당하여 몇 주 동안이나 공포에 떨었는지를 지난 두 달 동안의 로렌스가 잘 보여주었다."[34] 같은 날, 《브루클린 태블릿》 또한 똑같은 논조로 이야기를 이어갔다. "IWW가 로렌스에서 사용했던 가장 강력한 무기는 테러와 공포였다. 그런 테러와 공포에 물을 주어 자라게 하는 것이 이들의 생존 방식이다."[35] 뒷말은 《보스턴 트랜스크립트》가 받아 이어갔다. "이 생디칼리즘에 기반한 파업이 살아남은 것은 순전히 '검은 손'과 마피아의 수법 때문이었다."[36] 서로 다른 세 신문의 기사 내용이 모두 똑같았으니 이는 결코 우연이 아니었다. 로렌스 시민연합에서 내놓은 팸플릿을 글자 하나 더하지도 빼지도 않고 그대로 실었기 때문이다. 지난 2월에 결성된 이 모임은 3월 중순이 되자 총공격에 나섰다. 이제 회원은 5000명으로 늘었으며,[37] 팸플릿도 세 개나 찍어냈다. 「테러에 지배된 한 미국 도시」, 「로렌스 다음은 어느 도시인가?」, 「로렌스의 현실: 생디칼리스트, 아나키스트, 사회주의자, 여성 참정권 운동가, 사이비 자선사업가, 저질 언론인들의 추악한 민낯」.[38] 한부 한부가 분노로 이글거리고 있다. 한 팸플릿은 파업 개시 후 최초로 벌어진 폭력 사태를 자세히 묘사한 뒤, "로렌스 시민 중 들어본 이도 거의 없는 조직" IWW가 이 도시로 왔다는 것에 주목했다.[39] 조지프 에터는 "불같은 연설로 시 정부, 주 정부, 연방 정부 모두 노동자의 적이라고 비난했으며, 자본주의, 모든 종교, 모든 종류의 권위와 함께 사라져야 할 것들이라고" 했다는 것이다.[40] 에터가 연설한 이후, "규정할 수도 없는 온갖 테러리즘이 온 도시에 널리 퍼져나갔다"고도 했다.[41]

이 팸플릿들은 이후 수십 년 동안 이 파업에 대한 공식 판본으로 남을 내용들을 쏟아놓는다. 다이너마이트 심어놓기 공작은 짧게 다루고 지나갈 뿐이다. 매일 이어간 파업 노동자들의 민주적 회합이나 질서정연하게 운영되어 수천 명을 먹인 수프 주방, 별의별 일이 다 있었어도 공동주택 지구를 지켜준 평안 등에 대해서는 일언반구도 없다. 파업 초기의 행진 등은 "야생동물들과 같이 …… 으르렁거리면서 길거리로 쏟아져 나온" 폭도들의 행위로 묘사된다.[42] 매일 밤 "시커먼 남자들 한 무리가 노동자들이 출근하고 여자들과 아이들만 집에 있을 때 방문하여 가정주부에게 만약 당신 남편의 출근을 막지 못하면 남편도 목줄이 끊어진 채 다음 날 아침에 발견될 것이라고 협박"했다는 것이다.[43] 1월 29일 폭력 사태는 아주 상세히 다루어져 "신문에 대문짝만 하게 실렸고" "로렌스시가 피도 눈물도 없는 자본의 통제 아래에 있는 민병대가 파업 노동자 수백 명을 학살한 유혈이 낭자한 도시"라는 이미지를 씌웠다는 것이다.[44] 매체는 또 "신경쇠약증이나 히스테리 환자의 입맛에 맞춘 신문들"은[45] 곧 "뉴욕의 사이비 자선단체들에서 온 사회주의 이론가들, 특히 엉터리 카바레에서 압생트 독주나 마시는 지저분한 술꾼들인 작가 떼거리"에게 점령당했다고 했다.[46] 이 "떼거리들"은 로렌스에도 왔으며, "도시를 30분 동안 둘러본 뒤 생디칼리스트들이 영원히 옳고 나머지는 영원히 틀렸다고 선언했다".[47]

이 팸플릿들은 이 파업이 임금 분쟁임을 다시 한번 강조하고 로렌스 시의 명예를 옹호했다. "로렌스야말로 미국에서 가장 전망이 밝고 현대적인 외양을 갖춘 산업 도시"라는 것이었다.[48] 로렌스시는 "생디칼리스트들이 와서 새로운 시대를 열겠다고 날뛰기 전까지는 미국에서 가장 번창하던, 진보적이고 만족스러운 공업 도시"였다고 한다.[49] 무엇보다 기차역에서 여성들이 곤봉으로 구타당한 일은 없었다고 대놓고 주장했다. 이것이 《보스턴 글로브》를 비롯한 보스턴 지역 신문들 그리고 AP 통신의 정식 증언이라고 말했다.(이 팸플릿들은 이 모든 매체가 경찰이 곤봉으로 여성과 아이들을 구타하는 상황을 묘사한 기사들을 실었고, 이를 공식 철회하거나 정정한 적이 없다는 것은 말하지 않는다.) 한 팸플릿은 폭력 사태가 진짜로 일어난 것처럼 광범위하게 보도된 원인은 "일부 막나가는 사회주의자들"이 한 보스턴 신문사와 한 뉴욕 신문사에 "가짜 뉴스"를 전보로 보냈기 때문이라고 설명했다. "이 신문들은 토요일 오후에 눈에 띄는 헤드라인을 달아 가짜 뉴스를 실었다. 선정적인 일요일 신문들은 여기에서 '장난을 칠' 풍부한 재료를 얻었고, 온 나라가 떠들썩하도록 실제로 '장난을 쳤다.'"[50]

그날 기차역에서 일어난 사건이 어느 정도나 "장난질의 결과"였는지는 아무도, 영원히 알 수 없다. 사회주의 매체들에서도 부당한 공격을 가했다. 《뉴욕 콜》은 "빈곤, 결핍, 탐욕의 도시, 우리 형제들의 주린 배에 발길질을 한다네"로 시작하는 「로렌스」라는 시를 실었다.[51] 《일 프롤레타리오》는 끊임없이 이 파업을 도덕적인 흑백논리로 단순화하고 낭만적으로 묘사했다. "로렌스의 경찰서에 가까이 가보면 …… 금세 러시아에 온 것처럼 느껴질 것"이라고 했다.[52] 하지만 주류 매체들은 로렌스에서 벌어진 사건들을 꾸준히 냉정한 논조로 보도했다. 로렌스 시민연합의 주장과는 달리, 뉴욕과 보스턴의 일간지들은 '엄청난 유혈 사태'나

'광범위한 무정부 상태'와 같은 잘못된 정보를 퍼뜨린 적이 없다. 이 매체들이 "로렌스의 약점을 잡고 놀린" 것이 아니라는 얘기다.[53] 오히려 그 반대이다. 로렌스 시민연합은 최근 사태뿐만 아니라 이로 인해 이름이 더럽혀진 도시에 아무도 투자하지 않을까봐 두려워 매체들의 약점을 잡고 늘어졌다. 로렌스시의 신문사들은 기꺼이 돕겠다고 나섰으며, 파업에 대한 반동 세력의 공격을 조장했다. 《로렌스 트리뷴》은 로렌스시를 비판하는 이들을 "울음 부대"라고[54] 불렀고, 로렌스 시민연합의 팸플릿 내용들을 필자도 밝히지 않은 채 마구 인용했다. 《로렌스 텔레그램》은 "저질 언론인들과 이론만 파는 대학 교수들"이 로렌스를 "미국 최악의 도시로" 만들었다고 비웃었다.[55] 이렇게 파업 노동자들이 승리를 감지하고 또 반동의 물결이 높아지는 가운데 로렌스 파업은 막바지로 접어들게 된다.

민병대는 1주일에 걸쳐서 로렌스시에서 철수하고 있었다. 지친 병사들은 대부분 조용히 도시를 빠져나갔지만, 스위처 소령 후임으로 온 프랭클린 조이 중령은 제1사관학교 출신으로서 그런 불명예스러운 후퇴를 원하지 않았다. 3월 12일 화요일 정오 직후, 지휘관과 전 부대원은 공단에서 북쪽으로 몇 블록 떨어진 에임스베리 스트리트의 병기창에서 출발해 어깨총 자세로 행진하기 시작했다. 풀 먹인 푸른 군복을 입은 이 군대는 점심 식사를 하러 나온 군중들이 구경하는 가운데 에식스 스트리트를 행진하였고,[56] 자신들이 막사를 만들었던 공장들을 뒤로 하고, 사람을 죽였다는 비난을 뒤로하고, 아무도 고마워하지 않았던 이 임무를 뒤로하고, 기차역으로 향했다. 이들이 보스턴으로 돌아가던 오후 1시 10분, 드디어 10인위원회에 연락이 왔다.

위원들은 서둘러 보스턴으로 떠났다. 윌리엄 우드와 아메리칸 모직 관리자들을 만나기로 했던 것이다. 다른 공장에서는 아무도 오지 않았다. 이 회의는 계속 길어졌고, 위원들이 돌아왔을 때는 너무 늦은 밤이라 IWW 지도부와의 회의만 가능했을 뿐이다. 하지만 파업위원회 위원장은 짧게나마 성명을 냈다. "우리는 마침내 합의에 근접하고 있습니다."[57] 다음 날 아침, 이제 남은 것은 투표뿐이라는 사실을 모두 다 알게 되었다. 비가 뚝뚝 떨어지는 가운데 수요일 아침의 피켓라인에는 300명이 있을 뿐이었다. 프랑스-벨기에 홀은 꽉 차다 못해 바깥에 나와 처마에서 비만 피하는 사람들도 많았다. 뒷문뿐만 아니라 심지어 무대 위에도 사람이 넘쳐났다. 헤이우드는 회의를 오전 10시에 시작하겠다고 했다. 파업 노동자들은 '빅 빌'이 먼저 승리를 선언하며 연설하기를 기대했을지 모르지만, 그는 마치 공무원처럼 이야기를 시작했다.

"여러분의 파업위원회는 열 명으로 이루어진 산하 위원회를 구성해 아메리칸 모직과 협상했습니다. 간단히 말해, 여러분의 임금이 인상됩니다. 인상률은 5~20퍼센트인데 임금을 많이 받는 사람과 적게 받는 사람 사이에 차등을 둔 것입니다. 또한 초과근무에 대해서는 1.25배의 임금이 지급될 것입니다. 보너스 시스템은 수정되어 2주 단위로 조정될 것입니다. 파업에 참여한 노동자들은 어떤 차별도 받지 않을 것이며, 전원이 파업이 선언되던 당시의 일자리로 복귀할 것입니다."[58] 헤이우드는 계속해서 말했지만, 몇 명이나 들었는지는 알 수 없다. 홀을 가득 메운 사람들이 서로 타결 내용을 통역해주고, 숫자를 설명해주고, 놀라서 숨을 들이쉬느라 바빴기 때문이다. 결국 모든 숫자가 한 가지 결과를 지목하고 있었다. 승리. 물론 모든 노동자가 15퍼센트의 임금 인상을 쟁취하지는 못했지만, 제일 적게 받았던 이들은 임금이 훨씬 더 많이 오를 것이다. 초과근무 수당의 경우 요구안(두 배)을 관철하지 못했지만, 전에는 초과근무 수당이라는 게 아예 없었다. 사람들이 그토록 싫어했던 보너스 시스템은 무너져 이제 반토막이 났다. 보복이나 고발 조치도 없을 것이라고 한다. 그리고 이 협정문 어딘가에는(아마도 윌리엄 우드가 10인위원회에 마지못해 경의를 표하는 선에서 넣었을 것이다), 세계에서 가장 현대적인 공장이라 해도 작업 속도를 마구 올려서 사람을 기계처럼 굴릴 수는 없다는 암묵적인 합의가 녹아들어 있었다.

사람들 눈은 이제 헤이우드의 살집 좋은 얼굴을 향하고 있었다. 좋은 소식이 더 있을까. 그는 계속해서 말해다. 이 합의의 상대는 아메리칸 모직이지만, 다른 공장도 신속히 비슷한 조건으로 타결할 것이라고. 하지만 퍼시픽, 알링턴, 애틀랜틱 같은 공장들이 거부할 경우 해당 공장에서는 파업이 계속될 것이라고. 에터와 조바니티는 여전히 감옥에 있지만 의회의 해당 위원회가 석방 로비를 해주기로 약속했다고. 그리고 이 모든 조건을 다음 날 오후 공원에서 열릴 대중 집회에서 공개하겠다고. 여기까지 말한 헤이우드는 참고 참았던 기쁨을 터뜨렸고, 자신이 지난주 내내, 아니 어쩌면 길고 힘든 인생 전체에 걸쳐서 꿈꾸어온 순간이 드디어 왔다고 선언했다. "로렌스의 동지 여러분, 여러분은 전 세계의 어떤 노동 조직에서도 이루지 못한 가장 중요한 승리를 쟁취했습니다. 동지들의 힘으로 파업에서 승리했을 뿐만 아니라, 이 파업을 통해 인근 노동자 25만 명의 임금도 인상시켜주었으니, 이는 한 해로 치면 몇 백만 달러에 달하는 돈입니다. …… 동지들이야말로 노동계급의 심장이며 영혼입니다. 혼자서는 아무 일도 할 수 없지만 함께 뭉치면 모든 것을 얻어낼 수 있습니다. 동지들은 로렌스시, 매사추세츠주, 연방 정부의 권력에 맞서서, 그야말로 총력을 기울인 자본주의에 맞서서, 그리고 무기와 무력에 맞서서 싸웠습니다. 동지들은 편파적인 법정에 맞서서, 법원의 파업 중지 명령에 맞서서 싸웠습니다. 그리고 동지들의 단결력, 두뇌, 힘으로 이겨냈습니다."[59]

하지만 아직 파업이 끝난 것은 아니라며 헤이우드는 주의를 환기했다. 이 최종안을 모두 승인해야 하니까. 하지만 파업 노동자들은 이제

"산업 자유를 위한 행진에서 첫 걸음"을 뗀 것이라고 말했다. 그러자 함성이 터져 나와 홀 전체가 들썩거렸다. 수십 개 민족이 하나가 되어 함께 소리를 지르고, 발을 구르고, 기뻐했기에 나무로 된 마룻바닥이 삐걱거리고 있었다. 그다음에는 노래가 나왔다. 물론 〈인터내셔널가〉. 하지만 사람들은 엘리자베스 걸리 플린과 미스터 로라는 가상의 경영자를 주인공으로 한 노래도 불렀다. 〈피켓라인에서〉의 개사곡이었다.

　피켓라인에서, 피켓라인에서
　로 씨는 작업복을 입고서 와인을 끊기로 하고
　걸리 플린이 보스가 될 거야
　와, 정말 멋진 모습
　파업 노동자들은 모두 부자가 될 거야, 피켓라인에서[60]

사람들은 노래를 그칠 줄 몰랐다. 모든 합창단이 그렇듯이, 이들은 노래에 완전히 빠져들었고, 한 곡이 끝나면 곧바로 다음 곡이 나왔다. 〈피켓라인에서〉가 끝나자 이번에는 조 힐의 노래 〈전도사와 노예〉가 나왔다. 이 노래 후렴구는 전도사가 노동자들에게 하는 거짓 약속을 비웃는 내용이었다.

　잘가라 그대, 저 하늘 위의
　멋진 천국에서는 잘 먹을 거야
　일해라, 기도해라, 풀이나 뜯어 먹어라
　죽으면 하늘에서 파이를 먹을 테니까, 이거 다 뻥이야![61]

파업 노동자들은 1시간 내내 노래를 했고, 비가 내리는데도 밖으로 뛰쳐나갔다. 강을 따라 공장을 지나 집으로 걸어갔다. 점심은 늦었으니 건너뛰어야 할 듯. 하지만 많은 이들이 마음속으로 물었다. "이제 어떻게 되는 거야?" 이거 정말 끝난 걸까? 공장에서 산전수전을 다 겪으며 고단하게 살아온 이들은 이제 돌보고 다독여야 할 일이 한두 가지가 아니었다. 충분히 얻어냈는지 확신하지 못하는 사람들도 있었고, 승리를 확신한다 해도 공장으로 돌아가는 것은 참으로 가볍지 않은 일이었다. 온갖 소음과 고함, 쫓아오는 일의 속도, 전과 다름없이 자기들을 막 대할 성깔 더러운 감독자의 닦달을 참아내는 삶으로 돌아가는 것이다. 하지만 최소한 오늘만은, 아니 아마도 며칠 더, 마침내 한숨 돌릴 수 있게 된 것이다. 싸움이 일어난 곳은 시청뿐이었다.

스위처 소령의 명령으로 모든 공공 집회는 아직도 금지된 상태였다. 헤이우드는 다음 날 모두 공원에 모여달라면서 "발언의 자유"를 누리는 데 스캔런 시장의 승인 따위는 필요 없다고 말한 바 있었다. 하지만 스캔런 시장이 끼어들었다. "아직 헤이우드가 시장이 된 게 아닙니다." 그러고는 평화 집회를 보장하는 절차를 밟으라고 고집했다.[62] 그런데 수요일 밤, 시의원이자 공원관리위원장인 마이클 오브라이언[63](파업 기금으로 25달러를 기부한 사람이다)이 공원의 사용을 승인했다. 오브라이언이 한 짓을 신문으로 보고 화가 치민 스캔런 시장은 화요일 아침 긴급회의를 소집했다. 결국 오브라이언이 파업위원회에 가서 경찰서로 소수의 대표단을 보내라는 명령을 전했다. 여기에서 대표단은 설리번 보안관에게 평화 집회를 열겠다고 확언했다.[64] 목요일 점심 식사 직후, 군중이 이 "이민자 도시"의 중심부에 모이기 시작했다.

1912년 3월 14일, 로렌스 공원에 모인 군중은 서방 세계 전역에서 모인 이들이었다. 동시에 몇 블록 떨어진 데서 온 이들이었다. 잿빛 하늘 아래 따사로운 봄기운을 느끼며 주민 1만 5000명이[65] 길거리와 골목을 가득 메우고 약속된 집회장으로 가고 있었다. 남자들은 남자들끼리 여자들은 여자들끼리 걸었고, 또 많은 이들은 아기를 안거나 아이의 손을 잡고 있었다. 두 달 하고도 이틀 전 마지막으로 출근하던 발걸음과 마찬가지로 목적이 분명한 발걸음을 옮기고 있었다. 거의 모든 남자가 각종 모자를 썼다. 중절모 혹은 천으로 된 모자를 경쾌하게 한쪽으로 기울여 쓰거나 아예 뒤로 젖혀 탈모가 진행 중인 이마를 시원하게 드러내기도 했다. 여자들도 숄을 두르고 깃털 달린 모자를 쓰고 블라우스 자락을 한껏 나부끼며 걸었다.

모든 방면에서 공원으로 모여든 군중은 눈 덮인 땅을 재빨리 가로질러 한가운데 8각형 무대 근처로 모여들었다. 이들은 발이 푹푹 빠지는 진흙 밭에 서서 행사 개막을 기다리며 이야기를 했다. 이들의 대화를 들은 한 사회학자는 "완전히 바벨탑일세"라고 혼잣말을 했다고 한다.[66] 이들이 사용하는 언어는 그토록 다양했지만 목적은 단 하나였다. 이들은 지금 이 순간이 지나면 또 예전처럼 말다툼을 벌일 것이다. "구대륙"만큼이나 오래된 적개심과 적대감을 드러낼 것이다. 하지만 이날 오후만은 그러지 않았다. 일거리도 급여도 없이 63일을 보내고, 허름한 주방에서 나누어 준 수프와 샌드위치로 버티고, 파업 노동자 두 명의 죽음, 수십 명의 구타, 수백 명의 체포, 수천 명의 행진을 함께 목격한 이들은 전 세계 노동자의 세계시민적 집단이었고, 알록달록한 미국식 양탄자를 함께 이루고 있었다.

높게 마련된 무대에서는 파업 노동자들이 노래하며 전체 청중을 이끌었다. 펄럭이는 깃발에는 이렇게 쓰여 있었다. "우리의 권리는 투쟁으로 찾읍시다" "용서합니다. 하지만 다시는 땜방질은 말아주세요" "우리의 에터와 조바니티를 석방하라" 등등.[67] 안젤로 로코 또한 까치발을 하고 현장에 서 있었을 것이다. 그의 주머니에는 다음 날 법원에 출두하라는 소환장이 들어 있었다.[68] 고발한 자들은 파업 기금 사용처를 문제 삼았다. 여기저기서 누군가 즉흥 연설을 하고 서로 축하한다는 말을 나누었다. 예정된 투표는 이미 답이 정해진 듯이 이따금씩 환호가 터져 나왔다. 그때 어두운 색 양복을 입고 타이를 맨 윌리엄 더들리 헤이우드가 군중 사이를 지나 집회장으로 들어왔다. 포니 익스프레스의 우편배달부였던 아버지를 제대로 보지도 못하고 자라난 헤이우드는 미국의 산업 체제를 뒤엎기로 맹세한 급진주의자이지만, 또 미국의 애국 전통에 깊이 잠겨 있는 인물이기도 했다. '빅 빌'은 진흙 밭을 걸어서 무대 앞에 왔고, 계단을 걸어 올라가 IWW 깃발 옆에 섰다. 그의 얼굴이 보이자 엄청난 함성이 군중을 쓸고 지나갔다. 어떤 기자는 아마도 700~800미터 떨어진 감옥에 있는 에터와 조바니티도 들었을 것이라고 쓰기도 했다.[69] 헤이우드 옆에는 피츠버그의 집회에 참석할 예정이었으나[70] 급히 불려온 엘리자베스 걸리 플린이 있었다. 그녀는 청중을 바라보면서 미소 짓고 또 계속해서 손을 흔들었다. 다음에는 헤이우드가 외눈으로 쏘아보면서 질서를 요청했다. 행사를 시작할 때가 온 것이다.

이렇게 상서로운 날에는 1시간도 넘게 연설을 해야 마땅할 터였다. 하지만 IWW가 고전적인 계급 전쟁을 신조로 삼지만 파업 승리를 위해 급진적인 언사를 일체 삼갔듯이, 헤이우드는 오늘 주인공은 자기보다 연단 아래 있는 사람들이라는 사실을 알고 있었다. 그가 바리톤 음성으로 연설을 시작했다. "동지들! 여러분의 파업위원회가 보고할 내용이 있습니다." 그러고는 지체 없이 각 민족 집단의 대표자들에게 발언권을 돌렸다. 잠깐 사이에 누가 외쳤다. "조 에터와 아르투로 조바니티가 다음 주에 감옥에서 나올 거랍니다!" 환호가 터졌고, 이윽고 연사의 요청으로 조용해졌다. 다음에는 아라비아어, 이탈리아어, 독일어, 폴란드어, 아르메니아어 등 민족별 언어로 타결 조건이 설명되었다. 누군가 포르투갈어로 설명했고 이어 대표단이 헤이우드, 에터, 조바니티를 위한 장미꽃 다발을 들고 나왔다. 헤이우드는 받은 꽃다발을 청중에게 가져가서 아직 가족이 감옥에 있는 이들에게 꽃잎을 나누어 달라고 부탁했다. 통역이 계속되었다. 라트비아어, 그리스어, 프랑스어, 그리고 끝으로 이디시어.[71] 이렇게 타결 조건이 여러 언어로 명확히 설명된 뒤에 비로소 헤이우드는 발언을 이어갔다. 그는 이 조건들이 아메리칸 모직의 네 공장들 그리고 쿤하트 공장과 애틀랜틱 공장에만 해당된다고 했다. 아직 공장 관리자들이 노동자 측 협상단과 만나기를 거부하고 있는 공장들에서는 파업이 계속될 것이라고 했다. 그러고 나서 헤이우드는 청중에게 투표할 준비가 되어 있냐고 물었다. 천둥 같은 소리로 "네!"라는 대답이 터져 나왔다. 그가 물었다. "찬성하는 분들?" 1만 5000명이 한꺼번에 손을 들었다. "반대하는 분들?" 다섯 사람이 손을 들었다.[72]

헤이우드는 소리쳤다. "여러분의 투표로, 아메리칸 모직 공장, 쿤하트 공장, 애틀랜틱 공장의 파업은 이제 종료되었습니다! 여러분은 내일 당장 출근하셔도 됩니다."

이때 청중이 소리쳤다. "아니요, 아니요!"

파업 노동자들은 이제 자신들이 칼자루를 쥐게 되었음을 감지했다. 이들은 **자기들 스스로** 준비가 되기 전에는 공장으로 돌아가지 않으려고 했다. 헤이우드가 말했다. "공장 문은 열렸습니다. 그리고 언제 업무에 복귀할지는 여러분에게 달린 문제입니다." 누군가 소리쳐서 제안한 대로, 헤이우드는 복귀 시점을 투표로 정하자고 했다. 그리하여 월요일로 결정되었다.[73] 헤이우드는 몇 마디를 더 했으며, 파업이 끝난 노동자들은 아직도 파업 투쟁을 계속하고 있는 노동자들을 지지해달라고 촉구했다. 그다음에는 무얼 할지 아무도 몰랐다. 이미 시위도 행진도 다 했으니 그냥 모두 집으로 돌아갔다. 1시간 만에 길거리는 한산해졌고, 추가로 민병대 몇 개 중대가 기차를 타고 고향으로 돌아갔다. 파업에서 큰 몫을 차지한 사태가 종결된 것이다. 그날 오후 늦게 몇 사람이 수감돼 있는 에터와 조바니티에게 장미꽃을 전해주러 감옥으로 갔지만 안 된다는 소리만 듣고 돌아왔다. 이들은 또 한 번의 모욕에 화가 치밀어 꽃다발들을 파업위원회로 가져갔고, 투표를 통해 존 라미와 안나 로피조의 무덤에 놓기로 했다. 마침내 이 꽃들이 금요일 오후에 쉴 자리를 찾은 것이다.[74]

파업이 타결된 주의 주말은 혼돈, 기쁨, 불안이 뒤섞인 날들이었다. 마치 전 도시가 중병에서 겨우 회복한 것처럼 다시 추슬러 일상으로 돌아가려고 부산히 움직이고 있었다. 노동자들은 월요일에 복귀하기로 했지만 금요일 아침에도 이미 수천 명이 공장 문 앞에 나타서서 일을 달라고 요청했다. 하지만 일감이 충분치 않았다.[75] 업무가 완전히 중단된 부서가 많았고, 그냥 사람들을 모으고 기계 스위치를 켠다고 될 일이 아니었다. 일을 하고 싶었지만 많은 이들이 그냥 집으로 돌아가야 했고, 반면에 '땜빵'들은 일감이 넘쳐난다고 투덜댔으며, 자기들이 속은 게 아닐까 의심하기도 했다. 그리고 노동자 4000명이 여섯 개 공장(모두 면화 공장이었다)에서 파업을 지속하는 상태였으므로 로렌스 노동계의 미래는 아직 결판이 나지 않은 상태였다.[76] 보스턴에서는 그날 아침 비가 내렸고, 헤이우드, 트라웃먼, 로코 등이 파업 기금 사용처에 대해 증언하려고 법정에 나가 있었다. 하지만 증언자들의 수보다, 말보다 더 중요한 것은, 파업위원회 재무 담당자 조지프 베다드가 들고 나온 커다란 목제 비누 상자였다. 상자에는 바우처, 영수증, 수표, 그리고 땔감·석탄·음식 주문서 등등 온갖 물건이 다 들어 있었다.[77] 그는 2월 16일부터 지출 내역을 기록했으며,[78] 이것이 바로 파업위원회의 "장부"인 것이다. 이를 정리하는 데에 보스턴의 한 회계사가 달려들어 며칠이 걸렸다. 다음 공판은 한 주 뒤 수요일로 잡혔다.

주말에는 봄의 제전뿐만 아니라 미국 전역에서 날아드는 찬사로 모두 마음이 부풀었다. 비가 꾸준히 내리면서 메리맥강의 얼음이 녹아 그레이트 스톤 댐으로 커다란 얼음덩어리들이 천둥소리를 내면서 떨어졌으니, 구경꾼들이 강둑 위에 죽 늘어서기도 했다.[79] 뉴욕에서는 링컨 스테픈스가 "노동자들이 이렇게 완전한 승리를 거두는 일은 아주 드물다"고 높이 평가했다.[80] 대선에 출마한 유진 뎁스는 선거운동에 박차를 가하면서 "로렌스 파업의 승리는 조직된 노동자들이 이루어낸, 가장 결정적이고도 광범위한 영향을 미친 투쟁의 하나다"라고 치하했다.[81] 비가 잦아들자 야구의 계절이 찾아왔다. 팬들은 타이 코브, 호너스 와그너, 크리스티 매튜슨 등의 이야기를 스포츠 면에서 읽었다. 뉴잉글랜드 리그에도 로렌스 배리스터스 팀이 있었다. 축 늘어진 유니폼을 입고 실제 손보다 별로 크지도 않은, 담뱃진에 찌든 글러브를 낀 젊은이들이 1루─3루─홈으로 야구공을 돌리며 연습하고 있었다. 일요일이 되니 해가 점점 길어질 뿐 아니라 높이 떠올라 정오쯤이 되면 버들강아지 묶음을 들고서 공원을 가로지르는 여자들을 볼 수 있었다.[82] 백화점이 매년 돌아오는 봄 맞이 개장을 했으며, 아름다운 창문과 최신 여성 의류 전시장이 고객들을 끌어들였다.[83] 멀리 캔자스주에서는 윌리엄 앨런 화이트가 파업 노동자들에게 최고의 찬사를 바쳤다. 비록 이들이 외국인이지만, "내가 보기에 이들 다수는 대중 집회에서나 가정생활에서나 가두시위에서나 더 나은 미국주의를 반영한다. 즉 미국이 상징하는 바에 대해 그들을 비웃는 이들보다 더 명확한 비전을 보여준 것이다".[84] 주말은 성 패트릭 축일이었으며, 노래 〈사랑하는 어머니〉를 아일랜드 테너들이 불렀고 오라일리 신부와 스캔런 시장이 연설했다.[85] 그리고 월요일 아침,

드디어 새벽에 공장의 호각 소리가 들려왔다. 1월 12일 이후 이 소리는 전투 개시 신호로 바뀌었지만, 이제 조업 개시 신호로 돌아왔다.

공동주택 지구로부터 노동자들의 물결이 쉼 없이 흘러나왔고, 에식스 스트리트를 소란스럽게 지나고 메리맥강을 건너서 넓게 열린 철문을 지나 공장 안으로 들어갔다. 아직도 일감이 충분치 않았다. 또다시 많은 이들이 집으로 돌아가야 했지만, 그보다 훨씬 많은 노동자가 일을 배당받았고, 거의 아무 일도 없었던 듯이 작업을 시작했다. 사람들은 익숙한 반복 동작에 따라 손을 놀렸고, 털에 빗질하기, 씻기, 실잣기, 실 꿰기, 천짜기, 이 모든 작업이 저 똑같은 클랙-클랙 소리의 불협화음에 맞추어 실행되었다. 사람들은 아직 남아 있는 연대의 정신을 발휘해 방적기 너머로 미소를 주고받았을지도 모른다. 그리고 보스들은 평상시처럼 욕설을 하고 노동자의 출신 민족을 들먹이며 모욕적 발언을 쏟아냈을 것이다. 하지만 얼마 안 되는 보수를 받으며 지겨운 일을 하는 하루가 오늘처럼 가볍게 느껴진 적은 없었다. 그토록 많은 회의, 떼 지어 몰려다니기, 폭력 행위 등은 그저 옛 기억이 되었을 뿐이다. 9주 만에 안젤로 로코는 로렌스 고등학교에 출석했다. 그동안 어디 갔었느냐고 묻는 학생은 하나도 없었다. 다 아니까. 이제 남은 문제는 다른 공장에서 지속되는 파업, 에터와 조바니티의 석방, 그리고 아이들을 집으로 데려오는 일뿐이었다.

하지만 공장 바깥으로 나가 보면 로렌스시는 낭떠러지에서 떨어지기 일보 직전이었다. 어느 날 저녁 폭발음이 들려 수십 명이 병기창으로 가 보았다. 알고 보니 그냥 자동차 바퀴가 터진 것이었다.[86] 시청 공무원들은 파업 비용 청구서를 보고 속이 끓어올랐다. 민병대원들의 소득을 보전해주고 각종 비용을 내주어야 했는데 이 돈이 320만 달러였기 때문이다.[87] 또한 로렌스시가 얻은 악명도 계속 남아 저명한 방문객들이 거리를 유지하게 되었다. 태프트 대통령은 보스턴을 방문하고 나서 뉴햄프셔로 갔을 뿐 로렌스시는 비켜 갔다.[88] 루스벨트도 어느 토요일 오전에 지나갔지만 연설을 하기 위해 내리지도 않았고 그저 글만 쓰면서 객차에 앉아 있었다. 그러고도 기자들에게는 최근에 로렌스시 이야기를 하도 많이 들어서 "꼭 한번 가보고 싶다"고 말했다.[89]

점차 상처가 나으면서 흉터로 가라앉았다. 3월 24일 일요일, 파업위원회는 드디어 마지막 회합을 열었다. 트라웃먼은 나머지 공장들도 노동자들의 요구에 응했다고 공표했다. 그러면서 파업은 공식적으로 끝났으며, 파업위원회 또한 표결로 해산하기로 했다고 선언했다.[90] 다음 날 마지막 민병대가 로렌스시를 떠났으며,[91] 경찰 병력도 평상시 규모로 축소되었다.[92] 3월 27일, 하원 규칙위원회는 계류되어 있던 아메리칸 모직에 대한 조사를 중단했다. 위원장의 언명에 따르면 파업이 끝났으므로 공식 청문회 또한 목적한 바를 달성했다.[93] 헤이우드와 플린을 비롯한 지도부는 뉴잉글랜드 전역에서 터지고 있는 섬유 노동자 파업을 지도하기 위해 이미 다른 곳으로 떠난 상태였다.

매사추세츠주의 바르에서는 파업 노동자들이 모직 제품을 실은 기차 화물칸에 돌을 던지고 곤봉을 휘두르는 경찰들과 충돌했다.[94] 지역의 한 공장주는 자기가 데리고 있던 노동자들이 "로렌스 파업에 대한 기사를 읽고는 미쳐버렸다"고 했다.[95] 10일 후 파업 노동자들은 자신들이 원하는 임금 인상을 추가로 얻어냈다.[96] 다른 데서도 작업거부가 시작되었다. 그중에서도 로웰에서 벌어진 작업거부의 규모가 가장 컸는데 로렌스에서 겪은 과정이 고스란히 되풀이되는 듯했다. 노동자들은 인근의 공장 도시보다 임금 인상 폭이 적다는 데 분노하여 로웰의 면화 공장을 습격했다. 파업이 더욱 확산될 조짐이 보이자 공장주들이 먼저 나서서 공장폐쇄를 단행했다.[97] 헤이우드가 기차역에 도착했을 때 이미 군중이 웅성거리고 있었다. 수프 주방들이 세워지고 운영되었다.[98] 파업에 돌입한 노동자 1만 명이 길거리를 행진하면서[99] 15~20퍼센트의 임금 인상을 요구했다.[100] 플린은 온 도시를 돌아다니며 연설을 했고,[101] 파업은 4월까지 이어졌다.

다른 섬유 도시들이 난리를 겪는 가운데 로렌스시는 이제 고요해졌다. 하지만 잔잔한 물결 아래로 분노와 저항의 저류가 흐르고 있었다. IWW는 승리감에 취하여 로렌스시를 한껏 약을 올렸다. "로렌스 파업 승리를 통해 IWW는 뉴잉글랜드 지역에 단단히 발판을 다졌다"며 이들의 기관지인 《연대》는 기세를 올렸다.[102] 이 파업 덕분에 IWW는 "돈 한 푼 안 들이고 엄청난 광고 효과를 누렸고 …… 이는 대부분 로렌스 타격 위원회가 어리석게도 잔혹 행위를 벌이는 큰 실수를 저지른 덕이었다."[103] 이제 로렌스시의 IWW 회원은 1만 명이 넘었다.[104] "우리의 붉은 버튼이 지금 대인기"라고 헤이우드는 전보로 《연대》에 알렸다.[105] 로렌스시에서 IWW의 인기가 치솟아 한 독일인은 새로 태어난 아들 이름을 어빙 윌리엄 윌버$^{Irving\ William\ Wilbur}$라고 지어 세계산업노동자연맹^{IWW}과 이니셜을 맞추었다.[106] 한 이탈리아인이 말했다. "나는 조국이 없소. 나는 세계산업노동자요."[107] 워블리들은 새로 뉴잉글랜드 지부를 열었는데 본부는 로렌스시였고 지부장은 플린이었다.[108] 하지만 어떤 사람은 "나 일 안해$^{I\ Won't\ Work}$"라고 왜곡하여 비아냥대는 IWW가 뉴잉글랜드 섬유 산업에 뿌리를 내리는 것은 이 지역 공장주, 시장, 보수적이고 완고한 시민 들로서는 생각만 해도 소름 끼치는 일이었다. 이러한 재앙은 팸플릿으로 싸워 이길 수 있는 것이 아니었다. 공장 관리인, 작업 감독, 탐정, 경찰, 성직자, 그리고 숙련공이 모인 직종별노조가 모두 힘을 합쳐야 할 터였다. 이들은 봄이 다 가도록 밀실에 처박혀 IWW를 뉴잉글랜드에서 몰아내기 위한 일관된 계획을 세웠다.

그들이 이러한 운동을 본격적으로 벌이기 전에 일부 군중은 폭력으로 분노를 드러냈다. 헤이우드와 플린이 매사추세츠주 클린턴에서 연설할 적에 한 지역 조직가가 대담하게 방금 로렌스시에서 돌아온 이 도시의 민병대를 비판했다. 집회가 끝나자 한 무리의 폭도가 헤이우드와 플린을 쫓아오면서 썩은 달걀을 던졌고, 그중 하나가 헤이우드에게 맞았다.[109] IWW의 위협에 대한 기사들이 《보스턴 헤럴드》와[110] 《뉴욕 타임스》에[111] 실렸으며, AFL의 《미국총연맹》과[112] 《애틀랜틱 먼슬리》[113] 같은 잡지에도 실렸다. 한편 로렌스시의 노동조합들은 노동자들의 지지를 얻기 위해 서로 경쟁했다. AFL은 뉴잉글랜드의 섬유 노동자들을 가입시키기 위해 대규모 조직 운동을 벌이겠노라 선포했다.[114] 한편 IWW의 파업 기금을 둘러싼 법정 싸움은 끝났다. 판사가 이제 49센트로 줄어버린 기금을 놓고 법원 명령을 내리는 것이 의미가 없다고 판단했기 때문이다.[115] 하지만 워블리들에 반대하는 운동은 여름 내내 지속되며, 가을이 되면 본격적으로 불타오른다.

노동자들은 아직 이러한 반동에 휘말리지 않았지만, 일터로 복귀한 뒤에는 좀 더 오래된 적수를 만나게 된다. 1주일도 안 돼서 사고가 터졌다. 에버릿 공장에서 한 남자가 엘리베이터 위에 앉아 케이블에 윤활유를 칠하고 있었는데 엘리베이터가 갑자기 급속히 천장으로 올라가는 바람에 압사하고 만 것이다.[116] 나흘 후, 우드 공장에서 빗질 기계에 기름을 칠하던 노동자는 머리 위의 벨트에 끼어 천장으로 휘말려 올라간 뒤 바닥으로 떨어졌다. 그는 로렌스 종합병원으로 이송되었지만 그날 사망하고 말았다.[117] 여느 때와 마찬가지로, 사망에 이르지 않았다 해도 소규모 상해 사건들이 무수히 많았으며, 노동자들은 계속 행동에 나섰다. 몇몇 공장에서는 소규모 작업거부에 돌입했으며, '땜빵'들의 조롱을 받았다고,[118] 또 일감이 충분하지 않다고,[119] 또는 일감이 너무 많다고[120]

불만을 제기했다. 그들은 모두 다음 날 복귀했다.

　로렌스시가 겪었던 바를 생각해보면 이런 일들은 모두 후유증에 불과한 것으로 보였다. 점차 일감도 노동력을 좇아 늘어났으며, 처음으로 주당 54시간 노동이 실행되었다. 금요일에 지급되는 주급은 이전 주의 노동에 지급되는 임금이므로, 3월 22일에는 파업 노동자들에게 지급되는 돈이 없었다. 많은 이들이 계속 굶주렸고, 베다드는 구호 활동을 계속해달라고 요청하기도 했다.[121] 하지만 작업이 재개된 지 둘째 주가 지난 3월 29일 금요일, 모든 노동자가 급여를 받기 위해 줄을 섰다. 급여 담당자들이 손수레를 끌고 공장의 여러 방들을 다니면서 수표를 나누어 주었다. 노동자들은 봉투를 뜯어 두 달 동안의 투쟁의 결실을 보았다. 처음 파업에 불을 붙인 32센트가 회복됐을 뿐 아니라 더 나아가 54센트, 81센트, (심지어 가장 임금이 낮았던 이에게는) 1달러 8센트까지 주급이 늘어난 것이었다.[122] 이들은 항의하지도 소리를 지르지도 않았고 심지어 승리의 환성도 올리지 않고 조용히 집으로 돌아갔다. 그리고 다음 날 토요일 오후, "로렌스 아이들"이 집으로 돌아왔다.

　이 아이들의 탈출이 "전시 조치"였기 때문에[123] 돌아온 아이들을 정복 영웅으로 대우해야 마땅한 일이었다. 이제 기차역은 기다림의 장소가 되었다. 군중은 기차가 오기 몇 시간 전부터 나와서 기다리고 있었으며, 에식스 스트리트와 브로드웨이로 이어지는 길은 수천 명에 이르는 사람들로 꽉 막혔다. 이제 노동자들은 민족의 차이를 넘어서 한 덩어리가 되어 아이들을 환영했다. 아이들이 탄 기차가 오후 5시에 역으로 들어오고 있었고, 종이 계속 땡땡 울렸다.[124] 이 아이들은 3주, 6주, 7주 전에 로렌스를 떠났던 아이들이 아니었다. 물론 부모들은 자식들을 알아보았지만, 아이들이 너무 변해 깜짝 놀랐다. 비쩍 말라 뼈만 남고 추운 데서 사느라 반쯤 얼어붙어 빈 도시락 통이나 들고 있던 아이들은 온데간데없었다. 대신 기차에서 손을 흔들고 플랫폼으로 내려와 부모들의 활짝 열린 품으로 뛰어든 아이들 240명은 마치 부자 삼촌네 집에서 오래 머물다 온 아이들 같았다. 이들은 통통해졌으며(어떤 아이는 5.5킬로그램 넘게 살이 쪘다),[125] 옷도 잘 입었다. 여자아이들은 새 치마를 입고 봄 모자를 쓰고 있었다. 남자아이들은 반짝이는 넥타이를 매고 있었다. 여자아이들은 인형(어떤 아이들은 하나 이상)을 또 여분의 치마 꾸러미를 들고 있었다. 남자아이들은 책, 롤러스케이트, 장난감 상자를 높이 들었다.[126] 많은 아이들이 큰 꽃다발을 들었고, 모두가 에터와 조바니티의 석방을 요구하는 배지를 달고 있었다.

필라델피아, 호보켄, 그리고 다섯 개 지역에서 출발한 아이들은 일단 뉴욕으로 집결하여 오전 8시에 로렌스시를 향해 떠났다. 뉴욕의 그랜드 센트럴 역에 모인 군중 앞에서 미국 국가를 부른 뒤 이들은 특별 객차 두 대에 올라탔다. 한 소년은 반드시 뉴욕으로 돌아오겠다고 다짐했다. 열네 살이 되면 노동허가증을 얻어 뉴욕에 와서 일자리를 잡겠다는 것이었다. "두고 보세요."[127] 많은 아이가 속으로 똑같은 맹세를 했을 것이다. 그러고 나서 그동안 부모 역할을 해준 분들에게 작별을 고하고 떠났다. 이 친절한 이들, 낯선 이 아닌 낯선 이들은 어찌할 줄을 모르고 오랫동안 플랫폼을 방황했다. 뉴잉글랜드 지역의 부드러운 녹색 언덕들을 지나가는 기차 여행은 평온했다. 보스턴에서도 이제는 별 일이 없었다. 하지만 고향으로 돌아온 이 "꼬마들"은 완전히 달라진 도시를 보았다. 기차역에 나와 있는 경찰들은 열두 명 정도뿐이었고, 민병대가 길거리를 돌아다니고 있지도 않았다. 스캔런 시장도 오라일리 신부도 보이지 않았다. 해는 밝았고 강물은 자유롭게 흘렀다. 공장은 닫혀 있었고 월요일에 열릴 예정이었다. 이제 아이들이 맨 앞에서 이끄는 행진이 시작되었다.

플린, 애니, 그리고 마침내 카우보이모자를 다시 쓴 헤이우드가[128] 바닥이 넓은 가구 운송용 마차 일곱 대를 끌고 알링턴 공장을 지나 브로드웨이로 왔다.[129] 아이들이 수십 명씩(버몬트와 뉴햄프셔에서 그전에 도착한 아이들도 포함) 마차에 올라탔다.[130] 아이들은 기뻐서 미쳐 날뛰는 군중에게 손을 흔들었다. 또 창밖으로 몸을 내민 사람들에게도 소리를 질렀다. 성조기와 몇 나라 국기를 휘둘렀으며, 행진 악대의 연주에 맞추어 노래를 불렀다. 2시간이 흐르는 동안 해가 지고 달이 떠서 길을 밝혀주었으며,[131] 행진 대열은 로렌스를 관통하여 약 1.5킬로미터를 지나갔고,[132] 마침내 7시 30분에 공원에 도착했다. 사람들도 해산했다. 아이들은 이제 나저제나 참을성 있게 기다린 부모들과 다시 만나 품에 안겼고, 부모들은 훌쩍 자란 아이들 모습을 바라보았다. 아이들은 프랑스-벨기에 홀에 차려진 연회장으로 들어갔다. 이제는 마천루도, 고가 전철도, 선물을 퍼부어주던 자비로운 가족들도 모두 꿈이 되었으며, 원래의 집으로 돌아갔다. 월요일이 되자 가장 어린 아이들은 학교로 돌아갔고, 가장 나이가 많은 아이들은 공장으로 돌아갔다. 이들도 부모들처럼 발걸음에 새로운 자부심이 가득했다. 이는 사람들이 서로에게, 또 자기 자신에 대해 말하는 방식에서 뚜렷이 보고 느낄 수 있었다.

한 노동자가 말했다. "우리는 새로운 사람들입니다. 우리에게는 희망이 있어요. 옛날에 서 있던 자리로는 절대 돌아가지 않을 겁니다."[133]

12장

"자유의 깃발이 여기에 있다"

작은 열쇠 하나, 나의 새끼손가락만 한 작은 열쇠 하나, 빛나는 구리로 된 작은 열쇠 하나.
나의 모든 이상, 모든 생각, 모든 꿈이 빛나는 구리로 된 작은 열쇠 하나에 응축되어 있다

—아르투로 조바니티, 「걷는 이」

돌아온 아이들을 환영하는 행진에 참여한 이들이 기쁨에 넘쳐 도시를 통과할 때 단 한 번 멈춘 적이 있다. 감옥을 지나갈 적에 사람들은 모자를 벗고 외쳤다. "에터!" 그리고 "조바니티!"[2] 많은 이들이 건물 위쪽 창문에서 "미소 짓는 조"를 보았다고 강하게 주장하기도 했다.[3] 하지만 그는 여전히 감옥에 갇혀 있었다.[4] 동료인 조바니티도 마찬가지였다. 두 달 동안 감옥에 갇혀 있던 그는 이제 단순한 수감자가 아니라 순교자로 널리 알려지게 되었다.

    조바니티가 1월 30일에 체포되었을 때는 이탈리아인 몇 명 말고는 로렌스시에서 그를 아는 이가 아무도 없었다. 사람들은 모두 조바니티가 에터와 같은 조직에 속한 줄 알았다. 하지만 전혀 아니었다. 조바니티는 IWW에 가입한 적이 없다.[5] 그는 영어, 라틴어, 프랑스어에 유창했지만,[6] 군중에게 연설할 적에는 고상하고 낭만적인 이탈리아어만 사용했다. 그리고 조바니티는 노동계급 이민자의 아들이 아니라, 이탈리아의 법률가들과 대학교수들로 가득한 가문 출신이었다.[7] 감옥에 갇혔을 때도 처음으로 신청한 도서가 네 권짜리 문학사였다.[8] 어떻게 이런 사람이 살인

교사 혐의로 체포된 걸까? 이러한 "지옥으로의 추락"은 단테의 작품에나 나올 법한 이야기이다.

　나중에 판사에게 들려준 이야기로 알게 되었지만, 조바니티는 "하나님도 버리신 아브루초주의 고지대 마을에서"[9] 태어났다고 한다. 로마의 동쪽에 있는 살기 힘든 산악 지역이다. 자라나면서 미국은 "여기보다 더 자유롭고 좋은 나라"라고[10] 믿었기에 아직 십대였던 1900년 아브루초의 농민들을 따라 대서양을 건너 저 "약속의 땅"으로 흘러들어 왔다. 처음에는 캐나다에 머물렀고, 광산 노동자로 또 철도 인부로 일했다고 한다.[11] 몬트리올에서는 장로교회 선교사로 설교를 시작했으며, 이어 맨해튼으로 가서 유니언 신학교에 등록했다. 이 학교를 졸업하지는 못했지만 브루클린과 피츠버그에서 이탈리아 선교회를 운영하다가, 결국 자신이 믿는 사회적 복음을 실천하기 위해 기존 교회와 단절한다.[12] 그는 공원 벤치에서 홀로 외롭게 잠들면서 또 이탈리아 사회주의 연맹 회원들과 열띤 토론을 하는 가운데 급진적인 정치관을 가지게 되었다.[13] 조바니티는 이 연맹의 주간 소식지에 글을 썼고 1911년에는 편집장이 되었다. 노동자들 집회에서 연설을 해본 적 거의 없었지만, 친구 에터가 로렌스 파업 첫 주에 구호 활동을 조직하면서 그를 로렌스로 불렀다. 에터와 마찬가지로 조바니티 또한 오기를 주저했다. 이 폭발할 것 같은 도시에 오기를 두려워했던 것이다. 하지만 아내가 로렌스로 가라고 강력히 촉구했다.[14] 그리고 아무 연락도 없이 도착한 뒤에는 당당한 자세로(한 관찰자는 "사자 같다"고 했다)[15] 힘 있는 목소리로 연설을 하기 시작했다. 가장 주목받은 것은 "공원에서의 산상수훈"이었다. 연단에서 읊은 이 시는 성경 말씀의 어조를 빌려 예수 그리스도가 말하는 8복을 그대로 옮겨오고 있다("반항하는 자는 복이 있나니, 그들이 이 땅을 다시 정복할 것임이라"). 그다음에는 노동자들을 선동했다.

인간의 의지로 깰 수 없는 운명이란 없습니다.

모든 쇠는 그것을 깰 수 있는 다른 쇠가 있게 마련입니다.

우리들 정신의 힘으로 빛을 더하여 팔뚝에 힘을 준다면, 무엇이든 변화시키고 새롭게 하고 다시 만들 수 있습니다.

그러니 일어납시다. 쟁기와 망치를 든 사람들, 작업모를 쓰고 지렛대를 든 이들, 우리 함께 지구에 부는 모든 바람에 새로운 자유 선언을 실어 날려봅시다. 이 선언은 마지막 선언이, 또 영원히 지켜지는 선언이 될 것입니다.[16]

조바니티는 로렌스시로 온 지 불과 열흘 만에 체포되었다. 에터와 달리 법정에서 어떤 발언도 하지 않았고 파업 노동자들에게 편지를 쓰지도 않았다. 대신 수도승같이 침묵을 지켰다. 그는 감방에서 바이런, 셸리, 칸트,[17] 셰익스피어 전집을 샅샅이 파는 동시에 시를 썼다.("내 감방의 벽에 대고 내 썰매를 쿵쿵 내려친다.")[18] 그중 가장 뛰어난 시인 「걷는 이」는 조바니티의 감방 바로 위의 감방을 걸어 다니는 한 죄수에 대해 노래하고 있다.

> 왜냐하면 그 걷는 이에게는 또 나의 마음에는, 초도, 분도, 시도, 시계에 쓰인 어떤 것도 없기 때문이다. 오직 있는 것은 밤, 잠들지 않는 밤, 아쉬움으로 지켜보는 밤뿐이며, 오는 발소리들, 가는 발소리들, 그리고 그 발소리들을 영원히 뒤쫓는 거친 두근거림뿐이다.[19]

그해 9월에 이 시가 발표되자 비평가들은 이를 월트 휘트먼과 오스카 와일드의 작품과 견주며 호평했다.[20] 한편 그사이에 시인은 100년 동안 오직 몇 명의 시인들만이 맞닥뜨린 운명, 즉 자신이 뱉어낸 말들 때문에 사형선고를 받을지도 모르는 상황에 직면하게 된다. 조바니티의 웅변이 과연 그를 석방시킬지 아니면 전기의자로 보낼지를 결정하는 데는 거의 석 달이 걸렸고, 파업이 끝나고 다사다난한 계절들이 흘러가는 동안에도, 사람들은 로마에서 드레스덴, 샌프란시스코에 이르기까지 집회에 참석할 때마다 그의 이름을 불러댔다.

다사다난한 계절이란 타이태닉호 침몰 사건의 봄, "로렌스 열풍"의 여름, 그리고 "신과 조국"의 가을이었다.

  봄이 오면서 매체와 여론은 "로렌스의 교훈"을 두고 논쟁을 벌였다. 이 교훈은 크게 네 가지였다. 첫째, 이민이 위험한 수위에 이르렀다. 저명한 언론《노스 아메리칸 리뷰》는 이렇게 경고했다. "만약 외국인의 유입이 계속 허용된다면 산업노동자의 질이 더 떨어지고 사회주의자를 비롯한 혁명적 급진파 선전가들에게 풍부한 토양을 제공할 불안하고 우려스러운 조건들이 강화될 것이다."[21] 둘째, 미국인들은 노동의 상태에 대해 더 많이 알아야 한다. "우리는 로렌스시를 위해서도 또 미국의 모든 산업 공동체를 위해서도 노동의 현실을 이해해야 한다"고《더 서베이》는 말했다. "우리는 임금, 노동시간, 노동조건 등에 대해 알아야 한다. 막상 집에 불이 났을 때는 화재 방지를 논의할 시간이 없기 때문이다."[22] 셋째, 노동조합의 조직화를 억누르는 사용자들은 계급 전쟁이라는 불에 기름을 퍼붓는 것이다.《애틀랜틱 먼슬리》가 경고한 바 있듯이, "미국에서 아나키즘이 성장하게 만드는 방법은, 노동자들의 조직화를 방해하고 단체협상에 응하지 않는 것이다."[23] 넷째, 노사쟁의가 일어나면 정부가 일정한 역할을 할 수 있을 것이다. 그해 여름, 매사추세츠주에서는 미국 최초로 최저임금법이 채택되었다. 이는 여성과 아동에게 최소한의 임금 지급을 권고하는 위원회를 설치하려는 조심스러운 노력의 하나인데,[24] 헌법에 어긋난다는 판결을 받지는 않았다(이듬해에 매사추세츠주에서는 열여섯 살 이하 아동의 노동시간을 8시간으로 제한한다).[25] 한편, 태프트 대통령이 촉구하자 미국 의회 또한 노사관계위원회 설립을 승인했고, 위원회는 나중에 존 골든에서 빌 헤이우드에 이르는 노사쟁의 베테랑들의 증언을 듣는다.[26]

파업의 교훈은 정리되었지만, 여파가 남아 관련 기사가 계속 나왔다. 그러다가 4월 15일 되면 이러한 문제들을 모두 덮어버리는 사건이 터진다. 절대 침몰하지 않는다던 원양 여객선 타이태닉호가 대서양에서 가라앉은 것이다. 그리하여 그해 봄이 다 가도록 탄식, 청문회, 고소 고발 조치 등이 이어졌다. 로렌스시에서는 주민 한 명이 희생되었다고 했지만, 1주일 후에 구조된 사람들 틈에서 발견되기도 했다.[27]

이 해 봄 내내 도시 전체는 노동자 2만 8000명의 충성을 두고 옛 권력과 새 권력(공장주들과 IWW)이 맞붙어 위험할 정도로 분열되었다. 몇몇 공장에서 간헐적으로 소규모 작업거부가 벌어졌다. 대부분은 며칠 내에 타결되었지만, 공장주들은 받아들이기로 했던 "고소 고발 취하"를 공공연히 묵살하려 들었다. 잠복 탐정들이 IWW 지도자들을 미행하고, 작업 감독들은 IWW 전단을 돌리는 노동자들을 괴롭히고, 작업장 보스들은 IWW 회원들이 참여하는 위원회와의 만남은 거부하고, 공장주들은 "선동가들"의 블랙리스트를 만들어 해고 노동자들이 공장 일자리를 얻을 수 없게 했다.[28] 로렌스시에서는 파업의 열기가 서서히 가라앉았지만, 뉴잉글랜드 전역에서는 돌림병처럼 번지고 있었다. 많은 공장 도시에서 작업거부는 충격전으로[29] 또는 1만 명의 봉기로[30] 폭발했다. 헤이우드가 예견했고 공장주들이 두려워했던 일이 실제로 벌어진 것이다. 하지만 계급 전쟁이 법정에서 또 다른 방식으로 계속되리라는 사실을 예견한 이는 거의 없었다.

4월, 모두가 예상한 대로 대배심은 에터와 조바니티를 기소했다. 이들의 재판은 5월 27일로 예정되었다. 거기에 안나 로피조의 살해에 공모한 죄로 조지프 카루소 또한 기소되었다. 막상 살해 혐의를 받는 이탈리아인은 이미 로렌스를 빠져나간 상태였다. 하지만 같은 달, IWW를 로렌스시에서 몰아내기로 굳게 결의한 시 공직자들이 헤이우드를 비롯한 파업 지도자 다섯 명을 겁박, 폭력 선동, "불법 수단"을 동원한 파업 등을 공모한 혐의로 기소하여 IWW의 허를 찔렀다.[31] 헤이우드는 기소되었을 당시 로렌스시에 없었으며 그후 로렌스시로 돌아오지 않기로 결정했다.

봄이 오자 파업 노동자들은 또 다른 일격을 맞게 된다. 다이너마이트를 심은 혐의로 기소된 존 브린이 유죄를 받았는데 판결이 겨우 500달러 벌금형에 불과했던 것이다. 시민들은 운동을 벌여 결국 브린을 학교 위원회에서 몰아냈다. 한편 재판의 주심을 맡았던 판사는 존 브린이 좀 더 큰 판의 게임에 이용된 말에 불과함을 암시했다. "내가 들은 이야기가 사실이라면, 그런 짓을 사주한 친구에게 무슨 도움이 될까 싶을 정도로 어리석은 행동이었다."[32] 판사는 이렇게 말하고는 입을 닫아버렸다. 그리하여 브린에게 그런 짓을 하게 만든 "친구"가 누구냐를 두고 온갖 추측이 무성하게 되었다. 그다음에는 민사소송들이 시작되었다. 시리아인들은 자신들을 엮어 넣으려 했던 브린을 고소했고,[33] 라미의 모친은 주 정부에 배상을 탄원했고,[34] 기차역에서 구타당한 여성은 설리번 보안관을 고소했다. 5월 중순, 에터와 조바니티의 재판은 그들 변호사의 요청으로 가을로 연기되었다. 여름이 되어 전국의 노동자들이 이 두 사람의 석방을 위해 집회를 열었지만 둘은 여전히 감옥에 있었으며, 조바니티는 계속 천장에서 나는 발소리를 들었다.

이 모두를 나는 깨어 있던 밤에 들었다

벽 너머 바람이 웅얼거리는 소리

먼 곳에서 들리는 종소리

비통한 장송곡과 같은 빗소리

그리고 슬픔에 찬 도시의 아득히 먼 메아리 소리[35]

여름에는 또 새로운 주제가 찾아왔으니, "로렌스 열풍"이었다. 신문들은 독자들에게 "우리 도시의 좋은 점 몇 가지를 이야기해보라"고 했다. "불쾌한 이야기들이 열 배로 부풀려졌기 때문"이라는 것이었다.[36] 이에 감화를 받아 스캔런 시장은 이 도시 최초의 시립 놀이터를 만들겠다는 약속을 지켜, 7월에는 아이들이 메리맥강과 공원에서 그네를 타고 흙놀이 하는 모습을 볼 수 있었다. 8월 중순, 판결이 딱 6주 남았다. 재판은 인근 도시 세일럼에서 준비되고 있었다. 그해의 가장 놀라운 소식으로 인해 로렌스시는 물론 전체 섬유업계가 충격을 받았을 때, 주 정부에서 재판 장소를 세일럼으로 옮겼기 때문이다. 이 놀라운 소식을 알린 것은 한 발의 총성이었다.

8월 27일, 우드 공장과 아이어 공장을 건설할 당시 공사를 하청받았던 사람이 앤도버에 있는 자택 정원에서 자살한 것이다. 사람들은 처음에 놀라기는 했어도 의심할 거리는 없었다. 이 어니스트 피트먼이라는 사람은 사업상 어려움에 처해 좌절했다는 이야기가 들려왔기에 그저 비극적인 사건일 뿐 무슨 음모와 연결되어 있다는 생각은 하지 않았던 것이다.[37] 하지만 다음 날 보스턴의 서퍽 카운티 법정으로 가는 공장 중역들이 목격되었다.[38] 곧 말이 새어 나왔다. 피트먼이 자살하기 전에 자백을 했다는 것이다. 존 브린에게 다이너마이트를 구해다준 사람이 바로 **자기**라고. 마구 몰아붙이던 검사 앞에서 눈물을 흘리던 이 하청업자가 이 음모를 꾸민 장본인 중 하나로 지목한 것은 최고위급 공장주였다고 한다. 하지만 하청업자는 이 이야기를 대배심 앞에서 하는 대신 집에 가서 목숨을 끊는 쪽을 선택한 것이다. 피트먼이 자살한 이틀 후, 보스턴의 사업가이자 "로렌스시에서 저명하고, 영향력 있고, 부유한 공장주" 한 사람에 대한 내사가 진행되었다.[39]

다음 날 아침 10시, 윌리엄 매디슨 우드가 밀짚모자를 쓰고 체크무니 스포츠 코트를 입은 여름 멋쟁이 같은 모습으로,[40] 다이너마이트 설치 공모를 비롯한 여섯 건의 범죄 혐의로 체포되었다. 우드는 혜성같이 출세한 자신이 쌓은 공든 탑이 이제 한방에 무너질 수 있다고 생각했는지 놀라울 정도로 고분고분했으며 심지어 기자들의 카메라 앞에서 포즈를 취하기까지 했다. 우드는 말했다. "저는 도대체 배심원들에게 무슨 증거가 제시되었기에 이른바 '다이너마이트 음모'와 제가 연루되었다 하는지 도무지 상상이 가질 않습니다. 더는 드릴 말씀이 없습니다." 보석금 5000달러를 내고 그는 자신의 사무실로 돌아갔다.[41]

로렌스시의 지도층은 충격을 받았지만[42] 워블리들은 전혀 놀라지 않았다. 많은 이들이 이미 그러한 최고위급 인사들이 음모를 꾸몄다고 의심했기 때문이다.[43] 사람들은 이제야 다이너마이트가 심어진 곳이 에터가 우편물을 받아 가는 장소 바로 옆의 구두닦이 가게임을 상기했고, 자신들의 지도자를 범죄자로 엮기 위한 엄청난 음모가 진행되었으며, 결국 그가 엉터리로 부풀려진 혐의를 받아 체포되고 말았다는 사실을 깨달았다. 이 음모는 분명히 에터의 사형 집행으로 끝나도록 설계된 것이었다. IWW 기관지 《산업노동자》는 요구했다. "이 공장 귀족들아, 에터와 조바니티를 석방하라! 석방하지 않으면 노동계급이 그들을 직접 감옥에서 데리고 나올 수밖에 없다!"[44]

사회주의 매체들을 통해 이러한 요구는 증폭되었고, 결국 로렌스시를 훌쩍 넘어 전 세계 노동자를 흔들어놓고 만다. 베를린과 드레스덴,[45]

파리와 보르도에⁴⁶ 있는 노조 활동가들이 매사추세츠 주지사 포스와 태프트 대통령에게 많은 편지를 보냈다. 이 사건을 다룬 소책자 하나는 이탈리아 전국에 유통되었다.⁴⁷ 《일 프롤레타리오》는 스위스, 독일, 오스트리아⁴⁸ 그리고 "모국"에서 벌어지는 에터와 조바니티의 석방을 요구하는 집회들의 최신 소식을 보도했다. 그런 독자의 한 사람인 보스턴 지역의 제화공 니콜라 사코는 이 운동과 명분에 완전히 사로잡혔다. 사코는 처음 미국에 갔을 때는 아나키스트가 아니었지만, 로렌스 파업을 거치면서 급진화되었다. 겨울 내내 파업 노동자들을 위해 돈과 물품을 모았고 이제 재판이 다가오자 쉬지 않고 이 유명 사건의 변호 비용을 대기 위해 모금을 하고 다녔다. 훗날 그와 친구인 바르톨로메오 반제티는 살인을 저지른 아나키스트라는 혐의를 받아 결국 로렌스시 사건보다 더욱 유명한 인물들이 된다.⁴⁹*

재판 날짜인 9월 30일이 다가오면서 이제 에터와 조바니티 관련 집회는 남아프리카공화국과 오스트레일리아에서도 열리게 된다.⁵⁰ 스웨덴과 이탈리아의 노동조합은 만약 그들이 유죄판결을 받을 경우 미국산 제품 불매운동에 들어가겠다고 했다.⁵¹ 그리고 법정 비용을 대기 위해 모금 운동을 벌였고, 이 돈이 로렌스시로 흘러 들어와 변호 자금은 5만 달러로 불어난다.⁵² 뉴잉글랜드 전역이 단풍에 물들 때쯤, 판결이 내려지기 전 마지막 집회가 열렸고, 여기에 '빅 빌'이 돌아와 참여했다.

---

* 사코와 반제티는 당시 가난한 이민자의 전형이었다. 둘 다 지식과 음악, 고전적인 휴머니즘 전통을 사랑했다. 두 사람은 매사추세츠주 브레인트리에서 호송원 두 명을 살해했다는 혐의로 기소되었고 사형선고를 받았다. 하지만 현장에 있었던 사람의 증언으로, 강도 패거리가 살인을 저질렀다는 사실이 밝혀졌음에도 사형을 당했다. 에터와 조바니티와 마찬가지로 사코와 반제티도 쇠우리에 갇혀 재판을 받았다. 자기 시간을 쪼개가며 파업 노동자들을 도왔던 사코는 "나는 무죄다!"라고 외쳤으며 책을 무척 사랑한 반제티는 조용히 "죄 없는 사람에게 사형이라니……"라고 말했다고 한다.

4월에 기소된 이래로 그의 큰 덩치를 매사추세츠주에서는 볼 수가 없게 되었다. 대신 헤이우드는 세상을 돌아다니며 로렌스 파업 승리의 이야기를 전하고 다녔다. 섬유 도시와 노조 강당에서 로렌스 파업 이야기로 노동자들을 매혹시켰으며, "로렌스 파업의 승리는 여성들이 따낸 것"이라고 자주 상찬했다.[53] 하지만 9월이 되자 헤이우드는 점점 더 로렌스시 가까이에 나타났다. 처음에는 맨해튼 시위에, 그다음에는 프로비던스 시위에 나타났던 것이다. 마침내 9월 15일, 보스턴 공원에는 그가 나타나기를 이제나저제나 기다리는 군중 2만 5000명이 운집했다. 일요일 오후 집회에서 헤이우드가 연설할 것이라는 전단지가 돌았기 때문이다. 객차 두 량이 노동자들로 가득 찬 로렌스발 열차가 도착했다.[54] 경찰은 이 열차는 물론 보스턴에 도착하는 모든 열차를 수색했지만 헤이우드는 끝내 찾지 못했다. 이제 해가 넘어가 공원의 그림자들도 길어질 무렵, 챙 넓은 모자를 쓴 건장한 남자가 대중들을 헤치고 무대 위로 뛰어올라갔다. 군중들은 열광했고, 헤이우드가 말을 걸자 더욱 열광했다.

그는 소리쳤다. "여러분, 파업까지 갈 겁니까?" 에터와 조바니티의 석방을 요구하는 총파업을 뜻하는 것이었다.

귀를 찢는 듯한 "네!" 소리가 집회장을 뒤흔들었다.

"에터가 감옥에 있기를 원합니까?"

"아니요!"

"조바니티가 감옥에 있기를 원합니까?"

"아니요!"[55]

헤이우드는 자동차로 도착하여 경찰을 따돌린 것이었다. 감히 군중 앞에서 자신을 체포하지는 못하리라는 것을 알았기에 도피할 때도 비슷한 방식을 택했다. 연설을 마치고는 승용차가 대기하기로 한 장소로 성큼성큼 걸어갔다. 어서 떠나야 한다는 생각에 쫓겨 공원 가장자리에 세워진 많은 자동차들 중 하나에서 들려오는 소리를 따라갔다.

"빌, 이쪽이오!"

헤이우드는 올라타고 말했다. "어서 밟아요!"[56] 비로소 그는 운전사를 알아보았다. 탐정이었다. 다른 탐정 세 명이 옆 자리로 비집고 들어왔다. "그래 알았어. 가자고." 표정이 구겨진 헤이우드가 말했고, 이내 구금되었다.[57] 다음 날 헤이우드는 무려 스물두 개 음모를 꾸몄다는 혐의로 체포되었으나 "로렌스시의 노동자들이 조금 더 많은 빵을 얻도록 도왔을 뿐 아무 죄도 짓지 않았다"고 주장했다.[58] 이제 그는 얼굴을 숨겨야 하는 처지가 아니었으니, 최소한 자신의 공판이 예정된 1월 이전에는 친구들의 재판에도 참석할 수 있게 되었다.

에터와 조바니티의 공판이 불과 며칠 앞으로 다가오자 로렌스시는 다시 일촉즉발의 상황에 처했다. 다른 점이라면 이번에는 방아쇠를 당긴 사람이 로렌스시에 나타난 가장 급진적인 지도자라는 사실이었다. 헤이우드까지 기소되자 조바니티는 자신의 친구 카를로 트레스카를 부르자고 제안했다. 트레스카는 키가 크고 말과 행동이 현란할 뿐 아니라 신실한 아나키스트였다. 노동절 날 5000명이 감옥 앞을 지나가는 행진을 이끌었고 이를 계기로 로렌스시에 들어와 자신의 장기인 선동술을 선보였다. "트레스카는 결코 문제를 만들지 않는다"라고 《대중》지의 편집장 막스 이스트먼은 말했다. "그저 문제가 있는 장소로 찾아가서 그것을 키우고, 잘 가꾸며, 미세한 부분들까지 소중히 보듬고, 약한 부분들은 지지해주며, 물을 주고 살펴줄 뿐이다. 그래서 처음에는 사소해 보이던 문제가 크고 멋진 혼란의 파국으로 자라나는 것이다."[59] 트레스카는 몇 주 동안에 걸쳐 안나 로피조의 무덤으로 향하는 행진을 조직했고, 마침내 설리번 보안관은 허가증을 내주기를 거부하면서 소리 질렀다. "그 여자를 위해 일요일마다 장례식을 치른다는 게 말이 되냐고!"[60]

트레스카가 그래도 무덤으로 행진을 하려고 하자 오라일리 신부는 무염시태 묘지의 철문에 빗장을 쳐버렸다.[61] 하지만 트레스카는 지치지 않고 더 많은 선동을 계획하고 이끌었다. 영어를 거의 못했지만(거의 모든 문제에 대한 그의 대답은 "내가 해결해"였다)[62] 헤이우드보다 훨씬 더 도발적이었다. 공원에서 연설할 때는 얼굴 수염을 잘 다듬고 주먹을 휘두르면서 소리쳤다. "여러분은 에터와 조바니티의 석방을 위하여 휴전도 휴식도 없이 매일 매순간 싸우겠다고 맹세해야 합니다!" 그러자 군중 1만 명(대부분 이탈리아인들이었다)이 화답했다. "맹세합니다!"[63] 로렌스시의 영혼을 위한 싸움이 불이 붙었다. 이 싸움에 활기를 불어넣는 가운데 트레스카는 또한 플린의 마음을 얻기 위해 싸웠다. 그는 뉴욕에 처자식이 있는 몸이었지만 "전투장에 엄청난 사기를 불어넣는" 이 "젊고 아름다울 뿐 아니라 청산유수로 말도 잘하는 여성"에게 마음을 빼앗겨버렸다.[64] 곧 카를로와 "엘리자베타"*는 시집을 주고받는 사이가 되었고 서로 사랑하게 된다.[65] 9월 말, 로렌스시의 분위기는 낭만적 혁명가 두 사람이 통제할 수 있는 범위를 훌쩍 넘어서게 된다.

    누군가 보복에 나설 거라는 소문들이 또다시 로렌스시를 휘어잡았다. 총파업이 다가오고 있다고도 했다. 얼마나 많이 참여할지는 아무도 몰랐지만, 최소한 이탈리아인들은 투옥된 이탈리아 출신 동지를 지지했고 불이 붙은 상태였다. 설리번 보안관은 경찰 병력을 추가 동원했다. 가장 큰 공장 바깥에는 소방 호스가 설치되었다. 언제라도 또 다른 봉기가 터질 수 있었다. IWW에 대한 불같은 증오심은 매체에서, 공장에서, 시청에서 터져 나오고 있었지만, IWW가 추종자들을 통제할 힘이 거의 없다는 것을 인식하는 이는 별로 없었다. 에터와 헤이우드는 뛰어

---

*   엘리자베스의 이탈리아식 이름.

난 연주자가 악기를 다루듯이 노동자들을 다루어 그들이 행진하고, 피케팅을 하고, 또 노래도 하게 만들 수 있었다. 하지만 트레스카는 그러한 운동의 대가가 못 되었다. 그는 질서를 유지하려고 애썼고, 심지어 에터와 조바니티로 하여금 그들 이름으로 총파업에 반대한다는 편지를 노동자들에게 보내게 했다. 하지만 마지막 한 방이 가해진다. 이것으로 로렌스시에서 IWW는 급속히 몰락하게 된다.

9월 27일, 재판이 열리기 직전의 금요일, 경찰은 급여 시간에 맞추어 공장에서 일어난 봉기를 진압했고, 실패를 던지면서 저항하는 성난 노동자들을 바깥으로 밀어내 강 건너로 몰아냈다.[66] 다음 날 오후, IWW 회원들은 트레스카와 플린의 주장을 무시하고, 재판이 시작되는 월요일 하루 파업을 승인했다.[67] 하지만 트레스카가, 안나 로피조가 사망한 지 8개월째 되는 날을 맞아 일요일에 또 한 번의 행진을 "조직"했을 때 더 많은 문제가 터져 나왔다. 경찰과 행진 대오가 도심에서 충돌했고, 경찰 두 명이 칼에 찔렸으며 파업 노동자 몇 사람이 곤봉으로 구타당했다. 경찰은 트레스카를 붙잡았지만 노동자들이 돌파 대형을 만들어 그를 구출해냈다.[68] 월요일에도 폭력 사태는 계속되었고, 이런 날 하루 파업을 한다는 것은 너무나 위험한 일이었다. 그래서 IWW는 찬반 투표도 거치지 않고 파업을 취소했다. 투표를 했다가는 "물불 안 가리는 사람들"이 분위기를 주도하여 더 많은 문제를 일으키기 십상이었고 이런 사태가 두려웠기 때문이다.[69] 그래서 상황은 곧 진정되었지만, 도시 전체가 전투장이 되어버렸으니 시민들로서는 겨우 쫓아낸 줄 알았던 악마가 돌아온 느낌이었다. 하지만 결정적인 차이가 있었다. 일요일 행진 때는 미국 국기를 든 사람이 없었고, 붉은 깃발 수십 개가 펄럭이는 가운데 누군가 아나키즘의 구호인 "신도 없고 주인도 없다$^{\text{No God, No Master}}$"라고 쓰인 깃발을 들고 있었던 것이다. 이 구호를 외친 이는 없었고, 행진하던 대다수 군중은 이 깃발을 보지도 못했다. 하지만 1주일도 안 돼 로렌스시는 이 구호에 맞서 정의를 바로 세워야 한다고 부르짖으며 분연히 일어선다. 하지만 먼저 로렌스시를 이 지경으로 끓어오르게 만든 재판 이야기를 해보자.

1912년 9월 30일 오전 8시 30분, 매사추세츠주의 세일럼. 1692년 마녀 스무 명이 죽임을 당한 도시이다.* 이제 여기서 매체들의 표현에 따르면 "현대 미국 아니 어쩌면 미국사 전체에서 맥나마라 사건을 제외하면 가장 중요한" 재판이 열리게 된 것이다.[70] 모든 준비가 끝났다. 이 재판을 빠르게 기사화하기 위해 전화선 여섯 개와 전신선 열두 개가 추가로 설치되었고, 어떤 선들은 영국과 독일까지 이어져 있었다.[71] 증인들만 해도 150명이며, 배심원 후보로만 350명이 소환되었다. 이제 사람들 수백 명이 단풍으로 물든 공원에 있는 고풍스러운 로마네스크 양식의 법원 건물 바깥에 모여 있었다. 그리고 정확히 8시 45분, 호송 마차가 법원 앞에 멈추었다.[72] 에터와 조바니티가 걸어 나왔다. 에터는 웃고 있었고, 조바니티는 한 손을 흔들면서 환호하는 군중을 지나 계단을 올라갔다. 이들은 법정으로 인도되었으며, 여기에 주 정부가 그들을 위해 마련한 좌석이 있었으니, 바로 쇠우리였다. 쇠창살로 높게 지은 이 우리는 앞이 열려 있었고, 법정 한복판에 놓여 있었으며, 에터와 조바니티는 우리 안에 있는 딱딱한 벤치에 앉아야 했다. 에터는 이런 굴욕을 받으면서도 평소와 다름없이 평정을 유지했다. 조바니티는 이 우리를 그의 시에

---

* 미국이 아직 영국 식민지였던 1692년 보스턴 근교 세일럼에서는 마녀 사냥이 벌어지고 종교재판이 열려 열아홉 명이 사형을, 한 명이 고문치사를 당했다. 결국 매사추세츠 총독 윌리엄 핍스 경이 개입해 마녀 재판 법정을 해산했으며 10년 뒤에는 이 재판을 불법으로 선언했다. 1957년 매사추세츠 주 정부는 1692년 세일럼의 마녀 재판에 대해 공식 사과했다.

서 메타포로 사용했다.

> 날개를 다쳐 떨어진 독수리처럼 세 남자가 우리 안에 있었네. 하늘을 보겠다고 우물 안을 들여다보는 아이들처럼 사람들은 그 세 남자를 내려다보았네.[73]

이 쇠우리에 갇힌 또 다른 죄수 카루소는 슬픈 눈으로 철창 밖을 바라보고 있었다. 비쩍 마른 공장 노동자 카루소는 영어도 거의 하지 못했다. 자신이 왜 여기에 있는지조차도 확실히 모르는 듯했다. 뒤에는 아내 로자가 있었다. 남편이 재판을 받는 동안 매일 그 자리에 앉아 있었다. 얼굴 일부는 숄에 가려져 있었지만, 얼마나 마음고생이 심한지 법정에 있는 이라면 누구나 생생히 느낄 수 있었다. 남편이 들어오는 날 아침마다 또 퇴정하는 오후마다, 로자는 손을 흔들었고 눈물을 꾹 참았다. 그녀는 법원 건물 앞에서 아기를 안고 서성거릴 때가 많았다. 아기는 아버지가 감옥에 있는 동안에 태어났지만, 아버지는 지금 안나 로피조의 살해 공모 혐의로 법정에 불려 나와 사형을 당할지도 모르는 신세였다.

이 재판에서 준비되지 못한 단 하나의 요소는 배심원이었다. 판사도 검사도 죽이겠다는 위협, 법정을 폭탄으로 날려버리겠다는 위협이 날아들었고,[74] 군중 1만 명이 감옥으로 행진하여 "돌 위에 돌 하나 남지 않도록" 건물을 박살 낸다는 소문도 있었다.[75] 이런 사건에서 누가 배심원 노릇을 하고 싶어 하겠는가? 월요일과 화요일에 열릴 공판에서 배심원이 될 사람은 개인적 편견을 버리고 오로지 사실에만 근거하여 판단할 것이며 …… 같은 서약을 하고 직무를 수행해야 했다. 하지만 이런저런 핑계를 대며 거절하는 사람들이 줄을 이었다. 대부분은 자기 안에 편견이 형성된 상태라고 말했으며, 자기는 사형반대론자라거나 너무 늦었다거나 건강이 좋지 못하다는 등의 이유를 댔다. 심지어 불면증을 이유로 댄 남자도 있었다.[76] 대머리에 체격이 땅땅하고 친절해 보이는 존 퀸 판사는[77] 사람들에게 "공민의 의무"에 대한 강의를 늘어놓았지만 아무 소용이 없었다. 그나마 남아 있던 몇 명에 대해서는 검사 혹은 변호인 측에서 이의를 제기했다. 결국 배심원 수가 부족하여 재판은 단 이틀 만에 휴정되었다. 낙담한 피고인들은 다시 감옥으로 돌아갔다. 이렇게 재판이 휴지 상태에 있는 동안, 로렌스시는 "신도 없고 주인도 없다"와 정면으로 맞서 하나로 똘똘 뭉쳐 일어섰다.[78]

프랑스혁명에서 유래한 "신도 없고 주인도 없다$^{Ni\ Dieu,\ ni\ maître}$"는 말은 바리케이드 전투 현장에서 울려 퍼졌다. IWW 회원들은 종교를 혐오하지 않았으므로 이 구호는 그들과는 거의 상관이 없었지만, 로렌스시 사람들은 생디칼리즘과 아나키즘의 차이점을 놓고 논쟁을 벌일 생각은 없었다. "신도 없고 주인도 없다"는 구호가 트레스카가 이끄는 행진에서 나왔으니, 이는 로렌스 시민들이 혐오해 마지않는 IWW의 상징이 되어버렸다.

10월 2일 수요일, 세일럼의 법원에서 재판이 멈추어버렸을 때 스캔런 시장은 "애국적이며 법을 존중하는 로렌스 시민들"에게 호소문을 발표했다. 추수감사절까지 각자 옷깃에 작은 깃발을 붙여달라고 호소했는데 이는 "우리 미국의 상징인 성조기를 폄훼하고 심지어 주님의 날에도 우리 도시의 거리에 감히 아나키의 붉은 깃발을 휘날리는 자들에 대한 꾸짖음"이라는 것이었다.[79] 스캔런의 전술은 얼핏 단순하고 심지어 무식해 보이기도 했지만, 다른 데서 IWW가 당한 재앙에 비해서는 아주 관대한 것이었다.

IWW는 탄생 이후 지난 7년간 자경단의 폭력 진압 그리고 소속 노동자의 권리가 깡그리 짓밟히는 사태를 거의 매일 겪어왔다. 파업으로 찢

긴 도시에 들어간 워블리들은 갑자기 시민회관 문이 닫히고 (최소한, 그들의) 발언 자유가 금지당하는 일을 숱하게 겪었다.[80] 이들은 무더기로 감옥에 내던져지고 소방 호스로 고문당하고,[81] 구타당하고, "산탄총 여단"에 의해 쫓겨나기 일쑤였다.[82] 그해 봄과 여름, 샌디에이고에서는 그동안 IWW가 당한 "발언의 자유"에 대한 억압 중에서도 가장 야만적인 억압이 벌어졌다. 워블리들은 길거리에서 회원을 모집할 권리를 쟁취하려고 샌디에이고로 가는 기차를 탔다가 폭도들에게 털려 곤봉과 도끼 자루로 구타당한 후 사막에 방치당했던 것이다. 그냥 죽어버리라는 얘기였다. 샌디에이고의 자경단은, 스캔런 시장이 독특한 방법으로 IWW에 대처하여 로렌스 시민들의 상상력을 자극하는 동안에도 여전히 워블리들을 그렇게 죽이고 있었다.[83] 그리하여 로렌스시에서는 당시가 전시가 아닌 평시임을 감안하면 미국 역사에서 가장 두드러진 애국주의 물결이 일어나게 된다.

스캔런 시장이 호소문을 발표한 24시간 뒤, 로렌스는 성조기를 구성하는 붉은색, 푸른색, 흰색으로 온통 뒤덮이게 된다. 집집마다 가게마다 작은 성조기 깃발이 걸렸다. 말안장에, 소방차에, 자동차 앞 뚜껑에 성조기가 걸렸고, 온갖 방식으로 즉흥 성조기 행진이 벌어졌다. 공장 노동자도 성조기 깃발을 들고 갔지만 공장 내부도 온통 성조기로 장식되어 있었다. 무료로 나누어 주는 성조기가 곧 동이 났다. 시장은 원래 깃발 2만 개를 주문했지만 곧 3만 개를 더 주문했다.[84] 《로렌스 트리뷴》은 "색색으로 불타는 도시"를[85] 보았고, "로렌스가 돌아왔다"고 당당히 선언했다.[86] 애국주의가 길거리를 휩쓸었을 뿐만 아니라 이제 사람들이 더 이상 고민하기에도 지친 온갖 사회문제에 대한 편리한 답변이 되었다. 고등학생들은 함께 모여 노래 〈아메리카〉를 불렀고 신문들에는 "국기에 대한 맹세"가[87] 실렸으며 이번 콜럼버스의 날을 영원히 잊지 못할 날로 만

로렌스 시내에 걸려 있는 플래카드, "신과 조국을 위하여".[88]

들자는 말들이 나왔다. 준비가 철저했다. 뉴잉글랜드 지방 사람들이 대부분 월드시리즈에 진출한 레드삭스 팀에 아니면 네 명(태프트, 루스벨트, 윌슨, 뎁스)이 출마한 대통령 선거*에 정신이 팔려 있는 동안, 로렌스 시는 행진을 계획했다. 10월 12일 토요일, 서늘하고 흐린 아침이었다. 성조기의 별들이 수놓인 아치가 에식스 스트리트에 설치되었고, 오라일리 신부가 선택한 구호가 적혀 있었다.

행진은 오전 9시 정각에 시작되었다. 다음 90분 동안 로렌스 도심은 붉은색, 흰색, 푸른색으로 그려진 인상주의 회화를 보는 듯한 모습이었다. 학생들은 대형을 이루어 걸었고[89] 깃발을 흔들었다. 공장 노동자들도 깃발을 흔들며 뒤를 따랐다. 여러 친목회, 여성 클럽, 보이스카웃, 교회 모임, 독일의 체조 협회, 이탈리아의 콜럼버스 협회, 시리아의 타악기 군단, 아일랜드의 아메리칸 클럽, 다양한 직종별노조, 민병대의 전 중대

---

* 민주당의 우드로 윌슨이 당선되어 16년 만에 정권교체가 이루어졌다.

병력, 모두 자랑스럽게 깃발을 흔들며 걸었다. 많은 이가 "엉클 샘" 복장을 했으며, 시의원 린치 또한 마찬가지였다.[90] 여성들은 자유의 여신상처럼 옷을 입었다. 이 행진에는 거의 모든 시민이 참여했기 때문에 이걸 구경할 사람이 남아 있을지가 의심스러울 정도였다. 하지만 행렬이 도심으로 들어서자 군중 2만 5000명이 환호했다. 유일하게 초대받지 못한 집단이 바로 IWW였다. 그들의 붉은색 단추조차 패용이 금지되었다. 스캔런 시장은 행렬이 지나가는 곳곳에 자원봉사자를 두어 "IWW 버튼을 착용한 자들을 보면 무조건 몰아내자"고 제안한 바 있었다.[91] 행진이 끝나자마자 스캔런 시장은 뉴잉글랜드 전역의 시장들에게 축하 전문을 받았다. 로렌스시의 명예를 회복했다는 것이었다.[92]

워블리들은 용기를 잃지는 않았지만 실망에 빠졌다. 헤이우드는 "신도 없고 조국도 없다"는 구호가 IWW와 무관하다며 공식적으로 선을 그었다. 이 구호는 IWW와 아무 관계도 없는 보스턴 사람들이 로렌스시의 행진 현장에서 외친 것이라고 해명했다. 워블리들은 콜럼버스의 날 당일에 소풍을 갔다. 거기에서 헤이우드가 50미터 달리기에서 1등을 하기도 했지만, 많은 이들이 로렌스시를 휩쓰는 적나라한 호전적 애국주의에 겁을 집어먹고 있었다. 이제는 평판 있는 사업가들조차 문제를 제 손으로 해결하겠다며 팔을 걷어붙이고 나섰다.[93] 요란한 시의회 회의장에서 오라일리 신부는 IWW에 "해적들 무리"라고 이름 붙였으며, "일하기 싫은 자는 눈치 봐서 꺼져라"라고 했다.[94] 그러자 박수가 5분 동안 이어졌다. 프레더릭 챈들러 판사는 아나키스트들을 무슨 수를 써서라도 몰아내야 한다고 주장했다. "우리 도시를 파괴하러 온 자들은 문전에서 쫓아내야 합니다. 가급적 합법적으로 해야 하지만, 어쨌든 쫓아내야 합니다."[95]

헤이우드는 살인 청부업자가 따라붙었다는 경고를 받았다.[96] 그러자 IWW의 톰슨이 겪은 살인 미수 사건을 떠올리며 총기 소지 허가증을 신청했고[97] 다른 워블리들도 설리번 보안관에게 신변 보호를 요청했다.[98] 이런 요청은 모두 거부당했고, IWW는 바짝 엎드려야 했다. 트레스카는 더 이상 행진을 이끌지 않았다. 플린은 로렌스시만 빼고 다른 데서 연설을 했으며, 너무 바쁘게 일하다가 기진하여 병원에 입원했다.[99] 세일럼에서 배심원을 선정하는 작업을 다시 시작하자 워블리들은 주의를 다른 데로 돌릴 수 있어 이를 반겼다. 물론 그들은 이 재판이 마녀사냥이 될 것으로 예상하고 있었다.[100]

모든 재판은 말로 이루어진 정교한 구조물이다. 한 증인의 말은 다른 증인의 말에 대한 반박이며, 변호사들은 목적에 잘 부합하는 말을 꺼내며, 최종적으로는 평결이라는 짧은 말이 나온다. 하지만 에터와 조바니티 재판의 경우에는 말이 단순한 목적을 위한 수단이 아니었다. 38구경 권총 탄환에 안나 로피조라는 여성이 숨졌다. 총을 쏜 자는 지금 도피 중이라고 한다. 하지만 소란스러운 파업의 와중에 이 살인자들이 행동에 나서게 된 이유가 말들 때문이었다고? 당시 에터도 조바니티도 범죄 현장에서는 1.5킬로미터씩 떨어져 있었다. 그러니 이들을 살인의 공범으로 몰기 위해서 검사는 저 유명한 법적 판례 하나를 가져오는 수밖에 없었다. 1887년, 헤이마켓 순교자 일곱 명은 시카고에서 사형선고를 받았다.[101] 그중 실제로 폭탄을 던졌다는 혐의를 받은 이는 아무도 없었다.[102] 그들의 말(아나키스트 저널에 쓴 글)이 결국 그들을 교수대로 보낸 것이다. 이 평결은 대단히 큰 논란을 불러일으켰다. 당시 살아 있던 세 피고인을 사면한 일리노이 주지사 존 알트겔드*는 선거에서 주지사직

---

* 독일계 이민자였던 알트겔드는 이 세 사람을 사면한 일로 엄청난 비난과 공격을 받았다. 하지만 이에 굴하지 않고 신념을 지켰으며 아동노동에 반대하고 외국인과 노동조합원의 권리를 위해 투쟁했다.

을 잃고 말았다.[103] 몇 년이 지나 매킨리 대통령이 아나키스트에게 암살당하자 많은 주에서 아나키즘과 관련하여 선동적인 연설을 더욱 엄격히 금지하게 되었다.

그렇다고는 해도, 에터와 조바니티에게 사형까지 구형하기 위해 검사 측은 거의 알려진 바 없는, 법적으로 새로운 영역에 들어서고 있었다. 올리버 웬델 홈스* 판사가 어떤 말들(이를테면 사람들로 꽉 찬 극장에서 "불이야!"라고 외치는 것)이 "분명하고 임재한 위험"을 구성한다는 판결을 내놓은 바 있지만 이는 7년 후의 일이었다.[104] 따라서 1912년 10월 16일, 검사 측은 헤이마켓 사건을 모델로 자신들의 주장을 펴나갔다. 카루소는 여섯 가지 혐의로 기소되었고, 사라진 네 번째 사내는 살인 혐의를 받았다. 그리고 에터와 조바니티에게는 이 살인 사건과 관련하여 "교사, 조달, 협조, 자문, 고용, 명령"했다는 혐의가 씌워졌다.[105] 피고들은 쇠우리 안에 앉아 헨리 애트윌 검사의 모두진술을 한마디 한마디 새기며 듣고 있었다.[106]

판사가 의향을 물었던 배심원 후보 506명 중 결국 열두 명이 선임되었고[107] 이들은 모두 노동자였다. 목수 네 명, 돛 제작공, 식료품 상점 주인, 운전사, 램프 제작공, 재고 관리인, 피혁 노동자 두 명, 미용사 등이었다.[108] 첫 번째 증인은 안젤로 로코였지만, 그의 기억력에 문제가 있었으므로(언제 에터에게 와달라는 기별을 보냈는지 또 프랑스-벨기에 홀에서 그를 본 적이 있는지조차 기억하지 못하는 듯했다), 검사 측은 더 유용한 증언을 해줄 사람을 찾아내야 했다.[109] 다음 며칠 동안 경찰과 기자 들은 파업을 다시 정리하면서 로렌스시가 무정부 상태의 온상이었다고 묘사했다. 에터가 시청 홀에서 처음 한 연설이 1월 15일 봉기를 이끌었고, 이에

---

* 1902년부터 1932년까지 미국 연방 대법원의 대법관을 역임한 인물. 특히 현존하는 명백한 위험에 대한 판결은 영미법 판결 사상 가장 큰 영향력을 행사한다.

폭도들이 등장하고 소방 호스가 동원되고 퍼시픽 공장에서 총성이 울려 퍼졌다는 것이다. 이렇게 생생한 그림을 그린 뒤에는 1월 29일 노면전차 폭동 이야기를 읊어댔다. 당시 에터가 도시 전역에서 목격되었다는 증언도 나왔다. 경찰관 한 사람, 기자 한 사람이 나와 증언할 때마다 잭 런던*의 소설 대여섯 권 분량의 액션 이야기가 울려 퍼졌다.[110] 배심원들은 상체가 완전히 발가벗겨진 여성들,[111] 유리조각이 날아다니는 바람에 피투성이가 된 행인들, 겁먹은 아이들로 가득 찬 노면전차[112] 등이 등장하는 이야기를 들었다. 경찰들은 파업 노동자들에게 빼앗은 칼들, 총들, 탄알이 들어 있는 탄띠 등을 증거물로 제출했다.[113] 이렇게 검사 측은 당시의 로렌스시가 이미 살인 사건이 벌어질 상황이었다는 식으로 밑밥을 깔았고, 이제는 그러한 폭력과 영감을 제공한 이들을 "연결"하는[114] 작업을 시작했다.

어떤 말들은 불붙은 도화선처럼 법정을 달구었다. 에터는 노면전차가 짱돌 세례를 맞기 전에 이렇게 예언한 바 있었다. "이틀 후 이 도시는 불행한 일을 겪을 것입니다. 무언가 일이 터질 것입니다." 그는 파업 노동자들 때문에 총기상이 바빠질 것이며, 자신도 총을 한 자루 구해야겠다고 말했다. 또 이 파업을 프랑스혁명에 비유하면서 귀족들을 죽여서 입에 풀을 쑤셔 넣은 뒤 가로등에 매달았던 이야기를 노동자들에게 들려주었다고 한다.[115] 그리고 아메리칸 모직이 고용한 자들이 공동주택 지구를 훑고 다니면서 파업이 끝났다는 거짓말을 퍼뜨리고 다닐 때, 에터가 이자들을 잡아서 계단 아래로 던져버리고, 뼈를 꺾어서 영원한 기

---

*   샌프란시스코 빈민가에서 태어난 사회주의자로 신문배달부, 통조림 공장 노동자, 세탁부, 선원 등으로 일했다. 철도를 따라 동부 해안 지방을 방랑하고 알래스카 금광에서 사회주의를 주창하는가 하면 베링해를 건너 수천 킬로미터를 항해하는 등 다양한 경험을 토대로 글을 쓰기 시작해 각고의 노력 끝에 여러 베스트셀러를 발표했다. 대표작으로 『강철군화』 『마틴 에덴』 등이 있다.

넘물로 만들어버리라고 했다는 이야기도 나왔다.[116] 조바니티의 말들도 선동적으로 들렸다. 경찰 두 명이 그를 약국에서 만난 기억을 되살렸다. 핫초코를 마시면서 경찰들은 조바니티에게 폭력은 멈추어야 한다고 말했다.

조바니티가 말했다. "이걸 누가 멈춰요?"

순찰 경관 제임스 갤러거가 대답했다. "잘 알잖아요. 우리가 해야죠."

"곤봉이랑 총이 없으면 당신들이 무슨 수로 이걸 멈춘단 말이오?" 조바니티가 이렇게 대답했다는 것이다. 그래서 노동자들을 계속 공장 밖에 둘 수는 없다고 말했더니, 조바니티가 이렇게 응수하더라는 것이었다. "왜 안 돼? 누구든 공장으로 돌아가려 하면 머리통을 박살 내 버릴 거요!"[117] 나중에 나온 증언에 의하면, 조바니티는 노동자들에게 "먹잇감을 찾는 야수들처럼 '땜빵'들의 피 냄새를 찾아 돌아다닙시다"라고 말했다 한다.[118] 검사 측은 이런 말들에서 한 걸음 더 나아가 에터를 IWW의 회원 수를 불리려고 "로렌스로 달려온" 기회주의자라고[119] 깎아내렸고, 조바니티는 순전히 《일 프롤레타리오》의 판매 부수를 늘리려고 로렌스로 온 자라고 매도했다. 두 사람 모두 영리한 음모가로서, 사람들이 겁을 먹도록 폭력을 조장하고, 평온을 가장해 당국을 기만한 다음 아수라장을 만들어서 공장주들을 협상장에 끌어냈다는 것이다.

쇠우리에 갇힌 세 사람은 각자의 기질에 따라 서로 다른 표정을 보였다. 조바니티는 얼굴이 사색이 되어 신경을 곤두세우고 있어서 혹시 아픈 게 아닌가 하고 생각한 사람이 많았다.[120] 에터는 여전히 자신과 자만에 차서 한마디 한마디에, 특히 반대신문에 신경을 곤두세웠다고 한다.[121] 변호인단은 처음에는 그저 말싸움을 주고받는 데 그쳤고 경찰들과 기자들이 파업 노동자 무리를 "군중"이라고 해야지 "폭도들"이라고 하면 안 된다고 했다. 그런데 증거물이 마구 쌓이자 변호인 측이 공격에

411

나섰다. 혹시 기자들이 경찰이나 공장주들에게 정보를 제공했는가? 몇몇 기자들은 그랬다고 인정했다. 혹시 몰래 암약하는 탐정들(몇 명은 범죄 전과가 있다는 사실을 실토하기도 했다)이 노면전차 폭동을 일으킨 것은 아닌가?

한 변호인이 노면전차 폭동을 일으킨 자들에 대해 증언하려고 나온 사람에게 말했다. "알고 계신 바로 미루어 그자들은 혹시 누군가에게 고용되어 로렌스시로 들어온 깡패들이 아니었을까요?" 퍼시픽 공장에서 일하는 전기 기사인 증인은 여기에 동의했다.[122] 나중에 한 탐정은 자신이 에식스 저축은행에 고용되었다는 것을 인정했다.[123] 그러자 변호인단은 조바니티가 공원에서 야수들처럼 피를 볼 먹잇감을 찾아 "돌아다니라"는 연설을 했다고 주장한 이탈리아인 탐정을 노렸다. 이 탐정 에우지니오 벤코르도는 "낯선 도시에" 가는 조건으로 일당 15달러에 고용되어 "무언가 흥미로운 것을 찾아 냄새를 맡으며 돌아다녔다"고 했으며, 파업 노동자들의 회합에도 숨어 들어서 내용을 기록했으나 가족들이 걱정돼 불태워버렸다고 했다.[124] 그런데 증인의 이탈리아어 실력 검증에 나선 에터의 변호사에게 낙제점을 받고 말았다. 그는 "여행, 순회"를 뜻하는 giro를 "시체"라고 했으며, 에터의 선동적인 말 "뼈를 부러뜨려라"라는 구절이 실려 있다는 전단도 번역해보라고 하니 엉망으로 만들어버렸다.[125] 벤코르도의 여러 번역들 중 몇 개는 에터와 조바니티마저 킥킥 웃게 만들었다.[126] 그는 철자법 시험에서도 낙제점을 받았으니 "발전develop"과 "병사들soldiers"마저 제대로 쓰지 못했다.[127] 로렌스를 마지막으로 떠난 날이 언제냐고 묻자 벤코르도는 대답했다. "2월 31일입니다."[128]

검사는 2주에 걸쳐 일흔다섯 명에 이르는 증인들을 증언대에 세운 뒤 비로소 판사 왼쪽에 있는 문 위에 걸린 큰 지도로 주의를 돌렸다.[129] 유니언 스트리트와 가든 스트리트의 지도를 붙이는 것이 배심원을 데리고 범죄 현장으로 직접 가는 것보다 현명한 일로 여겨졌다. 로렌스의 분위기가 워낙 험악했으니까. 이 지도를 활용하여 검사는 "폭도들"이(혹은 "군중"이) 집결한 지점, 경찰과 민병대가 모여 있던 지점, 로피조가 쓰러진 지점을 막대기로 짚어가면서 그녀가 어떻게 죽었는지를 설명했다. 폭동이 일어난 날, 어두운 저녁의 상황이 거듭 거듭 재현되었고, 배심원 앞에서 마치 법적 증거에 해당하는 흐릿한 사진처럼 제시되었다. 몇몇 증인은 카루소가 현장에 있었다고 증언했다.[130] 열다섯 발의 총성이 들렸다.[131] 아니 스무 발이었다. 아니 서른 발(!)이었다.[132] 등등. 이때 검사 측이 그동안 숨겨둔 회심의 카드를 내놓으려 했으나, 하필 배심원 한 사람이 몸이 아파서 휴정할 수밖에 없었다.[133] 이 짧은 휴식 덕분에 긴장이 좀 완화되었고, 로렌스시는 꺼질 줄 모르는 분노의 마지막 희생자를 땅에 묻을 기회를 얻었다.

비록 위협하고 선동하긴 했어도, 로렌스시에서 자경단 무리가 몰려다니면서 워블리들을 "쫓아낸" 적은 없었다. 하지만 "신과 조국을 위하여" 봉기한 자들이 들끓는 가운데 IWW에 대한 증오심이 곪아 터졌다. 성조기를 흔드는 행진에 나선 지 이틀 후, 길거리에서 전단을 나누어 주던 워블리들이 벌금형을 선고받았다.[134] '애국자'들은 IWW 회원들을 보면 상대의 가슴에 달린 IWW 버튼을 떼어내려 했고, 이는 길거리 싸움으로 번졌다.[135] 10월 19일 일요일 밤, 알링턴 공장에서 일하는 리투아니아 이민자인 요나스 스몰스카스가 집을 나와 맥줏집으로 향했다. 그가 라이언 술집으로 들어가자 누군가 그를 가리키며 "저놈, 저 빌어먹을 IWW 개자식"이라고 했다. 그러자 땅딸막하고 덩치 큰 남자가 스몰스카스에게 다가가서 어째서 당신은 로렌스 시민들과 달리 성조기를 몸에 부착하지 않은 거냐고 물었다.[136] 스몰스카스는 얼른 술집을 나왔지만, 자기 집 뒷마당까지 미행을 당했다. 여기에서 구타당해 쓰러졌고,

바윗돌에 머리를 부딪쳤다. 추운 날 바깥에 90분간 방치되어 있던 그를 사람들이 소생시켜 병원으로 보냈지만[137] 사흘 후 스몰스카스는 사망했다. 경찰은 지역의 한 권투 선수를 체포했고, 아일랜드 갱단 패거리가 연루되어 있다는 소문이 돌았다. 그다음 토요일, 스몰스카스의 장례식이 열렸지만 경찰은 이 행렬을 무너뜨리고 해산시켰다. 헤이우드는 군중을 건너편 보도로 인도해 공동묘지로 이끌었고, 여기에서 조문객 1000명이 또 한 명의 순교자의 무덤에 하얀 꽃들을 내려놓았다.[138]

재판이 속개되었고, 살인 사건 이야기도 계속되었다. 《보스턴 포스트》의 기자가 자신이 경찰관 베누아 바로 옆에 서 있었다고 이야기했다. 기자가 목격한 바로는 누군가 권총을 집어 들어 경찰관을 겨냥했다. 권총 든 손을 붙들 수 있을 정도로 가까웠다며 그렇게 하지 못해서 유감이라고 했다.[139] 하지만 공포로 얼어붙었어도 어쨌든 키가 큰 이탈리아인이 다른 사람 어깨 너머로 베누아 경찰관을 겨냥해 발포하는 것을 보았다고 했다. 몇 초 후, 멀리 길모퉁이에 있던 여성이 쓰러졌다는 것이다.[140] 그다음으로 베누아가 증언했다. 자기도 번쩍하는 불꽃을 보았고, 거리가 너무 가까워 하마터면 얼굴을 델 뻔했다는 것이다.[141] 탄환 궤적 전문가 두 사람이 나와서 문제의 총알은 외제이며 아마도 프랑스나 이탈리아제일 것이라고 했다.[142] 또 이것이 미국 경찰의 권총에서 나왔을 리는 없다고도 했다.[143] 검사 측은 범행을 재현했고, 범죄를 사주한 말들도 재생했다. 이제 남은 것은 단 하나, 살해 동기가 무엇이냐.

퀸 판사(불과 8개월 전에 주지사 포스가 임명한 신임 판사였다)는[144] 증거 채택에 있어서 예측할 수 없는 행보를 보였다. 일찍이 그는 IWW의 정치적 입장에 대한 검사 측의 신문을 배제했다.[145] 하지만 변호인 측이 노동자들의 임금에 대해서[146] 그리고 경찰이 기차역에서 여성들을 구타한 사건에 대해서[147] 자주 언급하려 했으나 이 또한 제지했다. 그는 에터가 받은, "저 조직된 1만 6000명 혹은 2만 명이 감옥으로 밀고 들어가 파업 기간 동안 이 나라가 먹여 살리게 만들라"고 촉구한 세인트 존의 편지도 처음에는 증거물에서 배제했다가 나중에는 포함했다.[148] 검사 측이 붉은 소책자를 꺼내 들자 변호인 측은 그저 이 책이 증거에서 배제되기만을 간절히 빌었다. 이 IWW 팸플릿은 에터의 소지품이 아니라고 변호인 측은 주장했다. 살인 현장에 있었던 이들은 말할 것도 없고, 파업 노동자들 누구도 이 책자를 읽었다는 증거가 없다는 것이었다. 하지만 검사 측은 이 소책자가 파업 노동자들이 자주 드나들던 건물에서 나왔다고 주장했다. 30분간의 실랑이 끝에 결국 증거로 채택되었다.

미국의 가장 급진적인 노동조합의 철학이 이제 보스턴 액센트를 쓰는 검사의 울림 좋은 음성으로 낭독되기 시작했다. 다가오는 계급 전쟁이라는 주제의 전문前文을 읽기 시작하여, 애트윌 검사는 그날 오후 내내 소책자를 낭독했고,[149] 재판의 다음 과정은 다음 날 아침에야 재개되었다. 도중에 잠든 배심원들도 있었지만, 방청객들은 IWW의 호전적인 말들에 크게 놀랐다. "임금 체제가 유지되는 한 모든 평화는 무장한 휴전 상태에 불과하다." "파업으로 고용주들의 항복을 끌어내지 못한다면, 노동 현장으로 돌아가 사보타주를 실행한다." "코사크 기병이 파업 노동자 한 사람을 죽일 때마다 코사크 기병 한 사람의 목숨을 빼앗을 것이다."[150] 검사는 이 소책자를 처음부터 끝까지 모두 읽은 뒤 마지막 증거를 꺼내 들었다. 뼛조각이 붙어 있는 탄환.[151] 문제의 총알에 부서진 여인의 어깨에서 나온 것이었다. 검찰 측 신문이 끝났다.[152]

1912년 가을 당시에는 5만 달러의 변호 기금으로 1급 변호사들을 살 수 있었다. 이 돈으로 클래런스 대로를 데려올 수도 있었지만 그는 맥나마라 다이너마이트 사건에서 한 배심원을 매수했다는 혐의를 받아 자신을 변호하는 데에 그해 여름을 다 보내야 했다.[153] 대신 피고인에게는 모두 명성 있는 변호사가 붙어 있었다. 에터의 변호사는 존 마호니라는 로렌스의 법률가로서, 한 해 내내 파업 노동자들을 변호하는 이였다. 조바니티의 변호사는 W. 스콧 프레스터스로서, "법정의 여우"라는 별명이 붙은 검사 출신의 변호사였다. 카루소에게는 린에서 온 존경받는 전직 판사가 변호인으로 붙어 있었고,[154] 이 팀은 다시 추가로 변호사 세 명의 도움을 받았다. 그중의 하나는 프레드 무어로서[155] 맥나마라 재판에서 대로 변호사와 함께한 이였으며,[156] 나중에는 사코와 반제티 또한 변호하게 된다.[157] 11월 1일, 이 변호인들은 유례없이 거대한 섬유 파업의 화룡점정이 될 수도 있고 아니면 파업 지도자들이 사형대로 향하게 될 수도 있는 갈림길에서 필사적인 노력을 기울인다.

조바니티는 로렌스시에서 머물렀던 열흘 동안 별로 말을 하지 않았지만, 에터가 했던 말들을 기억하는 증인들은 찾기 쉬웠다. 대부분 아일랜드인이나 미국인 증인들이 나왔던 재판정에서 이제부터 다른 민족들의 소리가 들리기 시작했다. 법정의 언어는 온갖 액센트로 뒤범벅이 되었으니,[158] 어린 소년 소녀들과 짬밥깨나 먹은 공장 노동자들이 한데 뒤섞여 증언대에 섰기 때문이다.[159] 나이와 민족은 달라도 이들이 한 이야기는 사실 거의 같았다. 에터는 비폭력 투쟁을 조언했다는 것이다. 한 알링턴 공장 노동자가 말했다. "항상 똑같은 이야기였어요. 바지 주머니에 손을 꾹 찔러 넣어라."[160] 검사가 인용하며 문제 삼은 에터의 악명 높은 말들도 무슨 뜻인지 분명히 해명되었다. 우선 총기상을 바쁘게 만들라고 했던 것은 분명한 사실이다. 애니가 증언했다. 하지만 이러한 언급은, '땜빵'들에게 총기 허가증을 내주는 행위에 에터가 항의 운동을 조직한 뒤에 나온 농담이라는 것이다. 에터가 자신도 총을 한 자루 구해서 가지고 다녀야겠다고 말했을 때 애니는 웃음을 터뜨리고 이렇게 말했다. "저도요!"[161]

검사 측은 자기 쪽 기자들을 거느리고 있었지만, 변호인단도 마찬가지였다. 거트루드 마빈은 《보스턴 아메리칸》에서 이 파업 보도를 전담했는데 호의적으로 써낸 헤이우드의 신상 기사를 편집국장이 찢어버리면서 "몸 좋고 힘 좋은 놈이라고 아주 푹 빠져버렸구만!"이라고 말하자 신문사를 때려치우고 파업 노동자들의 홍보팀에 합류하게 된다.[162] 이제는 《뉴욕 선》의 기자가 된 마빈은 에터가 폭력에 대해 한 말을 공유했다. "그는 여러 파업에서 벌어진 폭력 사태를 이야기했으며, 자본가들이 그걸 통해서 '톡톡히 챙겨 가는 꼴'을 하도 많이 보았기에 비폭력 평화 투쟁이 발전했다고 설명했습니다"라고 마빈이 말했다. 그녀를 비롯한 증인들은 또 "이틀 후 이 도시는 불행한 일을 겪을 것"이라는 에터의 말도 해명했다. 그는 가스와 전기 노동자들의 파업이 임박하여 도시 전체가 어둠에 휩싸이리라 예상한 것이다. 증인들은 1월 29일 에터가 공장들과 민병대에서 **멀리 떨어진 쪽으로** 군중을 인도하는 것을 보았다고 증언했다. 변호인단은 심지어 윌리엄 우드의 권위까지 활용했다. 증인들은 우드가 에터와 처음 만나자마자 이 "작은 장군"이 아주 훌륭하게 군중을 통제하고 있다고 높게 평가한 것을 회상했다. 증언이 더 나오면서 조바니티가 파업 노동자들에게 "야수처럼 피 냄새를 찾아 돌아다녀라"라고 말한 것이 아니라 오히려 "병사들은 야수들 같으니" 조심하라고 조언했다는 게 밝혀졌다.[163] 검사 측은 이 증인들 한 사람 한 사람이 헤이우드가 뽑고 로코가 가르친 충성스러운 워블리들이니 믿을 수 없다고 주장했다. 심지어 애니가 에터와 키스하는 모습이 목격되었다고 주장했고, 애니는 이를 격렬히 부인했다.[164] 재판은 이제 5주차로 접어들게 되었다.

11월 9일, 이 살인 사건의 또 다른 단면이 드러났다. 증인은 카루소의 아내 로자로서, 이 법정에서 정신이 혼미한 모습을 여러 차례 보인 바 있었다. 그녀는 뚝뚝 끊어지는 이탈리아어로 남편이 그날 저녁 5시

30분에 집에서 저녁(돼지 족발과 콩)을 먹었다고 말했다. 그런 콩을 한 줌 판사에게 보여주기까지 했다. 카루소 부부는 총소리를 듣기는 했지만 아무도 밖에 나가지 않았다고 했다.[165] 카루소와 집주인 또한 이 증언이 사실임을 인정했다.[166] 증인들은 또한 베누아가 로피조를 쏘는 것을 보았다고 증언했다. 이 무렵에는 배심원들도 기자들도 진이 빠졌는데 그래도 재판이 몇 주는 더 걸릴 것이라고 예상하고 있었다. 그런데 변호인단이 증인 몇 명만 더 부르고 끝내겠다고 공표했다. 그중 첫째는 에터였다.

타고난 지성만큼이나 선명한 보조개가 있는 얼굴로 증인석이 올라선 에터의 증언을 두고 《보스턴 글로브》의 기자는 "먼 길을 와서 경청할 만한 가치가 충분했다"라고 썼다.[167] 기자들은 에터가 7시간에 걸친 증언에서 자신이 한 연설들을 글자 그대로 기억해냈고 그것이 자기들이 적어둔 내용과 일치하는 점에 놀라움을 금치 못했다. 에터는 애트월 검사와 말을 주고받으며 생디칼리즘과 아나키즘의 차이점을 설명했다. 자신이 '뼈를 부러뜨려라'라고 말했다고 적힌 전단은 본 적도 없다고 했으며 또 얼마나 아슬아슬하게 살인 한 건을 피해 갔는지를 직접 본 대로 폭로했다. 그러자 법정은 찬물을 끼얹은 것처럼 조용해졌다. 어느 날 민병대가 행진하는 노동자들을 막아서자 한 신문사의 사진기자가 대치 상태를 깨뜨리려고 "불이야!"라고 소리를 질렀다는 것이다. 에터가 말했다. "그때 학살이 일어나지 않았던 것은 정말 기적이었습니다."[168] 에터의 뒤를 이어 조바니티가 증언했다. 그는 귀족적 몸가짐과 급진적 정치라는 희한한 결합을 체현하여 법정에 깊은 인상을 남겼다. "신사 한 사람의 말은 경찰관 스물다섯 명의 말과 같은 무게를 가집니다"라고 검사에게 말하기도 했다.[169] 그는 공원에서 자신이 했던 긴 연설을 "절반은 연설, 절반은 설교"라고 설명했으며, 약국에 있던 경찰과 나눈 대화도 기억했지만, 머리통을 박살 내 버릴 거라고 말한 쪽은 자신이 아니라 그들이라고 했다.

조바니티의 증언이 끝난 뒤, 변호인 측 신문도 종결되었다. 양쪽 모두 자신들의 논리를 정리하여 주장했고, 노동자 열두 명으로 구성된 배심원단은 에터와 조바니티가 이끌었던 파업의 성격을 판단해야 했다. 검사 측에서 그려낸 것처럼 무정부 상태를 꾀하는 파업이었는가? 노동자 혁명의 불쏘시개로 쓰기 위해 교묘하게 사람들을 조종하고 선동하는 파업이었는가? 아니면 평화적이고 심지어 사람들에게 영감을 불어넣는 파업이었는가? 그리고 언급된 폭력은 오직 민병대, 경찰, 프락치 들만이 가했는가? 검사 측과 변호인 측의 말을 들어보면 양쪽 모두 나름의 신빙성이 있었다. 무언가가 이 평화로운 도시가 폭발하게 만들었다. 한 여성이 죽었다. 누군가는 책임을 져야 한다.

11월 23일 토요일, 바깥에는 눈발이 날리는 가운데[170] 이 힘든 재판도 막바지로 가고 있었다. 방청객으로 가득한 법정은 배심원 평결만을 남겨둔 상황이었다. 그런데 예기치 못한 일이 벌어진다. 에터가 배심원들 앞에서 최후진술을 청한 것이다. 그의 변호인들이 만류한 일이었지만 에터가 나름대로 숙고한 끝에 해보기로 한 모험이었다.[171] 여기서 에터가 설득의 대가임을 입증한다면, 배심원들은 이 웅변가가 틀림없이 폭력을 선동했다고 생각하지 않겠는가? 반면 그의 연설이 너무 급진적이라면 변호인단이 어렵게 일구어놓은 공감과 동정을 다 잃을 수도 있지 않겠는가? 어쨌든 법정은 침묵에 사로잡혔다. 판사는 자리에 엄숙히 앉아 있었다. 같은 증언이 반복되면 주의가 흐트러지던 배심원단 또한 법정 한가운데 쇠우리에 갇힌 남자에게 시선을 집중했다.[172] 창백한 얼굴에 떨리는 목소리로[173] 에터는 말을 시작했다.

"제가 볼 때, 이 재판의 대상은 저의 행위가 아니라 저의 사회적 이상입니다." 이어 에터는 자신의 이상을 한 문장으로 정리했다. 그것은 파업이나 2시간 치 임금 따위와는 아무 관계도 없었다. 에터는 말했다. "모든 부는 노동의 산물입니다. 그러므로 다른 누구도 아닌 노동자의 소유입니다."[174] 이는 급진적인 생각으로 보일 수 있다고 그도 인정했다. 하지만 불과 60년 전만 해도 이 매사추세츠주에서 노예제 반대라는 이상 또한 마찬가지였다고 했다. 그리고 사상이란 아무리 인기가 없다 해도 "목을 졸라" 없앨 수는 없는 것이라고 했다. 에터는 검사 쪽으로 돌아서서 스파르타쿠스와 예수의 예를 들며 말했다. "애트월 검사께서는 잠시라도 십자가나 단두대 혹은 교수대의 올가미로 사상 문제가 해결된 적이 있다고 생각하십니까? 그런 적은 전혀 없습니다. 만약 어떤 사상이 생명을 유지한다면 역사 속에서 옳다는 판단이 내려졌기 때문입니다. 그리고 한 시대에는 사회적 범죄를 구성한다고 여겨지는 사상도 다음 시대가 되면 온 인류의 종교가 됩니다."[175]

에터는 자신의 여러 연설이 맥락과 무관하게 이용되었다고 불만을 토로했다. 스캔런 시장도 이런 말을 하지 않았던가? "이 파업을 깨버리든가 아니면 파업에 가담한 자들의 대갈통을 깨버리든가 할 것입니다!" 이건 선동적인 연설이 아니란 말인가?[176] 에터의 목소리는 이제 크레셴도로 올라갔으며, 자신이 로렌스시로 온 이유는 순전히 파업에 돌입한 노동자들을 돕기 위해서였다고 강하게 주장했다. "저는 어렸을 때부터 옳다고 생각한 것에 대해서는 항상 목소리를 냈습니다. …… 그리고 세월이 지나면서 저는 광산에서 일하는 남자들 여자들 아이들을 위해, 이 나라의 여러 공장에서 일하는 사람들을 위해, 이 나라를 번영시키기 위해 자신들의 노동과 피와 심지어 목숨까지 매일 내놓는 사람들을 위해 제 목소리를 냈습니다. 저는 이 깃발을 간직해왔습니다. …… 여러분, 저는 오늘 이곳에도 깃발을 가져왔습니다. 여기에, 자유의 깃발이 있습니다." 에터가 말하는 동안 조바니티가 속삭였다. "'저' 말고 '저희'라고 해주게."

그래서 에터는 이제부터 단수가 아니라 복수로 말하게 된다. "저희가 지금까지 간직해왔으며 지금도 간직하고 있는 깃발이지만, 만약 이 깃발을 하수구에 던져버려야 한다면 바로 던져버리겠습니다. 저희는 이 파업을 벌인 노동자들의 부름에 충실해야 하므로 이 깃발을 던져버릴 수 있습니다. 하지만, 여러분을 위협하려는 게 아닙니다만, 제가 이 깃발을 던져버리는 순간 수십만의 임노동자들이 이 노동의 깃발을 들고 전진할 것이며, 환호하며 깃발의 노래를 부를 것입니다. 그리하여 마침내 노동계급의 깃발은 자유로운 사람들이 일하는 세상, 또 자기들 노동의 생산물을 자유롭게, 구속 없이, 온전히 향유하는 세상의 일터에 펼쳐지고 자유롭게 펄럭일 것입니다."[177] 에터는 사과를 하지도 변명을 늘어놓지도 선처를 호소하지도 않았다. 배심원들에게 그저 정의를 실현해달라고 요구했을 뿐이다. 그는 법정에 감사를 표하고 자리에 앉았다.

그때 퀸 판사가 물었다. "다른 피고인들도 배심원에게 하고픈 말이 있습니까?"

조바니티가 일어섰다. 머리를 높이 든 그의 목소리는 차분하고도 자신감에 차 있었다. 조바니티는 자신의 운명을 결정할 배심원들을 바라보았다. 지난 10년이 넘는 세월 동안 아브루초의 산에서 내려와 대서양을 건넜고, 광산과 교회, 신학교와 사회주의 모임 들을 거쳐 지금 이 쇠우리 안에 서게 되었다. 이제 그는 자신의 말로 다름 아닌 자기 자신을 사형에서 구출해내고자 하고 있었다. 그는 말했다. 지금은 "내 인생 처음으로 당신들의 위대한 언어로 공적인 발언을 하는 순간이며, 내 인생에서 가장 엄숙한 순간입니다". 그는 "지금 격동하고 있는 나의 영혼을 생각하면" 과연 자신이 말을 맺을 수 있을지 모르겠다고 했다. 하지만 조바니티는 말을 시작했다. 배심원들은 "이 거대한 산업이라는 문제"에서 오로지 한 측면만을 보았다고 조바니티는 말했다. 이들이 본 것은 오직 방법과 전술뿐이었다는 것이다. "하지만 이 문제의 윤리적 측면은 어떻게 보십니까? …… 노예가 없고, 일주일에 50센트를 더 받겠다고 파업을 하는 사람도 전혀 없고, 아이들이 배를 곯지 않아도 되는 더 나은 세상 그리고 더 고상한 인류에 대해서는 어떻게 생각하십니까? …… 배심원 여러분, 어쩌면 여러분은 그런 것을 믿지 않을 수도 있겠습니다. 그저 우리가 몽상가에 불과할 수도 있겠지요. 심지어 우리가 광신도일지도 모르겠습니다." 그는 덧붙였다. "하지만 그렇다면 소크라테스도 광신도였습니다. …… 예수 그리스도도 광신도였습니다. 빌라도, 아니 티베리우스가 로마 황제임을 인정하는 대신 두 도둑들 사이에서 십자가에 못 박히는 쪽을 택하셨으니까요."

조바니티는 다음으로 검사 측이 일컬은 "뉴잉글랜드 전통"을 논했다. 검사들이 말하는 전통이란 "저 옛날 마녀들을 말뚝에 묶어 화형에 처한 바로 이 마을의 전통을 말하는 것입니까? 아니면 더 이상 영국 귀족정의 강철 군화 아래에 있기를 거부하고 보스턴 항에 차※를 집어던지고 화승총을 발사하여 온 세상에 처음으로 새 시대가 확립되었음을 공표한 전통을 말하는 것입니까?"[178] 배심원 한 사람 한 사람이 이 질문에 답해야 하지만, 어떤 평결로도 인류의 진보를 막을 수는 없다고 시인은 말했다. "이 엄청난 물결이 거세게 밀려드는데 여러분의 평결로 댐을 쌓아 막을 수는 없는 일입니다. 이 도시의 백만장자 공장주들의 마음을 따뜻하게 하기 위해 아르투로 조바니티의 하찮은 싸구려 목숨을 번제로 바친다고 해봐야, 사회주의를 막을 수는 없습니다."[179]

로렌스의 폭력 사태는 본인의 잘못도 에터의 잘못도 아니라고 그는 말했다. 이는 고용주들이 노동자들의 도구, 주택, 공장을 소유하여 그들의 마음, 신체, 정신, 영혼까지 소유하게 돼 있는 체제의 잘못이라고 했다. 하지만 이제 배심원들이 그와 "고귀한 동지"가 하는 말을 들었으니,

조바니티는 물었다. "여러분은 정말로 단 한순간이라도 우리가 진짜로 폭력 사용을 설교했다고, 여기 이 벌거벗은 심장으로 여러분 앞에 서 있는 저 같은 사람이 정말로 어떤 인간을 죽일 수 있다고 믿은 적이 있는지요? …… 여러분, 여러분이 정말로 저의 마음 속에 악의의 작은 불꽃이라도 존재한 적이 있다고 생각하신다면, 제가 정말로 다른 사람들에게 남들의 머리통을 깨고 피를 볼 기회를 찾아 돌아다니라고 말한 적이 있다고 생각하신다면, 그렇다면 저를 전기의자로 보내십시오. 왜냐면 그것이 옳고 정의로운 일이기 때문입니다." 조바니티는 그다음에 카루소 쪽으로 돌아섰다. 그리고 무슨 말인지 한마디도 알아듣지 못한 그의 뒤에 조용히 앉았다. 그러고는 자기 동지의 결백을 믿으므로, "이 가엾은 사람과 그의 아내를 살펴주시기를" 빈다고 말했다.

조바니티가 발언하는 동안 몇몇 청중과 언론인은 빠르게 눈물을 훔쳤다.[180] 하지만 이 시인은 처음에 걱정했던 바와는 달리 말을 끝내지 못하기는커녕 자신의 말들을 직조하여 차분한 삶의 찬가를 만들어 바쳤다. "저는 스물아홉 살입니다. 저를 사랑해주고 또 제가 사랑하는 여인이 있습니다. 저를 기다리고 계시는 아버지와 어머니가 있습니다. 저는 말로는 표현할 수도 이해할 수도 없을 정도로 너무나 소중한 이상이 있습니다. 삶은 매혹적인 것들로 가득해서, 그리고 삶이란 너무나 밝고 멋진 것이어서 제 심장도 삶에 대한 열정으로 가득합니다." 조바니티는 자신이 원하는 바는 순교자가 되는 것도 영웅이 되는 것도 아니며, 그저 노동자들을 돕고 싶을 뿐이라고 했다. 그리고 앞으로도 자신의 소명을 받들어 매진하겠노라 약속했다. 그리고 말을 이었다. "여러분께 분명히 말씀드립니다. 만약 자유의 몸이 된다면, 매사추세츠를 넘어 미국 어디든 제일 먼저 파업이 터지는 곳에 조지프 에터와 아르투로 조바니티의 도움과 머리가 필요하다면, 어떤 공포와 어떤 위협이 도사리고 있다 해도 우리는 다시 그곳으로 갈 것입니다. 우리의 보잘것없는 노력이 정말로 보잘것없고, 오해당하고, 누구에게도 인정받지 못한다 해도, 우리는 늘 그래왔듯이 노동자들과 함께할 것입니다. 지금 전 세계 노동계급이라는 강력한 군대의 병사들이 지난날의 어두움과 그림자를 떨치고 인류 해방이라는, 지상의 모든 사람 사이에 사랑과 정의와 형제애를 확립한다는 운명적 목표를 달성하기 위해 분투하고 있습니다." 하지만 유죄 평결을 받게 된다면, "내일 저희는 여러분의 법정을 떠나 역사가 우리에게 최종 판결을 내리는 법정으로 옮겨 갈 것입니다. 배심원 여러분, 어느 쪽으로 판결을 내리든 저는 여러분께 감사를 드립니다."[181]

조바니티가 말하는 동안 법정에 있는 모든 사람은 깊은 감동을 받아 꼼짝도 하지 못했다. 어떤 이들은 흐느껴 울었다.[182] 그의 발언은 오후 1시 50분에 끝났다. 퀸 판사는 토요일의 남은 시간 동안 배심원들에게 여러 가지를 가르쳤고, 재판은 월요일 아침에 속개되었다. 정오가 지나자 사람들은 배심원들을 기다렸다. 로자는 손에 묵주를 들고 울며 기도하면서 법정 앞의 보도를 서성대기 시작했다.[183] 오후 내내 그녀는 걸었고, 공장 노동자 수백 명도 함께했다.[184] 하늘이 어두워지고 보름달이 도시 하늘 위로 떠올랐다. 6시 40분, 배심원들이 갑자기 일치된 평결에 도달했다고 공표했다. 퀸 판사는 폭력 사태를 두려워하여 어두운 밤에 배심원들을 몰래 보냈고, 평결의 공개도 다음 날 아침으로 미룬다고 강력히 선언했다. 로자는 조바니티의 시에 나오는 「걷는 이」처럼 저녁 내내 서성였고 마침내 남편의 통역사가 제발 집에 가라고 설득했다. 다음 날 아침 군중은 다시 법원 바깥에 집결했다. 마침내 8시 20분, 법정이 다시 열렸다. 피고인들은 모두 옷에 붉은 카네이션을 꽂고[185] 일어나 배심원 측을 향했다. 카루소, 에터, 조바니티의 순서로 한 손을 들고 서서 평결을 기다렸다. 세 명 모두 같은 판결이 내려졌다. 무죄.[186]

순식간에 법정은 기쁨으로 터져나갈 듯했다. 피고인들은 미소 지으며 또 서로의 등을 두드리면서 배심원에게 감사했다. 에터는 "미국의 노동 계급"을 대표하여, 조바니티는 "정의, 진실, 문명의 이름으로" 감사의 말을 바쳤다.[187] 카루소는 통역사를 통해 단지 감사를 드릴 따름이라고 했고, "자기는 절대로 그러지 않았다"고 말했다.[188] 열을 지어 나가던 배심원 중 한 사람은 이렇게 말했다. "만약 저들이 미국인 1000명을 공장에 데려다 놓고 로렌스시의 이탈리아인을 부려먹는 식으로 일을 시켰다면, 지금쯤 공장이 하나도 남아 있지 않을 것"이라고.[189]

세 사람은 드디어 쇠우리에서 풀려났다. 자유의 한 걸음을 내딛는 순간 그들은 수많은 사람의 키스에 뒤덮여버렸다. "걸리는 어디 있어요?" 에터는 문 쪽으로 걸어가면서 물었고,[190] 플린이 군중 속에서 걸어 나와 자신의 친구를 오래, 오랫동안 꼭 끌어안았다. 카루소와 아내는 아이들처럼 춤을 추었고, 많은 이들이 〈라 마르세예즈〉를[191] 부르는 가운데 군중은 뛸 듯이 기뻐하는 공장 노동자들 곁을 지나 거리로 나섰다. 세 피고인은 지역의 구세군 총본부에서 열린 간단한 파티에 참석했다가 각자 흩어졌다. 카루소 부부는 역사에서 사라졌다. 이들에 대해 마지막으로 알려진 소식은 이탈리아로 돌아갈 생각을 하고 있다는 것이었다.[192] 에터는 부친이 중풍을 맞아 누워 있는 워싱턴주의 타코마로 떠날 것이라고 했다. 조바니티는 당분간 뉴잉글랜드에 머물 생각이라고 했다. 지금까지는 뉴잉글랜드의 "경찰들과 탐정들"만 알게 되었으니 이제는 "신사분들과 사귀어보고" 싶다는 것이었다.[193] 그날 오후 로렌스시에 있는 IWW 지역 본부는 전보를 보내 "로렌스시에 붉은 깃발이 나부끼도록" 하겠다고 약속했다. 하지만 저녁 7시, 기쁨에 찬 군중이 기차역에서 에터와 조바니티를 맞았을 때 경찰은 대오를 흩어버렸고, 악대를 군중과 갈라놓았으며, 1만 명의 군중을 해산시켰다.[194]

이틀 후가 추수감사절이었다. 아침 7시, 정오, 저녁 6시에 로렌스시 전체에 종이 울려 퍼졌고,[195] 이는 스캔런 시장의 슬로건 "신과 조국을 위하여"를 내세운 시위의 끝을 알렸다. 행진 허가를 신청했지만 얻지 못한[196] 에터는 그날 오후 빈터에 모인 대규모 군중 앞에서 90분간 연설을 했다. 추수감사절의 감사는 "보스들이 배불리 먹을 수 있도록 배를 곯고 일하는 선량한 당신들"에게 가야 옳다고 말한 다음 온 도시를 뒤덮은 성조기의 물결을 놓고 이렇게 덧붙였다. "이 애국주의 어쩌고 하는 이야기들은 다 빛 좋은 개살구요 협잡일 뿐입니다. 노동의 꿈은 이 세계의 자본주의 집단에는 항상 악몽일 뿐입니다. 우리 운동을 전진시키는 데는 총도 다이너마이트도 필요 없습니다. 왜냐면 우리가 일을 멈추면 자본가 계급이 굶게 되기 때문입니다. 그리고 우리가 일을 시작하면 이 세상이 굴러갑니다." 에터는 꽃다발을 받았다.[197] 이제 열 달 전에 왔던 이 도시를 떠나 아버지를 만나러 간다. 그다음에는 브루클린의 집으로 돌아가서 그를 기다리는 또 다른 파업 현장을 찾아낼 것이다.

저녁이 되자 시민들은 도시 전역에서 집회를 열었다. 노래 〈아메리카〉와 미국 국가를 불렀으며, 무정부 상태를 비난하고 로렌스시의 굳은 결의를 상찬하며 이민자에게 손을 내밀라고 촉구하는 긴 연설을 차분히 들었다. "좀 사귀어보시면 알겠지만, 새로 도착한 이민자 분들은 예민합니다." 로렌스시에 살고 있는 매사추세츠주 대법원의 판사가 말했다. "그들에게 우리를 알리고 또 우리도 그들을 알아가는 것이 지혜롭습니다."[198] 사람들은 기도를 하고 파티를 열었으며, 늦은 시간이 되어 집으로 돌아갔다. 또 다른 겨울이 다가오고 있었다. 많은 이들은 로렌스가 겪은 시련(폭동과 행진, 다이너마이트와 죽음, 분노와 저항, 전국에 떨친 악명, 긴 재판과 세 사람의 무죄판결 그리고 석방)이 마침내 끝난 것에 감사했다. 새벽이 찾아올 테고, 또 새로운 노동의 날이 기다리고 있으리라.

맺음말

헌신자와 순교자

이름을 알 수 없는 로렌스시 주민[1]은 이렇게 말한다. "로렌스시에서 자라난다는 것은 참 어려운 상황에 놓였다는 뜻입니다. 그런 이야기를 다시 하고 싶지는 않아요. 아, 정말 안 할 거예요. 우리는 서로 다른 예순두 개 언어와 방언을 사용하는 발전하던 공동체였어요. 우리 모두 안 가본 길을 가느라고 더듬거렸고…… 우리 모두가 인간이라는 사실을 배워야만 했습니다. 참 길고 긴 길이었지만, 우리 역사를 캡슐 하나에 집어넣는다면 그게 바로 미국입니다."

공장 소음이 항상 귀에 들릴 정도로 가까운 데 살고, 또 돈을 벌기 위해 공장 문을 넘어 일해본 적이 있는 사람들은 공장을 떠나서 살기가 결코 쉽지 않았다. 아무리 지옥 같아도 집은 집이다. 마찬가지로 공장도 항상 거기에 있었으며, 길 잃은 노동자를 다시 자기 품에 집어넣을 준비가 되어 있었다. 사람들은 공장이 늘 돌아가리라 생각했으며 월급은 따박따박 나왔다. 그래서 무수히 많은 사람이 몇 십 년씩 공장에서 일을 했으며, 훗날 많은 이들이 향수 어린 감정으로 과거를 회상하며 일을 해서 행복했다고 말했다.[2] 다른 이가 오고 갔으며, 더 좋은 직장을 찾으려 했으며, 실패하면 다시 이 동력 베틀의 음악 소리가 들리는 장소로 돌아왔다.

마침내 파업과 재판으로 점철된 긴 한 해가 지났다. 로렌스의 노동자들은 그토록 많은 것을 판돈으로 걸었던, 이른바 미래를 향해 나아갔다. 1913년 1월 12일, IWW는 파업 1주년 기념식을 로렌스시에서 열었다. 일요일이었고, 보통 때처럼 추웠지만, 에터를 환영하는 사람들로 세 개의 홀이 꽉 찼다. 에터는 파업 때와 마찬가지로 로렌스 곳곳에 나타났다. 아침에는 이탈리아인들과 이야기하고, 오후에는 IWW 20지부 조합원들과 만나고, 밤에는 아르메니아인들과 만났다. 다들 지난 파업에 얽힌 일들에 대해 듣고 싶어 했지만, 에터는 자신이 함께하고 있는 맨해튼 호텔 노동자 파업에 대해 이야기했다. 프랑스계 벨기에인 음악대와 이탈리아의 밴조 클럽, 만돌린 클럽이 연주했고 독일 합창단이 노래했으며, 기념식이 성대하게 치러졌다.³ 하지만 많은 이에게 작년 일은(그때의 분노, 투쟁, 그리고 연대) 먼 과거의 추억일 뿐이었다. 그리고 다음 날 새벽이 되어 호각이 울리면 또 주당 54시간 일해야 하는 공장으로 출근할 2만 8000명에게는 더욱더 이미 지난 추억일 수밖에 없었다.

하지만 로렌스시는 그때도 지금처럼 앞을 보고 나아가는 도시였다. 펨버턴 공장 붕괴, 사이클론 사태(1890년)를 비롯한 많은 재앙을 이겨낼 때 그랬듯이 로렌스시 사람들은 노동을 통해 위안을 얻고 파업의 상흔을 지워갔다. 로렌스시가 산업 중심지로 번창하는 향후 20년간 계속 그러했다. 에식스 스트리트는 새로운 백화점이 들어오면서 활짝 꽃을 피웠고, 극장 지대는 여전히 화사했으며, 재즈와 빅 밴드 연주가 신나게 울려 퍼졌고, 자동차 소리가 요란했다. 여러 사교 모임과 클럽이 있어서 도시에 푹 빠져들 수 있었으며, 공장 노동시간이 너무 길고 급여가 너무 짜다 싶어도 구세대는 항상 옛날에는 노동시간이 더 길었고 급여는 훨씬 적었다는 식으로, 게다가 겨울까지 더 추웠다는 식으로 지난날을 회상했다.

로렌스 시민의 일상은 계속되었지만, 파업을 기념하는 행사 같은 것은 열리지 않았다. 그때의 파업 이후 10년 동안 더 많은 일들로 도시가 뒤집히기도 했다. 소규모 파업이 수십 번 일어났고,[4] 1912년 파업보다 더 오래 끈 파업도 두 번이나 일어났다. 노조 조직가, 사회주의자, 공산주의자 들은 로렌스시를 토양이 좋은 도시로 보았으며, 1912년의 악명을 떨쳐버리겠다고 굳게 결심한 공장주들 그리고 시 공무원들과 계속 충돌했다. 모든 이가 1912년 파업으로 인한 충격과 수치심을 구석구석에서 절절히 느끼고 있었다. 심지어 어떤 학교 교사는 학생들에게 미국 전역의 학생들과 펜팔을 맺어 로렌스시에 대해 무언가 좋은 이야기를 해주라고 말했다.[5] 그런대로 경제가 번창하면서, 또 새로운 비극들(1913년에 아이들 열한 명이 보트하우스의 주행로가 무너지면서 익사했다)[6]에 대처하면서, 1차 세계대전을 맞아 애국심을 고양시키면서 이 도시의 사기도 되살아났다. 해야 할 일거리가 있었고 이겨야 할 전쟁이 있었으니까. 하지만 사기가 살아난 또 하나의 핵심 요소는 완전한 부인否認이었다.

로렌스 시민연합이 설파하는 파업 이야기가 유일한 판본이 된다. 이 이야기를 받아들이면, 이 파업이 본래 찢어지게 가난한 사람들 스스로 일으킨 투쟁이며 당시 그들은 너무나 절박하여 지도자가 누구든 따랐을 거라는 진실을 전혀 볼 수 없게 된다. 로렌스시 당국은 미국 흑인 민권운동이 벌어지던 시절의 남부 백인들 다수와 마찬가지로 공동의 죄를 참회하기보다는 언론 매체, 공공 여론, 그리고 무엇보다 외부인들에게 모든 책임을 돌렸다. 로렌스시가 애초에 비참하게 살아가던 노동자들에게 얼마나 동정을 표했는지는 모르겠지만, 어쨌든 노동자들이 이 도시로 IWW를 불러들였다는 점만은 결코 용서하지 않았다. 급진주의를 상징하는 붉은 셔츠를 입은 이들은 집중 타격 대상이 되었고, 특히 볼셰비키 혁명 직후에 미국을 휩쓸었던 "빨갱이 공포증"에 사로잡혔던 시절에는 더욱 그러했다. 이들의 이야기 속에서 1912년 파업에 가담한 노동자들은 미쳐 날뛰는 폭도들이었다.

IWW(그들이 토해낸 가장 폭력적인 외침이라야 "놈들을 계단 아래로 던져버려라!"였음에도)는 아나키즘을 선동하는 자들이 되었고, 민병대는 법과 질서의 구세주가 되었다. 여기에 동의하지 않는 이들은 무조건 선정적인 언론에 놀아나는 자들로 매도당했다. 기차역에서 구타당한 여성들은 없었으며, 굶주림도, 과도한 노동도, 불만도 없었다는 것이다. 누군가는 이렇게 말한다.[7] "에터와 헤이우드가 나타나기 전까지 로렌스시는 아무 문제도 없었어요." 이렇게 철저한 부인을 버팀목으로 삼아 로렌스시는 계속 앞으로 나아갔으며, 지난날의 모든 반란과 전복의 기억은 지워버리고 다시 만족한 노동자들의 고장이라는 이미지를 회복했다고 믿었다. 하지만 정말로 노동자들이 만족했는가? 1981년 안토니에타 카프리올라는 그때를 회상하며 물었다. "물론 노동자들이 승리한 것은 사실이지요. 하지만 그래서 무엇을 얻었나요? 너무 너무 가난했어요…… 하지만 누가 뭐래도 희망은 많았죠. 이듬해에 오빠가 죽었어요. 우리는 여전히 배가 고팠어요."[8]

1912년에 일어난 파업 1주년 기념식이 말해주듯, IWW는 1913년 겨울까지도 로렌스에서 무시 못할 세력으로 남아 있었다. 이 지부의 회원은 1만 6000명까지 늘어났다.[9] 하지만 일단 재판이 끝나자 에터, 조바니티, 헤이우드, 플린 등은 모두 보이지 않았다. 1월에는 재판부가 헤이우드를 비롯한 파업 지도자들에게 무혐의 판결을 내렸지만,[10] 그들은 로렌스 파업으로 전국적 명성을 얻었고, 이를 적극적으로 활용하려 했다. IWW는 노동자들의 부탁을 받아 전국의 여러 현장에서 파업을 지도했고, IWW의 꿈도 조만간 실현될 수 있을 듯했다. 하지만 이로 인한 후과가 곧 나타나게 된다.

장군들이 보통 "지난 전쟁"의 전략을 되풀이하는 경향이 있듯이, IWW 또한 뉴저지주의 패터슨시를 또 다른 로렌스시로 보고 대응했다. 1913년 2월 벌어진 비단 공장 파업은 익숙한 모든 조건을 갖추고 있었다. 불만에 가득 찬 노동자 2만 5000명, 무수히 많은 민족, 민병대가 진주하여 포위당한 도시. 하지만 패터슨시의 경찰은 매사추세츠주의 민병대보다 훨씬 더 난폭하여, 무려 5000명을 체포했고 비무장 군중에게 발포했다.[11]

공장주들은 로렌스시의 실패를 본보기로 삼아 더욱 현명해졌다. 파업은 질질 끌었다. 6월이 되자 IWW는 파업 기금이 딸리고 또 파업도 널리 알려야 했기에 꾀주머니에서 또 다른 전술을 꺼냈다. 파업 연극을 만든 것이다. 6월 7일, 1만 5000명이 뉴욕 매디슨 스퀘어 가든에 모여 "패터슨 파업 무대"를 관람했다. 유명한 화가 존 슬로안이 무대 장치를 맡아 괴물 같은 거대 공장들을 드라마 배경으로 그려주었고, 대본은 파업 노동자들과 언론인 존 리드*가 맡았다. 이 연극은 파업을 고스란히 재현했다. 파업 노동자들은 자기 역할을 잘 수행했고, 자신들의 삶을 허드슨강 건너 뉴욕의 관중들에게 있는 그대로 보여주었다. 그들은 공장을 박차고 나와 피켓을 들었고, 관중들을 선동하여 일어서게 만들었다. 이 연극은 극찬과 호평을 받았다("장관을 이루는 연출" "새로운 예술적 형식")[12]. 하지만 기금 조성이라는 면에서는 재난이었다. 무려 2000여 달러를 잃었고 파업을 불구로 만든 것이다. 22주 동안 하루 한 끼만 먹고 버틴 노동자들은 7월에 결국 일터로 복귀하고 말았다.[13]

IWW의 전술은 로렌스시의 경우와 똑같았지만(심지어 도시 밖으로 아이들을 내보내는 것도 똑같았다), 비판자들은 노동조합이 서툴러서 파업을

---

* 미국의 기자이자 사회주의 운동가로 러시아혁명을 현장에서 보고 기록한 르포르타주 『세계를 뒤흔든 열흘』로 유명하다.

실수로 망쳐버렸다고 했다. IWW는 다시는 섬유 쪽의 파업을 맡지 않았으며, 미국 동부에서 어떤 활동도 하지 않게 된다.[14]

한편, 로렌스에서는 IWW가 (플린의 회상에 따르면) "천천히 피가 빠져 죽음을 맞고" 있었다.[15] 그녀도 인정했듯이, "우리들 대부분은 뛰어난 선동가였을 뿐 노조 조직가로서는 형편없었다."[16] 워블리 1만 6000명은 알아서 조직하도록 방치되었고, 결국 각 민족 지파로 나누어졌다.[17] 이렇게 분열되었으니 공장주들의 적수가 될 수 없었다. 파업 직후에 시작된 노조 파괴 공작(스파이 심기, 해고, 블랙리스트 작성)은 조직에 심각한 손상을 입혔다. 1913년 여름이 되면 로렌스에서 워블리를 자처하는 이들은 700명만 남게 된다.[18] 이 독종들의 이름은 블랙리스트에 올라 공장주들 사이에 회람되었다. 1914년 12월 14일자로 아주 깔끔하게 타자기로 작성된 블랙리스트에는, 활동적인 IWW 회원 열일곱 명의 이름이 적혀 있다. 이름이 알려지지 않은 이 리스트의 작성자는 IWW가 "이제는 회원 수나 자금에서 완전히 정체 상태이다. 이 사람들의 끊임없는 활동이 없었다면 이미 몇 달 전에 사라졌을 것"이라고 말하고 있다.[19]

IWW는 로렌스시에서 축출당하고, 패터슨시에서 패배를 당한 뒤에도 다른 현장에서 계속 싸워나갔지만, 내부 분열이 심해지고 말았다. "직접 행동"을 강조하는 헤이우드의 주장에 보다 조심스러운 사회주의자들은 화가 났고 그의 경솔한 발언("나는 사보타주를 신봉합니다. 이는 너무 오해가 많은 말입니다.")[20]으로 인해 좌파는 더욱 분열되었다. 1914년 에터는 "분노로 이글거리는 성명서들" 때문에 법원이 "우리 노동자들 수십 명을 '폭력적' 행동이라는 혐의로 잡아 넣어 감옥에서 썩혀버린다"고[21] 비난했다. 1916년 5월, 로렌스시의 퍼시픽 공장에서 파업이 벌어지면서 노동자들은 다시 한 번 에터의 지도를 청했다.[22] 하지만 이번에는 경찰도 준비가 되어 있었다. 먼저 온 도시를 누비는 에터의 뒤를 밟은 뒤, 새벽 5시 30분에 니덤 호텔에 묵고 있는 에터의 방으로 쳐들어가서 그를 붙잡아 기차역으로 끌고 가 바로 다음 열차로 보스턴에 보내버렸다. 공안위원장은 "저는 온갖 수단을 다 동원해 그가 로렌스시에 들어오지 못하게 만들 것입니다"라고 말했다. "만약 그가 로렌스시로 오겠다고 고집을 피우면 우리는 그를 붙잡을 것입니다."[23] 에터는 변호사를 고용했고,[24] 납치와 공격 혐의로 경찰을 고소했지만,[25] 마호니 판사는 이를 기각했다.[26] 결국 "웃는 얼굴 조"는 (몇 차례 비밀리에 잠시 들른 것을 제외하면) 다시 로렌스시로 돌아오지 않았다.

그해 말, 에터와 헤이우드는 크게 다투어 갈라서고 만다. 미네소타주에 있는 메사비 산맥의 철광에서 난폭한 파업이 일어났으며, 에터는 뒤처리 과정에서 살인 혐의를 받던 워블리 두 사람을 위해 이른바 "양형 거래"를 제안했다.[27] 유죄를 인정할 테니 형을 깎아달라고 한 것이다. 헤이우드는 이를 심하게 비난했다. 로렌스에서 에터가 붙잡혔을 때 IWW는 결코 유죄를 인정하지 않는(심지어 "길에 침을 뱉은 것조차도") 비타협적인 태도를 견지했다는 것이었다.[28] 에터는 격노하여 조직 운동을 때려치우고 만다.[29] 사망한 부친이 물려준 1만 달러를 받아,[30] 노조를 조직하는 대신 남부 캘리포니아에서 와인 사업을 일으키는 데 관심을 기울인 것이다.[31] 하지만 이따금 노동 측 간행물들에 글을 싣기는 했다. 이후 노동운동이 커다란 진전(최저임금 도입, CIO라는 산별노조의 등장, 8시간 노동 등)을 이루었지만, 시간이 지나도 노동운동에 대한 에터의 마음의 불길은 꺼지지 않았다. 1945년, 에터는 《산업노동자》에 미국 생디칼리즘의 역사에 대한 4부작 논문을 기고한다. 이미 워블리라는 이름과 활동이 향수 어린 추억으로 물러난 시절이었지만, 에터는 이렇게 결론을 내린다. "시도하고 또 시도한다. 그러는 가운데 IWW의 전통과 유산이 여전히 가치가 있다는 점이 드러날 것이다."[32] 에터는 1948년 세상을 떠난다.

로렌스시에서 일어난 파업을 기억하는 이들을 빼면 누구도 그를 기억하지 못했다. 어떤 주요 신문에도 부고 기사가 나지 않았다.[33]

에터와 마찬가지로 조바니티 또한 몇 년 있다가 IWW를 떠났다. 감옥에서 나올 때 이미 전국적인 명성을 얻었으며 1914년에 시집을 한 권 출간했다. 헬렌 켈러는 이렇게 썼다. "조바니티는 셸리와 마찬가지로, 우리가 너무 쉽게 받아들이는 잔인함, 빈곤, 무지에 저항하여 반란을 일으키는 시인이다."[34] 조바니티는 사회주의의 시인이자 예언자라는 찬사를 받았지만,[35] 사형을 눈앞에 두고 10개월간 징역살이를 한 경험으로 인해 "직접 행동"을 꺼리게 된다. 비록 나중에 패터슨시와 로렌스시에 상징적으로 모습을 보이기는 했지만,[36] 시작詩作에 전념했고, 급진파 저널을 편집했으며, 1차 세계대전(이 전쟁으로 두 형제를 잃었다)에 저항했다. 또 사코와 반제티를 지키기 위해 자주 연설했고, 1922년에는 자신의 재능을 발휘해 국제여성의류노동조합 교육 부서를 맡기도 했다. 다음 30년 동안에는 뉴욕의 노동자 집회에서 연설했으며, 반다이크 그림에 나올 법한 턱수염, 시인 바이런을 연상시키는 칼라, 아름다운 이탈리아어와 영어로 청중들을 매혹시켰다.[37] 하지만 노동자 혁명이라는 꿈이 점차 허무해지면서 조바니티는 우울증에 빠져들었다. 1950년, 그는 다리에 마비증을 앓게 되었고, 브롱스에 있는 자택 침대에 누워 있다가 1959년 새해의 전날 밤 세상을 떠난다.[38]

엘리자베스 걸리 플린 또한 메사비 파업 이후로 IWW를 떠났다. 트레스카와 계속 관계를 유지했지만, 자신의 여동생이 그와 관계해 아이를 낳았다는 사실을 알게 되었다.[39] 이 배반당한 "반란 소녀"는 결국 더욱 가열찬 반란 여성이 된다. "나는 피켓라인에서 총에 맞아 죽은 남자들과 여자들의 장례식에서 연설을 했으며, 나의 영혼에는 쇳덩이가 들어앉게 되었다"고 썼다.[40] 이 쇳덩이의 힘으로 사코와 반제티를 살려내기 위해 연단에 섰으며, 스페인 내전이 벌어졌을 때는 반파시즘 세력을 지지하는 연설을 하기도 했다.[41] 하지만 이 쇳덩이리는 자신의 확신을 극단적으로 강화해 또 다른 폭정에는 눈을 감아버렸다. 플린은 트레스카와 조바니티의 조언에도 불구하고 결국 1930년대에 공산당에 가입한다.[42] 대공황기에는 8만 명에 달했던[43] 당원들은 대부분 당을 떠나지만, 그녀는 끝까지 남았을 뿐만 아니라 심지어 공산당 지도자가 된다. 이렇게 붉은색으로 칠한 안경을 써버린 플린은 소련이 전체주의국가라는 것도 인정하기를 거부했으며,[44] 이 때문에 자신도 함께 창립했던 미국시민자유연합에서도 쫓겨났다.[45] 1952년, 미국 정치에서 매카시 광풍이 불고 냉전이 극성을 부리는 상황에서 플린은 정부를 폭력으로 전복하는 행위를 옹호했다는 혐의를 받았다.[46] 그녀는 9개월에 걸친 재판에서 자신을 변호했지만 결국 유죄판결을 받았다. 예순네 살 나이에 관절염과 고혈압으로 고생하는 몸으로[47] 플린은 보안이 철통같은 감옥에서 28개월의 수형 생활을 시작했다. 1957년에 풀려난 그녀는 심지어 니키타 흐루쇼프가 스탈린의 폭정을 폭로하여 세상을 놀라게 한 뒤에도 공산주의자로 남았다. 1961년에는 미국 공산당 전국 의장이 되었는데 당시에 당원은 채 3000명도 되지 않았다.[48]

플린은 생애의 마지막 몇 년을 대학 강연(하지만 발언의 자유를 허가받지 못해 강연을 하지 못하게 되는 일이 많았다)과 소련 시찰 여행 등으로 보냈다.[49] "걸리"는 안경을 낀 할머니가 되었지만[50] 로렌스시에서 그랬듯이 눈에 띄는 모습으로 흐루쇼프, 호치민, 체 게바라 등과 나란히 회의 석상에 앉았다. 한평생 자본주의와 투쟁한 플린은 이를 잣대로 삼아 소련을 바라보았으므로, 소련이 약간만 노력을 하면 얼마든지 바른 나라가 될 수 있다고 생각했다. 모스크바를 보면 샌프란시스코가 떠오른다고까지 말했다.[51] 1964년, 또 한 차례의 소련 시찰 도중에 플린은 한 병원에서 세상을 떠났다. 그녀의 시신을 태우고 남은 재의 절반은 크렘린 벽 아래에 묻혔으며, 다른 절반은 시카고로 돌아가 '빅 빌' 헤이우드 옆에서 안식을 맞았다.[52]

이렇게 각자 제 길을 갔던 이들과 달리 헤이우드는 IWW에 끝까지 충성을 다했다. 지나치게 과격한 성명서를 발표해 노동조합위원회의 징계를 받지만, 1916년에 돌아와 회원 배가 운동을 기획하여 워블리들의 수를 네 배로 늘렸다.[53] 하지만 이러한 재생과 회복에는 비용이 따랐다. 첫째, 헤이우드는 친구 조 힐이 살인 누명을 쓰고 유타주에서 총살당하는 것을 보았다.* 미국이 1차 세계대전에 참전하면서 그의 친구들 수십 명이 감옥에 가거나 구타를 당했다. 1917년 여름 워블리들이 "독일군의 황금"에[54] 매수되었다고 의심하는 육해군 병사들이 전국의 IWW 본부와 지부에 난입하는 일이 벌어졌다.[55] 매체들은 오히려 이러한 광란을 부채질하였고, IWW를 "독일인들보다 더 나쁘다"고 낙인찍고 《샌프란시스코 크로니클》, "모든 종류의 뱀들을 죽이듯이 이들도 죽여라"고 선동했다《털사 데일리 월드》.[56] 미국이 전쟁을 치르게 되었으니 애국자들은 이제 더 이상 헤이우드 같은 반역자들을 참아줄 필요가 없다고 생각했다.

* 조 힐은 스웨덴에서 태어나 1902년 미국으로 이민을 갔으며 1910년 IWW에 가입했다. 노동운동과 파업을 지지했으며 수많은 민중가요를 만들고 불러 투쟁하는 노동자들에게 힘을 실어주었다. 1914년 초 솔트레이크시티에서 일어난 한 살인 사건의 범인으로 지목당해 재판정에 서게 되었다. 아무런 증거가 없었고 살인범으로 단정할 근거도 없었기에 미국을 넘어 국제적인 구명운동이 일어났지만 결국 1915년 사형을 당했다. 사람들은 조 힐이 다름 아닌 노동자들의 시인이고 노동자들의 가장 절실한 욕구를 노래로 표현한 인물이기에 살해당했다고 믿었다. 조 힐은 의연히 판결을 받아들였고 동지들에게 "내 죽음을 슬퍼하는 데 시간을 낭비하지 마시오, 조직하시오!"라는 편지를 보냈다. 산업별노조 운동이 진행되던 1930년대 중반 수많은 사람이 앨프리드 헤이즈와 얼 로빈슨이 지은 감동적인 노래 〈조 힐〉을 불렀다. 노랫말은 이렇다. "어젯밤 꿈에 조 힐을 보았네/너나 나와 마찬가지로 살아 있었네/"조, 당신은 10년 전에 죽었잖소/그가 내게 말했지/"조 힐은 결코 죽지 않았어"/노동자가 싸우는 곳이라면 어디든지 조 힐이 그들 곁에 있다네".

그해 여름, 애리조나주 비스비 시민 2000명은 파업에 들어간 구리 광산 노동자들과 IWW 지도자들을 유개화차에 집어넣어 뉴멕시코 국경의 뜨거운 사막에 버렸다.[57] 몬태나주 부트에서는 조직가 프랭크 리틀이 감방에서 끌려 나와 철로 가대에 눕혀져 린치를 당해 죽었고, 몸뚱이에는 다른 "IWW 회원들"에게도 똑같은 짓을 하겠다는 위협을 담은 쪽지가 핀에 꽂혀 있었다.[58] 그다음에는 연방 정부가 나섰다.

선전포고를 한 지 2개월 후 의회는 간첩행위법을 통과시켜 미국의 전쟁 노력을 조금이라도 가로막는 모든 행위를 금지했다.[59] 사회주의 간행물들은 출간이 금지되었고, 유진 뎁스, 엠마 골드먼을 비롯한 수십 명이 전쟁 반대 연설을 했다는 이유로 체포되었으며, 워블리들은 분쇄돼 버렸다. 윌슨 대통령은 검찰총장을 불러 IWW를 "분명히 제압할 필요가 있다"고[60] 했으며, 1917년 9월 5일, IWW에 대한 탄압이 본격적으로 시작되었다. 연방 정부 요원들이 시카고에 있는 IWW 총본부를 덮쳤다. "캔자스의 메뚜기 떼가 밀밭을 덮치는 것 같았다"고 헤이우드는 회상했다.[61] 요원들은 사흘에 걸쳐서 문서 캐비닛, 회원 목록, 서류철, 심지어 조 힐의 유해까지 가져갔다. 3주 후 이들은 워블리 166명에 대한 체포영장을 가지고 돌아왔으며, 여기에는 헤이우드, 플린, 에터, 조바니티 등이 모두 포함되어 있었다. 플린, 에터, 조바니티는 협상을 통해 개별 사건으로 다루어졌고 고소는 기각되었다. 하지만 헤이우드는 아이다호와 로렌스에서 사법기관이 무죄판결을 내려 풀려난 적이 있어 이를 신뢰했으며 시카고에서 자발적으로 체포 및 투옥되었다.

이듬해 여름, 워블리 150명이 반역과 정부 전복 음모 등의 혐의로 재판을 받게 되었다. 검사들은 IWW의 산더미 같은 문헌들을 그대로 읽어서 배심원들을 지루하게 만들었다. 반면 변호인들은 고된 노동과 그보다 더 고단한 삶에 대해 이야기했다. 헤이우드는 섬유 도시 공동주택에 사는 사람들의 고통과 저택에 사는 공장주들의 삶을 대조했다.[62] 배심원은 불과 한 시간 동안의 숙의를 통해 모든 피고인(몇 명은 세부 사항들이 문제가 되어 풀려났지만)에게 유죄 평결을 내렸다. 케네소 마운틴 랜디스 판사(훗날 초대 메이저리그 커미셔너가 된다)는 이들에게 총 807년의 징역과 240만 달러의 벌금형을 선고했다.[63] 헤이우드는 리벤워스로 보내져 남은 삶을 감옥에서 보내게 되는데 건강을 완전히 잃고 말았다. 나이가 쉰도 안 되었는데, 훨씬 나이 많은 노인들처럼 이빨들이 썩었고 온갖 궤양을 앓고 있었으며 당뇨병으로 한쪽 눈마저 시력이 약해졌다.[64] 헤이우드는 항소하였고, 1919년 보석으로 풀려났지만, 하필 "빨갱이 공포"가 창궐하는 때였다.

이 심리적 공황은 정치인, 판사, 기업가(윌리엄 우드도 포함)들에게 서른 개의 "노동절" 폭탄이 배송된 사건이 불러일으켰다(그중 실제로 폭발한 것은 하나뿐으로, 어느 상원의원 하녀의 두 손을 날려버렸다).[65] 그해 가을, 이 "빨갱이 공포"를 절정으로 끌어올린 사건이 있었으니, 바로 악명 높은 파머 습격이었다. 약 4000명의 사회주의자, 아나키스트, 이민자 노동운동가들이[66] 체포되었다.(로렌스시에서도 열다섯 명.)[67] 그중 250여 명이 재판도 못 받고 유럽으로 추방되었고 미국인들은 이에 환호했다.[68] 이러한 분위기에서 항소한 헤이우드가 이길 가능성은 없었다. 체념한 그가 여생을 감옥에서 보낼 생각을 하고 있을 때 한 소련 요원이 탈출을 제안했다. 1921년 3월 31일, 헤이우드는 가짜 여권을 사용하여 소련으로 가는 배를 올라탔다.[69] 자유의 여신상을 지나면서 그는 말했다. "잘 있어라. 나를 너무 오랫동안 외면한 너. 나는 이제 자유의 땅으로 간다."[70]

모스크바에서 헤이우드는 영웅으로 환영받았지만 그럼에도 비참했다. 플린이 나중에 썼듯이 "그는 야구와 저질 익살극, 큼직한 스테이크와 시가, 카우보이와 로데오, 파업과 피켓라인의 나라를 그리워했고, 미

시시피강과 로키산맥을 보고 싶어 했다."[71] 1928년 미국 기자가 모스크바의 작은 아파트에 들렀을 때 헤이우드는 물었다고 한다. "제가 다시 돌아갈 수 있을까요? 쿨리지 대통령이 나를 받아줄까요? …… 나는 미국에 돌아가서 죽고 싶은데. 내가 미국에서 싸움을 많이 일으켰지만, 이제 나는 늙은이고, 돌아가고 싶어요."[72] 하지만 그해 봄에 중풍을 맞았고, 머지않아 한 번 더 중풍을 겪었다. 헤이우드는 5월에 숨을 거두었다. 플린과 마찬가지로 그의 유해 절반은 크렘린 벽에 묻혔으며, 다른 절반은 시카고로 돌아가 헤이마켓 순교자들의 기념비 근처에 묻혔다.[73]

스캔런 시장은 더욱 급작스러운 심판을 받게 된다. "어떤 시 정부도 경험하지 못한 어려운 한 해"를 겪고 살아남은[74] 스캔런은 마침내 로렌스시를 운영하는 본연의 임무로 돌아간다. 그를 소환하려는 운동이 일어났지만 흐지부지되었고 그는 1913년에도 아슬아슬하게 재선되었다. 하지만 이듬해 여름에 갑자기 오른쪽 귀 뒤에서 맥박이 심하게 뛰는 것을 느낀다. 한 전문가가 유양돌기뼈 감염증을 발견했다. 스캔런은 수술을 받았고 회복하는 중이었는데, 8월 17일 숨을 거두고 말았다. 쉰 번째 생일 1주일 전이었다. 다음 날 아침 소방 벨이 로렌스시에 울렸다.[75] "장례 행렬은 로렌스시의 도로를 지나간 가장 긴 행렬의 하나였다"고 《로렌스 텔레그램》은 보도했다.[76] 은행, 가게, 신문사 모두 그날 오전 문을 닫았다. 하지만 공장은 계속 돌아갔다.

매사추세츠주의 민병대 병사들은 마침내 진짜 전쟁에 나가 싸우게 된다. 미국이 1차 세계대전에 참전하기로 하자 모든 제대가 소집되어 육군으로 재편되었다. 로렌스시의 C포대는 샤토티에리와 생미엘에서 전투를 벌였고, 전사자는 한 명뿐이었다. F중대는 아르곤 숲에서 또 2차 마른 전투에서 싸웠다. 정전 협정이 체결되었을 때 중대원 여든 명 중 살아남은 병사는 열두 명도 안 됐다.[77] 로렌스시에서 전부 6000명의 남성이 전쟁에 나갔으며 196명이 죽었다. 하지만 로렌스 파업의 가장 흥미로운 마지막 결과는 윌리엄 우드의 변화였다. 이 파업의 주요 행위자들 중에서 오직 우드만이 1912년의 여러 사건을 통해 진정 변화했다. 그리하여 사람들이 혐오하는 공장 거물에서 섬유 산업의 가부장으로 거듭나게 된다.

1913년 5월 19일, 우드의 리무진이 보스턴에 있는 고등법원 앞에 멈추었다. 우드는 사진 기자들을 피해 법정으로 들어가 다이너마이트를 심어놓은 음모 혐의로 재판을 받았다. 검사가 논고를 펴나가자 1912년 1월 막후에서 진행된 사건이 재현되었다. 한 지역의 건설업자가 증언했다. 다이너마이트가 발견되기 전날, 우드의 하청업자인 피트먼이 접근했다(한 해 전 8월에 자살한 인물이다). 피트먼은 "건설 현장에서 큰 바위들을 좀 날려버릴 수 있는" 다이너마이트를 구해달라고 요구했다. 피트먼과 건설업자는 다이너마이트를 소지한 채로 보스턴으로 가서 존 브린에게 넘겨주었다는 것이다.[78] 브린은 자신이 나중에 "개 애호가" 데니스 콜린스를 보스턴의 술집에서 만나 그 "뭉치"를 워싱턴 스트리트와 프랭클린 스트리트의 교차점으로 가져갔다고 했다. 여기에서 긴 세월 동안 우드의 동업자였던 프레더릭 애토가 합류했다고 한다. 지불 방식은 상당히 거칠었다. 애토가 500달러가 들어 있는 가방을 떨어뜨리고, 브린에게 말했다. "내가 아무것도 주지 않았다고는 말하지 마시오."[79] 그날 저녁 콜린스와 브린은 기차를 타고 로렌스시로 갔으며 이탈리아 구두닦이 가게, 시리아인의 집, 교회 공동묘지 등을 다니면서 브린이 "주스"라고 불렀던 다이너마이트들을 심어놓았다. 콜린스에 따르면, 브린은 이렇게 장담했다. "나는 내년에 시장이 될 거요. 뒤에 백만장자가 있으니까."[80]

검사들은 이러한 증언과 함께 물증을 제시했다. 우드가 서명하여 애토에게 지급된 아메리칸 모직의 상품권들,[81] 1월 19일 아메리칸 모직과 애토의 사무실 사이의 통화 그리고 애토와 피트먼 사이의 통화 기록이었다. 한 증인은 이른바 "주스"가 로렌스시 곳곳에 심어진 날 밤 애토를 우드의 저택에서 보았다고 증언했다.[82] 한 택시 운전사는 우드의 집에서 (돈 가방을 내려놓은) 길모퉁이까지 애토와 닮은 남자를 태웠다고 증언했다. 윌리엄 우드의 상황은 별로 좋아 보이지 않았지만, 마침내 그의 변호인단이 합리적 의심을 불러일으킨다. 우드의 승용차 기사는 그날 저녁 애토가 우드의 집에 없었다고 증언했고, 택시 운전사의 서면 진술은 1911년에 제출된 것으로 드러났다. 반대신문에 맞닥뜨린 택시 운전사는 이듬해 1월 19일의 여정을 구체적으로 기억해내지 못했다.[83] 아메리칸 모직이 애토에게 보낸 상품권의 경우 구체적 물품이 지정되지 않았고, 그저 "로렌스 파업 동안에 발생한 비용에 대하여"라고만 쓰여 있었다.[84] 게다가 브린의 신뢰성 문제가 있었다. 애토는 브린이 자신을 협박했다고 비난하였고, 이에 브린의 신뢰성이 더욱 흐려진 것이었다.[85]

이제 평결은 어느 쪽으로 결론이 날지 알기 어려울 정도로 찬반이 팽팽했다. 정황 증거밖에 없기는 했지만, 오랫동안 우드의 하청업자로 일한 사람이 그냥 혼자 저지른 일이란 말인가? 피트먼은 뭔가 숨길 게 있어서 자살하지 않았을까? 또 과연 윌리엄 우드가 파업이 시작된 지 겨우 1주일밖에 안 된 시점에서 지금까지 쌓아올린 모든 것을 허물어뜨릴 계획을 추진했다고? 배심원단은 밤늦게까지 숙의를 계속했고, 다음 날 아침 일찍 다시 모였다. 평결이 오전 10시에 나왔다. 콜린스는 유죄. 애토는 배심원 의견 불일치. 우드는 무죄. 우드의 주변에 친구들이 몰려들었다. 그가 말했다. "참 통과하기 어렵고 긴 시험이었습니다. 저는 이번 기소와 관련해 누구에게도 앙심 같은 것은 품지 않습니다."[86]

비록 무죄로 풀려나기는 했지만, 우드는 자신의 "동료 노동자들"이 배반했다는 사실을 끝까지 받아들이지도 극복하지도 못했다. "대서양에서 태평양에 이르기까지 전 미국에서 저는 공중 여론이 혐오하는 대상이었습니다." 그가 한 말이다.[87] 우드는 남은 생을 무감했던 자신을 돌아보고 속죄하는 데에(혹은 속죄하는 것처럼 보이는 데에) 썼으며 이렇게 말했다. "우리는 새로운 사회적·산업적 질서의 세계에 들어섰으며 여기서 이기적인 고용주나 노동자는 사라질 수밖에 없다."[88]

그는 통 크게 베풀었다. 이는 마음에서 우러나온 감사의 표현일 수도 있지만 배경에는 연방 정부가 있었다. 1913년, 우드와 섬유 산업 전체가 가장 두려워했던 불벼락이 떨어졌다. 민주당이 장악한 의회가 "세율표 K"에 기반한 모직 관세를 폐지한 것이다.[89] 이듬해 아메리칸 모직은 처음으로 손실을 보았지만,[90] 우드는 회사를 재정비하고 더 많은 공장을 사들여서 전쟁 기간 동안 오히려 이윤이 하늘로 치솟게 된다. 군복을 입은 미군이 100만 명이라는 것은 곧 100만 벌의 군복과 100만 개의 담요가 필요하다는 뜻이니까. 아메리칸 모직이 따낸 정부 수주 계약은 전부 1억 200만 달러로서, 미국 섬유 산업 역사상 최대 규모였다. 우드는 이렇게 몰려드는 이윤을 즐기는 동시에,[91] 또한 지속적인 파업의 위협에 직면해 있었으니,[92] 노동자들의 임금을 2년 동안 무려 다섯 번이나 인상했다. 그중 한 번은 5퍼센트를 인상했지만 네 번은 10퍼센트를 인상했다.[93] "빌리 우드"는 이제 더 이상 로렌스시에서 더러운 이름이 아니었으며, 1919년 또 다른 대형 파업이 터졌을 때도 우드가 특별히 표적으로 찍히거나 하는 일은 없었다.

1919년 파업에서도 주당 노동시간 단축이 문제가 되었다. 노동자들은 임금 삭감 없는 48시간 노동을 요구했다. 파업은 2월 3일에 시작되어 참여 인원이 1만 5000명으로 불어났다.[94] 하지만 시 당국은 이제 민병대를 동원하지 않고, 행진, 공원에서 여는 대중 집회 따위도 일절 금하기로 했다. 군중을 다루었던 것은 로렌스시 경찰과 인근 도시들에서 온 경찰들이었다. 모든 공공 집회는 금지되었다.[95] IWW가 어지러운 상태에 있었으니, 전직 워블리들,[96] 이민자들, 성직자들의 느슨한 동맹이 파업을 이끌었다. 그런데 하필 사람들이 "빨갱이" 공포증에 시달리던 시절에 마르크스와 레닌의 사진을 파업 노동자들이 모이던 강당에 걸어놓아 "볼셰비즘"이라는 혐의에 불을 질렀다.[97] 경찰은 파업 노동자 300명을 체포했고 그중 몇몇은 아주 심하게 구타했다. 이들의 변론을 맡았던 이는 최근에 보스턴 대학 로스쿨을 졸업한 변호사 안젤로 로코였다.[98]

노동자들은 "48시간 노동으로 54시간 치 임금을"이라는 구호를 내걸고 파업에 들어갔다. 한 파업 노동자가 살해되었고 집 한 채가 폭탄에 파괴되었다.[99] 노동자들은 자기 아이들을 밴에 태워 도시 밖으로 내보냈다.[100] 노면전차가 돌팔매질을 당했고, '땜빵'들은 심한 학대를 받았다.[101] 오라일리 신부와 밀라니스 신부를 비롯한 교회 지도자들이 한데 모여 파업에 맞서 싸웠다. 마침내 1912년과 마찬가지로 파업을 강경 진압하면서 사태는 통제할 수 없게 되었다. 5월 6일, 자경단이 파업 지도자 두 명을 자택에서 끌어내 쇠막대기로 구타했다.[102] 어떤 남자들이 트럭에 기관총을 거치하고 길거리를 순찰했다.[103] 하지만 봄철을 맞아 밀린 주문이 쌓여가고 있었기에[104] 공장주들은 결국 물러설 수밖에 없었다. 16주가 지난 뒤 노동자들은 48시간만 일하고도 54시간을 일하고 받던 것보다 약간 더 많은 급여를 받게 되었다.[105] 하지만 파업을 풀고 현장에 복귀하자 파업에서 가장 활동적이었던 지도자들은 모두 해고당했다.[106]

우드는 두 번째로 대규모 파업을 경험한 후에 마침내 아들의 말을 듣게 된다. 아들인 윌리엄 우드 주니어는 1912년 하버드 대학에서 사회학을 공부할 적에[107] 교수들에게 경멸 어린 말들을 들었다. 대학을 졸업하여 아메리칸 모직의 이사가 된 이 아들 우드는 아버지를 설득하여 노사

관계를 개선했다.[108] 1919년 파업 직후, 아메리칸 모직은 직원들에게 단체보험*과 산재보험, 보육수당, 유급 병가 등을 내놓았다. 또 회사 차원에서 주택조합을 결성하여 직원들이 생애 첫 주택을 구입하도록 도왔고, "세계시민 클럽"을 만들어 영어 교육과 시민권 취득 교육을 제공했다.[109] 새로운 아메리칸 모직의 여름 캠프에는 노동자들의 자녀들이 들어왔다.[110] 모직업계 내부의 저널이 보도한 바에 따르면, 노사관계에 있어서 아메리칸 모직이 "대부분의 경쟁 기업들에 비해 훨씬 멀리 볼 줄 안다."[111] 하지만 우드가 이렇게 한 이유는 이타주의 때문만은 아니었다. 아메리칸 모직은 이렇게 관대하게 베풀어, 로렌스시에 발판을 마련하려는 섬유노조의 시도를 손쉽게 좌절시킬 수 있었던 것이다.[112]

1919년 12월 전후 인플레이션으로 물가가 치솟을 때 우드는 더욱더 노동자들에게 소중한 존재가 되었다. 그는 로렌스시의 상인들이 폭리를 취하고 있다고 비난하고는 자신의 회사가 실비로 가격을 매겨 물건을 파는 상점을 열겠다고 위협했다. 그가 말한 가게는 만들어진 적이 없지만,[113] 우드의 자동차가 로렌스 시내를 지나가면 노동자들은 왕의 행차를 보는 것처럼 환호를 올렸다고 한다.[114] 사람들은 우드가 도대체 무슨 생각을 하는지를 궁금해했고, 훗날 노동자들은 우드에게 애정을 표하는 행사에 동원되었다고 불평했다.[115] 그런 행사에서는 "우리의 캡틴 빌리에게 바치는 노래들"이 불렸다고 한다.[116] 우드의 가부장적 온정주의는 아이들을 실어 나르는 회사 차량에 붙은 구호에도 드러나 있었다. "항상 우리에게 크게 베푸시는 우드 씨가 이런 혜택도 주신답니다."[117] 1922년 또다시 대규모 파업이 로렌스시를 흔들었을 때 아메리칸 모직 노동자들만이 파업을 하지 않았다. 오직 우드만이 임금을 삭감하지 않

---

*   집단이나 단체의 대표자를 계약자로 하며, 이 단체의 구성원이 포괄적으로 피보험자가 되는 보험.

았기 때문이다.[118]

　공장 노동자 출신으로 공장 거물이 된 우드는 하늘로 치솟는 로켓처럼 출세를 해왔지만, 오르막이 있으면 내리막이 있는 법이다. 비극은 1918년 우드의 딸 아이린이 스페인독감에 걸려 목숨을 잃었을 때 시작되었다.[119] 우드는 너무 큰 충격을 받아 상실감에 시달렸고 마차를 몰고 딸의 무덤에 가서 꽃을 놓고 오곤 했다.[120] 이러한 상처에 소금을 뿌리기라도 하듯, 1920년부터 우드에 대한 고소와 기소가 줄을 이었다. 연방정부가, 전시 상황을 이용하여 부당 이윤을 챙겼다는 혐의로 우드를 기소한 것이다. 이 건은 절차상의 문제가 있어 기각되었지만, 또 다른 기소가 기다리고 있었으며, 이중에는 아메리칸 모직이 우드의 개인 소득세를 대신 내주었다는 것도 있었다(우드가 죽은 뒤 유죄가 확정된다).[121]

　그리고 1922년에는 아들 윌리엄 우드 주니어가 사망한다. 롤스로이스 자동차를 시속 160킬로미터로 몰기를 즐겼는데[122] 앞에서 오는 차를 피하려고 운전대를 틀었다가 전신주에 충돌한 것이다. 우드의 다른 아들 코르넬리우스가 말했다. "아버지는 돌이킬 수 없이 완전히 다른 사람이 되셨어요. 슬픔에 짓눌려서 살아가셨어요."[123] 1924년에는 중풍을 맞았으며, 이제 백발에다가 살까지 잔뜩 쪄서 회사에 대한 통제력, 건강에 대한 통제력, 삶에 대한 의지의 통제력을 모두 잃었다. 쇼우신 마을조차 위로가 되지 못했다. 앤도버에 세워진 이 마을은, 당시 사라져버린 빅토리아시대를 재현하려는 의도로 만들어진 공동체였다. 미국 식민지 시대 양식*으로 세워진 주택 250채가 가게들, 은행, 약국, 기업 사무실들로 이루어진 예스러운 도심을 둘러싸고 있는 형태였다. 우드 또한 쇼우신 마을에 저택을 두었고, 큰 파티를 열어 여기 참여할 시간이 있는 노

　＊　유럽인들이 식민지 시대 미국에서 일으킨 건축 양식으로 사각형 집, 대칭 스타일, 경사가 가파른 지붕, 아름다운 벽난로 등이 특징이었다.

동자들에게 케이크와 아이스크림을 대접했다. 보스턴에 살다가 억지로 여기에 끌려온 회사 중역들은 이 마을을 싫어했고, 주주들 또한 우드가 기업 자금을 펑펑 쓴다며 노발대발하여 나중에 우드를 고소하기까지 했다. 그때 결정타가 떨어진다. 이윤이 급전직하한 것이다. 1924년, 이 세계 최대의 소모사 제조 업체는 690만 달러의 손실을 낸다.[124] 우드는 그해에 은퇴했는데 자신을 보좌한 직원에게 이렇게 말했다. "내 인생은 오로지 일의 인생이었네." 그러고는 아들 무덤 쪽을 가리키면서 이렇게 덧붙였다. "그런데 일을 그만두면 나도 머지않아 저기에서 빌리와 함께하게 될 거 같아."[125]

슬픔 속을 헤메다가 거의 정신을 잃은 우드는 종종 자신이 너무 가난하다고 불평을 했으며,[126] 자신의 예언이 실현될 때까지 그냥 앉아서 기다리지 않았다. 1926년 2월 2일, 플로리다에서 겨울을 나던 우드는 플레이글러 해변 근처의 호젓한 길로 들어섰다. 기사에게 차에 남아 있으라고 한 뒤 혼자 경치 좋은 바닷가로 걸어 나가 38구경 권총을 입에 넣고 삶을 끝냈다.[127] 그러지 않아도 빠르게 바뀌는 패션 흐름을 따라잡지 못하고 덩치만 큰 공룡이 되어가던 아메리칸 모직은 우드까지 사라지면서 이후 30년에 걸친 죽음의 소용돌이로 빠져들어 결국 파산하고 만다.[128] 1955년, 이 회사는 텍스트론 사와 합병했으며, 옛날 공장들은 모두 문을 닫는다. 세계 최대 규모를 자랑했던 이 공장들은 텅 빈 채로 남아 있었다. 하지만 이때가 되면 섬유 산업이 쇠퇴하여, 로렌스시에는 텅 빈 채로 구시대의 유물로 남아 있는 공장들이 많았다.

1920년대에 미국 북동부 전역의 공장들은, 면화를 주로 재배하는 지역이자 노조는 농민들만큼이나 힘이 약한 남부로 대거 이동했다. 그런데 남부의 노동자들은 로렌스 파업보다 더 길고 유혈이 낭자한 파업을 벌이기 시작했으며, 메인주에서 펜실베이니아주에 이르는 뉴잉글랜드의 공장 도시들은 산업 국가 미국의 과거에서 넘어온 낡은 유물이 되어 버렸다.[129] 1949년, 미국의 다른 지역은 호황을 누렸으나 로렌스시의 실업률은 40퍼센트에 달했다.[130] 그다음 몇 해 동안, 단말마의 고통에 시달리던 이곳 공장들의 숨통이 결국 끊어지고 만다. 아이어 공장(일자리 2657개)이 문을 닫았고, 모노맥 공장(일자리 3500개), 우드 공장(일자리 7000개)에 이어 마지막으로 1957년 1월에는 퍼시픽 공장(일자리 4100개)이 문을 닫았다.[131] 텅 빈 방적실에서 폐허가 된 공동주택 지구에 이르기까지, 한때 전 세계가 사용하던 소모사를 짜던 도시에 슬픈 침묵만 내려앉아 있었다.

로렌스시는 1.3제곱킬로미터에 달하는 산업 지구를 채우기 위해 몸부림쳤으며, 허니웰과 제너럴 일렉트릭을 유치했지만, 실업률은 계속 높았고 빠져나가는 가정이 줄을 이었다. 1960년대에는 재개발이 온 도시를 휩쓸었다. 공동주택 지구와[132] 에식스 스트리트의 옛날 건물들은 철거되었다. 플레인스의 많은 건물들, 특히 우드 공장 건물의 날개 부분이 평평한 땅으로 변했다. 살아남은 공장 건물들은 1980년대가 되면 어느 정도 되살아났다. 덩치가 엄청난 이 19세기식 건물들에는 이제 아울렛, 디자인 회사, 예술가들의 작업실, 하이테크 기업들, 소매상들 같은 다양한 사업체들이 입주했다. 이렇게 여러 구역으로 갈라진 사잇길들을 걷다 보면 여기서 옛날에 많은 사람이 노동을 했고 그들의 노동이 아주 힘들었다는 사실을 상상하기가 쉽지 않다. 하지만 닫힌 문 틈 사이를 한번 보라. 창문 너머 굴뚝이 그리는 스카이라인을 한번 보라. 그다음에는 삐걱거리는 나무 계단을 밟고 사람들이 거의 올라가지 않는 위층으로 가보라. 그러면 갑자기 방대한 공장 공간이 한눈에 펼쳐질 테고 하드우드 마룻바닥과 기둥들도 저 멀리 소실점에 이르기까지 쭉 늘어서 있을 것이며, 텅 빈 방대한 공간은 저 멀리서 들려오는 "스트라이크^{strike}!"

"시오페로Sciopero!" "슈트라이켄Shtrayken!"* 소리로 메아리칠 것이다.

공장들이 문을 닫을 즈음 로렌스시는 이제 더 이상 "이민자 도시"가 아니었다. 1921년 전국적으로 이민 쿼터가 강제 적용되어 이민이 확 줄었다. 로렌스시는 1912년 파업의 여파로 시민권 프로그램을 만들었고 이민자들에게 영어, 시민 기본 상식, 가정경제학 등을 가르쳐 이들을 "미국화"했다.[133] 할아버지 세대가 세상을 떠나고, 외국어 신문사들이 문을 닫고,[134] 손자손녀들이 영어밖에 할 줄 모르게 되면서 이민자들은 고국을 잃고 서서히 새로운 조국을 얻게 되었다. 하지만 1960년대 말에는 새로운 이민자의 물결이 로렌스시의 구조를 다시 한 번 바꾸어놓았으며, 스페인어, 베트남어, 크메르어 등 옛 전성시대에는 들어보지 못했던 언어를 사용하는 이들이 도시에 활기를 불어넣게 된다. 도미니카 공화국에서 온 이민자들이 푸에르토리코에서 이식된 이들과 합류했고, 여기에 베트남, 캄보니아, 라오스 등지에서 온 이들이 가세했다. "이민자 도시" 로렌스시는 전통에 충실하여 무려 마흔 개 나라에서 온 이들에게 집이 되어주었을 뿐만 아니라 지금도 자랑스러운 노동계급의 요새로 남아 있다.[135] 1980년대에는 로렌스가 마약, 방화, 갱단 등으로 악명을 날렸다. 그때 이후로 여러 사회지표들이 최악을 유지하고 있지만, 그래도 바닥을 치고 힘차게 올라서고 있다. 진보의 증후는 1995년 크리스마스 직전에 나타났다. 로렌스시에 마지막으로 남아 가동되던 공장인 몰든 공장의 몇몇 건물이 불에 완전히 타버리는 참사가 일어났다. 공장주 애런 포이어스틴(그의 아버지가 1906년 이 공장을 세웠다)은 직원들에게 말했다. "이건 끝이 아닙니다." 그는 공장을 재건했고, 그동안 3000명의 노동자 전원에게 똑같은 급여와 수당을 지급했다. 뿐만 아니라 공장이 다

---

* 모두 파업이라는 뜻.

지어진 뒤에는 본래 일자리로 복귀시켰다. 이로서 포이어스틴은 미국 전체의 영웅이 되었다.[136] 로렌스시는 80년 전에는 탐욕스러운 대기업을 상징하는 도시였지만, 이제는 사람들과 공감하고 동정할 줄 아는 대기업을 상징하는 도시로 미국인들에게 다가서게 된 것이다.

최근에 로렌스로 이민 온 이들은 이 도시의 역사를 거의 알지 못하며, 오래 살아온 주민들은 되도록 입을 열려고 하지 않는다. 두 세대에 걸쳐 1912년 파업을 이야기하는 사람은 거의 없었고, 오로지 공식 판본만이 언급될 뿐이었다. 1950년 퍼시픽 공장의 "비망록"을 보면 한 소년이 아버지가 한 말을 회고하는 장면이 나온다. "아빠는 외부에서 들어온 한 무리가 지도자 역할을 맡아 두뇌 대신 주먹을 쓰도록 만들지만 않았어도 똑같은 수준의 임금 인상을 훨씬 더 빨리 얻어낼 수 있었을 것이라고 확신하셨다."[137] 1962년에는 로렌스 파업 50주년을 맞아 신문들이 기사를 내보냈지만, 다이너마이트를 심어놓은 사건이라든가, 아이들의 탈출이라든가, 의회 청문회 등에 대해서는 일언반구도 없었다. 하지만 그해 가을, 로렌스시는 "신과 조국을 위해" 운동을 크게 기념하는 행사를 열었으며, 20만 명이 관람하는 가운데 2만 5000명이 대규모 거리 행진을 했다. 학교의 장학사들은 파업 당시 어떻게 외부인들이 들어와 도시를 장악했는지를 다시 이야기했다. "그들이 사용한 방법과 사고방식은 현대 공산주의가 사용하는 여러 전술의 선구라 할 만한 것이었습니다. 그들은 우리 노동자들에게 분노를 심어놓았고, 우리 도시의 거리에서 폭동, 유혈 사태, 심지어 사람이 살해되는 사건까지 일으켰습니다. …… 로렌스에서 이러한 폭력이 벌어졌다는 기사 때문에 우리 도시는 전 세계적으로 악명만 얻게 되었습니다."[138]

증인들이 하나하나 세상을 떠나면서 이 멸균 처리된 판본이 영원무궁토록 파업에 대한 공식 담론이 될 것으로 보였다. 그런데 1978년에 들어서면서 이 양상이 달라지기 시작한다. 새로 선출된 시장이 옛날의 파업 노동자들에게 일어난 일을 그대로 이야기하라고 권유하고 장려하기 시작한 것이다. 그리고 민속 화가 랠프 파사넬라는 로렌스 공공 도서관에 채색이 화려한, 당시 파업을 묘사한 그림들을 전시했고,[139] 새로운 역사 협회인 이민자 도시 아카이브가 구술사 프로젝트를 시작했다. 신문 기사, 라디오 토크쇼, 구전 등을 통해 파업을 경험한 사람들 수십 명의 증언을 얻어낼 수 있었다. 대다수는 옛날 기억을 들추어내고 싶어 하지 않았다. 한 남자는 자신이 알링턴 공장에서 맡았던 첫 번째 일자리 이야기를 하다가, 이야기가 파업으로 다가가자 말을 멈추어버렸다. "그런 이야기 들어서 뭐 하려고 그러시우? 이 이야기들을 다 활자로 남길 거요? 나는 별로 원치 않아요. …… 참 좋지 않은 일이었고 모두 다 고생했어. …… 우리 가족 중 남은 이는 나뿐이고 나도 오래지 않아 다 잊어버리게 될 거야. 1912년 이야기는 더 하고 싶지 않아요."[140] 하지만 끝도 없이 이야기를 토해내는 사람들도 있었다. 그중에서도 가장 많은 말을 했던 이는 바로 나이 아흔여덟 살의 안젤로 로코였다.

로코는 로렌스시에서 변호사로 일하다가 대공황 때는 정부가 하청을 준 일을 하게 된다. 1957년에 은퇴하고 나서도 활발하게 정치운동에 참여했다. 파업 당시의 이야기를 물어보자 어느 때보다 총기 있는 얼굴로 되살아났다. "1911년, 여기 매사추세츠주에서는 노동시간을 56시간에서 54시간으로 줄였어요. …… 공장주들은 54시간만큼의 임금만 지불하려고, 그러니까 1주일에 약 20센트를 깎으려고 했어요. 알아듣겠어?" 로코는 녹음기 앞에서 이런 이야기를 들려주었고, 이후 1980년 로렌스 공원에서 열린 기념 축제에 모인 청중에게도 해주었다. 이 1980년 행사 때는 여러 사람이 강연을 했고, 피터 폴 앤 메리가 노동가요들을 불렀으며, 파업 참가자들과 자식들이 옛 일을 회상하기도 했다. 도로 하나는 카멜라 테올리 길로 개칭되기도 했다.[141] 이 축제는 곧 연례행사가 되었고, 1912년 파업은 "빵과 장미"라는 새로운 이름을 얻게 되었다. 로코는 처음 몇 차례 이 "빵과 장미" 축제에 참여했고, 1984년 100회 생일을 맞은 지 두 달 후에 세상을 떠난다.

세월이 지나면서 다른 파업 참가자들도 세상을 떠났다. 그러자 매년 노동절에 열리는 "빵과 장미" 축제 또한 정치적 성격보다는 축제의 성격이 더 강해졌다. 2003년 축제는 규모가 작아 참여한 사람이 1000명 정도였다. IWW 사람들도 왔고, 대표단은 부스를 차려놓고 전단과 홍보물을 나누어 주었다. 공원으로 가는 길 바로 아래에서 로렌스 헤리티지 주립공원 측이 동력 베틀을 돌리고 있었다. 이러한 마을 축제 분위기 속에서 빵이나 장미는 물론이고 이 도시의 역사에서 1912년 파업이 얼마나 강력한 위치를 차지하고 있는지를 언급하는 이야기도 듣기가 힘들다. 하지만 이 "빵과 장미"라는 새로운 별명은 계속 붙어 다녔고, 주민들은 그토록 쓰라린 파업에 어쩌면 이렇게 경쾌하고 밝은 이름을 붙일 수 있는지 이해가 안 간다며 분노를 터뜨렸다.

지역에 내려오는 전설에 따르면, 이 파업에 가담한 한 여성이 "우리는 빵도 원하지만 장미도 원한다"라고 쓴 피켓을 들고 있었다. 그러한 사진은 지금까지 발견된 바가 없다. 이 구절은 제임스 오펜하임의 시 「빵과 장미」에 나오며, 파업이 터지기 1개월 전에 《아메리칸 매거진》에 처음 실렸다. 이 시의 제목 아래에는 이런 글이 붙어 있었다. "모두에게 빵을, 또 모두에게 장미를—서부 지역 여성들이 외치는 구호."[142] 오펜하임의 시는 1912년에 두 번 더 매체에 실렸으며, 한 번은 "시카고 여성 노동조합 활동가들"에게 이 구절이 바쳐졌다. 그러고 나서 1916년 출간된 노동자 문집에 "빵과 장미"는 분명히 로렌스 파업에서 유래했다는 설명이 붙었다.[143] 그때 이후로 이 오류가 점점 커져갔다. 익명의 작곡가가 이 말들에 곡을 붙였으며, 이 노래를 주디 콜린스 등이 취입하게 된다.[144] 이 때가 되면 로렌스시 사람들도 과거에 대한 의식이 깨어나 자신들의 길고도 피비린내 나던 파업에 그토록 사랑스러운 이름이 붙어 있다는 것을 알고 놀란다.[145] 하지만 기뻐하는 이는 아무도 없었던 듯하다.

캐서린 시모넬리는 1988년 이민자 도시 아카이브에 이렇게 이야기했다. "그건 그야말로 1912년 파업이었어요. '빵과 장미' 좋아하시네. '빵과 장미'라고 하면 왠지 멋지게 들리지요. 하지만 그건 절대 멋지고 자시고 할 게 없는 파업이었어요. …… 그래서 이런 상황을 본 사람들은 다 이거 뭐 어찌된 노릇인가 의아해하죠. 우리는 그 이름 좋아하지 않아요. 이런 이야기 좀 다른 사람들한테 많이 해주세요."[146] 많은 이들이 편지와 대화, 인터뷰를 통해 신문과 잡지 편집자에게 항의했지만, 이 이름은 그대로 굳어지고 말았다. 오늘날 "빵과 장미"라는 이름의 사회 프로그램이 미국과 유럽 전역에 수백 개나 된다. 로렌스시만 봐도 빵과 장미 음식 창고가 배고픈 사람들에게 따뜻한 식사를 제공하고 있다. 그리고 2000년에 로피조의 무덤에 세워진 화강암 비석을 보면 밀 몇 포기 사이에 장미 한 송이가 새겨져 있다.[147] 하지만 이 빵과 장미라는 이름은 로렌스에서 섬유 노동자들이 벌였던 투쟁에 대해 말해주는 바가 거의 없다. 이들이 공장을 박차고 나와 하나로 뭉쳐 행진하고, 노래하고, 서로를 먹이고 돌보아 승리를 얻은 지 100년이 지났다. 이들의 투쟁을 시적으로 묘사해서는 안 된다. 이 파업은 시나 정치의 영역에 속하지 않는다. 당시 파업을 감행했던 혹은 목격했던 사람들이 성격을 규정해야 할 것이다. 이들의 말에 가장 중요한 결정권을 쥐여주는 것이 옳다.

2003년 7월 9일, 로렌스는 무더웠다. 바깥세상은 언젠가 역사책에 큰 사건으로 남을 갈등으로 활활 불타고 있었지만*, 역사 자체는 공단에서 북쪽으로 몇 킬로미터 떨어진 한 요양원에 누워 있었다. 101세가 된 도메니카 스트라노는 간병인이 자신을 일으켜 앉히고 방문객이 찾아왔다고 귀에 대고 소리를 질러도 거의 알아듣지 못했다. 할머니를 찾아온 사람이 1912년 옛날 파업에 대해 이야기하고 싶대요. 할머니, 기억나요?

그녀의 눈은 공허해 보이는 푸른색이었고, 피부는 창백할 뿐 아니라 종잇장처럼 얇았고 저승꽃이 여기저기 피어 있었다. 하지만 정신은 1912년 1월 12일 아침에 울렸던 폭동경계령 종소리만큼이나 깨끗하고 맑았다. 열 번째 생일이 지난 지 딱 1주일이 된 날이었다. 그녀는 자신에게 수많은 질문을 던지는 "젊은이"의 손을 뼈만 남은 손가락으로 잡더니, 옛날 기억으로 빠져 들어갔다. 그녀는 거칠고 불안정한 목소리로 말했다. "아버지께서는 보스턴에서 경찰들이 총과 말을 가지고 왔으니 창문에 차양을 치라고 말씀하셨지. '만약 마음에 안 드는 게 보이면 네게도 막 총을 쏠 거야!' 아버지가 말하셨어. '너 집에 꼭 붙어 있어야 해. 창문에 차양 치고. 부엌에서 꼼짝도 하지 마. 내가 지켜볼 거야!' 내 동생들이 좀 천방지축이어서 아버지는 우리 중 누가 이 일에 휘말릴까 걱정하셨어."

도메니카의 아버지 안젤로 라우다니는 우드 공장에서 모직물을 세탁했고, 도메니카 또한 같은 공장에서 10년을 일하다가 결혼했다. 아버지는 파업 때 공장에 나가지 않으셨다고 한다. 가족은 도메니카가 1902년 태어난 직후 시칠리아에서 왔다고 했다. 너무 오래 전 사건을 화제로 삼아 너무나 많은 질문을 던졌지만, 그녀는 어두운 방에 나와 함께 앉아 파스텔색 스웨터를 입고 구부정한 모습으로 질문에 답을 하려고 애썼

---

* 2003년 미국은 이라크를 침공했으며, 경제 불평등, 인종 갈등, 이념 갈등으로 몸살을 앓고 있었다.

다. 얼마 남지 않은 백발 머리카락은 시칠리아식이 틀림없는 몸짓과 대조가 되었다. 당황했을 때 어깨를 으쓱하는 모습, 구부린 손가락을 휘휘 내젓는 모습, 기도하는 손짓과는 거꾸로 두 손을 가슴에 모으고 도대체 왜 노동자들의 2시간 치 임금을 깎으려 드는 거냐고 물어보는 모습 등. "내가 그저 말해줄 수 있는 것은 당시가 정말 힘든 시기였다는 거야. 힘든 시기. 노동자들은 그저 조금이라도 더 받으려고 했어. 그게 다야. 그리고 에터와 조바니티가 말했지. '여러분은 더 많이 받을 자격이 있습니다. 여러분에게는 가족이 있습니다.' 그들이 안나 로피조라는 여자를 죽였다는 것이 기억이 나. 밀라니스 신부는 로렌스시 경찰에게 가서 파업에 참여한 노동자들에게 아무 짓도 하지 말라고 했어. 그들이 원하는 것은 그저 약간의 임금 인상이라고. 그런데 공장이 다 사라졌으니 참 안됐어. 어쩌다 이렇게 될 수가 있지?"[148]

잠시 후 방문객은 역사가 그냥 자리에 누워 담요와 추억과 함께 휴식할 수 있도록 자리를 떴다. 도메니카 스트라노는 2004년 1월, 102번째 생일 직후에 세상을 떠났다. 1912년 겨울에 매사추세츠주 로렌스시에서 벌어진 섬유 노동자 파업을 기억하는 마지막 생존자였다.

옮긴이 해제

영원한 현재의 이야기

내가 대학을 다녔던 1980년대는 노동 이야기의 전성시대라고 할 수 있다. 처음에는 '르포르타주'라는 형식으로 노동 현장에서 벌어지는 이런저런 이야기들을 전하는 식이었지만, 80년대 말이 되어 이른바 '사회주의 리얼리즘'의 세례를 받은 다음에는 '역사의 주인공인 노동계급이 어떻게 찬란한 사회주의의 미래를 열어가는지'를 찬양하고 선전하는 종류의 공산주의적 '노동문학'이 융성했다. 그걸로 끝이었다. 소련과 동구권의 공산주의 체제가 몰락하자 노동문학도 또 노동에 대한 지식인들의 관심(사실은 왜곡된 방식으로 심하게 신비화된 '노동'에 대한 관심이었다)도 순식간에 사라져갔다. 그리고 조금 지나자 '노동의 소멸'이라는 말도 나왔다. 좀 더 시간이 흐르자 이제는 아예 '진보'와 '노동'이 무슨 관계냐고 묻는 이들이 다수가 되기에 이르렀다.

사라지고 몰락한 것은 이런저런 이데올로기와 사회 이론들일 뿐이다. 곤핍과 억압에 시달리면서 누구도 하고 싶어 하지 않는 일을 하면서 하루 열 시간을 보내는 이들은 옛날에도 있었고 지금도 있거니와 미래에도 엄연히 있을 것이다. 있는 정도가 아니다. 사실상 그들은 지상에서 삶을 영위하는 인간들 가운데 대다수를 차지한다. 인류라는 생물종을 다시 하위의 범주로 나누어 본다면, 노동하는 사람이야말로 압도적인 우점종인 것이다. 몇 천 년 전에도 몇 백 년 전에도 그랬듯이 오늘날에도 변함없이 그들은 우리 곁에 있고, 우리와 삶을 함께하고 있으며, 사실 우리 자신이다.

거창한 이데올로기나 이론 개념 따위의 렌즈를 들이대지 않고, 이 일하는 우리들을 있는 그대로, 그야말로 '구체성'으로 파악하는 이야기는 없을까? 내가 이 책을 번역하게 된 동기이다. 책에서 설명되듯이 로렌스 파업은 20세기 초 노동운동 나아가 미국의 이른바 '진보주의 시대'의 사회 변화에 큰 영향을 미친 사건이다. 하지만 이는 1912년 매사추세츠라는 특정한 시간과 공간에 갇히는 사건이 아니다. 산업사회가 존속하는 한 언제 어디서나 익숙하게 나타나는, 노동하는 사람들의 삶과 고통과 절망과 싸움이 생생히 드러나 있기에 '영원한 현재'라고 말할 수 있는 사건이다. 이 책에 묘사된 파업 이야기는 지명과 연도만 바꾸어놓으면 2020년대 세계 자본주의와 한국 자본주의 체제의 현장에서 벌어지고 있는 일들에 대한 기록으로 받아들일 수도 있을 정도이다.

어떻게 110년 전에 벌어진 일을 아주 구체적으로 묘사한 이야기가 오늘날에도 이러한 적실성을 가질 수 있을까? 아주 역설적이지만, 일하는 사람들의 현실 이야기가 너무나 '구체적'이기 때문이다. 특정한 시대와 장소의 삶을 너무나 구체적으로 파고든 이야기라서 시간과 장소를 초월한 보편성을 가진다는 의미에서 역설이다. 이러한 구체성에 대해 두 가지만 생각해보고자 한다.

산업 관계의 구체성

로렌스 파업이 벌어진 1912년 당시 미국에 노동운동이나 노동조합이 없었던 것은 아니다. 이 책에 나오는 "새미" 곰퍼스가 주도하여 만들어진 미국노동총연맹, 즉 AFL은 이미 미국의 노사 관계에서 확고한 위치를 차지하고 있었다. 하지만 이 책에 나오듯이 AFL은 로렌스시 섬유 노동자들의 파업에 대해 아주 편벽된 입장을 가지고 있었으며 사실상 외면하는 태도를 취했다. 노동기사단의 쓰라린 경험을 곱씹고 양분으로 삼아 생겨난 AFL도 만만한 조직이 아니었으며, 일찍이 독일에서 노동운동으로 잔뼈가 굵은 새뮤얼 곰퍼스도 만만한 인물이 아니었다. 그런데 미국 노동운동사와 사회사에 일획을 그은 이 중요한 파업 투쟁에서 이들은 큰 역할을 하지 못했고 오히려 훼방을 놓았다는 비난을 받게 된다. 왜 그랬을까?

산업 관계가 바뀌었기 때문이다. 19세기 유럽에서 펼쳐진 대부분의 노동운동이 그러하듯, 미국의 경우에도 노동운동과 노동조합의 조직화는 주로 (인종과 성별 등에서) 어느 정도 사회적 지위를 차지한 남성 숙련공들을 중심으로 이루어졌다. 이들이 동일한 직종에서 숙련도가 엇비슷한 동질적인 (남성) 집단을 대상으로 '직종별노동조합$^{craft\ union}$'을 조직한 데 반해, 이미 산업의 현실은 이를 훨씬 뛰어넘는 방향으로 나아가고 있었다.

19세기 후반 2차 산업혁명이 시작되면서 산업 패러다임은 미숙련 노동자를 고용한 대공장 체제로 변해가고 있었다. '숙련'은 갈수록 무의미해지는 상황에서 미숙련 노동자, 여성과 아동노동자, 나아가 영어를 제대로 말하지도 못하는 이민자들을 낮은 비용에 대량 고용하여 표준화된 작업 방식으로 혹사시켜 비용의 무한절감을 꾀하는 틀이었다. 이러한 상황에서 기존의 노동조합은 새로운 산업 관계에서 새롭게 나타난 노동자들을 효과적으로 조직화하기는커녕 아예 외면하기 일쑤였다. 자본주의 시대에 시종일관 똑같은 범주로 존재하는 '노동계급'이란 허구이다. 기술 발전과 자본의 경영 전략 변화에 따라 생산관계의 성격이 변할 때마다 일하는 사람의 존재 양상과 모습 역시 구체적으로 다르게 나타날 수밖에 없다.

이러한 산업 관계의 구체성을 배경으로 하여 나타난 것이 바로 '산업별노동조합industrial union'이며, 초기의 위대한 실험적 형태로 등장한 세계산업노동자연합IWW을 잊을 수 없다. 이미 그전의 풀먼 파업(이 책에서도 여러 번 언급된다)에서 확인되었듯이, 이제 일하는 사람들이 자신들의 삶과 지위를 지켜내는 싸움을 효과적으로 수행하기 위해서는 자본이 만들어낸 숙련이나 직종 따위가 아니라 산업 전체를 통틀어 (그리고 가급적이면 산업과 산업을 뛰어넘어서) 통 크게 단결하는 수밖에 없었다. 성별, 연령, 인종, 언어를 넘어 모든 노동자가 산업, 국가, 전 세계 차원에서 연대하여 산업은 물론 사회를 운영하는 권력까지 자본과 국가로부터 빼앗아 온다는 생디칼리즘의 이상이 강력히 분출되었다. 이는 비록 실패했지만 일찍이 1832년 영국에서 로버트 오언이 시도한 바 있는 전국노동총동맹의 구상을 재현한 것이기도 했다.

이 책에 잘 나오지만, 로렌스 파업을 IWW, 즉 "워블리"들의 생디칼리즘 이상을 고스란히 구현한 파업으로 보는 것은 무리이다. 파업을 이끌었던 IWW 소속 조직가들도 개인적으로는 비록 생디칼리즘이나 사회주의 이념을 신봉했지만, 파업의 목표를 달성하기 위한 효율성이라는 차원을 벗어나는 말과 행동은 최대한 자제하려는 모습을 읽을 수 있다. 하지만 최소한 1912년 매사추세츠주 로렌스시라는 시간과 장소에서는 생디칼리즘을 추구하는 IWW와 평범한 노동자들 사이에 분명한 접점이 있었다. "워블리"들은 인종, 민족, 언어, 숙련도, 성별에 아무런 차이를 두지 않았다. 이들 전체가 집단적으로 하나의 '워킹 머신working machine'을 구성한다는 20세기 초의 산업의 현실을 너무나 잘 알았기 때문이다. 자유를 향해 비상하는 인류의 이상주의와 씨도 먹히지 않는 팍팍한 현실이 접점을 이룬 드문 순간을 우리는 이 책에서 만날 수 있다.

인공지능과 플랫폼이 대두하는 21세기 오늘의 현실에서도 기존의 '노동'이라는 범주를 한참 뛰어넘는 형태의 일을 하는 사람들이 속출하는데, 이론으로나 제도로나 이들 집단의 성격을 파악하고 효과적인 조직화의 전략 전술을 마련하는 일은 계속 뒤처지고 있다. 이는 결코 새로운 일이 아니다. 19세기 초에도, 20세기 초에도, 또 21세기 초에도 주기적으로 반복되는 산업 패러다임의 변화 때문이다. 이를 참조하여 지금의 '노동'의 구체성을 있는 그대로 파악하고자 하는 이들에게 이 책은 (보다 폭넓은 산업과 경제의 역사 지식을 결합한다면) 큰 도움이 될 것으로 믿는다.

삶의 구체성

'노동자'라는 개념은 현실에 존재하지 않는다. 존재하는 모든 사람은 구체적인 개인이며, 이 구체적인 개인은 무수한 성격과 성질과 관계들로 구성된다. 그리고 이 무수한 성질과 관계들로 사람의 일상은 구성된다. 노동이라는 개념과 자본이라는 개념이 맞닥뜨리는, 좁은 의미에서의 '계급투쟁'도 따라서 존재하지 않는다. 이런저런 구체적인 삶의 조건과 환경을 전제로 보다 나은 삶을 추구하는 사람들이 있을 뿐이다. 그리고 이들의 요구와 열망을 차가운 이윤의 논리로 재단하여 차단하고 가로막는 자본과 권력의 계산이 있을 뿐이다. 따라서 일하는 사람들을 파악하기 위해서는 좁은 의미의 경제적 관계와 조건만을 볼 것이 아니라, 그들 하루하루의 삶을 관통하는 그리고 태어나서 죽을 때까지의 장구한 인생을 관통하는 여러 관계와 정체성과 조건을 구체적으로 파악해야 한다.

이 책에 나타나는 로렌스시의 파업 노동자들은 이데올로기나 사회이론에 등장하는 앙상한 개념에 부합하지 않는다. 대부분이 영어에 익숙하지 못하고 방금 떠나온 고국의 문화, 종교, 언어, 관습에 훨씬 익숙한 이민자들이다. 또 고된 작업장과 '시커먼 부엌 아궁이'를 오가면서 아이들을 키워야 하는 여성들이다. 한 공간에서 아침마다 남녀가 서로 서둘러 옷을 갈아입어야 하며, 빵에 당밀을 발라 매일 아침을 때워야 하며, 정신병이 생길 정도로 밀집되어 복닥거리는 공동주택에서 희망도 미래도 없는 하루하루의 삶을 영위해야 하는 불량주택 주거자들이다. 그리고, 그런 와중에서도 아이들을 낳아 키워야 하는 아버지 어머니들이다.

파업 투쟁이라는 냉정한 현실을 빠른 속도의 필치로 그려내는 책이지만, 아이들을 돌보기 힘들어 다른 지역으로 기차에 태워 보내는 장면만은, 그러다가 무자비한 경찰의 폭력으로 스러지는 장면만은 읽는 이의 마음과 정신을 송두리째 뒤집어놓는다. 파업이란 사건은 신문 기사에서는 고작 몇 줄로 다루어지지만, 현실의 구체적인 삶을 영위하는 사람들의 일상을 완전히 파괴한다. 어른들은 그걸 악으로 깡으로 다 버텨낸다고 해도, 아이들은 어찌할 것인가. 그리고 어른들은 모두 강철 멘탈인가. 그토록 지루하고 긴, 자본과 국가와 온 세상이 하나가 되어 자신들을 공공의 적이라고 매도하는 매정하고 폭력적이고 위압적인 파업 과정을 버텨내면서 이들은 몸과 마음에 상처를 입지 않는가.

하지만 일하는 사람들은 정말 견우와 직녀처럼 파업이 끝나면 아무렇지도 않게 일상을 회복하고, 다시 소 먹이고 다시 베틀을 돌린다. 고국에서 보낸 험하고 힘든 삶의 나날, 미국으로 건너오는 길고 지루한 항해, 아메리칸드림은커녕 입에 풀칠하기도 힘든 삶을 영위하는 현실, 이 모든 것을 묵묵히 받아 안고 살아가는 사람들의 구체적인 삶의 모습이 구체적으로 그려진다. 이 대목에서 우리는 모두 할 말을 잃게 된다.

일하는 '우리'에게

이 책은 어떤 드라마도 펼쳐내지 않는다. 무수한 주석과 참고문헌에 보이듯, 지은이는 자기 문장을 써내려가는 것을 최소화하면서 다만 이런저런 근거와 자료를 제시함으로써 자기 이야기를 엮어내고 있다. 이를 통해 우리는 당시 자본과 노동, 정부와 공권력 측에서 어떤 이야기와 고민을 하고 있었는지를 투명하게 들여다볼 수 있다. 그때의 파업에 관련된 사람들을 지금 내 옆집에 사는 이웃처럼 가깝게, 구체적으로 만날 수 있는 것이다.

나는 이 책을 읽은 이들이 '우리가 우리에게 기울이는 관심' 운동을 시작했으면 좋겠다. 이런저런 차이가 있고 이런저런 싸움이 있어도, 산업사회 인구의 80퍼센트 이상을 차지하는 우리들은 모두 '일하는 사람들'이다. '일하는 사람들'의 고통과 기쁨, 희망과 절망, 과거와 미래 속에서 우리는 모든 차이를 넘어 하나가 될 수 있고 서로를 이해할 수 있고, 또 신이 허락하신다면, 서로를 깊이 사랑할 수도 있다. 모든 편견과 딴생각을 내려놓고, '일하는 사람들'이 서로를 이해하고 인정하고 북돋아주는 세상은 사실 모든 이들이 마음 깊이 간직하고 있는 꿈이다. 이 글을 읽는 이들, 아니 읽지 않은 이들이라고 해도 이 아름다운 꿈을 거부할 이는 없을 것이다. 이 책을 읽는 동안만이라도 그처럼 숭고하고 고귀한 꿈을 꿀 수 있을 것이다.

이 책을 번역하는 가운데 계속 입에서 맴돌던 노동가요가 있다. 힘들고 어두웠던 나의 80년대를 지켜주었던 노래이다. 이 노랫말로 글을 맺고자 한다.

어제의 모든 괴로움
털어버릴 오늘은

기름밥 먼지밥 또 삼켜도

어제와 같지 않으리

우리 평생을 기계와 함께

내 것 없이 뺏길 때

그 누가 눈물 삼키며 고개 숙이고 받아들일까

우리의 바람은 여덟 시간 참 노동

우리 것 찾을 때 평등한 세상 되리

어제의 모든 괴로움

털어버릴 오늘은

헛된 두려움 벗어던지고

내일 위해 살겠네

주

머리말 영웅적인 투쟁, 새로운 공동체

1. Philip S. Foner, *History of the Labor Movement in the United States*, vol. 4, *The Industrial Workers of the World, 1905-1917*(New York: International Publishers, 1965), p. 320.

1장 빵 네 덩이 파업

1. Barry Moreno, *Italian Americans*(East Sussex, UK: Ivy Press, 2003), p. 67.
2. *Report on Strike of Textile Workers in Lawrence, Mass., in 1912*, 62nd Cong., 2nd sess., 1912, S. Doc. 870, p. 45.(Hereafter referred to as "Senate Report.")
3. Ibid., p. 11.
4. Elizabeth Shapleigh, "Occupational Disease in the Textile Industry," New York Call, December 29, 1912, p. 13.
5. David J. Goldberg, *A Tale of Three Cities: Labor Organization and Protest in Paterson, Passaic, and Lawrence, 1916-1921*(New Brunswick, NJ: Rutgers University Press, 1989), p. 58.
6. Donald B. Cole, *Immigrant City: Lawrence, Massachusetts, 1845-1921*(Chapel Hill: University of North Carolina Press, 1963), p. 75.
7. "Lawrence, Massachusetts: The Strike of 1912," Immigrant City Archives, Lawrence, MA.
8. Thomas R. Brooks, *Toil and Trouble: A History of American Labor*(New York: Delacorte Press, 1971), p. 119.
9. Senate Report, pp. 33-34.
10. Lillian Donohue, oral history interview, tape 246, Immigrant City Archives, Lawrence, MA.
11. "Mob Runs Riot in Mills at Lawrence," Boston Globe, January 13, 1912, p. 2.
12. Ibid., and "Frenzied, Armed Mob Descends upon Mills," Lawrence Daily American, January 12, 1912, p.2.
13. "Strikers Force Mills to Close," Lawrence Telegram, January 12, 1912, p. 2.
14. Ray Stannard Baker, "The Revolutionary Strike," American Magazine, June 1912, p.20.

15. Ibid.
16. "Strikers Force Mills to Close," Lawrence Telegram, January 12, 1912, p. 2.
17. Foner, *History of the Labor Movement*, vol. 4, p.316.
18. "Heads Battered at Washington Mill," Lawrence Daily American, January 12, 1912, p. 1.
19. Foner, *History of the Labor Movement*, vol. 4, p. 307.
20. John Bruce McPherson, "American Woolen Company's Quarter-Century Record," in *Bulletin of the National Association of Wool Manufacturers—1924*(Boston: National Association of Wool Manufacturers, 1924), p. 485.
21. "The Mills Hardly to Blame," Lawrence Telegram, January 11, 1912.
22. *Fibre and Fabric*, January 1912, excerpted in "The 54-Hour Law," Lawrence Sun, January 8, 1912.
23. "Textile Workers on Anxious Seat," Lawrence Telegram, January 5, 1912, p. 4.
24. Foner, *History of the Labor Movement*, vol. 4, p. 314.
25. Melvin Dubofsky, *We Shall Be All: A History of the Industrial Workers of the World*(Chicago: Quadrangle, 1969), p. 235.
26. "Loom Fixers Will Go on Strike," Lawrence Tribune, January 4, 1912, p. 1.
27. Ibid.
28. All quotes from Angelo Rocco are from oral history interviews, tape 90, Immigrant City Archives, Lawrence, MA.
29. Moreno, p. 50.
30. Ardis Cameron, *Radicals of the Worst Sort: Laboring Women in Lawrence, Massachusetts, 1860-1912*(Urbana and Chicago: University of Illinois Press, 1993), p. 83.
31. Testimony of John J. Sullivan, in House Committee on Rules, *The Strike at Lawrence, Mass.: Hearings before the Committee on Rules of the House of Representatives on House Resolutions 490 and 433*, 62nd Cong., 2nd sess., March 2-7, 1912, p. 242.(Here-after referred to as "House Report?")
32. Cole, p. 69.
33. Foner, *History of the Labor Movement*, vol. 4, p. 314.
34. Dubofsky, p. 236.
35. "Lawrence Arms against Anarchy in Textile Strike," Boston Herald, January 12, 1912, p. l.
36. "Mob Runs Riot in Mills at Lawrence," Boston Globe, January 13, 1912, p. 2.
37. Testimony of Frank Sherman, House Report, p. 439.

38. "Pay Trucks Were Wheeled into Safe," Lawrence Daily American, January 12, 1912, p. 2.
39. "Strikers Force Mills to Closed," Lawrence Telegram, January 12, 1912, p. 2.
40. "Strikers Rush Mills; Battle with Officers," Lawrence Evening Tribune, January 12, 1912, p. l.
41. Miles Jackson, interviewer, *Lawrence Strike 1912: Viewpoints on American Labor, oral histories on record* (New York: Random House, 1971).
42. "Mob Runs Riot in Mills at Lawrence," Boston Globe, January 13, 1912, p. 2.
43. "Foreman Stabbed at Wood Mill," Lawrence Daily American, January 12, 1912, p. 1.
44. "Strikers Rush Mills; Battle with Officers," Lawrence Evening Tribune, January 12, 1912, p. l.
45. "Lawrence Mill Workers in Riot over 54-Hour Law," Boston Herald, January 13, 1912, p. 1.
46. Edward G. Roddy, *Mills, Mansions, and Mergers: The Life of William M. Wood* (North Andover, MA: Merrimack Valley Textile Museum, 1982), p. 53.
47. Maurice B. Dorgan, *History of Lawrence, Massachusetts* (Lawrence, MA: privately printed, 1924), p. 110.
48. Roddy; p. 15.
49. Ibid., p. 57.
50. Keene Sumner, "A Business Genius Who Has Done What Others Said Was Impossible," American Magazine, June 1923, p. 206.
51. Roddy, p. 60.
52. Ibid., p. 40.
53. Ibid., p. 53.
54. Ibid., p. 56.
55. Ibid., p. 22.
56. Ibid., pp. 22-25.
57. Ibid., p. 27.
58. Sumner, p. 203.
59. Roddy, p. 30.
60. Ibid.
61. Sumner, p. 203.
62. Ibid., p. 204.
63. Roddy, p. 33.
64. Ibid., pp. 33-34.

65. Ibid., pp. 34-38.
66. Baker, p. 28.
67. Cameron, p. 118.
68. Jackson, *Lawrence Strike 1912*.
69. Roddy, p.63.
70. Ibid.
71. "American Woolen Company," in John J. McKone, Glimpses of Lawrence: The Founding and Progress of a Great Industrial Centre(Lawrence, MA, 1921).
72. Fred E. Beal, *Proletarian Journey*(New York: Van Rees Press, 1937), p. 32.
73. Goldberg, p. 85.
74. Dexter Philip Arnold, "A Row of Bricks: Worker Activism in the Merrimack Valley Textile Industry, 1912-1922"(PhD diss., University of Wisconsin, Madison, 1985), p. 250.
75. Roddy, p. 46.
76. Ibid., p. 49.
77. Peter Carlson, *Roughneck: The Life and Times of Big Bill Haywood*(New York: W.W. Norton, 1983), p. 161.
78. Roddy, p. 71.
79. Mary Heaton Vorse, "The Trouble at Lawrence," Harper's Weekly, March 9, 1912, p. 10.
80. *The Lawrence Directory 1912*(Boston: Sampson and Murdock, 1912), pp. 749-835.
81. Advertisement, Lawrence Daily American, January 8, 1912.
82. "Lawrence Women's Club Meets," Lawrence Evening Tribune, January 10, 1912.
83. "City Hall Chat," Lawrence Telegram, February 17, 1912, p. 4.
84. "Mayor Scanlon Submits Report," Lawrence Evening Tribune, August 6, 1912, p. 1.
85. "A Poor Time for Labor Troubles," Lawrence Tribune, January 10, 1912, p. 4.
86. Cameron, p. 122, and Arnold, p. 219.
87. Vorse, "The Trouble at Lawrence," p. 11.
88. Cameron, p. 77.
89. Senate Report, pp. 152-53.
90. Cameron, p. 91.
91. Ibid., p. 101.
92. "Elevator Victim Dies in Hospital," Lawrence Evening Tribune, January 10, 1912, p. 4.
93. "Attempted Suicide," Lawrence Evening Tribune, January 5, 1912.

94. "Mill Operative Dropped Dead," Lawrence Evening Sun, January 6, 1912, p. 6.
95. Obituaries, Lawrence Daily American, January 5, 8, 12, 1912.
96. Foner, *History of the Labor Movement*, vol. 4, p. 313.
97. Harry Emerson Fosdick, "After the Strike—in Lawrence," The Outlook, June 15, 1912, p. 344.
98. "Riot Call Brings Out All Police," Lawrence Daily American, January 12, 1912, p. 1.
99. "Frenzied, Armed Mob Descends upon Mills," Lawrence Daily American, January 12, 1912, p. l.

2장 이민자들의 도시

1. Steve Dunwell, *The Run of the Mill: A Pictorial Narrative of the Expansion, Dominion, Decline, and Enduring Impact of the New England Textile Industry*(Boston: David R. Godine, 1978), p. 79.
2. Henry David Thoreau, *A Week on the Concord and Merrimack Rivers*(Boston: Houghton Mifflin, 1975), pp. 54-55.
3. U.S. Department of the Interior, *Lowell: The Story of an Industrial City*(Washington, DC, 1992), p. 16.
4. Ibid., p. 15.
5. John Kasson, *Civilizing the Machine: Technology and Republican Values in America, 1776-1900*(New York: Penguin, 1976), p. 78.
6. *U.S. Department of the Interior, Lowell*, p. 50.
7. Arthur L. Eno Jr., *Cotton Was King: A History of Lowell, Massachusetts*(Somersworth, NH: New Hampshire Publishing Company 1976), p. 95.
8. Charles Dickens, *American Notes*(London: Penguin, 1972), p. 118.
9. Eno, p. 71.
10. Ibid., p. 92.
11. Display at the American Textile History Museum, Lowell, MA.
12. Robert F. Dalzell Jr., *Enterprising Elite: The Boston Associates and the World They Made*(Cambridge, MA: Harvard University Press, 1987), p. 73.
13. The Thomas Jefferson quote is from his *Notes on the State of Virginia*. It appears in Merrill D. Peterson, ed., *The Portable Thomas Jefferson*(New York Penguin, 1975), p. 217.
14. Barbara M. Tucker, *Samuel Slater and the Origins of the American Textile Industry, 1790-1860*(Ithaca, NY: Cornell University Press, 1984), p. 39.
15. Kasson, p. 68.

16. C. David Heymann, *American Aristocracy: The Lives and Times of James Russell, Amy, and Robert Lowell*(New York: Dodd, Mead, 1980), p. 21.
17. Dunwell, p. 95.
18. Kasson, p. 98.
19. Ibid., p. 72.
20. Dalzell, p. 65.
21. Eno, p. 90.
22. Ibid., p. 101.
23. Dalzell, p. 50.
24. Kasson, p. 75.
25. Cole, p. 17.
26. William Cahn, *Lawrence 1912: The Bread and Roses Strike*(New York: Pilgrim Press, 1980), p. 24.
27. Dunwell, p. 78.
28. Ibid.
29. Hamilton Andrews Hill, *Memoir of Abbott Lawrence*(Boston: privately printed, 1883), pp. 55-56.
30. Dunwell, p. 83.
31. J.F.C. Hayes, *History of the City of Lawrence*(Lawrence, MA: E.D. Green, 1868), p. 11.
32. Cole, p. 17.
33. Hayes, p. 17.
34. Ibid., pp. 18-19.
35. Eartha Dengler, Katherine Khalife, and Ken Skulski, *Images of America: Lawrence, Massachusetts*(Dover, NH: Arcadia, 1995), p. 14.
36. Joseph P. Blanchette, *The View from Shanty Pond: An Irish Immigrant's Look at Life in a New England Mill Town, 1875-1938*(Charlotte, VT: Shanty Pond Press, 1999), p. 8.
37. Dorgan, *History of Lawrence, Massachusetts*, p. 44.
38. Henry Aaron Yeomans, *Abbott Lawrence Lowell—1856-1943*(Cambridge, MA: Harvard University Press, 1948), p. 14.
39. Eno, p. 89.
40. Dengler, Khalife, and Skulski, pp. 22-23.
41. Ibid., p. 24.
42. Ibid., p. 22.
43. Paul S. Boyer, ed., *The Oxford Companion to United States History*(New York:

Oxford University Press, 2001), p. 423.
44. Hayes, pp. 65-67, and Cole, pp. 35-36.
45. Hill, p. 28.
46. Ibid., pp. 126-27.
47. Dunwell, p. 97.
48. Cole, p. 29.
49. Ibid., pp. 42-44.
50. Cahn, p. 65.
51. Felix Albert, *Immigrant Odyssey: A French-Canadian Habitat in New England* (Orono: University of Maine Press, 1991), p. 3.
52. Cole, p. 209.
53. Robert Paul McCaffery, *Islands of Deutschtum: German-Aniericans in Manchester, New Hampshire, and Lawrence, Massachusetts, 1870-1942*(New York: Peter Lang, 1996), pp. 10-11.
54. Kevin Phillips, *Wealth and Democracy: A Political History of the American Rich*(New York: Broadway Books, 2002), p. 34.
55. Dunwell, p. 146.
56. Ibid., p. 101.
57. Mary H. Blewett, *Constant Turmoil: The Politics of Industrial Life in Nineteenth-Century New England*(Amherst: University of Massachusetts Press, 2000), p. 197.
58. Ibid., pp. 121-22.
59. *The Lawrence Gazeteer*(Lawrence, MA: Charles G. Merrill, 1894), p. 43.
60. Cameron, p. 57.
61. Ibid., p. 48.
62. Ibid.
63. Ibid., p. 57.
64. *Lawrence Directory 1896*, p. 532.
65. Blewett, pp. 292-93.
66. Ibid., pp. 45, 59, 61.
67. Roddy, p. 36.
68. Dunwell, p. 11.
69. Cahn, p.81.
70. Diane Ravitch, ed., *The American Reader: Words That Moved a Nation*(New York: HarperPerennial, 1991), p. 175.
71. Walter Merriam Pratt, "The Lawrence Revolution," New England Magazine,

March 1912, p. 7.
72. Cole, p. 143.
73. Ibid., p. 52.
74. Goldberg, p. 87.
75. Cole, p. 78.
76. Ibid.
77. Mary Heaton Vorse, *A Footnote to Folly: Reminiscences of Mary Heaton Vorse* (New York: Farrar and Rinehart, 1935), p. 10.
78. Dengler, Khalife, and Skulski, p. 65.
79. Cameron, p. 83.
80. Ibid., p. 96.
81. McCaffery, pp. 50-69.
82. Cole, p. 125.
83. Roddy, p. 48.
84. Baker, p. 29.

3장 메리맥강 전투

1. *Lawrence Directory 1912*, pp. 30-31.
2. "Strikers Force Mills to Close," Lawrence Telegram, January 12, 1912, p. 2, and "Mob Runs Riot in Mills at Lawrence," Boston Globe, January 13, 1912, p. 2.
3. "Foreman Stabbed at Wood Mill," Lawrence Daily American, January 12, 1912, p. 2.
4. "Lawrence Mill Workers in Riot over 54-Hour Law," Boston Herald, January 13, 1912, p. 1.
5. "Foreman Stabbed at Wood Mill," Lawrence Daily American, January 12, 1912, p. 1.
6. "Strikers Force Mills to Closed," Lawrence Telegram, January 12, 1912, p. 2.
7. "Mob Runs Riot in Mills at Lawrence," Boston Globe, January 13, 1912, p. 3.
8. "Scenes of Riot and Disorder," Lawrence Daily American, January 12, 1912, p. 1.
9. "Frenzied, Armed Mob Descends upon Mills," Lawrence Daily American, January 12, 1912, p. 1.
10. "Strikers Rush Mills; Battle with Officers," Lawrence Evening Tribune, January 12, 1912, p. l.
11. "Strike Riots Close Big Lawrence Mills," New York Times, January 13, 1912, p. 7.
12. "Strikers Rush Mills; Battle with Officers," Lawrence Evening Tribune, January 12, 1912, p. l.
13. "Lawrence Mill Workers in Riot over 54-Hour Law," Boston Herald, January 13,

1912, p. 2.

14. "A. Statement by Pres. Wood," *Lawrence Daily American*, January 12, 1912, p. 1.
15. "Mob Runs Riot in Mills at Lawrence," *Boston Globe*, January 13, 1912, p. 2.
16. "Girls Beaten Down by a Lawrence Mob," *Boston Herald*, January 12, 1912, p. 2.
17. "Merely as Precaution, Says Scanlon," *Boston Globe*, January 15, 1912, p. 2.
18. "Scenes of Riot and Disorder," *Lawrence Daily American*, January 12, 1912, p. 2.
19. Ibid.
20. "Translation of Italian Circular," *Lawrence Daily American*, January 14, 1912, p. 1.
21. "Searchlight on Mill," *Boston Globe*, January 13, 1912, p. 2.
22. "The Weather," *Lawrence Telegram*, January 13, 1912, p. 1.
23. "Ayer Clock Tower," in McKone.
24. "Strikers Force Mills to Close," *Lawrence Telegram*, January 12, 1912, p. 1.
25. "Searchlight on Mill," *Boston Globe*, January 13, 1912, p. 2.
26. Arnold, p. 208.
27. Dorgan, *History of Lawrence, Massachusetts*, pp. 73-74.
28. *Views of Lawrence* (Portland, ME: L.H. Nelson, 1903).
29. Cole, p. 154.
30. Ibid., p. 161.
31. Ibid., pp. 79-80.
32. Ibid., p. 172,
33. "Lawrence in Arms against Anarchy Talk," *Boston Herald*, January 14, 1912, p. 2.
34. "Strikers Hold Mass Meeting," *Lawrence Telegram*, January 13, 1912, p. 3.
35. "Lawrence in Arms against Anarchy Talk," *Boston Herald*, January 14, 1912, p. 2.
36. "Mill Agents Interviewed," *Lawrence Evening Tribune*, January 13, 1912, p. 1.
37. "President Wood Is Optimistic," *Lawrence Telegram*, January 13, 1912, p. 2.
38. Dorgan, *History of Lawrence Massachusetts*, p. 72.
39. "Mill Officials Hissed," *Lawrence Daily American*, January 13, 1912, p. 1.
40. Testimony of John J. Sullivan, House Report, p. 285.
41. Rocco, oral history.
42. "Everett Shuts Down," *Lawrence Telegram*, January 13, 1912, p. 8.
43. Senate Report, p. 35.
44. "Lawrence in Arms against Anarchy in Textile Strike," *Boston Herald*, January 14, 1912, p. 2.
45. "Ettor Hearing," *Lawrence Evening Tribune*, February 19, 1912, p. 3.
46. "New Police Head for Lawrence," *Boston Globe*, February 20, 1912, p. 2.

47. Rocco, oral history.
48. Ravitch, p. 129.
49. Carlson, pp. 161-62.
50. Elizabeth Gurley Flynn, *The Rebel Girl An Autobiography, My First Life*(1906-1926)(New York: International Publishers, 1955), p. 54.
51. Norma Fain Pratt, *Morris Hillquit: A Political History of an American Jewish Socialist*(Westport, CT: Greenwood Press, 1979), p. 106.
52. Carlson, pp. 161-62.
53. "Haywood on the Ettor-Giovannitti Case," Industrial Worker, June 22, 1912, p. 1.
54. Flynn, *Rebel Girl*, p. 87.
55. "Lawrence Strikers to Vote on Raise," Boston Globe, March 14, 1912, p. 5.
56. Rocco, oral history.
57. "Strikers Hold Mass Meeting," Lawrence Telegram, January 13, 1912, p. 3.
58. Vorse, Footnote to Folly, p. 7.
59. "Meeting Held in the City Hall This Afternoon," Lawrence Evening Telegram, January 13, 1912, p. l.
60. "Lawrence in Arms against Anarchy in Textile Strike," Boston Herald, January 14, 1912, p. 2.
61. Brooks, p. 119, and Louis Adamic, *Dynamite: The Story of Class Violence in America*, rev. ed.(Gloucester, MA: Peter Smith, 1963), p. 162.
62. Foner, *History of the Labor Movement*, vol. 2, p. 106.
63. Justus Ebert, "Who Joseph J. Ettor Is," Industrial Worker, May 23, 1912, p. 1.
64. "Ettor a Resourceful Strike Leader," Boston American, January 28, 1912, p. 9.
65. "Urged Peace, Ettor Says," Boston Globe, November 12, 1912, p. 4.
66. Dubofsky, p. 236.
67. *Ettor and Giovamiitti before the Jury at Salem, Massachusetts*(Chicago: Industrial Workers of the World, 1912), p. 12.
68. Foner, *History of the Labor Movement*, vol. 4, p. 294.
69. Dubofsky, p. 207.
70. "Militia Called at Lawrence," Boston Globe, January 15, 1912, p. 2.
71. Rocco, oral history.
72. Foner, *History of the Labor Movement*, vol. 4, p. 165.
73. Ibid., pp. 147 and 348. The figure of fifteen thousand represents the 1912 end-of-the-year total of twenty-five thousand members minus the ten thousand dues-paying members who joined in Lawrence during the strike.

74. Dubofsky, p. 349.
75. Foner, *History of the Labor Movement*, vol. 4, pp. 86, 245, 353, 361.
76. Ibid., p. 155.
77. Ibid., p. 80.
78. William D. Haywood, *The Autobiography of Big Bill Haywood* (New York: International Publishers, 1974), p. 181.
79. Foner, *History of the Labor Movement*, vol. 4, p. 29.
80. Elliott J. Gorn, *Mother Jones: The Most Dangerous Woman in America* (New York: Hill and Wang, 2001), pp. 96-97.
81. Ibid., pp. 33-34.
82. Foner, *History of the Labor Movement*, vol. 4, pp. 40-48.
83. Ibid., p. 70.
84. Joyce L. Kornbluh, ed., *Rebel Voices: An IWW Anthology* (Ann Arbor: University of Michigan Press, 1964), pp. 405—8.
85. Philip S. Foner, *Women and the American Labor Movement: From the First Trade Unions to the Present* (New York: Macmillan, 1979), p. 192.
86. Foner, History of the Labor Movement, vol. 2, p. 209.
87. J. Anthony Lukas, Big Trouble (New York: Simon and Schuster, 1997), p. 142.
88. Bruce Laurie, Artisans into Workers: Labor in Nineteenth Century America (New York: Farrar, Straus and Giroux, 1989), p. 174.
89. Brooks, p. 105.
90. Samuel Gompers, "Those 'World Redeemers' at Chicago—Their Plight," American Federationist, August 1905, p. 515.
91. Brooks, p. 115.
92. Haywood, *Autobiography*, p. 186.
93. Barbara Mayer Wertheimer, *We Were There: The Story of Working Women in America* (New York: Pantheon, 1977), p. 354.
94. Kornbluh, p. 84.
95. Ibid., p. 65.
96. Foner, *History of the Labor Movement*, vol. 4, p. 131.
97. Dubofsky, p. 166.
98. William Moran, *The Belles of New England: The Women of the Textile Mills and the Families Whose Wealth They Wove* (New York: St. Martin's Press, 2002), p. 202.
99. Dubofsky, p. 170.
100. Ibid., p. 94.

101. Foner, *History of the Labor Movement*, vol. 4, p. 163.
102. Ibid., p. 157.
103. Dubofsky. p. 123.
104. Foner, *History of the Labor Movement*, vol. 4, p. 84.
105. Ibid., p. 160.
106. "Strikers Firm and Mills May Close," Boston Globe, January 14, 1912, p. 2.
107. Ibid.
108. Foner, *History of the Labor Movement*, vol. 4, p. 318.
109. Tom Herriman, "Angelo Rocco: A Rank and File Union Leader Remembers the 1912 Lawrence Textile Strike," Labor Unity, April 1980, p. 10.
110. Cole, pp. 184-86.
111. "Militia Called at Lawrence," Boston Globe, January 15, 1912, p. 2.
112. Cole, p. 164.
113. "Father O'Reilly Goes South," Lawrence Tribune, January 12, 1912, p. 1.
114. "Return of Fr. J.T. O'Reilly," Lawrence Tribune, February 15, 1912, p. 1.
115. "Prepare Militia for Lawrence Rioters," New York Times, January 15, 1912, p. 7.
116. Mary K. O'Sullivan, "The Labor War at Lawrence," The Survey, April 6, 1912, p. 72.
117. "Order Militia to Arm for Lawrence Strike," Boston Herald, January 15, 1912, p. 1.
118. "Militia Called at Lawrence," Boston Globe, January 15, 1912, p. 2.
119. "Strikers Rush Wood Mill," Lawrence Tribune, January 16, 1912, p. 2.
120. "Martial Law in Mills," Lawrence Telegram, January 15, 1912, p. 3.
121. "Strikers Rush Wood Mill," Lawrence Tribune, January 16, 1912, p. 2.
122. Ibid.
123. Ibid.; see also "Militia Assembles," Lawrence Telegram, January 15, 1912, p. 3.

4장 성조기와 총검

1. Brooks, p. 50.
2. "Strikers in Big Parade," Lawrence Tribune, January 17, 1912, p. 3.
3. "Militia Bars Strikers from the Mill District," Lawrence Tribune, January 18, 1912, p. 2.
4. Dengler, Khalife, and Skulski, p. 89.
5. *Historical and Pictorial Review: National Guard of the Commonwealth of Massachusetts 1939*(Baton Rouge, LA: Army and Navy, 1939), pp. xxiv-xxxiv:
6. "Militia Guarding Lawrence Mills," Boston Globe, January 16, 1912, p. 3.
7. "Bayonet Charge on Lawrence Strikers," New York Times, January 16, 1912, p. 7.
8. Nell Irwin Painter, *Standing at Armageddon: The United States 1877-1919*(New

York: W.W. Norton, 1987), p. 16.
9. Brooks, p. 53.
10. Nick Salvatore, *Eugene V. Debs: Citizen and Socialist* (Urbana and Chicago: University of Illinois Press, 1982), p. 31.
11. Brooks, p. 97.
12. Ibid., p. 96.
13. Laurie, p. 207.
14. Foner, *History of the Labor Movement*, vol. 4, pp. 286-87, 290.
15. "Militia Guarding Lawrence Mills," Boston Globe, January 16, 1912, p. 3.
16. "Militia in Charge at the Mills," Lawrence Telegram, January 15, 1912, p. 6.
17. "Bayonet Charge on Lawrence Strikers," New York Times, January 16, 1912, pp. 7-8.
18. "Militia in Charge at the Mills," Lawrence Telegram, January 15, 1912, p. 6.
19. Ibid.
20. "Tribute Is Paid to Late Justice," Lawrence Telegram, February 5, 1927, p. 1.
21. "Strikers in Police Courts," Lawrence Tribune, January 18, 1912, p. 1.
22. "Heavy Sentences Given Rioters," Lawrence Telegram, January 16, 1912, p. 1.
23. "Striker Sentenced to Two Years," Lawrence Tribune, January 15, 1912, p. 1.
24. "Strikers in Police Court," Lawrence Tribune, January 18, 1912, p. 6, and Cahn, p. 138.
25. Photograph in Boston Herald, January 19, 1912, p. 2.
26. Fosdick, p. 341.
27. "Jos. Ettor Advises Serenading 'Scabs,'" Lawrence Daily American, January 18, 1912, p. 2.
28. "Joseph Ettor, Strike Leader, Surrounded by Admirers" (photograph), Boston Globe, January 16, 1912, p. 2.
29. "Strike Situation Peaceful," Lawrence Telegram, January 16, 1912, p. 4.
30. "Bayonet Charge on Lawrence Strikers, New York Times, January 16, 1912, p. 7.
31. "Mass Meeting in City Hall," Lawrence Telegram, January 16, 1912, p. 8.
32. Ibid.
33. Flynn, *Rebel Girl*, p. 134.
34. Goldberg, p.91.
35. Cahn, p. 118.
36. Justus Ebert, *The Trial of a New Society* (Cleveland: IWW Publishing Bureau, 1913), pp. 57-58.
37. John Golden, "Trade Unionism Oily Solution of Strike, Says Golden," Boston American, January 21, 1912, pt. 2, p. 1.

38. William F. Hartford, *Where Is Our Responsibility: Unions and Economic Change in the New England Textile Industry, 1870-1960*(Amherst: University of Massachusetts Press, 1996), p. 41.
39. Moran, p. 199.
40. John Golden, "Trade Unionism Only Solution of Strike, Says Golden," Boston American, January 21, 1912, pt. 2, p. 1.
41. "Strike Situation Peaceful," Lawrence Telegram, January 16, 1912, p. 2.
42. Foner, *History of the Labor Movement*, vol. 4, p. 338.
43. "Devoted to Violence," Lowell Courier, reprinted in Lawrence Telegram, January 18, 1912, p. 6.
44. "Order Militia to Arm for Duty in Lawrence Strike," Boston Herald, January 15, 1912, p. 1.
45. "Rioters Are Sent to Jail," Boston American, January 16, 1912, p. 1.
46. "City Pays Tribute to Its Dead Mayor," Lawrence Telegram, August 18, 1914, p. 6.
47. "Strikers Driven Back by Troops but Close Mills," Boston Globe, January 16, 1912, p. 3.
48. Ebert, Trial of a New Society, p. 122.
49. "Mass Meeting in City Hall," Lawrence Telegram, January 16, 1912, p. 8.
50. "Agree to Confer," Boston Globe, January 17, 1912, p. 2.
51. "Lawrence Hopes Strikers Win Fight for a Living," Boston American, January 21, 1912, p. 3B.
52. Foner, History of the Labor Movement, vol. 4, p. 323.
53. Ibid., p. 322.
54. "Strikers Issue Fervid Appeal," Lawrence Evening Tribune, January 17, 1912, p. 10.
55. "Militia Bars Strikers from the Mill District," Lawrence Tribune, January 18, 1912, p.5.
56. "300 Armenians Join Strikers," Lawrence Daily American, January 18, 1912, p. 2.
57. "100 Hebrews Join Strikers," Laurence Daily American, January 18, 1912, p. 2.
58. "Militia Bars Strikers from the Mill District," Lawrence Tribune, January 18, 1912, p. 1.
59. "Militia Fights 3,000 in Lawrence Mob," Boston Evening Globe, January 17, 1912, p. 1.
60. "Fear Dynamite in Lawrence Strike," New York Times, January 18, 1912, p. 7.
61. "Conditions Quiet," Lawrence Tribune, January 19, 1912, p. 3.
62. "Strikers in Big Parade," Lawrence Tribune, January 17, 1912, p. 3.

63. "Militia Bars Strikers from the Mill District," Lawrence Tribune, January 18, 1912, p. 2.
64. "Mass Meeting in City Hall," Lawrence Tribune, January 16, 1912, p. 8.
65. Foner, *Women and the American Labor Movement*, p. 206.
66. "Strikers Driven Back by Troops but Close Mills," Boston Globe, January 16, 1912, p. 2.
67. "Mill Strikers Will Confer with Owners," New York Times, January 17, 1912, p. 7.
68. "Companies Refuse to Arbitrate," Boston Evening Globe, January 17, 1912, p. 2.
69. "Mill Strikers Will Confer with Owners," New York Times, January 17, 1912, p. 7, and Cahn, p. 109.
70. "Wood Cannot Raise Wages," Boston Globe, January 19, 1912, p. 2.
71. "The Great Strike in Retrospect," Bulletin of the National Association of Wool Manufacturers—1912(Boston: National Association of Wool Manufacturers, 1912), p.141.
72. "Strikers Issue Fervid Appeal," Lawrence Evening Tribune, January 17, 1912, p. 10.
73. "Two views of a Striker's Pay Envelope," Boston Globe, January 28, 1912, p. 2.
74. "Wages Received by Strikers at Old Rate," Lawrence Tribune, January 18, 1912, p. 1.
75. Lewis E. Palmer, "A Strike for Four Loaves of Bread," The Survey, February 3, 1912, p. 1695.
76. Ibid., p. 1696.
77. Mildred Gwin Andrews, *The Men and the Mills: A History of the Southern Textile Industry*(Macon, GA: Mercer University Press, 1987), p. 83.
78. Foner, *History of the Labor Movement*, vol. 4, p. 173.
79. Ken Skulski, *Images of America: Lawrence, Massachusetts*, vol. 2(Charleston, SC: Arcadia, 1997), p. 50.
80. "Living Conditions of the Lawrence Strikers," Boston Post, February 11, 1912, p. 4.
81. "The Cost of Living," in "Lawrence, Massachusetts: The Strike of 1912," Immigrant City Archives, Lawrence, MA.
82. "Lawrence, Massachusetts: The Strike of 1912," Immigrant City Archives, Lawrence, MA.
83. "Genuine Lockhart Mill-End Sale," Lawrence Evening Tribune, January 12, 1912, p. 4.
84. "Living Conditions of the Lawrence Strikers," Boston Post, February 11, 1912, p. 4.
85. "Lessons of the Strike," Lawrence Telegram, January 19, 1912, p. 9.
86. Henry F Pringle, *The Life and Times of William Howard Taft*(New York: Farrar and Rinehart, 1939), p. 456.

87. Ida M. Tarbell, "The Mysteries and Cruelties of the Tariff: The Passing of Wool," American Magazine, October 1910, p. 742.
88. Ibid., p. 741.
89. Ida M. Tarbell, "The Mysteries and Cruelties of the Tariff: The Bulwark of the Wool Farce," American Magazine, November 1910, pp. 59-60.
90. Ron Chernow, *Titan: The Life of John D. Rockefeller, Sr.*(New York: Vintage, 1998), p. 358.
91. "Can the Wool Trust Gag the Press?," Collier's, March 18, 1911, p. 11.
92. Tarbell, "The Bulwark of the Wool Farce," p. 52.
93. "Symphony in K Flat," The Nation, March 13, 1911, p. 360.
94. Thrbell, "The Bulwark of the Wool Farce," pp. 52-54.
95. Richard Washburn Child, "The Making of K, the Wool Schedule," Everybody's Magazine, March 1910, p. 344.
96. "Wool Tariff," in Reader's Guide to Periodical Literature, 1910-1914(Minneapolis: H.W. Wilson, 1915).
97. Kathleen Brady, *Ida Tarbell: Portrait of a Muckraker*(New York: Seaview/Putnam, 1984), p. 193.
98. "Can the Wool Trust Gag the Press?," p. 11.
99. "Symphony in K Flat," p. 360.
100. "Can the Wool Trust Gag the Press?," p. 12.
101. Ibid.
102. Tarbell, "The Passing of Wool," p. 742.
103. Pringle, p. 600.
104. Ibid., p. 448.
105. "The Wool Bill Veto," The Outlook, August 26, 1911, pp. 910-11.
106. *Bulletin of the National Association of Wool Manufacturers—1912*, p. 139, and "Socialism behind Lawrence Strike," Journal of Commerce and Commercial Bulletin, February 1, 1912.
107. Pratt, "Lawrence Revolution," p. 9.
108. "Strikers Meet at City Hall," Lawrence Daily American, January 16, 1912, p. 2.
109. Pratt, "Lawrence Revolution," p. 9.
110. "Strikers in Big Parade," Lawrence Tribune, January 17, 1912, p. 1.
111. "Legislature Called On to Investigate," Lawrence Tribune, January 19, 1912, p.3.
112. "Militia Guarding Lawrence," Boston Globe, January 16, 1912, p. 3.
113. "Settlement Is Far Off," Boston Globe, January 19, 1912, p. 2.

114. "Saloons Are Closed Today," Lawrence Telegram, January 16, 1912, p. 8.
115. "Sharpshooters Are Stationed in Mill Towers," Lawrence Daily American, January 15, 1912, p. l.
116. "Militia Bars Strikers from the Mill District," Lawrence Tribune, January 18, 1912, p. 2.
117. "Officials Taking Every Precaution"(photograph), Lawrence Telegram, January 13, 1912, p. 3.
118. "Monster Parade of Strikers Peaceful," Lawrence Daily American, January 18, 1912, p. 2.
119. Photograph in Boston Globe, January 19, 1912, p. 1.
120. "Battle Feared at Duck Bridge," Boston Globe, January 18, 1912, p. 2.
121. "Refusal to Arbitrate Ettor Announced," Lawrence Evening Tribune, January 17, 1912, p.3.
122. "Battle Feared at Duck Bridge," Boston Globe, January 18, 1912, p. 5.
123. "Fear Dynamite in Lawrence Strike," New York Times, January 18, 1912, p. 7.
124. "Three Lots of Dynamite Unearthed at Lawrence," Boston Globe, January 21, 1912, p. 2.
125. "American Woolen Company Pays Off Strikers," Lawrence Daily American, January 19, 1912, p. 3.
126. "Pres. Wood Asks Operatives to Return, Lawrence Tribune, January 20, 1912, p. 3.
127. "Plot to Blow Up Mills Unearthed; Seven Arrested," Lawrence Daily American, January 20, 1912, p. 1.
128. "Dynamite Discovered!" Lawrence Evening Tribune, January 20, 1912, p. 1.
129. Director of the Bureau of Statistics, *42nd Annual Report on the Statistics of Labor for the Year 1911*(Boston: Wright and Potter, 1913), p. 3.
130. "Seven Dynamite Arrests Made," Lawrence Telegram, January 20, 1912, p. 1.
131. "Three Lots of Dynamite Unearthed at Lawrence," Boston Globe, January 21, 1912, p. l. and "Cache of Dynamite in Lawrence Strike," New York Times, January 21, 1912, p.9.

5장 다이너마이트 음모

1. Clarence Darrow, *The Story of My Life*(New York: Da Capo Press, 1996), p. 60.
2. Henry Fredette, tape 90, interview in Immigrant City Archives, Lawrence, MA.
3. Cole. pp. 30-31.
4. *An Authentic History of the Lawrence Calamity*(Boston: J.J. Dyer, 1860), p. 1.

5. "Lawrence Fears Reign of Terrorr," Boston Herald, January 21, 1912, p. 2.
6. "Three Lots of Dynamite Unearthed at Lawrence," Boston Globe, January 21, 1912, p. 8.
7. "Dynamite Plots Fail in Lawrence," New York Sun, January 21, 1912, p. 2.
8. "Lawrence Fears Reign of Terror," Boston Herald, January 21, 1912, p. 2.
9. "Three Lots of Dynamite Unearthed at Lawrence," Boston Globe, January 21, 1912, p. 8.
10. "Dynamite Discovered!," Lawrence Evening Tribune, January 20, 1912, p. 1.
11. "Lawrence Fears Reign of Terror," Boston Herald, January 21, 1912, p. 2.
12. "Dynamite Discovered!," Lawrence Evening Tribune, January 20, 1912, p. 1.
13. "Three Lots of Dynamite Unearthed at Lawrence," Boston Globe, January 21, 1912, p. 8.
14. U.S. Department of Commerce, Bureau of the Census, "Work Stoppages, Workers Involved, Man-Days Idle, Major Issues, and Average Duration: 1881-1970, in *Historical Statistics of the United States: Colonial Times to 1970*(Washington, DC, 1976), p. 179. Note that the average covers only the years 1901-1905. The federal government did not keep statistics on work stoppages from 1906 to 1913.
15. Foner, *History of the Labor Movement*, vol. 5, pp. 7-8.
16. "Seeking More Dynamiters" and "Pueblo Laundry Blown Up," New York Times, January 20, 1912, p. 4.
17. David Halberstam, *The Powers That Be*(New York: Dell, 1979), p. 158.
18. Adamic, p. 210.
19. Halberstam, p. 147.
20. Adamic, p. 211.
21. Foner, *History of the Labor Movement*, vol. 5, p. 15.
22. Ibid., p. 13.
23. Adamic, p. 218.
24. Foner, *History of the Labor Movement*, vol. 5, p. 20.
25. Halberstam, pp. 159-60.
26. Adamic, p. 229.
27. bid., p. 236.
28. "Strike Leader Declares Dynamite Was 'Planted,'" Lawrence Daily American, January 22, 1912, p. 8.
29. "Three Lots of Dynamite Unearthed at Lawrence," Boston Globe, January 21,

1912, p. 8.
30. "Father Milanese to Help Strikers," Lawrence Tribune, January 22, 1912, p. 10.
31. Ibid.
32. "Lawrence Strikers Reject Mill Plan," New York Times, January 22, 1912, p. 3.
33. "Father Milanese to Help Strikers," Lawrence Tribune, January 22, 1912, p. 10.
34. "Cause of Industrial Turmoil—'Way of Cain,' Says Preacher," Lawrence Daily American, January 22, 1912, p. 2.
35. Foner, *History of the Labor Movement*, vol. 4, p. 333.
36. "Pastor Praises Troops," Boston Globe, January 22, 1912, p. 2.
37. "Want to Settle All Along the Line," Boston Globe, January 22, 1912, p. 2.
38. "Colonel Sweetser Warns," Lawrence Tribune, January 23, 1912, p. 3.
39. Cahn, p. 152.
40. "Strike Yet Unchanged," Lawrence Tribune, January 25, 1912, p. 1.
41. Ibid.
42. "Colonel Sweetser Warns," Lawrence Tribune, January 23, 1912, p. 1.
43. "Strike Yet Unchanged," Lawrence Tribune, January 25, 1912, p. 1.
44. Vorse, *Footnote to Folly*, p. 7.
45. "Was without Result," Lawrence Tribune, January 27, 1912, p. 1.
46. "Hunger Drives Strikers' Children to Soup Kitchens," Boston American, January 28, 1912, p. 3B.
47. Leslie H. Marcy and Frederick Sumner Boyd, "One Big Union Wins," International Socialist Review, April 1912, p. 618.
48. James Ford, "The Co-Operative Franco-Belge of Lawrence," The Survey, April 6, 1912, p. 68.
49. Marcy and Boyd, p. 618.
50. Jackson, *Lawrence Strike 1912*.
51. Baker, p. 30A.
52. Kornbluh, p. 180.
53. "Strikers Indorse Plan to Meet Their Employers," Boston Globe, January 23, 1912, p. 2.
54. "Dynamite Cases Heard," Lawrence Tribune, February 2, 1912, p. 2.
55. "Agree to Confer with Mill Men," Boston Globe, January 22, 1912, p. 2.
56. Cahn. p. 145.
57. "Strikers Indorse Plan to Meet Their Employers," Boston Globe, January 23, 1912, p. 2.

58. "Three Lots of Dynamite Unearthed at Lawrence," Boston Globe, January 21, 1912, p. 2.
59. "Agree to Confer with Mill Men," Boston Globe, January 22, 1912, pp. 1-2.
60. "Doubt Dynamite Case," Boston Globe, January 23, 1912, p. 2.
61. "Lawrence Dynamite 'Plant' by Sleuths," New York Call, January 24, 1912, p. 1.
62. "Pres. Wood Asks Operatives to Return," Lawrence Tribune, January 20, 1912, p. 3.
63. Photograph in collection of Immigrant City Archives, Lawrence, MA.
64. "Strikers Indorse Plan to Meet Their Employers," Boston Globe, January 23, 1912, p. 1.
65. "Globe Woman in Lawrence," Boston Globe, January 23, 1912, p. 2.
66. "Hunger Drives Strikers' Children to Soup Kitchens," Boston American, January 28, 1912, p. 3B.
67. Senate Report, p. 33.
68. Dengler, Khalife, and Skulski, p. 56.
69. "Ice Cutting on the River," Lawrence Telegram, January 22, 1912, p. 5.
70. "Seek Work in Lowell," Lawrence Telegram, January 16, 1912, p. 12.
71. "Fred Nyham Wounded by Bayonet at Lawrence," Boston Globe, January 23, 1912, p. 13.
72. Dengler, Khalife, and Skulski, p. 52.
73. "Ovation for Haywood," Lawrence Tribune, January 24, 1912, p. 1.
74. "Inspires Her Fellow Workers," Boston Globe, January 25, 1912, p. 2.
75. "About Haywood," Literary Digest, June 14, 1913, p. 135.
76. Carlson, p. 164.
77. Ibid., p. 23.
78. Ibid., p. 109.
79. Haywood, *Autobiography*, p. 10.
80. Ibid., p. 341.
81. Ibid., p. 8.
82. Ibid., p. 12.
83. Ibid.
84. Ibid., p. 29.
85. Ibid., p. 15.
86. Ibid., p. 31.
87. Carlson, pp. 40-42.
88. Haywood, *Autobiography*, p. 52.

89. Ibid., p. 62.
90. Carlson, p. 146.
91. Ibid., p. 58.
92. Lukas, *Big Trouble*, pp. 201-2.
93. Carlson, p. 69.
94. Ibid., p. 86.
95. Ibid., p. 100.
96. Lukas, p. 278.
97. Ibid., p. 284.
98. Ibid., p. 474.
99. Adamic, p. 149.
100. Lukas, p. 538.
101. Darrow, p.xiv.
102. Lukas, pp. 296, 334.
103. Ibid., p. 711.
104. Carlson, p. 130.
105. Lukas, pp. 753-54.
106. Carlson, pp. 138-39, and Lukas, p. 729.
107. Carlson, p. 68.
108. Ibid., p. 146.
109. Flynn, *Rebel Girl*, p. 73.
110. "A Radical Assault upon Trade Unions," Current Literature, April 1912, p. 384.
111. Carlson, epigraph page.
112. "'Hold Reins Tight.' Advises Haywood," Lawrence Daily American, January 23, 1912, P. 1.
113. "Ovation for Haywood," Lawrence Tribune, January 24, 1912, p. 1.
114. "Will Meet Mill Owners," Boston Globe, January 25, 1912, p. 2.
115. "Concerned Move to Stop the Strike," Boston Globe, January 25, 1912, p. 2.
116. Ibid. p. 1.
117. "Ovation for Haywood," Lawrence Tribune, January 24, 1912, p. 1.
118. "Strike Yet Unchanged," Lawrence Tribune, January 25, 1912, p. 2.
119. "One Man Is Responsible," Lawrence Evening tribune, January 24, 1912, p. 1.
120. "Wood Scores Holman," Lawrence Tribune, January 25, 1912, p. 10.
121. "Attempt to Settle Strike Fizzles Out," Boston Globe, January 25, 1912, pp. 1-2, and "Strike Yet Unchanged," Lawrence Tribune January 25, 1912, pp. 1-2.

122. "Foss Urges Inquiry into Mill Strike," New York Times, January 26, 1912, p. 6.
123. "For Recall of Scanlon," Lawrence Tribune, January 24, 1912, p. 1.
124. Benoit Clothing Company ad, "Our Contribution to the Strikers," Lawrence Evening Tribune, January 26, 1912, p. 8.
125. "Settlement in Sight!," Lawrence Evening Tribune, January 26, 1912, p. 1.
126. "Use of Force Not Advised," Boston Evening Globe, November 2, 1912, p. 2.
127. "Ultimatum to Ettor Issued," Lawrence Telegram, January 27, 1912, p. 3.
128. Ibid.
129. "Ovation for Haywood," Lawrence Tribune, January 24, 1912, p. 3.
130. "Exploding the Dynamiter," Boston Globe, January 28, 1912, p. 2.
131. "Ettor Promises Mill Owners Something Big," Lawrence Tribune, January 26, 1912, p. 2.
132. "President Wood Meets Strike Committee," Lawrence Evening Tribune, January 27, 1912, p. 3.
133. "Ultimatum to Ettor Issued," Lawrence Telegram, January 27, 1912, p. 3.

6장 통제 불능에 빠지다

1. "Ettor Speaks in Faneuil Hall," Boston Globe, January 27, 1912, p. 4.
2. "Shift in Plans of Workers' Chief," Boston Globe, January 28, 1912, p. 2.
3. "Never Urged Violence," Boston Evening Globe, November 13, 1912, p. 3.
4. "Shift in Plans of Workers' Chief," Boston Globe, January 28, 1912, p. 2.
5. "Ettor Puts in Busy Sunday," Lawrence Tribune, January 29, 1912, p. 3.
6. Arnold, p. 266.
7. "Tells Kunhardt Employees How They Can Get Square," Lawrence Daily American, January 29, 1912, p. 8.
8. "Leader Threatens Lawrence Looms," New York Times, January 29, 1912, p. 4.
9. "More Troops and Police to Protect Lawrence," Boston Evening Globe, January 29, 1912, p. 1.
10. "Woman Slain by Shot in Lawrence Strike Excitement," New York Call, January 30, 1912, p. 1.
11. Ibid.
12. "Bullet Kills Woman; Officer Benoit Stabbed," Lawrence Evening Tribune, January 29, 1912, p. 1.
13. Ibid.
14. Ibid.

15. "More Rioting by Strikers Today," Lawrence Telegram, January 29, 1912, p. 2.
16. "More Troops and Police to Protect Lawrence," Boston Evening Globe, January 29, 1912, p. 2.
17. "Strikers Destroy Cars," Lawrence Tribune, January 29, 1912, p. 1.
18. "Woman Slain in Lawrence Riot," Boston Globe, January 30, 1912, p. 4.
19. "Real Labor War Now in Lawrence," New York Times, January 30, 1912, p. 1.
20. "Agree to Confer with Mill Men," Boston Globe, January 22, 1912, p. 2.
21. "Burns Detective Agency Assists," Lawrence Daily American, January 29, 1912, p. 1; see also Foner, *History of the Labor Movement*, vol. 4, pp. 331-32.
22. "Drop Charge of Inciting Riots," Boston Globe, October 22, 1912, p. 1.
23. Arnold, p. 267.
24. Ibid., p. 273.
25. "Battle Waged an Hour," Boston Herald, January 30, 1912, p. 2.
26. Cameron, p. 106.
27. "Battle Waged an Hour," Boston Herald, January 30, 1912, p. 2.
28. Ellis Island On-Line, http:wwwellisisland.org/.
29. Cameron, p. 78.
30. "Woman Slain in Lawrence Riot," Boston Globe, January 30, 1912, p. 4.
31. Arnold, p. 271.
32. "Scouted Offer of Foss," Lawrence Tribune, January 30, 1912, p. 2.
33. "Woman Slain in Lawrence Riot," Boston Globe, January 30, 1912, p. 4.
34. Ibid.
35. "One Side Near End," Lawrence Tribune, October 31, 1912, p. 3.
36. "Scouted Offer of Foss," Lawrence Tribune, January 30, 1912, p. 2.
37. "Woman Killed by Shot Meant for Policeman," Lawrence Tribune, January 30, 1912, p. 8.
38. "Real Labor War Now in Lawrence," New York Times, January 30, 1912, p. 1; "Woman Slain by Shot in Lawrence Strike Excitement," New York Call, January 30, 1912, p. 1; and "Woman Killed by Shot Meant for Policeman," Lawrence Tribune, January 30, 1912, p. 1.
39. "Woman Slain in Lawrence Riot," Boston Globe, January 30, 1912, p. 4.
40. Lawrence Gazeteer, p. 57.
41. Ibid.
42. Arnold, p. 248.
43. "Pitman's Confession Implicates Four Men," Lawrence Evening Tribune, August

28, 1912, p. 2.

44. Rocco, oral history;
45. "The New John Breen School Ready for Formal Opening," Lawrence Daily American, January 18, 1912, p. 8.
46. "Breen Pleads Not Guilty," Lawrence Tribune, January 30, 1912, p. 1.
47. "Woman Slain in Lawrence Riot," Boston Globe, January 30, 1912, p. 4.
48. "Strikers Destroy Cars," Lawrence Tribune, January 29, 1912, p. 3.
49. "Ettor Puts in Busy Sunday," Lawrence Tribune, January 29, 1912, p. 3.
50. "Militia Quick to Arm When Call Sounds," Boston Herald, January 30, 1912, p. 3.
51. Ibid.
52. "Arms and the 'Exams,'" Boston Globe, January 31, 1912, p. 10.
53. Heymann, cover inset.
54. "Scouted Offer of Foss," Lawrence Tribune, January 30, 1912, p. 1.
55. "Strike Leaders Are Held without Bail," Lawrence Telegram, January 31, 1912, p. 4.
56. "Woman Killed in Lawrence Riot--Rushes More Troops to City," Boston Globe, January 30, 1912, p. 1.
57. Ibid., p. 2.
58. "Will Shoot If Necessary," Lawrence Daily American, January 30, 1912, p. 1.
59. "Scouted Offer of Foss," Lawrence Tribune, January 30, 1912, p. 1.
60. Foner, *History of the Labor Movement*, vol. 4, p. 331.
61. "Dead Number--and His Right Hand Man Arrested on Murder Charges," Boston Globe, January 31, 1912, p. 5.
62. "Militia Check a Lawrence Mob," Boston Evening Globe, January 30, 1912, p. 1.
63. "Strike Leaders Are Held without Bail," Lawrence Telegram, January 31, 1912, p. 2.
64. "Great Test Comes Todays," Boston Globe, February 1, 1912, p. 1.
65. "High Rents behind Lawrence Strike," New York Times, February 1, 1912, p. 3.
66. "Textile Mills Increase Force," Boston Evening Globe, January 31, 1912, p. 2.
67. "Arrest of Jos. J. Ettor," Lawrence Tribune, January 31, 1912, p. 3.
68. "Dead Number Two--Ettor and His Right Hand Man Arrested on Murder Charges," Boston Globe, January 31, 1912, pp. 1, 5.
69. "Arrest of Jos. J. Ettor," Lawrence Tribune, January 31, 1912, p. 3.
70. Skulski, p. 94.
71. Photograph in Boston Globe, February 10, 1912, p. 2.
72. "Man About Town," Lawrence Telegram, February 2, 1912, p. 6.
73. "Arrest of Jos. J. Ettor," Lawrence Tribune, January 31, 1912, p. 3.

74. Rocco, oral history, and "Militia in Lawrence Brings Greater Confidence," Boston Evening Globe, January 31, 1912, p. 1.
75. "Strike Leaders Are Held without Bail," Lawrence Telegram, January 31, 1912, p. 2.
76. Ibid.
77. "Ettor in Police Court," Laurence Tribune, January 31, 1912, p. 1.
78. "5000 Loaves of Bread Given Away," Lawrence Tribune, January 31, 1912, p. 5.
79. "Haywood Back in the City," Lawrence Tribune, February 1, 1912, p. 2.
80. "Notes and Comments," Lawrence Telegram, February 1, 1912, p. 6.
81. Christine Stansell, *American Moderns: Bohemian New York and the Creation of a New Century*(New York: Henry Holt, 2000), p. 58.
82. Donohue, oral history.
83. "No Arbitration, No Compromise," Lawrence Tribune, January 31, 1912, p. 1.
84. "Crowd Forced from Street," Boston Globe, February 1, 1912, p. 8.
85. "Strikers Planning to Release Ettor," Boston Globe, February 2, 1912, p. 4.
86. "Man About Town," Lawrence Telegram, February 2, 1912, p. 6.
87. "Arrest of Jos. J. Ettor," Lawrence Tribune, January 31, 1912, p. 3.

7장 두 쪽이 난 나라, 미국

1. Walter Weyl, The New Democracy(New York: Macmillan, 1912), p. 1.
2. "Man About Town," Lawrence Telegram, January 31, 1912, p. 4.
3. "Haywood Back in City," Lawrence Tribune, February 1, 1912, p. 1.
4. Internet Movie Database, httpnvww.imdb.com/.
5. Harold Evans, *The American Century*(New York: Alfred A. Knopf, 1998), p. 116.
6. Ibid., p. 117.
7. Michael E. Hennessy, *Twenty-five Tears of Massachusetts Politics: 1890-1915* (Boston: Practical Politics, 1917), p. 273.
8. "Ice Covers the Sound," New York Times, February 6, 1912, p. 1.
9. "Niagara Ice Bridge Out; Three Drown," New York Tribune, February 5, 1912, p. 1.
10. "May Intervene in Cuba Again," New York Times, January 17, 1912, p. 1.
11. "Denounces Czarina's Mystic," New York Times, February 8, 1912, p. 1.
12. Eric Foner and John A. Garraty, eds.. *The Reader's Companion to American History*(Boston: Houghton Mifflin, 1991), p. 691.
13. The Tribune also came out in a slightly different version called the Eagle, while the American had a sister daily called the Sun that reprinted most of its copy.
14. "15,000 Strikers Wreck Mills in Lawrence Riot," Boston American, January 12,

1912, p. 1.
15. "Big Dynamite Plot Exposed," Boston American, January 18, 1912, p. 1.
16. "Strike Committee at State Housed," Lawrence Telegram, February 3, 1912, p. 2.
17. "Fair Play at Lawrence," Boston American, February 2, 1912, p. 12.
18. "The Facts about the Lawrence Strike," Boston American, January 27, 1912, p. 12.
19. "The Laborer Is Worthy of His Hire," Lawrence Tribune, January 27, 1912, p. 4.
20. Dorgan, *History of Lawrence, Massachusetts*, pp. 134-35.
21. "Pointing the Finger," Lawrence Telegram, January 19, 1912, p. 6.
22. Lawrence Daily American, January 24, 1912, p. 1.
23. Lawrence Daily American, January 17, 1912, p. 1.
24. Cole, p. 234.
25. "La greve," Le Courrier de Lawrence, February 1, 1912, p. 1.
26. "La fortune des millionaires et les pauvres," Le Courrier de Lawrence, February 22, 1912, p. 4.
27. "Zum streik in Lawrence," Anzeiger und Post, January 27, 1912, p. 1.
28. Foner, *History of the Labor Movement*, vol. 4, p. 318.
29. "Jeder arbeiter seine lohne," Anzeiger und Post, February 24, 1912, p. 1.
30. "The Animal Behavior of the State with the Striking Lawrence Workers," Keleivis, February 29, 1912, p. 1.
31. "Aukos," Keleivis, March 7, 14, and 21, 1912, p. 1.
32. "A Discussion between Mikey and His Father," Keleivis, February 29, 1912, p. 4.
33. "Weavers' Strike in Lawrence," Keleivis, February 8, 1912, p.l.
34. "Universal Strikes," New York Tribune, February 6, 1912, p. 6.
35. "The Lawrence Strike: A Poll of the Press," The Outlook, February 17, 1912, p. 357.
36. "'Smash the Machinery!'" New York Times, January 30, 1912, p. 8.
37. "Trouble Makers," Los Angeles Times, February 8, 1912, p. 4.
38. "Eugene Foss's Nemesis," Los Angeles Times, February 8, 1912, p. 4.
39. "Bloodshed at Lawrence," Appeal to Reason, February 3, 1912, p. 2.
40. "The Lesson of Lawrence," The Masses, April 1912, p. 3.
41. "The Contrast in Lawrence," New York Call, February 1, 1912, p. 6.
42. "I ladroni" and "I parassiti," Il Proletario, January 26, 1912, p. 2.
43. "Un'altra grandiosa insurrezione proletaria," Il Proletario, January 19, 1912, p. 1; on January 16, the New York Call also reported strikers gunned down at the Pacific Mill.
44. "La grandiosa lotta di Lawrence," Il Proletario, February 1, 1912, p. 1.

45. Walter Wieyl, "The Strikers at Lawrence," The Outlook, February 10, 1912, p. 310.
46. Vorse, *Footnote to Folly*, p. 5.
47. Vorse, "Trouble at Lawrence," p. 10.
48. Baker, p. 23.
49. *Boston Post*, February 12, 1912, p. 4.
50. Vorse, "Trouble at Lawrence," p. 10.
51. "Tribune Topics," Lawrence Tribune, February 6, 1912, p. 4.
52. Weyl, *New Democracy*, p. 1.
53. "Man About Town," Lawrence Telegram, February 13, 1912, p. 4.
54. "Big Bill Haywood Returns to Scene of Lawrence Fight," New York Call, February 2, 1912, p. 1, and "Williams Helps Ettor," Lawrence Telegram, February 2, 1912, p. 4.
55. "Man About Town," Lawrence Telegram, February 2, 1912, p. 6.
56. "Haywood Says Ettor's Arrest Helped Strike," Lawrence Tribune, February 2, 1912, p.3.
57. Arthur Regan, tape 181, oral history interview, Immigrant City Archives, Lawrence, MA, March 12, 1992.
58. "Stick of Dynamite Dropped near Tracks," Lawrence Evening Tribune, February 3, 1912, p. l.
59. "Strikers Disappointed," Boston Evening Globe, February 3, 1912, p. 2.
60. Jackson, *Lawrence Strike 1912*.
61. "Ministers Discuss Lawrence Strike," Lawrence Evening Tribune, February 6, 1912, p. 2.
62. "Local Pastor Threatened," Lawrence Tribune, February 6, 1912, p. 1.
63. "Rev. Barber Denies Certain Statements," Lawrence Tribune, February 9, 1912, p. 12.
64. "Call New Troops," Boston Globe, February 6, 1912, p. 1.
65. "Strikers Disappointed," Boston Evening Globe, February 3, 1912, p. 2.
66. "'We Are Gaining,' Say the Strikers," Lawrence Tribune, February 2, 1912, p. 1.
67. Senate Report, p. 33.
68. Palmer, p. 1697.
69. "Haywood Says Ettor's Arrest Helped Strike," Lawrence Tribune, February 2, 1912, p. 3.
70. "Down to Grind at Lawrence," Boston Globe, February 9, 1912, p. 4.
71. "Lodge and Club," Lawrence Evening Tribune, February 5, 1912, p. 5.
72. "South Lawrence," Lawrence Evening Tribune, February 6, 1912, p. 2.
73. "Factory Girl Gives Up"(advertisement), Lawrence Tribune, January 27, 1912, p. 8.

74. "Legislators to See Strikers," Boston Globe, February 9, 1912, p. 4.
75. "John Breen Held for Grand jury," Lawrence Tribune, February 3, 1912, p. 10.
76. "Habeas Corpus Hearing TUesday," New York Call, February 4, 1912, p. 2.
77. "Haywood Says Ettor's Arrest Helped Strike," Lawrence Tribune, February 2, 1912, p. 3.
78. "New England Mill Tie-Up Threatened," Boston Globe, February 4, 1912, p. 2.
79. Stansell, p. 111.
80. Ibid.
81. Todd Brewster and Peter Jennings, The Century(New York: Doubleday, 1998), p. 30.
82. Phillips, p. 122.
83. Ibid., p. 338.
84. "Tribune Topics," Lawrence Tribune, February 10, 1912, p. 4.
85. Painter, p. 270.
86. Salvatore, p. 221.
87. Ibid., p. 242.
88. Ibid., pp. 208-9.
89. Painter, p. 266.
90. "Socialist Party of America," in Boyer, p. 727.
91. Ibid.
92. J.N. Larned, "Prepare for Socialism," Atlantic Monthly, May 191 l, p. 578.
93. H.G. Wells, "Socialism, Parts I and Il," Harper's Monthly, January and February 1912, pp. 197-204, 403-9.
94. Ronald Steel, *Walter Lippmann and the American Century*(New York: Vintage, 1980), p. 25.
95. Appeal to Reason, January 20, 1912, p. 1.
96. David Von Drehle, *Triangle: The Fire That Changed America*(New York: Atlantic Monthly Press, 2003), pp. 3, 68.
97. "The Trend of Things," The Survey, March 23, 1912, p. 1981.
98. Joseph J. Ettor, *Industrial Unionism the Road to Freedom*, IWW Pamphlet, June 1913, from University of Arizona, Special Collections AZ 114 box 1, folder 3A, exhibit 131, http://digital.libraryarizona.edu/bisbee/docs/131.php.
99. Max Weber, *The Protestant Ethic and the Spirit of Capitalism and Other Writings*(New York: Penguin, 2002), p. 28.
100. Ibid., p. 120.
101. Ibid., p. 121.

102. Who's Who in America, 1912-1913, vol. 7(Chicago: A. N. Marquist, 1913), s.v.v. "Amory, Charles"; "Ayer, Frederick"; "Ayer, Frederick Fanning"; "Foss, Eugene"; "Greene, Edwin"; "Hobbs, Franklin"; "Lawrence, Amory"; "Lyman, Arthur"; "Whitman, William"; "Wigglesworth, George"; and "Wood, William."
103. Arnold, pp. 42-44.
104. Ibid., pp. 48-53.
105. Ibid., p. 345.
106. Roddy, p. 122.
107. Merle Crowell, "78—and Still at the Head of a Tremendous Concern," American Magazine, December 1920, p. 37.
108. *Arlington Mills 1865-1925*(Norwood, MA: Plimpton Press, 1925), p. 24.
109. Crowell, p. 120.
110. Ibid., p. 119.
111. Baker, p.28.
112. Samuel Gompers, "The Lawrence Strike," American Federationist, April 1912, pp. 292-93.
113. Baker, p. 26.
114. McPherson, "American Woolen Company's Quarter-Century Record," in Bulletin of the National Association Of Wool Manufacturers—1924, p. 485.
115. Fosdick. p. 345.
116. Baker, p. 22.
117. Richard Hofstadter, *The Age of Reform*(New York: Random House, 1955), p. 218.
118. Evans, p. 68.
119. Henry F. May, *The End of American Innocence: A Study of the First Years of Our Own Time 1912-1917*(Chicago: Quadrangle, 1959), pp. 54-55.
120. David Brian Robertson, *Capital, Labor, and State: The Battle for American Labor Markets from the Civil War to the New Deal*(Lanham, MD: Rowman and Littlefield, 2000), p. 9.
121. "Four Murdered in Lawrence," New York Times, February 3, 1912, p. 1.
122. "New England Mill Tie-Up Threatened," Boston Globe, February 4, 1912, p. 8.
123. "Robbery the Motive for Four Lawrence Murders," Boston Globe, February 3, 1912, p. 1.
124. "Four Murdered in Lawrence," New York Times, February 3, 1912, p. 1.
125. "Slayer of Four Still at Large," Boston Globe, February 4, 1912, p. 8.
126. "Four Murdered in a Lawrence Home," Boston Globe, February 3, 1912, p. 1.

127. Foner, *History of the Labor Movement*, vol. 4, p. 88.
128. "Resents Move of the A.F of L.," Boston Globe, February 7, 1912, p. 1.
129. Ibid.
130. Lincoln Steffens, "Playing Our Game," Industrial Worker, March 28, 1912, p. 4.
131. "Working for a Settlement," Lawrence Tribune, February 8, 1912, p. 1.
132. "Investigators Find This City a Fertile Field," Lawrence Telegram, February 5, 1912, p. 3.
133. "To Settle Strike," Lawrence Tribune, February 7, 1912, p. 3.
134. "La greve," Le Courrier de Lawrence, February 1, 1912, p. 1.
135. "Bread to Be Given Away," Lawrence Tribune, February 7, 1912, p. 1, and "Helping the Needy," Lawrence Telegram, February 3, 1912, p. 2.
136. Testimony of Rev. Clark Carter, House Report, p. 368.
137. "Appeal to All Unions," Lawrence Tribune, February 5, 1912, p. 3.
138. "Mayor Fitzgerald Sends Check," Lawrence Tribune, February 5, 1912, p. 3.
139. Central Labor Union contributions and expenses, Immigrant City Archives, Lawrence, MA.
140. "to Settle Strike," Lawrence Tribune, February 7, 1912, p. 3.
141. "How Boston Women Aid Strike Victims," Boston American, February 11, 1912, p. 3B.
142. "Many Asking for Assistance," Boston Globe, February 7, 1912, p. 2.
143. "Hungry Man Is Assailant," Lawrence Tribune, February 7, 1912, p. 1.
144. "Habeas Corpus Petition Dismissed," Lawrence Tribune, February 6, 1912, p. 1.
145. "Rocco Case Disposed Of in Court," Lawrence Tribune, February 8, 1912, p. 1.
146. "To Be Called in Morning," Boston Globe, February 6, 1912, p. 2.
147. "Legislators Move to End Mill Strike," New York Times, February 9, 1912, p. 1.
148. "Fail to Reach a Settlement," Boston Globe, February 10, 1912, p. 2.
149. Robert Sobel, *Coolidge: An American Enigma* (Washington, DC: Regnery; 1998), p. 77.
150. Senate Report, pp. 48-49.
151. Foner, *History of the Labor Movement*, vol. 4, p. 339.
152. "Yates Says Crisis Is Near," Lawrence Tribune, February 9, 1912, p. 2.
153. "Strikers Are Leaving City," Lawrence Tribune, February 4, 1912, p. 1.

8장 아이들의 탈출

1. Mary Harris Jones, *The Autobiography of Mother Jones* (Chicago: Charles H. Kerr,

1925; rep., New York: Arno Press, 1969), p. 236. Citations are to the Arno edition.
2. "Strikers Send Children," Lawrence Tribune, February 10, 1912, p. 1.
3. Margaret Sanger, "The Fighting Women of Lawrence," New York Call, February 18, 1912, p. 15.
4. "Juveniles as Help to Strikers' Cause," Boston Evening Globe, February 10, 1912, p. 2.
5. "Strikers Send Children Away," Lawrence Tribune, February 10, 1912, p. 1.
6. Ibid.
7. "Juveniles as Help to Strikers' Cause," Boston Evening Globe, February 10, 1912, p. 2.
8. Ibid.
9. "Haywood Predicts State-Wide Strike in Massachusetts," New York Call, February 4, 1912, p. l.
10. William D. Haywood, "When the Kiddies Came Home," International Socialist Review, May 1912, p. 716.
11. "Courts Aid Bosses against Strikers in Big Lawrence Fight," New York Call, February 7, 1912, p. l.
12. "150 Strike Waifs Find Homes Here," New York Times, February 11, 1912, p. 1.
13. "Children of a Strike," The Survey, February 24, 1912, p. 1791.
14. "Sian figli nostri," Il Proletario, February 9, 1912, p. 1.
15. "150 Strike Waifs Find Homes Here," New York Times, February 11, 1912, p. 1.
16. "Juveniles as Help to Strikers' Cause," Boston Evening Globe, February 10, 1912, p. 2.
17. Sanger, "Fighting Women," p. 15.
18. "Children Shout and Sing in New York for Strike," Boston Herald, February 11, 1912, p. 2.
19. "150 Strike Waifs Find Homes Here," New York Times, February 11, 1912, p. 1.
20. Sanger, "Fighting Women," p. 15.
21. "Children of a Strike," p. 1791.
22. "Lawrence Children in New York Given Passionate Ovation," New York Call, February 11, 1912, p. 1.
23. Testimony of Margaret Sanger, House Report, p. 227.
24. Ibid.
25. Glenn W. Miller, *American Labor and the Government*(New York: Prentice-Hall, 1948), p. 147.
26. "Little Exiles, Strikers' Children Tagged for Shipment," Boston American, February 18, 1912, pt. 2 , p. 1.
27. "150 Strike Waifs Find Homes Here," New York Times, February 11, 1912, p. 1.

28. "Whole City Mourns Sudden Death of Mayor Scanlon," Lawrence Telegram, August 18, 1914, p. 6.
29. "'Outrage,' Scanlon Calls the Parade," Boston American, February 11, 1912, pt. 2, p. 2B.
30. "Ministers Condemn Parade of Children," Boston American, February 11, 1912, pt. 2, p. 2B.
31. "Two I.W.W. Leaders Give Strikers Advice," Lawrence Tribune, February 14, 1912, p. 6.
32. "Exploiting Children Insane Foolishness, Says Dr. Berle," Boston American, February 11, 1912, pt. 2, p. 1.
33. "Officials Unable to Prevent Parade of the Children," Boston American, February 11, 1912, pt 2, p.3B.
34. "Strikers Send Children Away," Lawrence Tribune, February 10, 1912, p. 1.
35. "Seemed Like Fairyland," Boston Globe, February 12, 1912, p. 4.
36. Ibid., and "Strikers Send Children Away," Lawrence Tribune, February 10, 1912, p. 1.
37. Flynn, *Rebel Girl*, p. 137.
38. Ibid.
39. "Workers Everywhere Rally to Aid of 22,000 Strikers in Lawrence," New York Call, February 15, 1912, p. 2.
40. "Sullivan in Control of Police Department," Lawrence Evening Tribune, February 20, 1912, p. 3.
41. "To Send Away More Children," Boston Globe, February 13, 1912, p. 9.
42. "Philadelphia Will Take 200 Children from Mill Strikers," New York Call, February 12, 1912, p. l.
43. "Little Girl's Story," Lawrence Daily American, February 13, 1912, p. 1.
44. "Strikers Send Children," Lawrence Tribune, February 10, 1912, p. 1.
45. Flynn, Rebel Girl, p. 130.
46. Dubofsky. p. 161.
47. Carlson, p.291.
48. "Police Warn W.D. Haywood," Lawrence Tribune, February 12, 1912, p. 2.
49. "By William D. Haywood," New York Call, February 16, 1912, p. 2.
50. "Mass Meeting in Boston," Lawrence Telegram, March 1, 1912, p. 3.
51. Flynn, *Rebel Girl*, p. 132.
52. "About Haywood," Literary Digest, June 14, 1913, pp. 135-36.
53. Palmer, "Strike for Four Loaves," p. 1691.

54. "Down to Long, Hard Fight at Lawrence," Boston Globe, February 11, 1912, p. 9.
55. Senate Report, p. 33.
56. "Detectives Employed," Lawrence Telegram, February 15, 1912, p. 2.
57. Goldberg, p. 88.
58. Senate Report, p. 33.
59. "No Clash from New Picket Plan," Lawrence Tribune, February 12, 1912, p. 3.
60. "Proclamation to Be Issued," Lawrence Tribune, February 16, 1912, p. 1.
61. "Received Black Hand Letter," Lawrence Tribune, February 15, 1912, p. 2.
62. "Strike Spirit Badly Shaken," Boston Globe, February 14, 1912, p. 2.
63. "Ettor Makes His Demands," Salem Evening News, November 1, 1912, p. 5.
64. "Soldiers Turning 'Big Bill' Haywood's Afternoon Walk' Paraders off Essex St. at Franklin St., Lawrence"(photograph), Boston Globe, February 15, 1912, p. 1.
65. "Resents Move of the A.F. of L.," Boston Globe, February 7, 1912, p. 2.
66. Gibbs M. Smith, *Labor Martyr: Joe Hill* (New York: Grosset and Dunlap, 1969), p. 27.
67. Joe Hill, "John Golden and the Lawrence Strike," in Kornbluh, p. 180.
68. "Cannot Make Concessions Now," Lawrence Evening Telegram, February 17, 1912, p. 1.
69. "Fail to Reach a Settlement," Boston Globe, February 10, 1912, p. 2.
70. "Strikers Send Children Away," Lawrence Tribune, February 10, 1912, p. I.
71. "Col. Sweetser's Warning," Lawrence Telegram, February 10, 1912, p. 1.
72. "Hit with Bayonet," Lawrence Tribune, February 14, 1912, p. 3.
73. "Proclamation to Be Issued," Lawrence Tribune, February 16, 1912, p. 1.
74. "Complain of Militia," Boston Evening Globe, February 16, 1912, p. 2.
75. "Uses Air Gun on Troops," Lawrence Telegram, February 12, 1912, p. 3.
76. Senate Report, p. 496.
77. "Down to Long, Hard Fight at Lawrence," Boston Globe, February 11, 1912, p. 9.
78. "Lawrence Soldiers Will Not Obey Orders," Lawrence Tribune, February 16, 1912, p. 12, and "Fifth Avenue Sees Lawrence Children," New York Call, February 18, 1912, p. 2.
79. "Statements by People Who Tbok Part: A Militia Man's Experiences," The Survey, April 6, 1912, p. 76.
80. Weyl, "Strikers at Lawrence," p. 310.
81. "Strikers to Defy Police," Boston Evening Globe, February 23, 1912, p. 4.
82. "Man About Town," Lawrence Telegram, February 10, 1912, p. 4.
83. Ibid.

84. Ibid.
85. "Both Cases Continued until Monday Morning," Lawrence Tribune, February 10, 1912, p. 5.
86. "Great Number of Witnesses," Lawreuce Tribune, February 12, 1912, p. 1.
87. Ibid.
88. "Letters to Ettor and Haywood Are Produced in Police Courts," Lawrence Telegram, February 9, 1912, p. 1.
89. "Charge Policeman with Shooting Woman," Lawrence Evening Tribune, February 20, 1912, p. 1.
90. "Letter Is Offered," Boston Globe, February 10, 1912, p. 2.
91. "Monster Parade to Boston Is Planned," Boston Globe, February 14, 1912, p. 2.
92. "To Send Away More Children," Boston Globe, February 13, 1912, p. 1.
93. "Woman Organizer Is Given Big Reception," Laurence Daily American, January 22, 1912, p. 8.
94. Ibid.
95. "Man About Town," Lawrence Telegram, January 24, 1912, p. 4.
96. Richard Washburn Child, "Industrial Revolt at Lawrence," Collier's, March 9, 1912, p. 14.
97. Flynn, *Rebel Girl*, p. 110.
98. Kornbluh, p. 145.
99. Flynn, *Rebel Girl*, p. 53.
100. Helen C. Camp, *Iron in Her Soul: Elizabeth Gurley Flynn and the American Left*(Pullman: Washington State University Press, 1995), p. 5.
101. Flynn, *Rebel Girl*, p. 36.
102. Ibid., p. 46.
103. Ibid., p. 65.
104. Ibid., p. 64.
105. Ibid., p. 97.
106. Camp. p. 17.
107. Dubofsky, p. 179.
108. Camp, p. 23.
109. Flynn, *Rebel Girl*, p. 110.
110. Ibid., p. 134.
111. Ibid., p. 136.
112. Vorse, *Footnote to Folly*, pp. 8-9.

113. Cameron, p. 78.
114. Ibid., p. 48.
115. Elizabeth Gurley Flynn, "Women in Industry Should Organize," in Rosalyn Fraad Boxandall, *Words on Fire: The Life and Writing of Elizabeth Gurley Flynn*(New Brunswick, NJ: Rutgers University Press, 1987), p. 95.
116. Flynn, *Rebel Girl*, p. 132.
117. Cameron, p. 1.
118. "Strike Committee Meeting," Lawrence Telegram, January 26, 1912, p. 4.
119. Cameron, p. 135.
120. Baker, p. 30A.
121. Haywood, *Autobiography*, p. 249, and Cameron, p. 148.
122. Cameron, p. 161.
123. Ibid., p. 148.
124. Ibid., p. 159.
125. Foner, *Women and the American Labor Movement*, p. 211.
126. "More Women before Court," Lawrence Evening Tribune, February 28, 1912, p. 1.
127. "Congressman Ames at Meeting," Lawrence Evening Tribune, February 28, 1912, p. 1.
128. Cameron, p. 109.
129. Ibid., p. 159.
130. Ibid., p. 156.
131. House Report, p. 246.
132. "Strikers to Defy Police," Boston Evening Globe, February 23, 1912, p. 4.
133. "Murder Held to Be Proved," Boston Globe, February 22, 1912, p. 2.
134. House Report, p. 242.
135. "Took Gun Away from Soldier," Lawrence Sun, February 22, 1912, p. 4.
136. "Three Sisters Appear in Court," Lawrence Tribune, February 16, 1912, p. 1.
137. "Denies Kissing Defendant Ettor," Lawrence Tribune, November 6, 1912, p. 9.
138. Fosdick, p. 345.
139. Moran, p. 195.
140. "Complain of Militia," Boston Evening Globe, February 16, 1912, p. 1.
141. "Sweetser Issues Order to Strikers," Lawrence Tribune, February 17, 1912, p. 1.
142. "Women Are Awakening," Industrial Worker, July 25, 1912, p. 7.
143. "Protest of Lawrence Women," Lawrence Evening Tribune, February 20, 1912, p. 4.
144. Fosdick, p. 344.

145. Cameron, p. 154.
146. "Funds Pouring In," Boston Globe, February 11, 1912, p. 9, and Central Labor Union contributions and expenses, Immigrant City Archives, box 4, Lawrence, MA.
147. "Children of a Strike," p. 1791.
148. "Suit for Inquiry into Strike Fund," Boston Herald, March 11, 1912, p. 2.
149. Senate Report, pp. 66-67.
150. Central Labor Union contributions and expenses, Immigrant City Archives, box 4, Lawrence, MA.
151. "Conciliation Abandoned," New York Call, February 11, 1912, p. 2.
152. Baker, p. 30.
153. "Picketing Abandoned," Boston Evening Globe, February 12, 1912, p. 2.
154. "More Police for Lawrence," Boston Globe, February 16, 1912, p. 1.
155. "To Stop Exodus of Strikers' Children," Boston Evening Globe, February 17, 1912, p. 1.
156. "Cheering Throngs Greet Children of Textile Strikers," New York World, February 18, 1912, p. 3.
157. "Strikers' Children and Escorts in New York Parade"(photograph), Boston American, February 19, 1912, p. 1.
158. "Strikers' Children Parade Fifth Ave.," New York Times, February 18, 1912, p. 4.
159. "Fifth Avenue Sees Lawrence Children," New York Call, February 18, 1912, p. 1.
160. "Children Taken from the City," Lawrence Evening Tribune, February 17, 1912, p. 1.
161. Ernesto Calderone, oral history interview, tape 154, Immigrant City Archives, Lawrence, MA.
162. "To Stop Exodus of Strikers' Children," Boston Evening Globe, February 17, 1912, p. 1.
163. "Children Taken from City," Lawrence Evening Tribune, February 17, 1912, p. 1.
164. "Philadelphia Will Thke 200 Children from Mill Strikers," New York Call, February 12, 1912, p. l.
165. "Defends Exodus of Children," Lawrence Telegram, February 14, 1912, p. 3.
166. Child, "Industrial Revolt," p. 15.

9장 경찰의 무자비한 폭력

1. Joseph Conrad, *Heart of Darkness*(New York: W.W. Norton, 1988), p. 42.
2. "Man About Town," Lawrence Telegram, February 17, 1912, p. 4.

3. "Eugene Foss's Nemesis," Los Angeles Times, February 8, 1912, p. 4.
4. Richard M. Abrams, *Conservatism in a Progressive Era: Massachusetts Politics 1900-1912*(Cambridge, MA: Harvard University Press, 1964), p. 254.
5. Dubofsky, p.245.
6. Ibid., pp. 135, 154.
7. "State Authorities Severely Criticize Local Government, Lawrence Daily American, February 14, 1912, p. 1.
8. "Textile Strike a Revolution," Industrial Worker, February 29, 1912, p. 1.
9. "Soldiers May Be Withdrawn," Boston Globe, February 13, 1912, p. 1.
10. "Militia Will Stay," Boston Globe, February 14, 1912, p. 2.
11. "Civic Authorities Spineless, Says Adjt. Gen. Pearson," Lawrence Daily American, February 14, 1912, p. 1.
12. "During Strike Trouble," Lawrence Tribune, February 15, 1912, p.l.
13. Dorgan, *History of Lawrence, Massachusetts*, pp. 183-84.
14. "Mahoneys Figure Large in Lawrence Murder Hearing"(photograph), Boston Globe, February 14, 1912, p. 2.
15. Testimony of George Roewer, in House Report, p. 250.
16. "Sullivan Is Marshal," Boston Globe, February 20, 1912, p. 2.
17. Testimony of John J. Sullivan, in House Report, p. 290.
18. Photograph in Boston Evening Globe, February 24, 1912, p. 5.
19. Ibid.
20. "Defense Scores," Boston Globe, February 21, 1912, p. 1.
21. "Rule Due Today," Boston Globe, February 24, 1912, p. 2.
22. "More Children to Leave the Boston Globe," February 16, 1912, p. 9.
23. "Fall River Weavers Strike," Boston Globe, February 15, 1912, p. 4; "Submit Demands, Boston Globe, February 15, 1912, p. 4; and "Strike in New Bedford," Lawrence Telegram, February 26, 1912, p. 10.
24. "Children and Mothers Taken Away by Police, Boston Evening Globe, February 24, 1912, p. l.
25. Ibid.
26. Robert E. Gilbert, *The Tormented President: Calvin Coolidge, Death, and Clinical Depression*(Westport, CT: Praeger, 2003), p. 69.
27. "Meeting," Lawrence Evening Tribune, February 24, 1912, p. 1.
28. "Man Shot by a Rioter," Lawrence Tribune, February 26, 1912, p. 6.
29. Senate Report, p. 33.

30. "Children to Be Kept at Home," Lawrence Tribune, February 22, 1912, p. 1.
31. "Defense Scores," Boston Globe, February 21, 1912, p. 1.
32. "Charge Policeman with Shooting Woman," Lawrence Evening Tribune, February 20, 1912, p. i.
33. "Say Police Killed Womans," Boston Evening Globe, February 20, 1912, p. 2.
34. "Murder Held to Be Proved," Boston Globe, February 22, 1912, p. 2.
35. Ibid., and Ttstimony of Cornelius F. Lynch, in House Report, pp. 263,276.
36. Testimony of Tema Camitta, ibid., p. 201.
37. "Stops Exodus of Children," Boston Globe, February 23, 1912, p. 4.
38. "200 Children Are Shipped to New York to Exploit Strike," Boston American, February 11, 1912, p. 1.
39. "Mill Strikers Forced to Part with Children," Boston American, February 12, 1912, p. 1.
40. "Letters from Children," Lawrence Telegram, February 19, 1912, p. 8.
41. "Women Strike Picket Is Fined at Lawrence," Boston American, February 19, 1912, p.2.
42. "Wm. D. Haywood Makes Reply," Lawrence Evening Tribune, February 20, 1912, p. 3.
43. "Complained to Police," Lawrence Evening Tribune, February 23, 1912, p. 1.
44. "Rule Due Tbday," Boston Globe, February 24, 1912, p. 2.
45. "Plans for Children," Lawrence Tribune, February 24, 1912, p. 3.
46. "Police Prevent Children's Exile," Lawrence Evening Tribune, February 24, 1912, p. 1.
47. "Children and Mothers Taken by Police," Boston Evening Globe, February 24, 1912, p. 1.
48. "The Lawrence Strike: A Review," The Outlook, March 9, 1912, p. 531.
49. Ibid.
50. Ibid.
51. "Police and the Strikers Clash," Lawrence Evening Telegram, February 24, 1912, p. 1.
52. "Children and Mothers Taken by Police," Boston Evening Globe, February 24, 1912, P. 1.
53. "Police and the Strikers Clash," Lawrence Evening Telegram, February 24, 1912, p. l For further testimony to the clubbing of women, see also Boston Evening Globe and Lawrence Evening Tribune, February 24, 1912, p. 1; Boston Post, February 25, 1912, p. l; New York Times, New York Herald, and New York Call, February 25, 1912, p. 1; New York American, February 25, 1912, p. 3; New York

World, February 26, 1912, p. 6; and New York Sun, quoted in "The Lawrence Strike Children," Literary Digest, March 9, 1912, p. 471. Newspapers that covered the event but did not mention the clubbing of women include Lawrence Sun, February 24, 1912, p. 1; Le Courrier de Lawrence, February 29, 1912, p. 6; Boston American, February 24, 1912, p. 1; and Boston Herald, February 25, 1912, p. 4.

54. Testimony of Tema Camitta, in House Report, p. 196.
55. "Police Prevent Children's Exile," Lawrence Evening Tribune, February 24, 1912, p. 3.
56. "Angry Women Attack Police," Boston Globe, February 25, 1912, p. 6.
57. "Police and the Strikers Clash," Lawrence Evening Telegram, February 24, 1912, p. 1.
58. "Children and Mothers Taken by Police," Boston Evening Globe, February 24, 1912, p. 1.
59. "Disturbance at Strike Meeting," Lawrence Evening Tribune, February 24, 1912, p. 3.
60. "Claim Police Clubbed Women in Riot," Boston Post, February 25, 1912, p. 9.
61. "Disturbance at Strike Meeting," Lawrence Evening Tribune, February 24, 1912, p. 3.
62. "Police and the Strikers Ciash," Lawrence Evening Telegram, February 24, 1912, p. 1.
63. "Arrest 50 in Strike Rioting," Boston American, February 24, 1912, p. 2.
64. "Children and Mothers Taken by Police," Boston Evening Globe, February 24, 1912, p. l.
65. "Philadelphia to Get 100 Strikers' Children Today," New York Call, February 24, 1912, p. l.
66. "Many Pickets Arrested," Lawrence Evening Tribune, February 24, 1912, p. 3.
67. "Angry Women Attack Police," Boston Globe, February 25, 1912, p. 1.
68. "The Embargo on Strike Children," The Survey, March 2, 1912, p. 1822.
69. Testimony of George Roewer, in House Report, p. 251.
70. Photograph of the City Home, Immigrant City Archives, Lawrence, MA.
71. "Angry Women Attack Police," Boston Globe, February 25, 1912, p. 6.
72. "Women Fined in Court," Boston Globe, February 25, 1912, p. 6.
73. "Angry Women Attack Police," Boston Globe, February 25, 1912, p. 6.
74. "Police Clubs Keep Lawrence Waifs In," New York Times, February 25, 1912, p. 2.
75. Ibid.
76. "Appeal to Soldiers," Boston Globe, February 25, 1912, p. 6.
77. "Policemen Draw Their Revolvers," Lawrence Evening Tribune, February 26, 1912, p. 1.
78. "General Strike Appeal," Boston Globe, February 25, 1912, p. 6.

79. "Police Clubs Keep Lawrence Waifs In," New York Times, February 25, 1912, p. 2.
80. Mary Peccerillo Lynch, tape 95, oral history interview, Immigrant City Archives, Lawrence, MA.
81. Cole, p. 164.
82. Alice L. Walsh, *A Sketch of the Life and Labors of Rev. James T. O'Reilly, O.S.A.* (Lawrence, MA: Free Press Printing, 1924), p. 12.
83. Cole, p. 164.
84. Lynch, oral history;
85. Cole, p. 55.
86. Ibid., p. 166.
87. Walsh, p. 55.
88. "Fr. O'Reilly States View," Lawrence Evening Tribune, February 26, 1912, p. 7.
89. Arnold, p. 315.
90. "Clash at Lawrence," Boston Globe, February 26, 1912, p. 8.
91. "Blundering at Lawrence," New York Tribune, February 26, 1912, p. 6.
92. "The Lawrence Outrage," New York World, February 26, 1912, p. 6.
93. "This, in Free America," Miami Herald, February 28, 1912, p. 2.
94. "Lawrence Strike Children," p. 47L
95. "The Lawrence Strikers and Their Children," Springfield(MA) Republican, February 29, 1912, p. 10.
96. "The Strike in the Woolen Mills," Current Literature, April 1912, p. 384.
97. Kornbluh, p. 161.
98. "Mill Murderers of Massachusetts," Appeal to Reason, March 2, 1912, p. 1.
99. "Les Etats-Unis s'acheminent vers la revolution," Le Courrier de Lawrence, February 29, 1912, p. 4.
100. "The Animal Behavior of the State with the Striking Lawrence Workers," Keleivis, February 29, 1912, p. l.
101. William E. Borah, "Unconstitutional," New York Call, February 25, 1912, p. 1.
102. Newton Baker, "Uncivilized," New York Call, February 25, 1912, p. 1.
103. "Mill Officials Offer Concessions," Lawrence Evening Tribune, March 1, 1912, p. 10.
104. Testimony of Honorable Victor L. Berger, in House Report, pp. 11-24.
105. Mrs. Joseph Ellis, "Misuse of Power," New York Calk February 25, 1912, p. 1.
106. "Cole Raps Officials," Boston Globe, February 28, 1912, p. 2.
107. "Perilous Literature," Lawrence Telegram, February 3, 1912, p. 8, and Lawrence Citizens' Assocation, A Reign of Terror in an American City(pamphlet), March

1912.

108. Lawrence Citizens' Association, Lawrence as It Really Is(pamphlet), March 1912, p. 1.
109. "For City's Welfare," Boston Evening Globe, February 28, 1912, p. 1.
110. "The Police and the Public," Lawrence Telegram, February 26, 1912, p. 4.
111. "Man Held in $14,000 after Shots at Police," Boston Evening Globe, February 26, 1912, p. 1.
112. "Rioters Boldly Shoot," Lawrence Evening Tribune, February 26, 1912, p. 1.
113. "Fire 30 Shots at Lawrence," Boston Globe, February 27, 1912, p. 3.
114. "Man Held in $14,000 after Shots at Police," Boston Evening Globe, February 26, 1912, p. 1.
115. "Sixty-Six Tried in Police Courts," Lawrence Evening Tribune, February 27, 1912, p. 6.
116. "Fire 30 Shots at Lawrence," Boston Globe, February 27, 1912, p. 3.
117. "Lawrence Police Charge Strikers as Bus Is Fired Upon," Christian Science Monitor, February 26, 1912, p. 1.
118. "Man Held in $14,000 after Shots at Police," Boston Evening Globe, February 26, 1912, p. 1.
119. Ibid.
120. "Lawrence Strikers Fire upon the Police," New York Times, February 27, 1912, p. 20.
121. "Man Held in $14,000 after Shots at Police," Boston Evening Globe, February 26, 1912, p. l.
122. "4 Women Pickets Arrested," Lawrence Evening Telegram, February 26, 1912, p. 4.
123. "Man Held in $14,000 after Shots at Police," Boston Evening Globe, February 26, 1912, p. 1.
124. "Strikers Proclaim," Lawrence Tribune, February 27, 1912, p. 1.
125. "No Excuse for Action," Boston Globe, February 27, 1912, p. 3.
126. "Taft Starts Probe in Lawrence Case," Boston Globe, February 27, 1912, p. 3.
127. "Reign of Terror in Full Swing at Lawrence, Mass, as Police Beat Up Strikers," New York Call, February 27, 1912, p. 1.
128. "Caruso for Strikers," Lawrence Evening Tribune, February 26, 1912, p. 1.
129. "Child Cases Up in Court." Boston Globe, February 28, 1912, p. 2.
130. "Children Are Lured Away," Lawrence Evening Tribune, February 27, 1912, p. 1.
131. "Exile of Children," Lawrence Evening Tribune, February 29, 1912, p. 1.
132. "Court Dismisses Children's Cases," Lawrence Evening Tribune, March 12,

1912, p. 1.
133. "May Be Compelled to Rise in Revolt," Boston Evening Globe, February 27, 1912, p. 1.
134. "Women in Skirmish," Lawrence Evening Tribune, February 28, 1912, p. 1.
135. "Confer with Mill Men," Lawrence Evening Tribune," February 29, 1912, p. 10.
136. Baker, p. 26.
137. Ibid., p. 22.
138. Vorse, "Trouble at Lawrence," p. 10.
139. "Probers Pry into Lawrence Strike," Boston Globe, February 29, 1912, p. 1.
140. Baker, p. 21.
141. "Probers Pry into Lawrence Strike," Boston Globe, February 29, 1912, p. 1.

10장 1912년, 의회 청문회

1. Emile Zola, *Germinal*(New York: New American Library; 1970), p. 182.
2. "Attorney General in Lawrence," Lawrence Tribune, February 27, 1912, p. 1.
3. Who's Who in America, 1912-1913, s.v, "Ames, Adelbert."
4. Ibid., s.v. "Ames, Butler."
5. "Congressman Ames at Meeting," Lawrence Evening Tribune, February 28, 1912, p. 1.
6. Ibid.
7. "Strikers Depart for Washington," Lawrence Evening Tribune, March 1, 1912, p. 1.
8. "Did William M. Wood Break Deadlock?" Lawrence Evening Tribune, March 1, 1912, p. 16.
9. "Offer Wage Raise to End Strike," Boston Globe, March 1, 1912, p. 2.
10. "Mayor Goes into Detail," Lawrence Telegram, March 2, 1912, p. 1.
11. "Statement by the Arlington Mills," Lawrence Telegram, March 1, 1912, p. 1.
12. "Women Once More Beaten and Kicked in Lawrence City," New York Call, March 3, 1912, p. l.
13. "No Action at Morning Session," Lawrence Telegram, March 1, 1912, p. 1, and "Five Percent Not Enough," Boston Evening Globe, March 2, 1912, p. 1.
14. "Women Once More Beaten and Kicked in Lawrence City," New York Call, March 3, 1912, p. l.
15. "Golden Is Satisfied," Lawrence Tribune, March 5, 1912, p. 10.
16. "Strikers Hear Plan of Raise," Boston Globe, March 2, 1912, p. 1.
17. "Strike Leaders Are Not Satisfied with Concessions," Lawrence Tribune, March 2, 1912, p. 8.

18. "Discussed the Strike," Lawrence Telegram, March 1, 1912, p. 2.
19. Robertson, p. 9.
20. Edmund Morris, *Theodore Rex*(New York: Random House, 2001), pp. 156-69.
21. Final Report of the Commission on Industrial Relations(Washington, DC, 1915), pp. 48-49.
22. Robertson, pp. 155-56.
23. Cahn, p. 201.
24. "Reign of Terror in Full Swing at Lawrence, Mass., as Police Beat Up Strikers," New York Call, February 27, 1912, p. 1.
25. "Will Arouse Washington," Boston Globe, March 1, 1912, p. 2.
26. Who's Who in America, 1912-1913, s.v.u "Wilson, William B."
27. Testimony of Honorable William B. Wilson, in House Report, p. 3.
28. Testimony of Honorable Victor L. Berger, in ibid., pp. 11-25.
29. Ibid., pp. 11,29.
30. Testimony of Samuel Lipson, in House Report, pp. 31-32.
31. Ibid.
32. Ibid., p. 44.
33. "Won't Return until All Go Together," Lawrence Telegram, March 8, 1912, p. 5.
34. "Lawrence Strikers See Victory Now Smiling on Them," New York Call, March 10, 1912, p. 2.
35. Testimony of Samuel Lipson, in House Report, pp. 66, 70.
36. "Woes of Strikers Told to Congress," Boston Globe, March 3, 1912, p. 4.
37. Testimony of John Golden, in House Committee on Rules, Strike at Lawrence, Mass., pp. 75, 86-87.
38. "Woes of Strikers Told to Congress," Boston Globe, March 3, 1912, p. 4.
39. "Lawrence Alert for a Strike Test Today," Boston Globe, March 4, 1912, p. 2.
40. "Socialism Feeds on Discontent," Lawrence Evening Telegram, March 4, 1912, p. 1.
41. Ibid., and "Raid Textile Men's Meeting," New York Times, March 6, 1912, p. 6.
42. "No Sign of Break among the I.W.W. Strikers," Boston Evening Globe, March 4, 1912, p. 2.
43. Ibid.
44. Senate Report, p. 505.
45. Ibid., p. 33.
46. "No Sign of Break among the IMM. Strikers," Boston Evening Globe, March 4, 1912, p. 2.

47. Photograph of James P. Thompson, Boston Evening Globe, March 4, 1912, p. 1.
48. "No Sign of Break among the I.W.W. Strikers," Boston Evening Globe, March 4, 1912, p.2.
49. "Thursday's Strike Meeting," Lawrence Evening Tribune, March 15, 1912, p. 1.
50. "Police Investigation," New York Call, March 8, 1912, p. 2.
51. Testimony of Samuel Lipson, in House Report, pp. 114-15.
52. Ibid.
53. Testimony of Samuel Gompers, in House Report, pp. 126-28.
54. Rosario Contarino, oral history interview, tape 95, Immigrant City Archives, Lawrence, MA, and letter to editor, Lawrence Eagle Tribune, September 1987, Lawrence, MA, Strike 1912, box 2.
55. Testimony of Samuel Goldberg, in House Report, p. 140.
56. Testimony of Auguste Waite, in ibid., p. 148.
57. Testimony of John Bodelar, in ibid., pp. 154-55.
58. Testimony of Camella Tboli, in ibid., pp. 169-70.
59. Testimony of C. H. Kitchin, in ibid., p. 429.
60. Testimony of Camella Teoli, in ibid., pp. 171-73.
61. "Police Say Women Led Lawrence Mobs," New York Times, March 7, 1912, p. 6.
62. Testimony of Louis Cox, in House Report, p. 411.
63. Testimony of John J. Sullivan, in ibid., p. 340.
64. Testimony of Rev. Clark Carter, in ibid., p. 380.
65. Statement of Louis Cox, in ibid., p. 407.
66. Testimony of C. O. Andrews, in ibid.
67. Testimony of Rev. Clark Carter, in ibid., p. 358.
68. Ibid., p. 381.
69. Testimony of John J. Sullivan, in House Report, p. 326.
70. Ibid., p. 297.
71. Ibid., p. 321.
72. Ibid., p. 297.
73. Ibid., p. 298.
74. Ibid., p. 309.
75. Ibid., p. 304.
76. Ibid., p. 342.
77. Ibid., p. 344.
78. Testimony of Louis Cox, in House Report, p. 419.

79. Ibid., p. 411.
80. "Rev. Clark Carter Dies at Andover," Lawrence Tribune, April 1920, p. 1.
81. Testimony of Rev. Clark Carter, in House Report, p. 385.
82. Ibid., p. 382.
83. Ibid., p. 393.
84. Ibid., p. 392.
85. Ibid.
86. Ibid., p. 396.
87. Testimony of C.H. Kitchin, in House Report, p. 431.
88. Tsstimony of Frank Sherman, in ibid., p. 438.
89. Testimony of August P. Wade, in ibid., p. 444.
90. "Settlement Is Possible," Boston Globe, March 8, 1912, p. 1.
91. "To Investigate Situation," Lawrence Evening Tribune, March 8, 1912, p. 2.
92. "Congressmen Hear Strikers' Children," New York Times, March 5, 1912, p. 5.
93. Owen R. Lovejoy, "Right of Free Speech in Lawrence," The Survey, March 9, 1912, p. 1904.
94. "Sweetser Going Tbday," Lawrence Tribune, March 5, 1912, p. 10.
95. "Mills Are Insured against Riots," Lawrence Telegram, March 5, 1912, p. 1.
96. McPherson, 'American Woolen Company's Quarter-Century Record, in Bulletin of the National Association of Wool Manufacturers—1924, p. 485.
97. "Ibid to Carry Pepper," Boston Evening Globe, March 4, 1912, p. 2.
98. "Riot Call at Lawrence," New York Times, March 5, 1912, p. 5.
99. "Relief Station Is Closed," Lawrence Evening Tribune, March 7, 1912, p. 6.
100. "Police Intimidation," New York Call, March 8, 1912, p. 2.
101. "Children Made Happy," Boston Evening Globe, March 7, 1912, p. 6.
102. "Police Get Facts about Children," Lawrence Evening Tribune, March 7, 1912, p. 1.
103. "Children Made Happy," Boston Evening Globe, March 7, 1912, p. 6.
104. "Man Stabbed, Arms Pinioned," Boston Evening Globe, March 7, 1912, p. 1.
105. "Attempt Made to Stab Policeman," Lawrence Evening Tribune, March 7, 1912, p. 5.
106. "Man Stabbed, Arms Pinioned," Boston Evening Globe, March 7, 1912, p. 1.
107. "Tribune Topics," Lawrence Tribune, March 8, 1912, p. 4.
108. "Describes Alleged Clubbing," Lawrence Telegram, March 9, 1912, p. 12; see also Marcy and Boyd, p. 625, and Haywood, *Autobiography*, p. 251.
109. "Open Letter to Authorities," Lawrence Evening Telegram, March 8, 1912, p. 6.

11장 미국식 양탄자

1. Adam Smith, *The Wealth of Nations*, vol. 1(New York: G. R Putnam and Sons, 1904), pp. 69-70.
2. Roddy, p. 47.
3. "Miss Irene Wood Injured Coasting," Lawrence Telegram, March 8, 1912, p. 7.
4. Fosdick, p. 343.
5. "Settlement Is Possible," Boston Globe, March 8, 1912, p. 2.
6. Ibid.
7. Ibid.
8. "Fewer Pickets Were on Duty This Morning," Lawrence Evening Telegram, March 9, 1912, p.l.
9. "Last Week of the Big Strike," Lawrence Evening Tribune, March 8, 1912, p. 4.
10. "Things Talked About," Lawrence Evening Tribune, March 11, 1912, p. 4.
11. "To Lift Strike Partly," Boston Evening Globe, March 14, 1912, p. 5.
12. "Will Submit New Schedule," Boston Globe, March 10, 1912, p. 1.
13. "Fifteen Children Leave for Manchester," Lawrence Evening Telegram, March 9, 1912, p. l.
14. "Parade Today for Lawrence Strikers," New York Call, March 9, 1912, p. 1.
15. "Lecture on the Lawrence Strike," New York Call, March 9, 1912, p. 2.
16. "Haywood Sees End of Lawrence Strike," New York Call, March 10, 1912, p. 2.
17. "Textile Mills Raise Wages," Boston Globe, March 10, 1912, p. 8.
18. Arnold, p. 343.
19. "Strike Just Before Raise," Boston Globe, March 13, 1912, p. 2.
20. "Pepperell to Readjust," Boston Globe, March 10, 1912, p. 8.
21. "Raise by 35 Corporations," Boston Globe, March 13, 1912, p. 2.
22. "Big Textile Strike in This City Is Over," Lawrence Telegram, March 25, 1912, p. 4.
23. "300,000 Benefited by Local Strike?" Lawrence Evening Tribune, March 25, 1912, p. 1.
24. "Await Fifth Conference," Boston Evening Globe, March 11, 1912, p. 2.
25. "Will Not Obey Injunction," Boston Globe, March 12, 1912, p. 2.
26. "More Strike Literature," Lawrence Tribune, March 11, 1912, p. 8.
27. Ibid.
28. "Await Fifth Conference," Boston Evening Globe, March 11, 1912, p. 2.
29. "Leaders Summoned," Lawrence Evening Tribune, March 12, 1912, p. 3.
30. Arnold, p. 340.

31. "Over $5,000 in One Day," Lawrence Tribune, March 12, 1912, p. 10.
32. "To Keep Up Distribution," Boston Evening Globe, March 12, 1912, p. 2.
33. "Vote to Work in Six Mills," Boston Globe, March 15, 1912, p. 2.
34. "Reign of Terror in an American City," New York Tribune, March 11, 1912, p. 1.
35. Reprinted in "Another View of the Great Strike," Lawrence Tribune, March 12, 1912, p. 2.
36. "Catholic Scores Strike," Boston Evening Transcript, March 11, 1912, p. 8.
37. Dorgan, *History of Lawrence, Massachusetts*, pp. 156-57.
38. Lawrence Citizens' Association, *A Reign of Terror in an American City, What City after Lawrence? and Lawrence as It Really Is*(Lawrence, MA: March 1912).
39. Lawrence as It Really Is, p. 2.
40. Ibid.
41. Ibid.
42. *A Reign of Terror in an American City*, p. 2.
43. Ibid., p. 3.
44. *Lawrence as It Really Is*, p. 2.
45. Ibid., p. 3.
46. Ibid.
47. Ibid.
48. Ibid., p. 4.
49. Ibid.
50. *What City after Lawrence?*, pp. 1-2.
51. "Lawrence," New York Call, March 10, 1912, p. 15.
52. "Dal teatro della lotta, Il Proletario, March 1, 1912, p. 1.
53. *What City after Lawrence?*, p. 2.
54. "Sob Squad at Lawrence," Lawrence Tribune, March 14, 1912, p. 2.
55. "Reaction Is Sure," Lawrence Telegram, March 14, 1912, p. 4.
56. "Notes and Comments," Lawrence Telegram, March 13, 1912, p. 4.
57. "Raises for 175,000 in New England, Likely 100,000 More," Boston Globe, March 13, 1912, p.l.
58. "Accept Wage Increase," Lawrence Evening Tribune, March 13, 1912, p. 1.
59. "Acceptance Is Recommended," Lawrence Evening Telegram, March 13, 1912, p. 2.
60. Kornbluh. p. 180.
61. Songs of the Workers, 34th ed.(Chicago: Industrial Workers of the World, 1980), p. 64.
62. "Conflict of Authority," Lawrence Evening Tribune, March 14, 1912, p. 8.

63. "Working for a Settlement," Lawrence Evening Tribune, March 8, 1912, p. 1.
64. "Going to Work Monday," Lawrence Evening Tribune," March 15, 1912, p. 9.
65. "Great Strike Settled," Lawrence Evening Tribune, March 14, 1912, p. 1.
66. "Vote to Work in Six Mills," Boston Globe, March 15, 1912, p. 2.
67. "Going to Work Monday," Lawrence Evening Tribune, March 15, 1912, p. 9.
68. "Served with Summons," Lawrence Evening Telegram, March 14, 1912, p. 1.
69. "Vote to Work in Six Mills," Boston Globe, March 15, 1912, p. 2.
70. "New Castle Aids Lawrence," Solidarity, March 23, 1912, p. 1.
71. "Going to Work Monday," Lawrence Evening Tribune, March 15, 1912, p. 9.
72. Ibid.
73. "Vote to Work in Six Mills, Boston Globe, March 15, 1912, p. 2.
74. "Bouquets Put on Graves," Lawrence Evening Tribune, March 15, 1912, p. 16.
75. "Mills Want Former Strikers to Return," Lawrence Tribune, March 16, 1912, p. 1.
76. "Strikers Back to Looms," New York Times, March 16, 1912, p. 2.
77. "Man About Town," Lawrence Telegram, March 16, 1912, p. 6.
78. "Suit for Inquiry into Strike Fund," Boston Herald, March 11, 1912, p. 2.
79. "Tribune Topics," Lawrence Tribune, March 19, 1912, p. 4.
80. "The Lawrence Labor Victory," Literary Digest, March 23, 1912, p. 575.
81. Cahn, p. 216.
82. "Man About Town," Lawrence Telegram, March 19, 1912, p.4.
83. "Spring Openings Held," Lawrence Tribune, March 20, 1912, p. 1.
84. Foner, *History of the Labor Movement*, vol. 4, p. 347.
85. "Tributes to St. Patrick," Lawrence Tribune, March 18, 1912, p. 8.
86. Ibid.
87. "Loss by the Strike," Lawrence Telegram, March 13, 1912, p. 3.
88. "President Taft Starts for New Hampshire," Lawrence Evening Tribune, March 19, 1912, p. l.
89. "Colonel Roosevelt Was in This City," Lawrence Evening Tribune, March 20, 1912, p. 1.
90. "Big Textile Strike in This City Is Over," Lawrence Telegram, March 25, 1912, p. 4.
91. "Militia Has Gone Away," Lawrence Evening Tribune, March 25, 1912, p.l.
92. "Police Force Much Pared," Lawrence Evening Tribune, March 27, 1912, p. 1.
93. "No Federal Probe of Local Strike," Lawrence Evening Tribune, March 27, 1912, p. 1.
94. "Rioting Begins in Strike at Barre," New York Times, March 17, 1912, p. 7.
95. "Crazed by Lawrence Affair," Lawrence Tribune, March 12, 1912, p. 4.

96. "Barre Strike Ends," Lawrence Tribune, March 22, 1912, p. 1, and Arnold, p. 360.
97. Arnold, pp. 361-62.
98. "Nation-Wide Aid Promised to Lowell Mill Strikers," Lawrence Evening Tribune, March 27, 1912, p.l.
99. "Lowell Strikers Parade Peaceably," New York Call, March 29, 1912, p. 1.
100. "Great Textile Strike Threatens Lowell," Lawrence Evening Tribune, March 25, 1912, p. 1.
101. Flynn, *Rebel Girl*, pp. 144-45.
102. "Victory in Lawrence," Solidarity, March 23, 1912, p. l.
103. "Advertising the I.W.W.," Solidarity, March 23, 1912, p. 4.
104. Fosdick, p. 340.
105. "Latest from Lawrence," Solidarity, March 23, 1912, p. 1.
106. John J. Maginnis, "A City Transformed by Turmoil," Lawrence Eagle-Tribune, April 27, 1980, sec. D, pp. 1-2.
107. "Haywood on the Ettor-Giovannitti Case," Industrial Worker, June 27, 1912, p. 4.
108. "Organize Textile District," Lawrence Tribune, March 18, 1912, p. 10.
109. "I.W.W. Organizer Pelted in Clinton," Lawrence Evening Tribune, March 29, 1912, p. 1.
110. "Handling the Lawrence Strike," Boston Herald, March 16, 1912, p. 4.
111. "The New Socialism That Threatens the Social System," New York Times, March 17, 1912, pt. 5, p. 1.
112. Samuel Gompers, "The Lawrence Strike," American Federationist, April 1912, pp. 281-93.
113. Lorin E Deland, "The Lawrence Strike: A Study, Atlantic Monthly, May 1912, pp. 694-705.
114. "A.F. of L. Plans Campaign," Lawrence Tribune, March 27, 1912, p. 2.
115. "Dismisses Petition to Enjoin I.W.W. Fund," Lawrence Evening Tribune, March 27, 1912, p.l.
116. "Man's Spine Broken," Lawrence Tribune, March 22, 1912, p. 1, and "Wm. Todd Dies of Injuries," Lawrence Evening Tribune, March 30, 1912, p. 1.
117. "Man Whirled around Shafting," Lawrence Tribune, March 26, 1912, p. 1.
118. "Walkout at Wood Mill," Lawrence Telegram, March 20, 1912, p. 4.
119. "Workers Charge Discrimination," Lawrence Evening Tribune, March 18, 1912, p. 1.
120. "Strikers Return to Work," Lawence Telegram, March 26, 1912, p. 1.
121. "Lawrence Workers Still Need Help to Complete Victory," New York Call,

March 19, 1912, p.l.

122. "The Increase," Lawrence Evening Tribune, March 14, 1912, p. 1.
123. Haywood, "When the Kiddies Came Home," p. 716.
124. "Monster Parade Welcomes Exiled Children Home," Boston Globe, March 31, 1912, p. l.
125. "Story of the Lawrence Children," New York Call, March 31, 1912, p. 10.
126. "Pass through Boston," Boston Herald, March 31, 1912, p. 2.
127. "Story of the Lawrence Children," New York Call, March 31, 1912, p. 10.
128. Cahn, p. 221.
129. "10,000 Parade in Lawrence to Greet 'Kiddies,'" Boston Herald, March 31, 1912, p. 1.
130. "Children Paraded through Streets," Lawrence Tribune, April 1, 1912, p. 2.
131. "Monster Parade Welcomes Exiled Children Home," Boston Globe, March 31, 1912, p. l.
132. "10,000 Parade in Lawrence to Greet 'Kiddies,'" Boston Herald, March 31, 1912, p. 2.
133. Fosdick, p.345.

12장 "자유의 깃발이 여기에 있다"

1. Kornbluh. p. 186.
2. "Children Paraded through Streets," Lawrence Tribune, April 1, 1912, p. 2.
3. "10,000 Parade in Lawrence to Greet 'Kiddies,'" Boston Herald, March 31, 1912, p. 2.
4. "Monster Parade Welcomes Exiled Children Home," Boston Globe, March 31, 1912, p.2.
5. Camp, p. 27.
6. "Who Arturo Giovannitti Is," Industrial Worker, May 30, 1912, p. 4.
7. "The Social Significance of Arturo Giovannitti," Current Opinion, January 1913, p. 24.
8. Ibid., p. 26.
9. Ebert, *Trial of a New Society*, p. 70.
10. *Ettor and Giovannitti before the Jury*, p. 60.
11. Helen Keller, introduction, in Arturo Giovannitti, *The Collected Poems of Arturo Giovannitti*(Chicago: E. Clemente and Sons, 1962), p. vii.
12. "Social Significance of Arturo Giovannitti," p. 24.
13. "Who Arturo Giovannitti Is," Industrial Worker, May 30, 1912, p. 4.
14. Interview with Len Giovannitti, in Jackson, Lawrence Strike 1912.
15. *Ettor and Giovannitti before the Jury*, p. 49.
16. Giovannitti, *Collected Poems*, pp. 193, 197-98.

17. "Social Significance of Arturo Giovannitti," p. 26.
18. Kenneth Macgowan, "Giovannitti: Poet of the Wop," The Forum, October 1914, p. 611.
19. Kornbluh, p. 185.
20. "Social Significance of Arturo Giovannitti," p. 25.
21. W. Jett Lauck, "Lessons from Lawrence," North American Review, May 1912, p. 672.
22. Walter Weyl, "The Lawrence Strike from Various Angles: It Is Time to Know," The Survey, April 6, 1912, p. 66.
23. Deland, p. 705.
24. *Acts arid Resolutions Passed by the General Court of Massachusetts in the Year of 1912*(Boston: Wright Potter, 1912), pp. 782-83.
25. Moran, p. 219.
26. "President Names Industrial Board?" New York Times, December 18, 1912, p. 6.
27. "20 Year Old Lawrence Woman Found Alive," Lawrence Evening Tribune, April 23, 1912, p. 3.
28. Arnold, pp. 407-13.
29. "Police Shoot Down Strikers," Lawrence Evening Tribune, June 3, 1912, p. 1.
30. "13,000 Will Quit Mills," Boston Globe, July 15, 1912, p. 1.
31. "W.D. Haywood Is Indicted," Lawrence Evening Tribune, April 22, 1912, p. 1, and "Haywood Indicted in April on Charge of Conspiracy," Boston Globe, September 16, 1912, p. 4.
32. "Pitman Preferred Death to Inquiry," Lawrence Evening Tribune, August 28, 1912, p. 3.
33. "Dynamite Plant Grows Civil Suit," Lawrence Evening Tribune, June 15, 1912, p. 1.
34. "Chief Sullivan Sued," Lawrence Evening Tribune, May 21, 1912, p. 1.
35. Kornbluh, p. 185.
36. "The Lawrence Point of View," Lawrence Evening Tribune, September 11, 1912, p. 4.
37. "Kills Himself with Revolver," Lawrence Evening Tribune, August 27, 1912, p. 1.
38. "Charge Plot to Big Mill Men," Boston Evening Globe, August 28, 1912, p. 1.
39. "Collins Arrested and Two Other Men Indicted," Boston Evening Globe, August 29, 1912, p. l.
40. "Pres. Wood of American Woolen Co. Surrenders," Boston Evening Globe, August 30, 1912, p. l.
41. Ibid.
42. "Shock to Lawrence," Boston Evening Globe, August 30, 1912, p. 3.
43. "I.W.W. Makes a Statement," Lawrence Evening Tribune, August 30, 1912, p. 1.

44. "Capitalist Dynamiter Commits Suicide," Industrial Worker, September 5, 1912, p. 1.
45. "Giant Labor Awakening," Industrial Worker, July 25, 1912, p. 1.
46. "Whole World Protests against Crime," Industrial Worker, July 3, 1912, p. 1.
47. "Italian Unions Act for Ettor-Giovannitti," New York Call, September 15, 1912, p. 2.
48. "In Italia," "Da Napoli," "In Germania," "Nella Svizzera," "Da Ginevra," "In Austria," "In Francia," Il Proletario, July 20, 1912, p. 4.
49. Paul Avrich, *Sacco and Vanzetti: The Anarchist Background* (Princeton, NJ: Princeton University Press, 1991), p. 26.
50. "Editorial Points," Boston Globe, September 17, 1912, p. 12.
51. "Haywood's Arrest," Literary Digest, September 28, 1912, p. 503, and "Meetings for Ettor," Lawrence Evening Tribune, September 10, 1912, p. 3.
52. "To Make Move Today at Salem," Boston Globe, September 23, 1912, p. 4.
53. Cahn, p.214.
54. "Thousands at the Meeting," Lawrence Evening Tribune, September 16, 1912, p. 3.
55. Ibid.
56. Haywood, *Autobiography*, p. 256.
57. "Haywood for General Strike," Boston Globe, September 16, 1912, p. 4.
58. Haywood, *Autobiography*, p. 256.
59. Camp, p. 186.
60. Ibid., p. 34.
61. "I.W.W. Turns Out Strong," Lawrence Evening Tribune, May 31, 1912, p. 5.
62. Flynn, *Rebel Girl*, p. 147.
63. Dorothy Gallagher, *All the Right Enemies: The Life and Murder of Carlo Tresca* (New Brunswick, NJ: Rutgers University Press, 1988), p. 37.
64. Camp, p. 34.
65. Gallagher, p. 39.
66. Ibid.
67. "Mass Meeting Held This Afternoon," Lawrence Evening Tribune, September 28, 1912, p.10.
68. "Police Stabbed and Beaten in Street Riot in Lawrence," Boston Globe, September 30, 1912, p. l.
69. "Fierce Fighting in Lawrence Riot," New York Times, October 1, 1912, p. 1.
70. "One Juror Is Chosen," Salem Evening News, September 30, 1912, p. 7.
71. "Trial of I.W.W. Leaders Opens," Boston Evening Globe, September 30, 1912, p. 1.
72. "Must Call More Jurors," Salem Evening News, October 1, 1912, p. 2.

73. "Poet of the I.W.W.," The Outlook July 5, 1913, p. 505.
74. "Face Serious Problem in Getting Ettor Case Jury," Boston Globe, October 2, 1912, p. 2.
75. "Make Threat to Burn Lawrence," Boston Globe, October 7, 1912, p. 8.
76. Ibid.
77. Salem Evening News, September 30, 1912, p. 7.
78. "Two Policemen Stabbed by Crowds," Lawrence Tribune, September 30, 1912, p. 5.
79. "Patriotism Is Rampant," Lawrence Tribune, October 3, 1912, p. 1.
80. Dubofsky. p. 185.
81. Ibid., p. 188.
82. Foner, *History of the Labor Movement*, vol. 4, pp. 222-23.
83. Ibid., pp. 194-206.
84. "Citizens Committee Bars I.W.W. Buttons," Lawrence Evening Tribune, October 8, 1912, p.2.
85. "The City Ablaze in Color," Lawence Evening Tribune, October 4, 1912, p. 1.
86. "Conditions Are Changed," Lawrence Tribune, October 7, 1912, p. 5.
87. "Allegiance to Our Flag," Lawrence Tribune, October 5, 1912, p. 1.
88. "Motto of the City Decided," Lawrence Evening Tribune, October 11, 1912, p. 1.
89. "Cheer Flag and Sing," Boston Evening Globe, October 12, 1912, p. 2.
90. Photograph in Immigrant City Archives, Lawrence, MA.
91. "Citizens Committee Bars I.W.W. Buttons," Lawrence Evening Tribune, October 8, 1912, p. 2.
92. "Parade Created Big Impression," Lawrence Tribune, October 16, 1912, p. 1.
93. "Tension in Lawrence," Boston Evening Globe, October 4, 1912, p. 1.
94. "City Aroused by Red Flag," Boston Globe, October 4, 1912, p. 4.
95. "Down with Anarchy Cry Aroused Citizens," Lawrence Tribune, October 3, 1912, p. 4.
96. "Truce to Be Maintained," Boston Globe, October 3, 1912, p. 2.
97. "Haywood and Heselwood Wanted to Carry Pistols," Salem Evening News, October 3, 1912, p. l.
98. "I.W.W. Leaders in Lawrence Demand Police Protection from Vigilance Committee," Salem Evening News, October 7, 1912, p. 1.
99. "In Hospital for Rest," Boston Globe, October 13, 1912, p. 2.
100. "Salem Witchcraft, Case No. 2," New York Call, October 13, 1912, p. 6.
101. Henry David, *The History of the Haymarket Affair*(New York: Russell and

Russell, 1936), p. 316.

102. Ibid., p. 300.

103. Ibid., p. 493.

104. Franklin S. Haiman, *Speech and Law in a Free Society*(Chicago: University of Chicago Press, 1981), p. 269.

105. "The Indictment against the Three Defendants, Caruso, Ettor, Giovannitti," Salem Evening News, September 30, 1912, p. 7.

106. "The Completed Jury," Salem Evening News, October 16, 1912, p. 5.

107. "Ettor Jury Empaneled," Boston Globe, October 16, 1912, p. 1.

108. "The Completed Jury," Salem Evening News, October 16, 1912, p. 1.

109. "Prominent Men Commend City," Lawrence Evening Tribune, October 17, 1912, p. 1.

110. "Said He Heard Ettor Appeal to Crowd to Rescue a Prisoner," Salem Evening News, October 22, 1912, p. 5.

111. Ibid.

112. Ibid.

113. "Tells of Threats," Boston Globe, October 22, 1912, p. 5.

114. "Taken Out of the Record," Boston Globe, October 23, 1912, p. 10.

115. "More Testimony about Rioting at Lawrence Given by Witnesses," Salem Evening News, October 18, 1912, p. 5.

116. "The Prosecution Spring Surprise This Morning; Italian Detective Called, Salem Evening News, October 24, 1912, p. 1.

117. "Swear to Threats, Boston Globe, October 17, 1912, p. 2.

118. "The Prosecution Spring Surprise This Morning; Italian Detective Called," Salem Evening News, October 24, 1912, p. 1.

119. "Ettor Makes Plea to Jury," Boston Evening Globe, November 23, 1912, p. 5.

120. "Tells of Threats," Boston Globe, October 22, 1912, p. 5.

121. Salem Evening News, October 16, 1912, p. 5.

122. "Tells of Threats," Boston Globe, October 22, 1912, p. 5.

123. "Caruso near the Scene of the Murder," Lawrence Tribune, October 25, 1912, p. 1.

124. "Incendiary Talk Given by Giovannitti," Boston Globe, October 25, 1912, p. 11.

125. Salem Evening News, October 26, 1912, p. 5.

126. Boston Globe, October 30, 1912, p. 5.

127. "Saw Firing of Fatal Shot," Boston Evening Globe, October 30, 1912, p. 5.

128. "Trial Resumes," Boston Globe, October 30, 1912, p. 5.

129. Salem Evening News, October 16, 1912, p. 1.

130. "Down to Killing of Anna LoPizzo," Boston Globe, October 26, 1912, p. 1.
131. "Caruso near the Scene of the Murder," Lawrence Tribune, October 25, 1912, p. 1.
132. "The Prosecution Spring Surprise This Morning; Italian Detective Called," Salem Evening News, October 24, 1912, p. 1.
133. "Down to Killing of Anna LoPizzo," Boston Globe, October 26, 1912, p. 9.
134. "Men Punished for Distributing Cards," Lawrence Evening Tribune, October 14, 1912, p. 1.
135. "Street Fight," Laurence Tribune, October 8, 1912, p. 2.
136. "Lawrence I.W.W. Man Fined $5, New York Call, October 27, 1912, p. 1.
137. "A Lithuanian Killed in Lawrence," Keleivis, October 31, 1912, p. 1.
138. "Police Stop I.W.W. Parade at Funeral," Lawrence Tribune, October 28, 1912, p. 2.
139. "Tall Man Fired Shot," Boston Globe, October 31, 1912, p. 1.
140. "Saw Firing of Fatal Shot," Boston Evening Globe, October 30, 1912, p. 5.
141. "At the Scene of Fatal Riot Shot, He Testifies," Boston Evening Globe, October 25, 1912, p. 8.
142. "Wants Both Men in Court," Boston Evening Globe, October 31, 1912, p. 3.
143. Ibid.
144. Hennessy, *Twenty-five Years of Massachusetts Politics: 1890-1915*, p. 276.
145. "City Marshal Sullivan of Lawrence Testifies about Violence in Lawrence Strike." Salem Evening News, October 21, 1912, p. 1.
146. "Said He Heard Ettor Appeal to Crowd to Rescue a Prisoner," Salem Evening News, October 22, 1912, p. 1.
147. "City Marshal Sullivan of Lawrence Testifies about Violence in Lawrence Strike." Salem Evening News, October 21, 1912, p. 5.
148. "Boast of Stabbing," Boston Globe, November 1, 1912, p. 4.
149. Ibid.
150. "Ettor Makes His Demands," Salem Evening News, November 1, 1912, p. 5.
151. "Opening for the Defense," Boston Evening Globe, November 1, 1912, p. 1.
152. Ibid., p. 6.
153. Arthur and Lila Weinberg, *Clarence Darrow: A Sentimental Rebel*(New York: G. p. Putnam's Sons, 1980), pp. 222-49.
154. Ebert, Trial of a New Society, p. 87.
155. "Many Lawyers in the Case on Both Sides," Salem Evening News, September 30, 1912, P-7.
156. "Tells of Threats," Boston Globe, October 22, 1912, p. 5.

157. Avrich, p. 160.
158. "State Ettor Urged Peace," Boston Evening Globe, November 5, 1912, p. 16.
159. Ibid.
160. "Many Witnesses Declare That Ettor and Giovannitti Counseled Peace in Strike," Salem Evening News, November 5, 1912, p. 6.
161. "Denies Kissing Defendant Ettor," Lawrence Tribune," November 6, 1912, p. 9.
162. Haywood, *Autobiography*, p. 251.
163. "Clergymen Testified," Lawrence Tribune, November 7, 1912, p. 9.
164. "Denies Kissing Defendant Ettor," Lawrence Tribune, November 6, 1912, p. 9.
165. "Mrs. Caruso Is a Witness?" Boston Evening Globe, November 9, 1912, p. 2.
166. Ibid.
167. "Exact in Details," Boston Globe, November 13, 1912, p. 5.
168. "Never Urged Violence," Boston Evening Globe, November 13, 1912, p. 10.
169. "Half Speech, Half Sermon," Boston Evening Globe, November 18, 1912, p. 5.
170. "Ettor Case with Jury," Boston Evening Globe, November 25, 1912, p. 1.
171. "Defendant Ettor Addresses Jurors," Lawrence Evening Tribune, November 23, 1912, p. l.
172. "Ettor Makes Plea to the Jury," Boston Evening Globe, November 23, 1912, p. 5.
173. "Prisoners' Pleas Stir Labor Trial," New York Times, November 24, 1912, p. 1.
174. Ebert, *Trial of a New Society*, p. 36.
175. Ibid., p. 38.
176. Ibid., p. 32.
177. Ibid., p. 45.
178. Ibid., p. 62.
179. Ibid., p. 63.
180. "Social Significance of Arturo Giovannitti," p. 24.
181. Ebert, *Trial of a New Society*, pp. 71-72.
182. "Social Significance of Arturo Giovannitti," p. 24.
183. "All Night Duty," Boston Evening Globe, November 26, 1912, p. 2.
184. "Ettor Case Verdict Waits until Morning," New York Times, November 26, 1912, p. 9.
185. "Ettor, Giovannitti, and Caruso Are Free," New York Call, November 27, 1912, p. 1.
186. "10,000 Hail Ettor and Comrades Free," New York Times, November 27, 1912, p. 1.
187. Ibid.
188. "Acquit Ettor, Caruso and Giovannitti," Boston Evening Globe, November 26,

1912, p. 1.

189. "Ettor, Giovannitti and Caruso Found Not Guilty," Salem Evening News, November 26, 1912, p. 2.

190. "Ettor, Giovannitti, and Caruso Are Free," New York Call, November 27, 1912, p. 1.

191. Elizabeth Balch, "Songs for Labors," The Survey, January 3, 1914.

192. "Acquit Ettor, Caruso and Giovannitti," Boston Evening Globe, November 26, 1912, p. 2.

193. "10,000 Hail Ettor and Comrades Free," New York Times, November 27, 1912, p. 1.

194. "Police Break Up Attempt at Parade," Boston Globe, November 27, 1912, p. 4.

195. "Citizens End Protest Period," Lawrence Tribune, November 29, 1912, p. 5.

196. "I.W.W. Plans for Meeting Today," Boston Globe, November 28, 1912, p. 1.

197. "Ettor Says No Guns Needed," Boston Globe, November 29, 1912, p. 3.

198. "Citizens End Protest Period," Lawrence Tribune, November 29, 1912, p. 5.

맺음말 헌신자와 순교자

1. Jackson, *Lawrence Strike 1912*.

2. Jeanne Schinto, Huddle Fever: Living in the Immigrant City(New York: Alfred A. Knopf, 1995), p. 19.

3. "Presents for Eitor," Lawrence Evening Tribune, January 13, 1913, p. 4.

4. Goldberg, p. 97, and Arnold, p. 529.

5. Marion Barker, tape 55, oral history interview Immigrant City Archives, Lawrence, MA.

6. Dorgan, *History of Lawrence, Massachusetts*, p. 58.

7. Baker, p. 21.

8. Cameron, p. 163.

9. Foner, *History of the Labor Movement*, vol. 4, p. 348.

10. Ebert, *Trial of a New Society*, p. 151.

11. Foner, *History of the Labor Movement*, vol. 4, pp. 358-60.

12. Robert Rosenstone, *Romantic Revolutionary: A Biography of John Reed*(Cambridge, MA: Harvard University Press, 1990), pp. 127-29.

13. Foner, *History of the Labor Movement,* vol. 4, pp. 360-68.

14. Ibid., pp. 371-72.

15. Flynn, *Rebel Girl*, p. 151.

16. Ibid., p. 150.

17. Lawrence Directory 1912, pp. 48-49.

18. Foner, *History of the Labor Movement*, vol. 4, p. 349.
19. Anonymous blacklist from Strike of 1912, box 2, Immigrant City Archives, Lawrence, MA.
20. Foner, *History of the Labor Movement*, vol. 4, p. 408.
21. Ibid., p. 171.
22. "Ettor Talks to Loomfixers," Lawrence Tribune, May 22, 1916, p. 12.
23. Arnold, p. 554.
24. "As Boston Sees Ettor," Lawrence Evening Tribune, May 24, 1916, p. 2.
25. "Complain of Police," Lawrence Tribune, May 26, 1916, p. 1.
26. Arnold, p. 555.
27. Carlson, p. 237.
28. Haywood, *Autobiography*, p.292.
29. Carlson, p. 237.
30. Flynn, *Rebel Girl*, p. 221.
31. *American National Biography*, vol. 7(New York: Oxford University Press, 1999), s.v: "Ettor, Joseph James."
32. Joseph J. Ettor, "The Light of the Past," Industrial Worker, July 28, 1945, p. 2.
33. *American National Biography*, vol. 7, s.v. "Ettor, Joseph James."
34. Helen Keller, "Introduction to Arrows in the Gale," reprinted in Giovannitti, *Collected Poems*, pp. 135-36.
35. "Social Significance of Arturo Giovannitti," pp. 24-26.
36. Goldberg, p. 156.
37. "Arturo Giovannitti Dies at 75; Poet, Long-Time Labor Leader," New York Times, January 1, 1960, p. 19.
38. Ibid.
39. Camp, p. 113.
40. Ibid., epigraph.
41. Ibid., p. 111.
42. Ibid., p. 143.
43. Ibid., p. 141.
44. Ibid., p. 161.
45. "Elizabeth Gurley Flynn Is Dead; Head of U.S. Communist Party," New York Times, September 6, 1964, p. 56.
46. Camp, p. 220.
47. Ibid., p. 257.

48. "Communist Party—USA," in Boyer, p. 149.
49. Camp, p. 291.
50. "Elizabeth Gurley Flynn Is Dead; Head of U.S. Communist Part," New York Times, September 6, 1964, p. 1.
51. Camp, p. 308.
52. Ibid., p. 322.
53. Carlson, pp. 236,244.
54. Ibid., p. 251.
55. Dubofsky, p.383.
56. Carlson, p. 246.
57. Dubofsky, p. 386.
58. Ibid., p. 392.
59. David Kennedy, *Over Here: The First World War and American Society*(New York: Oxford University Press, 1980), p. 26.
60. Carlson, p. 251.
61. Ibid., p. 253.
62. Haywood, *Autobiography*, p.323.
63. Carlson, p. 285.
64. Ibid., p. 293.
65. Kennedy, p. 288.
66. Ibid., p. 290.
67. "'Reds' Taken to Boston Today," Lawrence Evening Tribune, January 3, 1920, p. 1.
68. Kennedy, p. 290.
69. Ibid., p. 315.
70. Haywood, *Autobiography*, p. 361.
71. Carlson, p. 323.
72. Ibid., p. 324.
73. Ibid., p. 325.
74. Philip A. Laudani, *Mayors of Lawrence*(Lawrence, MA: privately printed, 1996), p. 5.
75. "City Mourns Death of Mayor," Lawrence Telegram, August 18, 1914, p. 1.
76. "City Pays Tribute to Its Dead Mayor," Lawrence Telegram, August 19, 1914, p. 1.
77. Dorgan, *History of Lawrence, Massachusetts*, pp. 208, 217, 233-36.
78. "Rice Called as a Witness," Lawrence Telegram, May 22, 1913, p. 1.
79. "Breen Testifies in Dynamite Trial," Lawrence Telegram, May 21, 1913, p. 5.
80. "Collins a Witness for the Prosecution," Lawrence Telegram, May 20, 1913, p. 1.

81. "Strike Expense Account Figures," Lawrence Telegram, May 23, 1913, p. 1.
82. "State's Case Now Nearly Completed," Lawrence Telegram, May 28, 1913, p. 12.
83. "Government Rests in Dynamite Case," Lawrence Telegram, June 3, 1913, p. 2.
84. "Strike Expense Account Figures," Lawrence Telegram, May 23, 1913, p. 1.
85. "Defense Rests in Dynamite Trial," Lawrence Telegram, June 4, 1913, p. 5.
86. "President Wood Is Acquitted," Lawrence Telegram, June 7, 1913, pp. 1-3.
87. Sumner, p. 207.
88. "Editorial: Wm. M. Wood," Lawrence Telegram, February 3, 1926, p. 4.
89. Arthur Walworth, *Woodrow Wilson: American Prophet* (New York: Longmans, Green, 1958), p. 299.
90. McPherson, "American Woolen Company's Quarter-Century Record," in *Bulletin of the National Association of Wool Manufacturers—1924*, p. 485.
91. Ibid.
92. Arnold, p. 567.
93. "Mill Pay Again Increased," Lawrence Evening Tribune, October 4, 1917, p. 1.
94. Goldberg, p. 107.
95. Ibid., p. 110.
96. Ibid., p. 103.
97. Ibid., p. 118.
98. Cole, p. 200.
99. McKone.
100. Goldberg, p. 112.
101. Ibid., p. 111.
102. Arnold, p. 685.
103. Goldberg, p. 121, and McKone.
104. Goldberg, p. 121.
105. Arnold, p. 693.
106. Ibid., p. 736.
107. Roddy, p. 74.
108. John Bruce McPherson, "William Madison Wood—A Career of Romance and Achievement, in *Bulletin of the National Association of Wool Manufacturers—1926* (Boston: National Association of Wool Manufacturers, 1926), p. 252.
109. "American Woolen Success Due Largely to W.M. Wood," Lawrence Telegram, February 3, 1926, p. 5.
110. Arnold, p. 186.

111. Roddy, p.76.
112. Goldberg, p. 149.
113. Roddy, p. 77.
114. "The Cost of Living in Lawrence," The Outlook, January 7, 1920, p. 7.
115. Beal, p. 55.
116. Goldberg, p. 151.
117. Roddy, p. 76.
118. Arnold, p. 189.
119. McPherson, "William Madison Wood," *Bulletin of the National Association of Wool Manufacturers 1926*, p. 251.
120. Roddy, p. 116.
121. Ibid., p. 129.
122. "A $28,600,000 Loss," Fortune, June 1935, p. 70.
123. Roddy, p. 117.
124. "A $28,600,000 Loss," p. 70.
125. McPherson, "William Madison Wood," *Bulletin of the National Association of Wool Manufacturers 1926*, p. 257.
126. "William M. Wood Will Be Buried in West Parish," Lawrence Evening Tribune, February 3, 1926, p. 1.
127. Roddy, p. 120.
128. "American Woolen," Fortune, March 1954, p. 93.
129. Roddy, p. 157.
130. Janet E. Duncan, "An Investigation into the Characteristics and Development of Replacement Industries in Lawrence, Massachusetts"(PhD diss., Boston University 1971), p. 119.
131. Ibid., p. 121.
132. Skulski. p. 123.
133. Cameron, pp. 175-79.
134. Arnold, p. 736.
135. Lawrence Heritage State Park.
136. Moran, p. 222, and Lance Secretan, "Spirit at Work," Industry Week, December 16, 1998.
137. Josef Berger, *Memoirs of a Corporation: 1850-1950--Century*(Boston: Pacific Mills, 1950), p. 19.
138. "200,000 Watch Lawrence's 'God and Country' Parade," Lawrence Eagle-

Tribune, September 24, 1962, p. 1.

139. Paul Cowan, "Introduction," in Cahn, n.p.

140. Name withheld, oral history interview tape 212, Immigrant City Archives, Lawrence, MA.

141. Gayle Pollard, "For 'Bread and Roses, Too,'" Boston Globe, April 28, 1980, p. 1.

142. James Oppenheim, "Bread and Roses," American Magazine, December 1911, p. 242.

143. Upton Sinclair, ed., The Cry for Justice: An Anthology of the Literature of Social Protest(Philadelphia: John C. Winston, 1916), p. 247.

144. Jim Zwick, "Behind the Song: Bread and Roses," Sing Out! Winter 2003, pp. 92-93.

145. Ibid.

146. Catherine Simonelli, oral history interview tape 215, Immigrant City Archives, Lawrence, MA.

147. "Slain Striker Finally Gets Gravestone," Lawrence Eagle-Tribune, August 30, 2000.

148. Domenica Strano, personal interview July 9, 2003.

참고문헌

잡지, 저널, 소논문, 팸플릿

"About Haywood." Literary Digest, June 14, 1913, pp. 135-36.

"American Woolen?" Fortune, March 1954, pp. 91-96, 198-200, 204-5.

Baker, Ray Stannard. "The Revolutionary Strike." American Magazine, May 1912, pp. 19-30c.

Balch, Elizabeth. "Songs for Labor." The Survey, January 3, 1914, pp. 408-12.

"Can the Wool Trust Gag the Press?" Collier's, March 18, 1911, pp. 11-12.

Child, Richard Washburn. "Industrial Revolt at Lawrence." Collier's, March 9, 1912, pp. 14-15.

———. "The Making of 'K,' the Wool Schedule." Everybody's Magazine, March 1910, pp. 338-49.

"Children of a Strike." The Survey, February 24, 1912, p. 1791.

"The Cost of Living in Lawrence?" The Outlook, January 7, 1920, p. 7.

Crowell, Merle. "78—and Still at the Head of a Tremendous Concern," American Magazine, December 1920, pp. 37, 113-20.

Deland, Lorin F. "The Lawrence Strike: A Study," Atlantic Monthly, May 1912, pp. 694-705.

"The Embargo on Strike Children." The Survey, March 2, 1912, p. 1822.

Ford, James. "The Co-Operative Franco-Belge of Lawrence." The Survey, April 6, 1912, pp. 68-70.

Fosdick, Harry Emerson. After the Strike--Lawrence." The Outlook, June 15, 1912, pp. 340-46.

Giovannitti, Arturo. "Syndicalism—the Creed of Force," Independent, October, 30, 1913, pp. 209-11.

Gompers, Samuel. "The Lawrence Strike," American Federationist, April 1912, pp. 281-93.

———. "Those 'World Redeemers' at Chicago—Their Plight." American Federationist, August 1905, pp. 514-16.

Haywood, William D. "When the Kiddies Came Home." International Socialist Review, May 1912, pp. 716-17.

"Haywood's Arrest." Literary Digest, September 28, 1912, pp. 502-3.

Heaton, James. "Legal Aftermath of Lawrence Strike." The Survey, July 6, 1912, pp. 503-10.

Herriman, Tom. "Angelo Rocco: A Rank & File Union Leader Remembers the 1912 Lawrence Textile Strike." Labor Unity, April 1980, pp. 10-12.

Larned, J.N. "Prepare for Socialism." Atlantic Monthly, May 1911, pp. 577-80.

Lauck, W. Jett. "Lessons from Lawrence," North American Review, May 1912, pp. 665-72.

Lawrence Citizens' Association. Lawrence as It Really Is(pamphlet). Lawrence, MA, March 1912.

———. A Reign of Terror in an American City(pamphlet). Lawrence, MA, March 1912.

———. What City after Lawrence?(pamphlet). Lawrence, MA, March 1912.

"The Lawrence Labor Victory," Literary Digest, March 23, 1912, pp. 575-76.

"Lawrence, Massachusetts: The Strike of 1912," Immigrant City Archives, Lawrence, MA.

"The Lawrence Strike Children." Literary Digest, March 9, 1912, pp. 471-72.

"The Lawrence Strike: A Poll of the Press." The Outlook, February 17, 1912, pp. 357-58.

"The Lawrence Strike: A Review," The Outlook, March 9, 1912, p. 531.

Lovejoy, Owen R. "Right of Free Speech in Lawrence." The Survey, March 9, 1912, p. 1904.

Macgowan, Kenneth. "Giovannitti: Poet of the Wop," The Forum, October 1914, pp. 609-11.

Marcy, Leslie H., and Frederick Sumner Boyd. "One Big Union Wins?," International Socialist Review, April 1912, pp. 613-30.

O'Sullivan, Mary K. "The Labor War at Lawrence." The Survey, April 6, 1912, pp. 72-74.

Palmer, Lewis E. "A Strike for Four Loaves of Bread?" The Survey, February 3, 1912, pp. 1690-97.

"A Poet of the I.W.W." The Outlook, July 5, 1913, pp. 504-6.

"The Poetry of Syndicalism," Atlantic Monthly, June 1913, pp. 853-54.

Pratt, Walter Merriam. "The Lawrence Revolution," New England Magazine, March 1912, pp. 7-16.

"A. Radical Assault upon Trade Unions." Current Literature, April 1912, pp. 381-84.

Rowell, Wilbur E., "The Lawrence Strike?" The Survey, March 23, 1912, pp. 1958-60.

"Socialism behind Lawrence Strike." Journal of Commerce and Commercial Bulletin, February 1, 1912, p. 4.

"The Social Significance of Arturo Giovannitti?" Current Opinion, January 1913, pp. 24-26.

"Statements by People Who Took Part." The Survey, April 6, 1912, pp. 75-82.

"The Strike in the Woolen Mills." Current Literature, April 1912, pp. 381-84.

Sumner, Keene. "A Business Genius Who Has Done What Others Said Was Impossible." American Magazine, June 1923, pp. 16-17, 203-20.

"Symphony in K Flat." The Nation, March 13, 1911, p. 360.

Tarbell, Ida M. "The Mysteries and Cruelties of the Tariff: The Bulwark of the Wool Farce," American Magazine, November 1910, pp. 51-60.

———. "The Mysteries and Cruelties of the Tariff: The Passing of Wool." American Magazine, October 1910, pp. 735-43.

"The Trend of Things." The Survey, March 23, 1912, pp. 1981-82.

"A. $28,600,000 Loss," Fortune, June 1935, pp. 65-72, 122-32.

Vorse, Mary Heaton. "The Trouble at Lawrence." Harper's Weekly, March 9, 1912, p. 10.

Wells, H.G. "Socialism, Parts I and II." Harper's Monthly, January and February 1912, pp. 197-204, 403-9.

Weyl, Walter. "The Lawrence Strike from Various Angles: It Is Time to Know." The Survey, April 6, 1912, pp. 65-67.

———. "The Strikers at Lawrence." The Outlook, February 10, 1912, pp. 309-12.

"The Wool Bill Veto." The Outlook August 26, 1911, pp. 910-11.

"Work Stoppages, Workers Involved, Man-Days Idle, Major Issues, and Average Duration: 1881-1970." Historical Statistics of the United States: Colonial Times to 1970. U.S. Department of Commerce, Bureau of the Census. Washington, DC, 1976.

Zwick, Jim. "Behind the Song: Bread and Roses." Sing Out! Winter 2003, pp. 92-93.

단행본

Abrams, Richard M. *Conservatism in a Progressive Era: Massachusetts Politics 1900-1912.* Cambridge, MA: Harvard University Press, 1964.

Acts and Resolutions Passed by the General Court of Massachusetts in the Year of 1912. Boston: Wright and Potter, 1912.

Adamic, Louis. *Dynamite: The Story of Class Violence in America*, Rev. ed. Gloucester, MA: Peter Smith, 1963.

Albert, Felix. *Immigrant Odyssey: A French-Canadian Habitat in New England.* Orono: University of Maine Press, 1991.

American National Biography. Vols. 7,9, 16. New York: Oxford University Press, 1999.

Andrews, Mildred Gwin. *The Men and the Mills: A History of tiie Southern Textile Industry.* Macon, GA: Mercer University Press, 1987.

Arlington Mills 1865-1925. Norwood, MA: Plimpton Press, 1925.

An Authentic History of the Lawrence Calamity. Boston: J. J. Dyer, 1860.

Avrich, Paul. *Sacco and Vanzetti: The Anarchist Background.* Princeton, NJ: Princeton University Press, 1991.

Baxandall, Rosalyn Fraad. *Words on Fire: The Life and Writing of Elizabeth Gurley Flynn.* New Brunswick, NJ: Rutgers University Press, 1987.

Beal, Fred E. *Proletarian Journey.* Newyork: Van Rees Press, 1937.

Bedford, Henry F. *Socialism and the Workers in Massachusetts 1886-1912.* Amherst: University of Massachusetts Press, 1966.

Berger, Josef. *Memoirs of a Corporation: i850-1950—Weaving a Century.* Boston: Pacific Mills, 1950.

Bird, Steward, Dan Georgakas, and Deborah Shaffer. *Solidarity Forever: An Oral History of the I.W.W.* Chicago: Lake View Press, 1985.

Blanchette, Joseph P. *The View from Shanty Pond: An Irish Immigrants Look at Life in a New England Mill Town, 1875-1938.* Charlotte, VT: Shanty Pond Press, 1999.

Blewett, Mary H. *Constant Turmoil: The Politics of Industrial Life in Nineteenth-Century New England.* Amherst: University of Massachusetts Press, 2000.

Boyer, Paul S., ed. *The Oxford Companion to United States History.* New york: Oxford University Press, 2001.

Brady, Kathleen. *Ida Tarbell: Portrait of a Muckraker.* New York: Seaview/Putnam, 1984.

Brewster, Todd, and Peter Jennings. *The Century.* New York: Doubleday 1988.

Brooks, Thomas R. *Toil and Trouble: A History of American Labor.* New York: Delacorte Press, 1971.

Bulletin of the National Association of Wool Manufacturers—1912. Boston: National Association of Wool Manufacturers, 1912.

Bulletin of the National Association of Wool Manufacturers—1924. Boston: National Association of Wool Manufacturers, 1924.

Bulletin of the National Association of Wool Manufacturers—1926. Boston: National Association of Wool Manufacturers, 1926.

Cahn, William. *Lawrence 1912: The Bread and Roses Strike.* New York: Pilgrim Press, 1980.

Cameron, Ardis. *Radicals of the Worst Sort: Laboring Women in Lawrence, Massachusetts, 1860-1912,* Urbana and Chicago: University of Illinois Press, 1993.

Camp, Helen C. *Iron in Her Soul: Elizabeth Gurley Flynn and the American Left.* Pullman: Washington State University Press, 1995.

Carlson, Peter. *Roughneck: The Life and Times of Big Bill Haywood*. New York: W.W. Norton, 1983.

Chernow, Ron. *Titan: The Life of John D. Rockefeller, Sr.* New York: Vintage, 1998.

Clifton, Daniel, ed. *Chronicle of the Twentieth Century*. Mount Kisco, NY: Chronicle Publications, 1982.

Cole, Donald B. *Immigrant City: Lawrence, Massachusetts, 1845-1921*. Chapel Hill: University of North Carolina Press, 1963.

Dalzell, Robert F., Jr. *Enterprising Elite: The Boston Associates and the World They Made*. Cambridge, MA: Harvard University Press, 1987.

Darrow, Clarence. *The Story of My Life*. New York: Da Capo Press, 1996.

David, Henry. *The History of the Haymarket Affair*. New York: Russell and Russell, 1936.

Dengler, Eartha, Katherine Khalife, and Ken Skulski. *Images of America: Lawrence, Massachusetts*. Dover, NH: Arcadia, 1995.

Dickens, Charles. *American Notes*. London: Penguin, 1972.

Director of the Bureau of Statistics. *42nd Annual Report on the Statistics of Labor for the Year 1911*. Boston: Wright and Potter, 1913.

Dorgan, Maurice B. *History of Lawrence, Massachusetts*. Lawrence, MA: privately printed, 1924.

———. *Lawrence—Yesterday and Today* (1845-1918). Lawrence, MA: privately printed, 1918.

Dubofsky, Melvyn. *We Shall Be All: A History of the Industrial Workers of the World*. Chicago: Quadrangle, 1969.

Dunwell, Steve. *The Run of the Mill: A Pictorial Narrative of the Expansion, Dominion, Decline, and Enduring Impact of the New England Textile Industry*. Boston: David R. Godine, 1978.

Ebert, Justus. *The Trial of a New Society*. Cleveland: I.W.W. Publishing Bureau, 1913.

Eno, Arthur L., Jr. *Cotton Was King: A History of Lowell, Massachusetts*. Somersworth, NH: New Hampshire Publishing, 1976.

Ettor and Giovannitti before the Jury at Salem, Massachusetts. Chicago: Industrial Workers of the World, 1912.

Evans, Harold. *The American Century*. New York: Alfred A. Knopf, 1998.

Final Report of the Commission on Industrial Relations. Washington, DC, 1915.

Flynn, Elizabeth Gurley. *The Rebel Girl: An Autobiography, My First Life* (1906-1926). New York: International Publishers, 1955.

Foner, Eric, and John A. Garraty, eds. *The Reader's Companion to American*

History. Boston: Houghton Mifflin, 1991.

Foner, Philip S. *History of the Labor Movement in the United States.* 5 vols. New York: International Publishers, 1965-1980.

———. *Women and the American Labor Movement: From the First Trade Unions to the Present.* New York: Macmillan, 1979.

Gallagher, Dorothy: *All the Right Enemies: The Life and Murder of Carlo Tresca.* New Brunswick, NJ: Rutgers University Press, 1988.

Gilbert, Robert E. *The Tormented President: Calvin Coolidge, Death, and Clinical Depression.* Westport, CT: Praeger, 2003.

Giovannitti, Arturo. *The Collected Poems of Arturo Giovannitti.* Chicago: E. Clemente and Sons, 1962.

Goldberg, David J. *A Tale of Three Cities: Labor Organization and Protest in Paterson, Passaic, and Lawrence, 1916-1921.* New Brunswick, NJ: Rutgers University Press, 1989.

Gorn, Elliott J. *Mother Jones: The Most Dangerous Woman in America.* New York: Hill and Wang, 2001.

Haiman, Franklin S. *Speech and Law in a Free Society.* Chicago: University of Chicago Press, 1981.

Halberstam, David. *The Powers That Be.* New York: Dell, 1979.

Hartford, William E. *Where Is Our Responsibility: Unions and Economic Change in the New England Textile Industry, 1870-1960.* Amherst: University of Massachusetts Press, 1996.

Hayes, J. E C. *History of the City of Lawrence.* Lawrence, MA: E. D. Green, 1868.

Haywood, William D. *The Autobiography of Big Bill Haywood.* New York: International Publishers, 1974.

Hennessy, Michael E. *Four Decades of Massachusetts Politics: 1890-1935.* Nonvood, MA: Norwood Press, 1935.

———. *Twenty-five Years of Massachusetts Politics: 1890-1915.* Boston: Practical Politics, 1917.

Heymann, C. David. *American Aristocracy: The Lives and Times of James Russell, Amy, and Robert Lowell.* New York: Dodd, Mead, 1980.

Hill, Hamilton Andrews. *Memoir of Abbott Lawrence.* Boston: privately printed, 1883.

Historical and Pictorial Review: National Guard of the Commonwealth of Massachusetts 1939. Baton Rouge, LA: Army and Navy, 1939.

Hofstadter, Richard. *The Age of Reform.* New York: Random House, 1955.

Income in the United States: Its Amount and Distribution, 1909-1919. New York: National Bureau of Economic Research, 1922.

Jackson, Miles, interviewer. *Lawrence Strike 1912: Viewpoints on American Labor.* New York: Random House, 1971. Oral histories on record.

Jones, Mary Harris. *The Autobiography of Mother Jones.* Chicago: Charles H. Kerr, 1925. Reprint, New York: Arno Press, 1969.

Kasson, John. *Civilizing the Machine: Technology and Republican Values in America 1776-1900.* New York: Penguin, 1976.

Kennedy, David. *Over Here: The First World War and American Society.* New York: Oxford University Press, 1980.

Kornbluh, Joyce L., ed. *Rebel Voices: An I.W.W. Anthology.* Ann Arbor: University of Michigan Press, 1964.

La Sorte, Michael. *La 'Merica: Images of Italian Greenhorn Experience.* Philadelphia: Temple University Press, 1985.

Laudani, Philip A. *Mayors of Lawrence.* Lawrence, MA: privately printed, 1996.

Laurie, Bruce. *Artisans into Workers: Labor in Nineteenth Century America.* New York: Farrar, Straus, and Giroux, 1989.

The Lawrence Directory 1896, 1899-1900, 1910t 191 1912, 1913. Boston: Sampson and Murdock.

The Lawrence Gazeteer. Lawrence, MA: Charles G. Merrill, 1894.

Lukas, J. Anthony. *Big Trouble.* New York: Simon and Schuster, 1997.

McCaffery; Robert Paul. *Islands of Deutschtum: German-Americans in Manchester, New Hampshire, and Lawrence, Massachusetts, 1870-1942.* New York: Peter Lang, 1996.

McKone, John J. *Glimpses of Lawrence: The Founding and Progress of a Great Industrial Centre.* Lawrence, MA, 1921.

May, Henry F. *The End of American Innocence: A Study of the First liars of Our Own Time—1912-1917.* Chicago: Quadrangle, 1959.

Miller, Glenn W. *American Labor arid the Government.* New York: Prentice-Hall, 1948.

Moran, William. *The Belles of New England: The Women of the Textile Mills and the Families Whose Wealth They Wove.* New york: St. Martin's Press, 2002.

Moreno, Barry. *Italian Americans.* East Sussex, UK: Ivy Press, 2003.

Morris, Edmund. *Theodore Rex.* New York: Random House, 2001.

Painter, Nell Irvin. *Standing at Armageddon: The United States 1877-1919.*

Newyork: W.W. Norton, 1987.

Peterson, Merrill D., ed. *The Portable Thomas Jefferson*. New york: Penguin, 1975.

Phillips, Kevin. *Wealth and Democracy: A Political History of the American Rich*. New York: Broadway Books, 2002.

Pratt, Norma Fain. *Morris Hillquit: A Political History of an American Jewish Socialist*. Westport, CT: Greenwood Press, 1979.

Pringle, Henry F. *The Life and Times of William Howard Taft*. New York: Farrar and Rinehart, 1939.

Ravitch, Diane, ed. *The American Reader: Words That Moved a Nation*. New York: Harper-Perennial, 1991.

Robertson, David Brian. *Capital, Labor, and State: The Battle for American Labor Markets from the Civil War to the New Deal*. Lanham, MD: Rowman and Littlefield, 2000.

Roddy; Edward G. *Mills, Mansions, and Mergers: The Life of William M. Wood*. North Andover, MA: Merrimack Wiley Textile Museum, 1982.

Rosenstone, Robert. *Romantic Revolutionary: A Biography of John Reed*. Cambridge, MA: Harvard University Press, 1990.

Salvatore, Nick. *Eugene V. Debs: Citizen and Socialist*. Urbana and Chicago: University of Illinois Press, 1982.

Schinto, Jeanne. *Huddle Fever: Living in the Immigrant City*. New York: Alfred A. Knopf 1995.

Sinclair, Upton, ed. *The Cry for Justice: An Anthology of the Literature of Social Protest*. Philadelphia: John C. Winston, 1916.

Skulski, Ken. *Images of America: Lawrence, Massachusetts*. Vol. 2. Charleston, SC: Arcadia, 1997.

Smith, Adam. *The Wealth of Nations*. Vol. 1. New york: G. R Putnam's Sons, 1904.

Smith, Gibbs M. *Labor Martyr: Joe Hill*. New york: Grosset and Dunlap, 1969.

Sobel, Robert. *Coolidge: An American Enigma*. Washington, DC: Regnery, 1998.

Songs of the Workers. 34th ed. Chicago: Industrial Workers of the World, 1980.

Stansell, Christine. *American Moderns: Bohemian New York and the Creation of a New Century*. New york: Henry Holt, 2000.

Steel, Ronald. *Walter Lippmann and the American Century*. New York: Vintage, 1980.

Sullivan, Mark. *Our Times: The United States 1900-1925*. Vol. 4, *The War Begins— 1909-1914*. New York: Charles Scribner's Sons, 1946.

Thoreau, Henry David. *A Week on the Concord and Merrimack Rivers*. Boston:

Houghton Mifflin, 1975.

Tarbell, Ida M. *All in the Day's Work: An Autobiography.* New York: Macmillan, 1939.

Tucker, Barbara M. *Samuel Slater and the Origins of the American Textile Industry, 1790-1860.* Ithaca, NY: Cornell University Press, 1984.

U.S. Congress. House. Committee on Rules. *The Strike at Lawrence, Mass.: Hearings before the Committee on Rules of the House of Representatives on House Resolutions 490 and 433.* 62nd Cong., 2nd sess., March 2-7, 1912.

U.S. Congress. Senate. *Report on Strike of Textile Workers in Lawrence, Mass, in 1912.* 62nd Cong., 2nd sess., 1912, S. Doc. 870.

U.S. Department of Commerce. *Statistical Abstract of the United States: The National Data Book.* Wshington, DC, 2002.

U.S. Department of the Interior. *Lowell: The Story of an Industrial City.* Washinglton, DC, 1992.

Views of Lawrence. Portland, ME: L. H. Nelson, 1903.

Von Drehle, David. *Triangle: The Fire That Changed America.* New York: Atlantic Monthly Press, 2003.

Vorse, Mary Heaton. *A Footnote to Folly: Reminiscences of Mary Heaton Vorse.* New York: Farrar and Rinehart, 1935.

Walsh, Alice L. *A Sketch of the Lift and Labors of Rev. Janies T. O'Reilly, O.S.A.* Lawrence, MA: Free Press Printing, 1924.

Walworth, Arthur. *Woodrow Wilson: American Prophet.* New York: Longmans, Green, 1958.

Weber, Max. *The Protestant Ethic and the Spirit of Capitalism and Other Writings.* New York: Penguin, 2002.

신문

《Anzeiger und Post》
《Appeal to Reason》
《Boston American》
《Boston Globe》
《Boston Herald》
《Boston Post》
《Boston Transcript》
《Christian Science Monitor》
《Le Courrier de Lawrence》

《Harvard Crimson》
《Industrial Worker》
《Keleivis》
《Lawrence Daily American/Sun》
《Lawrence Telegram》
《Lawrence Tribune》
《Los Angeles Times》
《Miami Herald》
《New York Call》
《New York Herald》
《New York Sun》
《New York Times》
《New York Tribune》
《New York World》
《Il Proletario》
《Salem(MA) Evening News》
《Solidarity》
《Springfield Republican》

시디롬과 웹사이트

Ellis Island On-Line, http:www.ellisisland.org/.

Internet Movie Database, http:www.imdb.com/.

Rosenzweig, Roy; Steve Brier, and Josh Brown. Who Built American? From the Centennial Celebration of 1876 to the Great War of 1914. CD-ROM. Voyager, American Social History Productions, 1993, 1994.

University of Arizona, Special Collections AZ 114 box 1, folder 3A, exhibit 131. Ettor, Joseph J. Industrial Unionism the Road to Freedom. IWW Pamphlet, June 1913. http://digitaL library;arizona.edu/bisbee/docs/131 .php.

논문

Arnold, Dexter Philip. "Row of Bricks: Worker Activism in the Merrimack Valley Textile Industry, 1912-1922." PhD diss., University of Wisconsin, Madison, 1985.

Duncan, Janet E. "An Investigation into the Characteristics and Development of Replacement Industries in Lawrence, Massachusetts." PhD diss., Boston University, 1971.

찾아보기

ㄱ

간첩행위법 443
감자 기근 78
검은 손 234, 284, 373
경찰 37, 200
　경찰과 파업 노동자의 싸움 63, 92, 93, 329~331
　기차역 폭력으로 언론과 정치권의 비난을 받다 326, 327
　파업 대응에 무기력하다는 질타를 받다 309
　기차역에서 여성과 아이들을 구타하다 317, 318
계급
　-연대 208
　-전쟁 421
　-투쟁 178
골드먼, 엠마 Goldman, Emma 178, 238
골든, 존 Golden, John 131, 247, 248, 250, 263, 285, 341, 347
곰퍼스, 새뮤얼 Gompers, Samuel 161, 353
공공 여론 138, 163, 332, 435
공동주택 17, 29, 33, 56, 96, 129, 134, 135, 157, 255, 307
공산주의 113
"공원에서의 산상수훈" 396
공장:
　건물들의 인생 역정 241
　공장의 모습 34
　노동자들의 생활 433
　사망과 사고 61
　파업 이후 조업을 재개하다 386
　질병과 사고 32
공장 소녀 69, 71
공장주 87, 94, 146, 180, 182, 340, 341, 349
　공장주들의 딜레마 39
공화당의 아성 245
과시적 소비 56
　부자들의 사치스러운 행태 239
교착상태 206, 250, 342, 368
구호 기금 299
군사재판 287
권리장전 293
그랜드 센트럴 역 259, 260
그레이트 스톤 댐 75
금강사 193
급진파 선동가 342, 368
기마 경찰 211
기병대 212
길리스피, 메이블 Gillespie, Mabel 249

ㄴ

나폴레옹 322
날실틀 34
남북전쟁 53, 70, 75, 123, 124, 323
네바다 제인 172, 175, 178

535

노동 30, 32
　-인민 338
　-계급 40, 109, 430
　-조건 344
　-시간 12, 21, 38, 104, 175
노동기사단 80, 111, 112
노동자의 링컨 172, 264
노래 166
노면전차 44, 194, 191, 195
노사쟁의 16
노예 인종 142
뉴 더블린 79
뉴딜 정책 343
뉴욕 256
《뉴욕 콜》 258, 259
뉴잉글랜드 11, 428
니덤 호텔 129, 208, 209, 265, 337, 352

ㄷ

다이너마이트 147, 153, 157, 158, 168, 402
다프라토, 우르바노^{Daprato, Urbano} 168, 202
단테^{dante} 396
대로, 클래런스^{Darrow, Clarence} 161, 177, 421
《대중》 230, 405
대통령 선거 20
뎁스, 유진^{Debs, Eugene} 99, 109, 239
도금 시대 79, 80, 143, 239
도덕적 청결성 72, 83
도덕주의 20
도심 보이콧 284
독점 대자본 21, 225

동력 베틀 34, 35, 55, 433
디킨스, 찰스:
　『미국 노트』 70
땜빵 43, 82, 135, 283

ㄹ

〈라 마르세예즈〉 256, 260
라메리카 41
라미, 존^{Rami John} 205, 206, 214, 358
라프라디, 도미닉^{Rapradi, Dominic} 127, 180
러다이트 운동 49
런던, 잭^{London, Jack} 416
로렌스 시민연합 328, 373, 435
　로렌스의 모든 신문이 노동자들을 왜곡 비방하다 373
로렌스 파업(빵과 장미 파업) 10, 15, 18, 225, 235, 264, 343
　거리 행진 147
　노동자들 우드 공장을 습격하다 48~49, 118
　도시가 또다시 대규모 파업에 휘말리다 449
　로렌스에서 IWW가 축출당하다 438
　마지막 생존자의 증언 459
　마지막 승부 349
　모든 공장이 멈추다 119
　민병대와 노동자의 대치 150, 151
　아이들이 탈출하다 18, 258, 300
　언론 매체가 로렌스 파업의 교훈을 이야기하다 398
　탈출했던 아이들이 돌아오다 390~392
　공식 판본 455, 456
　서로 다른 생각들 342

신문들의 보도 373~376

　　진실에 대한 철저한 부인 328, 436

　　미국적인 사건의 정수 19

로렌스, 애벗Lawrence, Abbott 72, 242

로렌스시 12, 16, 17, 75, 77, 97

　　공장들이 하나둘씩 문을 닫다 453

　　끔찍한 거주 환경 60~61, 81

　　도시 전체가 굶주리다 248

　　「로렌스 조사 보고서」 60

　　로렌스의 아이들 18, 354

　　모범적인 공장 도시 81

　　새로운 이민자들이 몰려오다 454

　　애국주의 물결 411~413

　　영아사망률이 가장 높은 도시 62

　　이민자들의 도시 88, 149

《로스앤젤레스 타임스》 폭파 사건 160, 161, 229

로코, 안젤로Rocco Angelo 41~45, 100, 101, 210, 297

　　에테르를 로렌스로 부르다 101

　　파업을 회상하다 456

로피조, 안나Lopizzo, Anna 197, 199, 201, 212, 213, 266, 288, 289, 311

루스벨트, 시어도어 99, 142, 224

리드, 존Reed, John 437

리스, 조세핀Lis, Josephine 297, 347

리틀, 프랭크Little, Frank 443

린치, 코르넬리우스Linch, Cornelius 63, 197, 309, 313

립슨, 새뮤얼Lipson, Samuel 319, 345, 353

링컨, 에이브러햄 102

■

마호니, 제러마이어Mahoney, Jeremiah 128, 320, 321

막스, 치코Marx, Chico 41

매사추세츠주 15, 29, 245

매카시즘(매카시 광풍) 11, 13, 441

매키스록스 파업 106, 126

매킨리, 윌리엄McKinley, William 414

맥나마라McNamara 형제 161, 162

메리맥강 15, 46, 67~71

메사비 광산 파업 439

메주자Mezuzah 86

모델 T(포드 자동차) 222

모직물 관세 144

목줄 끊기 경쟁 111

무연탄 파업 343

무염시태 묘지 213, 406

무정부 상태 16, 415, 425

무한 사슬 266

물레의 도시 69

미국:

　　급속히 20세기로 진입하다 222

　　기로에 선 나라 238

　　대분열이 일어나다 245

　　미국이라는 악몽 57

　　미국주의 98, 385

미국노동총연맹AFL 111, 112, 363

민병대 16, 95, 117, 123, 125, 133, 169

　　민병대와 파업 노동자의 싸움 125, 127, 200

　　임무에서 해제되다 362

　　마지막 민병대가 로렌스시를 떠나다 387

민중의 기억 터선 13

537

밀라니스Milanese 163, 164
밀집증후군 60

ㅂ

바벨탑 381
"반란 소녀" 291, 292, 440
반란의 신호탄 286
발언의 자유 투쟁 293
방직기 34
배당금 308
배회俳徊 111
백베이 314
백색 대함대 97
백조의 노래 11, 13
버거, 빅터Berger, Victor 344, 345
번스, 윌리엄Burns, William 161, 162
벙커힐 전투 73
베누아, 오스카Benoit, Oscar 201, 289, 312, 420
베다드, 조지프Bedard, Joseph 384
베버, 막스Weber, Max 241
벽돌 건물의 벽 47
병기창 123
보너스 시스템 54, 369
《보스턴 아메리칸》 225, 226, 319
보스턴 클럽 142
보스턴 협회 73
  미국 경제를 지배하는 집단 74
부인否認의 거미줄 358
북운하 46
불협화음 35
브랜다이스, 루이스Brandeis, Louis 142
브린, 존Breen, John 84, 202, 203, 236, 400, 401
블랙리스트 81, 343, 399, 438
블레스키, 존Blesky, John 141
빅 보스 322
빅토리아식 238, 360
빨갱이 공포 436, 444
빨갱이의 선동 13
빵 네 덩이 파업 266
빵과 장미 축제 19, 457
  빵과 장미의 유래와 논란 458

ㅅ

사보타주 115, 193, 239, 421
사설탐정 109, 160, 197
사용자 계급 40
사코Sacco와 반제티Vanzetti 403, 440, 441
사회주의 241
  공직에 오른 사회주의자들 240
사회혁명 229
산업 전쟁 151
산업 패러다임 463
산업 평화 151, 211
《산업노동자》 294, 398, 402, 439
산업별 노동조합 464
산업화 53
삶의 구체성 465
32센트 59
생어, 마거릿Sanger, Margaret 261
생디칼리즘 113
생산수단 175
서부광부연맹 175, 178
서치라이트 96, 102
설리번, 존Sullivan, John 309, 310, 312, 315,

319, 358, 359
섬유
-공장 15, 53
-도시 79
-산업 50
-노조 131
성모성당 322, 323
성인 도제 354
성조기 37, 151, 171, 432
세계 8대 불가사의 12, 55
세계 여성의 날 11
세계산업노동자연맹IWW 12, 40, 107~109
    노동자들이 IWW에 매력을 느낀 이유 110
    단일한 거대 노조의 꿈 110, 112
    정부의 탄압으로 무너지다 442~443
    창립 당시 서부의 상황 111
'세율표 K' 144, 145, 448
세일럼Salem:
    마녀 사냥 408
소 우리 111
소로, 헨리 데이비드Thoreau, Henry David 68~70
소모사 15, 42
소방 호스 118, 129, 406, 415
소환장 372
손더스, 대니얼Saunders, Daniel 74
쇠우리 408, 415
수동적 저항 107
수정헌법 5조 289
수프 주방 165, 166, 248, 347, 348, 354
숙련공 39, 45, 247, 248, 283, 286, 341, 363, 250

스몰스카스, 요나스Smolsksa, Jonas 419
스위처, 르로이Sweetser, LeRoy 130, 146, 147, 151, 180, 200, 203, 204, 227, 286, 301, 302, 362
스캔런, 마이클Scanron Michael 95, 99, 101, 107, 115, 117, 124, 125, 131~134, 146, 152, 180, 183, 203, 262, 308, 332, 445
스튜넨버그, 프랭크Steunenberg, Frank 176, 177
스포캔Spocane 293
슬로안, 존Sloan, John 437
시계탑 148
시리아인 86
"신과 조국을 위하여" 432, 455
"신도 없고 주인도 없다" 407, 410
10인위원회 340, 364, 369, 377
싱커페이션 35

ㅇ

아나키스트(아나키즘) 44, 113, 325
아동노동 12, 82, 360, 361
    광산과 공장에서 일하는 아이들 262
아동의 황금시대 262
아마겟돈 324
《아메리칸 매거진》 10
아메리칸 모직 11, 12, 50, 51, 55, 193, 244, 362, 451, 452
아메리칸드림 11, 57, 70, 224
'아무것도 몰라요 당' 77
아이어, 프레더릭Ayer, Frederick 53, 54
아일랜드인 77, 78, 84
아크라이트 클럽 242
《안차이거 운트 포스트》 227
알링턴 공장 242, 340

알트겔드, 존^{Altgeld, John} 414
애국주의 97, 98, 411, 413, 432
앨저, 호레이쇼^{Alger, Horatio} 50, 94
야간 통행금지 96
야간 학교 42
"약속의 땅" 396
언덕 위의 도시 224
〈에반젤린〉 313
에버릿 공장 101, 389
에식스 사 74, 77, 83
에식스 스트리트 75, 77, 84, 149, 193, 232, 314, 330
에임스, 버틀러^{Ames, Butler} 337~339
에터, 조지프^{Ettor, Joseph} 12, 46, 101, 103~105, 108, 115, 117, 129, 131, 162, 179, 288
    스캔런과의 논쟁 133
    우드와의 협상 185, 186
    조바니티와 함께 수감되다 210
    세상을 떠나다 440
에터와 조바니티의 재판
    대배심이 기소하다 400
    무죄 선고가 내려지다 430
    법정 공방 415~419
    에터가 최후진술을 하다 425~427
    에터와 조바니티가 법정 증언을 하다 424
    재판이 시작되다 408
    전 세계 노동자들이 항의 집회를 열다 403
    조바니티가 최후진술을 하다 427
    재판에 항의하는 봉기가 일어나다 407
여성들의 투쟁 295
《연대》 388
10시간 노동제 72, 80

영국 섬유 도시 71
영양실조 18, 261
예수 그리스도 112, 427, 428
오라일리, 제임스^{O'reilly, James} 116, 322, 323~325
5분대기조 124
오설리번, 제임스^{Osullivan, James} 148, 210, 309
오처드, 해리^{Orchard, Harry} 176, 177
오티스, 해리슨 그레이^{Otis, Harrison Gray} 160
오펜하임, 제임스^{Oppenheim, James} 10, 457
와일드, 오스카^{Wild, Oscar} 397
외국인 혐오증 238
외부의 선동가 61
용광로 31
용역 깡패 197
우드, 윌리엄^{Wood, William} 38, 46, 47, 50, 51, 54, 60, 62, 91, 94, 100, 103, 104, 138, 182, 186, 242, 250, 367, 368
    다이너마이트 재판에서 무죄를 선고받다 447
    섬유 산업의 가부장으로 거듭나다 446
    범죄 혐의로 체포되다 402
워블리 40, 108, 289
    워블리들에 대한 비난과 공격 114
    워블리들이 수난을 당하다 411
워싱턴 공장 36, 46, 48, 324, 356
월드시리즈 19
웰첸바흐, 애니^{Welzenbach, Annie} 297, 298
웹스터, 대니얼^{Webster, Daniel} 71, 76
윌슨, 윌리엄^{Wilson, William} 344, 361
유대인 86
유토피아 67

이디시어 86
이민자 17, 62, 77, 81, 83, 360, 432
    세계주의적 분위기 85
    이민 노동자들이 미국을 떠나다 251
    정착 패턴 85
    남유럽의 인간 폐기물 84
《이성에 대한 호소》 230, 240, 327
이탈리아 사회주의 연맹 258, 396
이탈리아인 40, 43, 82, 82
인간 사슬 350
인류 해방 430
인민의 의회 339
〈인터내셔널가〉 13, 149, 257, 379
《일 프롤레타리오》 230
1차 세계대전 99
임금 노예 71
임금 삭감 13, 38, 39, 58, 138, 339, 340
임금 인상 39, 56, 371

ㅈ

자경단 419
자본가 계급 175
자본주의 정신 243
자유의 깃발 426
자유의 여신상 41, 83
작업거부 48, 58, 72, 387
장의사 202
저격수 147, 204
전기 불꽃 36
전미유색인지위향상협회 238
전시 조치 258, 390
정교회 166
제퍼슨, 토머스 Jefferson, Thomas 71

제한된 환경 358, 360
조바니티, 아르투로 Giovannitti, Arturo 181, 209, 288, 395
    삶의 찬가 429
    「걷는 이」 397
조업 개시 33
존, 빈센트 세인트 John, Vincent Saint 288, 289
종탑 91
주식 배당금 104, 138
중산층 20
중앙노동조합 CLU 247
진보주의 시대 225, 230
진보주의자 21
짐 크로 법 238, 343

ㅊ

철도 파업(전국적인) 125
철의 법칙 39
청교도 11, 245
청문회 344, 353
추수감사절 432

ㅋ

카네기홀 236, 237
카루소, 엔리코 Caruso, Enrico 331
카터, 클라크 Carter, Clark 313, 358, 360, 361
카펜터 고딕 양식 56
캐머런, 아디스 Cameron, Ardis 297
켈러, 헬렌 Keller, Helen 440
《켈레이비스》 228, 327
코사크 기병대 126, 342, 421
콕스, 루이스 Cox, Louis 346, 358, 360
콕시 군단 Coxey's army 174

콜, 도널드^{Cole, Donald} 84
콜린스, 주디^{Collins, Judy} 10
《쿠리에 드 로랑스》 227
쿨리지, 캘빈^{Coolidge, Calvin} 249, 311
클리블랜드, 그로버^{Cleveland, Grover} 343

ㅌ

타벨, 아이다^{Tarbell, Ida} 134, 143
타이태닉호 19, 58, 399
탐정 158, 288, 399
태프트, 윌리엄 하워드^{Taft, William Howard} 42, 143, 223, 331, 353
테올리, 카멜라^{Teoli, Camella} 355~357
테일러, 재커리^{Taylor, Zachary} 76
토드, 헬렌^{Todd, Helen} 10
토박이(미국인) 87
톰슨, 제임스^{Thompson, James} 45, 352
통제조공노동조합 102
트라우먼, 윌리엄^{Trautman, William} 318, 387
트라이앵글 블라우스 화재 사건 240
트러스트 143
트레스카, 카를로^{Tresca, Carlo} 405~407, 410, 440

ㅍ

파나마 운하 222
파사넬라, 랠프^{Fassanella, Ralph} 456
파업 159
　기자들의 파업 "견학" 332
　폭발 사고 158
　다이너마이트 공격 159
파업 노동자 99, 237
　노동자들의 임금은 얼마인가 139~141
　업무 복귀 383
　노동자의 피 115
　폭동이 일어나다 36, 37
　합의안에 동의하다 383
"파업!" 15
파업위원회 116, 135, 137, 164, 285, 318, 332, 340, 387
　총파업을 호소하다 322
　공장주의들과 협상 183, 184
파업파괴자 247
패터슨시:
　비단 공장 파업 437
　파업 연극 437
퍼시픽 공장 81, 94, 244
페테르부르크 봉기 319
펨버턴 공장 157
평화교란죄 363
포니 익스프레스 173
포스, 유진(주지사)^{Foss, Eugene} 182, 236, 308
포스터 59, 62, 351
포이어스틴, 애런^{Feuerstein, Aaron} 454~455
폭동경계령 63, 91, 107, 459
폴 채비스 홀 180, 207, 326
풀먼 파업 106, 126, 175, 196, 324, 343
프락치 197
프랑스계 벨기에인 79, 165
프랑스-벨기에 홀 116, 234, 237, 255, 256, 299, 302, 318, 369
프랑스혁명 410
프로스펙트 언덕 76, 86
프록터, 윌리엄^{Proctor, William} 209, 352
플레인스 지역 158

『플루타르코스 영웅전』 241
플린, 엘리자베스 걸리Flynn, Elizabeth Gurley 265, 290~294, 362, 382, 440
  공산당에 입당하다 441
  소련 여행 도중 사망하다 442
피케팅(피켓라인) 15, 169, 198, 302, 311, 350, 372
피트먼, 어니스트Pitman, Ernest 401
필그림 항해자 245
핑커턴 용역 집단 105

흑인 87
  민권운동 435
힐, 조Hill, Joe 285, 291, 379
힐퀴트, 모리스Hillquit, Morris 102

ㅎ

하울랜드, 윌라드Howland, Willard 182, 183
한 줄의 벽돌 243
헤이마켓 105, 159, 174, 414
헤이우드, 빅 빌Haywood, Big Bill 12, 17, 102, 109, 110, 172, 173~181, 265, 266, 382, 445
  광부들의 수난에 충격을 받다 175
  소련으로 탈출하다 444
  스튜넨버그 관련 재판 178
  인생의 전환점 174
  파란만장한 인생 172
헨리, 패트릭Henry, Patrick 265
혁명의 맹아 308
현대적 사고방식 238
협동의 공영체 113
형제애 191, 290
호머, 윈슬로Homer, Winslow 79
홈스, 올리버 웬델Holmes, Oliver Wendell 415
홈스테드 105
휘트먼, 월트Whitman, Walt 393
휘트먼, 윌리엄Whitman, William 144, 242

543

빵과 장미

1판 1쇄 인쇄 2024년 8월 19일
1판 1쇄 펴냄 2024년 8월 23일

지은이 브루스 왓슨
옮긴이 홍기빈
펴낸이 박기효
펴낸곳 빵과장미

출판 등록 2008년 2월 4일 제 2020-000080호
주소 서울특별시 은평구 통일로 30-37, 501호
대표 전화 02-3141-9180
이메일 breadnroses@naver.com
블로그 blog.naver.com/breadnroses
페이스북 facebook.com/breadnroses.books
인스타그램 breadnroses.books

한국어판 ⓒ 빵과장미, 2024, printed in seoul, korea

ISBN 979-11-987966-1-5 03330

* 잘못 만들어진 책은 구입처에서 교환해드립니다.